解讀統計與研究

教你讀懂、判斷和書寫有統計資料的研究報告

Schuyler W. Huck 著

杜炳倫 譯

Reading Statistics

and Research

FIFTH EDITION

Schuyler W. Huck

University of Tennessee, Knoxville

Authorized translation from the English language edition, entitled READING STATISTICS AND RESEARCH, 5th Edition, ISBN: 0205510671 by HUCK, SCHUYLER W., published by Pearson Education, Inc., publishing as Allyn & Bacon, Copyright © 2008 Pearson Education, Inc.

CHINESE TRADITIONAL language edition published by PSYCHOLOGICAL PUBLISHING COMPANY LTD., Copyright © 2010.

本書寫給兩個群體：(1)那些研究報告的讀者們，他們奮力於發展需要的技巧，使其能批判性地評價（並且有時候拒絕！）研究者所提出的主張；以及(2)那些研究者們，他們的主張理應被信任（並且起作用！），因為他們投入時間，小心地分析研究資料，這些資料是來自於精心設計使能闡述有價值論題之研究。

簡要目錄

C
O
N
T
E
N
T
S

i

目錄

1 期刊文章的典型格式　*001*

2 敘述統計學：單變量實例　*019*

CONTENTS

12 事後與計畫比較　*280*

13 雙向變異數分析　*299*

C
O
N
T
E
N
T
S

（正文旁數碼為原文書頁碼，供索引檢索之用）

關於作者

Schuyler（Sky）Huck（Ph.D., North-western）是美國田納西大學諾克斯維爾校區（University of Tennessee, Knoxville）的傑出教授以及校長講授獎學者。他對於改善統計教學法和幫助讀者解讀並批判研究報告的關切，展現在他的書、期刊文章、研討發表會以及網站（www.readingstats.com）上。除此之外，Sky的應用／理論成果已被諸多學者於三百三十七種不同的學術期刊所引用。儘管有這些成就以及其他伴隨而來的榮譽，Sky 最大的自豪來自於：(1)他的兩位學生在嚴格的全國性比賽中贏得了傑出論文獎；以及(2)學生的評論：「你幫助我學會了！」Sky 的嗜好包含攝影、猜謎和詩詞。除此之外，他定期地準備且提供熱餐給無家可歸者，遞送日用品給那些需要的人們。

關於譯者

　　杜炳倫（M.Ed., University of Idaho）為資深教師，美國愛達荷大學課程與教學碩士，美國田納西大學諾克斯維爾校區應用教育心理學博士班。赴美留學期間，有幸於田納西大學校長講授獎學者暨美國教育研究協會主席──Schuyler Huck 博士門下學習。曾榮獲田納西大學教育・健康・人類科學學院，特拉維斯・霍克（Travis Hawk）學術傑出獎。其英文文章〈百分位數與百分等級〉（'Percentile and Percentile Rank'）被收錄於美國聖哲出版社（Sage Publications）所發行的《測量與統計百科全書》（*Encyclopedia of Measurement and Statistics*）。中文著作有《上學的代價》。平時喜好運動、旅遊，以及有益於人類社會的各項活動。

譯者網站：http://mypaper.pchome.com.tw/readingstatistic

作者序

　　此序言（包含三個主題）獻給那些考慮閱讀或採用本書的人。這些主題是有關人們評價研究的需求；本書的主要目標；以及本書第四與第五版（編按：以下版次，皆指原文書版次）之間的不同。在接下來的段落裡，包含著三項合理問題的答案：

　　1. 本書標的群體為何？
　　2. 本書以什麼樣的方式助益其讀者？
　　3. 新版與舊版之間的顯著差異為何？

第一節 人們批判性地評價研究宣稱的需求

　　在本書的第一版裡，我主張人可以被歸類為三組：(1)那些進行他們自己研究的人；(2)那些非正式進行研究但總是會碰到其他研究結果的人；以及(3)那些既不製造也不閱讀研究報告的人。現在，將近三十五年之後，我仍然相信地球表面上的每一個人能夠被歸類為以上三個組別。然而，我很清楚這三個組別的相對大小與需求不同於一九七四年（當本書第一版發行時）或甚至二〇〇四年（當第四版出現時）。

　　關於這三組的大小，第一組（研究的製造者）稍微成長了一些，而第二組（研究的消費者）在過去幾年擴張迅速。第一組充斥著教授、研究生、研究機構雇員和一些獨立研究者。那些不是第一組的成員很可能就是第二組的成員。這是因為實際上無法避免接觸研究發現的緣故。

　　或多或少，幾乎每個人皆會接觸到研究發現。首先，正式的研究報告每年

皆會呈現在各種專業期刊與數不清的國際、國家、地區，或本地的專業協會裡。這些研究的摘要進入報章雜誌、電視廣播，和同僚、家庭成員、朋友之間的非正式對話。電腦的普及以及網路的發達使得更多的人能夠接觸從關節炎乃至於禪宗「專家」所談論的研究「證據」。並且存在數不清的商業廣告以所謂的科學研究成果對我們每天進行「轟炸」。

在第二組裡的每一個人需要成為一位更具有鑑別能力的研究報告消費者。需要這些鑑別技巧是因為：(1)值得信任的研究結論只來自於具有設計完善與謹慎分析特質的研究；以及(2)避免劣質研究散播之監督過程往往只達成了部分目標。有鑑於此，消費者必須獲取需要的技巧來保護自己免於誇大的、錯誤的發現所帶來的誤導。

那些研究報告的製造者也應該批判性地評價其他人的研究報告。幾乎每一篇研究計畫都是建立在先前研究的基礎之上。顯而易見的，如果目前的研究者無法分辨先前研究結論的優劣，他很可能在一開始就踏出了錯誤的第一步。如果應用研究者能夠更充分地批判文獻探討裡的研究，他們就能夠應用這些知識於他們本身的研究裡。這能產生包含更適切統計分析的研究設計並導向更合理的結論與宣稱。

第五版鎖定兩個組別：進行本身研究與接收研究宣稱的人們。我希望這兩組成員皆能受益於此版本的統計與研究設計討論、許多摘自已出版研究報告的選錄，以及每章的複習題。

第二節　本書的目標

此版的七項特定目標基本上與前四個版本是一樣的。這些目標包括幫助讀者增加他們的能力於：(1)瞭解統計術語；(2)看懂統計圖表；(3)知道何種特定研究問題能夠被統計程序所回答；(4)當某人設置並檢驗一項或更多項虛無假設時，能發覺什麼能夠與不能夠被完成；(5)偵測統計的誤用；(6)分辨好與壞的研究設計；以及(7)有自信地閱讀研究報告。

這七項目標可以合成為：解讀與批判。本書被設計去幫助人們解讀研究者在其調查裡試圖傳達的訊息。此處，目標僅僅是從研究報告的文字、符號，以及圖表裡擷取出意義（我們不但必須解讀所呈現的東西，還要能夠「填滿空

隙」；這是因為研究者通常假設研究報告的讀者熟悉沒有被提及的研究程序與統計細節）。除瞭解被呈現的東西之外，我非常想要本書的讀者改進其批判研究報告的能力。這是重要的，因為研究宣稱有時完全沒有被合理化，肇因於研究被執行或計畫的方式或因為資料被蒐集、分析、摘要或詮釋的問題。

第三節 第四與第五版之間的差異

為了幫助讀者更好地解讀與批判研究報告，我已盡我所能地更新、擴充此版本，以使其優於前一個版本。一些很微小的改變並不需要討論。然而，存在五點值得討論的改變。

壹　選錄

說這些選錄組成本書的「骨血」一點也不誇張。我囊括來自於已出版研究報告的圖表以及文章段落來闡釋好的與不怎麼好的作法，透過他人的文字來介紹並且展示訓練有素研究者的作法。

總共有五百一十九篇選錄出現在此版本裡。其中，五百零一篇（96%）是新的，只有十八篇是延續第四版。這些數字能夠被用以支持本書所講述的論點，包含了當代研究者在他們的研究報告所展現的內容。

應該注意的是這五百一十九篇選錄並不是隨意撿拾的。它們是我親自挑選的，因為我相信它們能夠幫助其他人瞭解某種概念或實施方法。甚而，我努力從不同的領域蒐集這些選錄。這能夠增加讀者檢閱跨領域研究報告的能力。這點值得解釋一下。

對比於那些聚焦於單一領域（例如教育或醫護）的書籍而言，此處的主要目標是幫助讀者能夠更容易地面對非本身領域的研究宣稱。除非人們有能力以多重領域的方式解讀與批判研究，要不然他們很容易變成劣質研究「證據」（來自於構思不健全的問題、拙劣研究法，以及鬆散統計分析）的目標。不幸地，一些研究者抱持著強烈的偏見進行其研究，而這些偏見結果幾乎每天出現在大眾刊物裡。顯而易見的，一個人能夠偵測到這種偏誤，如果他能夠跨領域地解讀與批判研究，認知到（例如）單向 ANOVA 所牽涉的議題是一樣的，不管資料是否來自於心理學、生態學或是流行病學。

貳　關於混合方法研究的新篇章

在過去幾年，結合量化與質化研究方法的呼聲在各項領域裡是越來越大。在某種意義上，量化與質化研究者之間的「長期」戰爭已經結束，而這些日子以來，我們也很少聽見有人主張哪一種研究方式是比較優質的。相反的，越來越多人主張重要發現能夠來自於數字式資料的統計與質化研究法對於文字、圖畫、工藝品、地圖等非數字式人類思想行為軌跡的分析。具備此兩個分支設計的調查稱為混合方法研究。

這第五版包含了關於混合方法研究的新篇章。在這章裡，我並不試圖呈現應該如何進行與報告混合方法研究的質化成分，我不嘗試示例質化與量化方法要如何結合在單一研究裡，並且我也沒有對質化研究說三道四。相反的，我把這章的焦點放在混合方法研究的量化部分。我主張訓練有素的混合方法研究者能夠遵循本書所討論的研究原則。甚而，我採取的立場是，混合方法研究的讀者應該採取相同嚴格的標準，來看待混合方法研究與純粹的量化研究。

最初，我考量把此新篇章作為第一章。然而，我還是決定其適當位置在結束之處而非開始。這並不是說混合方法研究劣於純粹是量化的研究。而是，我強烈感受到一個人必須先對統計有所瞭解，才能咀嚼一篇高品質的混合方法研究。

參　內容

我改變第四版的一些內容而成為第五版。最大的改變是增加混合方法研究此一新篇章。除了這個之外，以下項目對於第五版而言也是新的：

·η_p^2、V以及r為效力量指標	·泰姆漢事後檢定
·在多重回歸裡以交互作用為獨變項	·霍姆繼起邦弗朗尼校正程序
·後設分析的概略	·ANCOVA 裡的非隨機組
·評估評分者間信度的「同意百分率」程序	·問卷調查研究裡樣本量的決定
·決定同時／預測效度的準則變項	·群集樣本與分層隨機樣本之間的區別
·資料的電子式蒐集	

我已經進行一連串的修正來增加本書可讀性、更新材料、加強批判選錄，以及改進複習題。

肆　電子資源

　　本書的關係網站（www.ablongman.com/huck5e）已經更新且擴充。此網站很容易瀏覽，它為讀者的不同需要提供不同的資訊。網站和本書的功能是互補的。它所呈現的統計「操作」是教授或書籍所無法達成的。

伍　強調重點

　　如同在稍早的版本裡，我已經努力指出什麼樣的問題能夠被本書所探討的統計分析給回答。然而，在此版裡，我試著更努力指出研究者所說和所做之間的差異。這項擔憂透過許多章節的推論技巧而展現出來。

　　在本書的十九章裡，十三章涉及統計程序所導致的「顯著性」或「顯著差異」。這種程序本質上就涉及了樣本至母體的推論、虛無假設、潛藏假定、推論錯誤的機率，以及存在於統計方面的顯著性。我已經在此處刻意地強調這些統計分析的面向，因為研究者經常忘記這些東西而逕自進行樣本統計值至母體母數值的推論。

　　在第五版裡更加強調了實際顯著性與統計顯著性之間的差異。如偏 eta 平方、V 以及 r 在此版本裡是新出現的效力量指標，呈現小、中、大效力量準則的表也是新增的。你也會發現第四版裡的效力量測量值（effect size measure）和關連強度指標（strength of association index）在此處僅僅意味著效力量（effect size）。這種改變是因為許多應用研究者將 eta 平方、偏 eta 平方、omega 平方、偏 omega 平方、V 和 r，視為效力量測量值或估計值。

陸　第四與第五版裡的重要類似點

　　在過去四年裡，一些人對我評論過這本書。大多數的評論皆為正面評價，而他們鼓勵我當本書再版的時候要維持第四版裡的兩大特徵。第一，我保持同樣的格式，以最近的期刊文章當作本書的核心結構。第二，我試著讓選錄以外

的文章內容易讀、易懂。

我已經努力維持第四版裡的這兩大特色。第一,我試著利用每個機會指出複雜的統計並不具備「點石成金」的功能。除非研究問題是有價值的,否則研究一開始就已經搞砸。據此,我不斷強調批判性地評量研究問題與虛無假設是評估任何研究潛在價值的第一步。

第二大特色關於選錄。跟以前一樣,我非常謹慎地選擇出現在此版裡的五百一十九篇選錄。許多選錄來自於涉及重要問題、精心設計、產出重要發現的研究。其他選錄所聚焦的主題無疑是很有趣的研究。藉由探討這些研究的研究問題與方法學,也許更多的讀者會接受研究可以是有趣並且與生活息息相關的觀點。

Schuyler W. Huck

諾克斯維爾,二○○七

譯者序

　　單純量化研究或混合方法研究的量化部分在電腦問世之前是一般人所不願意或無法碰觸到的，這是因為它牽涉到許多複雜的數學計算公式，而這些公式只屬於極少數研究人員的謀生工具。然而，隨著資訊化時代的來臨，套裝統計軟體的發展，統計技術的應用已經不再是少數人的專利，即使是一位小學生，請他輸入數字式的資料，再輕輕壓下一個按鍵，也會有統計結果的產出。

　　據此，一位訓練有素的研究者應該不只是懂得量化資料的輸入與輸出，他還必須能夠「完全理解」其所代表的可能實際意涵。「一知半解」的後果使得自己不但無法謙虛地宣稱所發現的真知灼見，還可能把一般無知的社會大眾推向危險的境地。本書的主要功能之一就是要幫助你成為一位具有批判性思考能力的高檔研究者。

　　除此之外，隨著知識的普及化，類似應用統計學這種在以往只有某些科目會使用到的學問，很可能在不久的將來會變成如「基本技能」一樣地被傳授。在凡事講求效率與科學證據的今天以及未來世界裡，誰敢保證法律系的學生在未來工作上就不需要看得懂有統計數字的專業醫學報告呢？如果你不瞭解愛滋病感染機率的實際統計意義，你很可能會輕易相信「1%」所帶給你的感覺而採取危險性行為或得到恐愛症。本書的主要功能之二就是要讓不具數學背景的人也能掌握統計的使用概念，進而提升個人在求學、工作，以及生活方面的品質。

　　Schuyler Huck 博士是我在美國留學時的指導教授。他幽默的教學風格與謙虛的學者作風得到了許多學生的讚賞。他對於親自指導的非美國籍留學生更是關懷備至。在我腦海中記憶深刻的兩件事情可以說明以上所言不虛。第一，他

確實在課堂上使用第十四章所提及的「西蒙遊戲」，讓學生明瞭什麼是重複測量變異數。第二，他在寒風中不慎感冒，只因堅持陪著我去學生事務處討回公道。

本書的統計專門術語翻譯盡量貼近英文原意並兼顧大眾使用性。然而，我還是強烈建議讀者能夠揣摩附註英文的意涵，這或許會讓你對於統計更有一種「感覺」。為了讓讀者更能體會附註英文的重要性，我想要在此特別強調一個翻譯名詞：母數（parameter）。如果讀者查閱英英字典，parameter 指的是「描述母體（population）的量」。如果讀者查閱英漢字典，parameter 大多會以「參數」二字呈現。台灣讀者會對「母數」與「無母數」感到熟悉；中國大陸讀者會對「參數」與「非參數」產生認同感。然而，請台灣讀者不要誤會「無母數檢定」就是「母體缺席的檢定」。

另外，書中摘錄自各類期刊的表格形式，和原創會有些微的不同，這完全是為了讓讀者閱讀方便的排版考量，請放心，呈現於表格裡的內容與原創是完全相同的。這所謂的些微不同之處，也只不過是多了讓讀者方便訊息搜索所使用的「直線」罷了。

至於中文版的內容正確理解度，我可以承諾在 99.5% 以上。這是因為我親自在美國於作者的指導下修讀了這門課兩學期，而英文版裡的些微意外錯誤也經過作者與我的一致同意之下，在中文版裡一併被校正。倘若讀者發現任何的瑕疵，請歸咎於本人的才疏學淺。

一本暢銷書自有其獨特的魅力，本書在美國已發行三十餘年，相信其內容是經得起考驗的。個人覺得此書有兩大特點：(1)不討論令人見而生畏的複雜數學公式；以及(2)清楚易懂的寫作風格。我當初在美國研究所留學時的外籍與美籍同學，都對本書給予極高的評價，除此之外，其他著名大學的教授也在其研究所或大學的課程裡，把此書列為課本或推薦讀物，這些都是我親眼所見之事。

最後，我想要恭喜你對本書產生興趣。因為你即將從它獲得與你付出相比之下不成比例的大回報。不僅如此，這本書的英文原版索價超過一百美金。現在，你只需要付出極低的價格，就能夠得到幾乎是原汁原味的東西了。這也是我感到欣慰的地方——讓知識產權降價，造福廣大的中文讀者。據說，玄奘大師花了將近四十年的時間從事取經與譯經的工作，事實上，我也是抱著同樣虔

誠的態度進行本書的翻譯。在此，我想要以一份「獻禮」的心情，把本書介紹
給你。願展讀愉快！

杜炳倫

台北

解讀統計與研究 READING STATISTICS AND RESEARCH

1　期刊文章的典型格式

幾乎所有涉及研究論著的期刊文章都以標題以及副標題的形式把文章分成 *1*
不同的段落。雖然在不同的期刊之間，標題以及段落次序的編排存在著差異，
但對於已出版的文章而言，的確存在著一種相對標準的格式。專業文獻的讀者
將會發現，如果能夠熟悉期刊文章的格式，以及通常會被包含在文章各段裡的
資訊種類，他們將能夠省下許多寶貴的閱讀時間。

我們現在就要去過目一篇特別的期刊文章。它傑出地闡明了許多作者在寫
作時會用來當作指引的基本格式。這篇範例文章裡的段落，可以整理成如下的
綱要形式：

1. 摘要
2. 引言
   a. 背景
   b. 意圖陳述
   c. 假設
3. 方法
   a. 參與者
   b. 材料
   c. 程序
   d. 統計步驟
4. 結果
5. 討論
6. 參考書目

現在讓我們共同來檢視以上每一項。

2

第一節 摘要

　　摘要（abstract），或 *précis*，它總結了整篇研究論著並且出現在文章的開頭。雖然一段摘要通常少於一百五十字，但是它簡明扼要地提供了以下訊息：(1)意圖的陳述或調查的目標；(2)參與者的描述；(3)參與者在研究期間做了些什麼的扼要說明；以及(4)重要發現的總結。

　　選錄 1.1 是來自於我們範例期刊文章的摘要。在絕大多數的文章裡，它是被緊跟著放在標題與作者姓名之後。因為縮排以及使用小字體印刷的關係，這段摘要很容易就能從此篇文章的其他部分當中區別出來。在一些期刊裡，摘要會用斜體字，藉以區別它與整篇文章的開頭段落。

選錄 1.1 • 摘要

　　本研究旨在調查內制控因（internal locus of control）與學術成就之間的假設關係。使用 Nowicki-Strickland 兒童制控因量表，施測於樣本數為一百八十七位八年級至十二年級的學生。分析指出，較高 GPA（譯註1）組別的學生在內制控因方面呈現了較高的分數。

來源：Shepherd, S., Fitch, T. J., Owen, D., and Marshall, J. L. (2006). Locus of control and academic achievement in high school students. *Psychological Reports, 98*(1), p. 318.

　　摘要的唯一目的就是提供讀者此研究的意圖、方法以及發現之扼要概觀。因此，大部分的摘要會指出為何要從事這項研究，研究者如何著手去試著回答感興趣的問題，以及研究資料被分析之後發現了什麼。即使選錄 1.1 的摘要相當的短，它毫無遺漏地處理了這些為何、如何，以及什麼的議題。

　　在一些文章當中，摘要將會提及用來分析此份研究資料的統計技術。然而大部分的摘要就像是選錄 1.1 那樣不包含任何的統計術語。因此，在典型研究文章裡的摘要是相當具有可讀性的，即使是對於那些並不具有與從事此項研究的研究者相同研究專業水準的人們來說。

譯註 1： Grade Point Average（GPA）意指學業成績總平均。

以諸如呈現在選錄 1.1 裡的摘要為基準，你可以決定在你面前的是你一直尋找的真實金礦或是與你的興趣一點關連也沒有。不管你對這整篇文章的簡要大意反應如何，摘要提供了一個具有實際用途的目的。請注意，僅僅透過閱讀摘要而忽略了整篇文章的其他部分，就認為自己已經找到了一座金礦是非常危險的。我將會在本章尾聲詳細地說明此一重要觀點。

第二節 引言

一篇文章的**引言**（introduction）通常包含兩個部分：研究**背景**（background）的描寫和研究**意圖陳述**（statement of purpose）。有時，如同在我們的範例期刊文章裡所見，引言的第三部分將會包含研究者的**假設**（hypotheses）。一篇期刊文章的這些組成構件相當重要。請花時間謹慎且緩慢地閱讀它們。

壹 背景

大部分的作者在他們的文章起頭處闡明驅使他們操作實證研究調查的動機。也許這位作者從與同僚以及學生的討論當中發展了一個可供研究的想法。也許前項研究產出了意外的結果，而因此促使當前的研究者想要去操作一項新的研究來看看是否先前的結果可以被複製。或者，也許這位作者想要瞭解兩種並駕齊驅的理論之中，哪一種能在其假說之下得到較多的資料支持。藉由閱讀文章的引言段落，你將會瞭解為何這位作者進行此項研究。

在描寫研究背景方面，作者們照例會強調他們的研究與其他先前已出版研究成果之間的關連。不論文獻的回顧是長或短，它的目的顯示出作者目前的工作可以被視為先前知識的延伸。這類的討論是學術工作的特徵。偶爾，研究者會著手一項研究，而這項研究的概念與前人所調查或寫過的東西無關，然而這類研究是很稀少的。

選錄 1.2 來自於我們的範例文章。雖然僅僅只有兩個段落的長度，引言導入的部分確已經為作者的研究調查討論做好了準備。如果你閱讀這兩個段落，我想，可能除了一個專業研究術語之外，你將會瞭解一切事物。

在選錄 1.2 的第二段，研究者使用了一個叫作後設分析檢閱（meta-analysis review）的術語。簡單地說，**後設分析**就是研究者試圖去評估關係的強度或介入的價值，並藉由檢閱其他研究並且結合那些稍早研究的發現，而提出一個奠基於多重而不是單一研究之上的發現。後設分析類似於詢問一些人對於最近一部新上映電影的看法。藉由把眾多意見集合起來，關於去或不去看這部電影，你也許就能夠做出一個比較好的決定。

在本書裡，我們將不去考量研究者進行後設分析調查時所使用的統計程序。相反地，此處的焦點放在那些可能成為後設分析原料的單一研究之上。這麼做是有兩個理由的。第一，你比較有可能遇見的是單一研究成果而不是後設分析。第二，在單一研究成果被併入後設分析研究之前，瞭解單一研究過程到底葫蘆裡賣的是什麼藥是非常重要的。為了某些考量，後設分析沒辦法再比它的組成成分還要好。這些考量是：所選擇樣本的限制性、所使用的測量工具以及所採用或不予採用的統計程序；以上皆會使許多的個別研究不適於被包含在同一後設分析裡。一句俗諺可以套用在後設分析以及分析數據的電腦上：「垃圾進去，垃圾出來。」

選錄 1.2 ● 背景

制控因（Rotter, 1954）是人格心理學領域裡最常被研究的建構（Leone & Burns, 2000）。制控因被定義為人們歸因成就與失敗於內在因素（努力、能力、動機）或外在因素（機會、運氣、他人行為）的傾向（Rotter, 1966）。之前的研究指出，制控因與學生對於學校參與以及成就的態度有關（Nunn, Montgomery, & Nunn, 1986）。

近期的研究（Skaalvik & Skaalvik, 2004）已重述高中學生自我效能（self-efficacy）與成績之間的關連性。具體地說，較高的學習成就與較高的內制控因有關。Kalechstein 和 Nowicki（1997）進行了一項後設分析研究並重述了其間的關連性，但是他們強調了多樣本的缺乏。過去的研究已勾勒出學術成就與制控因之間的概略關連，並為目前的新樣本研究提供基礎。

來源：Shepherd, S., Fitch, T. J., Owen, D., and Marshall, J. L. (2006). Locus of control and academic achievement in high school students. *Psychological Reports, 98*(1), p. 318.

貳 意圖陳述

在討論完研究背景之後，作者通常會陳述研究的特定意圖或目標。意圖陳述是期刊文章中一個最重要的部分。因為，從某種意義上來說，它闡明了作者的「目的地」。我們比較不可能單從研究發現與結論的角度來評估這趟旅程是否是成功的，除非我們確信作者要去哪裡。

意圖陳述可以如同句子般地短或段落般地長。它可以出現在引言的任何地方。不管意圖陳述的長度或被置於何處，如果研究者以這樣的措辭開頭：「本研究的意圖是……」或「本調查是為了去比較……」，你將能夠毫不費力地發現它。在選錄 1.3 裡，我們從範例期刊文章中看見了意圖陳述。

選錄 1.3 ● 意圖陳述

5

沒有發現近期的研究以抽樣自多所中學的各年級非裔美國人為代表樣本來進行檢定。目前的研究符合這三項標準^(譯註 2)。研究的目標是比較來自於多校與各年級學生樣本中較高 GPA 組與較低 GPA 組在制控因上的得分。

來源：Shepherd, S., Fitch, T. J., Owen, D., and Marshall, J. L. (2006). Locus of control and academic achievement in high school students. *Psychological Reports, 98*(1), p. 318.

參 假設

在說明了研究企圖和目標之後，一些作者揭露了研究開頭處的假設。其他作者並不這樣做，要不是因為他們沒有任何確定的期望，就是他們認為懷抱預感（hunch）對於研究者而言是不科學的，因為預感可能扭曲了資料的詮釋與蒐集。即使有案例顯示（你將會在第七章見到），一位研究者可以不需要事物將會如何產出的假設而操作一項優質的研究，並且即使立場中立對於研究者而言是重要的，確認研究者的假設為何具有絕對的益處。簡言之，與假設相比的結果通常是比無假設相比的結果更具有教育性。據此，我稱讚那些在引言部分

譯註 2：(1)多所中學，(2)各年級，(3)非裔美國人。

揭露任何他們所持有的先入假設之研究者。

選錄 1.4 來自於我們的範例期刊文章。它包含了研究者在其制控因與成績的研究裡所陳述的不同假設。根據在文章的前兩段所引述的研究發現，高 GPA 組別的學生比起低 GPA 組別的學生具有較多的「內在」導向。在種族和性別方面，研究者僅分享了他們的假設：種族以及性別因素（與 GPA 因素相比之下）和制控因之間具有微弱的（或也許不存在的）關連。

選錄 1.4 ● 假設

高 GPA 組被假設是具有較高的內制控因。種族以及性別在制控因上的差異被假設是與學術成就相比之下較不明顯的因素。

來源：Shepherd, S., Fitch, T. J., Owen, D., and Marshall, J. L. (2006). Locus of control and academic achievement in high school students. *Psychological Reports, 98*(1), p. 318.

6

在大部分的文章裡，背景、意圖陳述以及假設並不會有個別的標題，也不會同時被放在一個共同標題之下。如果真有一個共同使用的標題，那麼引言或許是最適當的，因為此三項目為整篇文章的實質內容做好了過程以及結果闡述的準備。

第三節 方法

在期刊文章的**方法**（method）段落裡，作者將會詳細地解釋此研究是如何被操作的。理想上，這樣的解釋應該包括足夠讓讀者進行複製的資訊。為了完成這項目標，作者會說明三個問題：(1)誰參與了此項研究？(2)使用何種測量工具去蒐集資料？以及(3)參與者被要求做些什麼？以上問題的答案通常被置於方法段落裡適當的副標題之下。

壹 參與者

在研究裡提供資料的個人（或動物）均被視為**參與者**（participant）或**對象**（subject）（在一些期刊當中，縮寫 *S* 代表一個對象，*Ss* 代表一群組對

象）。在此段落裡，作者通常會指出使用了多少參與者或對象、參與者是誰以及他們是如何被選擇的。

　　參與者的周全描寫是必需的，因為研究結果常會因為參與者類型的不同而產生差異。這意味著研究結論，在絕大部分的情況之下，只適用於那些和研究者所使用之參與者及對象類似的個人（或動物）身上。例如，如果兩種諮商技術被比較並且發現兩者在幫助案主釐清目標的效能上沒有差異，不容分說地，研究者必須指出參與者是高中學生、成人或精神醫院病人。對一位諮商員而言，在精神醫院有效的諮商技術也許在高中變得無效（反之亦然）。

　　作者指出如何獲得參與者也是相當重要的。他們是自願者嗎？他們是從潛在的資源庫裡被隨機選取的嗎？有使用任何特別的選擇標準嗎？研究者僅使用了特定的高中或大學班級的所有成員嗎？如同你將在第五章所見，樣本選擇的特定程序允許結果概括遠超於在此研究裡所使用的特定個人（或動物），然而其他的樣本選擇程序反而限制了概括的有效範圍。

　　選錄 1.5 來自於我們的範例期刊文章。標示為「參與者」，它是整篇文章方法段落裡的第一個部分。

選錄 1.5 ● 參與者

　　參與者是一百八十七名肯塔基州公立中學的學生。資料蒐集自三座城市的七所學校。學生的年紀從十四至十九歲並且就讀於八至十二年級裡。有八十一位女生（43.3％）和一百零六位男生（56.7％）。樣本包含了一百二十五位白人（66.8％）、四十九位非裔美國人（26.2％）、四位美洲原住民（2.1％），以及兩位西班牙和亞洲學生（1.1％）。年級九、十、十一以及十二的學生數分別有五十七、七十二、三十二以及十九位。七位在九年級以下。平均年齡為十六歲。

來源：Shepherd, S., Fitch, T. J., Owen, D., and Marshall, J. L. (2006). Locus of control and academic achievement in high school students. *Psychological Reports, 98*(1), p. 319.

貳 材料

　　期刊文章的這個段落通常被標示為以下五種方式之一：**材料**（materials）、**設備**（equipment）、**裝置**（apparatus）、**工具**（instruments），或**量表**（scales）。不管其標示為何，文章的此部分包含研究中所使用的器具（除了參與者）。此處的目的，如同落在方法段落標題下的其他段落一樣，是去盡可能清晰地描繪做了些什麼，以使其他研究者能複製此研究並且觀察結果是否保持原狀。

　　假使，舉例來說，研究者進行一項研究來觀察男性與女性在評估不同服裝款式上的差異。為了使他人能夠複製此項研究，研究者將需要指出參與者是否看過實際的衣服或是衣服的照片（而如果是照片，它們是否是印刷物或是幻燈片、尺寸多大、是否是有顏色的），當參與者觀察時，衣服是否是穿過的（而如果是的話，是誰穿了這件衣服），包括什麼樣特定的衣服款式，有多少件衣服被評估，誰製作了這些衣服以及其他相關的細節。如果研究者沒有提供這些資訊，將會使其他人無法複製此項研究。

　　通常，唯一涉入的材料是用以蒐集資料的測量工具。這樣的測量工具——不論是機械式的多樣化（例如：碼錶）或是紙筆的多樣化（例如：問卷）——都應該被非常仔細地描述。如果測量工具是全新且特別為此研究所做的設計，研究者將會照例地報告有關於此工具的專業心理衡鑑特質。一般來說，研究者會藉由討論以此新工具所產生的信度與效度分數來完成此項任務[註1]。即便使用了一個現存且聲譽卓越的測量工具，研究者也應該明確地說出什麼工具被使用了（藉由指出種類、模型號碼、出版日期等）。研究者將會需要去瞭解這些資訊，當然，是在整篇研究能夠被嘗試去複製之前。除此之外，研究者應該提及發展此一測量工具者所引述的信度與效度。理想上，作者應該提供以此工具施測於他們*自己的*研究樣本所產生之信效度係數，即便使用的是現存的工具。

　　選錄 1.6 包含了來自於我們範例期刊文章的材料段落。這裡的材料被稱作

8

註1：　稍後，在第四章，我們將會談論更多研究者如何提出多樣證據去為其工具的專業長處來辯護。

選錄 1.6 • 材料

　　學生們被給予 Nowicki-Strickland 兒童制控因量表（Nowicki & Strickland, 1973），這是一份有四十道二分法問題的紙筆測驗。之所以選擇此份量表是因為它是為兒童及少年所寫，發表過的信度與效度是令人滿意的，並且已被過去研究廣泛使用。題目是奠基於之前被 Rotter（1954）所定義的內－外制控。如果回答的是偏外在的答案，每一題得 1 分；分數越高，答題者就越具有外在導向。相反地，內在導向的答案得分數是 0 分。十二至十五歲兒童（n = 54）的重測信度（test-retest reliability）在六週期間是.75。並且，十年級樣本的重測信度是.71。九至十一年級常模樣本的史匹爾曼－布朗折半信度（Spearman-Brown split-half reliability）是.74。建構效度（construct validity）奠基於與量表分數之間的相關，如 Bialer-Cromwell 量表，產出了相當的估計值。與其他建構的相關（associations）指出同時效度（concurrent validity）是足夠的。一道樣本問題如「你是不是常常為了不是自己犯的錯事而被責罵？」

來源：Shepherd, S., Fitch, T. J., Owen, D., and Marshall, J. L. (2006). Locus of control and academic achievement in high school students. *Psychological Reports, 98*(1), p. 319.

「量表」，因為研究資料的蒐集是藉由施測兩份紙筆測量工具於此研究參與者而得來的。

　　此段的研究報告包含了數個重要的統計術語與數值。更明確地說，有五個專業術語被包含在選錄 1.6（重測信度、史匹爾曼－布朗折半信度、建構效度、同時效度，以及「相關」）和三個數值（.75、.71、.74）。在第四章裡，我們將會聚焦於和測量有關的概念以及數字式的摘要。

　　在大部分的實證研究裡，**依變項**（dependent variable）是緊密地與用於蒐集資料的測量工具聯結在一起的。事實上，許多研究者操作上地定義依變項是同等於使用研究工具測量時，從人們身上所得來的分數。即使這種作法是廣泛的（特別是在統計顧問當中），但我們必須知道：認為依變項和資料是一起且一樣的想法是不明智的。

　　雖然有許多不同的方式去概念化什麼是依變項，一個簡單的定義在大部分的情況裡是有益的。根據此定義，一個依變項僅僅是參與者的一項特徵；參與

9

者：(1)是研究者所感興趣的；(2)並不都具有同一等級或同樣模式；(3)是研究者資料蒐集的標靶。因此，在一項比較男女智力的研究中，依變項將會是智力。

在我們的範例文章中，有數種研究者所關心的變項。它們是 GPA、制控因、年級、年齡和種族。就某種意義上來說，這五種變項都是依變項。在本書其他章節你將會學到，有時候當資料被分析時，一項特定的統計分析會使一個假定的依變項呈現出「獨變項」（independent variable）的作用。例如，在我們的範例研究中，當研究者分析資料去評估其主要假設（GPA 與制控因之間的連結性）時，GPA 被視為是一個獨變項。現在，當依變項變成獨變項時，別擔心「角色互換」。我保證這個可能令人困惑的變項標記將會在以後的章節裡變得非常清楚。

參　程序

研究如何被操作是在期刊文章的**程序**（procedure）段落裡被解釋的。在這裡，研究者闡釋了在調查期間當中，參與者做了些什麼或在他們身上被做了些什麼。有時，作者甚至會給參與者一份逐字的指南。

請記住，方法段落裡之所以包括了程序這部分，是為了使讀者能夠進行研究複製。為了達成這項目標，作者必須清楚地勾勒出被遵循的程序，提供以下問題的解答：研究在何地被操作？誰操作了此項研究？事件發生的次序為何？在研究完成之前有任何參與者或對象退出嗎？（在第五章，我們將觀察到對象的退出能使結果被曲解。）

選錄 1.7 是來自於我們範例文章的程序段落。即使這個段落相當簡短，它提供了關於誰蒐集資料、發生的時間點、完成的地點等資訊。除此之外，研究者指出蒐集資料是有獲得允許的。

10

9

選錄 1.7 • 程序

三位來自不同中學的教師協助資料的蒐集。在獲得了兒童、家長、校長的允許之後，這三位班導師被給予研究資料袋，包括一份同意聲明、一份人口統計學（demographic）表格，以及 Nowicki-Strickland 制控因量表。同意參與的學生在課堂上完成表格和調查問卷並放在信封裡交還給教師。學生在給予的表

格上報告其 GPA。被抽樣班級裡的所有學生參與了本研究。

來源：Shepherd, S., Fitch, T. J., Owen, D., and Marshall, J. L. (2006). Locus of control and academic achievement in high school students. *Psychological Reports, 98*(1), p. 319.

肆　統計步驟

在大部分的研究報告裡，研究者將會指出用於分析他們資料的統計步驟。在某些報告裡，這類資訊將會被呈現在靠近方法段落的結束之處；在其他一些報告裡，研究者的統計工具列表會被置於研究結果段落的開頭。選錄 1.8 來自於我們範例文章方法段落的最終部分，而它被稱作**分析**（analyses）。

選錄 1.8 ● 分析

為了本研究的目標，自我報告的 GPA 在四點量表上是 3.0 的、A 等或 B 等成績的，用以組成較高 GPA 組；那些低於以上成績的學生組成較低 GPA 成就組。以 t 檢定（t-test）比較兩組在制控因導向上的測量。相關性也會被探討。

來源：Shepherd, S., Fitch, T. J., Owen, D., and Marshall, J. L. (2006). Locus of control and academic achievement in high school students. *Psychological Reports, 98*(1), pp. 319-320.

在選錄 1.8 裡，我們瞭解到了學生們被分成兩組的依據是他們自我報告的 GPA。然後作者指出他們使用 t 檢定去比較兩組學生在制控因上面的得分（我們將會在第十章討論 t 檢定）。研究者也報告了「相關性會被探討」（在第三章，我們將會檢視相關性的論題）。

第四節　結果

有三種方式報告實證研究的結果（results）。首先，結果可以僅僅以文字的方式呈現在文章正文裡。第二，它們可以被摘要成一個或多個表格。第三，結果可以藉由**圖示**（figure）來呈現。研究者經常會結合以上方式來幫助讀者對於研究結果取得一個較為完整的瞭解。在選錄 1.9 裡，我們將會看見作者藉

由兩段文字段落以及三個資料表格來呈現他們的研究結果。

選錄 1.9 包含了許多統計術語、縮寫，以及數字式的結果。如果此時你發現自己無法消化這些材料，請不要慌張或認為這些統計呈現超乎能力所及。在此選錄裡的所有東西會在爾後的第二、三以及五至十章裡被說明。在讀完那些章節時，你將能夠毫無困難地解讀選錄 1.9 的統計結果。

選錄 1.9 • 結果

在 Nowicki-Strickland 制控因量表（1973）上較高的分數意味著較多的外制控因。男孩的平均數是 14.5（SD ＝ 4.6），而女孩的平均數是 14.2（SD ＝ 4.5）。表一呈現了 GPA 與制控因分數之間的關係。

表一　制控因平均數（mean ＝ M）與標準差（standard deviation ＝ SD）以自我報告的 GPA 為基準

GPA	n	M	SD
A	48	12.7	3.8
B	68	13.7	5.0
C	58	15.7	4.3
D	12	15.6	5.0
F	2	19.5	4.5

以 GPA 分組的學生所進行的制控因平均數 t 檢定顯示在自我報告較高 GAP 組（$M = 13.3, SD = 4.5$）和較低 GPA 組（$M = 15.8, SD = 4.7$）之間存在顯著差異（$t_{185} = 3.55, p < .0005$）。效力量（effect size）為 .25 是小的（Cohen, 1988），使用 GPower（Erdfelder, Faul, & Buchner, 1996）計算檢定力（power）為 .56。在種族分組的制控因上沒有發現顯著差異；在種族分組的 GPA 與制控因之間得到負值皮爾森相關（Pearson correlations），見表二。

表二　種族和 GPA 之制控因平均數、標準差，以及相關

種族	n	M	SD	r
非裔美國人	49	14.0	4.6	－.37
白人	125	14.2	4.8	－.26

註：沒有其他種族組別包含超過五件案例。制控因分數越高則表示外制控越高，負相關反映了一個正面的關係。

不管種族因素，在外制控因上獲得較高分數的擁有較低的 GPA。在表三裡，只有自我報告的 GPA 具有統計上的顯著相關。

表三　制控因與獨變項之間的皮爾森積差相關（Pearson Product-Moment Correlations）

變項	係數	*p*
GPA	$-.27$	$<.0005$
年級	.07	.35
性別	$-.02$	.81
年齡	.01	.17

來源：Shepherd, S., Fitch, T. J., Owen, D., and Marshall, J. L. (2006). Locus of control and academic achievement in high school students. *Psychological Reports, 98*(1), pp. 320-321.

　　即便期刊文章的**結果**（results）段落包含一些關於研究的最具決定性（或決定性）資訊，專業文獻的讀者常會忽視它。他們如此做是因為典型的結果段落充滿了不會在日常生活溝通上使用的統計術語和註解。據此，許多學術研究報告的讀者完全跳過結果段落，因為它似乎是來自於另一個星球。

　　如果你要成為一位能分辨研究文章好壞的「消費者」，你必須培養能力去閱讀、去理解，以及去評估作者所提供的結果。不具備這些能力將會被強迫照單全收那些印出的文字。研究者也是人，而人是會犯錯的。不幸地，編輯校閱者無法抓出全部的錯誤。結果是，有時文章中所討論的結果部分與呈現在表格裡的結果出現不連貫現象。偶爾，研究者使用了不恰當的統計檢定。更常發生的是，從統計結果所導出的結論遠超出現行資料的實際範圍。

　　你毋須成為一位聰明的數學家才能瞭解與評估大部分期刊文章的結果段落。然而，你必須熟悉研究者所使用的術語、符號以及邏輯。此書的撰寫是幫助你達成此一目標。

　　請再一次過目選錄 1.9。包含在裡面的資料是被認真且完整地呈現以助於你的理解。很不幸地，許多讀者錯失了接受此一資訊的機會，因為他們缺少解讀的必要技巧或對於統計的呈現感到恐懼。本書的其中一個目標就是幫助讀者獲得（或精進）他們的解讀技巧。為此，我希望呈現的是：任何人沒有理由對包含在專業研究報告裡的東西心生恐懼。

解讀統計與研究 READING STATISTICS AND RESEARCH

第五節 討論

　　期刊文章的結果段落指出統計分析的專業報告是如何產出的，然而**討論**（discussion）段落通常是結果的非技術性闡釋（nontechnical interpretation）。換句話說，作者通常使用討論段落去解釋結果對於此研究中心目標的意義。意圖的陳述，出現在靠近文章的開頭，通常包含一個潛在或明顯的研究問題；討論段落應該對這個問題提供一個直接的答案。

　　除了告訴我們結果意味為何，許多作者使用這個部分去解釋為何他們認為結果是如此。即便這樣的討論偶爾會在資料支持研究者預期（hunch）的文章中被發現，作者更傾向於指出獲得的結果與他們的期望不連貫的原因。如果出現一個或多個數值明顯不同於其他的數值，研究者可能在討論段落裡討論此一不尋常的發現。

　　有時作者會使用討論段落去建議進一步的研究想法。即使結果不如研究者所希望的那樣，它也可能相當有價值，因為這或許促使研究者（或其他人）去指認需要被進行的新種類研究。雖然這種形式的討論與未出版的碩士論文以及博士論文較有關連，你也會偶爾在期刊文章中碰見。

　　必須注意的是有些作者使用**結論**（conclusion）而不是討論來標示期刊文章的這一部分。這兩個措辭是互換使用的。因此，發現一篇文章同時包括討論段落以及結論段落是不尋常的。

　　選錄 1.10 包括了出現在我們範例期刊文章中的討論段落。請注意作者如何使用第一段去爭論他們的主要假設被研究的實際證據所支持。在第二段，作者指出他們的研究是重要的，因為它填補了先前研究者所指認的文獻空白。

　　在第三段，作者指出了其研究的詮釋限制。這些研究者值得讚賞，因為指出了與其研究相關的潛在問題；這些問題是因為資料來自於自我報告的測量，在另一方面，對於可能混淆的變項也沒有任何控制。不幸地，許多研究者沒有討論他們調查的潛在缺點。那也就是為何你需要磨練你的技巧去解讀以及批判奠基於統計的研究報告。

14

選錄 1.10 ● 討論

　　以中學生為樣本，制控因與學業成就之間的顯著關係支持了先前發現（e. g., Skaalvik & Skaalvik, 2004）。較高的學業成就與制控因分數相關並指出更內在的制控傾向。根據 Janssen 與 Carton 的研究（1999），被分類為外制控因的大學生易於遲交作業並且比較可能被作業的困難度所影響；這兩種現象也許會降低學業成就。在所考量的變項當中，其中一個呈現了制控因與學業成就之間的關係具有統計上的顯著性。

　　Kalechstein 與 Nowicki（1997）建議學業成就與制控因關係的進一步研究是有根據的，因為先前的研究樣本大都是白人。目前的研究包含了與先前研究一致的發現，而樣本是基於多所學校的大範圍非裔美國學生。

　　本研究的數個詮釋限制是明顯的。制控因與學生的成就分數是透過自我報告獲得的，如此會有個人偏誤。並且，可能令人困惑的變項如社經地位和社區支持可解釋其平均差異。這些變項似乎可能是一部分相關的叢集因子而影響學生的成就。

來源：Shepherd, S., Fitch, T. J., Owen, D., and Marshall, J. L. (2006). Locus of control and academic achievement in high school students. *Psychological Reports, 98*(1), p. 321.

第六節　參考書目

　　一篇期刊文章通常包括一份書籍、期刊文章以及其他資料來源的名冊。大部分的項目很可能在靠近文章開頭處的文獻回顧裡被提及。選錄 1.11 是來自於我們範例文章的**參考書目**（references）段落。

　　如果你想要知道更多有關於你正在閱讀的特定研究，參考書目可以是非常有幫助的。期刊文章以及研討會論文通常被設計去涵括一項特定的研究或一種學科的窄意領域。不同於更加延伸的寫作（例如：專題著作以及書籍），它們僅僅包括了一部分的背景資訊以及能夠協助讀者瞭解此研究之有關調查的部分描述。閱讀參考書目裡的書籍以及文章將提供你一些這方面的資訊，並且很可

15

能給予你更清晰的理解：關於作者為何以及如何操作這項你剛剛才閱讀過的特定研究。在獵取任何特定的參考書目項目之前，回頭閱讀包含原本引述的句子或段落是個好主意。這麼做將給予你一個關於每一項參考書目內容的整體概念。

選錄 1.11 ● 參考書目

Cohen, J. (1988) *Statistical power analysis for the behavioral sciences*. (2nd ed.). Hillsdale, NJ: Erlbaum.

Erdfelder, E., Paul, F., & Buchner, A. (1996) GPOWER: a general power analysis program. *Behavior Research Methods, Instruments, & Computers*, 28, 1-11.

Janssen, T., & Carton, J. (1999) The effects of locus of control and task difficulty on procrastination. *Journal of Genetic Psychology*, 160, 436-443.

Kaleschstein, A. D., & Nowicki, S., Jr. (1957) A meta-analytic examination of the relationship between control expectancies and academic achievement. *Genetic, Social, and General Psychology Monographs*, 123, 29-37.

Leone, C., & Burns, J. (2000) The measurement of locus of control: Assessing more than meets the eye? *The Journal of Psychology*, 134, 63-76.

Nowicki, S., & Strickland, B. R. (1973) Locus of control scale for children. *Journal of Counseling & Clinical Psychology*, 40, 148-154.

Nunn, G. D., Mongomery, J. D., & Nunn, S. J. (1986) Criterion-related validity of the Nowicki-Strickland Locus of Control Scale with academic achievement. *Psychology: A Quarterly Journal of Human Behavior*, 23, 9-11.

Rotter, J. B. (1954) *Social learning and clinical psychology*. New York: Prentice-Hall.

Rotter, J. B. (1966) Generalized expectancies for internal versus external control of reinforcement. *Journal of Educational Research*, 74, 185-190.

Skaalvik, E. M., & Skaalvik, S. (2004) Self-concept and self-efficacy: A test of the internal/external frame of reference model and predictions of subsequent motivation and achievement. *Psychological Reports*, 95, 187-202.

來源：Shepherd, S., Fitch, T. J., Owen, D., and Marshall, J. L. (2006). Locus of control and academic achievement in high school students. *Psychological Reports, 98*(1), pp. 321-322.

第七節　　註解

　　在靠近研究報告開始或結束之處，作者有時呈現一個或更多的**註解**（no-tes）。一般而言，作者使用註解是有三個理由的：⑴感謝他人協助此研究或專業報告的準備；⑵澄清稍早在期刊文章中所討論的東西；以及⑶指出感興趣的讀者如何聯繫他們去討論此項特定研究或其他在未來也許會被進行的研究。在我們的期刊文章裡有一個註解。這個註解包含了第二位作者的郵遞住址與電郵。

16

第八節　　兩點最後的評論

　　在我們來到此章終結之處時，我想下兩點評論。一點關於研究不同組成部分當中的交叉連結性。另一點關於這些組成的第一部分：摘要。

　　在此章，我們詳細分析了一篇聚焦於 GPA 與制控因分數在八至十二年級生當中的關係。以段落式的過目這篇特定的文章時，你也許得到一個印象：組成文章的每一個不同部分都可以被分開解讀與評估。然而，你不應該帶有這樣的想法，因為一篇精心準備的調查報告之不同部分是緊密連結在一起而形成一篇完整的研究。

　　在我們的範例文章裡，研究者有一個主要的假設。這個假設出現在選錄1.4。同樣的假設聚焦於此篇研究報告結果部分的第一段（看選錄 1.9），討論部分的第一段（看選錄 1.10），以及摘要的第三句話（看選錄 1.1）。準備這篇期刊文章的作者們值得被讚賞，因為他們一直保持聚焦於此研究的中心假設並且清楚地呈現假設與其發現之間的連結性。不幸地，許多期刊文章在其組成要件之間呈現了非常鬆散（有時無法看出）的連結。

　　我最後的評論是個警示。簡單地說，別因為僅僅閱讀了摘要，就認為已足夠瞭解整篇研究而不再繼續閱讀下去。如同之前所陳述的，摘要給予你一篇研究的輪廓，也因此能使你決定這篇文章是否符合你的興趣。如果與自己的興趣

相符合，有兩個理由讓你需要繼續閱讀整篇文章。第一，摘要裡的結果總結也許與出現在結果段落裡的資訊不相符合。第二，你不可能適當地評估結果的品質——即使它們一貫地呈現在整篇文章的摘要、結果以及討論段落——而不去瞭解誰或什麼被測量了、測量如何被進行，以及什麼種類的統計程序被採用。

如果你僅僅閱讀摘要，然後運用摘要的資訊去擴充你的現有知識或指導你自己的研究計畫，你很可能不進反退，因為在許多摘要裡所報告的發現是錯誤的。為了分辨摘要是否是可信的，你需要去閱讀整篇文章。本書接下來的章節可以幫助你讓這項重要任務變得更容易一些。

17

術語回顧

摘要（abstract）	方法（method）
分析（analyses）	註解（notes）
依變項（dependent variable）	參與者（participants）
討論（discussion）	程序（procedure）
圖示（figure）	參考書目（references）
假設（hypotheses）	結果（results）
材料（materials）	對象（subject）

閒話統計

1. 作者在學期初，以電子郵件寄給修「統計與研究」這門課學生的一封信。
2. 涵括第一章內容的一個線上互動練習題（提供立即的回饋）。
3. Gary Gildner 的詩，名為「統計」。
4. 關於第一章內容的五個迷思。

相關內容請參考：www.ablongman.com/huck5e

2 敘述統計學：單變量實例

此章我們將探討用於總結單一依變項資料的敘述性方法。這些技術本質上是**單變量**（univariate），因為只有一個變項涉入（在第三章，我們將過目數個為**二變量**（bivariate）設計的方法——也就是，資料從兩個依變項蒐集而來的情況）。

我們藉由閱讀用圖表方式做總結的數種資料來開始本章。這些所謂的圖表方法包含了次數分配、莖葉圖、直方圖，以及長條圖。接著，探討分配模型的主題；在此，你將學習何謂常態、偏斜、雙峰或矩形分配。之後，我們檢視集中趨向的概念以及用於呈現一組資料平均數的不同方法。然後我們把注意力轉向研究者通常如何在他們的資料集裡總結變異性或分散性；這些方法包含了全距的四種類型、標準差和變異數。最後，我們探討兩種標準分數：z 和 T。

第一節 圖表方法

在此部分，我們探討一些為了總結資料而產生的圖表方法。我們就以考量三種不同的次數分配，開始敘述統計學的討論吧。

壹 次數分配

次數分配呈現有多少人（或動物或對象）是類似的：藉由測量依變項，他們最後可以被歸在同一類或得到相同的分數。有三種次數分配常出現在出版的期刊文章裡：簡單（或非分組）、分組，以及累積。

20

　　在選錄 2.1 裡，我們看見了一個**簡單次數分配**（simple frequency distribution）的範例，也稱作**非分組次數分配**（ungrouped frequency distribution）。在左欄的是聚焦於人們的知覺―探索思維在量表上所得的分數。在中欄的數字指出在每一個可能得分上有多少參與者（因此，有四人得 0 分，另外四人得 1 分，依此類推）。在右欄的數值指出全組在每一個可能分數上的百分率。

選錄 2.1 • 簡單次數分配

表二　參與者知覺―探索分數（TAS）的分配

TAS	次數	百分率
0	4	5.1
1	4	5.1
2	3	3.8
3	7	9.0
4	7	9.0
5	6	7.7
6	17	21.8
7	6	7.7
8	7	9.0
9	6	7.7
10	11	14.1
總計	78	100.0

來源：Rosenbloom, T. (2006). Sensation seeking and pedestrian crossing compliance. *Social Behavior and Personality, 34*(2), p. 116.

　　選錄 2.1 的兩個特徵值得注意。第一，作者使用次數（frequency）來標示中欄的數值。有時你會看見數量（number）或縮寫 f 作為替代。第二，中欄底部的數值有時被標籤為 N，以此來呈現組裡的人數。

　　選錄 2.2 展示了次數分配如何幫助我們瞭解群組裡關於某些類目（而不是數字）變項的特徵。在這選錄的研究裡，研究者比較了兩組人——戒斷藥物的藥物濫用者以及未使用藥物者——在不同任務上的表現。展示在此的次數分配

選錄 2.2 • 質化變項之簡單次數分配

表二　藥物濫用的歷史

濫用的藥物	藥物濫用者	
	No.	%
大麻	6	29.0
古柯鹼	1	4.8
大麻／古柯鹼	4	24.0
多重藥物（不含海洛因）	3	15.0
多重藥物（包含海洛因）	6	29.0

來源：Fishbein, D., Eldreth, D., Matochik, J., Isenberg, N., Hyde, C., London, E. D., Ernst, M., and Steckley, S. (2005). Cognitive performance and autonomic reactivity in abstinent drug abusers and nonusers. *Experimental and Clinical Psychopharmacology, 13*(1), p.28.

是為了呈現戒斷組裡個人的「用藥歷史」。

　　在選錄 2.3 裡，我們看見了一個**分組次數分配**（grouped frequency distribution）的範例。這個次數分配是關於大學生使用 web-based triage（一種網路醫療照護系統）的抱怨。經過四個月的期間，總共有 1,290 次的聯繫，並記錄了每次聯繫時的主要抱怨（最常的抱怨是喉嚨疼痛）。選錄 2.3 的資訊是為了呈現大學生在使用此系統之前與他們的問題共處了多長的時間。

　　在選錄 2.3 裡的表格是一種分組次數分配，因為左欄每列都有一組可能的持續時間。這種把主要抱怨歸類進持續時間的方式——專業上稱為**分組區間**（class intervals）——允許資料被摘要成更簡潔的形式。如果這些資料以非分組次數分配的形式來呈現，那麼很可能需要九列或更多的空間。

21 選錄 2.3 • 分組次數分配

表三　主要抱怨的持續時間

持續時間	f	%
< 1 d	184	14.3
1-3 d	413	32.0
4.7 d	209	16.2
> 1 w	484	37.5
總計	1290	100.0

來源：Sole, M. L., Stuart, P. L., and Deichen, M. (2005). Web-based triage in a college health setting. *Journal of American College Health, 54*(5), p.292.

22 　　除了簡單以及分組次數分配之外，**累積次數分配**（cumulative frequency distribution）有時也出現在期刊文章中。藉由這種摘要方式，研究者透過標示著**累積次數**（cumulative frequency）或累積百分率（cumulative percentage）的欄位，告訴我們有多少被測量的對象得到任何特定的分數和其他較低的分數（或有多少分數落在特定的分數區間和其他較低的區間）。這種次數分配可見選錄2.4。注意 55.2 的累積百分率之獲得是藉由：(1)加總 1、2、14 和 42；(2)除以次數的總和 107；以及(3)乘以 100。或者，你可以藉著加總在百分率欄位的最上面四個數值來獲得同樣的累積百分率。

選錄 2.4 • 累積次數分配

表一　SMOG 得分的次數分配

SMOG 得分	次數	%	累積%
七年級	1	0.9	0.9
八年級	2	1.9	2.8
九年級	14	13.1	15.9
十年級	42	39.3	55.2
十一年級	39	36.4	91.6
十二年級	9	8.4	100.0

來源：Wegner, M. V., and Girasek, D. (2003). How readable are child safety seat installation instructions? *Pediatrics, 111*(3), p. 589.

貳　莖葉圖

　　即便分組次數分配提供了資料集裡分數的資訊，它還是帶著「資訊遺漏」的限制性。次數告訴我們有多少資料點落入每一個分數連續體（continuum）的區間，但是它們沒有指出，在任一個區間裡，分數是多大或多小。因此，當研究者藉由把一組原始分數搬進分組次數分配來摘要他們的資料時，原本分數的精確性將會喪失。

　　莖葉圖（stem-and-leaf display）就像是沒有「資訊遺漏」問題的分組次數分配。要達到這個目標，研究者首先在想像的垂直線左邊設定分數區間。這些區間，集體地被稱為莖，以編碼的方式呈現每一個區間的最低分。然後，在垂直線的右邊，記錄落入每一個區間的被觀察分數的最後一個數值。選錄 2.5 呈現了一個莖葉圖的範例。

選錄 2.5 ● 莖葉圖 ─────────

表二　研究 1 裡以每一位參與者為基礎的莖葉圖

莖	葉
100	000000000000
90	888888776666655541 1000
80	8764
70	
60	8
50	
40	0
30	
20	40

註：葉欄的值對應每一位參與者在莖欄上的應允分數（例如，有六位具有
　　98%的應允分數）。

來源：Green, A. S., Rafaeli, E., Bolger, N., Shrout, P. E., and Reis, H. T. (2006). Paper or plastic?
Data equivalence in paper and electronic diaries. *Psychological Methods, 11*(1), p. 90.

在此莖葉圖的第五列，有一個 60 在左邊的莖欄以及一個 8 在右邊的葉欄。這指出有一個分數 68 呈現在 60-69（百分率）此一區間裡。第三列有四個數值在葉欄，這指出有四個分數落在 80-89（百分率）此一區間。同時使用此列的莖葉，我們看見那四個數值是 88、87、86 以及 84。此莖葉圖的其他列可以同樣的方式解讀。

注意在選錄 2.5 莖葉圖裡出現的四十二個真實分數。因此，沒有資訊遺漏的問題。讓我們再看一下選錄 2.3，因為分組次數分配有著資訊遺漏的問題，你毫無辦法分辨出什麼是最高以及最低的得分，哪種特定的分數落入任何的區間裡，或是否在任何的區間裡存在著中斷（例如，在選錄 2.5 裡我們可以知道在 70-79 百分率區間裡沒有落入應允分數）。

參　直方圖以及長條圖

在**直方圖**（histogram）裡，垂直的長柱（或線）用以指出特定分數在資料集裡出現的次數。藉由此圖表方法，基線（也就是水平軸）被標示為去對應依變項上被觀察的分數而垂直軸被標示為次數[註1]。然後，長柱（或線）被置放在基線值之上用以指出每一個分數被觀察的頻率。高的長柱指出高頻的出現，短的長柱指出低頻的發生。

長條圖（bar graph）與直方圖在形式與目的上幾乎是相同的。這兩種方法唯一不同之處是定義基線的依變項本質。在直方圖裡，水平軸被以數字值標示來代表一個量化變項。相反地，長條圖的水平軸代表了一個質化變項的不同類目。在長條圖裡，長柱的排列順序是相當任意的，然而直方圖裡長柱的順序必須具有數字式的邏輯。

在選錄 2.6 裡，我們看見了一個直方圖的範例。注意此圖如何讓我們快速地分辨包含在此研究樣本裡個人的 Rotter 分數。也請注意長柱必須如此安排，因為在基線的變項很清楚地顯示其本質是量化的。

註 1： 技術上來說，任何圖表的水平以及垂直軸分別被稱作**橫座標**（abscissa）以及**縱座標**（ordinate）。

選錄 2.6 ● 直方圖

　　直方圖呈現了 Rotter 量表分數在最終樣本裡的分布（圖一）。較低的分數與內在導向有關而較高的分數指出外在導向。分數的樣本分配大致成鐘型曲線，左尾較高右尾較低：這意味著大部分的學生介於兩個極端之間，相對於外在導向的同儕，內在導向的學生呈現了較多的數目。

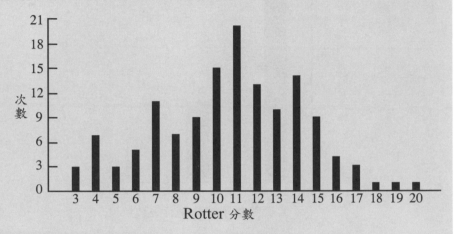

圖一 最終樣本的 Rotter 分數直方圖（*N* = 136）

來源：Grimes, P. W., Millea, M. J., and Woodruff, T. W. (2004). Grades — Who's to blame? Student evaluation of teaching and locus of control. *Journal of Economic Education, 35*(2), pp. 135, 137.

25 選錄 2.7 • 長條圖

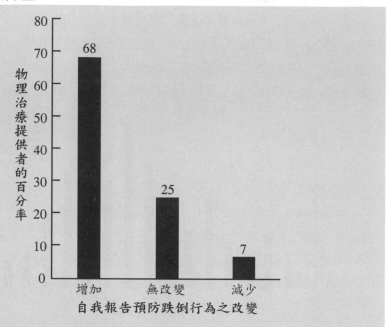

圖三　病人在康乃狄克預防跌倒合作計畫之前與之後，使用自我報告在預防
跌倒行為上有無改變的分布（N ＝ 94）

來源：Brown, C. J., Gottschalk, M., Van Ness, P. H., Fortinsky, R. H., and Tinetti, M. E. (2005).
Changes in physical therapy providers' use of fall prevention strategies following a multicom-
ponent behavioral change intervention. *Physical Therapy, 85*(5), p. 401.

選錄 2.7 裡呈現了一個長條圖的範例。此處，長條的順序是任意的。較短
的也可以放置在左側而較長的可以置放在右側。或者，長條可以依據標示在其
底下的文字筆畫順序排列。

肆　文字形式的次數分配

研究者有時使用文字而不是圖表來呈現次數分配的資訊。選錄 2.8 闡明了
文字形式的分組次數分配。

在描繪他們的病人或研究參與者的年齡時，許多研究者使用以下三種方式

之一來摘要他們的資料，藉由：(1)全距；(2)平均數和標準差；或(3)全距以及平均數和標準差[註2]。這也是當研究者從所蒐集資料中描繪人們或動物其他特徵時的範例。極少數研究者提供了如同在選錄 2.8 所見的摘要。這是不幸的，因為這般的描述，如你所見，不佔有多大的空間，也允許我們對研究者所描述的資料有種好的「感知」。

選錄 2.8 • 文字形式的次數分配

病人年齡為三十六至六十七歲：一位病人年齡介於三十至三十九歲，十位介於四十至四十九歲，六位介於五十至五十九歲，而三位介於六十至六十九歲。

來源：Blissitt, P. A., Mitchell, P. H., Newael, D. W., Woods, S. L., and Belza, B. (2006). Cerebrovascular dynamics with head-of-bed elevation in patients with mild or moderate vasospasm after aneurysmal subarachnoid hemorrhage. *American Journal of Critical Care, 15*(2), p. 210.

第二節　分配模型

　　如果研究者使用以上介紹的圖表方法來摘要他們的量化資料，你可以看見被觀察分數是否沿著分數連續體，傾向聚集於某一（或更多）點。此外，次數分配、莖葉圖、直方圖或長條圖能夠允許你分辨研究者的資料是否具有對稱性。為了闡明此點，請再看看選錄 2.1。七十八位行人的知覺─探索分數之次數分配，恰好呈現：(1) TAS 得分沿著分數連續體全距而展開；以及(2)最常得到的分數是 6 分。

　　不幸地，圖表資料並不常出現在期刊文章裡，因為它們昂貴且佔用許多空間。然而，藉著使用一些字句描述，研究者能夠告訴讀者他們的資料看起來像什麼。為了解讀這樣的訊息，你必須明瞭一些術語的意義，而它們是研究者用來描述其資料的**分配模型**（distributional shape）。

　　如果資料集的分數接近於**常態分配**（normal distribution）的形狀，大部分的分數會叢集於接近被觀察分數連續體的中央，而在次數上會有逐漸且對稱性

註2：我們將在此章稍後探討平均數和標準差。

27 的遞減發生於從中央至遠離中央兩側的分數。呈現常態分配的資料組也被說成是鐘型曲線。在選錄 2.6 裡,我們看見了一個形成常態分配的直方圖。

在**偏斜分配**(skewed distribution)裡,大部分的分數落在高分或低分,只有一小撮比例的分數在遠離主要群體的另一個方向。偏斜分配並不具有對稱性。如果分配的尾朝向分數連續體的高分處,這樣的分配被稱作**正偏斜**(positively skewed);如果尾朝向分數連續體的低分處,就被稱作**負偏斜**(negatively skewed)。在選錄 2.9 裡,我們看見了一個正偏斜分配的實例。

選錄 2.9 ● 正偏斜分配

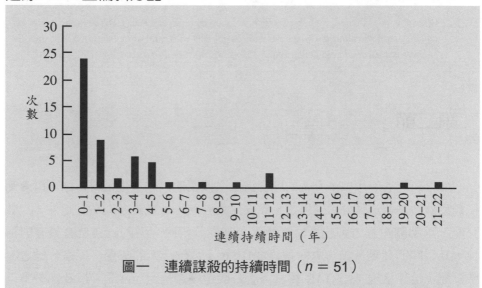

圖一　連續謀殺的持續時間($n = 51$)

來源:Snook, B., Cullen, R. M., Mokros, A., and Horbort, S. (2005). Serial murderers' spatial decisions: Factors that influence crime location choice. *Journal of Investigative Psychology and Offender Profiling, 2*, p. 153.

如果分數傾向聚集在分數連續體一點以上之處,這種分配本質上是**多峰**(multimodal)的。如果有兩個聚集處,我們可以更明確地說資料被分配成**雙峰**(bimodal)的形式。如果資料聚集在明顯的三個點,則會成為**三峰**(trimodal)(註3)。

註3: 只有一個「駝峰」的分配被說成是**單峰**分配。

如果分數是均勻地散布在分數連續體上而沒有任何的叢集現象，這資料集就被稱為**矩形**（rectangular）分配。這般分配形狀的出現，很可能是由於某人：(1)在一個大群體裡詢問每一個人的出生月份；以及(2)創造一個有十二長條的直方圖，以一月為開頭，依序排列在基線上。組成此直方圖的各長條很可能會接近同樣高度。從整體看來，這些長條將會類似一個矩形。

　　從選錄 2.10 至 2.12 裡，我們看見了研究者如何描述其資料的分配模型。這些研究者應該被讚賞，因為這些描述幫助其他人瞭解所蒐集資料的本質。

選錄 2.10-2.12 ● 對於不同分配模型的提及

　　內化困難量表上的分數在二歲以及四歲時呈現常態分配。

來源：Bayer, Jordana K., Sanson, Ann V., Hemphill, Sheryl A. (2006). Children's moods, fears, and worries: Development of an early childhood parent questionnaire. *Journal of Emotional & Behavioral Disorders, 14*(1), p. 45.

- -

　　門診病人組肉類需求的比例（proportion）在 FNQ 資料上呈現正偏斜分配（指出許多病人的肉類需求是低比例趨向）。

來源：Smith, M. J., Vaugban, F. L., Cox, L. J., McConville, H., Roberts, M., Stoddart, S., and Lew, A. R. (2006). The impact of community rehabilitation for acquired brain injury on carer burden: An exploratory study. *Journal of Head Trauma Rehabilitation, 21*(1), p.80.

- -

　　每一位學生 co-op 的總月數全距為三至二十七個月；此分配為雙峰，八十五位之中的二十三位學生完成九個月的co-op，另二十八位學生完成二十一個月的 co-op。

來源：Hoffart, N., Diani, J. A., Connors, M., and Moynihan, P. (2006). Outcomes of cooperative education in a baccalaureate program in nursing. *Nursing Education Perspectives, 27*(3), p. 140.

　　如我們所見，分配模型的兩種特徵是峰型和偏斜。第三種特徵是關於**峰度**（kurtosis）的概念。這第三種觀察分配模型的方式，是關於即使只有一種峰型和即使資料中無偏斜的狀況下，分數的非常態分配可能性。這是可能的，因為也許在分配的中央有不尋常的大量分數聚集，而造成分配的峰度過高。或者，分配的中央駝峰比起常態分配要低而兩尾比起鐘形曲線要厚。

當在研究報告裡討論峰度的概念時，你可能會接觸到兩個術語：**尖峰態**（leptokurtic）以及**低峰態**（platykurtic）。這兩個術語分別暗示分配形狀是較高峰或較低峰的（與常態分配比起來）。而**常峰態**（mesokurtic）意味分配的形狀既不太高也不太低。

　　如同選錄 2.9 至 2.12 所闡明的，研究者能夠透過圖解或者標示傳達分配模型的訊息。他們也能夠計算數字式的指標來評估呈現在其資料集裡偏斜和峰度的程度。在選錄 2.13 裡，我們看見了研究者呈現數字式指標使讀者明瞭所蒐集分數的分配模型。

選錄 2.13 • 量化偏斜以及峰度

　　為了檢定 PPVT-III 分數在非裔美國人樣本上的分配，和確定是否有樓層效應的存在，可檢驗偏斜和峰度值，得知偏斜值為 - .07……而峰度值為 - .14……指出了常態分配傾向。

來源：Huaqing Qi, C., Kaiser, A. P., Milan, S., and Hancock, T. (2006). Language performance of low-income African American and European American preschool children on the PPVT-III. *Language, Speech, & Hearing Services in Schools, 37*(1), p. 9.

　　為了適當解讀偏斜和峰度係數，請記住三件事情。第一，常態分配的這兩種指標是 0[註4]。第二，偏斜值低於 0 表示負偏斜分配，而大於 0 的值表示正偏斜分配；峰度值小於 0 表示低峰分配，而大於 0 表示尖峰分配。最後，雖然沒有明確的指南去闡釋偏斜以及峰度的測量（主要是因為有不同的方法去計算這種指標），大部分研究者認為偏斜和峰度值為 - 1.0 至 + 1.0 之間的資料為接近常態分配。

　　依據資料分析的目的，研究者應該在決定如何去更進一步分析資料之前檢驗其偏斜和峰度係數。如果資料分配大略是非常態的，研究者可能選擇使用於非常態分配資料之統計程序。或者，資料能夠藉由公式被「常態化」，以使校正過的資料呈現接近常態的狀況。

30

註4： 一些計算偏斜和峰度係數的公式指出 + 3 值為完美的常態分配。然而，大部分研究者使用偏斜和峰度值皆為 0。

第三節　集中趨勢的測量

　　為了幫助讀者對已蒐集的資料有個感覺，研究者幾乎總是會談論組群裡的典型或代表分數。他們藉由計算並且報告一個或更多的**集中趨勢測量值**（measures of central tendency）來達到此一目的。有三種這樣的計量常常出現在出版的文獻裡，每一種提供了分配裡**平均**（average）分數的數字式指標。

壹　眾數、中位數、平均數

　　眾數（mode）純粹就是出現頻率最頻繁的分數。例如，給予九個分數 6、2、5、1、2、9、3、6 和 2；眾數是 2。**中位數**（median）是分數分布的中點；它把分布平分成兩個同等大小的部分。對於剛剛的九個分數而言，中位數是 3。九個之中的其中四個分數比 3 小，另四個比 3 大[註5]。**平均數**（mean）是一個點並且最小化所有分數到此點的集體距離。它是藉由資料集裡分數的總和除以其分數的數量而發現。因此，對這九個分數而言，其平均數是 4。

　　在期刊文章裡，當提及集中趨勢的測量時，作者有時候使用縮寫或是符號。縮寫 *Mo* 和 *Mdn* 分別代表眾數和中位數。字母 *M* 總是代表平均數。平均數也被符號化為 $\overline{X}$ 以及 μ。

　　在許多研究報告裡，你會看見只提供一種集中趨勢測量值（如同在第一章，我們的範例文章所呈現的那樣；見選錄 1.9 看看使用了哪一種）。為了幫助讀者能更瞭解被摘要的實際資料，研究者有時候計算並且報告兩種或全部三種集中趨勢測量值。

　　在選錄 2.14 裡，我們看見了兩種集中趨勢測量值被報告。在選錄 2.15 裡，提供了眾數、中位數和平均數。

_31_

註5：當分數的數目為雙數時，中位數為距離兩個中央分數間各一半的數值（一旦分數從低排到高）。例如，如果 9 從我們的樣本分數中剔除，剩下八個分數的中位數將會是 2.5——也就是，距離 2 和 3 之間一半的數值。

選錄 2.14-2.15 • 報告多重集中趨勢測量值

參與的〔護理之家〕設備在數量上從七至一百六十四床而有所不同,平均數是 42 而中位數是 30。

來源:Charach, A., Hongmei, C., Schachar, R., and To, T. (2006). Correlates of methylphenidate use in Canadian children: A cross-sectional study. *Canadian Journal of Psychiatry, 51*(1), p. 21.

- -

在六十六位病人當中,PT 訪視他們的次數是有所不同的(平均數＝ 11.4,中位數＝ 9,眾數＝ 6)。

來源:Harp, S. S. (2004). The measurement of performance in a physical therapy clinical program: A ROI approach. *Health Care Manager, 23*(2), p. 117.

貳　眾數、中位數、平均數的相對位置

在一個真實的常態分配(或在任一具有完美對稱性的單峰分配)裡,眾數、中位數和平均數的值將會是相同的。然而這種分配非常少見。應用研究的作者通常假設集中趨勢測量的三種數值是不同的。身為一位研究報告的讀者,你更應該知道資料的分配模型是如何影響著眾數、中位數和平均數之間的相對位置。

在正偏斜分配裡,形成了一條指向右邊的尾。在此種分配裡,眾數小於平均數。在負偏斜分配裡,情形剛好相反。在圖 2.1 裡,我們看見了三種集中趨勢測量值在偏斜分配裡的位置[譯註1]。

在你檢視了圖 2.1 之後,請回頭看看選錄 2.6 的直方圖。因為分配並沒有偏斜很多,我們應該預期平均數、中位數和眾數的值是相似的。這三項確實的值分別是 10.7、10.8 和 11.0。

_____

譯註 1: 此處橫座標上的數值越向右方越大。

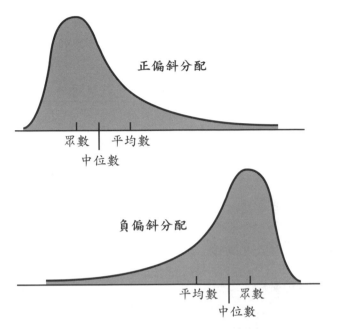

圖 2.1 平均數、中位數、眾數在偏斜分配裡的位置

　　如果想看看集中趨勢的測量結果是相當地不同而因此採用偏斜資料的實例，可考慮選錄 2.16。中位數和平均數分別是 2 和 9.5，而最低的可能值為 0，我們應該能夠猜到這樣的分配是偏斜的，即使研究者並無提及此點。為了看看你是否能夠從被報告的集中趨勢測量值判定偏斜的本質，請再看看選錄 2.15。對於六十六位研究中的參與者來說，物理治療訪視的次數是正偏斜或是負偏斜呢？

選錄 2.16 • 偏斜分配裡的平均數和中位數

　　隨之而來的測驗裡，年輕人被詢問在過去六個月裡（例如，從最後的測驗算起）對多少人揭露過秘密。所得到的人數當作是對他人自我揭露的指標，〔而〕追蹤資料呈現正偏斜，〔顯示〕大部分年輕人在過去六個月裡很少有新揭露；例如，中位數為 2.0，平均數為 9.5……

來源：Rosario, M., Schrimshaw, E. W., Hunter, J., and Braun, L. (2006). Sexual identity development among lesbian, gay, and bisexual youths: Consistency and change over time. *Journal of Sex Research, 43*(1), p. 50.

在雙峰分配裡，沿著分數連續體將會有兩點是分數「聚集」之處。如果分配是具有對稱性的，平均數和中位數將會剛好在兩個眾數的正中間。在對稱的三峰分配裡，中位數和平均數會是三個眾數的中間值。然而實際的資料很少會產生對稱的雙峰或三峰分配。任何非對稱性（也就是偏斜）將會使中位數被拉出中央而朝向較長尾分配的一方，而平均數將會在同一方向被拉離更遠。

在完美的矩形分配裡，平均數和中位數會是資料的高點與低點之間正中間的值。沒有眾數會在這樣的分配裡，因為所有得分以同一頻率發生。如果分配呈現大略的矩形，中位數和平均數將會靠近在一起（並且靠近高分與低分之間正中間的點），但是眾數可能在任何地方。

參 其他集中趨勢的測量

雖然眾數、中位數和平均數是最常用的集中趨勢測量值，也有其他方法可以摘要一組資料裡的平均數〔包含幾何平均數（geometric mean）以及調和平均數（harmonic mean）的範例〕。因為這些指標在研究報告裡很少見，它們將不會在此被討論。然而，你會在進階的統計學課程裡碰到這些替代方法。

第四節 變異性的測量

資料分配模型的描述以及集中趨勢測量值的報告，幫助我們能更瞭解研究者所蒐集資料的本質。雖然術語（例如，**大略常態**）以及數值（例如，$M = 67.1$）有幫助，但它們並不充分。要得到所蒐集資料的真實性，我們也需要被告知分數間的變異。讓我們現在來探討這方面的標準呈現方式。

壹 變異的定義

大部分群組的分數都具有某些程度的變異。也就是說，至少一些分數彼此之間不一樣。**變異性的測量**（measure of variability）僅指出分數集當中的**離散**（dispersion）程度。如果分數集非常類似，就僅存在微小的離散和微小的變異。如果分數集非常不同，就存在很高的離散（變異）程度。簡言之，變異性

的測量僅僅指出分數是如何的分散。

變異這個術語也可用以指出一組分數有可能落在一條想像的同質—異質連續體的何處。如果分數是相似的，則它們是**同質的**（homogeneous）（並且具有低變異）。如果分數是不相似的，則它們是**異質的**（heterogeneous）（並且具有高變異）。

34

即使集中趨勢的測量提供了組裡平均數的數字式指標，我們也需要知道分數的變異性，以能更加瞭解整組的分數。例如，請考慮以下兩組 IQ 分數：

組 I	組 II
102	128
99	78
103	93
96	101

兩組的平均數都是 100。儘管這兩組有著相同的平均數，它們的變異是明顯不同。第一組的分數是非常同質的（低變異），第二組的分數是相當異質的（高變異）。

我們現在所探討的變異性測量值是在某方面類似的：也就是，一組資料的分數如果是相同的話，其數字指標將會為 0；如果分數呈現微小程度的差異，會出現一個小的正數；如果分數當中有很大程度的離散，會出現一個大的正數（不論如何計算，都不會出現負值的變異性測量值）。

貳　全距、內四分位距、半內四分位距和盒鬚圖

全距（range）是最簡單的變異性測量值。它是最高與最低分之間的差。例如，組 I 的全距同等於 103 至 96，或是 7。全距的報告通常藉由引述極端分數來呈現，但有時它被報告成高分與低分之間的差。當提供全距的資訊給讀者時，作者一般會寫出**全距**這個字。偶爾，會以縮寫 R 來呈現。

要看看全距是如何幫助我們瞭解研究者的資料，請參考選錄 2.17 和 2.18。請注意在選錄 2.17 裡關於全距的資訊是如何讓我們感覺此研究的病人在年齡上是相當異質的。相反的，在選錄 2.18 裡平均數的呈現，無法讓我們知道存

在於病人年齡當中的變異。也許它是個非常同質的群體，每個人的年齡都是六十出頭。或者，也許此群體是雙峰分配，半數的病人是五十多歲，而另一半是七十多歲。除非提供全距（或者一些其他的變異性測量值），否則我們完全不曉得病人年齡是如何地相似又或如何地不同。

選錄 2.17-2.18 • 有無全距的資料摘要

此樣本的平均年齡為 48.65 歲（全距＝ 23-64 歲）。

來源：Hacker, E. D., Ferrans, C., Verlen, E. Ravandi, F., van Besien, K., Gelms, J., and Dieterle, N. (2006). Fatigue and physical activity in patients undergoing hematopoietic stem cell transplant. *Oncology Nursing Forum, 33*(3), p. 618.

病人的平均年齡為 62.5 歲。

來源：Gates, R., Cookson, T., Ito, M., Marcus, D., Gifford, A., Le, T. N., and Canh-Nhut, N. (2006). Therapeutic conversion from fosinopril to benazepril at a Veterans Affairs medical center. *American Journal of Health-System Pharmacy, 63*(11), p. 1067.

當全距提供整組分數的離散指標時，**內四分位距**（interquartile range）指出中間 50%的分數其離散程度。如同全距，內四分位距被定義為高分與低分之間的距離；這兩種離散指數不同的地方是：前者是奠基於全組裡的高分與低分，後者僅關心中間一半的資料。

在任何組裡的分數，分開上端 25%和下端 75%的分數之數值稱為**上四分位數**（upper quartile）（為 Q_3 表示）。反之，分開下端 25%和上端 75%的分數之數值稱為**下四分位數**（lower quartile）（Q_1）[註6]。內四分位距是 Q_3 與 Q_1 間的距離。換句話說，內四分位距是第七十五與第二十五百分位數之間的距離。

在選錄 2.19 和 2.20，我們可以看見上四分位數與下四分位數的呈現。在這兩篇選錄裡，Q_1 和 Q_3 值給了我們關於中間 50%的分數其離散程度的資訊。在選錄 2.19 裡，中間半數被檢定的個人分數是從 24 延伸至 64，此研究的上端四分之一病人的分數介於 64 以及 92.30 之間，而下端四分之一病人的分數介於 0 至 24 之間。在選錄 2.20 裡，內四分位距是關於家庭收入——使用一種社

註6： Q_2 是中央四分位數，把一組分數分為上下各一半。據此，Q_2 總是等同於中位數。

選錄 2.19-2.20 ● 四分位數以及內四分位距

〔分數〕的全距為 0.00 至 92.30，平均數為 47.20。24 與 64 分依序是樣本的第一與第三四分位數。

來源：Kimonis, E. R., Frick, P. J., and Barry, C. T. (2004). Callous-unemotional traits and delinquent peer affiliation. *Journal of Consulting and Clinical Psychology, 72*(6), p. 958.

- -

內四分位距（IQR）= $34,140-$67,506。

來源：Boudreaux, E. D., Kim, S., Hohrmann, J. L., Clark, S., and Camargo, C. A. (2005). Interest in smoking cessation among emergency department patients. *Health Psychology, 24*(2), p. 222.

經地位計量——幫助我們瞭解兒童是此調查的焦點。

　　有時，研究者會計算**半內四分位距**（semi-interquartile range）指出組裡分數的離散程度。此變易量數僅僅等同於內四分位距的一半。換句話說，半內四分位距只不過是（$Q_3 - Q_1$）／2。

　　一組資料內的變異程度可被摘要成**盒鬚圖**（box-and-whisker plot）。為了完成這項目的，在垂直線右方畫出長方形（盒）並對應依變項上的分數。長方形的上底和下底位置被 Q_3 和 Q_1 所決定。在長方形的外面，描繪兩條垂直線——稱為鬚。研究者使用不同的規則來描繪鬚。有時鬚向上延伸至最高的被觀察分數和向下延伸至最低的被觀察分數。其他研究者則說不管哪一條鬚都不能超過長方形高度的 1.5 倍。如果任何分數超出此範圍，它們被視為是離開本體的部分，而其位置以星號或小圓圈指出。其他研究者延伸長鬚至第五和第九十五百分位數。

　　在選錄 2.21 裡，我們看見了盒鬚圖被用以呈現各組分數的不同。請注意盒高度以及鬚長度的差異。

　　即便盒鬚圖是被設計去傳達有關變異的資訊，它們也揭露了關於集中趨向與分配模型的訊息。在長方形裡，水平線的位置對應於 Q_2（也就是中位數）。如果這條中位數線出現在盒的中央並且兩條鬚皆為同樣長度，那麼我們可以推論此分數的分配很可能是對稱的。在另一方面，偏斜分配裡的中位數將會離開中央而兩鬚也會不一樣長（如果中位數線是在盒的下方而上端鬚較長，這是正

偏斜分配;反之,負偏斜分配使得中位數線在盒的上方而下端鬚較長)。

參　標準差和變異數

　　兩種額外的離散程度指標:**標準差**(standard deviation)和**變異數**(variance),通常比先前所提及的三種變異性測量值要來得好。這是由於標準差和變異數的計算是奠基於整組所有的分數(而不是只有高分低分或上下四分位數)。標準差的決定是藉由:(1)計算每一個分數脫離平均數有多遠;(2)把這些脫離值放入一個計算公式裡。藉由平方標準差的值,我們可以發現變異數。

選錄 2.21 ● 盒鬚圖

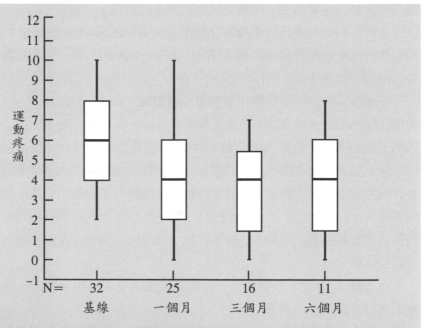

圖二　超時運動疼痛之盒鬚圖

來源:Clare, C., Royle, D., Saharia, K., Pearse, H., Oxberry, S., Oakley, K., Allsopp, L., Rigby, A. S., and Johnson, M. J. (2005). Painful bone metastases: A prospective observational cohort study. *Palliative Medicine, 19*(7), p. 523.

在報告標準差時，作者可能會採用縮寫 *SD*，運用符號 *s* 或 σ，或僅僅寫下 **sigma**。偶爾，作者會使用正負號格式來報告標準差——例如，14.83±2.51，此處 14.83 代表平均數而第二個數值 2.51 代表標準差。變異數被符號化為 s^2 或 σ^2。

選錄 2.22 至 2.25 闡明了研究者指出標準差的四種方式。在第一個選錄裡，使用縮寫 *SD*。在第二個，採用「正負號」格式。在第三個選錄，研究者在每一個平均數後的括號裡擺上標準差並省略±號。而在第四個選錄裡，用字母 *s* 以表示標準差。

選錄 2.22-2.25 • 標準差的報告

母親的年齡全距從二十八至五十五歲，平均年齡為 40.56 歲（*SD* = 5.05）。

來源：Villar, P., Luengo, M. Á., Gómez-Fraguela, J. A., and Romero, E. (2006). Assessment of the validity of parenting constructs using the multitrait-multimethod model. *European Journal of Psychological Assessment, 22*(1), p. 61.

- -

參與者的平均年齡（±*SD*）為 51.8±13.4 歲，而 63.5%為男性。

來源：Sadri, H., MacKeigan, L. D., Leiter, L. A., and Einarson, T. R. (2005). Willingness to pay for inhaled insulin: A contingent valuation approach. *PharmacoEconomics, 23*(12), p.1220.

- -

參與者是三十位大學生和三十位社區老人。年輕人的平均年齡是 19.7(2.2) 歲而老年人是 70.6(4.7)歲。

來源：Gilmore, G. C., Spinks, R. A., and Thomas, C. W. (2006). Age effects in coding tasks: Componential analysis and test of the sensory deficit hypothesis. *Psychology and Aging, 21*(1), p. 9.

- -

清晰夢境的回憶頻率從計畫開始前平均每星期 .33（*s* = .55）個夢，增加至計畫結束後平均 .74（*s* = 1.09）個……

來源：Paulsson, T., and Parker, A. (2006). The effects of a two-week reflection-intention training program on lucid dream recall. *Dreaming, 16*(1), p. 25.

選錄 2.26 展示了在標準差上的資訊是如何被包括在表格裡。在此選錄裡，每一列的數值對應不同的測量工具。前四列資料是來自於對研究裡七十九位兒

童施測的結果。第五和第六列資訊蒐集自參與兒童的父母在兩種社會競爭力量表上所得的資料。

即便標準差是一種很常用的變異性測量值，少數研究者選擇藉由報告變異數來描述其資料的離散程度。選錄 2.27 恰巧是一個例子。注意研究者在此選錄裡使用符號 σ^2 來表示變異數。

39

選錄 2.26 ● 在表格裡報告標準差

表一　認知力與社會競爭力測度的敘述性統計

測度	平均數	標準差	全距
閱讀幅度	2.84	0.80	2-5
數字幅度	5.80	1.98	2-11
抑制力	50.94	6.95	33-76
口語能力	109.46	12.86	65-134
MCB	1.71	0.21	1.02-1.95
SSRS	1.46	0.27	0.71-1.89

註：MCB = My Child's Behavior social competence rating scale；SSRS = Social Skills Rating System。

來源：Tsethlikai, M., and Greenhoot, A. F. (2006). The influence of another's perspective on children's recall of previously misconstrued events. *Developmental Psychology, 42*(4), p. 737.

選錄 2.27 ● 以變異數測量離散程度

另外，$\varepsilon 4$ ＋組（$\sigma^2 = .32$）相對於 $\varepsilon 4$ －組（$\sigma^2 = .12$）具有較大的變異數。

來源：Jacobson, M. W., Delis, D. C., Lansing, A., Houston, W., Olsen, R., Wetter, S., Bondi, M. W., and Salmon, D. P. (2005). Asymmetries in global-local processing ability in elderly people with the Apolipoprotein E-$\varepsilon 4$ Allele. *Neuropsychology, 19*(6), p. 825.

在我們對標準差和變異數的討論下結論前，我想要提供一個有用的線索，是關於如何從這兩種變異指標裡尋找意義。簡言之，我建議使用文章裡提供的標準差（或變異數）來估計可能的分數全距。因為全距是如此簡單的一個概念，藉由轉換標準差或變異數成一個估計的全距而能讓我們更了解它們。

只要把標準差大概乘以 4 就能得到估計的全距。使用此原則，那麼全距為 20 的一組分數其標準差大略為 5（如果研究者指出變異數為 9，那麼推算標準差為 3，全距為 3×4＝12）。

由於是「大概」乘以 4，要猜出更精準的全距，需要乘以比 4 或多或少的數值，這要依據分數的數量（*N*）而定。如果有 25 個左右的分數，採用 4。如果數量接近 100，採用 5。如果是巨大的數量，採用 6。如果是小數量，使用比 4 小的乘數。在 10 至 20 個分數的組組，乘以 3 就能運作得相當好；當數量小於 10 的時候，乘數為 2 通常能得到較準確的全距。

也許你會覺得以標準差來猜想全距是愚蠢的。如果研究者同時報告標準差和全距（如同選錄 2.26），那麼就無必要去猜想 *R*。不幸地，大部分研究者只呈現標準差，而標準差使我們難以深入洞察資料集的變異程度。

這種使用標準差去猜想全距的方法，僅僅能得到一個大略接近的結果，你不應該期望猜想的全距剛好敲中實際的值。利用選錄 2.26 的資料（使用乘數 5，因為數量是 79），我們知道猜想的全距永遠不可能完美地符合表格裡的確切數值。但是我們的每一個猜想都會十分地接近真實的全距，而這幫助我們瞭解整組分數的離散程度——在只有標準差被提供的情況之下。

肆　其他變異性的測量

到目前為止所討論的五種變異性的測量當中，你會最常接觸到全距和標準差。偶爾，你會看見內四分位距、半內四分位距、變異數或一些其他的變異性測量值。

在選錄 2.28 裡，我們看見了變異係數（coefficient of variation）的使用。此種測度不過是標準差除以平均數。

當我們知道兩組平均數不同的分數而需要比較其變異時，變異係數是有用的。舉例而言，假設我們要知道兩位工人哪一位早上通勤的時間較一致。一位工人住在離工地五哩之處，而另一位住在離工地二十五哩之處，直接去比較他們通勤時間的標準差（以 100 天通勤上班為準）是不公平的，因為具有較長通勤時間的工人理應具有較多的變異。要公平的比較就需要把每一位通勤者的標準差除以平均數。這種變異的測度就被稱為變異係數。

選錄 2.28 ● 變異係數

為了去除巨大資料集的影響，變異以變異係數（標準差／平均數）來測度……果然，發音器官動作和 VOT 的變異，以變異係數來測度，兒童要比成人來得大。

來源：Grigos, M. I., Saxman, J. H., and Gordon, A. M. (2005). Speech motor development during acquisition of the voicing contrast. *Journal of Speech, Language & Hearing Research, 48*(4), p. 743.

第五節　標準分數

　　到目前為止所討論的方法可用來描述整組資料的特性。然而，有時研究者想把焦點放在組裡的個別分數上。當他們想如此做時，他們通常把原始分數轉換成**標準分數**（standard score）。

　　即便幾年來發展了許多不同種類的標準分數，最常被使用的還是 **z 分數**（z-score）和 **T分數**（T-score）。這兩種標準分數都是用以指出一個特定的原始分數距離組裡平均數之上或之下幾個標準差。換句話說，標準差在此首先被視為一根想像出來的標尺，而這根標尺被用來測量個別分數與組裡平均數之間的距離。例如，你和其他一些人參加考試，全部的平均數是 40，標準差為 8，如果你的分數恰巧為 52，你將會是在平均數之上 1.5 根標尺之處。

　　最常被研究者所使用的 z 分數和 T 分數具有相同的功能。唯一不同之處為平均數的值以及標尺的長度。以 z 分數來說，平均數固定為 0 而標尺的長度被設定為 1。因此，z 分數＋ 2.0 指出被聚焦的個人是位於組裡平均數之上 2 個標準差之處。同樣地，z 分數－ 1.2 指出此人位於組裡平均數之下 1.2 個標準差之處。一個接近 0 的 z 分數指出最初的原始分數接近組裡平均數。

　　以 T 分數而言，最初原始分數的平均數和標準差分別被轉換成 50 和 10。因此，個人的原始分數是在平均數之上兩個標準差的話，其 T 分數為 70。如果是在平均數之下 1.2 個標準差，其 T 分數為 38。而某人的原始分數接近組裡平均數的話，將會得到靠近 50 的 T 分數。

　　雖然研究者通常應用統計步驟在所蒐集的原始分數上，他們偶爾會轉換原始分數為 z 分數或 T 分數。選錄 2.29 和 2.30 指出這兩種標準分數有時在研究裡被提及。

選錄 2.29-2.30 ● 標準分數（z 和 T）

　　每一項量表分數被轉換成 z 分數以促進比較和分析。

來源：Reynolds, S. J. (2006). Moral awareness and ethical predispositions: Investigating the role of individual differences in the recognition of moral issues. *Journal of Applied Psychology, 91* (1), p. 236.

- -

　　使用兒童行為檢表（CBCL）測量兒童行為問題，共有一百一十三項，家庭照顧者檢測兒童行為問題並以此產生 T 分數（M = 50; SD = 10）於三項主量表（包括全部、內化和外化行為問題）和八項子量表（包括注意力問題、焦慮／沮喪，和退縮）。

來源：Wade, S. L., Michaud, L., and Brown, T. M. (2006). Putting the pieces together: Preliminary efficacy of a family problem-solving intervention for children with traumatic brain injury. *Journal of Head Trauma Rehabilitation, 21*(1), p. 61.

第六節 ─些警示

　　在總結此章之前，我想要提醒你稍早提過的兩個術語；它們偶爾被一些研究者以其他定義加以使用。這兩個術語是*偏斜*和*四分位數*。我想要你對這兩項替代性定義有個心理準備。

　　關於*偏斜*這個術語，少數研究者使用這個詞去描述一組不尋常的資料。當這個術語以此方式被使用時，它與分配模型無關而是同義於*非典型*（atypical）這個詞。在選錄 2.31 裡，我們看見了*偏斜*如何以此方式被使用。

43

選錄 2.31 • 使用偏斜去定義不尋常或非典型

> 此研究並非無詮釋限制性。低回答率和AS成人組的小樣本量明顯地限制了概括解釋能力。樣本選擇是另一項限制。AS組被視為是此研究的本體,這可能偏斜被懷疑患有焦慮的成人樣本。

來源:Farrugia, S., and Hudson, J. (2006). Anxiety in adolescents with Asperger Syndrome: Negative thoughts, behavior problems, and life interference. *Focus on Autism and Other Developmental Disabilities, 21*(1), p. 33.

四分位數(quartile)的正式統計定義為「三點平分一組分數成為四個子群,每一個子群含有整組的25%,四分位數為其中之一點」,然而某些研究者使用四分位數指定子群本身。以此用法就存在四個四分位數(非三個)。選錄2.32 提供了如此使用四分位數的實例。

選錄 2.32 • 以四分位數指定四個子群

> 關於在此被報告的主要分析而言,我們比較了運動頻率最低的四分位數(<3次/每週)和最高的三個四分位數。

來源:Larson, E. B., Li, W., Bowen, J. D., McCormick, W. C., Teri, L., Crane, P., and Kukull, W. (2006). Exercise is associated with reduced risk for incident dementia among persons 65 years of age and older. *Annals of Internal Medicine, 144*(2), p. 76.

我的第二個警示是有關於平均(average)這個術語的使用。在小學裡,學生被教導:(1)平均分數(average score)就是平均數(mean);並且(2)中位數與眾數在概念上不等同於平均。不幸的,你必須去除平均和平均數是同義詞的這個概念。

在統計學裡,平均是同義於「集中趨勢的測量」,因此,當研究者給予我們「平均分數」這種資訊時,我們無法絕對確認哪一種平均被呈現。它也許是眾數,也許是中位數,或是任何可以被計算的平均。儘管如此,當你看見「平均」這個字時,把它視為算術平均數大概八九不離十。在選錄 2.33 裡,此處的平均分數非常像是一個平均數。

44

選錄 2.33 • 平均的使用

參與者為 1,400 位北美女性，平均年齡為 19.5（*SD* = 5.87）。

來源：Williams, M. T., and Bonner, L. (2006). Sex education attitudes and outcomes among North American women. *Adolescence, 41*(161), p. 3.

　　我在此章最後要談論的是關於遠離組裡其他分數的分數。此種分數稱為**離群值**（outlier），而它們的出現是由於某人沒有認真做測驗、不瞭解指導語，或者有意去破壞研究者的調查。據此，研究者應該：(1)檢查其資料集是否存在離群值；以及(2)不是在進行統計分析之前拋棄離群值，就是以兩種方式進行分析：帶有離群值和排除離群值。在選錄 2.34 和 2.35 裡，檢驗可能的離群值。請注意這兩篇選錄的研究者如何解釋成為離群值的標準。也注意這些規則是如何地不同。

選錄 2.34-2.35 • 處理離群值

　　在回收的問卷當中，三份被認定為離群值而被刪除——他們的總分平均數至少距離平均數之上或之下三個標準差；兩份是之上的離群值而一份是之下的離群值。

來源：Johnson, H. L., and Fullwood, H. L. (2006). Disturbing behaviors in the secondary classroom: How do general educators perceive problem behaviors? *Journal of Instructional Psychology, 33*(1), p. 23.

　　盒鬚圖被用以指認離群值，定義值為大於 1.5 倍的內四分位距。被指認的離群值在進行組間統計分析之前被移除。

來源：Milner, C. E., Ferber, R., Pollard, C. D., Hamill, J., and Davis, I. S. (2006). Biomechanical factors associated with tibial stress fracture in female runners. *Medicine and Science in Sports and Exercise, 38*(2), p. 326.

　　如果離群值被允許留在資料集裡，會給研究者帶來偏斜以及其他問題。據此，那些在進行資料分析之前尋找離群值的研究者應被讚賞。
　　然而，我應該指出，離群值具有潛藏的重要性。因為離群值的出現有可能是因為不瞭解指導語、不適宜的測量工具、低動機，或是干擾研究的努力，處

45

於這些情況的研究者也許會問「為什麼發生？」，更重要的是，如果更加深入地思考，離群值促使我們洞察基因的、心理的和／或環境的影響因子。

一篇最終的選錄

當我們結束本章時，我要你看看一篇選錄。即使它相當簡短並且不包含圖表，我認為這篇選錄描述其資料的方式可成為一個很好的範本。你可以自己做評斷。請閱讀選錄 2.36，然後詢問自己一個簡單的問題：你能夠想像資料看起來像是什麼？

選錄 2.36 • 一段優良的敘述性概要

在 MLQ-P 和 MLQ-S 子量表上的平均數分別為 23.5（$SD = 6.6$）和 23.1（$SD = 6.6$）。這些分數接近量表值的中點（20）並稍微在其之上。分配模型接近常態，由分數的標準差我們可知分數之間是具有變異性的。

來源：Steger, M. F., Frazier, P., Oishi, S., and Kaler, M. (2006). The Meaning in Life Questionnaire: Assessing the presence of and search for meaning in life. *Journal of Counseling Psychology, 53*(1), p. 84.

術語回顧

平均（average）	分配模型（distributional shape）
長條圖 （bar graph）	分組次數分配 （grouped frequency distribution）
雙峰（bimodal）	異質的（heterogeneous）
二變量（bivariate）	直方圖（histogram）
盒鬚圖（box-and-whisker plot）	同質的（homogeneous）
累積次數分配 （cumulative frequency distribution）	內四分位距 （interquartile range）
離散（dispersion）	峰度（kurtosis）

尖峰態（leptokurtic）	矩形（rectangular）
平均數 （mean）	半內四分位距 （semi-interquartile range）
集中趨勢測量值 （measure of central tendency）	sigma
變異性的測量 （measure of variability）	簡單次數分配 （simple frequency distribution）
中位數（median）	偏斜分配（skewed distribution）
常峰態（mesokurtic）	標準差（standard deviation）
眾數（mode）	標準分數（standard score）
多峰（multimodal）	莖葉圖（stem-and-leaf display）
負偏斜（negatively skewed）	T 分數（T-score）
常態分配（normal distribution）	三峰（trimodal）
離群值 （outlier）	非分組次數分配 （ungrouped frequency distribution）
低峰態（platykurtic）	單變量（univariate）
正偏斜（positively skewed）	變異數（variance）
四分位數（quartile）	z 分數（z-score）
全距（range）	

閒話統計

1. 作者以電子郵件訊息向其學生解釋什麼是標準差。
2. 涵括第二章內容的一個線上互動練習題（提供立即的回饋）。
3. 作者製作的一個有關直方圖的線上互動謎題：Fun with Histograms。
4. 關於第二章內容的十二個迷思。
5. 作者認為在第二章裡最棒的一節內容。

相關內容請參考：www.ablongman.com/huck5e

3　二變量相關

在第二章裡，我們審視了當研究者想要描述單一變項資料集時，所使用的不同統計程序。在範例中我們看見了兩個或更多變項的資料需要處理，但是有時一次只處理一個變項。大多數的實際調查需要以敘述性技術同時處理兩個或更多的變項。

在此章，我們將探討兩種變項資料被蒐集和總結的情況，以及存在於兩個變項之間的關係。我們在此檢視的統計程序被認為在本質上是二**變量**（bivariate）。在稍後的章節裡，我們將探討研究者同時總結三個或更多變項之間存在何種關係時的方法。

在我開始幫助你解讀二變量資料集的統計概要時，有三點是值得事先提及的。第一，此章將僅聚焦於資料摘要的方法。換句話說，我們仍然討論在本質上是敘述統計的方法。第二，我們探討使用圖表和數字指標去總結資料的方法。最後，在下一章裡，信度與效度佔了非常吃重的篇幅。現在讓我們轉向此章的中心概念：相關。

第一節　相關背後的關鍵概念：關連

想像研究者以兩個變項來測量九個家庭：每日電話使用平均時數（以分計算）和每一個家庭的青少年成員數。這些想像家庭的資料可能如下所示：

家庭	每日電話使用平均時數 （分鐘）	青少年成員數
Abbott	75	2
Donatelli	100	3
Edwards	60	1
Franks	20	0
Kawasaki	70	2
Jones	120	4
Lopez	40	1
Meng	65	2
Smith	80	3

　　當我們可以分別地審視每一個變項而說出這九個分數之集中趨勢的測量、變異、分配模型時（首先是電話使用，然後是青少年成員數），注意相關的關鍵概念是需要我們同時審視兩個變項上的資料。因此，我們企圖去審視：(1)兩組分數之間是否有**關連**（relationship）；以及(2)關連的強弱。

　　涉及**相關**（correlation）的基本問題可用三種可能的方式解答。在任何的二變量資料集裡，情況也許是：在第一個變項上的高分與第二個變項上的高分有成對的傾向（當然，第一個變項上的低分與第二個變項上的低分也會有成對的傾向）。我首先提及的這個可能性是高—高，低—低例子。第二個可能性剛好是第一個的相反。換句話說，情況也許是：在第一個變項上的高分與第二個變項上的低分有成對的傾向（當然，在第一個變項上的低分與第二個變項上的高分有成對的傾向）。我稱這第二個可能性為高—低，低—高。最後，有可能資料裡存在少許的系統性傾向。換句話說，情況也許是：在第一個變項上的一些高分與低分與第二個變項的高分是成對的，而其他在第一個變項上的高分與低分與第二個變項的低分成對。我稱這第三種可能性是微系統性傾向（little systematic tendency）。

　　請再看看以上九個家庭的假設性資料來檢視上一段我所說的東西。更明確地說，指出這二變量的關係是可以如何被標示的。它是高—高，低—低嗎？或是高—低，低—高？或是可以被標示成微系統性傾向？

　　為了識別電話使用和青少年成員數之間的關係，就必須先認出每一個變項

50

上的高分和低分。電話使用變項的三個最高值是 120、100 和 80，而在同一欄裡的三個最低值是 60、40 和 20。在青少年成員數此欄裡，三個最高值為 4、3 和 3；三個最低值是 1、1 和 0。在認出每一個變項的最高和最低分後，下一（也是最後）步驟是同時檢視兩欄裡的資料，並且看看哪一個相關性答案符合此資料。對於我們的假設性資料集而言，無疑地，資料呈現的是高一高，低一低訊息，電話使用的三個最高值與青少年成員數的三個最大值成對，而在任一欄裡的最低三個值與另一欄的低分值成對。

　　我希望在此使用去找出並描述我們假設性資料集關係的方法，對於不熟悉相關核心概念的讀者是具有啟發性的。此策略並不複雜。甚而，你將不會經常使用到它，因為研究者幾乎總是藉由圖表、單一數值指標、一段描述，或結合以上三者來總結他們的二變量資料集。現在讓我們把注意力轉向總結二變量關連之本質和強度的三種方法。

第二節　散點圖

　　如同直方圖和長條圖，**散點圖**（scatter diagram）具有一水平軸和一垂直軸。這些軸被標示去對應相關分析裡的兩個變項。**橫座標**（abscissa）以數字標誌以容納研究者在變項上所得分數；用相同的方式，**縱座標**（ordinate）被標示以容納在另一變項上所得分數（對於相關而言，何種變項被置於何種座標的決定是任意的，不管這兩座標是如何被標示的，兩個變項間的關連本質都會被呈現）。在座標被設定好之後，下一步是把每一個被測量對象的點放入散點圖裡，水平和垂直位置的每一點顯示了研究對象在兩個變項上所得的分數。

　　在選錄 3.1 裡，我們看見了北卡羅萊納州選舉的有關原始資料和散點圖。在第一國會區的二十八個郡裡，研究者發現了兩件事：(1)已註冊黑人投票者的百分率；和(2)投票給黑人候選人的百分率。這些資料以數字呈現在表三然後以點呈現在圖一。在此散點圖裡最右的點來自於 Edgecombe 郡，此處的兩個百分率為 72.4 和 79.0。由於設定軸的方式，此郡的點被置放在對應於橫座標 72.4 以及縱座標 79.0 之處。在此散點圖裡的所有其他點都以相似的方式被置放。

選錄 3.1 • 原始資料和散點圖

表三 北卡羅萊納第一國會區民主黨提名大會

郡	已註冊黑人投票者的百分率	投票給黑人候選人的百分率	郡	已註冊黑人投票者的百分率	投票給黑人候選人的百分率
Wayne	8.4	11.7	Nash	49.7	60.9
Beaufort	22.6	34.2	Northampton	53.4	49.7
Columbus	29.4	71.3	Warren	55.1	70.0
Chowan	31.0	36.4	Vance	55.3	66.2
Perquimans	33.4	37.8	Pender	55.4	68.3
Bladen	35.8	58.7	Hertford	55.4	49.6
Greene	36.0	21.8	Pasquotank	55.7	63.8
Martin	39.5	31.1	Bertie	55.7	56.2
Pitt	42.1	33.5	Halifax	61.0	65.8
Washington	42.2	41.7	Lenoir	61.1	51.7
Duplin	43.3	51.5	Wilson	61.3	72.5
Craven	45.2	46.7	New Hanover	61.8	88.8
Gates	45.2	37.2	Cumberland	67.4	80.6
Jones	48.5	56.2	Edgecombe	72.4	79.0

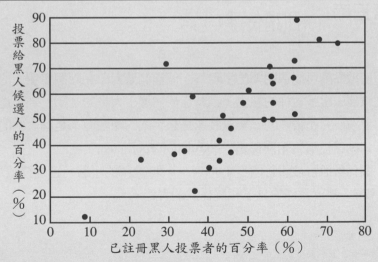

圖一 北卡羅萊納州第一國會區的黑人選舉

來源：Clayton, D. M., and Stallings, A. M. (2000). Black women in Congress: Striking the balance. *Journal of Black Studies, 30*(4), pp. 593-594.

　　散點圖透過點散布的模式而顯露兩個變項之間的關係。為了要識別是什麼模式，我使用一個簡單的兩步驟方法。第一，我在點散布的周圍圈出一條想像的合身邊線。第二，我觀察被邊線所包圍形狀的傾斜度和厚度。根據資料集散布的這兩種特徵，我能夠瞭解兩個變項之間的相關本質以及強度。

　　請再一次考量呈現在選錄 3.1 裡的散點圖。我們的邊線產生了一個大概從左下傾斜至右上的卵形。這樣的傾斜方向暗示了一個高—高，低—低的關係，然而如果是從左上傾斜至右下則暗示了一個高—低，低—高的關係（如果無法察覺被邊線所包圍形狀的傾斜度，我們可以說它是在其中一個方向的微系統性傾向）。

　　在認知被邊線包圍而成之卵形的傾斜度之後，我轉向卵形厚度的論題。如果卵形呈現長且瘦，我斷言在兩個變項間存在有力的關係。另一方面，如果卵形短且厚，我斷言其存在乏力的關係。最後一次考量選錄 3.1 的散點圖，我斷言此卵形是在兩個極端間；據此，我覺得中度（moderate）這個措辭能最適切地描述視覺上所呈現的關連強度。結合傾斜度與厚度的要領，我感覺選錄 3.1 的散點圖顯露了中度的高—高，低—低關係。

第三節　相關係數

　　即使散點圖可以很明顯的呈現每一個被測量對象在兩個變項上的分數，許多期刊厭惡去出版這樣的圖表，因為它們佔據了大量的空間。為了這個理由，經常出現在研究報告裡的二變量關連是數字式的總結而不是圖表式的總結。這種數字式總結被稱為**相關係數**（correlation coefficient）。

　　相關係數通常被報告成 -1.00 與 $+1.00$ 之間的小數，它的符號為 r。在選錄 3.2 和 3.3 裡，我們看見了相關係數的實例。

選錄 3.2-3.3 • 相關係數

> 全部的知識分數與自我規範技巧的使用有顯著相關（r = .54），但與其他的 SCT 變項沒有顯著相關。

來源：Suminski, R. R., and Petosa, R. (2006). Web-assisted instruction for changing social cognitive variables related to physical activity. *Journal of American College Health, 54*(4), p. 221.

- -

> 然而，自從受傷以來的時間與達成個人最初目標之間，呈現負相關（r = − 0.68）。

來源：Wade, S. L., Michaud, L., and Brown, T. M. (2006). Putting the pieces together: Preliminary efficacy of a family problem-solving intervention for children with traumatic brain injury. *Journal of Head Trauma Rehabilitation, 21*(1), p. 63.

為了幫助你學習如何去解讀相關係數，我畫了一條水平直線去呈現相關公式所計算出來的可能連續值：

$$-1.00 \qquad\qquad 0.00 \qquad\qquad +1.00$$

這個相關連續體將幫助你弄清楚幾個相關係數形容詞的意義：直接、高度、間接、反逆、低度、中度、負、純粹、正、有力，以及乏力。

第一，考量這個相關連續體的兩個半部。任何落入右半部的 r 表示**正相關**（positive correlation）；這指出兩個變項間的**直接關連**（direct relationship）（稍早，我以高—高，低—低稱呼這樣的情況）。另一方面，任何落入左半部的結果為**負相關**（negative correlation），這指出**間接**（indirect）或**反逆**（inverse）**關連**（relationship）（例如，高—低，低—高）。如果 r 恰巧落在相關連續體的左右方盡頭，會用**純粹**（perfect）這個術語來描述獲得的相關。當 r 假設是接近任一方盡頭的值時，會使用**高度**（high）這個措辭〔因此暗示了一個**有力**（strong）的關係〕；相反地，當 r 靠近連續體的中央時，會使用**低度**（low）這個形容詞〔因此暗示了一個**乏力**（weak）的關係〕。任何 r 落入連續體左邊或右邊的中央區域將會被冠以**中度**（moderate）這個形容詞。

從選錄 3.4 至選錄 3.6，我們看見了研究者使用不同的形容詞去標示他們的 r。在前兩個選錄裡，我們看見了乏力和中度的概念被用以描述相關係數。在第三篇選錄裡，我們看見了有力這個概念被使用。選錄 3.6 特別具有啟發

性，因為它呈現了只要是遠離 0 的值，不論是正相關或是負相關均為有力的關連。

54

在總結如何去闡釋相關係數的討論之前，我覺得有義務去強調當關連的議題被提出時的觀點，藉由 r 所回答的中心問題是：「一個變項的高分和另一個變項的高分成雙配對的範圍有多大？」此問題裡的高分對於每一個變項而言是分開看待的。因此，一個有力的正相關能夠存在，即使兩個變項上的平均數是不同的。請再考量稍早所呈現的九個家庭資料，兩組分數之間的相關為 +.96，儘管兩組的平均數非常不同（2 對照 70）。這個實例很清楚地告訴我們，相關**無法**處理兩個平均數之間是否類似或不同的問題（註1）。

選錄 3.4-3.6 ● 使用形容詞描述相關

當病人的 ASASFA 得分與他們的 ADAS 得分比較時，其相關（$r = 0.18$）是乏力的。

來源：McAdam, J. L., Stotts, N. A., Padilla, G., and Puntillo, A. (2005). Attitudes of critically ill Filipino patients and their families toward advance directives. *American Journal of Critical Care, 14*(1), p. 22.

內化問題量表和外化問題量表兩者之間呈現中度相關（$r = .37$）。

來源：Rönnlund, M., and Karlsson, E. (2006). The relation between dimensions of attachment and internalizing or externalizing problems during adolescence. *Journal of Genetic Psychology, 167*(1), p. 53.

除了與處理衝刺速度呈現有力的正相關（$r = 0.63$）以及與驅力 1 產生有力的負相關（$r = -0.80$）之外，血漿咖啡因與表現改變之間的相關性尚未定論。

來源：Stuart, G. R., Hopkins, W. G., Cook, C., and Cairns, S. P. (2005). Multiple effects of caffeine on stimulated high-intensity team-sport performance. *Medicine and Science in Sports and Exercise, 37*(11), p. 2001.

註1： 在許多研究成果裡，焦點放在平均數之間的差異。稍後，t 檢定（t-test）和 F 檢定（F-test）的討論將展示研究者如何去比較平均數。

第四節 相關矩陣

　　當研究者的興趣在於兩個或少數變項間的二變量關連時，他們將會照例地呈現其 *r* 在文章內容裡（這樣的報告策略在選錄 3.2 至選錄 3.6 裡被使用）。當重點放在許多變項當中的二變量關連時，*r* 通常被摘要成一種稱為**相關矩陣**（correlation matrix）的特殊表格。

　　應該注意的是，一組變項當中可以計算出一些二變量關連，即使變項的數量是相對的小。以六個變項而言，十五個分開的二變量 *r* 能夠被計算出來。以十個變項而言，將會有四十五個 *r*。一般而言，二變量相關的數量同等於 $k(k-1)/2$，此處 *k* 代表變項的數量。

　　在選錄 3.7 裡，我們看見了一個相關矩陣摘要了五個變項的二變量關連。在關於此選錄的研究裡，三百四十四位在台灣的大學生回應一份壓力事件反應量表。此量表於每一位大學生身上產生五種分數或因素，每一種分數反映了人們在面對創傷事件時所使用的機制。如你所見，這個相關矩陣包含的 *r* 被安排在一個長方形裡（每一個 *r* 指出兩變項之間的相關）。例如，值.37 是家庭支持與宗教／精神之間的相關係數。

選錄 3.7 ● 一個標準的相關矩陣

表二　CCS 因素之間的交互相關

因素	1	2	3	4	5
1.接受、重組與奮鬥	--				
2.家庭支持	.33	--			
3.宗教／精神	.13	.37	--		
4.迴避與超脫	.15	.02	.05	--	
5.私下情緒性的抒發	.28	.34	.34	.29	--

註：CCS = Collective Coping Styles

來源：Heppner, P. P., Heppner, M. J., Lee, D., Wang, Y., Park, H., and Wang, L. (2006). Development and validation of a collective coping styles inventory. *Journal of Counseling Psychology, 53*(1), p. 113.

在選錄 3.7 裡所呈現的相關矩陣有兩件事是值得注意的。第一，破折號僅僅指出沒有人會在意變項與自己的相關（這種相關，如果被計算的話，將保證等同於 1.00）。

56

第二，在破折號所形成的對角線上方是沒有相關係數的。如果相關在這個區域出現的話，那也只是對角線下方相關係數的鏡像。係數值.33 將會出現在第一列的第二欄裡，而.13 將會出現在第一列的第三欄裡等等。這樣的 r 將會是多餘的。

在選錄 3.7 裡，十個二變量相關係數被置於對角線的下方。有時，你將會發現這樣的相關矩陣：(1)相關係數被置於對角線上方；或(2)對角線的每一個元素不是 1.00 就是完全空白，這種替代性的呈現應該不會引起你閱讀上的困難，因為它們還是會包含所有可能的二變量相關在內，就如同在選錄 3.7 裡所詮釋的方式一樣。

現在請考量選錄 3.8 裡的相關矩陣。第一眼看見時，這個矩陣很類似於選錄 3.7，因為都具有五列五欄的相關係數。然而，如果你仔細看選錄 3.8，你將會注意到兩件事情。第一，在列裡所標示的變項似乎並不完全相同於欄裡的變項。「數學」這個變項並未出現在任何的欄裡。同樣地，「拼字」這個變項也並未出現在任何的列裡。第二，對角線充滿了相關係數。

57

如果選錄 3.8 裡的相關矩陣增加了底部的「拼字」列以及左邊的「數學」欄，那麼它就會看起來像是我們所考量的第一個相關矩陣，但是對角線不會包含任何東西。

然而，藉由增加這些新列及新欄並不會讓我們得到些什麼。這是因為在這些新列及新欄裡不會包含任何項目（如果你再次過目選錄 3.7，將會發現有一列及一欄並沒有包含任何重要的相關係數）。

選錄 3.8 ● 被刪除一欄和一列的相關矩陣

表三　自我知覺項目的相關

	科學	社會研究	閱讀	英文	拼字
數學	.306	.297	.217	.318	.265
科學		.429	.252	.337	.241
社會研究			.331	.386	.299
閱讀				.483	.369
英文					.429

來源：Swiatek, M. A., (2005). Gifted students' self-perceptions of ability in specific subject domains: Factor structure and relationship with above 3-level test scores. *Roeper Review, 27*(2), p. 106.

　　偶爾，研究者會設定其相關矩陣如同選錄 3.8 裡的那樣，藉由刪除一空白列和一欄來節省一點空間。在知道了這種節省空間的作法之後，你必須小心地計算有多少變項涉入；僅僅計算列（或欄）裡的數量很可能使你少算了一個變項。

　　選錄 3.9 介紹了兩個相關矩陣如何結合在一個表格裡。在這個研究的相關表格裡，包含五種主要分數的人格量表 [譯註1]，分別施測一百六十二位大學生二次，一次是用紙筆，一次是網路線上方式。在蒐集資料之後，研究者計算了這些人格向度間的相關係數。他們計算了兩次，一次使用來自於紙筆版本的資料，另一次使用來自於線上（網路）版本的資料。使用此相關矩陣下方表註為指南，我們可以看看是否任兩種向度之間的二變量相關會被施測的方式所影響。例如，以線上施測方式而言，OP 和 EX 之間的相關為.54；以紙筆施測方式而言，OP 和 EX 之間的相關係數是.51。

譯註 1：　分別為：情緒穩定性（emotional stability＝ES）、外向性（extroversion＝EX）、接受性（openness＝OP）、可親性（agreeableness＝AG）和嚴謹性（conscientiousness＝CO）。

選錄 3.9 ● 兩個相關矩陣併入一個表格裡

表二　紙筆和線上版本裡五種主要人格向度之間的交互相關

	ES	EX	OP	AG	CO
ES	--	.32	.15	.17	−.08
EX	.27	--	.54	.00	.03
OP	.11	.51	--	.00	.08
AG	.20	−.06	−.08	--	−.08
CO	−.13	.01	.12	−.10	--

註：對角線以下的相關係數對應紙筆版本而對角線以上的相關係數對應線上版本。$N = 162$。

來源：Salgado, J. F., and Moscoso, S. (2003). Internet-based personality testing: Equivalence of measures and assessees' perceptions and reactions. *International Journal of Selection & Assessment, 11*(2/3), p. 199.

現在請考量選錄 3.10。此相關矩陣在兩方面是不同於我們先前所檢驗過的其他矩陣。首先，呈現每一個研究變項的平均數和標準差。再來，表格的相關矩陣部分有六列但是只有五欄。然而，所有的二變量 r 均被呈現。沒有包含第六欄（標示為 6）並無剝奪我們應該獲得的資訊。如果包含第六欄，唯一所得僅僅是一破折號。

選錄 3.10 ● 含有平均數和標準差的相關矩陣

表三　研究變項的敘述性統計與交互相關

變項	M	SD	1	2	3	4	5
1.損傷	13.91	4.25	--				
2.安全事件	22.83	7.33	.68	--			
3.安全氛圍	34.00	5.74	−.42	−.47	--		
4.安全意識	3.96	0.69	−.26	−.29	.63	--	
5.消極領導	2.19	0.99	.33	.41	−.57	−.45	--
6.轉化領導	3.08	0.90	−.24	−.22	.56	.41	−.48

來源：Kelloway, E. K., Mullen, J., and Francis, L. (2006). Divergent effects of transformational and passive leadership on employee safety. *Journal of Occupational Health Psychology, 11*(1), p. 8.

第五節 / 不同種類的相關程序

　　在此節裡，我們簡短地看看幾種已經被發展出來的統計程序。所有這些統計程序在資料蒐集的方式上是類似的；資料均蒐集自兩個變項^{（註2）}。然而，這些二變量相關技術在兩個變項的本質上是不同的。你需要去領會為何變項在本質上會有所差異。

　　我們的首要討論放在量化與質化變項之間的分別特性。以**量化變項**（quantitative variable）而言，測量過程的標的隨著所具有特性的多寡而不同。相反地，測量是以分類至有關的特徵時，**質化變項**（qualitative variable）肩負起了角色。因此，如果我們聚焦於人們的身高，我們就有了一個量化變項（因為一些人比其他人擁有較多的「高度」）。如果我們聚焦於人們最喜愛的國家公園，我們就正在處理一個質化變項（因為人們僅僅是被歸入到他們最喜愛的公園類別裡）。

　　從相關的立場而言，量化變項能夠在研究者所蒐集的資料裡以二擇一的方式顯示自己。可能地，研究者想要去做的一件事情是從擁有最大量相關特徵的個體（可能是人、動物、對象或任何東西）一直排序至最小量的個體。被用以指出次序的數字通常是 1 代表最大量、2 代表第二大量，依此類推。這種數字被稱作**等級**（ranks），並且被說成是代表**順序**（ordinal）尺度的測量。研究者的資料也可能在本質上就是具有順序的，例如每一個被測量的個體被放入排序過的類目裡（例如，1、2、3、4 分別代表大學新鮮人、大學二年級、大學三年級、大學四年級）。

　　以第二種量化變項而言，測量值是比較準確的。此處，每一個人的分數是獨立於任何其他人的，因此提供的是絕對比較的訊息。然而等級組成的資料是提供相對比較的訊息。這第二種（也更為準確）處理量化變項的方式提供絕對

註2： 有些作者使用**零階相關**（zero-order correlation）這個術語來代表二變量相關。他們如此做是為了區別涉及三個或更多變項之間的相關〔如偏（淨）相關（partial correlations）、多重相關（multiple correlations），以及標準（典型）相關（canonical correlations）〕。

59

的比較。在本書，我們將使用**原始分數**（raw score）來代表提供個體在一個量化變項上絕對（而不是相對）測量的資料[註3]。

質化變項有兩種主要的變化。如果子群裡被分類的人們確實彼此之間沒有量化的連結，那麼對應於這些子群的變項本質上被稱作**名義**（nominal）變項。你最喜歡的學術科目、你最近常使用的果醬品牌，以及你所居住的州別代表此種變項。如果此質化變項僅關連兩個類目，那麼本質上被稱為**二分**（dichotomous）變項。一個二分變項實際上可以被視為名義變項的一種特殊例子。例如「課程結果」只有通過或不通過（或有學分以及無學分）、性別、政黨（民主黨或共和黨），以及畢業或肄業。

在選錄 3.11 至 3.14 裡，我們看見了不同種類的變項。前兩篇選錄介紹了我們所討論過的兩種量化變項：等級和原始分數。後兩篇例示了質化變項（第一個是具有四種類目的名義變項，第二個是二分變項）。

選錄 3.11-3.14 • 不同種類的資料

面試的第三步驟要求參與者去排列（從最好至最差）一組隨機呈現的四種健康狀態卡片：(a)你的健康，(b)輕微結巴，(c)中度結巴，(d)嚴重結巴。

來源：Bramlett, R. E., Bothe, A. K., and Franic, D. M. (2006). Using preference-based measures to assess quality of life in stuttering. *Journal of Speech, Language, and Hearing Research, 49*(2), p. 386.

我們藉由使用 Actiwatch（Mini Mitter, Bend, Oregon）活動監視器監測參與者的活動來取得睡眠資料……以百分率的方式來呈現睡眠效率，其定義為總睡眠時間除以在床上的總時間並乘以 100。

來源：Arora, V., Dunphy, C., Chang, V. Y., Ahmad, F., Humphrey, H. J., and Meltzer, D. (2006). The effects of on-duty napping on intern sleep time and fatigue. *Annals of Internal Medicine, 144* (11), p. 793.

種族這個預測變項是個具有四個類別的多分類變項，如同在國家資料庫裡

註3：然而，大部分的統計學家著重於區間（等距）（interval）與比率（ratio）尺度之間的分別、不連續變項與連續變項之間的差異，期刊文章的讀者們不必瞭解這些專業術語之間的差別，也能解讀研究報告。

以 RSA 所定義的那樣（白人、黑人、美洲印地安人或阿拉斯加原住民、亞洲人或太平洋島民）。

來源：Rogers, J. B., Bishop, M., and Crystal, R. M. (2005). Predicting rehabilitation outcome for supplemental security income and social security disability income recipients: Implications for consideration with the ticket to work program. *Journal of Rehabilitation, 71*(3), p. 8.

評定每位學生所上學校的類型（公立或教會）而產生了學校類型的二分法分數，1代表公立學校。

來源：Nichols, T. R., Graber, J. A., Brooks-Gunn, J., and Botvin, G. J. (2006). Ways to say no: Refusal skill strategies among urban adolescents. *American Journal of Health Behavior, 30*(3), p. 230.

　　研究者經常結合個人在一份測驗或問卷裡對個別問題的回答而形成每一個被研究個體的原始分數。如同選錄 3.15 和 3.16 所呈現的，每一個分開的項目可以在本質上是順序性或二分性的，而這些項目分數的總和被視為我所說的原始分數。即使研究統計學理論的權威一再地爭論藉由結合順序或二分資料去產生原始分數的適當性，但這樣的作法在應用研究者當中是相當平常的。

選錄 3.15-3.16 • 結合順序或二分資料以取得原始分數

61

　　三十一項SES用四點李克氏量表（1 =*從不*，2 =*很少*，3 =*一般*，4 =*頻繁*）評分。學生的總分由這三十一項的反應總合所決定，測量值從 31 至 124。

來源：Phillips, K. A., and Barrow, L. H. (2006). Investigating high school students' science experiences and mechanics understanding. *School Science & Mathematics, 106*(4), p. 204.

　　此研究所採用的VR前測和後測為電腦測驗。每一項測驗包含十五個問題，聚焦於評估學習者對交通規則與號誌的瞭解……對每一個問題而言，參與者得到不是 1（正確答案）就是 0（錯誤答案）的分數，總分範圍從 0 至 15。

來源：Chwen, J. C., Seong, C. T., and Wan Moh, F. W. I. (2005). Are learning styles relevant to virtual reality? *Journal of Research on Technology in Education, 38*(2), p. 128.

　　有時，研究者以一個量化變項為開始，然後依據所擁有特徵的多寡把個體分類進兩個類目。例如，研究者可以想到的是以量化變項來測量人們的身高，

解讀 統計 與 研究
READING STATISTICS AND RESEARCH

把每一個人放入高或矮的類目裡，不管最初高度（以等級的形式或原始分數）的測量值。當這被完成之後，研究者轉換量化資料為二類目質化狀態。使用**人工二分法**（artificial dichotomy）這個詞去描述這最後的資料集。這種資料轉換實例出現在選錄 3.17 裡。

選錄 3.17 • 創造一個人工二分法變項

每年家庭收入裡母親收入的報告被用為社經弱勢的指標。給予回應者一份收入範圍表（例如，21,000–23,999 美元）從「無收入」至「150,000 美元以上」，並且要求他們標示自己的家庭收入範圍。每年家庭收入被轉換成二分變項以利分析，以 24,000 美元當作切割點。這創造了一個「高」收入組（24,000 美元以上）以及一個「低」收入組（0 至 23,999 美元）。

來源：Cronk, N. J., Slutske, W. S., Madden, P. A. F., Bucholz, K. K., and Health, A. C. (2004). Risk for separation anxiety disorder among girls: Paternal absence, socioeconomic disadvantage, and genetic vulnerability. *Journal of Abnormal Psychology, 113*(2), p. 240.

壹　皮爾森積差相關

最常被使用的二變量相關程序被稱為**皮爾森積差相關**（Pearson's product-moment correlation）。它被設計在以下的情況中使用：(1)兩個變項在本質上都是量化的；(2)每一個變項產生的是原始分數。稍早在選錄 3.1 裡所呈現的散點圖提供了以皮爾森方式處理這種二變量狀況的良好範例。

選錄 3.18、3.19 和 3.20 介紹了這種極為普遍的二變量相關方法的使用。請注意，在這些選錄的第二篇，「皮爾森」這個標籤被使用卻少了隨後的措辭「積差」。在第三篇選錄裡，請注意只出現一個符號 r，並且沒有皮爾森、皮爾森積差或積差等形容詞的出現（像這樣符號 r 單獨出現的例子，八九不離十是皮爾森積差相關係數）。

選錄 3.18-3.20 • 皮爾森積差相關

　　計算參與者的 MTEBI、STEBI 和數學焦慮分數之間的皮爾森積差相關係數，以解釋在這些變項之間的可能關連。

來源：Bursal, M., and Paznokas, L. (2006). Mathematics anxiety and preservice elementary teachers' confidence to teach mathematics and science. *School Science & Mathematics, 106*(4), p. 175.

- -

　　首先，計算運動表現測量值（SMW、TUG、STR）和所有的心理社會以及技巧變項間的皮爾森相關係數。

來源：Maly, M. R., Costigan, P. A., and Olney, S. J. (2005). Contribution of psychosocial and mechanical variables to physical performance measures in knee osteoarthritis. *Physical Therapy, 85* (12), p. 1323.

- -

　　BD〔體態滿意度〕和 DT〔瘦身驅力〕分數是相關的（女性為 $r = .72$，男性為 $r = .65$）。

來源：Keski-Rahkonen, A., Bulik, C. M., Neale, B. M., Rose, R. J., Rissanen, A., and Kaprio, J. (2005). Body dissatisfaction and drive for thinness in young adult twins. *International Journal of Eating Disorders, 37*(3), p. 191.

貳　史匹爾曼等級相關和肯道耳等級相關

　　第二個最常被使用的二變量相關方法被稱作**史匹爾曼等級相關**（Spearman's rho）。此種相關類似於我們剛討論過的（皮爾森）方法，因為它適合兩個變項本質上皆為量化的情況。然而，以史匹爾曼方法而言，兩變項均是以產生等級的方式被測量。這種相關方法通常伴隨的名稱是**等級順序相關**（rank-order correlation）。此種相關係數通常用 r_s 或 ρ 符號表示。

　　在選錄 3.21 裡，我們看見兩組等級資料。該研究者想要看看何種醫療問題折磨了已在醫院急診部門裡診療過的精神病人。有兩種精神病人：(1)他們的主要問題在本質上是精神病學的；以及(2)他們的主要問題為非精神病學的。研究者在這兩組裡排序的是不同的共發醫療問題。如果我們使用史匹爾曼等級相關來計算選錄 3.21 裡兩組等級的相關，產生 $r_s = .89$（如果你瀏覽選錄裡的兩組資料，你應該能夠看見一種高—高，低—低的關係）。

63

選錄 3.21 • 兩組等級

表二　病人在每一個醫療類目裡具有非主要即次要的精神病學診斷之百分率

醫療類目	主要精神病學診斷之病人			次要精神病學診斷之病人		
	等級	%[a]	數量	等級	%[b]	數量
循環	1	12.61	104	1.5	13.71	71
激素	2	7.64	63	3	9.65	50
呼吸	3	3.27	27	4	9.46	49
消化	4.5	2.42	20	1.5	13.71	71
肌肉與骨骼	4.5	2.42	20	5	7.92	41
神經系統	6	1.58	13	7.5	4.63	24
感染	7	1.33	11	6	6.18	32
血液	8	1.09	9	10.5	2.12	11
泌尿生殖器	9.5	0.49	4	9	4.05	21
皮膚	9.5	0.49	4	10.5	2.12	11
先天	11.5	0.12	1	7.5	4.63	24
腫瘤	11.5	0.12	1	13	0.39	2
懷孕	13	0.00	0	12	1.35	7

[a] 具有主要精神病學診斷而無次要精神病學診斷之病人百分率。
[b] 具有次要精神病學診斷而無主要精神病學診斷之病人百分率。

來源：Kunen, S., Niederhauser, R., Smoth, P. O., Morris, J. A., and Marx, B. D. (2005). Race disparities in psychiatric rates in emergency departments. *Journal of Consulting and Clinical Psychology, 73*(1), p. 121. (Modified slightly for presentation here.)

64

　　極少數的研究者會展示用以計算史匹爾曼等級相關的真實排序資料。大部分的情況裡，你所能得到的唯一資訊：(1)兩變項相關的詳述；以及(2)產生的相關係數。因此，選錄 3.22 和 3.23 是比較典型的期刊文章呈現作法而不是選錄 3.21。

選錄 3.22-3.23 • 史匹爾曼等級相關

　　使用史匹爾曼等級相關係數，以決定十分鐘以上的臨床步伐速率與完成社區行走課程總時數之間的相關。

來源：Taylor, D., Stretton, C. M., Mudge, S., and Garrett, N. (2006). Does clinic-measured gait speed differ from gait speed measured in the community in people with stroke? *Clinical Rehabilitation, 20*(5), p. 440.

CPH42 檔案分數的改變和物理治療開始後第三週的疼痛強度改變之間的史匹爾曼相關係數（r_s）為 0.45。

來源：Chiu, T. T. W., Tai-Hing, L., and Hedley, A. J. (2005). Psychometric properties of a generic health measure in patients with neck pain. *Clinical Rehabilitation, 19*(5), p. 508.

肯道耳等級相關（Kendall's tau）非常類似於史匹爾曼等級相關，因為這兩種二變量相關方法被設計使兩個被測量的量化變項以等級的形式來產生資料。兩者不同之處為結綁（tie）的議題。為了闡明我們所指為何，假設六位學生做了一份簡短測驗並得到這些分數：10、9、7、7、5、3。當這些原始分數轉換成等級時，變成 1、2、3.5、3.5、5、 6，此處的最高分數 10 成為等級 1，第二高分數 9 成為等級 2，依此類推。第三與第四高的分數結綁了一個分數為 7，而這二個分數個別所對應的等級同等於沒有結綁情況下個別等級的平均數（如果這兩個 7 是 8 和 6，那麼個別等級分別為 3 和 4；3 和 4 的平均數為 3.5，而這就是那些真正得分為 7 的個人所對應的等級）。

肯道耳等級相關在處理結綁等級方面是比史匹爾曼等級相關要來得好。對於呈現在選錄 3.21 裡的兩組等級而言，肯道耳等級相關係數為.75，比史匹爾曼等級相關係數.89 要小，因為在此選錄的資料裡有結綁數值，所以許多統計學家會認為肯道耳等級相關係數是比較準確的。在選錄 3.24 裡，我們看見了採用肯道耳等級相關的實例。

選錄 3.24 • 肯道耳等級相關

麻醉師評估老年病患的 VAS 分數與他們（病患）對於麻醉和手術的焦慮之間具有高相關性（Kendall's τ = 0.647 和 0.524），而外科醫師對於那些經歷重大手術病患的手術相關（surgery-related）焦慮做出了中度的估算（Kendall's τ = 0.480）。

來源：Fekrat, F., Sahin, A., Yazici, K. M., and Aypar, U. (2006). Anaesthetists' and surgeons' estimation of preoperative anxiety by patients submitted for elective surgery in a university hospital. *European Journal of Anaesthesiology, 23*(3), p. 230.

參　點雙數列和雙數列相關

　　有時研究者想要知道一個具有原始分數集的變項與另一個具有 0 與 1 分數集的變項（二分變項）之間的相關性如何。例如，研究者也許想要知道籃球員的身高與他們在一場比賽裡能否得分這兩者之間是否相關。對於這種二變量情況而言，一種稱作**點雙數列**（point biserial）的相關方法被設計出來。此種相關係數通常以符號 r_{pb} 表示。

　　如果研究者所擁有的變項其一為原始分數其二為人工二分法變項，那麼這兩種變項之間的關連，可藉由一種稱為**雙數列相關**（biserial correlation）的方法來評估。回到我們的籃球例子，假設研究者想取得身高與得分產能之間的相關，第二個變項是關於在原始分數裡，球員平均得分是否少於 10 分或得分是兩位數。此處，得分產能藉由強加在原始分數上的人工二分法來測量。據此，雙數列方法可以被用來評估兩變項間關連的本質和強度。這種二變量關係通常用符號 r_{bis} 表示。

　　在選錄 3.25 裡，我們看見了一個點雙數列相關的實例。在此研究裡，研究者想知道房屋所有權與年齡之間是否有相關。如同在此選錄裡所指出的，房屋所有權變項在本質上是二元的（例如，二分的）。因為每一位戶長不是擁有就是不擁有此幢房屋。因為第二個變項：年齡，是一種原始分數變項，所以點雙數列相關被運用去評估此兩變項之間的關連。

選錄 3.25 ● 點雙數列相關

　　以戶為分析單位並採用戶長年齡來識別其生命週期裡的家庭地位，我們確實發現戶長年紀愈大，就愈會擁有房產……說得更正式一點，點雙數列相關係數——被使用去估計一個二元與一個連續變項之間關連的程度——在房屋所有權與年齡之間是正相關，其值為 0.29。

來源：Başlevent, C., and Dayioglu, M. (2005). The effect of squatter housing on income distribution in urban Turkey. *Urban Studies, 42*(1), p. 39.

肆 phi 和四分相關

如果研究者具有的兩個變項本質上是二分的，那麼兩變項之間的關連可以藉由一種稱為 **phi**（如果每一個變項所呈現的是標準二分法）的相關方法來評估，或是藉由**四分相關**（tetrachoric correlation）（如果兩變項所呈現的是人工二分法）來測度。例如，性別（男／女）和汽車所有權（有／無）之間的相關呈現的是標準的二分法，因此可以使用 phi 方法。又例如，以五呎八吋當作高與矮的分界，而以自己理想體重上下十磅以內當作體重是否合格的標準，此處身高與體重被強迫轉換成二分變項。

選錄 3.26 介紹 phi 方法的使用。這篇選錄出色地展示涉入相關的兩個變項是如何能夠代表標準的二分變項。

選錄 3.26 • phi

我們計算了 phi 係數去估計介入分數與後測分數之間關連的程度〔第一個分數是 0 或 1，根據唯一的介入問題得到正確或錯誤的回答；同樣地，第二個分數也是 0 或 1，根據唯一的後測問題得到正確或錯誤的回答〕。

來源：Fernandez-Berrocal, P., and Santamaria, C. (2006). Mental models in social interaction. *Journal of Experimental Education, 74*(3), p. 235.

伍 克拉默 *V* 係數

如果研究者在兩個變項上蒐集資料，而這兩個變項本質上是名義的，那麼其間的關連可以藉由被稱為**克拉默 *V* 係數**（Cramer's *V*）的相關方法測量出來。在選錄 3.27 裡，我們看見了克拉默 *V* 係數的使用實例。此研究聚焦於一群青少年，研究者感興趣的兩個變項分別是禁慾和父母婚姻狀況。如同選錄裡所指出的，克拉默 *V* 被用以測量此兩變項之間關連的強度。此相關係數必須介於 0 與 1 之間。

67

選錄 3.27 • 克拉默 V 係數

大部分禁慾的青少年（50.3%），相較於 32.4%的性活躍同儕，報告他們的父母是處於結婚狀態（Cramer's V = .18）。

來源：Vélez-Pastrana, M. C., Gonzádez-Rodríguez, R. A., and Borges-Hernández, A. (2005). Family functioning and early onset of sexual intercourse in Latino adolescents. *Adolescence, 40*(160), p. 787.

第六節　關於相關的警示

探討了這麼多之後，當解讀關於相關的討論時，你也許認為自己是個半專家。你現在已經知道什麼是散點圖，你已看過了相關連續體（並且明瞭相關係數是從 - 1.00 到 + 1.00），你瞭解什麼是相關矩陣，而你也已經探討過了幾種不同的二變量相關。在你假設自己知道所有關於兩變項之間關連的測度時，我想要提供你六點警示。這些警示涉及原因的論題、確定係數、離群值的可能性、線性的假設、獨立性，以及宣稱相關性為高或低的準則。

壹　相關與原因

你必須知道一個相關係數並不是在說明一個**因果**（cause and effect）論題。換句話說，一個特定的變項是否對於其他變項有起因上的衝擊，並不能藉由同時測量此兩變項資料集之間的相關而決定。許多研究報告讀者（甚至少數的研究者）錯誤地認為高相關暗示一個變項對於另一個變項有起因上的影響力。為了預防你犯下相同的錯誤，建議你牢記這個簡單的陳述：相關 ≠ 原因。

請考量選錄 3.28。在此選錄裡，研究者指出他們的相關發現不應該被詮釋為明顯的原因—結果連結性的確認。雖然這些研究者立下了良好的典範，不幸的是，並非所有的研究者都是如此做的。說得語氣重一點，你需要去防範研究者錯誤地強加「原因」進入他們的相關發現中。

稍後在此書裡，你將能學習到研究者如何蒐集資料以闡述原因的論題。然而在這種情形裡，研究者通常採用能夠幫助其評估一個變項真正具有對另一個

變項產生決定性影響的資料蒐集策略。那些策略需要考慮無法在此被討論的議題；然而，我有信心你很快能夠瞭解對研究者的額外要求，如果他們想要調查兩變項之間的因果關係。目前，我所能做的是要求你相信單憑相關資料並不能被用來建立因果關係的觀點。

選錄 3.28 ● 相關與原因

　　最後，必須注意的是，相關並不暗示原因。我們研究的跨區設計不允許於干擾依附模式在 BPD 發展的角色上做明確的原因推論。

來源：Fossati, A., Feeney, J. A., Carretta, I., Grazioli, F., Milesi, R., Leonardi, B., and Maffei, C. (2005). Modeling the relationship between adult attachment patterns and borderline personality disorder: The role of impulsivity and aggressiveness. *Journal of Social & Clinical Psychology, 24*(4), pp. 531-532.

貳　確定係數

　　為了對兩變項之間關連的強度有更好的理解，許多研究者平方相關係數的值。例如，如果 r 為.80，研究者會平方.80 而得到.64。這種平方後的結果稱為**確定係數**（coefficient of determination）。在選錄 3.29 和 3.30 裡，我們看見了呈現在研究報告裡的 r^2。在選錄 3.29 裡，r^2 被定義為確定係數。在選錄 3.30 裡，討論關連強度句子裡.58 的 r 值被降低為.33（藉由轉換成確定係數）。

選錄 3.29-3.30 ● 確定係數

　　採用皮爾森積差相關係數（r）以進行相關分析。用確定係數（r^2）來測度關連的意義。

來源：Smitz, L. L., and Woods, A. B. (2005). Prevalence, severity, and correlates of depressive symptoms on admission to inpatient hospice. *Journal of Hospice & Palliative Nursing, 8*(2), p. 88.

- -

　　〔結果指出〕堅持性得分較高的參與者比起低分者比較可能擁有被控制住的血壓（$r = .58$）。這指出藥物堅持量表與血壓控制之間關連強度的確定係數（r^2）為.33。

來源：Hill-Briggs, F., Gary, T. L., Bone, L. R., Hill, M. N., Levine, D. M., and Brancati, F. L. (2005). Medication adherence and diabetes control in urban African Americans with Type 2 diabetes. *Health Psychology, 24*(4), pp. 350, 351.

69

　　確定係數指出在一個變項裡的變異與另一個變項裡的變異關連（或被解釋）的比例。r^2 的值會落在 0 與 + 1.00 之間，而研究者通常乘以 100，所以他們能夠談論被解釋變異的百分率。在選錄 3.31 裡，我們看見了 r^2 被轉換成百分率的實例。如同此選錄所指，研究者有時提及此百分率為「共享的變異量」，意指一個變項的變異能夠被另一個變項的變異所解釋的量。

選錄 3.31 • r^2 和被解釋的變異

　　輪椅使用者的肩膀疼痛指標（WUSPI）……測量肩膀疼痛如何干擾不同的日常活動，像是移動、推輪椅，和自我照護……主要疼痛量表（BPI）（短表）被使用去評估對象對於全身疼痛的體驗，不侷限於肩膀關節……對所有的對象而言，WUSPI 與 BPI 之間存有中度相關（r = 0.35）。這說明了肩膀疼痛解釋了 12%的全身疼痛。

來源：Sawatzky, B. J., Slobogean, G. P., Reilly, C. W., Chambers, C. T., and Hol, A. T. (2005). Prevalence of shoulder pain in adult-versus childhood-onset wheelchair users: A pilot study. *Journal of Rehabilitation Research & Development, 42*, p. 4.

　　如同選錄 3.31 裡的內容所建議的，r^2 的值指出在一個變項裡的變異能有多少（比例上地說）是被另一個變項所解釋。這暗指原始相關係數（也就是沒有被平方的 r 值）誇大了兩變項之間的關連。注意 r 必須比.70 更高以得到至少 50%的被解釋變異。否則，考量 r =.50 的例子；此處，只有四分之一的變異被解釋。

參　離群值

　　我第三個警示是有關遠離分數群體的資料點所產生的可能影響。這種資料點被稱為**離群值**（outlier），而它們能夠影響相關係數的大小，以至於去低估或誇大兩變項之間的關連強度。選錄 3.32 精確地闡釋了這種觀點。

相對於選錄 3.32 裡的良好範例，大多數的研究者疏於檢查是否一個或更多的離群值扭曲了他們所研究的二變量關連統計結果。你將不會在期刊文章裡看見許多的散點圖，也因此你將無法親自去檢查是否有離群值的存在。幾乎所有時候，你被給予的僅有相關係數。當你看見研究者聲明此相關係數是在檢查散點圖無離群值之後計算時（或在計算相關係數前除去離群值），別忘了給此位研究者一點掌聲。

選錄 3.32 • 離群值

　　這〔$r = .433$〕暗示產品廣告頻率與產品需求量之間存在正相關。然而，這也許是個假性的關連，因為存在兩個離群值，Barbie 和 Action Man 產品，似乎對於這個關連強度是負有責任的。如果這兩種產品被排除在計算之外，那麼皮爾森相關完全地改變〔為 $r = .065$，暗示〕兩變項之間沒有關連……

來源：Pine, K. J., and Nash, A. (2002). Dear Santa: The effects of television advertising on young children. *International Journal of Behavioral Development, 26*(6), p. 536.

肆　線性

　　用來評估二變量關連強度的最普遍方法是皮爾森積差相關。如果兩變項之間具有線性關連，此種相關程序會運作得相當好。如果兩變項之間存在的是曲線性關連，皮爾森方法無法良好地運作。

　　線性（linear）關連並不需要所有的資料點（在散點圖裡）都在一條直線上。必要的準則為資料點的徑路是直的。徑路本身可以非常窄，而大多數的資料點落在這條想像直線的附近，或者徑路本身非常寬——只要徑路是直的（不管多寬或多窄，我們所提及的徑路可以任何角度傾斜）。

　　如果**曲線性**（curvilinear）關連存在於兩變項之間，皮爾森相關將會低估呈現在資料裡的關連強度。據此，如果研究者在計算皮爾森 r 之前，使用散點圖檢查了資料是否具有線性關連，你將能夠對眼前所見之相關係數更有信心。反之，對於那些沒有線性關連聲明的 r，你最好抱持懷疑的態度。

　　在選錄 3.33 和 3.34 裡，我們看見了研究者檢查他們的二變量資料集是否

統計與研究 READING STATISTICS AND RESEARCH

是線性的。第一篇選錄闡明了散點圖可以如何被用來完成這項任務。在選錄 3.34 裡，我們看見了散點圖的檢視能夠提供非線性關連的訊息。這兩篇選錄的研究者值得稱讚，因為他們在計算皮爾森 *r* 之前花時間檢視線性假設。不幸地，大多數研究者蒐集他們的資料並計算相關係數而完全不考慮線性問題。

71 ## 選錄 3.33-3.34 • 線性與曲線性

以皮爾森積差相關診察子量表之間關連的本質……且藉由檢視二變量散點圖去評估變項之間的線性。

來源：Jurkovic, D., and Walker, G. A. (2006). Examining masculine gender-role conflict and stress in relation to religious orientation and spiritual well-being in Australian men. *Journal of Men's Studies, 14*(1), pp. 34, 35.

結果與治療持續時間的散點圖呈現了曲線性關連。

來源：Lorentzen, S., and Høglend, P. (2005). Predictors of change after long-term analytic group psychotherapy. *Journal of Clinical Psychology, 61*(12), p. 1547.

伍 相關與獨立性

在許多研究裡，研究者不是建立就是使用不同的測驗去評估不同的技巧、特徵、人們的性格、動物或對象。很明顯地，如果兩種或更多的這些測驗是多餘的，將會浪費時間與金錢。換句話說，在許多的研究裡，每一種測量工具與其他測量工具相比之下，要能彰顯其獨特性。能做到此點的兩種工具擁有相互**獨立性**（independent）。

相關方法常幫助研究者評估他們測量工具的獨立範圍。獨立性存在於 *r* 接近於 0 的情況。換句話說，低相關暗示著獨立性，而高度正或負相關是缺乏獨立性的訊號。

選錄 3.35 舉例說明了作者有時如何使用獨立這個詞在他們的研究報告裡。注意是低的 *r* 值顯示獨立性。也注意是變項之間（並非相關本身）被視為相互獨立的；一個低的 *r* 僅僅是暗示獨立性出現的「路標」。

選錄 3.35 • 獨立性

父母和成人監視報告之間的相關僅有.26，〔藉以〕指出這兩種測量之間是相互獨立的（$r^2 = .07$）。

來源：Donenberg, G. R., Wilson, H. W., Emerson, E., and Bryant, F. B. (2002). Holding the line with a watchful eye: The impact of perceived parental permissiveness and parental monitoring on risky sexual behavior among adolescents in psychiatric care. *AIDS Education and Prevention, 14*(20), p. 153.

陸　關連強度

我最後的警示是關於研究者貼在他們相關係數上的標籤。沒有規定指出，多大的相關係數值必須被標示為「有力」或「中度」或「乏力」。換句話說，在決定一個被給予的 r 值是否是高或低時，這其中涉入相當的主觀性。這並不令人驚訝，研究者有時是偏袒的，當他們選擇一個形容詞去描述其所獲得的 r 時。你需要去瞭解，你有絕對的權力去看研究者的 r，並且以你自己的方式去標示其強度，即使你的標示是不同於研究者的。

仔細思考選錄 3.36 的內容。此段裡，研究者宣稱其所獲得的兩個 r 顯示出「有力的相關」。在知道確定係數是如何被計算與詮釋之後，你應該對研究者的主張（.396 和.310為有力相關）抱持懷疑的態度。如果將 r 平方並且轉換成百分率，可知：(1)少於 16%的電視觀賞時間變異是與BMI（身體質量指標）發生關連；並且(2)少於 10%是與三頭肌皮膚褶痕厚度有關連。

選錄 3.36 • 令人置疑的關連標籤

採用皮爾森相關分析來了解電視觀賞與身體組織之間的相關……當調查電視觀賞時間與體重、BMI、皮褶厚度、腰臀比例和體脂肪百分率之間的相關時，發現電視觀賞時間與 BMI〔$r = 0.396$〕和三頭肌皮褶〔$r = 0.310$〕之間存在有力的相關。

來源：Özdirenç, M., Özcan, A., Akin, F., and Gelecek, N. (2005). Physical fitness in rural children compared with urban children in Turkey. *Pediatrics International, 47*(1), pp. 28, 29.

術語回顧

73

橫座標（abscissa）	縱座標（ordinate）
雙數列相關（biserial correlation）	離群值（outlier）
二變量 （bivariate）	皮爾森積差相關（Pearson's product-moment correlation）
因果（cause and effect）	純粹（perfect）
確定係數 （coefficient of determination）	phi
相關係數 （correlation coefficient）	點雙數列相關 （point biserial correlation）
相關矩陣（correlation matrix）	正相關（positive correlation）
克拉默 V 係數（Cramer's V）	質化變項（qualitative variable）
曲線性（curvilinear）	量化變項（quantitative variable）
二分變項 （dichotomous variable）	等級順序相關 （rank-order correlation）
直接關連（direct relationship）	等級（ranks）
高度（high）	原始分數（raw score）
獨立性（independent）	關連（relationship）
間接關連（indirect relationship）	散點圖（scatter diagram）
反逆關連（inverse relationship）	史匹爾曼等級相關（Spearman's rho）
肯道耳等級相關（Kendall's tau）	有力（strong）
線性（linear）	四分相關（tetrachoric correlation）
低度（low）	乏力（weak）
中度（moderate）	r
負相關（negative correlation）	r_s
名義（nominal）	r^2
順序（ordinal）	r_{pb}

r_{bis}	ρ
V	

閒話統計

1. 涵括第三章內容的一個線上互動練習題（提供立即的回饋）。
2. 關於第三章內容的十個迷思。
3. 作者的一首詩「純粹實驗設計」。
4. 作者以電子郵件向學生提問關於皮爾森 r 和史匹爾曼 rho 的議題。
5. 兩則關於統計的笑話。

相關內容請參考：www.ablongman.com/huck5e

4 信度與效度

75　　　實證調查研究的文章將重點放在資料的蒐集、總結與分析。此種研究所導出的結論與建議或多或少會與原始資料的含義產生距離。因此，大多數的研究者會去描述用以蒐集資料的工具所具有的品質。這些工具品質的描述通常出現在文章的方法段落裡，不是在材料的部分就是在依變項的部分。

　　　不管它出現在何處，工具品質的描述通常涉及兩項與測量相關的概念——信度與效度。在本章裡，我將會討論這兩種概念的定義，研究者所採用去評估其測量工具之信度與效度的各種方法，以及工具品質的數字式指標。我的目標是去協助你精進解讀與評估信效度報告的技巧。

第一節　信度

　　　此處關於信度的討論被分成三個段落。我們藉由看看信度（reliability）的核心意義來開始討論。接著，我們檢視研究者用來量化其資料信度程度的各種方法。最後，我將會提供五點關於信度報告的警示。

壹　信度的定義與信度係數

　　　信度的基本概念可以一致性（consistency）這個詞做總括。研究者能夠並
76　且確實從不同的觀點（以及方法）來評估其工具之信度，但是根本問題總是相同的：「能使我們說此資料是具有一致性的根據範圍是？」

　　　研究者概念化信度的方式有三種基本格式。在某些研究裡，研究者詢問：

「在重複測驗之後，個人表現保持一致性的程度為何？」在另一些研究裡，問題的重點有些許的不同：「形成一份測驗或量表的個別項目之間，其測量相同潛在特徵的一致性為何？」而在另一些研究裡，對於信度的擔憂表達在這樣的問題中：「評分者間具有多大的一致性？」儘管有差異存在於此三類問題當中，但對一致性的關注都是相同的。

不同的統計程序已被發展去評估研究者資料的信賴程度，而我們將探討一些較常被使用的程序。然而在此之前，我想要指出的是不同的程序之間是如何地類似。除了一致性的概念之外，每一種信度方法均導出一項數字式指標。**信度係數**（reliability coefficient），這種資料一致性總結的描述通常假定一個介於 0.00 與 + 1.00 之間的數值，而兩處盡頭代表了一致性的全無或全有。

貳 計算信度的不同方法

一、重測信度

在許多研究裡，研究者以相同的測量工具測量同一組對象兩次，兩次測驗之間有一段時間的間隔。時間的間隔可以是一天也可以是一年或更久。不管兩次測驗之間時間的長度，研究者僅僅想讓此兩組分數產生相關以求得資料裡的一致性。如此得來的相關係數稱為**重測信度係數**（test-retest reliability coefficient）[註1]。

重測信度法闡釋了在時間因素之下，一致性與穩定性的論題。因此，重測信度係數經常以**穩定性係數**（coefficient of stability）被提及。如同其他形式的信度，只要穩定性係數接近於 1.00 就反映了高的信賴度。

在選錄 4.1 至 4.3 裡，我們看見了重測信度的三個實例。在前兩篇選錄裡，沒有指出被用以去計算信度係數的統計程序。像這樣的例子，八九不離十是使用皮爾森相關來求得穩定性係數（因為重測信度通常透過 r 來做估計）。如同在選錄 4.3 裡所呈現的，另一種被用以估計重測信度的方法被稱為**級內相關**

77

註1： 第三章裡提到相關係數可以假定為介於 − 1.00 與 + 1.00 之間的數值。然而，信度在邏輯上不可以是負值。因此，如果重測相關係數值為負，當它被標示為信度係數時，會被改為 0.00。

（intraclass correlation）（譯註 1）。級內相關程序具有多種用處（例如，評分者間信度）。在重測情況的例子裡，你需要知道的是級內相關與皮爾森相關的信度估計值是一樣的。

選錄 4.1-4.3 • 重測信度

歷經九週期間所得的重測信度為.59，樣本量為九十五位健康教育參與者。

來源：Kenny, M. E., Blustein, D. L., Haase, R. F., Jackson, J., and Perry, J. C. (2006). Setting the stage: Career development and the student engagement process. *Journal of Counseling Psychology, 53*(2), p. 274.

測量重測穩定度以決定分數在歷經時空間隔後的信度。大約一百位幼稚園至國小六年級的教師完成了此份問卷調查，一次是在一月而另一次是在四月。兩次分數是相關的，其穩定性係數為 0.92。

來源：Marlow, L., Inman, D., and Shwery, C. (2005). To what extent are literacy initiatives being supported: Important questions for administrators. *Reading Improvement, 42*(3), p. 181.

最後的測量工具含有十五道問題。其中七題評估運動知覺障礙，五題評估活動程度，而三道是人口統計學的問題（年齡、性別、種族）……為了檢查重測信度，此份測驗於兩個時機點施測於體育課裡三十五位混合族別的女性學生，時間間隔為兩週。障礙與活動程度的級內相關係數分別為.82 與 .89。

來源：Fahlman, M. M., Hall, H. L., and Lock, R. (2006). Ethnic and socioeconomic comparisons of fitness, activity levels, and barriers to exercise in high school females. *The Journal of School Health, 76*(1), p. 13.

當重測間隔時間拉長時，穩定度就會降低。因此，存在於較長間隔時間的高穩定性係數就會令人印象深刻。如果研究者並無指出兩次測驗之間的間隔時間長度，那麼我們必須懷疑其宣稱的穩定性。只能持續一小時的穩定性是無法令人信服的。

譯註 1： 讀者可能會碰到「組內相關」這個譯詞，之所以在此採用級內相關此譯詞的理由，是為了避免讀者與變異數分析的「組內」產生混淆。

二、複本信度（註2）

除了歷經時間的穩定性評估之外，研究者有時以相同工具的兩種格式來進行測量。此兩份不同格式工具的大同之處為聚焦於相同的特性上（例如，智力），小異之處為工具內所含的問題。如果兩份工具確實是測量相同的東西，我們能夠期待高度一致性存在於任何應試者在此兩份測驗上所獲得的分數。**複本信度**（equivalent-forms reliability）僅僅是研究者用來判定以上情形裡，程度上差異的方式。

為了量化複本信度的程度，研究者會在短時間內施測此兩份測驗於同一組對象上（註3）。在得到了每一位對象於每一份測驗上所得的分數之後，接著進行這兩組資料集的相關分析。產生的相關係數直接被詮釋為複本信度係數（註4）。許多研究者以**等值係數**（coefficient of equivalence）稱呼此數值。

選錄 4.4 裡呈現了使用此種形式的信度的實例。注意研究者指出他們複本信度係數（.96）的發現，僅僅是把參與者在兩份測驗（A 和 B）上所得的分數進行相關分析而取得。此種相關最有可能的是皮爾森 r。我希望你記住我們在先前章節裡的討論：相關係數無法評估平均數之間的相等性。因此，研究者不

選錄 4.4 • 複本信度

實驗設計把二百五十個測驗刺激分成兩個表（A 和 B），每一表包含一百二十五個代表性項目與十二個阻擾……關於靜聽狀態，A 表上的所有五十三位參與者平均分數為 121.6（$SD = 23.4$），而 B 表上的平均分數為 122.0（$SD = 20.7$）。複本信度（A 表與 B 表分數之間的相關）為 .96。

來源：Bochner, J. H., Garrison, W. M., Sussman, J. E., and Burkard, R. F. (2003). Development of materials for the clinical assessment of speech recognition: The Speech Sound Pattern Discrimination Test. *Journal of Speech, Language, and Hearing Research, 46*(4), pp. 893, 895.

註2： 類本信度（parallel-forms reliability）、替本信度（alternate-forms reliability）和複本信度是同義詞。
註3： 兩份測驗很可能以一種平衡順序（counterbalanced order）的方式被執行，這意味著每一份測驗首先施測於一半的應試者。
註4： 如同重測信度的例子一樣，任何的負相關皆被改為 0。

但報告了相關也報告了兩個平均數。兩個幾乎相等的平均數與非常高的相關（.96）提供了很強的證據證明 A 表是等同 B 表的。

三、內部一致性信度

除了聚焦於歷經時間的穩定性或跨越格式的相等性之外，研究者有時評估他們的測量工具擁有多大程度的內部一致性。當這種觀點被採用時，信度就被定義為測量工具各部分之間的一致性，這些「部分」可以是個別的問題或問題的子集（subset）。如果這些部分是測量同一件事情，那麼整體的測量工具就被說成是具有高度**內部一致性信度**（internal consistency reliability）。

為了評估內部一致性，研究者只需要一次性地施測一份測驗（或問卷）於一組對象。在所有的回答被評分之後，應用一種統計程序在資料上，產出數值應介於 0.00 與＋ 1.00 之間。與重測和複本信度一樣，測量工具的內部一致性信度係數越接近＋ 1.00 越好。

可以被用來獲得內部一致性信度係數的程序涉及把每一位應試者表現分成兩個部分，通常分成奇數（odd）題與偶數（even）題兩組（例如，測驗的半部與另外一半）。在取得每一位對象在各半部的分數之後，進行此兩組分數集的相關分析。一旦獲得了相關值之後，r 被插入一條特殊公式〔稱為**史匹爾曼一布朗**（Spearman-Brown）〕，以進行奠基於整體測量工具長度的「校正」。最終的數字結果被稱作**折半信度係數**（split-half reliability coefficient）。

在選錄 4.5 與 4.6 裡，我們看見了折半信度法被使用去評估內部一致性的實例。在第一個選錄裡，工具被設計去評估兒童的閱讀技巧，而屬於此工具的兩個子測驗產出了折半信度係數。在選錄 4.6 裡，研究者報告了他們「使用了史匹爾曼一布朗校正公式」去計算折半信度估計值。即使在選錄 4.5 裡沒有提及這個校正公式，但是當計算折半信度估計值時，總是會使用到它。史匹爾曼一布朗校正是需要的，因為(a)較長的測驗傾向於具有較高的信度（而較短的測驗具有較低的信度），並且(b)折半之後的每一份測驗只有原本測量工具的一半（也就是 50%）。史匹爾曼一布朗校正公式向上「放大」了相關係數以抵銷折半所帶來的「損害」。

79

80

選錄 4.5-4.6 • 折半信度

使用 WRMT-R 的兩個子測驗 WI 和 WA 測量兒童的閱讀技巧……WI 和 WA 的折半信度分別為 0.97 和 0.87。

來源：Nelson, J. R., Stage, S. A., and Epstein, M. H. (2005). Effects of a prereading intervention on the literacy and social skills of children. *Exceptional Children, 72*(1), p. 36.

- -

十二道理解力簡答題的回答被賦予 0（沒有回答或完全錯誤的答案）至 1（完全正確的答案）的分數，當回答不完全正確時給予部分的分數……使用史匹爾曼─布朗校正公式於此份理解力測驗所得之折半信度係數為.80。

來源：Rawson, K. A., and Kintsch, W. (2005). Rereading effects depend on time of test. *Journal of Educational Psychology, 97*(1), p. 74.

第二種評估內部一致性的方法稱為**庫德─李察遜 # 20**（Kuder-Richardson # 20），或簡稱 **K-R 20**。此種程序如同折半程序一樣，資料的獲得都是從一次性地施測一份測量工具於一組對象而來。然後，研究者僅僅是把獲得的資料輸入到計算 K-R 20 信度係數的公式裡。最終的結果類似於折半信度，但更好。那是因為評估內部一致性的折半法可能會由於奇數題組或偶數題組裡題目的互換而使產出的信度有所差異。換句話說，如果組成整份測量工具的項目是胡亂湊成一塊兒而沒有按照之前的順序，折半信度係數值將會被影響。因此，當折半程序被使用去評估一份測量工具的信度時，我們無法確知導出的信度係數是有利（例如，高）或不利（例如，低），因為不同的排列組合有著不同的係數值。

有了 K-R 20，最終結果可以保證是公平的。K-R 20 的公式被設計去產生同等的結果，如果你：⑴一再地攪亂項目的秩序直到你具有所有可能的順序；⑵為此份測驗的每一種格式計算折半信度係數；以及⑶採用這些係數的平均值。當然，想獲得 K-R 20 係數的研究者不必親自去處理以上三件麻煩事。一條簡單的公式就已經足夠，幾乎是立刻，導出想要的結果。

在選錄 4.7 裡，我們看見了 K-R 20 的結果在已出版研究文章裡被報告的實例。

解讀 統計 與 研究
READING STATISTICS AND RESEARCH

選錄 4.7 • 庫德—李察遜#20 信度

四捨五入之後，K-R 20 估計值在不同樣本與子樣本之間維持不變但區段間產生變化：LC 區段為.91，RC 區段為.93，而全部的分數為.96。

來源：Zhang, S. (2006). Investigating the relative effects of persons, items, sections, and languages on TOEIC score dependability. *Language Testing, 23*(3), p. 359.

81

　　第三種測量內部一致性的方法涉及 **alpha 係數**（coefficient alpha），也就是**克朗巴赫 alpha 係數**（Cronbach's alpha），或僅僅稱作 **alpha**。當應用在二分法項目上時（例如，「1」代表正確，「0」代表不正確），此種技術與 K-R 20 相同。然而，alpha 具有更多的用途，因為如果組成測量工具的項目其評分值為三個或更多的情況時，也難不倒它。這種情況的例子包括：(1)一份含有四道題目的申論題測驗，每一位應試者對每一項問題的回答以 0 至 10 的尺度進行評分；(2)一份李克氏問卷，從「強烈不同意」至「強烈同意」有五種反應選擇，使用整數 1 到 5 加以評分。選錄 4.8 以及 4.9 呈現了克朗巴赫alpha 被使用以評估內部一致性的實例。這兩篇選錄展示了克朗巴赫 alpha 測量內部一致性的多功能特性，因為這兩份測量工具擁有不同的評分系統。選錄 4.8 裡的工具使用「1」或「0」的評分方式（指出正確或不正確的回答），選錄 4.9 裡的工具使用七點李克氏回答格式來測量應答者的態度。

選錄 4.8-4.9 • alpha 係數信度

最後的測驗含有四十道多重選擇題（Cronbach's alpha = 0.70）。

來源：Gijbels, D., Van De Watering, G., Dochy, F., and Van Den Bossche, P. (2005). The relationship between students' approaches to learning and the assessment of learning outcomes. *European Journal of Psychology of Education, 20*(4), p. 331.

- -

　　SWLS 由五個項目所組成（例如，「在大多數情況下，我的生活接近於我的理想」），並採用七點量尺來評分，從 1「強烈不同意」到 7「強烈同意」。平均此五個項目的回答得到整體生活滿意度……在目前的研究，SWLS 的克朗巴赫 alpha 值為.84。

來源：Degges-White, S., and Myers, J. E. (2006). Transitions, wellness, and life satisfaction: Implications for counseling midlife women. *Journal of Mental Health Counseling, 28*(2), p. 140.

參　評分者間信度

研究者有時藉由使評分者評量一組對象、圖片、應徵者，或任何東西來蒐集資料。為了量化評分者間一致性的程度，研究者計算**評分者間信度**（interrater reliability）。五種普遍的作法包含同意百分率測量（percent-agreement measure）、皮爾森相關、肯道耳協和性係數、柯恩 kappa 係數，以及級內相關。

最簡單的評分者間信度測量只不過是評分者同意他們所指定分數的百分率。在選錄 4.10 裡，我們看見了以同意百分率法計算評分者間信度的實例。十一道問題在兩個時空點上（前測與後測）施測於二十五位學生，總共存在有二百七十五種情況（每一位評分者給予學生的答案 0 或 1 或 2 的分數）。如同在選錄裡所指出的，這兩位評分者給予相同分數的百分率是 84%。

82

選錄 4.10 ● 同意百分率

來自於實驗組的一個學生子群（n = 25），在介入前後被訪談關於他們思索歷史和歷史觀方式的理解……一種評分架構（使用三點量表）被用以分析學生對於這十一道問題的理解程度，導出的最高可能分數為 22。全部的訪談由我以及一位不熟悉此研究目標或設計的大學生加以評分（同意百分率 = 84）。

來源：De La Paz, S. (2005). Effects of historical reasoning instruction and writing strategy mastery in culturally and academically diverse middle school classrooms. *Journal of Educational Psychology, 97*(2), p. 149.

第二種量化評分者間信度的方法為皮爾森積差相關。雖然同意百分率程序所使用的資料可以是類目、等級或原始分數，但皮爾森相關程序只能使用原始分數。在選錄 4.11 裡，我們看見了使用皮爾森相關以評估三位評分者的評分者間信度的實例。

肯道耳程序適用於當評分者被要求排序被評量的事物時。如果這些等級在不同評分者間呈現的是完全同意的結果，那麼**協和性係數**（coefficient of concordance）將會等同於＋1.00。如果評分者給予的分數不同，肯道耳係數值將會小於＋1.00。在選錄 4.12 裡，我們看見了使用肯道耳協和性係數的實例。

83

82

選錄 4.11 • 使用皮爾森 *r* 去測量評分者間信度

進行八十三位雇員訪談與評分……三位復健專業人員被訓練去評分問卷，並且我們藉由比較評分者每一個部分的給分來計算評分者間相關（皮爾森*r*）。這些相關如下所述：

評分員 1 與評分員 2 = .90

評分員 1 與評分員 3 = .85

評分員 2 與評分員 3 = .89

來源：Gilbride, D., Vandergoot, D., Golden, K., and Stensrud, R. (2006). Development and validation of the employer openness survey. *Rehabilitation Counseling Bulletin, 49*(2), p. 84.

83

選錄 4.12 • 肯道耳協和性係數

兩組參與者〔移民者與雇主〕均被詢問：請排序以下陳述，從(1)最同意至(4)最不同意。如果一位移民者來到一個新國家，他們應該：「適應新文化並同時保持自己的文化」；「適應新文化並隱藏自己的文化」；「保持自己的文化並無視於新文化」；「他們應該忽略他們自己的文化和新文化而專注於照顧他們自己」……以排序資料為整體（例如，橫跨所有四種文化適應類型），肯道耳協和性係數 ω = .561。

來源：Mace, K. A., Atkins, S., Fletcher, R., and Carr, S. C. (2005). Immigrant job hunting, labour market experiences, and feelings about occupational satisfaction in New Zealand: An exploratory study. *New Zealand Journal of Psychology, 34*(2), pp. 102-103.

肯道耳協和性係數旨在建立等級資料裡存在多大的評分者間信度。**柯恩 kappa 係數**（Cohen's kappa）完成相同的目標，當資料在本質上是具有名義（例如，類目）特性時。換句話說，kappa 被設計成評分者把項目篩選至不同類目裡的情況。如果所有的評分者同意特別的項目屬於某種類目，並且對於所有被評量的項目達成全體的共識（即使不同的項目最終在不同的類目裡），那麼 kappa 值為＋1.00。評分者沒有達成全體共識的情形下，kappa 為一個較＋1.00 小的數值。

選錄 4.13 展示了使用柯恩kappa的實例。在此研究裡，一百位老年人接受

選錄 4.13 ● 柯恩 kappa 係數

　　每一個可能的自我均被編碼至十七個領域之一，希望與恐懼的自我被分開編碼……為了決定此研究的評分者間信度，第二位受過訓練但不知道參與者認知狀態的評分員隨機選擇了資料的 20% 來進行重新編碼。柯恩 kappa 被使用去評估希望（.88）和恐懼（.84）回應的一致性。

來源：Cotrell, V., and Hooker, K. (2005). Possible selves of individuals with Alzheimer's Disease. *Psychology and Aging, 20*(2), p. 287.

訪談，其中有一些是阿茲海默症患者。訪談時，每一位參與者被要求去想像未來並描述「未來自我」（例如，稍後在生命裡的自我印象），其中一些是被渴望的而一些不是（分別是「希望的」以及「恐懼的」未來自我）。未來自我的兩個種類是屬於類目式領域，也因此本質上完全是名義的。柯恩 kappa 被使用去檢視兩位評分者歸類參與者的未來自我進入同一領域的一致性程度。

　　此處被探討的最後一種測量評分者間信度的方法稱為**級內相關**（intraclass correlation），縮寫為 ICC。級內相關是一種多目標的統計程序，因為它適用於相關以及信度的計算。即使我們將想法限定在信度方面，ICC 仍然是相當多功能的。稍早在本章裡，我們看見了級內相關被使用去估計重測信度的實例。現在，我們探討 ICC 如何被使用去測量評分者間信度。

　　級內相關類似於我們所探討過的其他信度程序，這是根據：處理一致性的這個核心概念，係數在理論上的限制（0 到 1.00），以及研究者渴望產出盡可能接近 1.00 的值而言。它不同於其他信度程序的地方在於幾種 ICC 程序。要區別最普遍的六種程序是在字母 ICC 之後放兩個數字在括弧裡。例如，ICC（3, 1）指出了一種最常被使用的級內相關版本。第一個數字指出三種可能的統計程序之一已經被研究者假定以處理他們的資料。第二個數字指出研究者是否對單一評分者（或者，一次性地使用一種測量工具）信度感興趣，或是對一群評分者（或者，不只一次地使用一份測量工具所產生的平均值）所提供的平均分數信度感興趣。對於第一種情形而言，在括弧裡的第二個數字將會是 1；如果重點是放在平均數的信度，第二個數字將會是一個比 1 大的值，以指出有多少個分數被一起平均以產生平均數。

　　我不打算更進一步地區別這六種 ICC 程序。相反地，我僅僅想要指出，研

究者應該在他們的研究報告裡解釋：(1)哪一種ICC程序被使用；以及(2)選擇此程序的理由。你有權期待關於這兩項論題的明晰性，因為六種不同的ICC公式所計算出來的信度係數可以有相當大的差異。

在選錄 4.14 和 4.15 裡，我們看見了級內相關被用以測量評分者間信度的兩個實例。注意第二篇選錄的研究者指出，他們使用了何種類型的ICC——模型 2 與單一評分者。由於六種不同的 ICC 公式所計算出來的信度係數可以有相當大的差異，我們有權更深入地思考在第二篇選錄裡的資訊。假使選錄 4.15 的作者能夠解釋，為何他們選擇 ICC（2, 1）而不是其他類型的信度程序，將能使他們的研究成果更具說服力。

85

選錄 4.14-4.15 • 級內相關

對於此變項〔治療計畫細節〕而言，評分者被教導去評量臨床師解釋或發展治療計畫的完善程度。以下的量尺被使用：0 ＝資訊不足，1 ＝非常少量的細節，2 ＝少量的細節，3 ＝適量的細節，4 ＝大量的細節。ICC為.86，這指出了極佳的信度。

來源：Eells, T. D., Lombart, K. G., Kendjelic, E. M., Turner, L. C., and Lucas, C. P. (2005). The quality of psychotherapy case formulations: A comparison of expert, experienced, and novice cognitive-behavioral and psychodynamic therapists. *Journal of Consulting and Clinical Psychology, 73*(4), p. 583.

- -

對於原始分數（計時）與轉換分數而言，評分者間信度以級內相關係數評估（ICC[2, 1]）。

來源：Williams, G. P., Greenwood, K. M., Robertson, V. J., Goldie, P. A., and Morris, M. E. (2006). High-Level Mobility Assessment Tool (HiMAT): Interrater reliability, retest reliability, and internal consistency. *Physical Therapy, 86*(3), p. 397.

肆　測量標準誤

當討論信度時，一些研究者會呈現一個**測量標準誤**（standard error of measurement）數值，通常簡寫為 **SEM**。測量標準誤能夠被使用去估計一個給定的測量對象再次被測量時的大概落點。例如，假設施測一份智力測驗於一組兒

童，而湯米的IQ得分為112。如果此組IQ分數的SEM為4，那麼我們可以為湯米建立一個得分區間（112 － 4與112 ＋ 4）為108至116。這種區間，或稱作**信賴界限**（confidence band），可以協助我們詮釋湯米的IQ，因為我們現在能這樣說：「湯米在第二次相同測驗的表現會介於108與116之間，如果他在兩次測驗間沒有改變的話（註5）。」

確實，測量標準誤可以被視為一致性的相反指標。因為信度越高，SEM會越小（反之亦然）。這兩種評估信度的方式有另一主要的不同點。信度係數是在0至1.00範圍的尺度上，而以此觀點看來，它們是完全「度量上自由的」。相反地，SEM 總是與測驗所產生的分數性質結綁在一起，從此觀點看來，它並不是「度量上自由」。簡言之，信度係數連續體沒有測量的單位，然而SEM總是「在」相同的測量單位裡。 86

在選錄4.16裡，我們看見了一份稱作CNA測量工具裡的五種量表測量標準誤被計算。從研究者提供估計「真實分數」的準則看來，他們知道CNA分數並不是絕對沒有錯誤的（一個95%的信賴界限為得分之上和之下延伸10至14分的概念。以最高分80分而言，這將會是個很寬的信賴界限）。

選錄 4.16 • 測量標準誤

每一份在 CNA 上的量表具有一個可能的最高分數為 80 分，每一份量表有八種情況，每一種情況的可能最高分數為 10 分。量表的測量標準誤落在「自由」4.86 與「歸屬」的 6.65 之間。此測量標準誤合理地落在接近真實分數的 5 與 7 分估計距離之間。

來源：Brown, T., and Swenson, S. (2005). Identifying basic needs: The Contextual Needs Assessment. *International Journal of Reality Therapy, 24*(2), p. 8.

伍　關於信度的警示

在我們轉向效度的主題之前，你應該對於信度的五種重要警示保持敏感

註5：經由「分數±SEM」此公式而創造的區間會使我們得到68%的信賴界限。如果我們把此公式的SEM放大兩倍或三倍的話，我們將能夠分別得到95%或99%的信賴界限。

性。我希望所有的研究者都能察覺這五種注意事項，但事實常非如此。

首先，記住從不同的一致性觀點評估信度會使用不同的方法。因此，一個高的穩定性係數並不一定意味著內部一致性為高（反之亦然）。即使同在內部一致性類別裡，一個高的折半信度值不一定意味著，對同一組資料而言，K-R 20 也同樣為高。不同評估信度的方法完成不同的目標，而不同方法所產生的結果也不一定能做通盤的解釋。據此，我喜歡看見在相同資料裡使用不同的方法去測量信度。

87

我的第二個警示是關於這樣一個事實：信度係數確實是應用在資料上而不是測量工具本身。為瞭解此宣稱的真實性，想像一份設計給大學生寫的物理學測驗，施測於一群大學生兩次所產生的重測信度係數為.90。現在，如果完全相同的測驗施測於一群小學一年級生兩次（有著同樣的重測間隔），那麼穩定性係數也許永遠不會接近.90（小學一年級生很可能亂猜全部的題目，而使重測信度接近於 0.00）。因此請試著去記住，信度在觀念以及計算上與使用一份測量工具所產生的資料發生關連，而不是測量工具本身。

選錄 4.17 與 4.18 闡述了信度是資料的一項特徵，而不是工具本身的特徵。不同的性別、年齡、健康狀態、專業，或任何其他特點的組群其信度均不同，即便是使用完全相同的測量工具。

選錄 4.17-4.18 • 來自於不同樣本的信度

在不同的種族群體上，RN 的 alpha 係數從.83 至.91……

來源：Nelson, J. R., Stage, S. A., and Epstein, M. H. (2005). Effects of a prereading intervention on the literacy and social skills of children. *Exceptional Children, 72*(1), p. 36.

- -

第三種子量表——飲食節制量表，包含了五個項目，在基線上的男孩內部一致性係數為 0.70，女孩為 0.87。

來源：Wade, T. D., Davidson, S., and O'Dea, J. A. (2003). A preliminary controlled evaluation of a school-based media literacy program and self-esteem program for reducing eating disorder risk factors. *International Journal of Eating Disorders, 33*(4), p. 375.

一些研究者認識到信度是一份測量工具施測後所產生分數的資產（而不是工具本身的資產）。有了這種觀念，他們不只引述先前研究者使用同一份工具

所獲得的信度係數，也在他們自己的調查裡蒐集信度證據。不幸地，這種作法並沒有被廣泛地實踐。大多數研究者僅僅重述之前研究者發展或使用相同工具所蒐集的信度證據。那些花費額外時間去測量他們自己樣本信度的研究者值得鼓勵，因為他們曉得在任何眼前的研究裡，都應該重新建立信度。在選錄 4.19 裡，我們看見了此種優秀作法的實例。

選錄 4.19 • 在研究者的研究範圍裡測量信度

　　Procidano 與 Heller（1983）發展了一份量表，以評估學生的同儕與家人所提供的社會支持質化特徵……在 Procidano 與 Heller 主持的研究裡，所得到的同儕支持與家人支持的克朗巴赫 alpha 係數分別為 0.88 與 0.90。在目前的研究裡，發現的值分別為 0.85 與 0.91。

來源：Kukulu, K., Buldukoglu, K., Kulakaç, Ö., and Köksal, C. D. (2006). The effects of locus of control, communications skills and social support on assertiveness in female nursing students. *Social Behavior & Personality: An International Journal, 34*(1), p. 33.

　　我的下一個警示是要你認識到任何信度係數僅僅是一致性的估計。如果是不同組的評分者，即使新評分者與原來的評分者具有高度的類似性，你也應該期待依據新舊評分者所得資料而導出的信度係數至少會有些微的不同。如果是小組，很可能會比大組具有更大波動的信度係數。不管評分者的組別多大，研究者使用估計的（estimated）這個措辭來形容信度是比較周慮的作法。

　　再來的警示是關於內部一致性的估計值。如果測驗是在很大的時間壓力下完成的，不同的內部一致性估計值——折半、K-R 20，以及 alpha 係數——將會呈現假性的高值（例如，過大）。據此，如果資料是在嚴格時間限制下蒐集而來，或是沒有提及資料是在何種情況之下被蒐集的話，對於高的內部一致性信度係數值需要打點折扣。

　　最後，請銘記在心：信度並不是被用來評估資料品質的唯一準則。第二種藉由測量工具（或評分者）產生的資料特徵涉及效度的概念。此章後部將探討效度意味著什麼以及它如何被報告的。

第二節　效度

　　如果說信度的同義詞為一致性，那麼**效度**（validity）的核心概念為準確性（accuracy）。從這個普遍的觀點出發，研究者資料的有效性與測量過程的準確性是緊密連結在一起的。換句話說，有效的測量工具可視為它測量到了意圖標的。

89

　　在此章的這個部分裡，我們首先探討信度與效度之間的關係。之後，我們將檢視幾種常被用來評估效度的程序。最後，我將提供幾點警示。

壹　信度與效度之間的關係

　　即使測量工具並沒有測量到意圖標的，研究者的資料也可能具有高信度。然而，如果工具是有效的，工具的資料必定是可信的。因此高信度對於高效度而言是必要而非充足條件。一個簡單的例子可以使此關連變得更清楚。

　　假設一份測驗是用以測量小學五年級生數學應用題能力。並假設此測驗分數具有高度信賴性。事實上，讓我們想像其穩定性係數同等於可能最大值＋ 1.00。即使從我們的假設測驗資料裡展示了歷經時間因素的最大一致性，準確性仍然是模糊的。此份測驗也許測量到了其意圖標的——解決數學應用問題的能力。另一方面，這份測驗也許真正測量的是閱讀能力。

　　現在，反轉我們的想像情況。假定至目前為止，你所知道的是這份測驗是有效的。換句話說，假定這份新發展的測量工具確實產生了能夠正確反映五年級生解決數學應用題能力的分數。如果我們的工具產生了有效的分數，那麼這些分數必定是可信賴的。換句話說，準確性需要一致性。

貳　不同種類的效度

　　在出版的期刊文章裡，研究者通常呈現關於某特別種類的效度證據。效度有各種不同的形式，因為有不同的方式讓分數可以是正確的。為了成為一位具鑑別能力的研究文獻讀者，你需要去熟悉效度的目標與統計技術。三種最常被

使用的程序為內容效度、效標關連效度^(譯註2)，以及建構效度。

一、內容效度

相當多的測驗、問卷，或量表都面對著同一個重要的問題：題目是否能涵括工具的意圖標的。此問題能夠被轉譯成對於測量工具**內容效度**（content validity）的擔憂。一般而言，內容效度僅僅是藉由專家仔細地核對測驗內容與此份工具所宣稱領域的大綱或重點而決定。專家的主觀意見建立——或不建立——此份工具的內容效度。

在選錄 4.20 裡，我們看見了一隊研究者討論內容效度的實例。這些研究者非常努力地去評估並改進他們新發展之測量工具的內容效度。

90

選錄 4.20 • 內容效度

> WHS 是用以測量希望建構和關於工作的三項組成要素（目標、途徑、媒介）以及工作相關議題的量表……在我們從最初的試驗性樣本資料上進行改變之後，我們送出了三份含有二十四題項的 WHS 給三位檢閱專家去建立內容效度。這三位檢閱者皆為諮商心理學家，並且具有學術與臨床上的相關工作經驗以及生涯諮商實務經歷。此外，其中一位也是Snyder（2000）主編的《希望手冊：理論、測量與應用》（*Handbook of Hope: Theory, Measure, and Applications*）一書的投稿者，而另一位是試題建構與項目分析的專家。我們要求檢閱者去評量每一個WHS標的項目並且闡釋：(a)項目是否必要、有用處；(b)項目是否反映希望理論的目標、途徑或媒介等組成要素；(c)項目裡明顯的偏見或有關的擔憂；以及(d)任何其他我們應該考量的項目。
>
> 我們比較檢閱者的反應以決定哪些項目是具有一致性的。在代表希望建構的項目方面，檢閱者在二十四個項目裡達成共識的有十四個。我們保有了這些項目，並融入檢閱者對於語言改變的建議。例如，「我對未來有信心」改變成為「我有自信未來的事情是對我有利的」，以回應檢閱者對於第一個版本過於模糊與信心可解釋為宗教信仰的評論。我們獨自檢閱了專家沒有達成共識的十

譯註 2：　讀者也可能碰到準則關連效度（criterion-related validity）這個譯詞，在此使用效（度）標（的）關連效度以強調是與工具的意圖標的產生關連。

個項目。在與其中一位專家達成共識後，我們保留了其中五個項目。我們對其中四個項目做了改變，以使其能清楚反映希望理論架構的單一組成要素。我們拋棄一個項目並以一個新項目代替，以保持三項組成要素的平衡。

來源：Juntunen, C. L., and Wettersten, K. B. (2006). Work hope: Development and initial validation of a measure. *Journal of Counseling Psychology, 53*(1), p. 97.

二、效標關連效度

　　研究者有時會藉由比較新工具上的分數與一個相關基準變項上的分數，來評估新工具所提供的測量準確度。研究裡的新工具可能是一份短的、容易施測的智力測驗，而在這個例子裡，基準很可能是一份現存的著名智力測驗（可能是 Stanford-Binet 智力測驗）。或者，也許新的工具是一份創新的大學入學測驗；因此，此處的基準變項可以是大學學術成就（可能是 GPA）。這些新測驗效度的決定可藉由：(1)找出人們在新測驗與基準變項上的表現相異程度；(2)此兩組分數的相關。產生的結果 r 被稱作**效度係數**（validity coefficient），高值的 r 意味著高效度。

　　有兩種形式的效標關連效度。如果新測驗的施測與基準變項上資料的蒐集幾乎是同時發生的，那麼術語**同時效度**（concurrent validity）就會被用來指稱這種形式的效度。繼續先前段落裡的例子，如果人們作答新的與現存的智力測驗之間間隔很短的時間，兩組分數之間的相關將是同時效度的議題。然而，如果人們在作答基準測驗的前幾年作答新測驗，那麼 r 可以是**預測效度**（predictive validity）的測量值。

　　在選錄 4.21 與 4.22 裡，我們看見了同時與預測效度的實例。在這兩篇選錄裡，注意一個二變量相關係數——最有可能是皮爾森 r——被使用去評估這些測驗的**效標關連效度**（criterion-related validity）。也注意選錄裡的基準變項並沒有很明確地被指名。例如，在選錄 4.21 裡的基準變項是 ILS Sequential and Global 量表或是 PT 呢？你將能夠毫無疑問地回答類似的問題，如果你記住基準變項上的資料是來自於被使用去評估新（研究中）工具品質的測驗。謹記此原則，你應該能夠分辨選錄 4.21 裡的基準工具為 PT，而選錄 4.22 裡的基準為一份無指名的認知能力測驗。

選錄 4.21-4.22 ● 同時與預測效度

　　此項研究暗示有很好的理由去質疑 ILS Sequential and Global 量表的可用性。首先是因為它的低內部一致性信度，再來是因為它與 PT 的低相關（$r = -.08$）。因此，ILS Sequential and Global 量表可以說是與 PT 缺乏同時效度。

來源：Genovese, J. E. C. (2005). The Index of Learning Styles: An investigation of its reliability and concurrent validity with the Preference Test. *Individual Differences Research, 2*(3), p. 173.

- -

　　RBANS 總分對於中風病人的預測效度由它與十二個月後的認知能力測驗之間的有力相關〔$r = .72$〕所支持。

來源：Larson, E. B., Kirschner, K., Bode, R., Heinemann, A., and Goodman, R. (2005). Construct and predictive validity of the Repeatable Battery for the Assessment of Neuropsychological Status in the evaluation of stroke patients. *Journal of Clinical & Experimental Neuropsychology, 27*(1), p. 28.

　　在選錄 4.23 裡，我們看見了通用術語*效標關連效度*被使用。當你遭遇這樣的段落時，你也許應該猜想文中所指是同時效度或預測效度。有時候，如同選錄 4.23，並沒有多少線索能讓你決定何種效標關連效度被討論。此處，我猜想是同時效度，因為我懷疑 CSR 的分數與角彈性測量值幾乎是同時被蒐集的。

選錄 4.23 ● 效標關連效度

　　坐椅動作（CSR）可評估下身彈性，主要是腿背肌肉……角彈性測量與 CSR 之間存在良好的相關（男性 $r = 0.76$，女性 $r = 0.81$）並藉此建立效標〔關連〕效度。

來源：Taylor-Piliae, R. E., Haskell, W. L., Stotts, N. A., and Froelicher, E. S. (2006). Improvement in balance, strength, and flexibility after 12 weeks of Tai Chi exercise in ethnic Chinese adults with cardiovascular disease risk factors. *Alternative Therapies in Health & Medicine, 12*(2), p. 52.

三、建構效度

　　許多測量工具的發展是用以顯露應試者具有的人格或心理建構。為了建立此種工具的**建構效度**（construct validity），測驗發展者通常會進行以下三件事

（其中一項或結合）：(1)提供相關證據展現此建構與某些測量變項之間的有力關係，而與其他變項之間的乏力關係；(2)展現某些組別在此新工具上得到較其他組別為高的平均分數，在新工具施測之前以合乎邏輯的理由決定高分與低分組；或(3)從新工具所蒐集的分數上進行因素分析（factor analysis）。

選錄 4.24 提供了第一種建構效度方法的實例。此選錄值得注意，因為它詳細地解釋了檢視相關證據的目的是為了建立**輻合效度**（convergent validity）或**鑑別效度**〔discriminant（divergent）validity〕。

93 宣告一份測量工具與它者的有力或乏力關係並不容易。所以，輻合效度與鑑別效度的提供確實是令人印象深刻的效度宣稱。當然，並非所有的測量工具都涉及人格或心理建構，而即使是測量人格或心理建構的工具，就算有著不相關的證據也可以是有效的。當你遭遇像選錄 4.24 裡的效度證據時，別忘了給予那些使用此夾攻模式的研究者額外的加分。

選錄 4.24 • 建構效度── 運用相關

輻合與鑑別效度的評量是藉由 CQOLC-K 分數與其他同時完成的評分量表之間的相關。由 CQOLC-K 與 SF-36 MCS 總分和子量表（例如，情緒角色、心智健康、社交功能、生命力）之間的中度以上相關（$r = 0.39$-0.58）可得知輻合效度；也可由 CQOLC-K 與 BDI 之間的相關（$r = 0.50$ 和 0.60）得知。相反地，由 CQOLC-K 與 SF-36 PCS 總分和子量表（例如，身體功能、身體角色、身體疼痛與一般健康）之間的乏力或可忽略相關（$r = 0.16$-0.30）可得知鑑別效度。

來源：Rhee, Y. S., Shin, D. O., Lee, M. K., Yu, H. J., Kim, J. W., Kim, S. O., Lee, R., Lee, Y. O., Kim, N. S., and Yun, Y. H. (2005). Korean version of the Caregiver Quality of Life Index-Cancer (CQOLC-K). *Quality of Life Research, 14*(3), p. 901.

在選錄 4.25 裡，我們看見了運用組別比較法去建立建構效度的實例。此處，建構效度的證據來自於老手外科醫生組的表現比新手外科醫生組的表現佳（在評估使用新訓練儀器上）。

選錄 4.25 ● 建構效度 —— 運用組別比較

　　為了測量建構效度，測量老手外科醫生（＞ 100 內視鏡經驗）與新手外科醫生（無內視鏡經驗）在 VR 訓練者任務上的參數（時間、震動、路徑長度）鑑別度……[結果顯示]在所有參數上，老手的表現明顯地比新手好。

來源：Verdaasdonk, E. G. G., Stassen, L. P. S., Monteny, L. J., and Dankelman, J. (2006). Validation of a new basic virtual reality simulator for training of basic endoscopic skills. *Surgical Endoscopy, 20*(3), pp. 514, 516.

　　第三種經常被使用去測量建構效度的程序涉及一種名叫**因素分析**（factor analysis）的統計方法。即使我不在此討論因素分析的細節，我還是要你去看看這種研究結果通常被呈現的方式。我不期望你能夠瞭解選錄 4.26 裡的一切事物；我唯一的目的是提醒你一件事實：建構效度的評估經常是藉由因素分析法。

94

選錄 4.26 ● 建構效度 —— 運用因素分析

建構效度：因素架構

　　進行主成分因素分析（principal components factor analysis）的斜交轉軸（oblimin rotation）法……因素的決定是藉由陡坡圖考驗法（scree plot method）……決定因素組成項目的因素負荷值為大於.35。因素解釋的組成為三十六個項目分別歸因於五種因素，並解釋了 42.86%的變異……因素一，自信（eigenvalue = 8.31），解釋了 12.42%的變異並包含了十六個項目關於抱怨、捍衛個人權益、拒絕不合理的要求，以及詢問服務人員（侍者、購物協助員等等）、家人與熟識者（祖父母、鄰居等等）、街上陌生人以獲取資訊。因素二，異性關係（eigenvalue = 2.34），解釋了 11.29%的變異，並且組成的七個項目是關於異性關係（約會、讚美等等）。因素三，公眾演說（eigenvalue = 1.68），解釋了 7.71%的變異，並且組成的五個項目是關於成人必須在人群面前表演。因素四，家庭關係（eigenvalue = 1.65），解釋了 6.07%的變異並且組成的四個項目是有關維護，特別是在家庭環境方面。因素五，親密友誼（eigenvalue = 1.45），解釋了 5.37%的變異，並且包含了四項有關感謝、道歉，以及處理異性密友的批評等議題。

來源：Inglés, C. J., Hidalgo, M. D., and Méndez, F. X. (2005). Interpersonal Difficulties in Adolescence: A new self-report measure. *European Journal of Psychological Assessment, 21*(1), pp. 14-16.

參　關於效度宣稱的警示

在總結我們對於效度的討論之前，我想要使你對於幾個關於效度宣稱的注意事項產生敏感性。因為研究者通常可在其研究裡獲益，所以他們迫不及待地想要其他人相信他們的研究資料是正確的。研究文獻的讀者必須小心防範不合理的效度宣稱以及一點也沒談論到效度議題的實例。

首先，記住信度是效度的必要但非充足條件。據此，就算一致性的討論是多麼地天花亂墜，也別被引誘去相信研究資料是正確無誤的。信度與效度處理不同的概念，而信度係數的呈現——不論多高——不應該蒸發個人對於效度的顧慮。

再來，記住效度（如同信度）是測量工具所產生資料的特徵，並不是工具本身的特徵（註6）。如果一份所謂有效的工具被使用去從無法閱讀或缺乏動機的人們身上蒐集資料，那麼藉由此份工具所產生分數的效度將是讓人存疑的。此處的重要觀點僅僅是：研究者所使用的參與者和工具施測的條件必須類似於所指定的效度研究，否則，輕易接受研究者的效度宣稱只因資料來自於具有「效度證明」的工具是不明智的。

我的第三個警示是關於內容效度。稍早，我指出這種形式的效度通常涉及測量工具內容的主觀判斷。很明顯地，這種評斷的進行應該：(1)由專家比對內容是否切題而做出好的判斷；以及(2)必要時專家具有提供負面回饋給測驗發展者的意願。當報告評估內容效度所做的努力時，研究者應當詳盡地描述誰檢視了內容，他們被要求去做些什麼，以及他們的評論。

至於效標關連與建構效度，一個類似的警示似乎足夠重要到讓我們提到它。測量這些效度的方法，是把欲取得效度的工具所產生的分數與有關的「其他」一個或多個變項上的分數做相關性分析。如果其他變項是不合邏輯的，或者這些變項分數的效度為低，那麼計算得來的效度係數很可能使得一份真正良

95

註6：除了內容效度之外，這對所有種類的效度來說都是正確的觀念。

好的工具看起來是具有缺陷的。因此，考量一份新測量工具的預測、同時或建構效度之前，研究者應該首先討論與此新工具資料配對的資料品質。

我倒數第二個警示是關於一件事實：效標關連或建構效度係數僅僅是估計值，不是確定的宣告。就像信度一樣，如果研究的複製是使用新應試者的話，被報告去支持效度的相關係數很可能浮動。即使是在原本研究應試者與複製研究應試者相類似的情況下，浮動現象也很可能發生。如果效度係數是奠基於一小群人身上，浮動就會加大；據此，當研究者的效度調查是奠基於大群組時，別忘了給予他們掌聲。

最後，謹記測量預測與同時效度的努力是運用相關係數去估計一份測量工具產生正確分數的範圍。當藉著測量一份工具的輻合／鑑別能力或進行因素分析以產生建構效度時，相關再次地成為顯露效度的媒介。因為相關在不同種類的效度調查裡扮演著如此重要的角色，記住在靠近第三章結束處所呈現關於相關的警示是非常重要的。特別是別忘了 r^2 提供了一項比 r 更好的關連強度指標。

96

第三節 三點最後的評論

在信度與效度的討論裡，到目前為止我尚未闡述一個很可能已在你心中閃過至少一次的問題。此問題是：「信度與效度係數需要多高才能使我們信任研究的結果與結論？」在我們離開本章之前，我想要去回答這個完全合理的問題。

對信度與效度而言，如果有絕對的分水嶺（比如.50）分別大與小的係數，事情將會變得簡潔一點。不幸地，並不存在這樣的分水嶺。在評量資料的信度與效度時，足夠大的論題必須以一種相對的態勢去回答。研究者（與你）應該問的問題是：「與其他工具的信效度比較，眼前研究資料的信效度如何？」如果對此相對品質疑問的回答是「相當好」，那麼你應該正面評價研究者的資料——即使被報告係數的絕對大小尚有很大的改進空間。

第二個評論是關於使用多重方法去測量工具品質的可能性。並沒有規則禁止研究者使用兩種或更多的方法去估計信度或效度，但是許多的研究報告僅包含了一種信度的討論和（如果效度被討論的話）一種效度。這種研究報告很普

遍，因為研究者通常忽略擁有良好資料的關鍵重要性，而急於分析蒐集得來的資料。那些呈現多種信效度證據的研究者值得鼓勵。

我最後關於信度與效度的評論是有關於一件事實：資料品質並不能決定我們信任研究結果的程度。即使被分析的資料具有高度的信度與效度，研究結論也是有可能完全沒有價值的。如果使用錯誤的統計程序去分析資料，如果研究結論超出了資料的合理詮釋範圍，或如果研究設計是有缺陷的，那麼即使是具有良好資料的研究也會被丟入垃圾桶。當你閱讀專業研究報告時，信度與效度是重要的概念，但是其他重要的利害關係也必須一併考慮。

術語回顧　

準確性 （accuracy）	克朗巴赫 alpha 係數 （Cronbach's alpha）
alpha	鑑別效度（discriminant validity）
替本信度 （alternate-forms reliability）	複本信度 （equivalent-forms reliability）
alpha 係數（coefficient alpha）	因素分析（factor analysis）
協和性係數 （coefficient of concordance）	內部一致性信度 （internal consistency reliability）
等值係數 （coefficient of equivalence）	評分者間信度 （interrater reliability）
穩定性係數 （coefficient of stability）	級內相關 （intraclass correlation）
柯恩 kappa 係數 （Cohen's kappa）	庫德—李察遜 # 20 〔Kuder-Richardson #20 (K-R 20)〕
同時效度（concurrent validity）	類本信度（parallel-forms reliability）
一致性（consistency）	預測效度（predictive validity）
建構效度（construct validity）	信度（reliability）
內容效度（content validity）	信度係數（reliability coefficient）
輻合效度 （convergent validity）	史匹爾曼—布朗 （Spearman-Brown）
效標關連效度 （criterion-related validity）	折半信度係數 （split-half reliability coefficient）

測量標準誤（SEM）〔standard error of measurement (SEM)〕	效度（validity）
重測信度係數（test-retest reliability coefficient）	效度係數（validity coefficient）

閒話統計

1. 涵括第四章內容的一個線上互動練習題（提供立即的回饋）。
2. 關於第四章內容的十個迷思。
3. 標題為" Multitrait-Multimethod" 的線上資源。
4. 作者以電子郵件幫助其學生瞭解輻合與鑑別效度的概念。
5. 第四章裡最棒的段落。

相關內容請參考：www.ablongman.com/huck5e

5 推論統計學的基本原則

在第二至第四章裡，我們探討了用以去組織和摘要資料的不同統計程序。有時候，研究者的唯一目標是去描述人們（或事物）根據關連的資料所呈現的特徵。如果是這種情形的話，那麼當資料以圖表呈現、化約為最簡指標（例如，平均數和標準差）、以分配模型描述、以信度與效度來評量，以及以二變量相關檢視關係的向度與強度時，統計工作當下就算結束。

然而許多時候，研究者的主要目標是導出超越所蒐集資料範圍的結論。在這樣的研究裡，資料被視為代表樣本——而調查的目標是做出較大群組的聲明，樣本只是此較大群組的一部分。這樣的聲明或陳述，奠基於樣本資料但卻被設計是超越樣本而做的延伸，被稱作統計推論（statistical inference）。理所當然地，**推論統計學**（inferential statistics）這個詞被用以標示這部分的統計原則與方法。這允許研究者能夠超越所獲得的真實資料集來泛論他們的發現。

在本章裡，我們將探討推論統計學的基本原則。我們以探討樣本、母體，以及科學猜測為開始。接著，我們瀏覽被應用研究者使用的八種主要樣本類型。然後，我們探討阻礙研究者推論他們的發現至目標母體的一些問題。最後，提供一些閱讀專業研究報告時的訣竅。

第一節 統計推論

每當統計推論形成時，首先，**樣本**（sample）從被稱為**母體**（population）的較大群體裡抽出，然後在組成樣本的人們或對象上進行測量。一旦這些測量值被總結——例如，藉由計算相關係數——一個有根據的猜測於焉形成，這個

猜測如同母體本身具有同樣的統計概念（此例為相關係數值）。這種把有根據的猜測（educated guess）等同於母體的數字式特徵被視為**統計推論**（statistical inference）。

如果測量值能夠從母體裡的每個人（或對象）身上獲得，那麼統計推論是不需要的。例如，假設一位教練想要知道一個高中女籃隊裡十二位隊員身高的中位數，使用推論統計去回答這個問題將是愚蠢的。測量每一位隊員的身高然後取得這個問題的精確答案，而不去進行此隊中位數身高的猜測（在檢視一些女隊員的身高後），將是一個明智的抉擇。

在許多情況裡，研究者無法像以上的籃球隊例子那樣可以輕易回答關於母體的問題。有兩個理由似乎能夠解釋推論統計學被廣泛使用的原因。一是關於測量過程，二是關於母體本質。由於應用研究者經常使用推論統計學，在此暫停一下並探討為何只有母體的部分被測量，並以樣本資料做出有根據的猜測，是相當值得的。

首先，要測量母體的每一個成員有時會花費過大（金錢／時間）。例如，無法以個人智力測驗測量一所高中裡的所有學生，是因為：(1)教師很可能無法提供這種需要兩階段並且個別施測的協助；以及(2)學校預算不足以聘請心理學家來主持這項測驗。在這種情況下，校長認為關於本校學生平均智力的有根據猜測總比沒有任何資料的猜想要來得好。此位校長對於平均智力的猜測是奠基於母體為全校學生的抽取樣本之上。在這個例子裡，校長抽樣自**有形母體**（tangible population），因為每一位學生皆有可能成為樣本而接受施測。

第二種使用推論統計學的理由比有限的金錢與時間議題更具有強制性。往往，我們感興趣的母體會擴展延伸至未來。例如，前例的校長很可能以全校學生的智力資訊作為來年課程改革的參考。這種改革的前提是來年的學生將不會不同於今年的學生。即使有足夠的金錢與時間支持學校行政實施全校性的個人智力測驗，所獲得的資料也可能會被視為感興趣母體的一部分。那個母體包含現有的學生**以及**未來的學生。很明顯地，測量值無法從此母體的每一個成員身上獲得，因為母體的一部分尚未「出現」。此例中，校長創造了一個**抽象母體**（abstract population）去迎合現存的樣本。

幾年前，我參與了一項計畫去檢視在激烈運動期間，是否不同程度的耗氧量，會對血液成分造成影響。主持這項研究的研究者想要知道二十五至三十五

101

歲非經常坐著工作的年輕人，在固定式腳踏車上面運動期間時生理上發生了什麼變化。研究者的母體在調查的當時並不是「現役的」二十五至三十五歲的男性。等到十八個月後研究發表時，樣本才符合母體的定義。推論統計被使用是因為調查的對象被視為是未來母體的類似代表樣本。

　　為了澄清推論統計運作的方式，請看圖 5.1。這兩個圖解在三方面是相同的：(1)測量只在組成樣本的人（或對象）上執行；(2)有根據的猜測或推論，是從樣本延伸至母體；以及(3)母體特徵的數值並不清楚（也永遠不可能透過推論過程的結果而確知）。即便這些解說呈現的是關於平均數的推論，這些圖示也可被用來呈現涉及中位數、變異數、積差相關，或任何其他統計概念的有根據猜測。

　　如你所見，兩張圖示的唯一不同之處為大圓的實線與虛線以及黑色箭頭。在上方的圖示裡，母體在本質上是有形的，而在大圓裡的每一個成員都有可能被包含在樣本裡。當是這種情況時，研究者事實上是從母體開始而結束在樣本。在下方的圖示裡，推論設定裡事件的程序是相反的。此處，研究者從樣本開始然後創造了一個抽象母體，此母體被認為是包括了如同被包含在樣本裡的人們（或對象）。

　　選錄 5.1 與 5.2 闡明了有形與抽象母體之間的差別。在第一個選錄裡，母體的組成為 2,033 位北卡羅萊納社區裡的三、四、五年級生。這是有形母體，因為：(a)母體裡的每一位學生都擁有一個專屬的姓名或識別號碼；以及(b)組成母體的每一位學生都有可能成為樣本。在選錄 5.1 裡，你將會看見**抽樣架構**（sampling frame）這個詞。一般說來，抽樣架構僅僅是一份列舉母體裡事物的名單──人、動物、對象或任何東西。確實，任何有形母體必須存在一份抽樣架構。

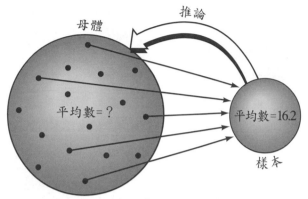

(a) 從有形母體抽樣

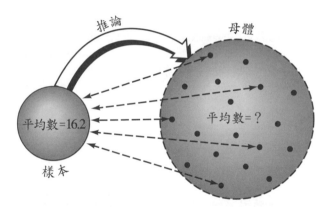

(b) 創造一個抽象母體去迎合一份現存樣本

圖 5.1　抽樣／母體的兩種情況

　　在選錄 5.2 裡，我們看見了母體為抽象的研究。研究者沒有提及抽樣架構因為它並不存在。組成此份樣本的九十位學生並不是從一個較大的群組裡被「拉出」（例如，抽出）；他們之所以會成為樣本，是因為他們自願回應一份已張貼的廣告。因為選錄 5.2 裡的研究者使用蒐集自這九十位學生的資料來做推論統計，很明顯地，他們想要泛論研究發現至這些特定學生以外的範圍。相關的母體不能夠真正被定義為芝加哥大學裡的全體學生，因為很有可能：(a)只有一些學生看見了關於此項研究的張貼資訊；(b)只有一些看過張貼資訊的學生自願參與此項研究。因此，此研究裡的母體是抽象的，因為它僅假設性地以樣

本的較大「鏡像」而存在。

選錄 5.1-5.2 ● 有形與抽象母體

　　主要樣本為北卡羅萊納州主要都市中心的社區小學三至五年級生……此研究的抽樣架構為此社區裡七所公立小學三至五年級生（n = 2,033）。從抽樣架構裡，校區評量委員擬定了一份含有七百位學生的隨機樣本。

來源：Bowen, N. K. (2006). Psychometric properties of the Elementary School Success Profile for Children. *Social Work Research, 30*(1), p. 53.

- -

　　參與者：透過張貼的廣告招募九十位芝加哥大學學生，每一位參與十五分鐘實驗的學生均被給予兩美元的酬勞。

來源：Burson, K. A., Larrick, R. P., and Klayman, J. (2006). Skilled or unskilled, but still unaware of it: How perceptions of difficulty drive miscalibration in relative comparisons. *Journal of Personality and Social Psychology, 90*(1), p. 63.

第二節　統計值與母數的概念

　　研究者涉入推論統計學時，在能夠從樣本推論至母體之前，他們必須處理四個問題：

　　1. 相關的母體是什麼？

　　2. 假設母體在本質上是有形的，樣本要如何從母體抽取出來？

　　3. 組成樣本的人們、動物或對象，在測量的過程裡扮演什麼樣的角色？

　　4. 此研究的統計焦點為何種數值？

　　上述第一個問題全視研究者的決定及研究的主題焦點所指定。第二個問題將會在下個段落裡詳細探討。第三個問題取決於研究者要去研究什麼[註1]。測量的信度與效度（見第四章）也被包含在這個問題裡。這帶領我們走向第四

_____

註1：　有時候，你也許不同意研究者要去研究的東西是重要的。儘管如此，我擔心你將會經驗不知道檢視何種變項的困擾。此問題的明確答案通常被包含在文章的標題、意圖陳述和／或依變項的討論裡。

個問題。

104

　　研究者測量變項上的樣本之後，資料被摘要總結的方式有許多種。例如，研究者能夠計算集中趨勢測量值、變異性測量值、偏斜度或關連性。但是除了這些項目之外，研究者能夠使用替代方式去總結其資料。以集中趨勢的測量而言，研究者可能決定把焦點放在中位數而不是平均數或眾數。如果相關是感興趣的議題，研究者可能決定計算皮爾森積差相關而不是其他的相關指標。**統計焦點**（statistical focus）這詞僅是用以指出資料被摘要總結的方式。

　　不管研究者決定如何去分析其樣本資料，總會有兩個數值回應研究的統計焦點。一個在樣本「裡」，當樣本被測量時就可以被計算出來，稱這個數值為**統計值**（statistic）。回應研究統計值的第二個數值在母體「裡」，稱它為**母數**（parameter）。當然，母數永遠也無法被確切地計算，因為測量僅存在於構成母體的一部分人們、動物或對象上。

　　因為研究者通常使用符號來代表統計值（而有時候使用不同的符號去代表回應母數的不確知數值），熟悉這些推論統計學的符號是很重要的。你可以利用表 5.1 來幫助你達成這項目標。如你所見，羅馬字母被用以代表統計值而希臘字母象徵母數。

105

　　既然我已經澄清了統計值與母數的概念，對於推論統計學的定義我就能夠更嚴苛一點。當致力於推論統計學時，研究者使用已知的樣本統計值去猜測母

表 5.1　用以回應統計值與母數的符號

104

統計焦點	統計值（樣本裡）	母數（母體裡）
平均數	$\overline{X}$ 或 M	μ
變異數	s^2	σ^2
標準差	s	σ
比例	p	P
積差相關*	r	ρ
等級相關	r_s	ρ_s
組的大小+	n	N

* 不幸地，ρ 被使用去指定相對應母體裡積差相關的值。它是希臘字母 rho。在第三章裡，我們看見了史匹爾曼等級相關也以 rho 為代表符號。

+ 在許多文章裡，符號 N 被使用去指出樣本的大小。然而使用 n 會比較好一點。

體裡未知的母數。例如,如果統計焦點在於平均數,那麼已知的數值$\overline{X}$就被使用去猜測未知的數值μ。

第三節　樣本類型

　　被研究者使用去進行科學猜測的樣本本質,很明顯地對於推論的過程有一定的影響。更明確地說,樣本的本質將影響:(1)推論猜測的準確性;或(2)母體的定義。為了幫助你瞭解樣本是如何能夠在這兩方面影響推論過程,我需要分類八種類型的樣本至兩種類目裡:機率樣本與非機率樣本。

壹　機率樣本

　　如果抽樣之前母體的成員都能被特定化,如果母體的每一個成員至少有一些機會被包含在樣本裡,如果母體的任何成員被抽樣的機率已知,那麼導出的樣本指的就是**機率樣本**(probability sample)。我們將要探討的四種機率樣本分別稱作簡單隨機樣本(simple random sample)、分層隨機樣本(stratified random sample)、系統樣本(systematic sample)和群集樣本(cluster sample)。當你閱讀關於這些樣本的解說時,謹記圖 5.1(a)的闡釋。

一、簡單隨機樣本

　　以**簡單隨機樣本**而言,研究者,實際上或比喻上,把母體的所有成員姓名放入一頂帽子裡,攪亂帽子裡的內容,然後盲目的選擇一部分的姓名以決定樣本。此類樣本的關鍵特徵為母體的每一個成員都具有相同的機會被囊括在樣本裡。當然,可想而知的,這種樣本可能大略失去母體的代表性(因為樣本可能包含母體裡最強壯或最高或最聰明的成員)。然而,簡單隨機樣本非常可能導致以測量為基礎的(measurement-based)統計值去接近母數的值,尤其是當樣本量為大時。

　　在選錄 5.3 以及 5.4 裡,我們看見了使用簡單隨機樣本的實例。因為有許多不同種類的隨機樣本能夠抽取自有形母體,所以這些研究者特別使用簡單來

選錄 5.3-5.4 • 簡單隨機樣本

三百五十位十八歲以上的成年人樣本抽取自奧克拉荷馬市居民的電話住址簿。

來源：Welch, M. R., Tittle, C. R., and Grasmick, H. G. (2006). Christian religiosity, self-control and social conformity. *Social Forces, 84*(3), p. 1680.

- -

從 Penang 島上的日間部中學名單裡，隨機選擇（奠基於簡單隨機抽樣方法）四所不同的中學。

來源：Chwen, J. C., Seong, C. T., and Wan, M. F. (2005). Are learning styles relevant to virtual reality? *Journal of Research on Technology in Education, 38*(2), p. 128.

指出確切被使用的隨機抽樣程序，這種作法值得讚賞。

二、分層隨機樣本

為了減低樣本不足以代表母體的機率，研究者有時候選擇**分層隨機樣本**。首先，母體被分成兩個或更多的部分，這是依據母體成員如何代表分層變項的認知而定。然後，樣本被抽出以反映每一個母體分層所對應的百分率。因此，如果研究者知道母體含有60%的男性與40%的女性，在性別上的分層隨機樣本裡，每四位女性會搭配六位男性。

在選錄 5.5 裡呈現分層隨機樣本的實例。注意安哥拉首都年輕人的母體最初是如何被此城市的九個區域（例如，自治區）所分層。選擇（最有可能為隨機）在這每一層裡的家庭，而來自於每一個自治區的家庭數目反映它們在母體所占的比例。藉著使用此分層隨機抽樣程序，研究者能夠確定最後的樣本在每一個盧安達自治區裡具有正確比例的家庭代表性。

選錄 5.5 • 分層隨機樣本

107

此研究的目標是去確認安哥拉的青少年和年輕人在保險套使用上的決定性因素。我們從最近的一份問卷調查資料，分析了住在盧安達（安哥拉首都）年齡為十五至二十四歲的 2,419 位男性與女性。分層隨機樣本包含了盧安達的九

個自治區，每一個自治區代表了一層。在每一層裡被選擇作為訪視的家庭數目和它們在母體的大小成比例。

來源：Prata, N. (2005). Gender and relationship differences in condom use among 15-24-year-olds in Angola. *International Family Planning Perspectives, 31*(4), pp. 193-194.

在有些分層隨機樣本的研究裡，研究者會採用比母體分層比例稍大的分層樣本。這種**過度抽樣**（oversampling）的理由為以下三點之一：(1)預期取得樣本的困難；(2)想要進行分層間的比較（同樣大小的分層樣本有助於進行比較，即使這些分層在母體裡的大小是不一樣的）；以及(3)因為在母體特徵上有新的改變，當使用檔案資料時，對更新舊分層大小的需求。在選錄 5.6 裡，我們看見了第二點過度抽樣理由的分層隨機抽樣實例。

選錄 5.6 • 分層隨機樣本之過度抽樣

抽樣架構用種族和治療環境（例如，家裡 vs. 嚴重病情照護）限制程度來做分層。從 12,662 位兒童的抽樣架構裡，隨機選出 3,417 位……為了確保相等樣本大小以便進行子群分析，有意地對特定群組進行過度抽樣（例如，亞洲人／太平洋島民以及酒精濫用／藥物治療年輕人）。

來源：McCabe, K. M., Lucchini, S. E., Hough, R. L., Yeh, M., and Hazen, A. (2005). The relation between violence exposure and conduct problems among adolescents: A prospective study. *American Journal of Orthopsychiatry, 75*(4), p. 578.

三、系統樣本

第三種機率樣本的類型稱作系統樣本。當研究者順著排序過的母體成員名單做選擇時，例如每五個（項）一數，就創造了這種樣本（當然，想要的樣本大小以及名單上項目的數目，決定了在樣本裡有多少項目在選擇上被略過）。只要名單上的開始選擇位置是隨機決定的，在名單上的每一個項目就有相同的機會成為樣本。因此，如果研究者決定藉由五個一數而產生一份樣本，下手選擇的地方不應該任意地從名單的最上端開始（或從第五個位置）；相反地，應該隨機地選取以決定哪五項成為樣本的開端。

選錄 5.7 示例了系統樣本的使用。注意起始點是隨機選擇的。這確認社工

108

研究協會的首三位成員將被囊括入樣本裡。然後，在SSWR名單上的每三位成員（過了起始點）將會被囊括入樣本，直到達成三百零九位成員的目標。

選錄 5.7 • 系統樣本

使用隨機開始的系統抽樣法，在社工研究協會（Society for Social Work and Research）名單上的成員以每三位一數的方式，選出三百零九位 SSWR 成員的隨機樣本來參與本研究。

來源：Apgar, D. H., and Congress, E. (2005). Authorship credit: A national study of social work educators' beliefs. *Journal of Social Work Education, 41*(1), pp. 103-104.

四、群集樣本

最後一種在此被探討的機率樣本稱作群集樣本。當此種方法被用以從母體抽取樣本時，研究者首先在母體裡發展一份群集名單。群集可能是家庭、學校、汽車交易商，或任何其他構成母體的群集。接著，這些群集被隨機性地選擇成為樣本。最後，資料蒐集自隨機入選群集裡的人、動物或對象，或者資料蒐集自每一個群集裡的隨機子集成員身上。

在選錄 5.8 裡，我們看見了群集樣本的實例。在此項研究裡，每一個「群集」為一所學校。如同選錄裡所指出的，六所學校從每一塊地理區域裡被隨機選出；然後，六個班級從每一所學校當中被隨機選出。因此，最終成為樣本的學生是從群集裡被隨機抽出的。這種群集抽樣的技術使得研究者蒐集研究資料的過程變得容易許多。試想，如果不使用群集抽樣技術，而直接從 74,318 位學生當中做隨機抽樣會是多麼地耗費時間、人力與金錢。

比較選錄 5.8 與選錄 5.5 是值得的；這兩篇選錄的抽樣程序之間存在一個重要且些微不同的地方。在選錄 5.5 裡，盧安達區域首先被分層為九個自治區，然後個別的家庭從這九個自治區裡被隨機選出。在選錄 5.8 裡，穆爾西亞的母體也被分層（五個區塊）。注意，學生並不是直接從每一個穆爾西亞區塊裡被隨機選出。而是從六所學校。這意味著只有在被選出群集（例如，每一區裡的六所學校）裡的學生有機會參與研究。

選錄 5.8 • 群集樣本

　　母體為西班牙穆爾西亞區域的高中學生……根據學校普查，總共有 74,318 位對象，63,329 位就讀於七十七所公立學校，10,989 位就讀於三十所私立學校……群集隨機抽樣是透過穆爾西亞區域的地理區塊而進行：中央、北、南、東、西。三十二所學校包含二十四所公立與八所私立，被隨機選出以代表所有的地理區塊。每一個地理區塊平均以六所學校為代表。一旦學校被選出，六個班級也被隨機選出，每一所學校大約選擇一百四十位對象。

來源：Inglés, C. J., Hidalgo, M. D., and Méndez, F. X. (2005). Interpersonal difficulties in adolescence: A new self-report measure. *European Journal of Psychological Assessment, 21*(1), p. 13.

貳　非機率樣本

　　在許多研究裡，調查者並不以有限的人、動物或對象（這有限的組群具有已知的、非零機率的機會從母體被抽出而成為樣本）為開始。在這種情形裡，我們會專業地說研究樣本為**非機率樣本**（nonprobability sample）。偶爾，如同選錄 5.9，作者會直接告訴我們一個或更多的非機率樣本是推論過程的基礎。然而，很少的作者會如此做，所以你需要能夠從研究對象的描述當中認出此類樣本。

選錄 5.9 • 非機率樣本

　　此份非機率樣本是從服務以下地區的社區資源與醫學設施徵募而來。這些地區是喬治亞大學、匹茲堡大學，以及德州大學位於達拉斯的西南醫學中心。

來源：Beach, S. R., Schulz, R., Williamson, G. M., Miller, L. S., Weiner, M. F., and Lance, C. E. (2005). Risk factors for potentially harmful informal caregiver behavior. *Journal of the American Geriatrics Society, 53*(2), p. 256.

　　即便推論統計學能夠使用非機率樣本，泛論樣本結果到母體上須非常謹慎。從研究內容裡，你很可能能夠決定提供實際資料的樣本為何。但是決定此推論陳述能夠合理地應用至哪個較大組群，是一項更為艱難的任務。

我們現在即將探討四種經常出現的非機率樣本。它們被稱為立意樣本、方便樣本、配額樣本、雪球樣本。

一、立意樣本

在有些研究裡，研究者以一大群潛在對象作為開始。然而，為了被囊括在樣本裡，這一大群裡的成員必須符合研究者所設立的某些準則，以使問題的本質能夠被調查所回答。一旦篩選準則被採用以決定最初群體裡的哪些成員能夠成為樣本，在「推論箭頭」指向那一端的母體本質就與研究者開始著手的那一大群潛在對象產生差異。關連此推論過程的合理母體為：(1)能滿足篩選準則的一部分最初群體，假設這些可接受的人們（或對象）中只有一個子集被真正測量過；或(2)一個由類似於被囊括在樣本裡的人們（或對象）所組成的抽象母體，假設每一位「可接受」的人（或對象）均被測量過。這兩種母體類似於圖5.1 裡描繪的兩種情況。

選錄 5.10 闡明了研究者有時會使用並且描述其**立意樣本**（purposive sample）的方式。注意研究者如何設立六項準則，以決定松嶺印地安保留區的居民是否夠資格被囊括進樣本。藉由列出這些囊括和排除準則（以及藉由使用術語**立意樣本**），研究者幫助讀者避免犯這樣一個錯誤：泛論此研究發現至所有松嶺印地安保留區的居民。

選錄 5.10 ● 立意樣本

一份立意樣本抽樣自位於南達科塔州松嶺印地安保留區的 WIC 計畫……囊括準則為自我描述的 AI/AN 女性（年齡為 19 歲以上），以及登記於 WIC 的家長與兒童。排除準則為無法閱讀或瞭解口說英語的女性，和目前為懷孕狀態的女性（因為懷孕對於身體行為有著潛在而不明朗的影響因素）。

來源：Fahrenwald, N. L., and Shangreaux, P. (2006). Physical activity behavior of American Indian mothers. *Orthopaedic Nursing, 25*(1), p. 24.

應該注意的是，選錄 5.10 所根據的完整研究報告裡包含了美裔印地安女性的詳細描述。這份描述（沒有呈現在選錄裡）聚焦於人口統計學特徵而不是囊括或排除的篩選準則。這類描述對於涉及立意樣本的研究非常重要，因為關

111

連非機率樣本的相關母體是抽象而非有形。如同稍早所指出的，抽象母體的本質被樣本的組成所決定。據此，如果無法知曉樣本的特徵，那麼誰能夠描述推論之下的母體呢？

二、方便樣本

在一些研究裡，研究者並無建立特定的篩選準則以確使樣本裡的個體具有某些特徵，而是從易於獲得或是能夠被徵募來參與研究的任何人身上蒐集資料。這種資料提供群組，如果是作為推論陳述的基礎，就被稱作**方便樣本**（convenience sample）。

任何方便樣本的母體是為抽象（例如，假設的）母體。組成母體的個人（或對象）被研究者視為類似於樣本裡的組成。因此，方便樣本所帶來的樣本—母體關係總是如圖 5.1(b)所描繪的那樣。

選錄 5.11 與 5.12 闡釋了方便樣本的使用。在這些選錄裡，研究者清楚地標示他們所使用的樣本種類。並不是所有的研究者都是這麼直截了當。

選錄 5.11-5.12 • 方便樣本

由研究者所認識年紀在十八歲以上的五十位成年同事、朋友、家庭成員所組成的方便樣本被招募而來參與本研究。

來源：Greenwald, B. (2006). A pilot study evaluating two alternate methods of stool collection for the Fecal Occult Blood Test. *MEDSURG Nursing, 15*(2), p. 91.

- -

來自於三所安大略健康照護中心的二百位女性員工所組成的方便樣本參與了本研究。

來源：Williams, A., Franche, R., Ibrahim, S., Mustard, C. A., and Layton, F. R. (2006). Examining the relationship between work-family spillover and sleep quality. *Journal of Occupational Health Psychology, 11*(1), p. 29.

要注意的是呈現在選錄 5.11 與 5.12 的陳述並不是這些研究裡所使用方便樣本的完整描述。在每個例子裡，研究者對樣本裡的人們進行非常詳盡的描述。不幸地，許多研究者由於並未提供這樣詳盡的描寫而使我們產生困惑。除非我們對誰被包含在方便樣本裡心裡有數，否則概念化統計推論所瞄準的抽象

母體本質是不可能的。

三、配額樣本

我們即將要探討的下一種非機率樣本稱為**配額樣本**（quota sample）。此處，研究者決定樣本必須包含X%的某類人們（或對象），Y%的另類人們（或對象）等等。然後，研究者僅僅繼續去找尋足夠的人們／事物以作為測量之用，直到所有預先決定的樣本位置被填滿為止。

在選錄 5.13 裡，我們看見了配額樣本的實例。在這份調查裡，研究者想要參與者的預先決定人數分別歸入年齡、種族、性別等人口統計類目裡。這些稱為配額。然後研究者外出並且自由地招募任何符合樣本需求的人，直到達成不同的配額目標。

選錄 5.13 ● 配額樣本

　　因為研究目標是去檢視所有年齡層的婦女對於運動媒介的反應與身體不適感的報告，所以使用配額樣本。研究者在三個地域——東北、南方、西南——決定年齡、種族、性別的地域代表性。製作每一區的矩陣表格以指出在每一項類目（如 35 至 50 歲的黑人女性或 18 至 29 歲的西班牙女性）裡所需回答者的百分率，以代表每一地域的母體。以總數六百六十位的男性與女性為標的；因此，每位研究者計算每一個人口統計群（三區域每區域總數為 220 位）所需的百分率。

　　最後，研究者帶著一份工具進行田野調查，這份工具第一頁資料索引處附註研究者招募研究所需的參與者性別、大約年齡、種族。研究者被告知可以招募在這頁所指定地域的任何地點內的參與者，但大學生不在招募的範圍裡。他們招募參與者直到從所有目標群裡蒐集到資料為止。

來源：Bissell, K. L. (2004). What do these messages really mean? Sports media exposure, sports participation, and body image distortion in women between the ages of 18 and 75. *Journalism & Mass Communication Quarterly, 81*(1), p. 112.

表面上，配額樣本和分層隨機樣本似乎非常類似。然而，有一個很大的不同點。為了獲得分層隨機樣本，首先把限定的母體分成區塊，然後樣本從母體

的每一個部分隨機選擇出來。當結合在一起時，那些隨機入選的組群構成了分層隨機樣本。配額樣本也是由相互結合的不同組群所形成。然而，每一個子群體並不是隨機地從母體的不同分層當中抽取出來；而是，研究者僅採取遇到的個體直到所有的樣本空缺被填滿為止。結果是，當配額樣本是推論的基礎時，研究結果的泛論就常常變得困難。

四、雪球樣本

雪球樣本（snowball sample）就像是兩階段的方便或立意樣本。首先，研究者找出一部分想要的樣本，這些樣本是容易取得或具有研究者視為重要的特徵。然後，那些個人（樣本）被要求協助招募家庭成員、朋友、熟識者或同事（對研究有興趣或如果立意樣本被產生，具有研究所需的特徵）來完成整份樣本。選錄 5.14 闡釋了在研究裡如何使用這種滾雪球方法。

選錄 5.14 • 雪球樣本

透過各種方法招募與自願性參與本研究的三十五至六十五歲的二百二十四位女性組成了多樣群組樣本。注意事項被優先置放在成年女性參與的網路郵遞論壇（listservs）郵件系統上，包含高中校友、大學校友和現役學生，以及中年婦女和同性戀婦女……雪球抽樣藉由使參與者聯絡其他中年婦女並邀請她們參與本研究而被使用。

來源：Degges-White, S., and Myers, J. E. (2006). Transitions, wellness, and life satisfaction: Implications for counseling midlife women. *Journal of Mental Health Counseling. 28*(2), p. 137.

第四節 低回答率、拒絕參與和耗損的問題

如果研究者使用機率樣本，有關推論陳述的目的將不會有多大的曖昧不清──只要研究者清楚地定義提供研究對象的母體。同樣地，奠基於非機率樣本的推論陳述目標將不會有多大的含糊不清──只要樣本被充分地描述。然而，

在每一個案例裡，推論過程變得模糊，如果資料的蒐集是來自少於 100%的樣本組成（人或對象）。在此節裡，我們需要去探討三種常見的推論受限情況，這是因為只有整份樣本的部分被測量。

壹　回答率

在許多研究裡，研究資料的蒐集是藉由信件或電子郵件發送問卷或測驗於一群人。通常，只有一部分人會回應這些信件或電郵訊息。許多人連看都不看就棄之於一旁。有些人瀏覽了研究工具，但決定不去浪費自己的時間來回應這些問題。在以上任何一種情況裡，**回答率**（response rate）指的是樣本裡有提供研究者所詢問資訊的個體的百分率。

在選錄 5.15、5.16 和 5.17 裡，我們看見了研究裡提到回答率的三個實例。在頭兩篇選錄裡，回答率遠低於理想的 100%。像這樣的回答率並非不尋常。有些研究者試圖去合理化他們獲得的低回答率。他們會說「郵寄問卷的低回答率是正常的」，或「一些所謂的研究權威認為 30%的回答率是足夠的」。你應該謹防這種合理化低回答率的企圖。明顯地，在這些研究裡的統計推論只能延伸至那些回覆完整問卷調查的個人。

選錄 5.15-5.17 • 回答率

三百六十份問卷中有一百零六份被回覆，回答率為 29%。

來源：Nordquist, G. (2006). Patient insurance status and do-not-resuscitate orders: Survival of the richest? *Journal of Sociology & Social Welfare, 33*(1), p. 81.

- -

根據沒有與接受者取得聯繫的電郵判斷，回答率大約為 15%。

來源：Reiss, R., Schoenig, G., and Wright, G. (2006). Development of factors for estimating swimmers' exposures to chemicals in swimming pools. *Human & Ecological Risk Assessment, 12*(1), p. 142.

- -

最終樣本包含七百零一位個體。合格參與者的整體回答率為 89%（701/787）。

來源：Grzywacz, J. G., Arcury, T. A., Bell, R. A., Wei, L., Suerken, C. K., Smith, S. L., and Quandt,

S. A. (2006). Ethnic differences in elders' home remedy use: Sociostructural explanations. *American Journal of Health Behavior, 30*(1), p. 41.

　　足夠的回答率很少出現，這是因為研究者僅僅寄出一次問卷或測驗就坐著等著回收答覆。如同選錄 5.18、5.19 和 5.20 所呈現的，研究者可以在發出測量工具前後做一些事情來達到較高的回答率。那些努力想要從目標樣本的每個人身上獲取答案的研究者（如同這三篇選錄）值得被讚賞；另一方面，對於那些不努力獲取回答率而導致低回答率的研究者，我們應給予低的評價。

選錄 5.18-5.20 • 努力獲取高回答率

　　到了第七週，我們發出信件感謝回覆者並提醒尚未回覆者完成和送回問卷。這封信使我們額外得到了六十六份可用的回覆。

來源：Zhao, J. J., Truell, A. D., Alexander, M. W., and Hill, I. B. (2006). "Less success than meets the eye?" The impact of Master of Business Administration education on graduates' careers. *Journal of Education for Business, 81*(5), p. 263.

- -

　　我們給完成〔郵寄〕資料的參與者 20 美元，而變成合格抽籤者另外再給予 1,500 美元（照護者或家庭成員的委託報告不予接受）。

來源：Krause, J. S., and Broderick, L. (2006). Relationship of personality and locus of control with employment outcomes among participants with spinal cord injury. *Rehabilitation Counseling Bulletin, 49*(2), p. 112.

- -

　　當催促函對於回答率起不了顯著功效時，我們打電話給沒有回答的參與者……然後，我們傳真第二封催促函給沒有回答的學校。在一些情況裡，我們親自送上第三份問卷。幾週後，我們回電給表現傑出的學校。此外，我們對二十四所學校安排行程以親自去蒐集完成的問卷。

來源：Mathews, C., Boon, H., Flisher, A. J., and Schaalma, H. P. (2006). Factors associated with tea-chers' implementation of HIV/AIDS education in secondary schools in Cape Town, South Africa. *AIDS Care, 18*(4), p. 391.

　　大部分透過信件或網路蒐集資料的研究者，是想要泛論他們的發現至和最初被發送測量工具之全部組群的母體類似的個體，而不是類似那些回覆完整工

具的組群的個體。為了領會是否非完美回答率應該限制泛論的程度，研究者有時在中途進行一項迷你研究，以藉此瞭解是否存在**不回應偏差**（nonresponse bias）。如同選錄 5.21 與 5.22 所指出的，有不同的方法可以用來檢查可能的不回應偏差。第一個選錄所示例的方法比較容易執行，但對於不回應偏差的存在與否提供了極不明顯的證據。相反地，選錄 5.22 所呈現的方法是難以達成的，但卻是調查可能的不回應偏差之最佳方式。

選錄 5.21-5.22 • 檢查不回應偏差

不回應偏差的解釋是藉由比較最終研究參與者和每一個招募階段所聯繫的個人之人口統計訊息來達成。在性別與年齡或教育程度方面，參與者與非參與者之間並無浮現實質上的不同。

來源：Russell, C. A., and Stern, B. B. (2006). Consumers, characters, and products: A Balance model of sitcom product placement effects. *Journal of Advertising, 35*(1), p. 12.

然而，回答率是低於我們的期待。我們使用兩種程序去探索關於不回應偏差的論題。首先，我們在現場和郵寄問卷調查上頭使用了幾個相同的項目（例如，先前訪視、現場花費時間、收費態度）。我們比較了現場和郵寄問卷在回答與未回答者之間的差異，並沒有發現顯著差異。然後我們對未回答者進行隨後的電話訪問，以檢驗潛在的不回應偏差，和進一步探索回答者沒有回覆測量工具的原因……再次的，在所有項目上均無觀察到電訪與郵寄樣本之間有顯著差異。

來源：Kyle, G. T., Mowen, A. J., Absher, J. D., and Havitz, M. E. (2006). Commitment to public leisure service providers: A conceptual and psychometric analysis. *Journal of Leisure Research, 38*(1), pp. 86-87.

貳　拒絕參與

有時候，人們可能會婉拒參與研究。這種**拒絕參與**（refusals to participate）所創造的問題與低回答率所帶來的問題是同一類型。在每一種情況裡，有效推論僅延伸至類似於樣本（有提供資料）的個體上，而不是被要求提供資

料的更廣大群體。在選錄 5.23 裡，我們看見了幾乎是 60%的潛在參與者選擇不參與研究。

選錄 5.23 • 拒絕參與

參與者為三十八位（17 男、21 女）年齡介於七至九歲的兒童（*M* = 8.4; range = 7-5 months to 9-4）。兒童來自於工人或中產階級，並抽取自北英格蘭的兩家小學。同意書送給這兩家小學七至九歲兒童的父母親。大約 40%的父母親同意他們的小孩參與本研究。

來源：Meins, E., Fernyhough, C., Johnson, F., and Lidstone, J. (2006). Mind-mindedness in children: Individual differences in internal-state talk in middle childhood. *British Journal of Developmental Psychology, 24*(1), p. 184.

如同有些研究者會檢視是否較少的回答率影響結果的泛論，某些研究人員會比較同意參與者和婉拒參與者之間的差異。如果沒有差異存在，推論至全部樣本（即使部分拒絕參與）的母體是可行的。有做這類比較的研究者值得加分。相反地，如果研究者忽略了拒絕參與者可能引發的問題，身為研究報告的讀者應給予低評價。

參 耗損（註2）

在許多研究裡，會從研究開始持續到結束的研究對象不到 100%。在一些例子裡，這類耗損上升是因為資料蒐集的過程或活動令人反感、無趣，或對參與者而言花費昂貴。在其他的事例裡，遺忘、行程改變或搬家是造成參與者退出的原因。不管帶來**耗損**（attrition）現象的理由是什麼，我們應該清楚為什麼耗損能夠影響推論過程。

選錄 5.24 闡釋了耗損所能引起的問題。在一開始二百五十一位男性參與者當中，多達 50%以上在最後的資料蒐集之前退出。這種對於耗損的提醒和指出研究者的研究發現不應該泛論至超越樣本以外範圍的作法值得鼓勵。當你閱讀或聆聽其他研究報告時，你將無可避免地遇到研究者對其耗損現象不誠實的

註2：耗損的問題有時候涉及**死亡率**（mortality）。

情況。許多時候,研究者僅僅是沒有察覺到耗損所引起的問題;在其他時候,研究者知道這類問題但選擇忽略。

選錄 5.24 • 耗損

　　資料蒐集自開始第一個月到第三個月使用性行為風險量表(SRQ)完成指定的介入之後,……在二百五十一位完成指定介入的男性當中,大約有五分之一(19%)沒有回覆第一個月的測量,而超過一半(54%)沒有回覆第三個月的測量……結論不能夠泛論至超越樣本以外的範圍〔部分是因為〕耗損率相對地高和樣本為非隨機。因此,發現不能夠泛論至那些最不可能完成介入階段或隨後測驗的人們。

來源:Williams, M. L., Bowen, A. M., Timpson, S. C., Ross, M. W., and Atkinson, J. S. (2006). HIV prevention and street-based male sex workers: An evaluation of brief interventions. *AIDS Education & Prevention, 18*(3), pp. 207, 210, 214.

　　當耗損發生時,研究者也許有可能檢查耗損偏差(attrition bias)。進行此種檢查的目標與程序反映了檢查不回應偏差的目的與技術。在選錄 5.25 裡,耗損率相當高(34%),此處研究者檢視這種耗損是否可能對研究造成傷害。注意檢查可能的耗損偏差顯露了退出研究的參與者在某些方面是不同於那些堅持到底的參與者。

選錄 5.25 • 檢查耗損偏差

　　一百七十一位沒有回覆兩階段訪視的參與者呈現了明顯的耗損率(34%)。在人口統計資料與基線測量上的比較指出這兩組〔堅持到底與中途退出〕在年紀、BMI、DLC、種族(白人,非白人)、HbA1c、PCS、MCS,以及憂鬱症狀(CES-D)方面有差異。

來源:Maljanian R., Grey, N., Staff, L., and Conroy, L. (2005). Intensive telephone follow-up to a hospital-based disease management model for patients with diabetes mellitus. *Disease Management, 8*(1), p. 18.

第五節　一些警示

當我們來到此章即將結束之處時，我想要提供幾個關於樣本與母體之間推論連結的警示。我強烈建議你對於這些論題保持敏感性，因為在許多專業期刊文章裡，研究者的結論似乎遠超乎推論過程所合理允許的範圍。不幸地，一些研究者無視於用以分析其資料的方法，而他們的專業報告暗示他們並不怎麼在乎其樣本及母體的本質。

我的第一個警示涉及研究者的資料來源與推論宣稱目的之間的配錯可能。透過本章，我們已經強調了樣本與母體之間配合的重要性。當你聆聽或閱讀研究報告時須保持謹慎，因為樣本與母體之間的適合性也許已蕩然無存。例如，呈現在選錄 5.26 裡的訊息。

選錄 5.26 • 樣本與意圖母體之間的配錯

本研究的母體包含一般年紀（18-22 歲）的女性大學生。參與者來自於東南方的一所中型大學。所有自願者在諮商、人類發展與家庭研究、溝通，以及人文學課堂中完成問卷……總共有二百七十二位女性大學生完成了本研究的調查問卷。八十二位參與者的資料被排除在最初的資料分析之外：四位參與者的問卷是不完整的，六十八位參與者不是歐裔美國人，六位女性認定自己為雙性戀者，以及四位女性認定自己為同性戀者。

來源：Sinclair, S. L. (2006). Object lessons: A theoretical and empirical study of objectified body consciousness in women. *Journal of Mental Health Counseling, 28*(1), pp. 53-54.

選錄 5.26 裡的宣告母體與真實樣本之間存在巨大的差異。研究者的意圖是使用樣本資料與推論統計學為基礎，以做出關於「一般年紀的女性大學生」之宣告。然而，資料是蒐集自一所中型大學，而一些潛在參與者由於她們的種族或性傾向被排除在樣本之外。此份樣本的這些特徵使得泛論研究的發現至宣告的母體變得不可能。

我接下來的警示涉及樣本大小。如果你不清楚樣本成員或研究者如何獲得

樣本的，那麼推論過程無法運作成功——無論樣本有多大。因此，試著記住是樣本品質（而非大小）使得統計推論有效。例如，全國大選的民意調查經常能夠很準確地預測當選的結果，即使採用的樣本量相對地小。

120

我的第三個警示是關於隨機這個詞。隨機性在研究報告裡通常被視為強大的資產，但是你不應該天真的以為只要有寫出隨機二字就能使調查結果被信任。例如，呈現在選錄 5.27 與 5.28 裡的資料。

選錄 5.27-5.28 • 措辭「隨機」

在五百家公司中，從每家公司裡選定兩位關鍵消息提供者，以電話訪問這些公司並要求隨機選擇一位中階經理〔如，銷售、市場、研究與發展（R&D）部門經理〕和一位高階業務主管（如，總經理）。謹慎選擇關鍵消息提供者，以確保他們有這樣的知識與背景以周慮的態度來完成問卷。

來源：Luo, X., Slotegraaf, R. J., and Pan, X. (2006). Cross-functional "coopetition": The simultaneous role of cooperation and competition within firms. *Journal of Marketing, 70*(2), p. 71.

- -

將監獄分成幾個區域，以進行區域的抽樣，在每塊區域裡隨機選擇囚犯，然後邀請被隨機選擇的囚犯參與……四百三十六位被邀請的囚犯當中，二百五十四位完成並繳回問卷（回答率為 58.2%）。

來源：Koulierakis, G., Power, K. G., Gnardellis, C., and Agrafiotis, D. (2003). HIV/AIDS related knowledge of inmates in Greek prisons. *Addiction Research & Theory, 11*(2), pp. 107, 108.

在選錄 5.27 裡，我們被告知五百家公司裡每家公司的兩位關鍵消息提供者是被隨機選擇的。這似乎是不大可能的。首先，中階經理與高階業務主管的選擇是公司裡接到電訪的那位仁兄所完成的。我強烈懷疑所有接到電訪的員工曉得隨機選擇的意思。再來，由於經理與主管是被「謹慎選擇，以確保他們有這樣的知識與背景以周慮的態度來完成問卷」，有意識的決定很可能使得選擇變成非隨機式的。簡單地說，「關鍵消息提供者」與「隨機選擇」的概念在邏輯上是不相容的。

在選錄 5.28 裡，我們再一次看見隨機這個措辭被使用，這次是用以描述成為此研究對象的囚犯。在這個例子裡，我認為研究者確實從被關在希臘 Korydallos 監獄裡的囚犯當中,隨機選擇了四百三十六位成為樣本。但是研究者的資料來自於一份隨機樣本嗎?不,那是因為少於 60%的隨機選擇囚犯完成了問卷。正確的推論能夠奠基於回應母體的小量樣本。然而,當最初的隨機性被不回應偏差破壞時,以上的陳述就變得不可能。

為了澄清確實是隨機樣本,研究者應該描述把樣本從相關母體抽取出來的過程。他們應該如此做,因為樣本是否為隨機只能從抽樣的過程來判斷。如同稍早在本章所指出的,隨機抽樣可以是像抽籤那樣簡易。隨機樣本也可取決於丟骰子或擲硬幣。

大多數當代的研究者並不使用抽籤、丟骰子或擲硬幣這些方法來決定他們的樣本。他們使用**亂數表**(table of random numbers)或**電腦亂數**(computer-generated random numbers)。為了指認母體的哪些成員被選入樣本,研究者首先指派特定的識別號碼(如 1、2、3 等等)給母體的成員。然後,研究者轉向亂數表(或一組電腦亂數),此處全部的識別號碼皆會以無秩序的方式呈現。最後,出現在表單上端的識別號碼(例如,27、4、9)指定了母體的哪些成員被選入成為樣本。

在選錄 5.29 與 5.30 裡,我們看見了亂數表或電腦亂數的使用很容易地指出研究者的選擇是屬於隨機樣本。這些研究者值得被讚賞,因為他們確實澄清其隨機樣本是如何產生的。所有的研究者都應該遵循這種法則!

選錄 5.29-5.30 • 亂數表與電腦亂數的使用

訪視者詢問每間被選中房子的最初聯繫人,以列出所有合格的居民(住在那間房子年齡為 18 歲以上的人)。使用亂數表從名單中選出一位居民。

來源:Bolton, P., Wilk, C. M., and Ndogoni, L. (2004). Assessment of depression prevalence in rural Uganda using symptom and function criteria. *Social Psychiatry & Psychiatric Epidemiology, 39*(6), p. 443.

- -

安置失敗組的二十二位學生,被拿來與電腦亂數隨機選擇之非安置失敗組的六十六位學生(14.6% of 474)進行比較。

來源:Ryan, M., Cleak, H., and McCormack, J. (2006). Student performance in field education placements: The findings of a 6-year Australian study of admission data. *Journal of Social Work Education, 42*(1), p. 76.

我想說的最後一個警示事實上是稍早在本章討論過的一個擔憂。簡單地說，納入推論統計學的實際調查如果沒有描述詳盡的母體或樣本，就會變得毫無參考價值。不論研究者如何小心地描述研究的測量工具與程序，以及不管用以分析資料的統計程序其適當性與複雜性，除非我們對樣本的母體（機率樣本）或樣本自身（非機率樣本）有一個清楚的認識，否則結果將變得毫無意義。不幸地，太多研究者在分析其資料時並不在乎使用複雜推論方法的能力。當你遇到研究者寫下資料來源或結果應用目標的詳解時，別忘了給予他們掌聲。相反地，對於那些忽略研究之基本推論本質的研究者，請給予低評價。

　　在選錄 5.31 裡，我們看見了樣本詳述的範例。完整描述組成研究樣本的二百一十一位個體之後，你對於統計推論所導向的母體會有一個更好的瞭解。在閱讀了選錄 5.31 之後，回過頭去瀏覽選錄 5.2（包含了那份研究所使用樣本的全部描述）。你覺得哪個例子會讓你對樣本所囊括的人們有個更好的理解？

選錄 5.31 ● 樣本的詳盡描述

　　參與者的年齡全距為十七至六十二（$M=24.88, SD=9.6$）。26%的參與者為男性（$n=54$）、74%為女性（$n=157$）。49%的回應者為非裔美國人（$n=104$）、43%（$n=91$）為白人、2%（$n=4$）為西班牙／拉丁裔、3%（$n=5$）為亞裔美國人，以及3%（$n=5$）無法確認。大部分的參與者37%為兼職（$n=77$）、33%（$n=70$）為無業以及 12%（$n=26$）為全職。我們藉由一個問題來評估學生參與者的殘疾狀態：他們是否有殘疾。在本研究裡的所有殘疾個體均夠資格享有州／聯邦的職業復健計畫服務，並且一直透過機構接受服務。54%的當事人（$n=44$）被診斷為認知功能失調、14%（$n=11$）為心理功能失調，以及 30%（$n=24$）為身體功能失調。

來源：Strauser, D. R. (2006). Examining the moderating effect of disability status on the relationship between trauma symptomatology and select career variables. *Rehabilitation Counseling Bulletin, 49*(2), p. 93.

123

術語回顧

抽象母體（abstract population）	配額樣本（quota sample）
耗損（attrition）	拒絕參與（refusals to participate）
方便樣本（convenience sample）	回答率（response rate）
推論統計學（inferential statistics）	樣本（sample）
死亡率 （mortality）	簡單隨機樣本 （simple random sample）
非機率樣本（nonprobability sample）	統計值（statistic）
不回應偏差（nonresponse bias）	統計推論（statistical inference）
過度抽樣（oversampling）	統計焦點（statistical focus）
母數 （parameter）	分層隨機樣本 （stratified random sample）
母體（population）	亂數表（table of random numbers）
機率樣本（probability sample）	有形母體（tangible population）
立意樣本（purposive sample）	

閒話統計

1. 涵括第五章內容的一個線上互動練習題（提供立即的回饋）。

2. 關於第五章內容的十個迷思。

3. 作者以電子郵件幫助其學生瞭解有形與抽象母體之間的差別。

4. 關於問卷的一首詩（一位著名的統計學家所寫）。

5. 第五章裡最棒的段落（由作者所選）。

相關內容請參考：www.ablongman.com/huck5e

6　估計

　　在先前的章節裡，我們鋪下了探討推論統計學的基礎。我們藉由考量統計思考與分析的重要元素來完成打底的工作，這些元素是：母體、樣本、母數、統計值、推論。在本章裡，我們把注意力轉向研究者使用樣本統計值對母體母數值進行有根據猜測的兩種主要方法的其中之一，這過程稱為**估計**（estimation）。

　　此章被分成三個主要段落。首先，介紹區間估計（interval estimation）的邏輯與方法。再來，我們檢視第二種稍微不同的有效估計方式；這種方法被稱為點估計。最後，當你碰到依賴這些估計形式的研究文章時，請你謹記我所提供的幾點訣竅。

　　在開始討論估計之前，我需要指出達成統計推論的兩種主要途徑——估計與假設檢定——都是研究者對於母體母數值的有根據猜測。以此出發，兩種方法均可以被解釋為涉及估計的猜測。儘管具有這種相似性，估計已變成專指研究者對母體母數進行有根據猜測的術語。另一種方法，假設檢定，將會在第七與第八章裡被討論。

第一節　區間估計

　　為瞭解**區間估計**（interval estimation）是如何運作的，你必須熟悉三種概念：抽樣誤差、標準誤、信賴區間。除此之外，你必須瞭解信賴區間能夠被使用在任何以樣本資料為基礎的統計值上。為了幫助你獲得這些技能，我們以探討關於推論統計學裡被爭論是最重要的概念作為開始：抽樣誤差。

壹　抽樣誤差

當樣本從母體抽出時，可想而知的是統計值可能會同等於未知的母體母數。雖然這種情況有可能發生，然而統計值不同於母數的情況是更有可能的。**抽樣誤差**（sampling error）指的就是這種差異的量值。

我們來看一個抽樣誤差的例子，丟擲一個硬幣二十次，持續追蹤結果為人頭的次數比例。我視你的二十次丟擲為硬幣丟擲紀錄的樣本，而整個丟擲紀錄為母體。我也假設你的硬幣是公正無偏差的，而你的丟擲技術也不會使硬幣的人頭出現比較多次或比較少次。給定了這兩個簡單的假設之後，我能夠宣稱母數值為.50。現在，停止閱讀，拿出一個硬幣並投擲二十次，看看出現人頭的次數為何。

當然，我不知道你的硬幣投擲結果如何。然而，當我投擲我的一元硬幣二十次時，我確實知道發生了什麼事。我得到的結果為十三次人頭和七次文字，統計值為.65。樣本統計值與母體母數之間的差異稱為抽樣誤差。因此，以我的例子而言，抽樣誤差的結果為.15 [註1]。

如果你觀察的結果是二十次投擲當中有十次是人頭，那麼抽樣誤差將等於0。然而，這種結果發生的機會不大。通常，樣本統計值會含有抽樣誤差並且未能如實反映母體母數。當然，在大部分的情況裡，抽樣誤差為小，這指出統計值合理地反映了母數。偶爾，樣本統計值與母體母數之間的差異很大。這就像是投擲二十次硬幣得到的結果是十九次人頭（或另一面）的情況。

應該注意的是抽樣誤差並不是指出樣本被不適當地從母體抽出或者樣本資料被不恰當地總結（我所得到的結果為.15 的抽樣誤差，即使我從母體抽取隨機樣本並小心地總結我的資料）。當抽樣誤差存在時，倒不如歸因於樣本的自然行為。樣本通常不會剛好成為其對應母體的較小鏡像，而統計值也通常不會剛好同等於其對應母數。即使有適當的抽樣技術與資料分析程序，也是預期會有抽樣誤差。

在我的二十次硬幣投擲實例裡，我們知道母數的值為何。然而，在大部分

註 1：　我藉由.65 減去.50 來計算抽樣誤差。

的推論情況裡，研究者只能知道樣本的統計值而無法確知母體的母數值。這種
情形使得計算出精確的抽樣誤差變得不可能，但這不影響抽樣誤差會發生的事
實。例如，假設我給你一枚硬幣而只有我知道這枚硬幣不是一般的硬幣。想像
這枚硬幣在其投擲紀錄當中有55%的機率產生人頭的結果。假設我要求你投擲
這枚硬幣二十次並且猜一猜這枚硬幣的母數值，你應該會預期抽樣誤差的發
生。因此，不曉得母數值（而因此無法計算樣本的抽樣誤差大小）應該不影響
你對於統計值與母數之間存在差異的預期^{（註2）}。

貳 抽樣分配與標準誤

　　大多數研究者從他們想要進行有根據猜測的母體抽取樣本。稍早，我要求
你從二十次硬幣投擲紀錄當中抽取一份作為樣本。然而，從母體抽取一份以上
的樣本是可能的。因此，我能夠想像從我丟擲的硬幣獲得多重樣本，第一份樣
本的結果是.65（也就是，65%的人頭）。

　　當我想像從同樣的硬幣獲取多重樣本（每20次投擲組成一份）時，我能
看見樣本與樣本之間的結果是有變化的。換句話說，雖然我獲得的第一份樣本
統計值為.65，我能夠期待第二份樣本得出的是一個不一樣的統計值，如果第
三份樣本（20次投擲）被抽取，我也不會訝異這第三份樣本的統計值不同於
前二份樣本。如果一直（以我的想像）從同樣的硬幣抽取樣本（20次丟擲為
一份樣本），我最後會發現統計值：(1)可能開始重複，比如遭遇產生十三次人
頭的另一份樣本；以及(2)可能形成一種從分配眾數值延伸出來的有尾分配。

　　前段所談及的樣本統計值分配被稱為**抽樣分配**（sampling distribution），
而構成這種分配之數值的標準差被稱為**標準誤**（standard error）。因此，當同
樣大小的多重樣本自同一個母體抽出時，標準誤僅僅是樣本統計值變量的指
標。當你回憶第二章，可知變異能夠以多樣的方式加以測量；然而，標準誤總
是被概念化為同等於統計值抽樣分配的標準差（一旦我們想像多重樣本被抽出

註2： 如果母體具有完美無瑕的同質性，抽樣誤差將等於0。如果母體是異質的，但是一份相當
　　　巨大的樣本被抽出，一旦統計值被四捨五入至小數第一或第二位時，再次的，統計值將會
　　　同等於母數。然而，這兩種情況是不現實的。研究者通常涉及異質母體，並使用統計推論
　　　於小樣本（*n* < 50）上。

與總結）（註3）。

128

　　圖 6.1 呈現的是許多許多次樣本（20 次丟擲為一份樣本）的抽樣分配，統計焦點為每一份樣本結果為人頭的比例。此份抽樣分配的標準差約為.11。此標準誤提供了存在於這些數值當中的離散程度指標；此例中，每一個對應人頭比例的值都和一份我們想像的樣本有關連。

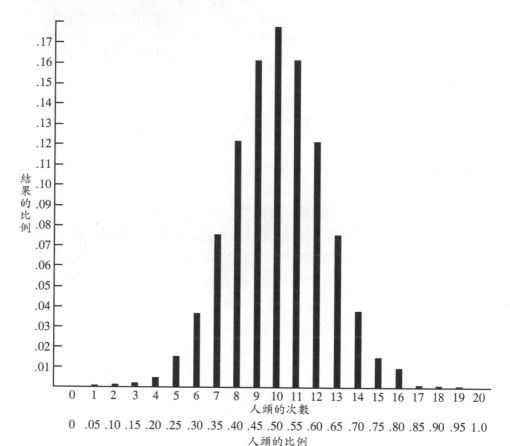

圖 6.1　二十次普通硬幣投擲出現人頭次數／比例的抽樣分配

註3：即使標準差與標準誤具有相近的關係，它們在概念上相當不同。標準差指出一組真實資料分數內部的變異；相較之下，標準誤指出樣本統計值之間（from sample to sample）的變異程度。

標準誤指出統計值隨著不同樣本，在母數值附近波動的範圍。因此，每當一份特定大小的樣本從母體抽出時，標準誤提供了抽樣誤差可能發生的測度。更詳細點說，抽樣誤差小於標準誤的機會約為三分之二（而抽樣誤差大於標準誤的機會約為三分之一）。如果標準誤為小，這可能指出統計值會更接近母數值。另一方面，如果標準誤為大，這可能指出統計值與母數之間存有較大的差異。

稍早提到研究者通常只從給定母體抽取一份樣本。因此，你也許會懷疑，在研究者不會真正的發展如圖 6.1 的抽樣分配情形下，怎麼可能知道抽樣分配的標準誤。研究者對於這個問題的解決方式是使用樣本資料去估計標準誤。在此不會討論這種解決方式的詳細機制；僅僅是要你記住這是可能的[註4]。

在稍早的丟擲硬幣二十次例子裡，統計焦點在於比例。據此，在圖 6.1 裡所闡釋的標準誤（.11）是**比例上的標準誤**。在一些真實研究裡，研究者的統計焦點會是比例，如同我的投擲硬幣範例那樣。然而，在許多研究裡，統計焦點是比例之外的東西。當閱讀期刊文章時，我發現大多數的研究者把統計焦點放在平均數與相關係數上面。當然，有其他方法去「攻擊」資料集，而我偶爾會遇到統計焦點為中位數、變異數或偏斜程度的文章。不管研究者所選擇的統計焦點為何，只要研究涉及推論統計就得應用標準誤概念。

例如，選錄 6.1 的研究涉及一組人在高海拔馬拉松長跑的生理表現。在這裡處理的資料是心跳率（HR），而研究者提供了這八位跑者的 HR 平均數外加抽樣變異。由於平均數為統計焦點，其指標就被稱為平均數的標準誤〔standard error of the mean（SEM）〕。

藉由提供（在選錄 6.1 裡）馬拉松跑者心跳率的SEM，研究者提醒讀者們一件事實：他們的資料允許去計算樣本統計值，而不是母體母數值。換句話說，在此精簡段落裡的每一個SEM提醒我們別把平均數視為同等於μ。如果有不同組別的長跑者（類似此研究所使用的個體）在秘魯的這個同樣地區被抽出，此新組別的長跑者心跳率很可能同等於某數值而非 169.8。

註4： 例如，當我使用二十次丟擲硬幣（13 人頭，7 文字）去估計理論上抽樣分配的標準誤時，我獲得的數值為.1067。這個比例的標準誤估計值接近真實數值.1118，回應了圖 6.1 裡所呈現的全部抽樣分配。

選錄 6.1 • 估計的平均數標準誤

結果以平均數±平均數的標準誤（SEM）來表達……馬拉松期間的HR平均數維持 169.8±5.3 bpm，這代表了 89.0±3.1%最大理論心跳率（220 － 年紀）與 94.4±3.5%在 VO_{2max} 測驗期間測量的最大 HR。我們的研究對象最快時間為 02:46:24 h 而最慢為 03:20:00 h。

來源：Cornolo, J., Brugniaux, J. V., Macarlupu, J., Privat, C., Leon-Velarde, F., & Richalet, J. (2005). Autonomic adaptations in Andean trained participants to a 4220-m altitude marathon. *Medicine and Science in Sports and Exercise, 37*(12), pp. 2150, 2151.

選錄 6.2 包含了另一個例子，其平均數的標準誤以表格的方式呈現。此研究裡，研究者調查在接受治療中的男性與女性病態賭博狂，是否童年時遭受過虐待。在選錄 6.2 裡所呈現的表格是此份研究報告對於賭博者特徵摘要的其中一部分。

在選錄 6.2 裡，標準誤的呈現（平均數旁的括弧）清楚地指出參與者為樣本，而非母體。如果研究者只對參與的七十七位女性和七十二位男性感興趣，

選錄 6.2 • 呈現在表格裡的 SEM

表一　人口統計特徵

特徵	女性	男性
參與者人數	77	72
年齡	48.7 (1.2)	46.6 (1.4)
教育（年）	13.8 (0.2)	14.1 (0.3)
過去幾個月使用酒精的天數	2.9 (0.7)	2.7 (0.7)
開始賭博的年齡	24.6 (1.6)	15.6 (0.9)
賭博問題發作的年齡	39.3 (1.5)	31.8 (1.5)
第一次開始尋求治療賭癮的年齡	45.4 (1.3)	39.9 (1.3)

註：表格裡的數值代表平均數與標準誤（在括弧裡）。

來源：Petry, N. M., and Steinberg, K. L. (2005). Childhood maltreatment in male and female treatment-seeking pathological gamblers. *Psychology of Addictive Behavior, 19*(2), p. 228. (Modified slightly for presentation here.)

那麼計算標準誤就是不合邏輯的（這些男性與女性參與者被視為樣本的理由，也可以很清楚地在研究報告裡推論統計程序的使用上看出，研究者比較七十七位女性與七十二位男性在不同的變項上是否有統計上的顯著差異）。

選錄 6.1 與 6.2 裡的 SEM 數值給我們一種感覺：當研究被複製，新樣本是從同樣的抽象母體裡抽出時，我們應該期待多大的變異。例如，選錄 6.2 裡七十七位女性賭博者的年齡。因為關連這些女性平均年齡的 SEM 相當小（1.2歲），另一份七十七位女性賭博者樣本可能具有大約相同的平均年齡，假設此份新樣本的母體與選錄 6.2 裡的母體是相同的，我雖然不會期望新樣本的平均數會剛好就是 48.7，然而我也不會認為兩者之間會有很大的差距。

在選錄 6.3 裡，我們看見了 SEM 被呈現在長條圖裡。在這項有趣的侵略

選錄 6.3 • 估計的 SEM 呈現在長條圖裡

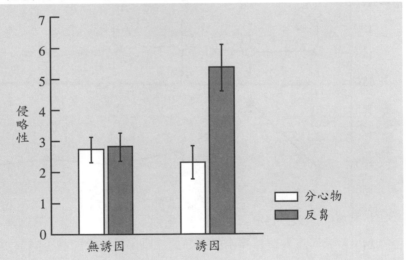

圖二　最初刺激（研究 2）之後誘發事件與反芻侵略性的效應。侵略性的測量使用參與者給予實驗同謀者（討厭辛辣食物）食用辣粉的克數。垂直線條指示上下一個標準誤

來源：Bushman, B. J., Bonacci, A. M., Pedersen, W. C., Vasquez, E. A., and Miller, N. (2005). Chewing on it can chew you up: Effects of rumination on triggered displaced aggression. *Journal of Personality and Social Psychology, 88*(6), p. 975.

性實驗研究裡，每一長條對應不同的樣本。四組之中的兩組被強迫經驗一個微小的煩擾（誘因）。然後，誘因組與無誘因組裡分別有一組進行分心實驗而另一組進行反芻實驗。最後，四組成員的侵略性被測量。長條的高度對應每一組樣本的平均數，而在長條頂端的垂直線為該組 SEM 的圖示。

選錄 6.4 的圖示呈現兩組成年男性在兩小時閱讀練習之前與之後在聲音品質的聽力測驗上之表現。實驗組裡的男性大聲念出；而控制組裡的男性默念。如你所見，兩組的六個平均數都有一條垂直線穿越。這些垂直線代表估計的平均數標準誤。

選錄 6.4 • 估計的平均數標準誤呈現在折線圖裡

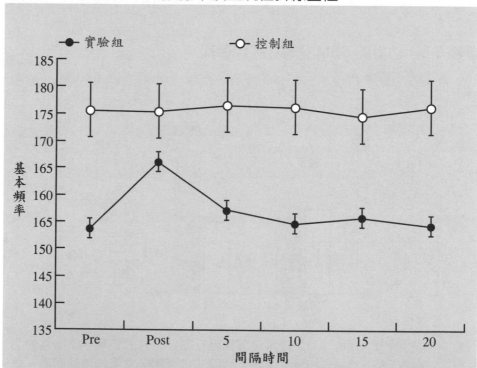

圖一　平均閱讀基本頻率（Hz）與兩組的平均數標準誤，間隔時間為記錄前、記錄後，和實驗任務後的每隔五分鐘

來源：Kelchner, L. N., Toner, M. M., and Lee, L. (2006). Effects of prolonged loud reading on normal adolescent male voices. *Language, Speech, and Hearing Services in Schools, 37*, p. 101.

在選錄 6.5 裡的內容與選錄 6.1 裡所呈現的內容非常相近。在這兩個例子裡，幾種平均數被呈現並伴隨著估計的標準誤。在稍早我們所看過的選錄裡，縮寫 SEM 被使用去解釋緊接平均數之後的數字（±符號在前）意義。此處，在選錄 6.5 裡，縮寫 SE 被使用。這兩篇選錄告訴我們不同的符號或縮寫被不同的研究者使用以論及同樣的統計概念。為了瞭解研究報告，你必須發展能力去看透這種表面上的差異。

選錄 6.5 • 內文裡估計的標準誤

較高數學成就組的數學與閱讀平均分數分別為 7.00（$SE = 0.30$）與 6.43（$SE = 0.29$），而較低成就組的平均分數分別為 3.86（$SE = 0.10$）與 4.00（$SE = 0.26$）。六位女孩與八位男孩在較高成就組裡，而在較低成就組裡有八位女孩和六位男孩。

來源：Cook, J. L., and Rieser, J. J. (2005). Finding the critical facts: Children's visual scan patterns when solving story problems that contain irrelevant information. *Journal of Educational Psychology, 97*(2), p. 230.

參 信賴區間

那些同時報告樣本統計值與標準誤的研究者值得讚賞。這種作法幫助我們強調一件事實：抽樣誤差非常有可能與任何的樣本平均數、樣本標準差、樣本相關係數，以及任何其他的樣本資料之統計摘要發生關連。藉由呈現標準誤的數字值（如選錄 6.1、6.2 和 6.5）或藉由垂直線段的置放（如選錄 6.3 與 6.4），研究者幫助我們記住他們僅僅是有根據地猜測母數。

雖然標準誤絕對可以幫助我們明瞭研究結果，一種相近的技術會幫助我們更多。如同本段落標題所指，我們現在即將談論**信賴區間**（confidence interval）。我在此處的四個目標是去呈現信賴區間看起來像什麼，去解釋信賴區間是如何被建立的，去澄清如何適當地詮釋信賴區間，以及去指出信賴區間是如何比標準誤稍具有優勢。

一、信賴區間：它們看起來像什麼

　　信賴區間僅僅是依變項上分數的有限區間。這種區間的建立是藉著增加一特定的數量於已計算的統計值上（從而獲得區間的上限）以及從統計值減少一特定的數量（從而獲得區間的下限）而來。除了詳述區間的上下限之外，研究者總是在任何被建立的區間上附加一個百分率。被研究者所選用的百分率數值必定是高的，如同 90%或 95%或 99%^{（註5）}。

　　在專業的研究報告裡，信賴區間通常以三種方式呈現。選錄 6.6 和 6.7 闡釋了在研究內文裡通常是如何呈現信賴區間。雖然這兩篇選錄呈現的都是 95% 的信賴區間，請注意這些呈現的不同在於選錄 6.6 裡的信賴區間是建立於相關係數之上，而選錄 6.7 是百分率。也請注意在第一篇選錄裡建立在 $r = -.09$ 之上的信賴區間範圍是 $-.31$ 至 $+.14$ 而不是 $-.31$ 至 $-.14$。因為樣本統計值（此例為 $-.09$）總是會處於信賴區間兩端點之間。

選錄 6.6-6.7 • 在內文裡呈現的信賴區間

　　對簡單圖畫而言，鑑賞能力在預測興趣上並無顯著性（$r = -.09$, *ns*, 95% 信賴區間 [CI] = $-.31$-.14）。然而，對複雜圖畫而言，鑑賞能力可以顯著地預測興趣（$r = .41$, $p < .001$, 95% CI = .21-.58）。

來源：Silvia, P. J. (2005). What is interesting? Exploring the appraisal structure of interest. *Emotion,* *5*(1), p. 95.

- -

　　大多數在控制狀況下的參與者（79%，95%的信賴區間為 61%至 92%）和在誘因狀況下的參與者（84%，95%的信賴區間 = 66%至 95%），被認為他們能夠嘗出這兩種飲料的不同——大體上超過 50%來被告知情況的參與者在前測能夠分辨這兩種飲料。

來源：Epley, N., Keysar, B., Van Boven, L., and Gilovich, T. (2004). Perspective taking as ego-centric anchoring and adjustment. *Journal of Personality and Social Psychology, 87*(3), p. 332.

註5：絕大多數的研究者設定 95%的信賴區間。如果你閱讀足夠的研究報告，你也許會遭遇 90% 和 99%的信賴區間；然而，你很可能把它們視為「例外」，因為被使用的頻率不高。

　　第二種你會看見信賴區間的地方為表格。選錄 6.8 闡釋了這種呈現方式。在此選錄裡，請看一眼在此表底列的兩個信賴區間。注意階段一與階段三的百分率幾乎是相同的（32.4 vs. 32.3）。也注意在階段三百分率裡的信賴區間是比階段一要寬（「寬」在這裡指的是區間兩端點之間有著較大的距離）。這種區間寬度的差異是由於階段一的樣本比階段三的大。確實的樣本量分別為 656 和 355。一般來說，小樣本導致較寬的信賴區間，而這個觀點在選錄 6.8 裡呈現了出來。

135

選錄 6.8 • 在表格內呈現的信賴區間

表二　MSSC 回答者在階段一與階段三的自我報告憂鬱現象之廣泛性與嚴重性

	階段一		階段三	
	%	95%CI	%	95%CI
自我報告憂鬱現象	50.2	46.4-54.1	49.3	44.1-54.5
憂鬱現象之嚴重性：				
高度	19.5	16.5-22.6	16.3	12.5-20.2
中度	16.3	13.4-19.1	19.5	15.3-23.6
輕度	14.3	11.6-17.0	13.3	9.7-16.8
因憂鬱現象而求助於醫師	34.1	30.4-37.7	34.4	29.4-39.3
因憂鬱現象而去急診室	5.7	3.9-7.5	5.4	3.0-7.7
因憂鬱現象而住院	7.2	5.2-9.2	5.6	3.2-8.0
因憂鬱現象而無能處理日常活動	32.4	28.8-36.0	32.3	27.4-37.2

來源：Mitra, M., Wilber, N., Allen, D., and Walker, D. K. (2005). Prevalence and correlates of depression as a secondary condition among adults with disabilities. *American Journal of Orthopsychiatry, 75*(1), p. 81.

　　第三種報告信賴區間的方式是透過圖解。這種實例請看選錄 6.9。在關於此選錄的研究裡，一百一十九個嚴重精神分裂症患者依他們憂鬱程度接受評量。根據此項評量，產生了四個子群。接著，使用兩種不同的評分量表（CDRS 與 HDRS）去評估每一位病人的憂鬱程度。左邊四條長柱的高度對應四個子群

在 CDRS 上所得之平均數；同樣的，右邊的四條長柱代表同樣一群人在 HDRS 上所得之平均數。如同此圖所指出的，垂直線誤區呈現了這四組在每一種評分量表上 95% 的信賴區間。這些信賴區間提醒我們一件事實：在選錄 6.9 裡的八個平均數為樣本統計值，而非母體母數。

選錄 6.9 • 以圖示呈現的信賴區間

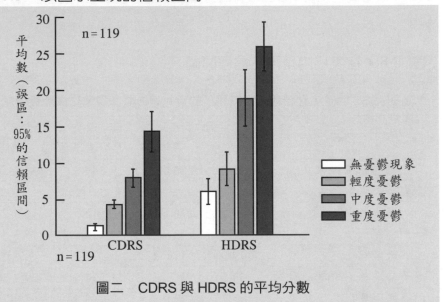

圖二　CDRS 與 HDRS 的平均分數

來源：Muller, M. J., Muller, K., and Fellgiebel, A. (2006). Detection of depression in acute schizophrenia: Sensitivity and specificity of 2 standard observer rating scales. *Canadian Journal of Psychiatry, 51*(6), p. 389.

在離開本段之前，注意在選錄 6.6 至選錄 6.9 的信賴區間是為了協助詮釋不同的樣本統計值：平均數、百分率和相關係數。這些選錄是特別選取的，不只因為它們闡釋了呈現信賴區間的不同方式，同時也因為它們幫助強調一個觀點：信賴區間可以建立在任何的樣本統計值之上。

二、信賴區間的建立

信賴區間的端點並不是憑空出現的。相反地，研究者首先決定信賴區間的

水準（通常為 95 或 99）。然後，端點藉由一組程序被計算出來，這涉及了樣本資料的分析（以至於獲得統計值的估計標準誤），然後乘以一個表內的數值（註6）。

雖然你不必去瞭解建構信賴區間的各種公式，但你應該要明白任何的信賴區間都是符合科學準則的。甚而，你應該知曉三項影響信賴區間長度的因子。這些因子分別是研究者所選擇的信賴水準、樣本裡同質性的程度、樣本的大小。如果其他因素維持不變，造成信賴區間兩端點之間的距離會較短的原因有：(1)研究者選擇了較低的信賴水準；(2)樣本具有同質性；以及(3)樣本量大。因為具有高信賴水準的短（即，窄）區間對於推論統計比較有幫助，研究者通常試著把他們的信賴區間奠基於大樣本之上。

應該注意的是信賴區間的長度也被樣本資料所導出之統計值的本質所影響。例如，平均數的信賴區間會比中位數的信賴區間要短。同樣的情形也發生在皮爾森積差相關與史匹爾曼等級相關之間。這可能部分解釋了為何 $\overline{X}$ 與 r 經常在已出版的文獻裡出現。

三、信賴區間的適當詮釋

信賴區間經常被誤解為母體母數落入區間上下限之間的機率。例如，許多人（包含一些研究者）會把呈現在選錄 6.6 裡的 95%信賴區間視為有.95 的機率（即，一個 95%的機會）讓母體母數 ρ，落入.21 與.58 之間。信賴區間不應該以這種方式詮釋。

樣本從母體抽出並被測量之後，在樣本統計值附近的信賴區間不是將就是不將「覆蓋」母數值。因此，母數落入信賴區間的機率不是 1 就是 0。因為這項事實，信賴區間不應該被視為母數被區間「抓住」的機會（或機率）。

詮釋信賴區間的適當方式是去想像：(1)非常多同樣大小的樣本抽取自同樣的母體；與(2) 95%的信賴區間分別建立在每份樣本資料集所導出之統計值之上。這些區間當中的某些區間可能「抓住」母數——也就是，母數可能落入區間裡。另一方面，這些區間當中的某些區間可能**無法**抓住母數。整體來看，結

註6： 例如，如果我們要建立選錄 6.2 裡對應七十七位女性樣本平均年齡的信賴區間，我們會把估計的標準誤 1.2 乘以 1.99，數值 1.99 來自於 t 表（*t*-table）。乘積 2.39 被用來與平均數 48.7 做加減，以建立信賴區間的邊界。

果可能是存在 95%的機會讓這些 95%的信賴區間會含有母數。據此,當你看見一個 95%的信賴區間時,你應該考量的是九十五出於一百(95 out of 100)的機率,讓你正在注視的這一個區間成為那些,抓住母數之區間的其中之一。同樣的,當你碰到 99%的信賴區間時,你可以對自己說在你面前的這個區間成為許多抓住母數的可能區間之一的機率更高(99 out of 100)。

四、信賴區間優於估計的標準誤

　　如同我在先前段落裡所指出的,信賴區間的決定是藉由先計算然後使用估計的標準誤數值。我們應該鼓勵提供這些推論輔助給予讀者的研究者,因為事實上大多數的研究者既不提供標準誤、也不提供信賴區間給予他們的讀者。儘管如此,信賴區間的優勢還是值得注意一下。

　　當計算信賴區間時,它將會被標示其信賴水準(如同選錄 6.6 至 6.9 的範例,研究者通常建立 95%的信賴區間)。相反地,標準誤區間幾乎不標明它們的信賴水準。於是它們有可能被誤認為比它們實際要好的狀況,而事實是標準誤區間通常只具有約 68%的信賴水準。

　　例如呈現在選錄 6.1 裡的心跳率(HR)資訊。如果你使用±符號後的數值去創造一個區間,你得到的 HR 變項區間為每分鐘心跳 164.5 至 175.1 下。然而這個區間並不是一個 95%的信賴區間(確實的信賴區間為 157.27 至 182.33)。藉著加倍(doubling)SEM 數值,然後以此數量上下移動樣本平均數去建立你對於信賴區間界限的猜測,你也可能接近一個 95%的信賴區間。然而,唯有當樣本量至少為 30 的時候才能運作準確。

第二節 點估計

　　當投入區間估計時,研究者會:(1)選擇一個信賴水準(例如,95%);(2)分析樣本資料;(3)從一種統計表裡抽取出一個數值;並且(4)科學性地建立圍繞樣本統計值的區間。在完成這四步驟之後,研究者對未知的母體母數進行有根據的猜測。進行此猜測時,研究者最後會說:「我的以資料為基礎的區間範圍從＿＿至＿＿,而讓此信賴區間是許多包含母數的可能區間(每一個奠基於一

份不同的樣本）之一的機會為 100 當中的＿＿＿。」

　　第二種形式的估計被稱作**點估計**（point estimation），而奠基於樣本資料有根據猜測至未知的母體母數在此處再度被執行。然而，這種形式的估計是簡易了許多。對於點估計而言，信賴水準的選擇和統計表的參考都是不需要的，也沒有什麼區間需要被創造出來。取而代之的是，研究者僅僅以樣本資料為基礎來計算統計值，然後假定未知的母體母數是相同的數值。因此，使用這種猜測技術的研究者最後會說：「因為以樣本為基礎的統計值同等於＿＿＿，我最佳的猜測是母數值也同等於此特定數值。」

　　當然，點估計很可能產生不正確的陳述。由於極大可能性是因為抽樣誤差的原故，統計值很少會剛好相等於母數值。有鑑於此，區間估計一般被視為是比點估計更為合理的方法。

　　儘管點估計忽略抽樣誤差的事實，我們還是可以經常看見研究者使用點估計去猜測母數值。例如，在選錄 6.10 與 6.11 裡的內容。

選錄 6.10-6.11 • 點估計

　　當參與者被指示在燈光暗下後要立即以他們想要的速度開始來回走動時，他們通常會以緩慢的速度開始。因此，相關的組平均速度在 3 秒之後的點估計為 0.85，指出速度減慢了 15%。

來源：Moe-Nilssen, R., Helbostad, J. L., Åkra, T., Birkedal, L., and Nygaard, H. A. (2006). Modulation of gait during visual adaptation to dark. *Journal of Motor Behavior, 38*(2), p. 122.

- -

　　根據兒童趨向（Child Trends）所進行的研究……平均 77.4% 的父母主動參與孩子幼稚園至五年級的學業活動，但只有 67.4% 的父母積極參與六至八年級的學業活動，而當孩子進入九至十二年級時，父母參與的百分率降為 56.8%。

來源：Cordry, S., and Wilson, J. D. (2004). Parents as First Teacher. *Education, 125*(1), p. 57.

　　在選錄 6.10 裡，我們被直接告知平均速度（0.85）是一個點估計。你偶爾會看見這種點估計術語被使用的陳述。然而，你更有可能看到包含一個或更多的點估計，但卻沒有使用點估計這個術語的聲明。這種例子出現在選錄 6.11 裡。如同此選錄裡的內文所指，這三個百分率來自於一項研究。即使這些百分

率是奠基於成百或成千的父母（甚或是成千上萬的父母），它們仍舊是樣本統計值，而不是母體母數。

許多研究者在用以蒐集資料的測量工具討論裡涉入點估計。如同在第四章裡所指出的，這些討論通常涉及信度與效度係數的呈現。

如果你能夠回憶這些討論，我的宣稱是這種係數僅僅是估計值。如果換成是不同的受試者樣本，所得到的信度與效度係數很可能波動。造成此波動的因素是抽樣誤差。

雖然建立信賴區間於信度與效度係數之上是可行的，但很少有研究者會如此做。相反地，通常會使用點估計。這是很普遍的現象，就算研究者明瞭計算出來的信度或效度係數僅僅是估計值。例如選錄 6.12 與 6.13。

選錄 6.12-6.13 • 信度與效度的點估計值

此樣本的折半信度為.86。

來源：Wrobleski, K. K., and Snyder, C. R. (2005). Hopeful thinking in older adults: Back to the future. *Experimental Aging Research, 31*(2), p. 223.

- -

藉由學生的幫助，二百二十五對夫妻（已結婚或同居至少三年）被招募來參與這項自願且匿名的婚姻滿意度研究。這份樣本的平均年齡為 40.5……第二個被闡述的問題是有關 PFB 與 DAS 的相似性。對於女性與男性而言，這兩份量表的相關都是高的（*r* = .79）。這般的高相關指出了存在於此兩份量表之間的輻合效度為高。

來源：Rossier, J., Rigozzi, C., Charvoz, L., and Bodenmann, G. (2006). Marital satisfaction: Psychometric properties of the PFB and comparison with the DAS. *Swiss Journal of Psychology-Schweizerische Zeitschrift für Psychologie-Revue Suisse de Psychologie, 65*(1), p. 61.

在這些選錄裡，請注意樣本這個措辭被使用。據此，在選錄 6.12 裡的信度係數與在選錄 6.13 裡的效度係數是屬於點估計值而不是母數。當你遇到研究者在他們的研究報告裡提供的信度與效度證據時，你需要謹記這些範例於心。不幸地，許多研究者使用他們的樣本資料去計算信度與效度係數然後討論其發現，好像他們已發現了全部的真理似的。很少有研究者呈現這種係數，然後談論可能存在於他們所獲得信效度指標裡的抽樣誤差。

在選錄 6.14 與 6.15 裡，我們看見了建立在以樣本為基礎的信效度係數附近的信賴區間（因為選錄 6.14 是名義資料而選錄 6.15 是順序資料，我們再次見到信賴區間能夠被應用於任何樣本統計值的觀念）。進行這些調查的研究者值得我們推崇，因為他們認識到自己的信度與效度係數是樣本統計值，而不是母體母數。

選錄 6.14-6.15 • 建立於信度與效度係數四周的信賴區間

參與者類目為活動、活動不足，或不活動的重測信度是$\kappa = 0.62$ (95% CI: 0.48, 0.76)。

來源：Lynch, B. M., Owen, N., Newman, B., Pakenham, K., Leggett, B., Dunn, J., and Aitken, J. F. (2006). Reliability of a measure of prediagnosis physical activity for cancer survivors. *Medicine and Science in Sports and Exercise, 38*(4), p. 717.

關於預測效度，mEFAP 在進氣上的表現與 Barthel 量表以及 Rivermead Mobility 量表在排氣分數之間的相關為中度至高度（史匹爾曼 $r = -0.52$, 95% CI -0.72, -0.25, and -0.78, 95% CI -0.88, -0.62, respectively）。

來源：Liaw, L., Hsieh, C., Lo, S., Lee, S., Huang, M., and Lin, J. (2006). Psychometric properties of the modified Emory Functional Ambulation Profile in stroke patients. *Clinical Rehabilitation, 20*(5), p. 432.

雖然抽樣誤差的可能性使得點估計的實行似乎為人所詬病，但是這種形式的統計推論還是值得被尊重。這是有兩點理由的：(1)點估計在區間估計裡所扮演的角色；以及(2)進階科學領域（如物理學）對於點估計的依賴。讓我們簡短地探討這兩個理由並瞭解為何輕視點估計是不明智的。

當進行區間估計時，研究者在樣本統計值四周建立信賴區間。當這種區間被建立時，點估計以兩種形式被使用。首先，樣本統計值被當作是母體母數的最佳單一估計值。想要的區間是藉著從此統計值增減一特定數量而來。因此，樣本統計值——如同母數的一個點估計值——成為每一個信賴區間被建立的基礎。

區間估計以第二種形式帶入點估計。說得更詳盡點，為了獲得區間的上下限而從統計值增減的特定數量是奠基於母體變異的一個點估計值。例如，當信

賴區間被建立在樣本平均數四周時，區間兩處端點之間的距離視母體標準差的一個點估計值而定。同樣的，當信賴區間被建立在樣本比例四周時，除非研究者首先使用點估計去猜測母體的變異為何，否則區間的長度無法被記錄。

從一個完全不同的觀點而言，點估計的實行值得被尊重。某些權威級科學家主張當學科不斷進步並變得越來越強調科學嚴謹時，點估計的使用率就會增加。

第三節　關於區間和點估計的警示

在我們離開本章之前，我想要提供四點關於估計方法的警示。前三點關於區間估計而第四點兩者（點與區間）皆有。如果謹記這些重點於心，你將會成為更好的研究文獻讀者。

首先，請注意正負號後面的數值代表的意思可能有三種。換句話說，如果你看見 63±8，請小心解釋你所看見的 8。它可能是標準差，它可能是估計的標準誤，它也可能是信賴區間總長度的一半距離。選錄 2.23 與 6.1 示例了其中兩種可能。研究者總是會以表格、圖解，或內文來澄清這種陳述的意義。在跳入任何結論之前，請花時間審視與閱讀。

第二個警示關於一件事實：樣本資料允許研究者去估計統計值的標準誤，而不是以一個很明確的態度去決定標準誤。本章的選錄示例了研究者有時候會忘記使用估計這個措辭在標準誤之前。請謹記研究者永遠不知道奠基於樣本資料之上的標準誤有多大；它只可以被估計。

第三個警示還是關於信賴區間。樣本統計值總是位於信賴區間上下限之間，但它不會總是位於區間的中點。當信賴區間被建立在樣本平均數四周時，$\overline{X}$ 位於區間中點的結果為真。當信賴區間為許多其他統計值（例如，r、s 和 s^2）所建立時，區間的「一邊」將會長於另「一邊」[註7]。當信賴區間被建立在比例（或百分率）四周時，同樣的現象將會發生，除非統計值為.50（即

註7：這種信賴區間短一邊的程度與樣本大小成反比。如果樣本夠大，統計值將會位於區間的中央。

50%）。

　　我最後的警示可應用在區間估計與點估計——而這也是最重要的一點評論。簡單地說，估計的整體過程需要用以形成推論的資料是來自於隨機樣本。因此，為了使估計技術適當地運作，樣本與母體必須存在合理的連結性，如：(1)前者確實隨機地從後者抽出（沒有拒絕參與、死亡，或回答率等問題）；或(2)母體在概念上要符合樣本的本質。如果少了以上的鏈結，不論何種形式的估計都無法運作良好。

術語回顧

信賴區間（confidence interval）	抽樣分配（sampling distribution）
估計（estimation）	抽樣誤差（sampling error）
區間估計（interval estimation）	標準誤（standard error）
點估計（point estimation）	

閒話統計

1. 涵括第六章內容的一個線上互動練習題（提供立即的回饋）。
2. 關於第六章內容的十個迷思。
3. 「抽樣分配」的線上資源。
4. 作者以電子郵件發送學生關於「死亡雙數」政治競賽的訊息。
5. 兩則笑話，一則是有關機率，一則是要多少統計學家才能換好燈泡。

相關內容請參考：www.ablongman.com/huck5e

7 假設檢定

在第六章裡，我們看見了估計的推論方法是如何能協助研究者以樣本資料進行關於母體母數的有根據猜測。現在，我們把注意力轉向研究者投入推論思考的第二個方式。這個過程被稱為**假設檢定**（hypothesis testing）。

在我們把注意力轉向假設檢定的一些基本原則之前，我想要重述在第五章開頭處的一些事項。為了開始推論統計，研究者首先必須回答四個初步問題：(1)相關母體為何？(2)樣本是如何從感興趣的母體抽出的？(3)身為測量目標的樣本其特徵為何？(4)研究的統計焦點為何？或換句話說，樣本資料如何被總結以至於獲得用以去推論母數之統計值？在本章裡，我將假定這四個問題在研究者開始應用假設檢定程序之前就已經被提起與回答了。

為了幫助你瞭解假設檢定的六步驟，我首先把這些不同步驟的適當順序條列出來（也就是，研究者應該以此順序進行統計推論的形式）。在呈現了這六個步驟的順序表單之後，我將會接著討論每一個步驟的功能以及邏輯性。

第一節 六步驟的次序列表

當研究者使用六步驟的假設檢定程序時，他們將會：

1. 陳述虛無假設。
2. 陳述對立假設。
3. 選擇顯著水準。
4. 蒐集與總結樣本資料。
5. 參照評量樣本證據的準則。

6. 決定捨棄／保留虛無假設。

應該注意的是沒有假設檢定會少於此六步驟。換句話說，去除以上六步驟的其中任何一個，將會使得檢定一項統計假設變得不可能。

第二節　六步驟的細節審視

如同先前所指出的，我們剛剛呈現的步驟表單是有順序的安排。然而，在討論這些步驟時，我們將以跳序的方式來看這六個部分：1、6、2、4、5、3。我這樣做的動機並不是有虐待傾向！而是，我深信以這種方式能夠使我們更容易瞭解這六個步驟的功能與邏輯性。然而，請注意這樣的安排僅僅是為了教學上的理由。如果我被要求應用這六個步驟於實證研究裡，我將會使用排序過的表單當作指引，而非我們現在即將進行討論的次序。

壹　步驟 1：虛無假設

當投入假設檢定時，研究者以陳述**虛無假設**（null hypothesis）為開始。如果只有一個母體涉入研究，虛無假設是對於未知的母體母數值的一項精準陳述。為了闡釋這種虛無假設看起來像什麼，假設：(1)我們進行一項研究，母體包含一所特定大學裡所有的全時生；(2)我們感興趣的變項為智力；以及(3)我們的統計焦點為 IQ 分數的平均數。在此給定的狀況下，我們能夠設定一項虛無假設並說 $\mu = 100$。此陳述涉及一個母體**母數**，它本質上是精準的，而**我們創**造了它。

虛無假設的符號為 H_0，而這個符號通常伴隨著：(1)一個冒號；(2)指出研究者統計焦點的母數符號；(3)一個等號；以及(4)研究者所選擇的精準數值。據此，對於我們的想像研究而言，我們能夠記錄虛無假設為 $H_0 : \mu = 100$。

如果研究的統計焦點涉及平均數之外的東西，我們將必須改變母數的符號以使 H_0 與研究的焦點一致。例如，如果我們想像的研究關心的是學生身高的變異數，虛無假設需要包含的符號是 σ^2 而不是 μ。或者，如果我們關心的是學生身高與體重之間的積差相關，符號 ρ 就必須出現在 H_0 裡。

147

解讀 統計 與 研究
READING STATISTICS AND RESEARCH

以出現在虛無假設裡的精準數值而言,研究者有這個自由去選擇任何他們想要檢定的數值。因此在大學生 IQ 平均數的這個範例裡,虛無假設能夠被設定為 $\mu = 80$、$\mu = 118$、$\mu = 101$,或 $\mu =$ 任何我們所選擇的特定數值。同樣的,如果我們的研究聚焦於變異數,我們能夠設定虛無假設為 $\sigma^2 = 10$ 或是 $\sigma^2 =$ 任何我們所選擇的正數。而在皮爾森積差相關為統計焦點的研究裡,虛無假設能夠被設定為 $\rho = 0.00$ 或是 $\rho = -.50$ 或是 $\rho = +.92$ 或者 $\rho =$ 任何 -1.00 與 $+1.00$ 之間的特定數值。

出現在虛無假設裡的數值其唯一統計上的限制是:(1)必須落在回應母數的可能數值連續體上;以及(2)不能夠固定於連續體的上下限,這是假設母數有一個最低或最高的可能數值。這些限制排除了以下的虛無假設:

$$H_0 : \sigma^2 = -15 \qquad H_0 : \rho = +1.30$$
$$H_0 : \sigma^2 = 0 \qquad H_0 : \rho = -1.00$$

因為變異數有一個下限數值為 0,而皮爾森積差相關有±1.00 的限制。

選錄 7.1 與 7.2 展示了研究者如何談論他們的虛無假設。在第一個選錄裡,很清楚的,相關是這兩個虛無假設的統計焦點。可以符號的形式表達為 $H_0 : \rho = 0.00$,此處 ρ 代表在護理講師從業人員母體裡的相關。在第一個虛無假設裡,兩種涉及此相關的變項為經驗與壓力;在第二個虛無假設裡,兩種變項為經驗與工作倦怠。

在選錄 7.2 裡,虛無假設的統計焦點為平均數。符號 μ 清楚地告訴了我們這一點。如你所見,有兩個 μ 在這個虛無假設裡。那是因為有兩個母體涉入此項研究,分別是十歲女孩與十一歲女孩。當然,符號 μ 對應某變項的平均分數。如同在選錄裡所指出的,研究者想要比較兩組女孩在丟擲醫療球距離上的表現。

選錄 7.1-7.2 • 虛無假設

虛無假設為:

1. 護理講師從業人員的經驗指標與他們的職業壓力之間無相關(以 OSI 子量表測量)。

2. 護理講師從業人員的經驗指標與他們的工作倦怠之間無相關(以 MBI 子量表

測量）。

來源：Williamson, G. R., Webb, C., and Abelson-Mitchell, M. (2004). Developing lecturer practitioner roles using action research. *Journal of Advanced Nursing, 47*(2), p. 155.

虛無假設 2：年齡組之間的平均投擲距離並無顯著差異，例如，$H_0 : \mu_{10} = \mu_{11}$，此處

$\mu_{10} = $ 十歲女孩的平均投擲距離

$\mu_{11} = $ 十一歲女孩的平均投擲距離

來源：Salonia, M. A., Chu, D. A., Cheifetz, P. M., and Friedhoff, G. C. (2004). Upper-body power as measured by medicine-ball throw distance and its relationship to class level among 10-and 11-year-old female participants in club gymnastics. *Journal of Strength & Conditioning Research, 18*(4), p. 699.

稍早，我指出每一個虛無假設必須含有一個精準數值。從選錄 7.1 裡所陳述的（或從我說過的關於選錄裡的虛無假設），很清楚的，在此選錄裡的 H_0 精準數值為 0。但是選錄 7.2 呢？此選錄的虛無假設也具有一個精準數值，但它是隱藏起來的。如果兩者相等，它們之間就無差異存在，而無差異的概念等於是說零差異的存在。據此，呈現在選錄 7.2 裡的虛無假設可以被改寫為 $H_0 : \mu_{10} - \mu_{11} = 0$，此處下標 10 與 11 指出這兩組女孩母體的年齡。

雖然研究者有這個自由去選擇任何他們想要的精準數值，但是當兩個或更多的母體被比較時，通常會選擇「0」。當選擇 0 之後，虛無假設變成這樣的一種陳述：母體之間沒有差異。由於這種虛無假設的普遍性，人們有時候開始去認為虛無假設必須被設定為「無差異」的陳述。這真是不幸與錯誤！當兩個母體被比較時，虛無假設能夠被設定為研究者想要使用的任何精準數值（例如，以比較男性與女性的平均身高而言，我們能夠設定一個合理的虛無假設為 $H_0 : \mu_{\text{men}} - \mu_{\text{women}} = 2$ 英吋）。當假設檢定程序使用於單一母體時，應用在母數的「無差異」概念並不合理。當只存在一個 μ（或一個 ρ、或一個 σ^2 等等）時，連比較的東西都沒有，差異怎麼能夠存在呢？

149

在選錄 7.3 與 7.4 裡，我們看見了兩個額外的虛無假設。在第一個選錄裡，虛無假設的陳述是兩個母體的比例為相等。如果我們讓大寫字母 P 代表母體比例，我們能夠表達選錄 7.3 的虛無假設像這樣：$H_0 : P_{1995} = P_{2001}$。此處的下標

選錄 7.3-7.4 • 兩個額外的虛無假設

　　研究者把次數與百分率列表並且針對兩個母體比例的相等性使用 z 檢定，檢定兩個母體比例為相等的虛無假設（比較 1995 與 2001 年的回答者）。

來源：Oster-Aaland, L. K., Sellnow, T. L., Nelson, P. E., and Pearson, J. C. (2004). The status of service learning in departments of communication: A follow-up study. *Communication Education, 53*(4), p. 351.

- -

　　虛無假設是組 1 與組 2 在基線與介入 5、介入 9 之後以及介入 9 一個月之後所獲得的結果之間沒有組內〔intra-group (within-group)〕差異：

$$H_0 : \mu_1 = \mu_2 = \mu_3 = \mu_4$$

來源：Dimou, E. S., Brantingham, J. W., and Wood, T. (2004). A randomized, controlled trial (with blinded observer) of chiropractic manipulation and achilles stretching vs. orthotics for the treatment of plantar fasciitis. *Journal of the American Chiropractic Association, 41*(9), p. 33.

用以分辨研究者在此研究裡感興趣的兩個不同母體[註1]。

　　選錄 7.4 展示了涉及四個母體平均數的虛無假設。此虛無假設裡的四個 μ 並不是回應四個不同母體；相反地，這些 μ 代表單一母體在四個時間點被測量的表現。因此，μ 的下標回應第一個時間點（基線）、第二個時間點（介入 5 之後）等等。這個虛無假設在此研究裡被使用兩次，因為有兩組人具有足底筋膜炎。一組接受的治療為指壓療法與阿基里斯伸展療法；另一組接受鞋插物輔助療法。兩組的虛無假設被分開調查。

　　在我們離開虛無假設的討論之前，對於感興趣母體裡的真實狀態，應該注意的是 H_0 並不總是代表研究者的個人信念或預感（hunch）。事實上，被研究者設定的絕大多數虛無假設是不同意他們所確實相信的。我們稍後會回到這個觀點（當我們正式探討研究假設時）。然而，到目前為止，我所想要做的是去提醒你一件事實：與任何研究有關的 H_0 很可能不是研究者對於被調查母體的真實信念主張。

────────────

註 1：在第十七章，我們將探討聚焦於百分率的統計檢定。

貳　步驟 6：關於 H_0 的決定

在假設檢定程序結束時，研究者對於 H_0 有兩種選擇。一種是研究者採取虛無假設很可能是謬誤的選擇。在此情形下，研究者**拒絕**（reject）H_0。另一種是研究者避免主張 H_0 很可能是謬誤的選擇。在這種情況下，就採用**不能拒絕**（fail to reject）的決定。

如果，在假設檢定程序結束時，達成了 H_0 很可能是謬誤的結論，研究者有四種選擇說出這項決定的方式：拒絕 H_0、獲得統計上的顯著發現、觀察到**可靠的差異**（reliable difference）、p 比一個小數數值（例如，$p < .05$）要小。在選錄 7.5 至 7.7 裡，我們看見了研究者如何傳達他們不相信 H_0 的決定。

選錄 7.5-7.7 ● 拒絕虛無假設

拒絕虛無假設。

來源：Nogueras, D. J. (2006). Occupational commitment, education, and experience as a predictor of intent to leave the nursing profession. *Nursing Economic\$, 24*(2), p. 90.

- -

比較組在「我想要當一位科學家」量表上的得分明顯地比實驗組要來得高。

來源：Barnett, M., Lord, C., Strauss, E., Rosca, C., Langford, H., Chavez, D., and Deni, L. (2006). Using the urban environment to engage youths in urban ecology field studies. *Journal of Environmental Education, 37*(2), p. 8.

- -

在回答者之中，白人〔狂喜藥物的〕使用者比起其他種族使用者在過去的九十天裡回報了更多的藥物使用天數（$p < 0.05$）。

來源：Sterk, C. E., Theall, K. P., and Elifson, K. W. (2006). Young adult ecstasy use patterns: Quantities and combinations. *Journal of Drug Issues, 36*(1), p. 220.

如同研究者有許多方式告訴我們 H_0 是被視為謬誤的，也存在不同的機制表達關於虛無假設的其他可能決定。研究者除了告訴我們採用不能拒絕的決定之外，也可能告訴我們 H_0 是站得住腳的、**接受**（accept）H_0、沒有觀察到可靠的差異、沒有發現顯著差異、結果無顯著（nonsignificant，常簡寫為 *ns* 或 *NS*），或是 p 比一個小數數值（例如，$p > .05$）要大。選錄 7.8 至 7.11 示例

151

選錄 7.8-7.11 • 不能拒絕虛無假設

我們的徒步分析不能證明健康老年跌跤者與未跌跤者在單一任務狀況下的自由徒步之間存在顯著差異。

來源：Toulotte, C., Thevenon, A., Watelain, E., and Fabre, C. (2006). Identification of healthy elderly fallers and non-fallers by gait analysis under dual-task conditions. *Clinical Rehabilitation, 20* (3), p. 274.

因此，接受虛無假設。

來源：Rouse, W. J., and Hollomon, H. L. (2005). A comparison of student test results: Business and marketing education National Board Certified Teachers and non-national Board Certified Teachers. *Delta Pi Epsilon Journal, 47*(3), p. 138.

三個實驗組在年齡方面並無不同，$F_{(2, 54)} < 1$，*ns*。

來源：van der Sluis, S., van der Leij, A., and de Jong, P. F. (2005). Working memory in Dutch children with reading-and arithmetic-related LD. *Journal of Learning Disabilities, 38*(3), p. 210.

性別的主要效果並不顯著，$F_{(1, 20)} = 1.2$，$p > .05$。

來源：Andersen, G. J., and Enriquez, A. (2006). Aging and the detection of observer and moving object collisions. *Psychology and Aging, 21*(1), p. 79.

了這些表達不能拒絕之決定的不同方式。

　　能夠解讀研究者用以指出 H_0 決定的語言與批註是相當重要的。這是因為大多數研究者既不詳說他們的虛無假設，也不清楚地陳述假設檢定程序的使用。經常，辨別研究者已使用這類推論技術的唯一方式，是藉著注意什麼發生在虛無假設上。

152

參　步驟 2：對立假設

　　在接近假設檢定程序開始之處，研究者必須陳述一個**對立假設**（alternative hypothesis）。以 H_a（或 H_1）為代表，對立假設的形式與虛無假設是一樣的。例如，如果虛無假設涉及單一母體裡皮爾森積差相關的可能值（例如，$H_0 : \rho$

＝＋.50），那麼對立假設也必須涉及單一母體裡皮爾森積差相關的可能值。或者，如果虛無假設涉及兩個母體平均數之間的差異（也許指出 $\mu_1 = \mu_2$），那麼對立假設也必須說一些關於兩個母體平均數之間的差異。因此，一般而言，H_a 與 H_0 相同之處為它們必須：(1)涉及同樣數目的母體；(2)具有相同的統計焦點；以及(3)涉及相同的變項。

虛無與對立假設之間的唯一不同之處是母體母數的可能值。如果虛無假設被設定為 $H_0 : \rho = +.50$，那麼對立假設可能就會被設定為 $H_a : \rho \neq +.50$；或者，如果研究者在步驟 1 指定 $H_0 : \mu_1 = \mu_2$，那麼我們可能發現對立假設被設定為 $H_a : \mu_1 \neq \mu_2$。

選錄 7.12 包含了一個對立假設，標示為 H_a，以及與它相配的虛無假設。注意 H_0 與 H_a 兩者皆涉及相同的母體並且具有相同的統計焦點（平均數）。如果以符號表達，這兩個假設將如同前段最後一句裡的 H_0 與 H_a。以那種方式表達，出現在 H_0 與 H_a 的 μ 將代表住院許可率平均數。

選錄 7.12 ● 對立假設

H_0 ＝ 兩個母體住院許可率平均數之間沒有差異

H_a ＝ 兩個母體住院許可率平均數之間有差異

來源：Smith, R. B. (2001). Gatekeepers and sentinels : Their consolidated effects on inpatient medical care. *Evaluation Review, 25*(3), p. 293.

如同之前討論所指出的，假設檢定程序終結於（步驟 6）拒絕或不能拒絕虛無假設的決定。在 H_0 被拒絕的事件裡，H_a 代表了研究者認為可能的事態。換句話說，H_0 與 H_a 總是代表感興趣的母體母數可能值的對立陳述。如果，在步驟 6，H_0 被拒絕，那麼信念就從 H_0 轉換至 H_a。換句話說，如果在假設檢定程序結束時做出拒絕的決定，研究者將會拒絕 H_0 而贊成 H_a。

即使研究者具有設定對立假設方式上的彈性，他們通常以**指向性**（directional）或**非指向性**（nondirectional）的方式設定 H_a[註2]。為了澄清不同對立假設選擇之間的區別，讓我們想像研究者進行一項比較男性與女性智力的研

153

註 2：指向性 H_a 有時稱為單邊（one-sided）H_a；同樣的，非指向性 H_a 有時稱為雙邊（two-sided）H_a。

究。更進一步假設這項假設研究的統計焦點為平均數，主張的虛無假設為 $H_0：\mu_{men}=\mu_{women}$。現在，如果對立假設以非指向性的方式被設定，研究者將僅會宣稱 $H_a：\mu_{men}\neq\mu_{women}$。另一方面，如果對立假設以指向性的方式被宣告，研究者將會在 H_a 裡詳載一個方向。這可以藉由主張 $H_a：\mu_{men}>\mu_{women}$ 或 $H_a：\mu_{men}<\mu_{women}$ 來達成。

H_a 的指向性／非指向性本質在假設檢定程序裡相當重要。研究者需要知道 H_a 的設定方式是否是指向性或非指向性，以決定是否拒絕（或不能拒絕）虛無假設。除非 H_a 的指向性／非指向性特徵被澄清，否則關於 H_0 的決定是無法達成的。

在大多數的實證研究裡，對立假設以非指向性的方式被設立。因此如果我必須去猜測關於左邊虛無假設的 H_a，我打賭研究者將會以右方的形式來設定他們的對立假設。

可能的 H_0	對應的非指向性 H_a
$H_0：\mu=100$	$H_a：\mu\neq100$
$H_0：\rho=+.20$	$H_a：\rho\neq+.20$
$H_0：\sigma^2=4$	$H_a：\sigma^2\neq4$
$H_0：\mu_1-\mu_2=0$	$H_a：\mu_1-\mu_2\neq0$

研究者通常以非指向性的方式設定 H_a，因為他們不知道 H_0 裡的精準數值是否太大或太小。藉由詳載非指向性 H_a，研究者允許資料指出 H_0 被拒絕事件裡的一個或另一個方向。因此，在我們比較男性與女性智力的假設研究裡，一個非指向性對立假設允許我們爭論 μ_{women} 很可能比 μ_{men} 要高（在我們拒絕 H_0 的事件裡因為 $\overline{X}_{women}>\overline{X}_{men}$）；或者允許我們爭論 μ_{men} 很可能高於 μ_{women}（如果我們拒絕 H_0 因為 $\overline{X}_{men}>\overline{X}_{women}$）。

154

偶爾，研究者對於事件的真實狀態會落入 H_0 精準值某一邊的感覺是如此地強烈，以至於 H_a 以指向性的方式設定。只要研究者在檢視資料之前做出這項決定，這種決定是完全合理的。然而，研究者先檢視資料然後跟著決定以指向性的方式設定 H_a 是完全不合宜的。即使拒絕或不能拒絕 H_0 的決定仍然可以在第一次檢視資料後達成，然後清楚地表明一個指向性 H_a，但這種程序會破壞

假設檢定的基本邏輯與執行專業。簡單地說，關於如何陳述 H_a（以及如何陳述 H_0）的決定必須在完全沒有看過資料的狀態下達成。

當對立假設以非指向性方式設定時，研究者有時使用**雙尾檢定**（two-tailed test）來描述他們假設檢定程序的特定應用。相反地，指向性 H_a 導致研究者有時候論及**單尾檢定**（one-tailed test）。因為罕有研究者會在其專業文章裡詳載對立假設，術語單尾以及雙尾幫助我們確實明瞭 H_a 是如何被設定的。例如選錄 7.13 與 7.14。此處，我們看見研究者如何使用雙尾或單尾傳達他們設定 H_a 為非指向性或指向性的決定。

選錄 7.13-7.14 ● 雙尾與單尾檢定

雙尾檢定被用於所有的分析。

來源：Baker, D. W., Cameron, K. A., Feinglass, J., Thompson, J. A., Georgas, P., Foster, S., Pierce, D., and Hasnain-Wynia, R. (2006). A system for rapidly and accurately collecting patients' race and ethnicity. *American Journal of Public Health, 96*(3), p. 533.

- -

使用指向性（單尾）檢定，因為進展被假設是超越隨後的治療階段。

來源：Storchheim, L. F., and O'Mahony, J. F. (2006). Compulsive behaviours and levels of belief in obsessive-compulsive disorder: A case-series analysis of their interrelationships. *Clinical Psychology & Psychotherapy, 13*(1), p. 70.

如果 H_a 以指向性方式設定，那麼虛無假設能夠以**非精確 H_0**（inexact H_0）來表達。這種虛無假設運作的形式與我們所探討過的 H_0 完全一樣，所以 H_0 是否有非精確聲明或精確聲明都無關緊要。儘管如此，我覺得闡明非精確 H_0 看起來像什麼好讓你看到它時不會神經錯亂是必要的。

假設研究者想要比較高中生與大學生的字彙能力。更進一步假設研究者能夠事先檢視假設檢定程序，並且知道步驟 2 的對立假設將以指向性方式設定為 $H_a：\mu_{college} > \mu_{high\ school}$。如果研究者一開始就知道 H_a 將是指向性的，那麼虛無假設（在步驟 1）能夠被設定為 $H_0：\mu_{college} \leq \mu_{high\ school}$。此虛無假設是非精確的，因為它並沒有包含母體母數的精準數值（如果虛無假設被設定為 $H_0：\mu_{college} - \mu_{high\ school} = 0$）。而是，這個虛無假設說大學生平均字彙與高中生平均字彙相等或要低，而程度是從微小至巨大差異。

155

選錄 7.15 提供了非精確虛無假設的範例。如果這個 H_0 以符號表達，那麼就成為 H_0：$\rho \leqq 0.00$。值得注意的是，當虛無假設被設定為非精確時，它並沒有重疊對立假設。這是由於 H_0 與 H_a 必須相互排除的原則。

選錄 7.15 ● 非精確虛無假設（與它的對立假設）

H_0：商業銀行產業界之社會表現與金融表現之間的關連非 0 即負。

H_a：商業銀行產業界之社會表現與金融表現之間的關連為正。

來源：Simpson, W. G., and Kohers, T. (2002). The link between corporate social and financial performance: Evidence from the banking industry. *Journal of Business Ethics, 35*(2), p. 102.

根據研究者最終做出的拒絕或不能拒絕的決定，虛無假設是否被設定為精確或非精確是完全沒有差異的。我傾向於詳述任何的虛無假設為精確 H_0，因為這符合虛無假設是數值連續體上一點的概念，而對立假設的呈現是：(1)此連續體的其他部分，在虛無假設點之上或之下，如果 H_a 是非指向性的話；或(2)剛好落入虛無假設點一邊的連續體區段，如果 H_a 是指向性的話。某些作者傾向於以非精確的方式概念化 H_0，因此使 H_0 同等於兩邊區段的其中之一。哪一個 H_0 的定義被使用確實是無關緊要的（然而，如果 H_a 是非指向性的，就無存在選擇性。在這種比較普遍的情形下，H_0 必定是精確的）。

肆　步驟 4：樣本資料的蒐集與分析

目前為止，我們已經涵蓋了假設檢定程序的步驟 1、2 以及 6。在頭兩個步驟裡，研究者陳述虛無與對立假設。在步驟 6 裡，研究者：(1)拒絕 H_0 而贊成 H_a；或(2)不能拒絕 H_0。我們現在把注意力轉向用以從假設檢定程序起始點移動至最終決定的主要基石。

假設檢定程序的本質、實際策略，使得研究者拒絕或保留 H_0 的終極決定奠基於樣本資料的蒐集與分析。不必依賴水晶球，滔滔不絕的爭辯也不被允許。一旦固定了 H_0 與 H_a，唯有科學證據可以影響 H_0 的性質。

假設檢定程序的根本邏輯現在能夠被赤裸裸地呈現，因為 H_0、資料，與最終決定之間的連結就如同車速、繁忙十字路口的紅綠燈，與當車子接近十字

路口時合法駕駛者的決定那樣的直接。恰如駕駛者停止或通過十字路口的行為是觀察紅綠燈之後所決定，研究者拒絕或保留 H_0 的行為是檢視樣本資料之後所決定的。更進一步說，研究者注視著資料並詢問：「眼前的實際證據不符合 H_0 的期待嗎？」如果此問題的答案為「是」，那麼研究者持有綠燈並拒絕 H_0。反過來說，如果資料符合 H_0，那麼資料集就以紅燈告訴研究者不能捨棄 H_0。

因為假設檢定的邏輯是如此重要，讓我們簡短地探討一個假設性的例子。假設一份有效的智力測驗施測於同一所大學裡的一百位男性隨機樣本與一百位女性隨機樣本。如果虛無假設首先被設定為 $H_0：\mu_{male} = \mu_{female}$，而即使資料顯示這兩個樣本平均數（IQ 分數）有著 2 分的差異，樣本資料也將符合我們所期待的從母體抽出的樣本具有相同的平均數。明顯地，抽樣誤差的概念能夠完全地解釋為何兩個 $\overline{X}$ 會有 2 分的差異，即使 $\mu_{male} = \mu_{female}$。在這種狀況下，沒有實際的理由存在去做出以資料為基礎的宣告：在我們假設大學裡的男性與女性學生，平均上，具有不同的 IQ。

現在，讓我們探討兩個樣本平均數差異為 40 分（不是 2 分）的狀況。如果實際證據的結果如此，我們就具有資料不符合 H_0 期待的狀況。即使抽樣誤差強烈暗示沒有樣本平均數會剛剛好等於它的母體母數，$\overline{X}_{males}$ 與 $\overline{X}_{females}$ 之間因為抽樣誤差而產生 40 分的差異，是相當不可能的，如果事實上，$\mu_{males} = \mu_{females}$。像這樣的結果，研究者會拒絕被武斷選擇的虛無假設。

為了回到樣本資料推論研究者關於 H_0 的決定，讓我們把注意力轉向皮爾森相關為統計焦點的實證研究上。在選錄 7.16 裡，假設檢定程序被使用去評量兩組二變量相關，資料是從觀察四十對遊戲中的兒童（與手足）而來，然後與每一位兒童談論遊戲期間所引起的衝突。兩個相關的變項為兒童年紀與兒童否認和手足之間內在衝突的程度。這兩個變項之間的相關分別計算稚齡手足（3.5 至 5.3 歲之間）與大齡手足（5.5 至 8.9 歲之間）這兩組兒童。

157

選錄 7.16 • 當樣本資料與 H_0 不符合時，拒絕 H_0

　　對於稚齡手足而言，年紀與否認之間不相關，$r = -.02$，ns。然而，對於大齡手足來說，相關是顯著的，$r = -.63$，〔因此〕指出當大齡手足年齡增加時（從 5.5 至 8.9），大齡手足就會變得較少依賴否認。

來源：Wilson, A. E., Smith, M. D., Ross, H. S., and Ross, M. (2004). Young children's personal accounts of their sibling disputes. *Merrill-Palmer Quarterly, 50*(1), p. 53.

　　在關於選錄 7.16 的研究裡，假設檢定程序被使用去分別評量兩組樣本的 r。在每一個例子裡，虛無假設為 $H_0 : \rho = 0.00$。這些樣本資料，一旦被分析後，得出的相關分別為 $-.02$ 與 $-.63$。第一個 r 相當接近 H_0 裡的精準數值，0.00。虛無數值與 $-.02$ 之間的微小差異可以很容易地被抽樣誤差所解釋。換句話說，如果在母體裡的相關確實是 0.00，具有一個與 0.00 有微小離差的樣本 r（$n = 20$）並不令人訝異。據此，對於稚齡手足兒童組而言，關於年紀與否認相關的虛無假設是不能被拒絕的，如同 ns 符號所指。

　　在選錄 7.16 裡的第二個相關與虛無假設值（此處為 0.00）是具有相當大的離差。統計上來說，$-.63$ 的 r 值與 H_0 如此地不一致，以至於連抽樣誤差也不能作為合理的解釋。即使我們期待 0.00 與奠基於資料的 r 值之間存在一些差異（如果 H_0 為真），我們也不會期待差異是如此之大。據此，對於大齡手足兒童組而言，關於年紀與否認相關的虛無假設是被拒絕的，如同「相關是顯著的」這句話所指。

158　　　在假設檢定程序的步驟 4，樣本資料的總結總是會導致一個數值。奠基於資料之上，這個數值專業上指的是**計算值**（calculated value）〔它也被稱作**檢定統計值**（test statistic）〕。偶爾，研究者獲得計算值的任務僅僅是計算回應研究統計焦點的數值。這就是呈現在選錄 7.16 裡的例子，此處的統計焦點為皮爾森相關係數，而研究者僅需要去計算一個 r 值。

　　在大多數假設檢定程序的應用裡，樣本資料的總結方式會使統計焦點隱藏起來。例如選錄 7.17 與 7.18。在第一個選錄裡，計算值被標示為 F 並同等於 4.267。在選錄 7.18 裡，計算值為 t，而這時它同等於 -0.48。在這兩篇選錄裡，統計焦點皆為平均數。

選錄 7.17-7.18 • 計算值

　　男性在三年裡的平均出版文章數為 5.50（SD = 5.20），而女性為 4.66（SD = 4.18），$F(1, 534) = 4.267$，$p < .05$。

來源：Sellers, S. L., Smith, T., Mathiesen, S. G., and Perry, R. (2006). Perceptions of professional social work journals: Findings from a national survey. *Journal of Social Work Education, 42*(1), p. 146.

- -

　　傾聽音樂故事的兒童（M = 14.13, SD = 24.17）比傾聽口語故事的兒童（M = 17.50, SD = 21.33）在得分上較不準確。然而，這種差異並不具有統計上的顯著性（$t(40) = -0.48, p > .05$）。

來源：Noguchi, L. K. (2006). The effect of music versus nonmusic on behavioral signs of distress and self-report of pain in pediatric injection patients. *Journal of Music Therapy, 43*(1), p. 27.

　　在這兩篇選錄裡，兩個樣本平均數被比較。在選錄 7.17，平均數 5.50 被拿來和平均數 4.66 放在一起比較。在選錄 7.18，平均數為 14.13 與 17.50。在這些研究裡，研究者把他們的樣本資料放入計算計算值的公式。值得注意的是選錄裡的計算值並不等於被比較平均數之間的差異。在第十章，我們將會詳細探討 t 檢定與 F 檢定，所以如果你暫時無法理解呈現在選錄裡的所有東西，請別慌張。它們在此呈現的僅有目的，是告訴你研究的統計焦點並不直接反映在計算值裡的典型情況。

　　在電腦發明之前，當研究者轉向假設檢定程序的步驟 4 時，總是謹記一個目標。那個目標就是計算以資料為基礎的計算值。現在即使電腦可以被廣泛取得，研究者仍然投入從資料分析延伸出來的計算值範圍。然而，當代研究者也感興趣於電腦所產生的第二種資訊。這個第二種訊息就是以資料為基礎的 p 值。

　　每當研究者使用電腦進行資料分析時，他們：(1)告訴電腦虛無假設將會是什麼；或(2)接受電腦內設的 H₀ 版本。研究者也會詳載 Hₐ 是否本質上是指向性或非指向性的。一旦電腦知道研究者的 H₀ 與 Hₐ，就能夠很容易地分析樣本資料並且計算資料集與虛無假設狀況一致的機率。電腦藉由 p = ___ 的陳述形式來通知研究者機率是多少，填空處的數值是介於 0 與 1 之間的一個小數。

159

選錄 7.19 與 7.20 極佳地闡釋了一個 p 值如何像一個計算值般地被使用，在這種情況下，任一種皆被視為樣本資料的單一數值總結。如你所見，在選錄 7.19 裡是比較兩個樣本百分率，然而在選錄 7.20 裡是計算兩個相關係數值。在選錄 7.19 裡，研究者使用 p 值去評估，在虛無假設下，兩個百分率的差異是否 ≧ 確實觀察到的兩個百分率（34 vs. 20）之間的差異。選錄 7.20 的研究者

160

做的也是同樣的事情，因為他們使用 p 值去決定，在假設虛無假設為真的情況下，樣本相關 ≧ 每一個他們所計算的 r 之可能性為何。在這兩篇選錄裡，每一個 p 發揮的是測量的功能，告訴我們如果 H_0 為真的話，樣本資料與我們期待發生的相較之下是有多不一致。

159
選錄 7.19-7.20 • 使用 p 當作計算值

在診斷罹患乳癌後的一年，接受化療的女性比較有可能造成肩膀活動性的減低（34%喪失活動範圍的女性相比於 20%沒有接受化療的女性，$P = 0.03$）。

來源：Internal M. E., Freeman, J. L., Zhang, D. D., Jansen, C., Ostir, G., Hatch, S. S., and Goodwin, J. S. (2006). The relationship between depressive symptoms and shoulder mobility among older women: Assessment at one year after breast cancer diagnosis. *Clinical Rehabilitation, 20* (6), p. 518.

- -

年齡與前測沒有顯著相關，$r = -0.13$，$n = 111$，$P = 0.16$，與進步也無顯著相關，$r = -0.02$，$n = 110$，$P = 0.85$。

來源：Law, A. V., and Shapiro, K. (2005). Impact of a community pharmacist-directed clinic in improving screening and awareness of osteoporosis. *Journal of Evaluation in Clinical Practice, 11*(3), p. 253.

160

注意 p 的大小與樣本資料和虛無假設間的離差程度是反逆的關連。在選錄 7.19 裡，如果兩個百分率更接近的話，p 值會大於 0.03（或小於 0.03，如果兩個百分率相距更遠的話）。在選錄 7.20 裡，如果 r 距離 0 較遠的話，p 值會較小。

伍　步驟 5：評量樣本證據的準則

在研究者總結了研究資料後，下個任務牽涉到一個問題：「如果虛無假設

為真的話，樣本資料會與可能發生的不一致嗎？」如果答案為「是」，那麼虛無假設就會被拒絕；另一方面，「否」的答案將導致不能拒絕的決定。因此一旦樣本資料被標示（與 H_0）一致或不一致時，步驟 6 的決定就很容易產生。「但怎麼做呢？」你可能會提問，「是研究者決定應該如何標示樣本資料的嗎？」

如果來自於樣本的資料很完美地與 H_0 裡特定的精準數值一致，那麼很明顯的，樣本資料與 H_0 是一致的（例如當檢定 H_0：$\mu = 100$ 時，樣本平均數為 100；當檢定 H_0：$\rho = 0.00$ 時，樣本相關係數為 0.00 等等）。然而，這種情形是不大可能的。H_0 的母數值與對應的樣本統計值之間總是會存在差異。

根據樣本統計值（步驟 4 所產生）幾乎確定會不同於 H_0 的精準數值（詳載於步驟 1）這件事實，於是產生樣本資料是否與 H_0 不一致的擔憂，這確實導致了這個問題：「在樣本證據與虛無假設之間所觀察到的差異應該被視為大的差異或小的差異？」如果（資料與 H_0 之間）差異被裁定為大，那麼樣本資料將會被視為與 H_0 不一致，而結果是 H_0 將會被拒絕。另一方面，如果差異被裁定為小，樣本資料與 H_0 將會被視為一致，因此，將不會拒絕 H_0。

為了回答「如果 H_0 為真的話，樣本資料是否與我們所期待的一致」這個問題，研究者可以使用兩種簡單的程序。這兩種程序皆涉及比較樣本證據的單一數值總結與一個準則數值。資料的單一數值總結可以是計算值或是 p 值。我們現在的工作就是要去探討這些以資料為基礎的指標要與什麼進行比較，以及什麼樣的結果迫使研究者認為他們的樣本與 H_0 呈現了大或小的離差。

161

一種評量樣本資料的可行程序涉及了把計算值拿來與**臨界值**（critical value）進行比較。臨界值只不過是從統計學家發展的許多統計表之一所抽取出來的數值。當然，應用研究者並不是盲目地隨機選擇臨界值的表格。相反地，他們必須學習哪一種臨界值表適合他們的研究以及如何找出正確的臨界值。

身為研究報告的讀者，你不必學會如何找出適合眼前統計檢定的統計表，也不必在表格裡找出允許樣本資料被標示為與 H_0 一致或不一致的單一數值。研究者會做這些事。偶爾，臨界值會被包含在研究報告裡，如同選錄 7.21 至選錄 7.23 所展示的那樣。

選錄 7.21-7.23 • 臨界值與決定規則

結果指出治療組比控制組在自我概念後測上的得分顯著較高（獲得的 t 計算值 6.58 大於臨界 t 值 1.96，自由度為 66，alpha 水準為 .05）。

來源：Egbochuku, E. O., and Obiunu, J. J. (2006). The effect of reciprocal peer counseling in the enhancement of self-concept among adolescents. *Education, 126*(3), p. 504.

- -

婚姻狀態對於學生們花在經濟活動上的時間有著值得注意但不顯著的影響。這是因為在 .05 的機率水準下，卡方值 4.19 小於臨界值 5.99。

來源：Ogonor, B. O., and Nwadiani, M. (2006). An analysis of non-instructional time management of undergraduates in southern Nigeria. *College Student Journal, 40*(1), pp. 209-210.

- -

階層回歸分析的假設檢定（Cohen et al., 2003）發現計算值 $F(5, 288) = 3.10$ 比臨界值 $F(5, 288) = 2.25$ 要大。因此，此研究的假設被支持。結論為 alpha 值為 .05 時拒絕虛無假設。

來源：Pluta, D. J., and Accordino, M. P. (2006). Predictors of return to work for people with psychiatric disabilities: A private sector perspective. *Rehabilitation Counseling Bulletin, 49*(2), p. 105.

162

　　一旦確定了臨界值，研究者會把以資料為基礎的樣本資料總結與抽取自一份統計表的科學分界線做比較。在此時必須問的一個簡單問題，就是計算值是否大於或小於臨界值。以大多數的檢定（如 t、F、卡方，與相關係數檢定）而言，如果計算值≧臨界值，研究者就會拒絕 H_0。少數的檢定（如 U 或 W）告訴研究者如果計算值＜臨界值，就要拒絕 H_0。你不必擔心哪種決定方式在運作，因為這是資料分析者的責任。唯一需要知道關於計算值與臨界值的比較是：(1)這種比較允許研究者很容易地決定是否拒絕或不能拒絕 H_0；以及(2)一些檢定用以拒絕 H_0 的規則為計算值大於臨界值，而另一些檢定用以拒絕 H_0 的規則為計算值小於臨界值。

　　選錄 7.21 至 7.23 的研究者不只幫助讀者鎖定臨界值，還幫助讀者瞭解計算值與臨界值比較的規則。在大多數的研究報告裡，你將不會看見這些東西；而是僅僅給你看計算值（極少數的情況下，你甚至看不見計算值）。然而，如同先前所指出的，你不應該擔憂這個，因為獲得臨界值與知道決定準則運作的方式，是研究者的職責所在。當閱讀大多數的研究報告時，你所能做的是相信

研究者確實適當地做了這兩件事情。

第二種研究者能夠評量樣本證據的方式為把以資料為基礎的 p 值拿來與 0 至 1 量尺的預設點做比較，此處 p 必定落入 0 至 1 量尺。這種準則被稱為**顯著水準**（level of significance），而它運作的方式就像第一種以臨界值來評量樣本證據的程序一樣。簡言之，研究者把以資料為基礎的 p 值拿來與沿著 0 至 1 連續體的準則點（預設點）做比較，以決定樣本證據是否應該被視為與 H_0 一致或不一致。運用在第二種程序的決定規則都是相同的：如果以資料為基礎的 p 值 ≤ 準則，那麼樣本就被視為與 H_0 不一致；另一方面，如果 p > 準則，那麼資料就被視為與 H_0 一致。

我將會在下個段落裡更深入地討論顯著水準，因為不論使用哪種程序去評量樣本資料，它都是研究者必須處理的概念（以第二種程序而言，顯著水準就是與以資料為基礎的 p 值做比較的準則；以第一種程序而言，顯著水準影響了與計算值做比較之臨界值的大小）。然而，在我們離開本段之前，我需要指出不論在假設檢定的步驟 5 裡所使用的是何種程序，有關 H_0 的決定是相同的。例如，假設研究者進行 F 檢定並且拒絕 H_0，因為計算值大於臨界值；如果研究者比較以資料為基礎的 p 與顯著水準，會發現前者小於後者，對於 H_0 就會做出相同的決定。或者，假設研究者進行 t 檢定並且不能拒絕 H_0，因為計算值小於臨界值；如果研究者比較以資料為基礎的 p 與顯著水準，會發現前者大於後者，而同樣會做出不能拒絕的決定。

陸　步驟 3：選擇一個顯著水準

當蒐集與總結研究資料之後，六個步驟的假設檢定程序絕對不允許主觀或偏見去影響關於虛無假設的最終決定。目標的完成是藉由依賴一個科學分界點去決定樣本資料是否與 H_0 一致或不一致。藉著（在步驟 5）一個數值式準則，抽樣誤差是否充分解釋了 H_0 的精準數值（步驟 1）與研究資料總結（在步驟 4 計算）之間觀察到的差異就變得清楚了。如果資料的單一數值總結被發現是落入 H_a 方的準則數值（或如果以資料為基礎的 p 落入 H_a 方的顯著水準），就會做出拒絕 H_0 的決定（步驟 6）而有利 H_a（步驟 2）；另一方面，如果計算值落入 H_0 方的臨界值（或如果以資料為基礎的 p 落入 H_0 方的顯著水準），就做出

163

不能拒絕的決定。

　　不論是臨界值或是顯著水準皆可成為科學分界點，以決定關於虛無假設的決策。六步驟的假設檢定程序不只允許研究者做一些影響這個準則範圍的事情——**它確實迫使研究者嚴格地涉入準則的決定**。研究者不應該，如同我所指出的，在資料已被蒐集與總結之後做這些事情。而是，研究者必須在蒐集資料之前有所作為。

　　在虛無與對立假設被設定之後，但是在任何資料被蒐集之前，研究者必須選擇一個顯著水準。這第三個步驟的假設檢定程序僅僅是要求研究者選擇一個正的小數值。即使研究者有這個自由去選擇 0 與 1 之間的任何數值作為顯著水準，大部分研究者選擇像.10、.05 或.01 這樣的微小數值。最常被選擇的數值是.05。

164 　　在解釋研究者選擇的顯著水準如何影響臨界值的大小之前，我需要提醒你，並非所有研究者使用**顯著水準**這個詞來指定步驟 3 裡必須被詳載的小數值。例如，除了指出設定顯著水準為.05 之外，一些研究者會說「設定 **alpha 水準**〔alpha level（α）〕為.05」，其他研究者會宣稱「$p = .05$」，而另一些會指出「如果 $p < .05$，H_0 將會被拒絕」。同樣的，使用顯著水準為.01 的決定也可能被表達為「alpha ＝.01」、「α＝.01」，或「如果 $p < .01$，結果將會被視為顯著的」。

　　在選錄 7.24 至 7.28 裡，我們看見了研究者使用不同的方式報告他們研究裡所使用的顯著水準。

　　如果樣本資料的單一數值總結是一個 p 值，顯著水準的實際值就會很清楚。在這種情況下，p 被拿來與 α 直接做比較，以決定 H_0 是否應該被拒絕。但

165 即使樣本資料的單一數值總結是一個計算值，顯著水準仍然執行了一個重要且實際的功能。這是因為臨界值無法被指認（在步驟 5）除非先指定顯著水準。如同稍早步驟 4 的討論所指出的，存在有許多的臨界值表，一旦適當的表被指定，研究者仍有在表內找出臨界值的任務。指認臨界值的任務很簡單，只要顯著水準已被指定（註3）。

註3：　某些檢定，研究者無法指認臨界值，除非他們也知道：(1)他們的檢定本質是單尾或雙尾；以及(2)與樣本資料連結的自由度為多少。我將會在稍後的章節裡討論自由度的概念。

選錄 7.24-7.28 • 顯著水準

.05 的顯著水準被使用於所有的統計分析。

來源：Mangione, K. K., Craik, R. L., Tomlinson, S. S., and Palombaro, K. M. (2005). Can elderly patients who have had a hip fracture perform moderate- to high-intensity exercise at home? *Physical Therapy, 85*(8), p. 734.

我們使用.05 的 alpha 水準於所有的分析。

來源：Elias, S. M., and Cropanzano, R. (2006). Gender discrimination may be worse than you think: Testing ordinal interactions in power research. *Journal of General Psychology, 133*(2), p. 124.

顯著水準被設定為 $p < 0.05$。

來源：Davids, J. R., Peace, L. C., Wagner, L. V., Gidewall, M. A., Roberson, W. M., and Blackhurst, D. W. (2006). Validation of the Shriner's Hospital for Children Upper Extremity Evaluation (SHUEE) for children with hemiplegic cerebral palsy. *Journal of Bone & Joint Surgery, 88*(2), p. 328.

0.05 的 α 被選擇用於顯著檢定。

來源：Sloka, J. S., Pryse-Phillips, W., and Stefanelli, M. (2006). The relation between menarche and the age of first symptoms in a multiple sclerosis cohort. *Multiple Sclerosis, 12*(3), p. 334.

對於以下所有被報告的分析而言，拒絕虛無假設的顯著水準為 0.05。

來源：Pichette, F. (2005). Time spent on reading and reading comprehension in second language learning. *Canadian Modern Language Review, 62*(2), p. 252.

165

　　雖然顯著水準在六步驟的假設檢定程序裡扮演著重要且實際的角色，但是在步驟 3 裡選擇的小數值從另一個觀點而言就顯得更為重要了。當我介紹虛無假設的概念以及當我談論關於拒絕或不能拒絕虛無假設的決定時，我並沒有暗示 H_0 藉著假設檢定而被證實為真或假。不管在比較計算與臨界值（或 p 和 α）之後關於 H_0 的決定為何，做出錯誤的決定是有可能的。如果 H_0 在步驟 6 被拒絕，可想而知的是這個行動也許是個錯誤，因為 H_0 很可能確實為真。或者，如果 H_0 沒有被拒絕，可想見的是這個行動出了個錯誤，因為 H_0 關於母體母數值的聲明很可能是不正確的。

　　根據假設檢定程序結束時所做出的決定可能是個錯誤的這件事實，兩個專業術語被創造出來用以去分辨這些潛在的錯誤決定。**第一類型錯誤**（Type I error）指出拒絕 H_0 而虛無假設確實為真的錯誤。另一方面，**第二類型錯誤**（Type II error）指出 H_0 沒有被拒絕而虛無假設確實為假的錯誤。下表可以幫助你澄清這些可能錯誤的定義。

研究者的決定		H_0 確實為真嗎？	
		是	否
	拒絕 H_0	第一類型錯誤	正確決定
	不能拒絕 H_0	正確決定	第二類型錯誤

　　在幫助研究者指認臨界值的實際功能之外（或作為與以資料為基礎的 p 比較的準則），顯著水準也建立了第一類型錯誤的機率。換句話說，所選擇的alpha 水準決定了虛無假設為真但被拒絕的可能性。如果研究者在步驟 3 詳載 α ＝.05，那麼虛無假設為真但被拒絕的機率變為一百次裡有五次。另一方面，若alpha 水準被設定為.01（而非.05），那麼虛無假設為真但被拒絕的機率就變成一百次裡有一次。因此，alpha 水準直接決定了犯第一類型錯誤的機率[註4]。

　　明瞭了研究者能夠全盤掌控第一類型錯誤的可能性之後，你可能會質疑研究者為何不選擇一個alpha水準使 H_0 為真但被拒絕的機率大為降低。更詳細地說，你可能傾向於提問為何 alpha 水準不設定為.001（此處第一類型錯誤的機率變為一千次裡有一次），或是.00001（此處第一類型錯誤的機率變為十萬次裡有一次），甚至是更小的小數值。為了回答這個問題，我們必須探討 alpha 水準的改變同時對第一類型錯誤危機與第二類型錯誤危機產生影響的方式。

　　如果 alpha 水準被改變，這就如同是藥劑天平的兩端分別是第一類型錯誤危機與第二類型錯誤危機的情況。一項研究的 alpha 水準能被改變以減低第一類型錯誤的可能性，但是這樣的改變同時影響了第二類型錯誤的可能性。因此，少有研究者移動傳統的.05 或.01 的 alpha 水準至另一個能使第一類型錯誤發生的機率大為降低的水準（例如.0001），因為這種alpha水準的改變會使得

註4： 如你稍後所見，alpha 水準闡釋第一類型錯誤的機率，唯有在：(1)統計檢定的基本重要假設為有效的情況下；以及(2)假設檢定程序被用以評量唯一的虛無假設時。

第二類型錯誤的機率變得高到令人無法接受。

在選錄 7.29、7.30 與 7.31 裡，我們看見了顯著水準與第一類型錯誤和／或第二類型錯誤可能性之間的連結。第三組研究者值得你尊敬，因為他們解釋了為何選擇這樣的顯著水準。太多的研究者未加思索地選擇alpha為.05，僅僅是因為這是最普遍的顯著水準。如果他們在自己的研究裡衡量第一類型與第二類型錯誤的危機，他們可能選擇.05 以外的顯著水準。

在靠近本章開始之處，我指出 H_0 通常被設定為與研究者個人對於研究焦點的母體母數猜測是不一致的。例如，如果研究者認為一種新問世的藥丸能夠降低學生準備期末考試的平均壓力程度，就可能設計一項涉及實驗組與偽藥組的研究。在此項研究裡，研究者的虛無假設很可能被設定說這種藥丸對壓力沒有效用（例如，$H_0 : \mu_{experimental} = \mu_{placebo}$）。

選錄 7.29-7.31 • alpha 與第一類型和第二類型錯誤的危機 —————

167

5%的第一類型錯誤水準被選擇作為統計顯著性。

來源：Sadri, H., MacKeigan, L. D., Leiter, L. A., and Einarson, T. R. (2005). Willingness to pay for inhaled insulin: A contingent valuation approach. *Pharmaco Economics, 23*(1), p. 1220.

- -

對於所有的顯著檢定而言，alpha 錯誤水準設定為 $p = .05$。

來源：Nagata, H., Dalton, P., Doolitte, N., and Breslin, P. A. S. (2005). Psychophysical isolation of the modality responsible for detecting multimodal stimuli: A chemosensory example. *Journal of Experimental Psychology: Human Perception and Performance, 31*(1), p. 102.

- -

為了平衡第一類型錯誤與第二類型錯誤，特別是在小樣本時，就所有的假設檢定而言，我們把 alpha 設定為.05。

來源：Woodhouse, S. S., Schlosser, L. Z., Crook, R. E., Ligiéro, D. P., and Gelso, C. J. (2003). Client attachment to therapist: Relations to transference and client recollections of parental caregiving. *Journal of Counseling Psychology, 50*(4), p. 405.

根據研究者通常喜歡拒絕 H_0 以讓其預感獲得實證支持的事實，以及根據顯著水準的改變對第二類型錯誤可能性造成影響的事實，你現在也許會懷疑為何研究者不把 alpha 移至相反的方向。研究者確實能夠藉由改變 alpha 來降低

第二類型錯誤的機率——例如，從.05移至.40——因為這種改變能使H₀變得比較容易被拒絕。研究者並不使用這樣高的顯著水準，僅僅是因為科學界一般視第一類型錯誤比第二類型錯誤要更危險。在大多數的領域裡，很少人會注意在alpha水準高於.20情況下被拒絕的虛無假設，因為這種顯著水準被視為過於寬容。例如，太容易產生第一類型錯誤的拒絕決定。

如同選錄7.24至7.31所示，最普遍的顯著水準為.05。此種alpha水準被視為是中庸的。然而，如果研究者感覺降低第一類型錯誤的機率是比較重要的，會選擇較低的alpha水準（如.01或.001）。另一方面，如果感覺第二類型錯誤會比第一類型錯誤危險，那麼會選擇較高的alpha水準（如.10或.15）。選錄7.32與7.33示範了研究者為何選擇.05以外的顯著水準。在選錄7.32裡，研究者想要預防第二類型錯誤（藉著確定他的統計檢定具有高的「檢定力」），所以他把顯著水準設定為.10而不是.05。相反地，在選錄7.33裡的研究者想要預防第一類型錯誤，所以他們藉著「邦弗朗尼」校正法把顯著水準從.05改變為.005。在下一章裡，我們將同時探討檢定力與邦弗朗尼校正。目前，你需要知道的一件事是並非所有的alpha水準皆被設定在.05。

選錄 7.32-7.33 • 使用.05 以外的 alpha 水準的理由

即使統計檢定的顯著水準通常設定在 0.05，〔我們研究的目標〕證明較高的第一類型錯誤接受度會導致較大的統計檢定力。在本研究裡統計檢定的alpha水準設定在 0.10。

來源：Gall, J. (2006). Orienting tasks and their impact on learning and attitudes in the use of hypertext. *Journal of Educational Multimedia and Hypermedia, 15*(1), p. 15.

- -

邦弗朗尼方法被使用去控制橫跨十個相關的第一類型錯誤，並指出少於.005（.05/10 ＝.005）的 *p* 值對於顯著性是必需的。

來源：Wrobleski, K. K., and Snyder, C. R. (2005). Hopeful thinking in older adults: Back to the future. *Aging Research, 31*(2), p. 223.

在結束顯著水準的討論之前，我需要去澄清兩點潛在的困惑。為了完成這項目標，我想要提出然後回答兩個問題：「alpha 水準從某種角度決定了第二

類型錯誤的可能性嗎？」以及「如果 H_0 被拒絕，alpha 水準能指出 H_0 為真的機率嗎？」

第一點潛在困惑是關於alpha與第二類型錯誤危機之間的關係。因為alpha事實上確實決定了研究者拒絕真實H_0的可能性，並且因為alpha的改變確實影響第一類型錯誤的可能性與第二類型錯誤的可能性（一個上升，另一個下降），你可能被誘導去期待顯著水準支配第二類型錯誤危機。不幸地，事情並不是這樣。在步驟 3 裡的 alpha 水準確實影響第二類型錯誤危機，但是其他的特性諸如樣本量、母體變異，以及用以蒐集資料的測量工具信度也有影響的效果。

第二點關於alpha水準的潛在困惑是有關假設檢定結束之處所達成的決定。如果研究的H_0在步驟 6 被拒絕，回頭去看步驟 3 裡的alpha水準，然後說alpha水準指出了H_0為真的機率並不適當。例如，在設定顯著水準為.05 之後，如果研究者最終拒絕虛無假設，你不能夠合於標準地下結論說 H_0 為真的機率是比一百次裡出現五次還要少。在任何研究裡的 alpha 水準僅僅指出接下來的決定將會是個第一類型錯誤的機率。如果 alpha 被設定為.05，那麼機會是一百次裡有五次 H_0 將會被拒絕，如果 H_0 確實為真的話。統計學家有時藉著指出顯著水準是「在給定一個真實 H_0 的情況下，一個拒絕決定的機率」，而不是「在給定一個拒絕決定的情況下，H_0 為真的機率」來試著澄清這種區別。

第三節　高度顯著和短距錯過的結果

如同稍早所指出的，顯著水準在假設檢定裡扮演高度重要的角色。實際看來，它的功能就像是一條分界線。統計顯著被置放在線的一邊，無統計顯著在另一邊。這條分界線是清楚可見的，如果研究者藉由比較以資料為基礎的p與顯著水準來決定拒絕或不能拒絕H_0的話。但即使當決定H_0命運的程序涉及比較計算值與臨界值，顯著水準仍然牽涉其中。那是因為α影響臨界值的大小。

因為顯著水準扮演了一個如此重要的角色——實際上與概念上——於假設檢定裡，當有關H_0的決定被宣告時，它經常被包括在內。有了設定在.05 的顯著水準（最普遍的α值），拒絕H_0的決定一般標示為 $p < .05$，而不能拒絕 H_0

的決定標示為 $p > .05$。先前你在選錄 7.7、7.11、7.17 和 7.18 裡都看見了這種標示性總結。

許多研究者不喜歡只報告虛無假設是否被拒絕來總結他們的結果。而是，他們想要讀者們知道以資料為基礎的 p 與顯著水準之間（或計算值與臨界值之間）存在多大的差異。這麼做的時候，研究者的目標是去提供資料能夠多大程度地挑戰 H_0 的證據。換句話說，這些研究者想要你知道，是否他們大幅度勝過了顯著水準（假設 H_0 被拒絕），或是否他們輸給了 α（假設 H_0 被保留）。

考量選錄 7.34 與 7.35。在第一篇選錄裡，研究者呈現了三個 p，每一個皆小於 .000001。在選錄 7.35 裡，研究者報告了一個 p 是等於 .0000003。除了陳述「$p < .05$」之外，這些研究者想要展現他們「遠遠地」打敗了 .05 的顯著水準。這些不尋常低的 p 值可以使用**高度顯著**（highly significant）來形容，請看選錄 7.34。

即使像呈現在選錄 7.34 與 7.35 裡的 p 值並不常見，我可以保證你將會經常碰到 $p < \underline{\quad}$ 的陳述，空格的數值會比 .05 還小。你將會經常看見 $p < .01$，你也會常常遇見 $p < .001$，或是 $p < .0001$。這種聲明並不是說研究者最初把顯著水準設定為 .01、.001 或是 .0001。

選錄 7.34-7.35 • 遠遠地拒絕虛無假設

問題的效果是高度顯著的（$p < 0.000001$），班級的效果也是如此（$p < 0.000001$）。問題與班級之間的交互作用也是高度顯著的（$p < 0.000001$）。

來源：Massie, R., and Dillon, H. (2006). The impact of sound-field amplification in mainstream cross-cultural classrooms: Part 2 Teacher and child opinions. *Australian Journal of Education, 50*(1), p. 82.

- -

在一份全國性的研究裡，那些符合飲食違常診斷準則的人（$n = 24$）在 SCQ 得分上（M = 130, SD = 22.5），很顯著地要比那些沒有飲食違常的人（M = 152, SD = 20.4）要低（F 1,993 = 27.0, p = .0000003）……

來源：Ghaderi, A. (2005). Psychometric properties of the Self-Concept Questionnaire. *European Journal of Psychological Assessment, 21*(2), p. 144.

　　許多研究者使用 p 聲明迫近法來誠實地描述他們的資料。他們首先檢查是否具有.05 的統計顯著水準。如果有，他們就至少能夠說 $p < .05$。接著檢查.01 的統計顯著水準，如果達到，下一步就再檢查資料是否具有.001 的顯著水準。這種程序一直持續，直到：(1)資料無法打敗更嚴苛的顯著水準；或(2)研究者不想更進一步檢查是否 p 可能打敗一個更令人印象深刻的 α。這種假設檢定法被運用在選錄 7.36 裡。

　　研究者通常在同一份研究裡檢定一個以上的虛無假設。在這些研究報告裡，通常是某些結果為 $p < .05$，其他結果為 $p < .01$，或是 $p < .001$（最近，我讀過一篇研究報告，裡面有四種不同的 p 聲明——$p < .05$、$p < .01$、$p < .005$和 $p < .001$——被呈現在同一個表格裡）。在這些研究裡，研究者非常不可能在一開始就決定使用不同的顯著水準於被檢定的不同虛無假設。相反地，很可能所有的 H_0 最初是以.05 檢定，然後研究者不斷更新 α（如同前個段落所指出的），以至於更令人印象深刻的 p 聲明能夠被呈現。

171

選錄 7.36 • 在 alpha 水準.05 下報告 $p < .0001$

　　p 值在 $p < 0.05$ 被視為是顯著的……整體結果指出教師的 SCD 知識在介入之後有顯著改進。之前，73%的問題被正確地回答，而這個比率之後上升到了 83%，$p = 0.0001$。

來源：King, A. A., Tang, S., Ferguson, K. L., and DeBaun, M. R. (2005). An education program to increase teacher knowledge about sickle cell disease. *Journal of School Health, 75*(1), p. 13.

　　現在，讓我們換檔並探討如果以資料為基礎的 p 大於最初指定的顯著水準會發生什麼事。如果 p 遠遠的大於 α，情況就很清楚：虛無假設無法被拒絕。然而，有時候 p 是稍微大於 α。例如，當 α 被設定為.05 時，p 也許是.07。許多研究者認為這是一種短距錯過（near misses），而他們會透過某些常見的語句來傳達這種觀察。當這種短距錯過發生時，研究者通常會說他們達到了邊緣顯著（marginal significance），他們的發現接近顯著（approached significance），存在一個朝向顯著的趨勢（trend toward significance），或是結果指出邊界顯著（borderline significance）。在選錄 7.37 與 7.38 裡，我們看見了兩個這樣的範例。

選錄 7.37-7.38 ● 勉強地不能拒絕虛無假設

　　年輕人記憶術的使用率高於年老者，這暗示了年輕人使用記憶協助的頻率少於年老者，這是一種邊緣顯著差異（$p = .06$）。

來源：Cherry, K. E., and Brigman, S. (2005). Memory failures appraisal in younger and older adults: Role of individual difference and event outcome variables. *Journal of Genetic Psychology, 166* (4), p. 445.

- -

　　對於服用膽固醇藥劑的子樣本而言，依賴與非依賴者的平均 HDL 水準接近顯著（52.0 vs. 44.3 毫克／公合，$p = .06$）。

來源：Hill-Briggs, F., Gary, T. L., Bone, L. R., Hill, M. N., Levine, D. M., and Brancati, F. L. (2005). Medication adherence and diabetes control in urban African Americans with type 2 diabetes. *Health Psychology, 24*(4), p. 353.

172

　　必須注意的是有些研究者使用假設檢定方法時有兩條清晰的規則：(1)在研究開始之處選擇顯著水準並且永遠不改變它；以及(2)只考慮 p 落入 α 的哪一邊，不考慮兩者差距多大。根據這種想法，唯一要緊的事情是 p 是否大於或小於顯著水準。

　　例如選錄 7.39 與 7.40。以資料為基礎的 p 在這些研究裡分別為 .052 與 .049。即使每一個 p 非常接近一般的 α 水準 .05，注意在第一個研究裡的結果被

選錄 7.39-7.40 ● 非有即無的假設檢定方法

　　各組的作夢次數大致相同（年輕女性＝ 193，年老女性＝ 203），而即使年老女性報告了較多的舒適夢境以及年輕女性報告了較多的苦惱夢境，這種分配上的差異並沒有達到顯著性，χ^2（1, N = 396）= 3.79，$p = .052$。

來源：St-Onge, M., Lortie-Lussier, M., Mercier, P., Grenier, J., and De Koninck, J. (2005). Emotions in the diary and REM dreams of young and late adulthood women and their relation to life satisfaction. *Dreaming, 15*(2), p. 121.

- -

　　恐懼症患者的 STAI 分數從第一階段（46.6）到第二階段（42.7）呈現顯著地下滑，t（20）= 1.73，$p = .049$……

來源：Alpers, G. W., Wilhelm, F. H., and Roth, W. T. (2005). Psychophysiological assessment during exposure in driving phobic patients. *Journal of Abnormal Psychology, 114*(1), p. 134.

宣告為無顯著，然而第二個研究裡的結果卻以顯著論及。

第四節　一些警示

現在既然你已經探討了六步驟假設檢定程序的各種組成元素與基本原理，你可能會認為解讀與批判自己熟悉領域的研究報告是容易的。當然，我希望本章幫助你更有信心瞭解這樣的陳述：「雙尾檢定被使用」、「嚴苛的 alpha 水準被採用以降低第一類型錯誤發生的機率」，以及「結果是顯著的（$p = <$ .01）」。在我結束本章之前，我要提醒你一些容易被讀者及研究者本身詮釋錯誤的地方。

壹　alpha

alpha（α）這個字涉及兩種不同的概念。在假設檢定程序裡，alpha 指出研究者所選擇的顯著水準。在測量工具的討論裡，alpha 意味著完全不同的東西，在此背景之下，alpha 涉及來自於問卷、量表或測驗資料之估計的內部一致性。注意在假設檢定裡的 alpha 小數值必須小以完成避免第一類型錯誤的任務。相反地，alpha 小數值必須大以記錄高的信度。

貳　H_0 的重要性

稍早在本章裡，我呈現了不同的選錄，裡面的虛無假設被清楚地詳載。不幸地，大多數研究者並不花費時間與空間公開指出 H_0 的精確本質。他們不這樣做，因為他們假設讀者將會根據樣本量、測量值的本質，以及用以分析資料的統計檢定種類而明瞭研究的虛無假設。

現在，你可能感覺自己永遠也無法分辨 H_0，除非它被特別講明。然而，在熟悉了各種用以分析資料的統計檢定之後，你將會發現自己對於沒有講明的虛無假設能夠做出正確的猜測。本書從第九章開始的許多章節，將幫助你獲得這項技巧。

此項技巧的取得是重要的，因為假設檢定程序的最後決定總是關連啟程

點。研究者從不會在摘要裡以拒絕（或不能拒絕）做結束；而是，他們總是以拒絕（或不能拒絕）一個特定的 H_0 來終止假設檢定程序。據此，拒絕的決定不應被視為是重要的，除非我們考量特定的什麼被拒絕。

　　偶爾，假設檢定程序被用以評量最初就可以被拒絕的虛無假設。雖然檢定這種 H_0 在統計上是可能的，拒絕一開始就知道是錯誤的東西不會帶來任何的發現。請考量選錄 7.41 裡的例子。

　　選錄 7.41 是一個典型的例子，此例裡，假設檢定程序導致統計上顯著的發現，這個發現是保證會產生的，這是由於兩個比較組形成的方式。這位研究者值得我們讚賞，因為陳述了兩組被發現具有顯著不同是「不令人訝異」的。然而，另一方面，令人驚訝的是為何這兩組在一開始就被比較了呢？既然一開始就有了答案，隨後的虛無假設無異是畫蛇添足。

　　虛無假設對於來自假設檢定結果的潛在深長意義是非常重要的。請記住拒絕決定本身並不是一個有助於發現的指標。這種結果能夠僅藉由在步驟 1 設定一個不合理的 H_0 而被很容易地帶出。因此，你應該保持注意力於假設檢定程序結束之處所達成的最終決定與 H_0 本身。

選錄 7.41 • 拒絕一個不重要的 H_0

　　參與者被分為兩組閱讀精熟組（例如，精熟組與非精熟組），分組準則為兩份閱讀理解測驗的總分。有二十一位參與者高於平均分數（12.5 分）被編入「精熟組」，剩下二十一位低於平均分數的參與者被編入「非精熟組」。對於精熟組而言，整體閱讀理解測驗分數的平均數與標準差（*SD*）分別為 15.7 與 1.9。對於非精熟組而言，整體閱讀理解測驗分數的平均數與標準差（*SD*）分別為 9.2 與 2.0。不出意料之外的，獨立組別 *t* 檢定的結果指出，精熟組與非精熟組在閱讀理解測驗上有顯著差異（$df = 40, t = 10.934, p < .001$）。

來源：Kondo-Brown, K. (2006). How do English L1 learners of advanced Japanese infer unknown Kanji words in authentic texts? *Language Learning, 56*(1), pp. 125-126.

參　假設的多種解釋

在討論資料分析的結果時，研究者有時宣稱他們的結果支持假設（或結果並不支持假設）。但指的是哪一種假設呢？

如你目前所知，假設檢定程序涉及兩種正式假設：H_0 與 H_a。除此之外，研究者本身對於結果可能也抱持一種預感（例如，預測）。許多研究者稱這種預感為他們的假設。因此，在一項研究裡，可以存在三種不同的假設[註5]！通常，整篇研究報告的內容將幫助我們釐清這三種假設所支持的陳述。然而，有時候你需要非常小心地閱讀以正確理解研究者的發現。

為了闡釋為何我提供這點警示，思考選錄 7.42 裡的兩句話。如你所見，第一個句子裡的最後一個詞是假設。但是哪一種假設：虛無假設、對立假設，或研究者的預感〔例如，**研究假設**（research hypothesis）〕？在閱讀了第九章之後，你將能夠充滿自信地猜測它並不是虛無假設。現在，我們剩下兩種選擇，對立假設與研究假設。我猜測它是個研究假設（在你閱讀第九章之後，我認為你能夠瞭解為何我做出這樣的決定）。這個小小猜測遊戲的重點是提醒你必須小心假設所指為何。它並不總是意味著相同的東西。

選錄 7.42 ● 假設的多種解釋

本研究的結果支持假設。也就是，時間運用效率與嚴謹性之間具有正相關。

來源：Kelly, W. E., and Johnson, J. L. (2005). Time use efficiency and the five-factor model of personality. *Education, 125*(3), p. 513.

肆　當 p 為 0 或小於 0 的時候

每當樣本資料被分析以評量虛無假設時，將會產生一個 p 值。這個 p 指的

註5：研究者的預感將不同於 H_0 與 H_a，即使對立假設被設定為非指向性的，研究者的預測可以是指向性的。這種情形並非不尋常。許多研究者被教導進行雙尾檢定——即使他們擁有指向性的預感——以允許資料暗示真實性站在他們的預感這一邊（在使用單尾檢定時，這種情況永遠不會發生）。

是機率，而它可以是 0 與 1 之間的任何數值。如你目前所知，小的 p 值使得 H_0 被拒絕。研究者採取這種行動，因為小的 p 值指出一個真實 H_0 母體情況不大可能產生隨機資料集，其與 H_0 的精準數值之間的差距，至少和研究者的真實資料集與 H_0 的精準數值之間的差距一樣。在本章大部分的選錄裡，p 值非常低。在某例裡，p 同等於.049；在另一例裡，p 值為.03，我們甚至看見一個例子是 p 同等於.0000003。

偶爾，如同在選錄 7.43 與 7.44 裡所闡釋的，你將會遇到 p 值同等於 0 或小於 0 的情況。這種 p 是誤導的，因為它們並不意味著由 H_0 所定義的想像母體沒有機會（或比沒有機會還小）去產生如同研究者獲得的那種樣本資料。相反地，這種 p 聲明的產生是由於非常小的 p 值（例如，$p = .00003$）被四捨五入的關係。請瞭解這種情況以免陷入思考陷阱：H_0 被證明是錯誤的，此處 p 為 0 或小於 0。

176

選錄 7.43-7.44 ● p 為 0 或小於 0

支持感與性活動模式產生關連（$F = 6.4$, $df = 3,711$, $p = .000$）。

來源：Darling, N., Palmer, R. F., and Kipke, M. D. (2005). Do street youths' perceptions of their care-givers predict HIV-risk behavior? *Journal of Family Psychology, 19*(3), p. 461.

訓練初期的閱讀速度與訓練後期的閱讀速度是相關的（$r = 0.571$, $p < .000$）。

來源：Goodrich, G. L., Kirby, J., Wood, J., and Peters, L. (2006). The Reading Behavior Inventory: An outcome assessment tool. *Journal of Visual Impairment & Blindness, 100*(3), p. 166.

伍　顯著的意義

如果虛無假設被拒絕，研究者可能主張結果是**顯著的**（significant）。因為顯著的這個詞在日常生活中的討論與假設檢定程序裡的意思不同，認知這個術語在統計上的定義是必要的。簡單的說，統計上的顯著發現可能並非全然是很顯著的。

在我們的日常語言裡，顯著的這個詞意指重要的或值得注意的。然而，在

假設檢定的背景下，術語顯著的有著完全不同的定義。在這種推論背景下，顯著發現僅僅是指在 H_0 為真的條件下不大可能發生的發現。只要樣本資料與人們從一個真實虛無假設所期待的不一致，結果是顯著的統計宣告就可以確定。據此，研究者對於結果為顯著的陳述僅僅意味著被檢定的虛無假設是被拒絕的。它並不一定意味著結果是重要的或樣本與 H_0 之間的絕對差異為大。

　　一個統計上顯著的結果是否形成一個重要的結果，在於：(1)推動實證調查的研究問題品質；以及(2)帶領資料蒐集的研究設計品質。我遇過具有統計上的顯著結果之期刊文章，但整份研究似乎相當不值得注意。很清楚地，為了產出重要發現，研究必須處理一個重要議題。

　　但如果統計上的顯著結果是來自聚焦於重要問題的研究呢？這種情況就意味著研究發現是重要或值得注意的嗎？不幸地，答案是否定的。如你在下一章裡所見，研究可能產生統計上的顯著結果，即使虛無假設與資料之間存在非常微小的差異。例如，在《應用心理學期刊》（*Journal of Applied Psychology*）最近一項研究裡，研究者檢定H_0：$\rho = 0$。在蒐集並分析了樣本資料後，這個虛無假設被拒絕了，報告指出結果「在.001 水準下是顯著的」。產生這個發現的樣本數值是−.03！

177

　　即使被調查的議題是重要的，我不認為−.03 的相關與此處的虛無假設值 0 之間的差異是有意義的（以 $r = -.03$ 而言，能夠解釋的變異比例同等於.0009）。如你即將暸解，大樣本有時候能夠引起瑣碎的差異，而使得結果具有統計上的顯著——而那正是在我論及的相關研究裡發生的。在那份調查裡，有 21,646 位個人在樣本裡。由於巨大樣本的關係，一個微量相關變成是具有統計上的顯著性。即使在統計上是顯著的，很清楚地，−.03 的 r 值以它的重要性而言是不顯著的。

術語回顧

接受（accept）	臨界值（critical value）
alpha 水準（alpha level）	指向性（directional）
對立假設（alternative hypothesis）	不能拒絕（fail to reject）
計算值（calculated value）	假設檢定（hypothesis testing）

顯著水準（level of significance）	雙尾檢定（two-tailed test）
非指向性（nondirectional）	第一類型錯誤（Type I error）
虛無假設（null hypothesis）	第二類型錯誤（Type II error）
單尾檢定（one-tailed test）	α
拒絕（reject）	H_0
可靠的差異（reliable difference）	H_a
研究假設（research hypothesis）	ns
顯著的（significant）	p
檢定統計值（test statistic）	.05

閒話統計

1. 一封作者寄給學生們的電子郵件，標題為「學習假設檢定並不容易」。
2. 涵括第七章的一個線上互動練習題（提供立即的回饋）。
3. 關於第七章內容的十個迷思。
4. 第七章裡最棒的段落（由作者所選）。
5. 「第一類型錯誤」的線上互動資源。

相關內容請參考：www.ablongman.com/huck5e

8 效力量、檢定力、
信賴區間、邦弗朗尼校正

在第七章裡，我們探討了六步驟的假設檢定程序。雖然許多研究者使用這種程序的假設檢定，卻也存在使用七步驟或九步驟程序的趨勢。在本章裡，我們將探討這些額外的步驟。除此之外，本章包涵了兩個相關主題：假設檢定與信賴區間之間的連結，以及同時多重檢定所帶來的第一類型錯誤率膨脹的問題。

第一節 假設檢定的七步驟

當你回顧前一章內容時，假設檢定最簡單的步驟如下：

1. 陳述虛無假設（H_0）。
2. 陳述對立假設（H_a）。
3. 選擇顯著水準（α）。
4. 蒐集與分析樣本資料。
5. 參照評量樣本證據的準則。
6. 拒絕或不能拒絕 H_0。

許多研究者在這六個步驟外加上第七個步驟。這些研究者轉向他們的樣本資料和進行二種額外分析中的一種分析，不管哪種特定的分析被應用在資料上，七步驟的目標都是相同的：超越關於 H_0 的決定並且談論樣本資料與虛無假設不一致的程度。

討論研究者在七步驟裡做些什麼之前，我想要解釋為何當代研究者花時間去做這件事情。簡言之，他們如此做的理由是因為統計上的顯著結果也同時可

以是不具備任何的實際顯著性。這是因為樣本大小與拒絕一個錯誤虛無假設的機率之間存在正相關。如果在 H_0 裡的精準數值是錯誤的，大樣本增加了結果為統計上顯著的機率——即使 H_0 非常接近為真。在這種情況下，拒絕 H_0 的決定就不是什麼多偉大的成就。

在選錄 8.1 與 8.2 裡，討論這種**統計顯著性**（statistical significance）與**實際顯著性**（practical significance）之間的重要區別性^{（註1）}。在第一個選錄裡，注意研究者說他們的發現具有「實際顯著性與統計顯著性」〔稍後在本章裡，我們將探討合理化這種陳述的「實質效力量」（substantial effect sizes）〕。在選錄 8.2 裡，注意研究者指出他們的發現缺乏實際顯著性，儘管他們的資料產生了統計上的顯著結果。如果所有的研究報告都能做出像這兩篇選錄一樣的陳述就會很不錯。不幸地，許多研究者似乎只考慮一件事情：統計顯著性。這是危險的，因為非常有可能（如同選錄 8.2）研究結果在統計上是顯著的，但實際上卻並不重要（即，顯著）。

選錄 8.1-8.2 • 統計顯著性對照實際顯著性

> 結果支持互動多媒體遊戲引導與反應的適當使用⋯⋯引導與反應在某些情況下產生實質效力量，這指出效果具有實際顯著性與統計顯著性。
>
> 來源：Moreno, R., and Mayer, R. E. (2005). Role of guidance, reflection, and interactivity in an agent-based multimedia game. *Journal of Educational Psychology, 97*(1), pp. 117, 127.
>
> ---
>
> 一般說來，PD組比控制組的組員展現了更快的說話速率。即使具有統計上的顯著性，平均差異僅僅小於半個音節，因此並不認為在說話速率上呈現了很大的表現差異。
>
> 來源：Caviness, J. N., and Evidente, V. (2006). Analysis of high-frequency electroencephalgraphic-electrornyographic coherence elicited by speech and oral nonspeech tasks in Parkinson's Disease. *Journal of Speech, Language, and Hearing Research, 49*(2), p. 430.

我們現在即將探討研究者在執行假設檢定第七個步驟時所使用的兩種不同程序。這兩個程序的類似點在於：(a)提供 p 值或關於 H_0 決定所無法捕捉到的

註1：術語臨床顯著性（clinical significance）經常使用在醫學報告裡，與實際顯著性意思相同。

洞見；以及(b)單一數值的形式。這兩種程序在其他方面相當不同，而我因此以「步驟 7a」與「步驟 7b」來代表爾後的討論。

壹　步驟 7a：計算效力量

對於統計顯著與實際顯著之間的區別具有敏感性的研究者，會在基本假設檢定程序後加上第七個步驟，這個步驟就是計算效力量。簡言之，**效力量**（effect size）[譯註1]的測量給了我們評估實際顯著性的標尺。比如，在一項比較兩種治療方法的研究裡，虛無假設可能被拒絕，這時效力量指標允許我們觀察是否這兩種方法差異的衝擊為小或中或大。或者，在一項相關研究裡宣稱 r 與 0 有顯著不同，效力量的測量允許研究者談論被測量關連的純粹強度，而不是僅僅陳述統計顯著性。

幾種不同測量效力量的程序被發明，因為不是所有的研究皆具有相同的統計焦點。有時候統計焦點在於一個或多個的相關，有時候在於一個或多個的平均數，而有時候是一個或多個的百分率。甚至，不同的效力量被創造於給定的統計焦點上（例如，相關）。這種情形很像我們在第三章裡所遭遇的情況。由於存在許多不同種類的二變量相關，研究者有不同的方法去測量效力量。

因為我將在稍後的章節裡討論這些不同的效力量，我們不會在這個時間點詳細地探討它們。此處，我的目標僅僅是把這些統計程序的名稱介紹給你認識，並讓你知道它們被應用研究者所使用。不幸地，我必須再次強調許多研究者並不注意實際顯著的概念。據此，我在這裡所呈現的選錄是遠優於一般的研究報告。

選錄 8.3 至 8.6 示例了四種不同的效力量。第一種涉及相關，第二種涉及一組平均數被測量兩次，第三種涉及三組平均數只被測量一次，而第四種涉及兩組百分率。儘管有這些不同，在每一個範例裡，研究團隊計算了一種效力量。如果你仔細觀察，你將會發現效力量指標的價值。看看在這些研究裡的 p 值。如果這些是你唯一注意的指標，你可能下結論說這四項發現顯露了重要的訊息。然而，在每個範例裡的效力量不是低度就是中度，因此暗示統計上的顯

182

譯註1：　讀者可能會碰到使用效應力或效果量等翻譯名詞來代表相同意思的情況，在此使用效力量的考量是為了避免與變異數分析的「效果」產生混淆，以及與原意較為貼切。

選錄 8.3-8.6 • 效力量

符合我們的假設，在病人與治療者信心合作量表之間發現了顯著相關（$r =$ 0.37, $p <$ 0.001; 中度效力量）。

來源：Clemence, A. J., Hilsenroth, M. J., Ackerman, S. J., Strassle, C. G., and Handler, L. (2005). Facets of the therapeutic alliance and perceived progress in psychotherapy: Relationship between patient and therapist perspectives. *Clinical Psychology & Psychotherapy, 12*(6), p. 448.

在 WJ Letter-Word 指認力子測驗上面，PDF/GR 參與者得到了顯著的進步，$t(10) =$ 2.47，$p <$ .05，$d =$ .53。中度效力量。

來源：Manset-Williamson, G., and Nelson, J. M. (2005). Balanced, strategic reading instructions for upper-elementary and middle school students with reading disabilities: A comparative study of two approaches. *Learning Disability Quarterly, 28*(1), p. 69.

短文的種類也是顯著的，$F(2, 174) =$ 13.59，$p <$ .001, 中度效力量($f =$ .34; Cohen, 1988)。

來源：Nabors, L. A., and Lehmkuhl, H. D. (2005). Young adults' perceptions of children with cerebral palsy. *Rehabilitation Psychology, 50*(3), p. 294.

年紀對照台風的卡方比較是顯著的，$\chi^2(7, N =$ 293) = 19.1，$p =$ .0079, 低度效力量，克拉默 $V =$ .255。

來源：Ukrainetz, T. A., Justice, L. M., Kaderavek, J. N., Eisenberg, S. L., Gillam, R. B., and Harm, H. M. (2005). The development of expressive elaboration in fictional narratives. *Journal of Speech, Language & Hearing Research, 48*(6), p. 1370.

著發現並不具有令人印象深刻的實際顯著性。

貳　步驟 7b：進行事後檢定力分析

統計檢定的**檢定力**（power）指的是如果事實上虛無假設為假的話，拒絕虛無假設的能力。檢定力成為議題的情況是研究者不能拒絕 H_0 時。也許這種情況是由於虛無假設為真，果真如此的話，那麼統計檢定產生無顯著的結果是

完全適當的。然而，研究者不能拒絕 H_0 的背後可能藏有第二種解釋。也許虛無假設為假，但是研究者的統計檢定缺乏足夠的檢定力去偵測樣本資料所呈現的真實狀態。

　　如果六步驟程序的假設檢定指出 H_0 不應該被拒絕，有些研究者會增加第七個步驟，以檢視是否統計檢定具有足夠的檢定力。當研究者這樣做的時候，就被稱為是在進行一項**事後檢定力分析**（post hoc power analysis）。在選錄 8.7 裡，我們看見了這種範例。

選錄 8.7 • 事後檢定力分析

　　因為股外側肌與股內側斜肌在 EMG 活動上沒有顯著差異，因此進行 ANOVA 的事後檢定力分析。基於此研究的樣本大小（$n = 30$），檢定力分析顯露本研究具有足夠的檢定力（80%）去偵測相對「中度至高度」的介入效力量。

來源：Janwantanakul, P., and Gaogasigam, C. (2005). Vastus lateralis and vastus medialis obliquus muscle activity during the application of inhibition and facilitation taping techniques. *Clinical Rehabilitation, 19*(1), pp. 15-16.

　　關於選錄 8.7 裡的研究，研究者比較肌肉活動在三種狀況下的差異。當比較的結果是無顯著差異時，研究者進行檢定力分析以檢視是否他們的統計結果可能是第二類型錯誤。如同在選錄 8.7 裡所指出的，此檢定力分析指出研究者具有 80% 的機會去偵測三種狀況下的差異，並假設這種差異（如果存在的話）是中度至高度的範圍。因為統計檢定力與第二類型錯誤是互補的（例如，兩者相加為 100%），選錄 8.7 的研究者順便報告了他們犯下第二類型錯誤的機會是 20%。這種程度的第二類型錯誤危機在大多數的研究裡被視為是可接受的，而這也是為何研究者宣稱他們的統計檢定具有「足夠的」檢定力。

　　在選錄 8.8 裡，我們看見了另一個事後檢定力分析的例子。再一次，這種檢定力分析被進行是因為統計檢定結果為無顯著。不同於選錄 8.7，此處的檢定力分析指出統計檢定敏感度不足以偵測重要差異，如果這種差異確實存在的話。如同研究者所報告的，兩種檢定的檢定力水準分別為 .55 與 .62。這也代表了在一項檢定裡犯下第二類型錯誤的機會是 45%，而在另一項檢定則有 38% 的機率。

選錄 8.8 • 另一個事後檢定力分析

　　這些組別差異的效力量（eta squared）分別為 0.117 與 0.139。事後檢定力分析指出樣本量（$N = 36$），配合雙尾檢定與 alpha $= .05$，產生了對此範圍的效力量而言分別為 .55 與 .62 的統計檢定力……一些方法上的因素限制了結論的力量。〔特別是，樣本量〕為小。統計檢定力相對應地減低，而增加的第二類型錯誤機率需要審慎看待——特別是下這個結論之前：父母對於女兒在科學學習方面的自我效能上不具備重要影響力。

來源：Scott, A. B., and Mallinckrodt, B. (2005). Parental emotional support, science self-efficacy, and choice of science major in undergraduate women. *Career Development Quarterly, 53*(3), pp. 267, 270.

　　選錄 8.8 的下半部是重要的，因為它指出了樣本量與統計檢定力之間的關連。這兩種假設檢定程序的特徵是正相關的。在關於研究的其他因素沒有改變的前提下，樣本量的增加將會導致檢定力的增加；相反地，樣本量的減少將會使得檢定力下降。由於檢定力與**第二類型錯誤危機**（Type II error risk）就像是一枚硬幣的正反兩面，在樣本量與第二類型錯誤的可能性之間於是存在反逆關連。保持其他因素不變而使樣本量增大將使得第二類型錯誤機率降低。減少樣本量那麼第二類型錯誤的可能性就會上升。

　　在選錄 8.8 裡，提到了三種重要的統計概念：檢定力、樣本量和第二類型錯誤的機率。如果你熟悉這三者之間的關連，你就能夠很好地解讀與評論研究報告。我這樣說是因為你必定會遇到宣稱無差異存在或變項沒有關連的研究報告，而這些宣告是奠基於統計檢定沒有顯露任何統計上的顯著差異或關連的情況上。如果研究裡的樣本量為小，我希望你能考量：研究「發現」不正確的可能性以及不足的統計檢定力所帶來的第二類型錯誤機率。

185

雖然許多的研究者仍然在使用六步驟和七步驟的假設檢定程序，但卻明顯有使用九步驟方法的趨勢。在這套九步驟程序裡，有六個基本組成是和第七章裡所探討的一樣，而其他三個步驟是關於效力量、檢定力，以及樣本量的概念。這套九步驟的假設檢定程序如下：

　　　　1. 陳述虛無假設，H_0。

　　　　2. 陳述對立假設，H_a。

　　　　3. 詳載想要的顯著水準，α。

（新）4. 詳載效力量（ES）。

（新）5. 詳載想要的檢定力水準。

（新）6. 決定適當的樣本量。

　　　　7. 蒐集與分析樣本資料。

　　　　8. 參照評量樣本證據的準則。

　　　　9. 決定捨棄／保留 H_0。

　　這套九步驟的假設檢定程序除了步驟 4、5、6 之外，皆與我們在第七章裡所討論的六步驟一模一樣。此處我們僅僅聚焦於步驟 4、5、6。在我們稍早所探討的七步驟程序裡，研究者執行基本的六個步驟然後加上第七個步驟。這第七個步驟涉及的過程是研究者等到做出拒絕／保留的決定之後再回到樣本資料。相反地，九步驟的假設檢定需要研究者在任何的資料被蒐集之前詳載效力量、想要的檢定力，以及決定樣本量。

壹　步驟 4：詳載效力量

　　然而，術語效力量有兩種定義。當我們稍早在本章探討假設檢定的第七步驟時看見了其中之一的定義。現在，我們必須探討另一種概念的效力量。在我們目前的討論裡，效力量被事先確定以指出研究者認為「值得談論」的最低研究「發現」。也許圖解能幫助你瞭解這種新的效力量概念。你需要一枝筆去畫

186

出這個圖。

　　畫出一條長約十二英吋的線段。在左邊盡頭處寫上：「H_0 完全為真。」在右邊盡頭處寫上：「H_0 完全為假。」現在，畫一黑點在此線段某處並把線段分成兩個部分。在黑點左邊的部分代表虛無假設為假到了「無關緊要」的程度。如果你在此部分標示「不重要」也許會有所幫助。黑點右邊的部分代表虛無假設為假到了「值得注意」的程度。你也許會想要在此部分標示「重要」。在此線段上的黑點代表了我們現在想要探討的效力量。

　　為了闡釋效力量是什麼以及它如何被選擇，假設有一項研究是單一母體，資料是 IQ 分數，統計焦點為平均數，虛無與對立假設分別為 $H_0 : \mu = 100$ 與 $H_a : \mu > 100$。在此假設性研究裡，被 H_a 所指定的虛無假設可能為假的連續體是從稍微大於 100（如 100.1）到不論多大的 IQ（如 300）。研究者可能決定以 110 當成是效力量。藉著這樣做，研究者可以宣稱：(1)如果真實 μ 落入 100 與 110 之間，那麼可以判斷真實 μ 與 100 僅僅存在瑣碎差異；而(2)只要真實 μ 至少大於 100 達 10 分，就被視為是重要的差異。

　　研究者詳載效力量的方式有兩種。一種是**原始效力量**（raw effect size），另一種是**標準效力量**（standardized effect size）。指定原始效力量是比較好的策略但卻比較困難。標準效力量很容易被指定但是沒有原始效力量那麼好，即使措辭標準兩字給了我們一種科學優勢的印象。

　　指定原始效力量的過程已被我們闡釋於剛剛探討過的假設性 IQ 研究裡。在那個範例裡，原始效力量會同等於 IQ 分數為 110。因為在那項研究裡的虛無假設被設定為 100，研究者能夠反過來說效力量同等於 10 分的 IQ 分數（例如，110 與 100 之間的差異）。不管研究者如何報告他們做了些什麼，這種過程導致了原始效力量，因為研究者一開始，就在研究的依變項分數連續體上面直接指定不重要與重要結果之間的分界。

187　　因為九步驟的假設檢定需要研究者能夠估計母體的變異程度，同時因為由於研究者可能不知道如何合理地猜測 σ 的大小，而讓這有操作上的困難，標準效力量（而非原始效力量）在此刻就能夠被使用。當使用標準效力量時，研究者論及建立的「準則」。對於大多數統計程序而言，標準效力量準則是指出「低度」效力、「中度」效力，以及「高度」效力的數值。在選擇其中之一的標準效力量時，研究者考慮他的研究然後提出這個三部分問題：

在我正要去進行的研究裡，我要我的統計檢定只對於高度效力敏感，如果那就是真實世界裡的真實存在？或者，我要我的研究具有去偵測不是高度就是中度效力的敏感性？或者，我要我的研究具有高度敏感性而允許去偵測高度、中度以及低度的效力嗎？

標準效力量的高中低準則是依據研究者使用的統計檢定種類而定。例如，如果研究者要以 *t* 檢定比較兩組平均數，低中高（小中大）標準效力量的準則分別為 .2、.5 與 .8，但是如果研究者要比較相關係數，低中高（小中大）的標準效力量準則分別為 .1、.3 與 .5。當我們從第九章至第十八章探討不同的檢定程序時，我將指出每一種檢定程序的標準效力量準則。目前，你需要知道的是：(1)九步驟的假設檢定程序需要先行指定效力量；以及(2)研究者有權選擇原始效力量或標準效力量。

選錄 8.9 與 8.10 示例了我們已經探討過的兩種效力量。在選錄 8.9 裡，研究者使用了一個標準效力量為 .5。選錄 8.10 裡，研究者進行一項使用皮爾森 *r* 的研究。此處，使用原始效力量，因為研究者自己決定如果 $\rho < -.38$ 就被視為是無關緊要的。

貳　步驟 5：詳載想要的檢定力水準

在九步驟假設檢定程序裡，研究者的下個任務是指定檢定力水準。檢定力是一個從 0 到 1.0 的機率值。然而，唯有高的數值被考慮，因為檢定力與第二類型錯誤的機率是互補的。

當然，研究者確實不知道虛無假設距離目標有多遠（或甚至它是完全錯誤的）。特定的效力量僅僅是研究者用以判斷距離虛無假設的離差是否是有意義的指標。然而，請注意，如果虛無假設是錯誤的發現是因為出現比指定的效力量要大的差距，那麼拒絕 H_0 的確切機率會大於指定的檢定力水準。因此步驟 5 裡所選擇的檢定力水準代表可接受的最低檢定力，這是對於被視為是與 H_0 發生有意義差異的潛在真實 H_a 情況而言。

188

選錄 8.9-8.10 • 檢定力分析

　　我們使用 SPSS 的隨機樣本程序產生一份具有九十個案例的樣本。樣本量是由 GPOWER 軟體的檢定力分析功能而來。我們〔想要〕足夠的檢定力（Cohen, 1988, 建議最低為.8）。我們設定中度效力量標準為.5。

來源：Ryan, J. P., and Yang, H. (2005). Family contact and recidivism: A longitudinal study of adjudicated delinquents in residential care. *Social Work Research, 29*(1), p. 33.

- -

　　為了計算需要的樣本量，我們運用電腦程式 GPOWER（Faul & Erdfelder, 1992）。這個計算是奠基於前項研究發現的積極行為與精液濃度之間的相關性（$r = - 0.38$; Pook et al., 2000）。在這種效力量之下，我們需要傳統的 alpha（0.05），單尾檢定和傳統的檢定力（0.80），以及一份包含三十九位對象的樣本。

來源：Pook, M., Tuschen-Caffier, B., Kubek, J., Schill, W., and Krause, W. (2005). Personality, coping and sperm count. *Andrologia, 37*(1), p. 31.

　　請看選錄 8.9 與 8.10 以瞭解研究者如何報告想要的檢定力水準。在這兩篇選錄裡，研究者指出他們想要具有最低的檢定力為.80。換句話說，他們想要擁有至少 80% 的機率可以拒絕虛無假設——也因此犯下第二類型錯誤的機率不會高於 20%——如果研究裡的母體真實狀態以等於或大於指定的效力量距離而和 H_0 產生差異的話。這兩篇選錄很好地闡釋了檢定力不得低於.80 的這種廣泛見解。

　　在離開統計檢定力討論前，我們需要去闡述一個也許已經在你心中形成的問題。我們為何不設定更嚴苛的檢定力例如.95 或.99 甚至是.999？這有兩個原因。第一，當進行至步驟 6 計算檢定力所需的樣本量時，可能會遭遇不合理的要求。第二，異常高的檢定力讓母數與 H_0 的無關緊要離差被標示為統計上顯著的機率增加了。由於這兩個理由，檢定力高於.90 是非常少見的。

參　步驟 6：決定需要的樣本量

　　陳述了 H_0 與 H_a、選擇了顯著水準、詳載了效力量與檢定力之後，研究者使用一種公式、一個特別準備的表或電腦程式，以決定研究所需的樣本量〔**樣**

本量的確定（sample size determination）〕。這個過程並不需要判斷或決策，因為研究者僅僅是計算並且尋找一個非常實際的答案：樣本量需要多大？在這個時候（也在步驟 7 至 9），研究者就像是一個機器人依照規定辦事而不需要使用多少腦力。

為瞭解當研究者在檢定力分析裡計算樣本量時說了些什麼，請再看選錄 8.9 與 8.10。第二篇選錄特別值得去檢視，因為它闡釋了研究者如何指出確定樣本量所需的主要「成分」。注意這篇選錄指出：(1)所選擇的顯著水準；(2)想要的統計檢定力水準；(3)所選擇的效力量；以及(4)檢定是否為單尾或雙尾。

在選錄 8.11 裡，我們看見了研究者使用比先前研究要大的樣本量。在問卷調查研究裡，這種情況並非不尋常。在決定了需要的樣本量之後，研究者會猜測可能的回答率。然後，最初的樣本量會增加以補償回答率不足的問題。研究者也會使用這種方法去預測參與者的退出率。

選錄 8.11 • 確定問卷研究裡的樣本量

先行的檢定力分析（效力量是.30、alpha 水準為.05，以及檢定力為.80）指出所需的樣本量為三百五十位參與者。假設 60%至 65%的回答率（Dillman, 2000），全部所需的樣本量大約在五百七十五位。

來源：Ipsen, C., Arnold, N. L., and Colling, K. (2005). Self-employment for people with disabilities. *Journal of Disability Policy Studies, 15*(4), p. 232.

當我們結束假設檢定程序九步驟程序的討論時，我想要強調這套步驟的主要優勢。假設檢定的最終結果會變得比較容易詮釋，如果研究者指出什麼是有意義的離差（與 H_0），多大的樣本量能夠創造想要的檢定力（或基於可獲得樣本所計算得來的檢定力）。相反地，假設檢定的六步驟程序會導致高度模稜兩可的發現。

190

如果不考慮效力量與檢定力的概念，研究者可能完全不知道，是否：(1)不能拒絕虛無假設是因為與 H_0 之間的無關緊要（或 0）離差，或是歸因於小樣本量的關係而使檢定的敏感度不足以偵測重要的非虛無情況；或者(2)拒絕的決定是因為值得注意的量使得 H_0 是錯誤的，或歸因於大樣本量的關係而使不重要的非虛無情況被標示為顯著的。在選錄 8.12 與 8.13 裡，我們看見了假設檢定

的六步驟程序是如何產生模糊的結果。在選錄 8.12 裡，研究者告訴我們，統計上的非顯著結果可能是不足的檢定力所導致。在選錄 8.13 裡，研究者告訴我們統計上的顯著結果可能是過大樣本量造成的。

選錄 8.12-8.13 • 小樣本與大樣本所引起的問題

在比較了兩組參與者的腦結構衰退程度之後，我們發現直接的神經心理測驗參數比較與模式分析皆無法宣告 TBI 與 ABI 兩組之間存在顯著差異……本研究的主要詮釋限制是來自於小樣本量的關係，因為可能檢定力不足以偵測兩組之間所存在的真實差異。

來源：Hopkins, R. O., Tate, D. F., and Bigler, E. D. (2005). Anoxic versus traumatic brain injury: Amount of tissue loss, not etiology, alters cognitive and emotional function. *Neuropsychology, 19*(2), pp. 238, 240.

對於雙向變異數分析而言，研究樣本提供了 > 90% 的檢定力去偵測 0.20 標準差單位的主要效果。因此，樣本量提供了豐沛的統計檢定力去偵測微量效果的存在。由於這個原因，統計上的顯著效果可能不具備臨床干預力。

來源：Croghan, I. T., Bronars, C., Patten, C. A., Schroeder, D. R., Nirelli, L. M., Thomas, J. L., Clark, M. M., Vickers, K. S., Foraker, R., Lane, K., Houlihan, D., Offord, K. P., and Hurt, R. D. (2006). Is smoking related to body image satisfaction, stress, and self-esteem in young adults? *American Journal of Health Behavior, 30*(3), p. 330.

191

九步驟假設檢定程序的優勢並不是讓研究者能夠知道關於 H_0 的決定是否是對或錯。不管所使用的方法，一個拒絕的決定可能是正確的或也許形成第一類型錯誤，而一個不能拒絕的決定可能是正確的或也許形成第二類型錯誤。效力量與檢定力在假設檢定程序裡的優勢是兩方面的：一方面，研究者事先知道並且控制犯下第二類型錯誤的機率，另一方面，沒有批評可以妄言顯著結果是由過度敏感的檢定所帶來的（或不顯著的結果是由過度不敏感檢定所產生的）（註2）。

註2：我假定此假設的批評（hypothetical critic）與研究者關於 H_0、H_a、α 以及效力量的決定是一致的。

第三節 使用信賴區間進行假設檢定

研究者能夠藉著使用一個或更多的信賴區間投入假設檢定，而不使用計算值與臨界值比較法或 p 值與 α 比較法。即使這種方法不像第七章裡的方法那麼常用，瞭解它在假設檢定背景下的用法也是很重要的。

當信賴區間以這種方式被使用時，除了樣本資料的分析與評量不同之外，其他關於假設檢定程序的東西都保持不變。更詳盡點，這種假設檢定的替代性方法涉及了 H_0、H_a 以及 alpha 的指明，和拒絕或不能拒絕 H_0 的最後步驟。第一類型與第二類型錯誤仍然相關，指定效力量與檢定力並計算適當的樣本量也有機會。

如同在第七章裡所指出的，計算值與臨界值通常是無量尺刻度概念的數值。這種計算值與臨界值與關連資料的測量工具並無有意義的連結。即便研究者使用無量尺刻度概念的計算值與臨界值是有其優勢，這種數值提供很少的訊息於為何 H_0 最終會被拒絕或不能被拒絕。信賴區間的優點就是幫助提供這項訊息。

信賴區間用於假設檢定裡的方式是很容易解釋的。如果研究裡只有一份樣本，研究者會採用這份樣本並在樣本統計值附近建立信賴區間。研究者不計算計算值而是計算一個區間，使用先行指定的 alpha 水準來決定關連區間的信賴水準（.05 的 α 需要 95% 的區間、.01 的 α 需要 99% 的區間等等）。然後，研究者不是轉向臨界值而是轉向虛無假設，並比較信賴區間與 H_0 裡的精準數值。最後一個步驟的決定規則是很直接的：如果虛無數值是在信賴區間之外，能夠拒絕 H_0；否則，H_0 必須被保留。

192

選錄 8.14 示範信賴區間用於假設檢定的方式。這篇選錄的內容是關於實習醫生值班時的打瞌睡行為。它處理了一個相關，計算資料來自於四個星期期間裡的三十八位實習醫生。兩個變項是：(1)值班期間花在打瞌睡的時間；(2)同樣期間實習醫生呼叫器裡的呼叫被轉移至他人的時間。被檢定的虛無假設是 $H_0: \rho = 0$，此處 ρ 是母體裡的相關係數。如你所見，樣本的相關結果為 +.69。當 95% 的信賴區間於此數值附近建立時，區間延伸為 +.52 至 +.80。因為 H_0

選錄 8.14 • 使用信賴區間法於假設檢定

實習醫生呼叫器被轉移的分鐘數與值班時打瞌睡之間存在顯著關連（皮爾森 $r = 0.69[95\%CI, 0.52\ to\ 0.80]; P < 0.001$）（譯註2）。

來源：Arora, V., Dunphy, C., Chang, V. Y., Ahmad, F., Humphrey, H. J., and Meltzer, D. (2006). The effects of on-duty napping on intern sleep time and fatigue. *Annals of Internal Medicine, 144* (1), p. 795.

的精準數值 0，沒被包含在這個區間內，於是虛無假設被拒絕。

信賴區間也可用於決定是否兩份樣本之間存在足夠的差異以允許研究者拒絕虛無假設，此虛無假設宣稱對應的母體具有相同的母數值。選錄 8.15 闡釋了這是如何做到的。在這項研究裡，有兩組具有頸部疾患的病人。一組病人在復健中心裡接受每兩週一次的監督治療；另一組病人待在家裡進行非監督治療。在三個月治療結束之後，比較兩組進步的比率，虛無假設是研究的兩個母體具有相同比率的改進。如同選錄 8.15 裡所指出的，兩組的進步比率有 25% 的差異，而建立在此數值（25%）附近的 95%信賴區間從.003 延伸至.497。因為此區間並沒有覆蓋 0，所以兩組之間具有顯著差異。

選錄 8.15 • 使用信賴區間比較兩個組別

在三個月的追蹤調查裡，兩組在使用止痛劑上有顯著差異（$P < 0.05$）。在監督治療組裡，有 35%的病人進步了，在非監督治療組裡，有 10%的病患進步了，兩組之間有 25%的差異（$95\%\ CI = 0.003\text{-}0.497$）。

來源：Bunketorp, L., Lindh, M., Carlsson, J., and Stener-Victorin, E. (2006). The effectiveness of a supervised physical training model tailored to the individual needs of patients with whiplash-associated disorders — a randomized controlled trial. *Clinical Rehabilitation, 20*(3), p. 212.

在結束我們對於使用信賴區間法於假設檢定的討論之前，我需要再一次地

譯註 2： 讀者請注意此處使用大寫 P 而非一般所熟知的小寫 p，兩者代表的意義相同，在一些期刊文章裡，尤其是醫學類，慣用大寫的 P。又因為信賴區間法已經起了作用，p 值與 α 比較法在此處的呈現是多餘的。

提醒你信賴區間與標準誤區間兩者之間的差異^(註3)。許多在假設檢定裡使用計算值與臨界值的研究者，會根據統計值加減統計值的標準誤來總結他們的樣本資料。藉由在樣本統計值上加減標準誤所形成的區間並不產生 alpha 導向的信賴區間。而是，結果為一個 68% 的區間（alpha 導向的信賴區間通常是 95% 的區間）。

第四節　校正被誇大的第一類型錯誤率

在第七章裡，我指出了研究者可以直接控制他們犯下第一類型錯誤的機率（當真實虛無假設被拒絕時，第一類型錯誤於是發生）。當研究者選擇顯著水準時，這種控制就被運作了。只要研究者的統計檢定的前提是穩固的，假設檢定程序裡步驟 3 的 alpha 水準就能立刻並準確地建立一個真實 H_0 被拒絕的機率。

α 指定了第一類型錯誤危機的事實只有在研究者使用假設檢定程序一次的狀況下才是真實的。然而，在許多研究裡，不只一次的 H_0 被檢定。在選錄 8.16 裡，我們看見了應用許多次假設檢定程序於同一份研究裡的實例。如你所見，有四個相關係數出現在選錄裡。這裡的 p 值指出假設檢定程序在此處被使用了四次，每一個 p 值對應每一個 r。

選錄 8.16 • 使用多次的假設檢定

194

量表之間相關的模式反映了大齡兒童使用原始 CPIC 的模式；衝突特質量表與威脅量表產生中度相關，$r = .48$，$p < .05$，自我責備量表與衝突特質的相關為 $r = .20$，$p < .05$，而與威脅量表的相關，$r = .23$，$p < .05$……兒童在衝突特質量表上的得分與母親在雙親衝突量表上的得分產生中度相關，$r = .46$，$p < .05$。

來源：McDonald, R., and Grych, J. H. (2006). Young children's appraisals of interparental conflict: Measurement and links with adjustment problems. *Journal of Family Psychology, 20*(1), p. 93.

註3： 信賴區間與標準誤之間的差異首先在第六章裡被提及。

當假設檢定程序在同項研究裡被進行多次時，在每一次檢定裡的 alpha 水準指明了第一類型錯誤危機。然而，在多次檢定被進行的研究裡，真實的第一類型錯誤機率超過了任何被給定檢定所使用的 alpha 水準。術語**誇大的第一類型錯誤危機**（inflated Type I error risk）被用以指稱這種情況：兩個或更多檢定的 alpha 水準低估了至少其中一種檢定，會使研究者拒絕一個真實 H_0 的可能性。

一個簡單的例子也許可以幫助我們理解誇大的第一類型錯誤率的問題。假設你朋友和你打賭玩擲骰子遊戲。只要結果不是出現六點就能贏 10 元美金。然而，如果你擲出六，就必須損失 50 元美金，這是相當公平的打賭，因為贏的機率為 5/6，而輸的機率只有 1/6。

但假使在你手上的是一對骰子並且要求要同時擲出。同樣的，只要結果不是出現六點就能贏 10 元美金。然而，如果出現任何一個六點，就必須損失 50 元美金。這對你而言並不是一項公平的打賭，因為避免出現一個六點的機率是 $5/6 \times 5/6 = 25/36$（10 元美金 vs. 50 元美金）。如果你同時處理五對骰子，也是同樣的賭注，你將處於極大的劣勢（例如，如果你避免一個六點可贏得 10 元美金，反之則輸掉 50 元美金）。以十顆骰子同時擲出而言，避免出現任何一個六點的機率大約是 .16。你將有 16% 的機率贏得 10 元美金而有 84% 的機率輸掉 50 元美金。這對你的對手而言將會是個非常好的安排。

很明顯地，骰子數目的增加使得出現六點的機率增加。有兩種方式可以使我們的假設性打賭遊戲變得公平。一種方式是改變賭注。例如，以兩顆骰子同時擲出而言，避免出現任何一個六點能贏 11 元美金，否則輸 25 元美金。第二種方式就是非法擅改骰子，而賭注維持不變。

當研究者使用假設檢定程序多次時，必須使用校正來應對檢定數目增加而使得第一類型錯誤增加的事實。最常用的方法是改變顯著水準，也就是把顯著水準改得更嚴苛一點。如果研究者想要相當地避免第一類型錯誤於他的整組結果裡，那麼他可以在個別的檢定裡設定更為嚴苛的 alpha 水準。這樣做就好像研究者設定好了公平賭注，使得 alpha 水準確實符合產生第一類型錯誤的可能性。

最常被用以校正 alpha 水準的程序稱作**邦弗朗尼技術**（Bonferroni technique），而它非常容易被應用與瞭解。當研究者想要在整份研究裡控制第一類

195

型錯誤時，對應不同檢定的 alpha 水準總加起來必須同等於整份研究的 alpha 準則。這通常藉由除以整份研究的假設檢定次數來完成。選錄 8.17 很好地闡釋了邦弗朗尼技術是如何運作的。

選錄 8.17 • 邦弗朗尼校正程序

.05 的 alpha 水準被用於所有的統計檢定。然而，邦弗朗尼校正被使用以減低犯下第一類型錯誤的機率。因此，有五項統計檢定被進行，校正的 alpha 水準為.05/5 或 alpha =.01。

來源：Cumming-McCann, A. (2005). An investigation of rehabilitation counselor characteristics, white racial attitudes, and self-reported multicultural counseling competencies. *Rehabilitation Counseling Bulletin, 48*(3), pp. 170-171.

當使用邦弗朗尼技術時，研究者通常會指出被校正的 alpha 水準大小，而校正過的 alpha 是用來評量研究裡的每一項虛無假設。如你所知，把整體第一類型錯誤危機除以檢定的數目，就能得到校正過的 alpha。術語**實驗方法誤差率**（experimentwise error rate）就是指這種第一類型錯誤危機。在選錄 8.18 裡，我們看見了這個術語被使用，此處研究者使用了十次假設檢定程序。此篇選錄包含了一條小小的公式來說明使用於個別虛無假設的顯著水準（α'）與實驗方法誤差率（α）之間的關係。

196

選錄 8.18 • 實驗方法誤差率

邦弗朗尼方法被用以保證整體實驗方法誤差率沒有超過 $\alpha = 0.05$。個別檢定的顯著水準同等於 $\alpha' = \alpha/n$，此處 $n = 10$ 也就是檢定的次數。

來源：Donali, E., Brettum, P., Øyvind, K., Løvik, J. E., Lyche-Solheim, A., and Anderson, T. (2005). Pelagic response of a humic lake to three years of phosphorus addition. *Canadian Journal of Fisheries and Aquatic Sciences, 62*(2), p. 325.

因為邦弗朗尼技術導致更嚴苛的 alpha 水準，每一項檢定變得更加嚴厲。換句話說，邦弗朗尼校正下的 alpha 水準（與沒有校正過的顯著水準比較）創造了一種情況，在這種情況下，樣本資料必須與虛無預期更不一致時才能允許研究者拒絕 H₀。如果研究者藉由比較以資料為基礎的 p 值與校正過的 alpha 來

做出關於 H₀ 的決定，那麼alpha準則將會較小也因此比較難以去擊敗。或者，如果每一項檢定的計算值被拿來與臨界值做比較，研究者將會發現邦弗朗尼技術已經創造了一條更嚴格的準則。因此，研究者採用的這兩種途徑（從樣本資料至關於虛無假設的終極決定）並無不同。不論何種方式，使研究者更難以去拒絕 H₀ 帶來了較低的第一類型錯誤犯下率。

選錄 8.19 與 8.20 示例了邦弗朗尼技術導致了更嚴苛的統計比較評估。在第一篇選錄裡，研究者以普遍的.05 顯著水準開始。因為在他們的研究裡有三種檢定被進行，邦弗朗尼技術帶來了更新的顯著水準為.017。對於這三種檢定而言，為了達到統計上的顯著結果，它的 *p* 值必須「擊敗」（例如，結果低於）.017。在選錄 8.20 裡，我們看見了同樣的事情發生。邦弗朗尼技術把顯著水準降低為.0002。這意味著在任何檢定裡的樣本資料必須與虛無假設極端不一致才能使 H₀ 被拒絕。

197

選錄 8.19-8.20 • 為何邦弗朗尼技術使得拒絕 H₀ 變得更困難

使用邦弗朗尼技術控制橫跨三項比較的第一類型錯誤，小於.017 的 *p* 值就成為顯著性的必要條件。

來源：Dornburg, C. C., and McDaniel, M. A. (2006). The cognitive interview enhances long-term free recall of older adults. *Psychology and Aging, 21*(1), p. 198.

由於被執行相關次數的關係，邦弗朗尼校正被應用在降低第一類型錯誤的機率上，因此在 *p* < .0002 的條件下，虛無假設就要被拒絕。

來源：Carlisle, A. C. S., John, A. M. H., Fife-Schaw, C., and Lloyd, M. (2005). The self-regulatory model in women with rheumatoid arthritis: Relationships between illness representations, coping strategies, and illness outcome. *British Journal of Health Psychology, 10*(4), p. 576.

想要拒絕虛無假設的研究者卻使用邦弗朗尼技術使得這個任務變得更困難，這不免讓人覺得奇怪。然而，使用邦弗朗尼技術的研究者並不愚蠢或是與他們的目標不一致。雖然邦弗朗尼技術給研究者帶來了一個更為嚴苛的情況，它的功能並不是排除合法的東西。而是，這種技術的目標是幫助研究者避免捕捉事實上不具意義的東西。當然，邦弗朗尼技術並不能完全消除犯下第一類型錯誤的機會。但它的確去除了誇大的第一類型錯誤危機的問題。

邦弗朗尼程序在處理誇大的第一類型錯誤問題上並不是最常被使用的技術，而其他程序也被發展用來執行同樣的任務。其中一種被稱作唐恩程序的希答克校正法（Sidak modification of Dunn's procedure）。你會經常在研究報告裡看見它的暱稱為**唐─希校正**（Dunn-Sidak modification）。

第五節 一些警示

當我們來到假設檢定討論的尾聲時，我想要提供一些警示來協助你瞭解實證研究的專業內容。這些訣竅（或警示！）是不同於第七章結束之處所談到的，所以你也許能夠藉由複習一下我在那兒所說的而得到益處。在任何情況下，當你遭遇奠基於假設檢定程序的統計推論時，請銘記此處的四點提醒。

198

壹 術語效力量的兩種定義

當使用假設檢定的七步驟程序時，研究者可能選擇（在步驟 7a）計算效力量。在選錄 8.3 至 8.6 裡，我們看見了這種方法被執行的例子。或者，研究者也許會選擇（在步驟 7b）進行事後檢定力分析。如同在選錄 8.8 裡所呈現的，事後檢定力分析需要研究者計算效力量。重要的是，在步驟 7a 或 7b 的假設檢定程序皆是奠基於樣本資料。此種效力量的計算是使用研究者所蒐集的證據。

當採用九步驟程序的假設檢定時，不同種類的效力量就扮演起了角色。在此策略裡，研究者指定效力量（而非計算），而這是在資料的蒐集與檢視之前完成的。當研究者在九步驟假設檢定程序的第四步驟詳載效力量時，他們並不是對資料分析後所發現的效力量大小做預測陳述。而是，他們在步驟 4 指出他們認為能代表實際顯著性的最低效力大小。大多數研究者希望真實效力量範圍能超過在資料蒐集之前所指定的效力量。

很不幸地，同一個術語——效力量——被研究者拿去論及兩種不同的東西。然而，藉由小心地閱讀上下文，應該就能夠釐清是哪種效力量被討論。如果在研究報告裡的方法段落提及效力量（特別是一併討論樣本量時），那麼很可能是使用九步驟程序，此時效力量被用來判斷研究發現是否是無關緊要或重

要的。另一方面，如果效力量被呈現在結果段落，那麼這很可能是奠基於資料的效力量測度，用以指出虛無假設似乎為假的程度。

貳　「低」、「中」，以及「高」度效力量

不管研究者使用的是從樣本資料計算出來的效力量（事後）或者是被指定在研究策略裡的效力量（幫助確定所需的樣本量），研究者通常皆會論及效力量為「低」、「中」，或者「高」。如同稍早我在本章裡所指出的，幫助定義這些標準效力量的準則已被發展。例如，對於相關而言，普遍的效力量標準指出.1、.3、.5 分別代表低、中、高度的效力量。

不幸地，效力量的高、中、低準則根據研究的統計焦點以及被計算或指定的效力量種類而有所不同。例如，如果效力量 d 被用以比較兩個樣本平均數，對於標準效力量的準則而言，.2 為低，.5 為中，而.8 為高。明顯地，這些準則與先前的相關係數準則有所不同。

為了幫助你瞭解這些標準效力量準則，我會在接下來的章節裡放入說明列表。每個列表說明了不同統計檢定的效力量以及它的高中低準則。這些資訊是非常有用的，因為研究報告裡常常不討論效力量（如 d）所代表的意義。

參　假設檢定六步驟程序的過度簡化本質

大部分研究者以假設檢定的六步驟程序檢定虛無假設。這是不幸的，因為統計顯著與實際顯著的重要區別無法呈現出來。因此，不論關於 H_0 所達成的決定為何，結果都是曖昧不清的。一個拒絕的決定可能是由於樣本證據的單一數值總結與 H_0 裡的精準數值有著巨大差異所造成的；然而，同樣的決定也有可能是巨大樣本量放大了微小差異所導致的。同樣地，不能拒絕的決定可能是樣本證據與虛無假設之間的微小差異結果；然而，不能拒絕 H_0 的決定也可能是巨大差異被小樣本量偽裝之下所導致的結果。

請再看看選錄 8.12 與 8.13 以瞭解以上段落所描述的情節。然而，在這樣做之前，請準備兩道問題的答案。在選錄 8.12 裡，研究者首先指出他們的研究並無顯露任何統計上的顯著發現。然後他們強調這是他們研究的「主要詮釋限制」。你能夠猜出這裡的限制意指為何嗎？在選錄 8.13 裡，研究者陳述他

199

們的發現可能「不具備臨床干預力」。此研究的哪一項特徵主要為這個警示負責呢？好，現在看看你的答案是否正確。

對於研究者來說，進行六步驟的假設檢定程序是要比九步驟相對簡易許多。儘管如此，對於研究者與研究報告的讀者來說，相對困難的檢定程序能給予可觀的回饋，如果研究者：(1)在研究的計畫階段決定哪種結果代表的是與 H_0 的無關緊要離差或是他人看來是重要的結果；以及(2)使用檢定力分析以確定樣本量應該要多大。當你碰到指出以上兩點的研究報告時，記得給予加分！

200

儘管假設檢定的基本六步驟程序有其限制性，它還是被廣泛地使用。當你遇到使用這種簡易假設檢定程序的研究報告時，你將必須應用重要的第七步驟。即使你很可能無法進行事後檢定力分析，然而有某些事情是你可以做的。

如果一個相關係數被報告是具有統計上的顯著性，看看 r 的大小並詢問自己研究者的資料所顯露的是哪種關係（弱、中、強）。更好的是，平方 r 並轉換確定係數成為百分率的呈現結果；然後自己判斷一個變項裡的變異能被另一個變項裡的變異所解釋的程度是大或小。如果研究聚焦於平均數而非相關，謹慎地觀察計算出來的平均數。詢問自己觀察到的兩個平均數之間的差異是否代表發現是具有實際顯著性。

當試圖評估結果是否為重要時，如果你只有注意 p 陳述，你將很容易被誤導。大多數研究者使用簡易的六步驟假設檢定程序，而這套程序唯一顯露的是關於以下問題的是或否答案：「樣本資料與 H_0 之間的離差大於我們所期待的嗎？」即使結果是 $p < .0001$ 而具有統計上的顯著性，它所代表的發現也可能完全不具備任何實際顯著性。

肆　誇大的第一類型錯誤率

我最後的警示僅僅是重複我在本章稍早所講過的。這是關於多重檢定同時進行時，升高的第一類型錯誤機率。這在科學研究裡是個很嚴重的問題，也因此這個警示值得再被提醒一次。

假設研究者在每個對象上測量七種變項。也假設每對變項之間的真實相關在母體裡確實為 0.00。最後，假設研究者為每一對變項計算 r 值，檢定每一個 r 看看是否與 0.00 有顯著差異，然後把這些結果放入相關矩陣裡。如果.05 的

顯著水準被用以評量每一個 r，至少其中一個 r 結果為顯著的機率會大於 1/2（50%）。換句話說，即使為每一項分開的檢定設立.05 的 alpha 水準，集體的第一類型錯誤危機會膨脹超過.50，這是由於有二十一項個別檢定被進行的事實所造成的現象。

201

　　我在此處的警示是很簡單的。小心研究者的結論，如果假設檢定程序被用以同時評量許多的虛無假設。相反地，別忘了給予那些使用邦弗朗尼技術控制第一類型錯誤危機的研究者掌聲與鼓勵。

術語回顧

邦弗朗尼技術（Bonferroni technique）	檢定力（power）
唐一希校正（Dunn-Sidak modification）	實際顯著性（practical significance）
效力量（原始與標準）〔effect size (raw and standardized)〕	樣本量的確定（sample size determination）
誇大的第一類型錯誤危機（inflated Type I error risk）	小標準效力量（small standardized effect size）
大標準效力量（large standardized effect size）	統計顯著性（statistical significance）
中標準效力量（medium standardized effect size）	第二類型錯誤危機（Type II error risk）

閒話統計

1. 一封作者寄給學生們的電子郵件，標題為「顯著」。
2. 涵括第八章的一個線上互動練習題（提供立即的回饋）。
3. 關於第八章內容的十個迷思。
4. 一封作者寄給學生們的電子郵件，內容關於假設檢定的七步驟與九步驟程序。
5. 「統計檢定力」的線上互動資源。

相關內容請參考：www.ablongman.com/huck5e

9 關於二變量相關係數的統計推論

在第三章裡，我們探討了幾種研究者用以總結兩組分數關連程度的描述性技術。在本章裡，我們將檢視研究者如何推論性地處理他們的相關係數。換句話說，這裡所探討的技術是研究者想要透過樣本資料猜測母體的本質。你很快就會看見，這種技術涉及假設檢定。然而，有時候推論猜測是透過信賴區間的使用而完成的。

本章一開始，我們探討應用在各種二變量相關係數上的統計檢定，以及檢視研究者如何傳達他們分析的結果。我也將會指出使用在相關係數上的邦弗朗尼技術，研究者如何分析兩個（或更多的）相關係數並檢視它們是否具有顯著差異，以及統計檢定如何被應用在信度與效度係數上。最後，我將提供幾點訣竅來幫助你鑑別相關係數的推論統計結果。

第一節 牽涉到單一相關係數的統計檢定

在本章稍後，我們將探討兩個或更多的相關係數是否存在顯著差異的情況。然而，在那之前，我們需要去探討單一樣本與單一相關係數的情況。即使單一樣本在本質上是比較容易的，在此部分談論的推論技術使用頻率卻是大於多重相關的情形。

壹 推論的目標

圖 9.1 澄清了為何研究者試圖應用推論檢定於相關係數上。此圖涉及推論

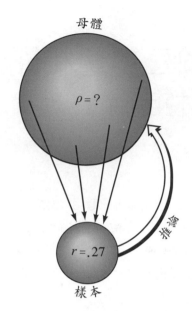

圖 9.1 相關係數的推論

皮爾森積差相關。然而,藉由改變包含在內的符號,我們能夠使得此圖和檢定任何二變量相關係數的研究變得切題。

如同圖 9.1 所呈現的,相關係數的計算是奠基於樣本資料。即使相關係數的統計值很容易取得,研究者的主要興趣卻是母體裡的母數值。然而,研究者無法直接探取母體裡的情況,而只能先測量樣本裡的對象。據此,關於相關係數母數值的推論(例如,有根據的猜測)是奠基於已知的統計值之上的。

從樣本延伸至母體的推論本質可以有兩種形式,這要依據研究者是否想要使用估計技術或設立與評估一個虛無假設而定。在本章結束之處,我們將檢視信賴區間用以推論相關係數的方式。我們首先把注意力轉向研究者設定、評量,以及報告相關虛無假設的方式。

貳 虛無假設

當研究者關心單一母體裡兩個變項之間的關連,而又只能從樣本蒐集資料時,他們很可能藉由假設檢定來解決他們的推論問題。這時,虛無假設就像是所有其他統計成分的中樞。

在處理單一相關時，虛無假設僅僅是母體裡可能相關值的精準陳述。即使研究者能夠自由選擇 -1.00 到 $+1.00$ 之間的任何數值並且置入 H_0 裡，研究者通常還是會說他們的相關虛無假設為母體裡的兩個變項之間存在零相關。在選錄 9.1 裡，我們看見了這樣一個例子。

選錄 9.1 • 檢定相關虛無假設

相關分析被使用去檢定第一與第二個使用皮爾森積差相關的虛無假設。

- H_{01}，勞力多元計畫存在期間與勞力多元呈現程度之間沒有關連。
- H_{02}，訓練時數與報告的強烈反應範圍之間沒有關連。

來源：Whittenburg, C. E. (2001). The relationship of selected variables on diversity programs in Fortune 250 manufacturing firms. *Journal of Industrial Teacher Education, 38*(2), p. 86.

在選錄 9.2 與 9.3 裡，研究者在進行資料分析之後提及相關虛無假設。注意這兩篇選錄裡的虛無假設陳述可以寫成 $H_0：\rho = 0.00$。

因為相關虛無假設通常被陳述為母體裡面存在零相關，大多數研究者並不明確宣稱被檢定的 H_0，而認為讀者理所當然會懷抱虛無假設為無關連的推論結果。例如，選錄 9.4 與 9.5。在每篇範例裡，呈現在報告裡的樣本 *r* 被拿來與虛無值 0 進行比較——即使被檢定的 H_0 從來不曾出現在內容裡。

206

選錄 9.2-9.3 • 使用虛無值為 0 來檢定 *r*

這些相關被呈現在表三〔不在此處〕，我們可以看見十八個相關之中有兩個與 0 有顯著差異。

來源：Salthouse, T. A., and Siedlecki, K. L. (2005). Reliability and validity of the divided attention questionnaire. *Aging, Neuropsychology & Cognition, 12*(1), p. 95.

- -

然而，當我們為每份樣本計算個別相關時，我們發現對於介入組而言，前後相關為.028，與 0 無顯著差異。

來源：Gersten, R., Baker, S. K., Smith-Johnson, J., Dimino, J., and Peterson, A. (2006). Eyes on the prize: Teaching complex historical content to middle school students with learning disabilities. *Exceptional Children, 72*(3), p. 275.

選錄 9.4-9.5 • 沒有任何表徵顯示使用虛無值為 0 來檢定 *r*

> 然而，透過相關分析，FNE 與後測壓力間呈現正相關，$r = .26$，$p < .05$。

來源：Karakashian, L. M., Walter, L., Christopher, A. N., and Lucas, T. (2006). Fear of negative evaluation affects helping behavior: The bystander effect revisited. *North American Journal of Psychology, 8*(1), p. 25.

> 年紀與 PCC 之間的相關（$r = .272$）並沒有統計上的顯著性（$p > .05$）。

來源：Flipsen, P., Hammer, J. B., and Yost, K. M. (2005). Measuring severity of involvement in speech delay: Segmental and whole-word measures. *American Journal of Speech-Language Pathology, 14*(4), p. 302.

207

　　根據研究者既不陳述相關虛無假設也不提及 H_0 精準數值的這件事實，你經常會被迫猜測研究者的 H_0 為何。在這種情況下，猜測 H_0 為母體裡無關連的陳述是個很好的考量。如果研究者設定一個虛無假設並指定母體相關不同於 0，我有信心他們將會詳載 H_0 的精準數值。

參　決定 *r* 是否具有統計上的顯著性

　　如果在一個相關係數上面進行統計檢定，*r* 值的功能如同以資料為基礎的計算值。你很快就會見到，平均數、變異數或百分率涉及的計算值是不同於從樣本計算出來的平均數、變異數或百分率。但是以相關而言，以資料為基礎的相關係數就是計算值。

　　當 *r* 的樣本值被視為是計算值時，有兩種方法決定它是否具有統計上的顯著性。如果資料已被電腦分析，那麼以資料為基礎的 *p* 值可以拿來與顯著水準進行比較。如果 *p* 等於或小於 α，虛無假設就會被拒絕。你可以在選錄 9.6 裡看見這樣的例子。

　　選錄 9.7 示例了第二種方法來決定樣本 *r* 是否具有統計上的顯著性。如果無法獲得以資料為基礎的 *p*，研究者能夠把樣本數值 *r* 拿來與臨界值做比較。如果前者等於或大於後者，H_0 就會被拒絕。偶爾，你會遇到包含臨界值的研究報告。這種例子被呈現在選錄 9.7 裡。選錄裡的句子是被置放在包含二十一個相關係數的相關矩陣之下的。為了分辨哪些相關係數是顯著的（以及在何種顯

208

著水準下），研究者和讀者必須把每個 r 拿來與呈現在選錄 9.7 裡的臨界值做
比較。

選錄 9.6-9.7 ● 兩種方式以決定 r 是否具備統計顯著性 ─────── *207*

> 為了評估統計顯著性，我們應用.05 的 alpha 水準於所有的分析（$p < .05$）
> ……我們發現 CI 強度與言語流暢度間沒有顯著關連（$r = -.19, p = .13$）。

來源：Davidson, J., Lee-Archer, S., and Sanders, G. (2005). Dream imagery and emotion. *Dreaming,*
15(1), p. 40.

- -

> 相關大於.07，$p < .05$；相關大於.13，$p < .01$；相關大於.28，$p < .001$；
> 全部都是雙尾檢定。

來源：Conner, M., Sandberg, T., McMillan, B., and Higgins, A. (2006). Role of anticipated regret,
intentions and intention stability in adolescent smoking initiation. *British Journal of Health*
Psychology, 11(1), p. 93.

肆　r 的單尾與雙尾檢定 *208*

　　大多數研究者以雙尾的形式來檢定 r。那是因為他們想要知道母體裡的關
連是正相關或負相關。然而，有時研究者會使用單尾檢定去評量一個樣本 r。
在選錄 9.8 與 9.9 裡，我們看見了這兩種方式。

選錄 9.8-9.9 ● r 的雙尾與單尾檢定 ───────

> 訪談者對被訪問者的學術成就評估與被訪問者的 GPA 之間的皮爾森積差相
> 關具有統計顯著性，$r = .82$，$p < .001$，雙尾，$n = 40$。

來源：Tran, T., and Blackman, M. C. (2006). The dynamics and validity of the group selection inter-
view. *Journal of Social Psychology, 146*(2), p. 193.

- -

> 如同所預測的，我們發現臉部表情數目在情境之間存有顯著相關（$r = .74$,
> $p < .01$，單尾）。

來源：Frank, M. G., and Ekman, P. (2004). Appearing truthful generalizes across different deception
situations. *Journal of Personality and Social Psychology, 86*(3), p. 492.

　　典型的研究報告不像選錄 9.8 與 9.9 那樣指出是否使用單尾或雙尾形式來檢定 r。本章的大多數選錄甚至連對立假設的非指向性（$H_a : \rho \neq 0.00$）或指向性（$H_a : \rho > 0.00$ 或 $\rho < 0.00$）暗示都沒有。為什麼會這樣呢？

　　因為絕大多數的研究者使用雙尾的形式來檢定他們的 r，所以研究者假設你瞭解這種情況，即使他們不直接說明。因此，你應該猜想任何使用在 r 身上的檢定都是雙尾的，除非研究者有特別指出其他形式。當研究者在 r 身上進行單尾檢定時，他們必定會指明這種方式（就像選錄 9.9）。

伍　使用於特定相關種類的檢定

　　到目前為止，我們討論了使用於一般相關係數上的檢定。然而，並沒有一般相關這樣的統計程序名稱。當兩組資料被進行相關分析時，一項特定的相關程序必定被使用，而選擇的依據是變項的本質或工具的測量水準。如我們在第三章所學，有許多種類的二變量相關：皮爾森、史匹爾曼、雙數列、點雙數列、phi、四分相關等等。

　　研究者可以應用假設檢定程序於任何的相關程序上。當研究者沒有特別指明被檢定的 r 是哪一種相關時，你應該假定 r 代表的是皮爾森積差相關。因此，選錄 9.1 至 9.9 提及的 r 應該都是皮爾森 r。在選錄 9.10 至 9.13 裡，我們看見了其他種二變量相關係數被進行推論檢定的範例。

選錄 9.10-9.13 • 特定種類相關上的檢定

　　這些等級產生了史匹爾曼等級相關係數為 .649，而在 .01 水準時，此統計值是顯著的。

來源：Ward, M. A. (2006). Information systems technologies: A public-private sector comparison. *Journal of Computer Information Systems, 46*(3), p. 53.

- -

　　BUMP-R 分數與家庭形態之間的關連以點雙數列相關檢定發現具有顯著性，$r_{pb}(10) = -.569$，$p = 0.054$。

來源：Smit, E. M., Delpier, T., Tarantino, S. F., and Anderson, M. L. (2006). Caring for adoptive families: Lessons in communication. *Pediatric Nursing, 32*(2), p. 140.

- -

> 我們計算 phi 係數去估計介入分數與後測分數之間的關連。發現在這些分數之間存在中度關連（$r = .29, p < .05, n = 48$）。
>
> 來源：Fernandez-Berrocal, P., and Santamaria, C. (2006). Mental models in social interaction. *Journal of Experimental Education, 74*(3), p. 235.
>
> -
>
> 相較於 61.8% 的性活躍青少年放學後是到其他地方，大多數（81.77%）的禁慾青少年報告他們放學後是回家（克拉默 $V = .148, p = .027$）。
>
> 來源：Velez-Pastrana, M. C., Gonzadez-Rodriguez, R. A., and Borges-Hernandez, A. (2005). Family functioning and early onset of sexual intercourse in Latino adolescents. *Adolescence, 40*(160), p. 785.

第二節　許多相關係數上的檢定（每一個都被分開對待）

210

　　在本章所呈現的大多數選錄裡，推論的重點在於單一相關係數。即使某些研究者只設定一個相關虛無假設（因為每項研究只涉及一個相關係數），大多數研究者會在同一項研究裡對兩個或更多的相關進行推論檢定。我們現在的目標就是要去探討研究者呈現這種結果的不同方式，去澄清關連每一個相關係數的 H_0，以及去考量邦弗朗尼校正技術能幫助降低誇大的第一類型錯誤危機的作用。

壹　相關矩陣項目上的檢定

　　如同我們在第三章裡所見，**相關矩陣**（correlation matrix）是個很有效率的方式來呈現三個或更多變項之間的相關係數[註1]。通常，相關矩陣裡的每個項目皆會連結推論檢定。在選錄 9.14 裡，我們看見了這樣的示例。

註 1：當相關係數被計算時，計算的是兩個變項測量值的相關而不是變項本身的相關。這種區別是相當重要的，因為很可能相關係數低估了存在於兩變項間的真實相關性。拙劣的測量工具會造成這種異常現象。

選錄 9.14 • 相關矩陣裡許多 r 的檢定

表三　大學生對 PDSR 與其他測量（研究三）所作回應之間的相關

測量	1	2	3	4
1. SIAS	--			
2. PCL	.52**	--		
3. PSWQ	.48**	.55**	--	
4. PDSR	.17**	.26**	.32**	--

註：PDSR = Panic Disorder Self-Report; SIAS = Social Interaction Anxiety Scale; PCL = PTSD Checklist; PSWQ = Penn State Worry Questionnaire。
**$p < .01$.

來源：Newman, M. G., Holmes, M., Zuelling, A. R., Kachin, K. E., Behar, E. (2006). The reliability and validity of the Panic Disorder Self-Report: A new diagnostic screening measure of panic disorder. *Psychological Assessment, 18*(1), p. 55.

211

　　選錄 9.14 裡的相關矩陣包含四種變項之間的六個二變量相關係數。每個 r 連結一項統計檢定，而每項虛無假設皆為母體裡無關連的陳述。如你所見，這六個相關結果都是顯著的，$p < .01$。

貳　報告在內文裡的多個相關係數檢定

　　研究者通常把多個相關係數檢定結果呈現在內文裡而不是表格裡。選錄 9.15 與 9.16 示例了這種方式。

選錄 9.15-9.16 • 在內文裡的多個 r 檢定

　　在過去十二個月裡，教師把兒童趕出教室的現象與教師的工作壓力（由 Job Demand survey 測得; $r = .24, P < .01$）和沮喪症狀（由 CES-D Total 測得; $r = .23, P < .05$）之間存在正相關。

來源：Gilliam, W. S., and Shabar, G. (2006). Preschool and child care expulsion and suspension: Rates and predictors in one state. *Infants & Young Children: An Interdisciplinary Journal of Special Care Practices, 19*(3), p. 238.

　　CATS 的敵意企圖子量表與 SDQ 行為問題分數之間發現顯著正相關……然

而，這種現象只發生在 AD 組 $r(34)=.602$，$p<.01$，與 NC 組 $r(30)=.428$，$p<.05$，並沒有發生在 AS 組 $r(29)=.244$，$p>.05$。

來源：Farrugia, S., and Hudson, J. (2006). Anxiety in adolescents with Asperger Syndrome: Negative thoughts, behavioral problems, and life interference. *Focus on Autism & Other Developmental Disabilities, 21*(1), p. 31.

在選錄 9.15 裡，我們看見了兩個相關的檢定結果。注意每個相關來自於一組個人的資料。選錄 9.16 呈現的是三個相關的檢定結果。如你所見，每個相關來自於不同的組別。

參　邦弗朗尼校正技術

在第八章裡，我解釋了為何研究者有時候會使用**邦弗朗尼技術**（Bonferroni technique）去校正他們的顯著水準。如你所知，這樣做的目的是壓低多重檢定進行時所帶來的第一類型錯誤機率。我也希望你記得邦弗朗尼技術應用的機制，是把整體研究的第一類型錯誤危機除以進行檢定的次數。

在選錄 9.17 與 9.18 裡，我們看見了邦弗朗尼技術被使用於相關係數的範例。這兩篇選錄非常值得參考。

212

選錄 9.17-9.18 • 使用邦弗朗尼校正於多個相關係數檢定

邦弗朗尼法於橫跨十個相關的第一類型錯誤指出小於.005（.05/10 = .005）的 p 值是顯著的必要條件。

來源：Wrobleski, K. K., and Snyder, C. R. (2005). Hopeful thinking in older adults: Back to the future. *Experimental Aging Research, 31*(2), p. 223.

- -

alpha 水準的校正是藉由把慣例的 alpha 水準.05 除以相關檢定次數（21）。奠基於.002 的 alpha 水準上，只有其中六個相關是顯著的。

來源：Niehuis, S. (2005). Alternative monitoring predictors: When the grass looks greener on the other side. *North American Journal of Psychology, 7*(3), pp. 424-425.

選錄 9.17 示例了為何邦弗朗尼技術被使用以及它是如何運作的。在選錄 9.18 裡，注意邦弗朗尼程序把顯著水準從.05 減低至.002。這可能會帶給你一

個過度嚴苛的 alpha 水準。然而,如果研究者使用假設檢定程序好幾次(如同選錄 9.18 裡面的例子),確實的第一類型錯誤危機會變得非常大,如果顯著水準不變得更為嚴格的話。這兩篇選錄的研究者值得我們鼓勵,因為他們認知到檢定多個相關係數是需要「付出代價」。

當你碰到推論檢定應用於多個相關係數上時,記住使用邦弗朗尼校正與否可以使結論有很大的不同。例如,請再一次考量選錄 9.16。研究者報告他們的第二個相關(.428)在.05 水準下是顯著的。然而,如果使用邦弗朗尼校正程序(因為檢定使用於三個相關),關於此相關的虛無假設就會被保留而非被拒絕。

²¹³

第三節　信度與效度係數的檢定

如同在第四章裡所指出的,許多估計信度與效度的方法全部或部分依賴一個或更多的相關係數。計算了工具品質的指標之後,研究者有時候應用統計檢定以決定是否信效度係數為顯著。選錄 9.19 與 9.20 示例了這種檢定。

選錄 9.19-9.20 ● 信度與效度係數檢定

重測信度為高($r = .78, p < .001$),指出 PPVT-III 分數在六個月期間裡具有相當的穩定性。

來源:Huaqing Qi, C., Kaiser, A. P., Milan, S., and Hancock, T. (2006). Language performance of low-income African American and European American preschool children on the PPVT-III. *Language, Speech, & Hearing Services in Schools, 37*(1), p. 10.

- -

同時效度的支持證據被發現($r = .31, p < .0001$)。

來源:Boyd, H. C., and Helms, J. E. (2005). Consumer entitlement theory and measurement. *Psychology & Marketing, 22*(3), p. 279.

當你遇到信度與效度係數被檢定為顯著的研究報告時,請把注意力轉向係數的大小(應該為大)以及被報告的 *p* 水準(應該相當小)。例如,在選錄 9.19 裡,知道重測信度係數結果為顯著不同於 0($p < .001$)是很好的;然而,

穩定性係數的大小也很重要，此例為有價值的.78。然而，當我們考量選錄 9.20 裡的情況時，p 看起來不錯（因為它小於.0001），但是.31 的效度係數似乎不足。這種結果提供了一項證據：信度或效度係數可以呈現統計顯著性，即使它的絕對大小並不令人印象深刻。

第四節 比較兩個相關係數

有時候，研究者會想要比較兩個相關係數。這種比較的目標是去決定是否顯著差異存在於兩個 r 之間，而虛無假設的陳述為母體（一個或兩個）裡的兩個相關之間沒有差異。對於這種檢定，一個沒有差異的 H_0 是完全適當的。

圖 9.2 能夠幫助你分辨兩種類似但不同的情況當一對相關係數被比較時。在圖 9.2(a)裡，我們看見了樣本是從每一個母體裡抽取出來，而在每一份樣本裡相同的變項之間計算二變量相關係數。此圖裡，我已經把這些變項標示為 X 與 Y；這兩個變項可能是身高與體重、跑步速度與游泳速度，或任何其他對變項。虛無假設為兩個母體裡面的 X 與 Y 之間的相關有著相同的數值。注意此處的單一推論是奠基於兩組樣本資料並直接朝向兩個母體。

在圖 9.2(b)裡，我們看見了樣本是從一個母體裡抽取出來，而兩個相關係數是奠基於同一份樣本資料。其中一個相關說明了變項 X 與 Y 之間的關連，而另一個相關是關於變項 X 與 Z 之間的關連。在此研究裡的虛無假設為 X 與 Y 之間的相關母數值等於 X 與 Z 之間的相關母數值。奠基於樣本的一對相關係數之上，單一推論就直接朝向母體裡未知的一對相關係數值。

選錄 9.21 與 9.22 示例了描繪在圖 9.2 裡的兩種情況。在第一篇選錄裡，來自於一組病人裡的兩個變項（CRA 與組合思想違常）拿來與另一組病人裡的同樣兩個變項做比較。在選錄 9.22 裡，我們再次看見了兩個相關係數被拿來做比較的實例。然而，此處情形是不同的。此例裡，一組裡的參與者接受三種變項（工作希望、目標以及樂觀）上的測量。計算工作希望與其他兩個變項之間的相關，然後比較這兩個 r。

215

216

214

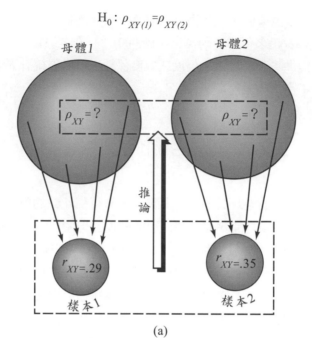

$$H_0 : \rho_{XY(1)} = \rho_{XY(2)}$$

(a)

$$H_0 : \rho_{XY} = \rho_{XZ}$$

(b)

圖 9.2　涉及兩個相關的兩種推論情況

210

選錄 9.21-9.22 ● 兩個相關係數的比較

　　如同所預測的，CRA 的增加與組合思想違常的降低發生關連。兩者的關連對於內射型病人而言，是顯著負相關（$r = -.38, p = .02$），對於依附型病人而言，相關是不顯著的（$r = .08, ns$）。內射型與依附型病人之間的相關差異具有統計顯著性（$z = -2.09, p < .02$，雙尾）。

來源：Fertuck, E. A., Bucci, W., Blatt, S. J., and Ford, R. Q. (2004). Verbal representation and thera-peutic change in anaclitic and introjective inpatients. *Psychotherapy: Theory, Research, Practice, Training, 41*(1), p. 21.

- -

　　結果顯示……WHS（Work Hope Scale）與目標量表之間的相關（$r = .62$）並無顯著高於 WHS 與樂觀之間的相關（$r = .53$），$t(221) = 1.69, p > .05$。

來源：Juntunen, C. L., and Wettersten, K. B. (2006). Work hope: Development and initial validation of a measure. *Journal of Counseling Psychology, 53*(1), p. 100.

216

　　在選錄 9.21 裡，兩個相關之間的比較是藉由 z 檢定[註2]。在選錄 9.22 裡，t 檢定被使用去進行相關比較。你不需要知道關於這些檢定的事物，除了一項非常重要的事情。那就是，在每個例子裡，被評估的虛無假設陳述為：關連這兩個樣本相關的母體數值是相等的。以符號表示為 $H_0: \rho_1 = \rho_2$。在選錄 9.22 裡，兩個相關係數（.62 與.53）相當大而可能會有顯著差異。然而，因為這兩個 r 距離近，兩者之間並無統計上的顯著不同。

第五節　使用信賴區間於相關係數上

　　當研究者把以資料為基礎的相關係數置於推論統計程序之下時，他們很可能透過假設檢定來促使決策的產生。在本章裡目前為止所呈現的選錄都是採用這種檢定策略。然而，研究者很可能僅在 r 的樣本值周圍建立信賴區間來處理推論過程。奇怪地，罕有研究者會這麼做。

註2： **費雪 r-to-z 變換**（Fisher's *r-to-z* transformation）通常被用以檢定兩個相關係數之間是否具有統計上的差異。

如同之前所指出的，信賴區間能夠在假設檢定的背景下被運用。在應用推論檢定於相關係數時，大多數研究者並不在他們的樣本數值附近建立信賴區間，但是少數會如此做。我們在選錄 9.23 裡看見了使用信賴區間的範例。

在選錄 9.23 裡，注意信賴區間從.26 延伸至.30。因此，整個 CI 落入 0.00 正值的這一邊。因為 CI 並沒有涵蓋 0，如同標記 $p < .05$ 所指出的，研究者拒絕虛無假設。此處，在研究報告裡從來沒有提到虛無假設，但它採用的形式為 $H_0：\rho = 0.00$，這是檢定單一相關係數時常出現的情況。

選錄 9.23 • 使用信賴區間檢定 r

感知智能與實際智能之間的相關為 .28（95% CI = 0.26-0.30, $p < .05$），暗示兩個建構之間存在中度相關。

來源：Jaccard, J., Dodge, T., and Guilamo-Ramos, V. (2005). Metacognition, risk behavior, and risk outcomes: The role of perceived intelligence and perceived knowledge. *Health Psychology, 24* (2), p. 166.

第六節 一些警示

217

當你試著解讀（與評論）相關係數的研究報告時，你應該謹記幾點警示。我此處的評論是來自於第三、第七和第八章裡的一些觀點。

壹 關連強度、效力量和檢定力

許多研究者似乎因與他們相關係數有關的 p 水準而失去判斷力，因此忘了關連強度最好是以平方過的樣本 r 值來評估。發現相關係數是顯著的也許並不是真正重要的事——即使結果指出 $p < .01$ 或 $p < .001$——除非 r^2 的數值是合理地高。結果也許具有統計顯著性（因此指出樣本資料不大可能來自於具有 H_0 特徵的母體），但它可能不具有實際顯著性。

考量選錄 9.24。在此選錄裡的三個相關係數被檢定，每一個 r 被發現與 0.00 有顯著不同。然而，我不得不認為他們比較專注於 $p < .05$ 的統計結果，

選錄 9.24 ● 錯誤的聚焦於 p 而非 r

職業承諾與適當責任（$r = .08$）、同儕監督（$r = .06$）、壓力（$r = -.11$）之間存在顯著相關（$p < .05$）。高度的承諾與高度的適當責任和同儕監督相關。低度的承諾與高度的壓力相關。

來源：Baggerly, J., and Osborn, D. (2006). School counselors' career satisfaction and commitment: Correlates and predictors. *Professional School Counseling, 9*(3), pp. 200-201.

而非三個二變量 r 的強度大小。

　　請瀏覽選錄 9.25 裡統計顯著與實際顯著之間的重要區別。在這篇選錄裡，研究者使用「低」和「非常低」的詞來描述前三個相關。明顯地，那些研究者比較專注於確定係數而不是相關係數值。

選錄 9.25 ● 對於統計顯著相關強度的擔憂

實際與感知之間口部性行為的相關為.33（$p < .001$），生殖器性行為的相關為.25（$p < .001$），肛門性行為的相關為.10（$p = .005$），性伴侶數目的相關為.06（$p = .098$）。這些結果暗示低至中度關連存在於實際與感知之間口部性行為的相關與生殖器性行為的相關（r^2 值分別為.11 與.06），但是非常低的關連存在於實際與感知之間肛門性行為的相關與性伴侶數目的相關（r^2 值分別為.01 與.004）。

來源：Martens, M. P., Page, J. C., Mowry, E. S., Damann, K. M., Taylor, K. K., and Cimini, M. D. (2006). Differences between actual and perceived student norms: An examination of alcohol use, drug use, and sexual behavior. *Journal of American College Health, 54*(5), p. 298.

　　在第八章裡，我指出研究者使用效力量或事後檢定力分析來進行七步驟程序的假設檢定。這些策略能夠使用在相關係數上。事實上，在選錄 9.25 裡，研究者為每個 r 計算確定係數的作法同等於計算效力量的意思。

　　在選錄 9.26 裡，我們看見了一群研究者把他們獲得的 phi 係數拿來與一般效力量準則做比較（這些準則被複製並呈現在表 9.1，因為它們被應用在任何我們所探討過的相關程序上）。因為研究者的 phi 樣本值（.57）大於準則值

選錄 9.26 • 使用效力量準則於相關係數上

> 獲得的 Phi 值為.57 指出在自我導向 IEP 介入與學生開始晤談之間存在有力的關連（e.g., Cohen, 1988）（我們使用以下準則決定 Phi 效力量範圍：.10 ＝低度效力，.30 ＝中度效力，.50 ＝高度效力）。
>
> 來源：Martin, J. E., Van Dycke, J. L., Christensen, W. R., Greene, B. A., Gardener, J. E., and Lovett, D. L. (2006). Increasing student participation in IEP meetings: Establishing the self-directed IEP as an evidenced-based practice. *Exceptional Children, 72*(3), p. 307.

（.50），研究者可以說他們計算出來的相關暗示了一個「有力的關連」。

如同表 9.1 底下的註解所指出的，研究者不應該盲目地使用一般效力量準則來評量相關係數，而應該同時參考研究的特定背景。在特定的研究背景之下，.30 或.40 的相關係數也許會被認為是「有力」的關連，而.60 或.70 的相關卻也可能被視為是「乏力的」。例如，如果皮爾森 r 被使用去估計重測信度，那麼.50 的相關係數就不能被視為是有力的穩定性證據。並且，在某些研究領域裡，兩個變項獨立出現，新的調查（也許使用更好的測量工具）產出.20 的相關，這種情況下，研究者也許會認為這份新研究的相關相當高。相關係數的效力量準則具有使用上的便利性，但是我們別忘了給予那些解釋為何這些準則適用或不適用其研究的研究者們掌聲與鼓勵。

第二件研究者有時候會在聚焦於相關係數的假設檢定七步驟程序裡做的事情是，進行事後檢定力分析。目標通常是檢視在樣本相關結果為不顯著的情況下，研究是否具有足夠的檢定力「發現顯著」。選錄 9.27 示例了這種事後檢定力分析。

表 9.1　相關係數的效力量準則

低	中	高
$r = .1$	$r = .3$	$r = .5$

註：這些評判關連強度的標準是概略標準，而可以被改變以適合研究的獨特目標。

選錄 9.27 ● 事後檢定力分析

在缺乏顯著關連以及小樣本量的情況下，我們於交互相關上進行事後檢定力分析，以便能詮釋我們的發現。沒有任何一個無顯著相關具有足夠的（例如，80%）檢定力。

來源：Cook, J. M., Elhai, J. D., Cassidy, E. L., Ruzek, J. I., Ram, G. D., and Sheikh, J. I. (2005). Assessment of trauma exposure and post-traumatic stress in long-term care veterans: Preliminary data on psychometrics and post-traumatic stress disorder prevalence. *Military Medicine, 170* (10), p. 864.

雖然研究者能夠藉著討論效力量、計算r^2，或進行事後檢定力分析來表露對於關連強度的擔憂，但是如果他們使用九步驟程序的假設檢定的話，可以做得更好。如你在第八章所學，這涉及了設定想要的檢定力與適當的樣本量。當研究者的研究焦點是一個或更多的相關係數時，在基本的六步驟檢定外加這些任務是相當容易的。

在選錄 9.28 裡，我們看見了涉及相關研究的先行檢定力分析被進行。如同在此選錄裡所指出的，研究者的先行檢定力分析指出，為了具有想要的.80 檢定力以偵測在.05 顯著水準上的有意義相關，需要大小為 85 的樣本量。在這份研究裡，瑣碎與有意義的 r 之間的分界線被研究者指定為 $r = .30$ 的效力量。

220

選錄 9.28 ● 先行檢定力分析

一份以中度效力量（*r* = 0.30）為準的相關方法的檢定力分析，以 0.05 的 alpha 與 0.80 的檢定力決定需要的樣本量為 85。接下來，一份取自在主要的澳洲第三級醫院三個月期間裡進行心臟或整型手術病人（n = 412）的方便樣本（n = 108）……最終的樣本（n = 86）由男性（n = 53）與女性（n = 33），心臟（n = 57）與整型（n = 29）手術病人所組成。

來源：Griffiths, M. F., and Peerson, A. (2005). Risk factors for chronic insomnia following hospitalization. *Journal of Advanced Nursing, 49*(3), p. 247.

當你碰到在蒐集資料前先行決定適當樣本量的研究時，請給這些研究者加一些分，因為他們花時間設定研究對於第一類型與第二類型錯誤的敏感性。當你遇到在相關係數上進行事後檢定力分析的研究時，請只給這些研究者加少許

分數。而當你碰到毫無提及統計檢定力的研究時，請給自己加分，因為你發現到了研究不足的地方。

貳　線性與同方差性

　　皮爾森 r 的檢定使用頻率遠比其他種類的相關係數要來得高。每當進行皮爾森 r 的檢定時，關於母體的兩點重要假設必須為真以使檢定運作良好。一點是線性假設。另一點是同方差性假設〔也稱作等變異數假設（equal variance assumption）〕。

　　線性（linearity）假設宣告母體裡的兩個變項之間的關連必須像是二變量平均數落在一條直線上。**同方差性**[譯註1]（homoscedasticity）假設宣告：(1)以 μ_y 為中心的 Y 變項變異數是相同的，不管被考慮的 X 值為何；以及(2)以 μ_x 為中心的 X 變項變異數是維持不變的，不管被考慮的 Y 值為何。如果母體裡的 X 與 Y 之間是曲線性關連或具有非同方差性，那麼皮爾森 r 推論至母體裡的關連強度與是否存在相關的檢定將會提供誤導的訊息。

　　研究者可以透過檢視樣本資料的散點圖來確認是否存在線性及同方差性假設。如果樣本資料似乎具有線性及同方差性假設，那麼研究者可以做出有根據的猜測說線性與同方差性也是此母體的特徵。在這種情形下，r 的檢定可以被進行。然而，如果資料的散點圖暗示任一種假設是不穩固的，那麼應該繞過一般對於 r 的檢定，而使用適合於曲線性或非同方差性情況的檢定。

　　身為一位研究文獻的讀者，我傾向於能夠檢視散點圖，所以我可以自己判斷是否研究者的資料符合這兩點假設。然而，由於空間限制的關係，專業期刊幾乎不允許資料的視覺呈現。如果散點圖無法被展示，那麼我覺得研究者應該以文字傳達當他們檢視其散點圖時所看到的情況。

　　請考量選錄 9.29。在關於此選錄的研究裡，研究者在七十二位患有頸部疾患的個體上測量幾種變項（如年紀、疼痛強度、藥效）。二變量相關在這些變項之間被計算，以試圖指認可能關連病人身體障礙的因素。在計算相關與檢定 r 以檢視相關是否具有統計顯著性之前，研究者檢查他們的資料是否具有穩固

―――――――――
譯註1：　讀者也會看見「等分散性」被使用以代表相同的意思。請注意這裡的重點是變異數，而變異數是標準差的平方，所以使用「方差」二字。

選錄 9.29 • 線性與常態性的擔憂

在進行相關分析之前，檢視了散點圖且計算每組變項之間的線性模型殘差值。藉由檢視每組二變量殘差的分配，除了涉及症狀持續的組別之外，其餘組別均符合線性模型。皮爾森積差相關與確定係數（r^2）在這些符合線性與二變量常態性假設的變項之間被計算。

來源：Clair, D., Edmondston, S., and Allison, G. (2004). Variability in pain intensity, physical and psychological function in non-acute, non-traumatic neck pain. *Physiotherapy Research International*, *9*(1), pp. 46-47.

的線性與常態性。

我感覺太多的研究者從蒐集資料到檢定他們的 r 然後下結論的過程太快。少數研究者花時間檢視散點圖以避免曲線性或非同方差性所引起的錯誤詮釋。我讚賞這些願意花時間進行這個額外步驟的研究者。

參　因果關係

222

當我們在第三章裡從描述性觀點檢視相關時，我指出相關係數通常不應該被詮釋為一個變項對另一個變項有因果衝擊。既然我們已經探討了推論觀點的相關，我想要說即使相關係數被發現是顯著的，也不應該被視為說明了因果關係。

在選錄 9.30 裡，我們看見了研究者警告他們的讀者別把相關視為因果。研究者不只警告讀者從相關導出因果結論的危險性，也指出為何這種結論是有問題的。如同他們所指出的，帶出兩變項之間因果驅力的也許是第三者，而不是相關的兩個變項。

選錄 9.30 • 相關與因果

我們研究的限制是它的跨區段本質。相關的呈現並無建立直接的因果關連。人們也許已經改變了他們規律其情緒的方式。支持情緒規律為潛在原因的是之前的觀點與實驗研究，這些結果呈現情緒規律能夠影響感知的健康，〔但〕我們的資料無法確認這項因果關係。在這份研究裡發現的關連也可能是某種第三

變項如神經質或外向性的結果。

來源：van Middendorp, H., Geenen, R., Sorbi, M. J., Hox, J. J., Vingerhoets, A. J. J. M., van Doornen, L. J. P., and Bijlsma, J. W. J. (2005). Styles of emotion regulation and their associations with perceived health in patients with rheumatoid arthritis. *Annals of Behavioral Medicine, 30*(1), pp. 51-52.

肆　衰減

本章裡涵蓋的推論程序假定兩個正進行相關檢測的變項是無誤地被測量的。換句話說，這些程序的設計是適合變項被具有完美信度的工具所測量的情況。這種假定符合理論，但是並不符合我們所生活的現實世界。據我所知，沒有研究者能夠獲得具有完美信度的資料。

當兩個變項資料不具有完美信度時，在樣本資料裡被測量的關連會系統性地低估母體裡的關連強度。換句話說，如果變項不是以無差錯的工具測量，計算出來的相關係數將會是母數的**偏差估計**（biased estimate）。用**衰減**（attenuation）這個詞描述這種情形，以積差相關為例，測量誤差引起 r 系統性地低估 ρ。

一旦你瞭解衰減的意義（與發生的可能性），你應該能夠看出為何產生不能拒絕決定的統計檢定在詮釋上是有問題的。例如，如果研究者計算皮爾森 r 而結果為不能拒絕 $H_0：\rho = 0.00$，這種結果也許是因為母體裡的兩個變項存在乏力（或可能無）關連。另一方面，不能拒絕 H_0 的決定也可能是衰減掩蓋了母體裡的有力關連。

在第四章裡，我們花了很多時間探討研究者用來估計他們測量工具信度的各種方法技術。那種討論現在變成是我們對於相關係數推論報告的考量。如果研究者的資料僅僅擁有無關緊要的測量誤差，那麼衰減就變成是微小的擔憂。另一方面，僅有中度信度並伴隨無顯著相關的結果，讓我們無法清楚知道關於母體裡面的情形。

如果研究者握有用於蒐集兩變項資料之測量工具的信度資訊，他們可以使用校正公式，使相關係數解釋令人懷疑的無信度量。當應用時，這種**衰減校正**（correction for attenuation）公式總是會產出一個比原始 r 要高的校正 r。在選

223

錄 9.31 裡，我們看見了研究者使用衰減校正公式進行相關研究的例子。

選錄 9.31 ● 相關係數與衰減

與假設 1 一致……經驗評分與愉悅臉部行為產生正相關（$r = .73$）。愉悅經驗與臉部行為均與 SCL、心血管活動、身體活動產生正相關（r 從 .22 至 .51）……無衰減相關大於沒有為測量誤差進行校正的相關（經驗與臉部行為之間的無衰減 r 為 .87；所有其他無衰減 r 範圍從 .25 至 .89）。

來源：Mauss, I. B., Levenson, R. W., McCarter, L., Wilhelm, F. H., and Gross, J. J. (2005). The tie that binds? Coherence among emotion experience, behavior, and physiology. *Emotion, 5*(2), p. 183.

224

當然，衰減並不是相關研究報告裡唯一考量的東西。其他的考量已在我們的警示討論裡被說明過了。兩點值得重述，而都跟信度的概念有關。首先，即使 H_0 為真以及用以蒐集樣本資料的工具擁有高信度，相關係數最終也是有可能具有統計顯著性；別忘了第一類型錯誤**確實**會發生。第二，即使 H_0 為假以及具有高信度的工具被用以蒐集樣本資料，相關係數最終也有可能是不顯著的；別忘了第二類型錯誤與檢定力的概念。

術語回顧

衰減（attenuation）	相關矩陣（correlation matrix）
偏差估計 （biased estimate）	費雪 r-to-z 變換 （Fisher's r-to-z transformation）
邦弗朗尼技術 （Bonferroni technique）	同方差性 （homoscedasticity）
衰減校正（correction for attenuation）	線性（linearity）

閒話統計

1. 涵括第九章的一個線上互動練習題（提供立即的回饋）。
2. 關於第九章內容的九個迷思。

3. 一封作者寄給學生們的電子郵件，標題為「顯著相關」。

4. 四篇闡釋使用假設檢定於相關上的電子文章。

5. 一首名為 "A Word on Statistics" 的詩。

相關內容請參考：www.ablongman.com/huck5e

10 關於一個或兩個平均數的推論

在前章裡，我們看見了推論統計方法如何使用於相關係數上。現在，我們 把注意力轉向使用於平均數上的推論。不同的方法被應用研究者拿來處理他們 的樣本平均數，而我們也將會在此處以及接下來的章節裡探討許多這種推論程 序。需要許多章節去處理這個廣大的主題，因為被研究者所使用的推論程序是 根據：(1)有多少組分數涉入；(2)潛藏的假定是否是穩固的；(3)有多少獨變項涉 入；(4)在伴隨變項（concomitant variables）上的資料是否被使用去增加檢定 力；以及(5)是否人們在一個以上的研究情境下被測量。

在此關於平均數推論的導入章節裡，我們將侷限於我們的焦點於一個或兩 個樣本平均數。我將闡釋統計檢定如何用於一個或兩個平均數的研究與使用區 間估計的方式。在本章結束之處，我們將探討潛藏於本章推論統計程序之下的 假定，而我們也將檢視「重疊分配」的概念。現在，讓我們轉向涉及平均數的 最簡推論情況：單一平均數。

第一節 關於單一平均數的推論

如果研究者已經從單一樣本蒐集好資料並且他們想要以推論的方式聚焦於 $\overline{X}$，則會使用兩種統計策略中的其中一種（或兩種都用）。一方面，信賴區間 能夠在樣本平均數附近被建立。另一方面，虛無假設能夠藉由假設檢定程序而 被建立與評估。

壹　推論目標

圖 10.1 澄清了研究者試圖使用樣本平均數建立信賴區間或評估虛無假設的概念。如此圖所示，$\overline{X}$ 來自於樣本資料。雖然樣本平均數很容易獲得，但研究者主要的興趣是放在對應的 μ 值[註1]。然而，研究者無法計算 μ，因為只有樣本裡的對象能夠被測量。據此，關於未知的母數值推論（例如，有根據的猜測）是奠基於已知的樣本統計值之上的。

在總結實證研究時，許多研究者似乎是在樣本資料上討論他們的發現。在圖 10.1 裡的箭頭將幫助你記住，我們現在討論的推論方法允許研究者說出關於**母體**的情況而非樣本。如果關心的是樣本情形，推論方法就不必要。

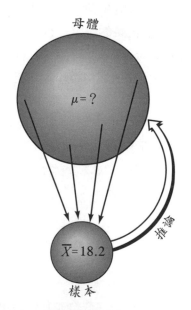

圖 10.1　單一樣本平均數被計算時的推論目標

註 1：　如果研究者的資料來自於機率樣本，那麼 μ 代表的是研究裡有形母體的平均數。另一方面，如果資料來自於方便或立意樣本（或其他非機率樣本），那麼 μ 代表的是研究裡抽象母體的平均數。

貳　區間估計

在應用推論統計於樣本平均數的兩種基本方式上，**信賴區間**（confidence interval）程序是比較簡單的。研究者操作此推論策略是要：(1)決定關連此區間的信賴水準；(2)使用一個公式建立 $\overline{X}$ 的區間，而這個公式包含了樣本（例如，$\overline{X}$、SD 和 n）的資訊與抽取自統計表裡的數值。結果將會是得到一個在樣本值 $\overline{X}$ 上下相等距離的區間。

在選錄 10.1 裡，我們看見了研究者在樣本平均數附近建立了一個 95% 的信賴區間。這個 CI 讓我們感覺樣本平均數值得被信賴的程度。如果這項研究被複製，並從同一個母體裡抽取另一份樣本，我們可以期待抽樣誤差使得複製研究裡人們的平均年紀不同於原本研究樣本的平均年齡。但是我們應該期待多大的變化呢？CI 給了我們答案。

選錄 10.1 ● 單一平均數附近的信賴區間

此份樣本裡的平均年紀為 56.6 歲（95% CI 54.7-58.5），中位數為六十歲。

來源：Grill, E., Lipp, B., Boldt, C., Stucki, G., and Koenig, E. (2005). Identification of relevant ICF categories by patients with neurological conditions in early post-acute rehabilitation facilities. *Disability & Rehabilitation, 27*(7/8), p. 461.

當檢視信賴區間時，有些人錯誤地詮釋它的意義。這個錯誤就是認為 95% 的 CI 指出中央 95% 的分數。藉著檢視選錄 10.1，你就能夠看出為何這是個不正確的詮釋。當樣本平均數附近的 CI 從 54.7 延伸至 58.5 時，中位數為 60。如果中央 95% 的分數落入 CI，那麼中位數也必須在此區間內。但它並沒有。這是因為 95% 的信賴區間並沒有指出除了最高與最低 $2\frac{1}{2}$ 百分率之外的全部分數。

如你回想第八章的內容，去陳述或認為母體平均數有 95% 的機率落入 CI 會是個技術性的錯誤詮釋。相反的，你需要去想像：(1)許多樣本從同一個母體裡隨機抽取出來；(2)每一份樣本有個別的 CI；以及(3)每個 CI 被檢視是否已經捕捉到了母體平均數。謹記此三件事，詮釋 95% CI 的正確方式是：事實上它

是可能會和 μ 重疊的大部分（95%）CI 的其中之一，而不是不會和 μ 重疊的小部分（5%）CI 之一。

選錄 10.2 再次示例了研究者如何在平均數附近建立信賴區間，而此處的結果是被呈現在表裡。這篇選錄的研究是關於研究者要求兩組兒童（6 至 7 歲與 10 至 11 歲）評量故事裡角色的兩組特徵（當評量這些特徵時，兒童選擇大笑、微笑或皺眉的臉孔，將這些選擇轉換成 0 至 4 分的量表）。

選錄 10.2 • 平均數附近的信賴區間

表一　研究 1 的情緒反應分數

特徵	年齡組	
	較小年紀兒童	較大年紀兒童
聰明／誠實	$M = 3.46\ (0.62)$	$M = 3.39\ (0.63)$
	CI = 3.23-3.70	CI = 3.16-3.63
外向／神經質	$M = 2.05\ (0.88)$	$M = 1.63\ (1.01)$
	CI = 1.70-2.41	CI = 1.27-1.98

註：括弧內呈現的是標準差。CI = 95% 信賴區間。

來源：Heyman, G. D., and Legare, C. H. (2005). Children's evaluation of sources of information about traits. *Developmental Psychology, 41*(4), p. 638. (Modified slightly for presentation here.)

在選錄 10.2 裡有兩件事情值得注意。首先，每個樣本平均數被置放在信賴區間的中央。第二，選錄下方的 CI 比選錄上方的 CI 要寬。這種差異是由於標準差的不同所引起的。這些 CI 說明了一件事實：如果其他事項保持不變，區間寬度與原始分數的變異程度之間存在直接關連。

因為選錄 10.2 裡的兩組兒童數量相等，此處你沒辦法看出區間寬度與樣本量之間的連結。然而，事實是有關連的。如果其他事項保持不變，較大的樣本量產生較窄的 CI，而較小的 n 產生較寬的 CI。這種 CI 寬度與 n 之間的關連對你而言應該是合理的。簡言之，奠基於較大資料量的估計比奠基於較小資料量的估計更準確。

參　關於虛無假設的檢定

當研究者擁有單一樣本（也因此具有單一母體），並且想要推論平均數時，他們能夠藉著假設檢定程序來處理資料。當使用這種策略時，虛無假設必須被清楚的說明。在這種研究情況下，虛無假設會採取以下的形式：

$$H_0 : \mu = a$$

此處 a 代表的是研究者選擇的精準數值。

在詳載了 H_0 之後，研究者接著應用推論檢定的各種步驟。不管使用哪一種策略，研究者都是評估樣本平均數與 H_0 精準數值之間的差異；如果 $\overline{X}$ 與 H_0 的 μ 值之間的差異夠大，H_0 就會被拒絕並且被視為不大可能為真，因為關連樣本資料的 p 值為小。

有幾種檢定程序可用以分析統計焦點為平均數的單一樣本研究資料。這些檢定 $\overline{X}$ 程序當中最普遍的兩種是 **t 檢定**（t-test）和 **z 檢定**（z-test）。當比較計算值與臨界值的時候，這兩種檢定方法於邏輯上在檢定 $\overline{X}$ 與 H_0 的 μ 值之間差異是相同的，並且具有同樣的決策規定[註2]。這兩種檢定唯一不同之處為，z 檢定產生了一個比原本稍大的計算值（而 p 值比原本稍小）。然而，當樣本量至少是 30 的時候，這種偏誤的量就顯得微不足道。

選錄 10.3 與 10.4 示例了研究者如何呈現他們的結果，當他們具有單一樣本並進行 t 檢定或 z 檢定去評量 $H_0 : \mu = a$。在頭一篇選錄裡，虛無假設的精準數值沒有被呈現出來。然而，它同等於常態的平均分數。在選錄 10.4 裡，虛無假設為 $H_0 : \mu = 35.8$，這是因為一百零二位非口吃個體的平均數被當作「常態組」，並與六十三位口吃樣本進行比較。

選錄 10.3-10.4 ● 使用 z 或 t 檢定單一樣本的平均數

進行單一樣本 z 檢定以檢視樣本平均數與常態平均數之間的差異……在智力與一般語言（CELF-3）方面，樣本平均數明顯高於常態平均數，但是記憶與

註2：這種決策規則是說如果計算值≧臨界值，那麼就要拒絕 H_0；否則，虛無假設不應該被拒絕。

語言覺知（QUIL）測驗的得分較低。

來源：Northcott, E., Connolly, A. M., Berroya, A., Sabaz, M., McIntyre, J., Christie, J., Taylor, A., Batchelor, J., Bleasel, A. F., Lawson, J. A., Bye, A. M. E. (2005). The neuropsychological and language profile of children with benign rolandic epilepsy. *Epilepsia, 46*(6), pp. 925, 926.

- -

　　使用單一樣本 *t* 檢定發現，口吃樣本（*N* = 63，平均焦慮 = 38.5）明顯地要比非口吃控制組（*N* = 102，母體平均焦慮 = 35.8）更為焦慮，*t*(62) = 2.23，*p* < .05。

來源：Craig, A., Hancock, K., Tran, Y., and Craig, M. (2003). Anxiety levels in people who stutter: A randomized population study. *Journal of Speech, Language, and Hearing Research, 46*(5), p. 1202.

231

　　在選錄 10.4 結束之處，注意字母 *t* 與計算值 2.23 之間括弧裡的數值。這個數值是 62，對於 *t* 檢定而言這個稱為**自由度**（degrees of freedom）（縮寫為 ***df***）（註3）。如果你在單一樣本 *t* 檢定的 *df* 數目上加 1，你會得到與樣本大小相同的數目。花一分鐘並檢查選錄 10.4 看看這種決定 *n* 的方法是否有用。

第二節　關於兩個平均數的推論

　　如果研究者想要使用推論統計去比較兩個樣本平均分數，他們可以使用信賴區間去處理資料或設置並檢定一個虛無假設。我們將探討在檢視透過一個被檢定的 H₀ 去比較兩個平均數的方法之後，二個平均數的估計可以使用的方式。然而，在我們做這些事之前，我必須在兩種二組樣本情形之間劃清界線：那就是涉及獨立樣本與涉及相關樣本的情況。

壹　獨立樣本對照相關樣本

　　要判斷樣本是否為獨立或相關，就必須在研究的依變項資料被蒐集之前瞭解組別的本質。如果第一份樣本裡的每個成員與第二份樣本裡的一個也是唯一

註3：在選錄 10.3 裡沒有 *df* 值，因為 *z* 檢定並不使用 *df* 概念。

一個成員存有邏輯關連，那麼這兩份樣本就是**相關樣本**（correlated samples）。另一方面，如果沒有關連存在，這兩份樣本就是**獨立樣本**（independent samples）。

　　相關樣本存在的方式有三種。如果一組人被測量兩次（例如，為了提供前測與後測資料），那麼就有關連存在於這些資料裡，因為每一個前測分數伴隨著唯一一個後測分數，這是因為兩者皆來自於同一位研究對象上。第二種產生相關樣本的情況是**配對**（matching）。此處，第二組的每個人被徵募參與研究是因為他對於第一組裡的特定個體是個適合的配對。配對的根據可以是身高、IQ、跑速，或任何其他可能的變項。然而，配對變項永遠不同於將會被測量然後被用以比較兩份樣本的依變項。第三種產生相關樣本的情況是當雙胞胎被分開編入兩組時，此處，兩份樣本之間的連結很明顯的是基因類似性。

232

　　當人、動物或事物被測量兩次或當雙胞胎被分開時，我們很容易就知道這些分數是成雙成對的。然而，當研究涉及配對時，事情總是會變得複雜一點。那是因為涉及兩個以資料為基礎的變項。一個或更多變項上的資料被使用去創造配對的人們，而使任何配對的兩個成員在配對變項上盡可能地相似。一旦配對形成，在感興趣依變項裡的新資料就會被檢驗，以確認兩組個體在依變項上是否不同。例如，研究者可能創造具有低學業自我概念的配對學生，隨機分開配對以形成一組實驗組（接受指導）與一組控制組（沒有接受指導），然後比較兩組在學期末測驗上的表現。在這項假設的研究裡，配對變項將會是學業自我概念；主要感興趣的分數——也就是，對應於依變項的分數——將來自於學期末測驗。

　　如果被比較的兩組分數沒有呈現三種之一的情況（前一後、配對或雙胞胎），那麼它們就被認為是獨立樣本。這樣的樣本取自很多方式，人們可能以隨機分配被編入兩組中的一組或者他們擁有區分兩組的特徵而被編入該組。第二種情況的研究如比較男性與女性、畢業與尚未畢業的學生、死於心臟病與非心臟病因的人們等等。或者，也許組別的形成是來自於自願接受某種治療與非自願者。也可以是研究者指定兩個原樣（intact）組中的其中一組當作他們的第一份樣本並接受援助，而另一組沒有被提供援助或僅提供安慰劑。

　　在選錄 10.5 與 10.6 裡，我們看見了呈現獨立與相關樣本的資料集的描述。由於樣本量不同的關係，第一項研究的資料很容易就可以看出是獨立樣本（當

n_1 和 n_2 大小不同時，資料集要配對是不可能的）。選錄 10.6 裡的兩組資料是相關的，因為第一組裡的十三位個體與形成第二組的十三位個體是相互配對的。注意這兩組在兩個變項（年紀與性別）上被配對。

選錄 10.5-10.6 ● 獨立與相關樣本

合格的參與者為在幼兒學校（CTS）參與本計畫至少六個月的嬰幼兒雙親。他們包括三十七位自閉違常（ASD）以及二十三位正常發展（TDC）兒童的雙親。

來源：Baker-Ericzen, M. J., Brookman-Frazee, L., and Stahmer, A. (2005). Stress levels and adaptability in parents of toddlers with and without autism spectrum disorders. *Research and Practice for Persons with Severe Disabilities, 30*(4), p. 196.

- -

參與者為十三位有口吃的成年人和青少年（11 位男性）與十三位在年紀（口吃組 14 至 48 歲；控制組 15 至 50 歲）和性別上配對的控制組。

來源：Godinho, T., Ingham, R. J., Davidow, J., and Cotton, J. (2006). The distribution of phonated intervals in the speech of individuals who stutter. *Journal of Speech, Language & Hearing Research, 49*(1), p. 163.

　　研究者有時明確地指出他們的資料是來自於獨立樣本或相關樣本，雖然這種作法在我們剛剛探討過的選錄裡並沒有出現。當他們這樣做的時候，你將能毫無困難地知道哪種樣本被使用。然而，他們可能使用獨立樣本與相關樣本以外的措辭。相關樣本有時候被稱作**副樣本**（paired samples）、**配對樣本**（matched samples）、**相依樣本**（dependent samples）或**內樣本**（within samples），而獨立樣本有時候被稱作**非副樣本**（unpaired samples）、**非配對樣本**（unmatched samples）或**非相關樣本**（uncorrelated samples）。

　　為確實瞭解研究者怎麼比較兩個組別，你必須發展能力去區別相關樣本與獨立樣本。研究者使用的語言將會幫助你認出哪種樣本被使用。如果沒有使用描述形容詞，你必須從兩份樣本是如何形成的描述裡來判斷。

貳　推論目標

　　在我們轉向研究者用來總結關於兩個樣本平均數的研究的方法之前，我想

要強調這些平均數的比較在本質上是推論的。圖 10.2 能幫助你視覺化這個重要觀點。

圖 10.2 裡的(a)呈現了兩個獨立樣本平均數被比較的例子。(b)呈現了兩個

234

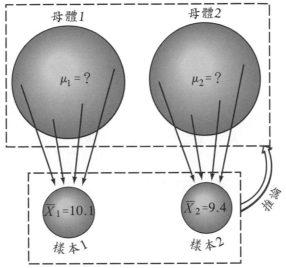

(a)獨立樣本

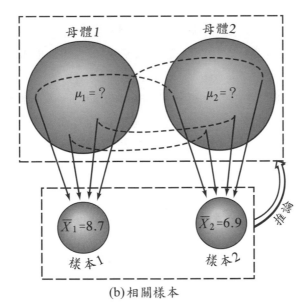

(b)相關樣本

圖 10.2　涉及兩個平均數的兩種推論情況

233 　相關樣本平均數被比較的範例（在(b)裡，從母體 1 延伸至母體 2 的虛線意指相關樣本的配對）。

234 　　　圖 10.2 裡有兩個重點需要被強調。首先，在獨立樣本與相關樣本的情況裡，推論陳述是關於母體而非樣本。不幸地，研究者經常討論他們的結果就好

235 像樣本是他們調查的全部焦點。如果你謹記圖 10.2，當處理這些研究總結時，你可以（也應該）藉由使所有結論應用於研究母體來導正討論。

　　　第二點是關於統計推論的事實，在(a)與(b)裡，推論是從整組樣本資料延伸至研究的一對母體。並沒有個別的推論從每份樣本延伸至其對應的母體，因為我們的目標是在這兩件事物當中做比較。此處的焦點是在於如何比較 μ_1 和 μ_2，也因此圖裡的推論箭頭是指向包圍兩個母體的虛線盒。

參　設置與檢定一個虛無假設

　　　聚焦於平均數的二樣本虛無假設的表達方式不受樣本是否為獨立或相關而影響。以下是最普遍的虛無假設陳述方式：

$$H_0 : \mu_1 - \mu_2 = a$$

此處 a 代表的是研究者想要在 H_0 裡使用的精準數值。在大多數的研究裡，研究者決定設置一個無差異虛無假設為 $H_0 : \mu_1 - \mu_2 = 0$，也可以表達為 $H_0 : \mu_1 = \mu_2$。

　　　不幸地，虛無假設很少在研究裡被陳述。明顯地，大多數研究者假定他們的讀者能夠從研究假設的討論或樣本資料被總結的方式分辨虛無假設。一個解讀研究報告的好方法是假定無差異的 H_0 被使用，除非其他種類的虛無假設被明確地說明。

　　　在資料被蒐集、總結與分析之後，統計上比較兩個 $\overline{X}$ 的結果會被呈現在報告的內文或表裡。選錄 10.7 與 10.8 示例了結果通常被呈現的方式，第一與第二個研究分別關於獨立與相關樣本。在第一篇選錄裡，兩個樣本平均數（4.94 與 4.90）過於靠近，以至於無法允許拒絕虛無假設。然而相反的事情卻發生在選錄 10.8，兩個樣本平均數（25.6 與 39.2）相距是如此地遠，以至於 t 檢定為顯著。

在選錄 10.7 與 10.8 裡的虛無假設能夠被表達為 $H_0：\mu_1 = \mu_2$，μ 的下標分別代表組別。當然，μ 並不總是代表同樣的變項。在選錄 10.7 裡，μ 對應先前團隊經驗；在選錄 10.8 裡，它們代表心理健康受訓員所具有關於女性（μ_1）與男性（μ_2）的信念。

選錄 10.7-10.8 • 使用 t 檢定比較兩個樣本平均數

群組 1 包含九十四位學生……群組 2 包含一百一十三位學生……群組的類似點在於先前團隊經驗，以十題項團隊經驗問卷的自我評分為基礎。每位參與者的團隊經驗分數被平均。群組 1 的團隊經驗水平（$M = 4.94, SD = 0.58$）與群組 2（$M = 4.90, SD = 0.62$）並無顯著差異（$t(205) = 0.40, p > .05$）。

來源：Prichard, J. S., Bizo, L. A., and Stratford, R. J. (2006). The educational impact of team-skills training: Preparing students to work in group. *British Journal of Educational Psychology, 76* (1), p. 125.

心理健康受訓員填寫 DRIQ 量表，此量表關於男性與女性與其親密伴侶談論情緒話題的困難程度。心理健康受訓員關於女性（$M = 25.6, SD = 11.3$）與男性（$M = 39.2, SD = 10.6$）信念的配對 t 檢定是顯著的，$t(103) = -9.8$，$p < .001$，支持了心理健康受訓員具有這方面刻板印象的假設。

來源：Vogel, D. L., Wester, S. R., Heesacker, M., Boysen, G. A., and Seeman, J. (2006). Gender differences in emotional expression: Do mental health trainees overestimate the magnitude? *Journal of Social & Clinical Psychology, 25*(3), p. 315.

在我們剛剛探討過的兩篇選錄裡，兩個樣本平均數都使用 t 檢定進行比較。t 檢定是一項具有多種用途的統計工具，因為當研究的統計焦點在其他方面時（例如，比例與回歸係數），它也能夠被使用。儘管如此，t 檢定還是比較常被使用在平均數上面。

注意選錄 10.7 與 10.8 的作者在報告他們的 t 檢定結果時提供了自由度的資訊。這些 df 數值是有用的，因為它們允許我們知道 t 所奠基的資料量。當 t 檢定被進行以比較兩個獨立樣本時，資料的總量為 df 數值加 2。在相關樣本的情況下，資料的總量為 t 檢定的 df 數值加 1。據此，我們能夠確認選錄 10.7 裡的參與者有二百零七位，而選錄 10.8 裡有一百零四位心理健康受訓員。

237

雖然比較兩個平均數的統計檢定能夠使用 t 檢定，這個任務也可以藉由 **z檢定**（z-test）或 **F檢定**（F-test）來完成。z檢定提供的結果會有稍微的偏誤，因為其導致第一類型錯誤的機率大於顯著水準（當樣本量為小時，這種偏誤更為明顯）。另一方面，F檢定就沒有偏誤的問題。F檢定關於H_0的結論總是和 t 檢定所得的結論一致。因此，研究者使用 F 檢定或 t 檢定來比較他們的兩個平均數是無關緊要的。

根據：(1)一些研究者傾向於使用F檢定來比較兩個平均數；以及(2)F檢定的結果呈現方式需要瞭解到目前為止尚未闡述的概念，我覺得有義務去簡短評論關於F檢定的結果。此處我將特別聚焦於使用F檢定來比較兩個獨立樣本平均數。在稍後的章節裡，我將展示 F 檢定是如何被運用在相關樣本上。

在開始討論應用 F 檢定於兩個獨立樣本平均數時，請考量在選錄 10.9 裡的內容。在此篇選錄裡，注意有兩組被比較，焦點為OPTS量表上的分數（女性 53.19 與男性 47.24），並且在這兩個樣本平均數之間發現了顯著差異，以p < .05 指出這個發現。也注意計算值結果為 5.62 而此數值以 F 論及。

選錄 10.9 • 使用 F 檢定比較兩個獨立樣本平均數

單向變異數分析被用以評估性別差異。在 OPTS 量表上關於肥胖人們的正面特徵給分方面，女性（$M = 53.19, SD = 8.77$）高於男性（$M = 47.24, SD = 9.50$），$F(1, 53) = 5.62$，$p < .05$。

來源：Puhl, R. M., Schwartz, M. B., and Brownell, K. D. (2005). Impact of perceived consensus on stereotypes about obese people: A new approach for reducing bias. *Health Psychology, 24*(5), p. 520.

在選錄 10.9 裡，也注意伴隨計算值的自由度數值有兩個。這些 df 出現在 F旁邊的括弧內並且被一個逗號分隔開來。F檢定總是擁有一對df 數值，而此例的 df 數值為 1 與 53。

伴隨 F 檢定結果呈現的 df 數值能夠被用以分辨進行統計比較的資料量。當 F 檢定在選錄 10.9 裡被用以比較兩個獨立樣本平均數時，把兩個df數值相加再加上 1 就能得到資料量。因此，在此篇選錄裡的研究是基於五十五份資料。因為每份資料對應一個人和其在OPTS上的得分，我們知道有五十五位個

體涉入此項研究。

　　有時，*F* 檢定的結果會被呈現在表裡。我們可以在選錄 10.10 裡看見這樣的範例。在關連此選錄的研究裡，來自韓國的九十一位教師回答一份含有三十五題項的問卷，分享他們對於兒童語言發展的態度。每題皆使用七點李克氏量尺（7 ＝強烈同意，1 ＝強烈不同意），每一位教師的分數為這三十五題的反應總分。然後這些分數被用以比較兩組教師，分組的依據為有無「全語」教學經驗。

選錄 10.10 ● 呈現在 ANOVA 摘要表裡比較兩個平均數的 *F* 檢定 ──

表五　全語先備經驗的教師對於兒童語文的信念

關於全語學習	*N*	*M*	*SD*	最低值	最大值
有先備經驗 （prior learning）	66	190.66	18.80	150.00	232.00
無先備經驗 （no prior learning）	25	172.24	20.16	136.00	227.00

表六　全語先備經驗的教師對於兒童語文的信念之單向變異數分析

來源	*df*	平方和	均方	*F* 比值
組間	1	6156.532	6156.532	16.74***
組內	89	32741.227	367.879	
全部	90	38897.758		

*** *p* < 0.001

來源：Yoo, S. Y. (2005). The study of early childhood teachers' beliefs related to children's literacy at South Korea. *Reading Improvement, 42*(3), p. 141.

　　關於選錄 10.10 首先必須注意的是研究者使用字首文 **ANOVA** 於第二張表來代表被進行的統計分析。這個字首文代表字句**變異數分析**（analysis of variance）。這個誤導的字句很可能使讀者認為統計焦點為變異數。然而，如你即將所見，變異數分析的焦點在平均數。

　　選錄 10.10 裡主要進行的是兩個樣本平均數（190.66 與 172.24）的統計比

較。注意表五也包含敘述統計的資訊如每組大小、標準差,以及分數全距。如果你花一分鐘去檢視這些敘述性資訊,你會發現兩組的教師人數不同,兩個標準差大約相同,以及「有先備經驗組」有著較高的最低與最大值。

選錄 10.10 裡比較兩個平均數的推論檢定結果被呈現在表六。計算值被放在最右邊的欄,標示為 F 比值(F Ratio)。這個以資料為基礎的數值為 16.74,結果為顯著的,透過表底下註解所指出。因此,假定 $\mu_{prior\ learning} = \mu_{no\ prior\ learning}$ 的情況,兩個樣本平均數不同的量超越了抽樣機率的限制。虛無假設因此被拒絕。

有三個 df 數值被呈現在變異數分析的表裡。標示為組間(between groups)的 df 值為 1;這是當兩個平均數被比較的情況下。標示為組內(within groups)的 df 值是把每個樣本量減去 1 然後互加〔(66 − 1)+(25 − 1)= 89〕。注意「組間」與「組內」的 df 數值總和為 90,比在分析裡所使用的總人數少 1。

在 df 數目右欄的數值被標示為平方和(sum of squares),但在其他 ANOVA 摘要表裡有時以縮寫 SS 標示。這些數值來自於樣本資料的統計分析。下一欄被標示為均方(mean square),也常以縮寫 MS 表示。此欄的第一個數值是把平方和除以 df 值(6156.532 ÷ 1 = 6156.532)。以同樣的方式,第二列的均方為 32741.227 除以 89。最後,F 欄的計算值等於把組間均方除以組內均方(6156.532 ÷ 367.879 = 16.74)。

從某個角度看來,所有的 df 值、平方和、均方的作用僅僅是獲得計算值。然而,頭兩個 df 值尤其重要,因為適當臨界值的大小是依據這兩個數值而來(伴隨所選的顯著水準)。當統計分析以電腦進行時,研究者拒絕或不能拒絕 H_0 的決定是藉由檢視電腦所提供的 p 值(而不是把計算得來的 F 拿來與臨界值做比較)。然而,電腦的 p 值卻受「組間」與「組內」df 值所影響(α 與 F 也有影響)。據此,在此表裡三個最重要的數值為頭兩個 df 值與 F 欄裡的單一數值。

肆　兩個平均數的區間估計

如同在第八章裡所指出的,信賴區間能夠被用以處理研究者想要檢定的虛

無假設。或者，信賴區間能夠被設置，此處在 H_0 上沒有任何檢定被進行，而是感興趣於區間估計的過程。不管研究者的目的為何，解讀建立於兩個平均數差異之上的信賴區間結果是重要的。

請考量選錄 10.11。在此篇選錄裡，注意僅存在一個信賴區間而非兩個。CI 是建立於兩個平均數差異（10.9）之上，而非兩個樣本平均數（30.8 與 41.7）。因為這個CI並沒有涵蓋 0，所以研究者能夠說兩組的平均年紀存在顯著差異。虛無假設——$\mu_1 = \mu_2$——被拒絕。

選錄 10.11 • 使用信賴區間進行兩個平均數的假設檢定

本研究的主要目標是分析電視紀錄片播映的效果，片裡一位成年女孩談論她的自殺想法與隨後的自殺結果。在此計畫前的八星期與計畫後四星期期間的全國自殺率與去年同一時期做比較……圖一〔沒有在此呈現〕呈現播映之前與之後的幾個星期裡（二〇〇一與二〇〇〇年）自殺未遂／成功者的平均年齡。唯一有顯著差異的是第八週的自殺未遂者（在 2001——平均 30.8 歲, $SD = 13.2$, $n = 13$; 在 2000——平均 41.7 歲, $SD = 14.1$, $n = 22$; $p = .032$）。平均年紀差異為 10.9 歲（95% CI 1.61-20.19）。

來源：Shoval, G., Zalsman, G., Polakevitch, J., Shtein, N., Sommerfeld, E., Berger, E., and Apter, A. (2005). Effect of the broadcast of a television documentary about a teenager's suicide in Israel on suicidal behavior and methods. *Crisis: The Journal of Crisis Intervention and Suicide Prevention, 26*(1), pp. 20, 23.

第三節 多重依變項

如果資料蒐集自有兩個或更多依變項的一份或兩份樣本時，研究者可以為每個依變項建立信賴區間或設置虛無假設。從最近研究的幾篇選錄裡，我們看見了研究者如何談論這種分析。

壹　呈現在內文裡的結果

在選錄 10.12 與 10.13 裡，我們看見了當研究者在多重依變項上比較兩組的時候，他們如何討論其發現。當兩篇研究皆涉及兩個平均數的比較時，注意在選錄 10.12 裡 *t* 檢定是如何被運用的，以及選錄 10.13 裡 *F* 檢定是如何被使用的。也注意你可以使用自由度去決定有多少個體涉入每項研究。在第一篇選錄裡的研究，總共有 170 + 2 = 172 位女性與男性參與者。在關於選錄 10.13 的研究裡，有 1 + 92 + 1 = 94 位個體參與其中。

選錄 10.12-10.13 ● 在多重依變項上比較兩個平均數

女性參與者（$M = 99.19, SD = 14.56$）在社會依賴性量表的得分高於男性（$M = 90.80, SD = 15.07$），$t(170) = 3.69$，$p < .001$。在完美主義／自我批評量表的得分上，女性參與者（$M = 16.72, SD = 3.41$）也稍微高於男性（$M = 15.58, SD = 4.03$），$t(170) = 2.01$，$p < .05$。在 BDI-Ⅱ、控制需要或防衛分離的平均數上沒有顯著的性別差異。

來源：Frewen, P. A., and Dozois, D. J. (2006). A self-worth appraisal of life events and Beck's congruency model of depression vulnerability. *Journal of Cognitive Psychotherapy, 20*(2), p. 234.

變異數分析顯示了幽默教學組與控制組之間在以下方面存在顯著差異：關於整體課程意見 $F(1, 92) = 21.02$，$p < .001$；課程傳達訊息的程度 $F(1, 92) = 54.86$，$p < .001$；以及教學者得分 $F(1, 92) = 43.33$，$p < .001$。

來源：Garner, R. L. (2006). Humor in pedagogy: How ha-ha can lead to aha! *College Teaching, 54*(1), p. 179.

貳　呈現在表裡的結果

選錄 10.14 示例了能夠如何運用表格以表達兩個樣本平均數在幾個依變項上被比較的結果。在 *t* 檢定一欄裡的數值是來自於兩個平均數比較結果的計算值。因此，第一個計算值 2.91 來自於 6,388 與 5,952 的比較。如你所見，五項

t 檢定被進行，而右手邊一欄的資訊告訴我們虛無假設在四項檢定裡被拒絕。

當閱讀研究報告時，試著記住你可以使用被報告的 *df* 數值來幫助你理解研究建構的方式，有多少組別被比較，以及有多少參與者涉入。選錄 10.14 有一點點不尋常，因為兩個樣本量被呈現在表的標題。如果那種資訊沒有被呈現，我們也能夠藉著把 *t* 旁邊的數值（221）加 2 而導出有多少個體參與此項研究。

選錄 10.14 • 呈現在表裡的幾個 *t* 檢定結果

表二　以混合因素測量 107 位高血壓老人與 116 位正常血壓老人的認知表現

因素	高血壓		正常血壓		t(221)	p
	M	*SD*	*M*	*SD*		
認知速度	6,388	1,211	5,952	1,025	2.91	<.01
執行功能	148	297	263	269	− 2.99	<.01
插話記憶	220	52	241	40	− 3.12	<.01
注意力持續	92	2	92	2	− 0.58	.57
工作記憶	160	34	175	22	− 4.13	<.001

註：除了被包含在插話記憶因素裡的圖形再認準確度與被包含在工作記憶因素裡的空間記憶準確度之外，因素得分皆被呈現在表二。高血壓組除了注意力持續之外，皆有減弱的表現。對於認知速度而言，較高的分數代表較差的表現。

來源：Saxby, B. K., Harrington, F., McKeith, I. G., Wesnes, K., and Ford, G. A. (2003). Effects of hypertension on attention, memory, and executive function in order adults. *Health Psychology*, *22*(6), p. 590.

當然，瞭解如何使用 *df* 值並不是 *t* 或 *F* 檢定裡最重要的技巧。很顯然，更重要的是你必須知道這些檢定比較什麼、虛無假設為何，以及何種推論錯誤可能會發生。即使 *df* 值並不具有關鍵重要性，但知道如何詮釋與使用它也是值得的。

參　使用邦弗朗尼校正技術

當研究者設置與檢定多個虛無假設時，每一項假設檢定對應一種依變項，

至少一樣第一類型錯誤發生在此檢定集某處的機率將會高於使用於單一檢定的顯著水準。如同在第八章裡所指出的，這個問題被稱作誇大的第一類型錯誤。有許多方法可以處理這個問題，但是最常應用的策略是**邦弗朗尼校正技術**（Bonferroni adjustment technique）。

在選錄 10.15 與 10.16 裡，我們看見了兩個邦弗朗尼校正技術的範例。第一篇選錄解釋了邦弗朗尼程序是如何運作的。知道這個之後，你應該能夠檢視選錄 10.16 並回溯所提供的訊息以決定校正之前的顯著水準。

243 ## 選錄 10.15-10.16 • 使用邦弗朗尼校正技術

對於每一組而言〔腦部創傷、脊椎創傷〕，進行配對 *t* 檢定以比較病人與臨床治療師在三種失能領域上的 PCL 分數，來決定是否病人的自我評量與治療師的評量之間存在顯著差異（假設 2）。應用邦弗朗尼校正（.05/6 ＝ .008）。

來源：Trahan, E., Pépin, M., and Hopps, S. (2006). Impaired awareness of deficits and treatment adherence among people with traumatic brain injury or spinal cord injury. *Journal of Head Trauma Rehabilitation, 21*(3), p. 231.

- -

使用獨立樣本 *t* 檢定於每個測量向度上的組別比較……邦弗朗尼校正被用以確定九項比較的顯著水準（$\alpha = .0056$）。

來源：Rosen, K. M., Kent, R. D., Delaney, A. L., and Duffy, J. R. (2006). Parametric quantitative acoustic analysis of conversation produced by speakers with dysarthria and healthy speakers. *Journal of Speech, Language & Hearing Research, 49*(2), p. 402.

在選錄 10.15 與 10.16 裡，邦弗朗尼校正程序被用於比較兩個平均數的 *t* 檢定。應該注意的是邦弗朗尼技術是相當多用途的。它可以被用於比較兩個樣本平均數的 *F* 檢定，或單一樣本多重依變項的平均數檢定，以檢視每個平均數是否與某個適當的比較數值不一樣。當我們在稍後的章節裡探討其他種類的統計檢定時，你將能看見這種處理誇大的第一類型錯誤問題的程序也能夠在那兒被使用。

肆　偽邦弗朗尼校正

有些研究者為了控制多重依變項的第一類型錯誤危機而使用粗略的方法，

此處稱作**偽邦弗朗尼校正**（pseudo-Bonferroni adjustment procedure）。這種程序運作的過程如下：研究者把一般的顯著水準改變為普遍接受的較嚴格水準。例如，一個習慣使用alpha為.05的研究者，在只有一個依變項的情況時可能改變alpha為.01，以彌補因多重依變項而造成的誇大的第一類型錯誤。

　　當進行多重檢定時，alpha水準的改變（例如，從.05至.01）確實對第一類型錯誤產生較大的控制力。然而，我稱這種作法是偽邦弗朗尼校正，因為錯誤地拒絕一個或更多真實虛無假設的整體研究危機，很少會同等於想要的（在大多數案例裡）.05水準。它可能較高或較低。

　　選錄10.17示例了偽邦弗朗尼校正的使用。在這個例子裡，校正過的alpha水準比正常邦弗朗尼校正還要嚴苛^{（譯註1）}。然而在許多研究裡，偽邦弗朗尼技術導致大略寬鬆的顯著水準。

244

選錄 10.17 ● 偽邦弗朗尼校正

　　計算每一份李克氏量表上的四種因素得分（例如，量表 1——目前成就水準、量表 2——重要性）……進行配對 t 檢定以比較回答者在這兩份量表上四種因素的評分。這四種因素配對 t 檢定設定 alpha 水準為 $p < .01$。任何隨後配對 t 檢定進行的條件是原本因素配對 t 檢定被視為具有統計顯著性。隨後的配對 t 檢定設置顯著水準為 $p < .01$ 以最小化任何假性的顯著性（例如，第一類型錯誤、奠基於多重比較造成的數值）。

來源：Michaels, C. A., and McDermott, J. (2003). Assistive technology integration in special education teacher preparation: Program coordinators' perceptions of current attainment and importance. *Journal of Special Education Technology, 18*(3), p. 32.

譯註 1：　此例裡，使用正常邦弗朗尼校正於兩份量表四種因素的檢定顯著水準（0.05/4=0.0125）大於 0.01，但其實這份研究後半部還進行二十二個隨後的配對 t 檢定，所以研究中所使用的顯著水準（0.01），對後半部而言會使得犯第一類型錯誤的機率增大（因為 0.05/22=0.002）。

第四節 效力量測量與檢定力分析

當使用假設檢定處理一個或兩個平均數時，許多研究者並沒有提出證據證明他們注意到了統計顯著性與實際顯著性之間的重要區別。那些研究者似乎僅僅滿足於拒絕或不能拒絕虛無假設的結果，如報告令人印象深刻的 *p* 值，當樣本資料以巨大差距「擊敗」傳統的 0.5alpha 水準。然而，一些研究者努力提供證據以洞察其研究結果或設定系統控制於第二類型錯誤機率上。在第八章裡，我討論了研究者能夠完成這些目標的方式。現在，我想要闡釋研究者如何確實在一個或兩個平均數的推論研究裡做這些事情。

在選錄 10.18 裡，我們看見了研究者為統計顯著的相關樣本 *t* 檢定計算**效力量**（effect size）指標 *d*。這示例了研究者能夠執行七步驟程序假設檢定的方式。注意研究者說他們的效力量結果為「高度」。這使得研究者能夠宣稱，閱讀速度的增加不只具有統計顯著性也具有實際顯著性。

245 選錄 10.19 與 10.20 展示了研究者能夠如何經由兩種測量來評估效力量，這兩種測量值類似於從二變量相關計算得來的 r^2。這些測量值被稱作 **eta 平方**（eta squared）與 **omega 平方**（omega squared）。透過 *t* 檢定與 *F* 檢定比較兩個平均數之後，這些測量值提供了比例或百分率指標，使我們明瞭與研究的組別變項有關連之依變項裡的變異。

選錄 10.18 • 效力量估計（*d*）

從第一訓練階段（每分鐘平均 34 字）至最終訓練階段（每分鐘平均 71 字）增加的閱讀速度是顯著的（*t* = 7.445, *p* < .000）……效力量（Cohen, 1988）為高度（*d* = 1.01），這指出干預具有臨床和統計顯著性。

來源：Goodrich, G. L., Kirby, J., Wood, J., and Peters, L. (2006). The Reading Behavior Inventory: An outcome assessment tool. *Journal of Visual Impairment & Blindness, 100*(3), p. 165.

選錄 10.19-10.20 • 效力量估計（eta 平方與 omega 平方）

八題項概念測驗的 ANOVA 分析也指出顯著效果，$F(1, 69) = 8.81$，$MSE = 44.03$，$p < .05$。限制 CP 組比非限制 CP 組的答對率顯著要高。CP 限制水準與概念認知之間存在中度關連，以 eta 平方評估，限制水準解釋了概念認知 11.3%的變異。

來源：Igo, L. B., Bruning, R., and McCrudden, M. T. (2005). Exploring differences in students' copy-and-paste decision making and processing: A mixed-methods study. *Journal of Educational Psychology, 97*(1), pp. 105, 107.

- -

以 APOE 組為獨變項的單向 ANOVA 分析在認知分數上顯露了顯著差異，$F(1, 30) = 5.01$，$p = .03$，$\omega^2 = .11$，$\varepsilon 4 -$ 參與者表現的要比 $\varepsilon 4 +$ 參與者要好。

來源：Driscoll, I., McDaniel, M. A., and Guynn, M. J. (2005). Apolipoprotein E and prospective memory in normally aging adults. *Neuropsychology, 19*(1), p. 31.

在選錄 10.19 裡，研究者提供他們所計算出的 eta 平方數值（.113）的意義。如同他們所指出的，參與者依變項（概念認知）得分變異的 11.3%能夠被兩組之一的參與者所解釋。在選錄 10.20 裡，報告了計算的 omega 平方值（.11），而研究者稍後稱此為變異比例（proportion-of-variance）測量值。

在選錄 10.18 裡，研究者指出他們的效力量（*d*）為「高度」。在選錄 10.19 裡，那組研究者說他們的效力量為「中度」。因為研究者談論他們的效力量時，經常使用術語「低度」、「中度」以及「高度」，因此知道他們正在使用何種準則做出判斷是重要的。

表 10.1 包含了七種效力量準則。在選錄 10.18、10.19 以及 10.20 裡，我們已檢視了三種案例。如果你閱讀其他學術領域的研究報告，你很可能遭遇第四種。如你從表 10.1 所見，分別有兩種版本的 eta 平方與 omega 平方。版本不同之處在於「解釋的變異」方式與計算測量值的公式。儘管有這些不同之處，效力量為低、中或高的判斷準則是相同的。

關於效力量測量值，你需要知道兩件額外的事情。首先，這些計算得來的數值是奠基於樣本資料上的，這意味著在相關母體裡的真實效力量只是估計值。因此，研究者在效力量附近置放信賴區間以澄清它們為樣本統計值而非母

246

241

表 10.1　比較兩個平均數的效力量準則

效力量	低度	中度	高度
d	.20	.50	.80
eta (η)	.10	.24	.37
eta 平方 (η^2)	.01	.06	.14
omega 平方 (ω^2)	.01	.06	.14
偏 eta 平方 (η_p^2)	.01	.06	.14
偏 omega 平方 (ω_p^2)	.01	.06	.14
柯恩 f 係數	.10	.25	.40

註：這些判斷關係強度的標準相當一般化而應該被改變以適合任何給定研究的獨特目標。

體母數值的作法是適當的。第二，當詮釋效力量指標時，研究者與你都不應該盲目地使用表 10.1 裡的數值。在給定研究的特定背景之下，與這些「普遍準則」有離差是完全合理並且可能更為適當。由於這個原因，那些解釋為何這些準則符合或不符合他們特定研究的研究者們值得我們的掌聲。

除了估計效力量，一些研究者進行事後**檢定力分析**（power analysis），試圖澄清他們的發現。通常，這種分析是在比較兩個樣本平均數之後產生無顯著結果才進行的。在進行事後檢定力分析時，研究者把關於研究的已知事實（例如，樣本量、顯著水準、平均數以及 SD）輸入一條公式裡，以確知存在多大的檢定力去偵測等於或大於效力量的差異。如果檢定力是足夠的（例如，至少或高於 80%），研究者很可能主張無顯著的結果並不是第二類型錯誤造成的。另一方面，如果存在足夠的檢定力，研究者通常會說：「可能存在某種重要的東西，但我的研究缺乏需要的敏感度去偵測它。」

選錄 10.21 提供了事後檢定力分析的優良範例。在這項研究裡，研究者無法複製先前研究的發現。一旦事後檢定力分析的結果指出這些研究者在他們的 t 檢定比較裡有充裕的檢定力，他們就擁有需要的證據去主張其無顯著發現很可能不是第二類型錯誤的現象。

247

選錄 10.21 ● 事後檢定力分析

我們不能複製 Wang 和 Spelke(2000)的發現，這發現為在七個實驗裡，無知覺情況比閉眼情況下具有更大的形體結構誤差。因為我們無法複製他們的結果，探詢我們的實驗是否具有足夠的檢定力去偵測在形體結構誤差方面的無知覺效果是合理的，如果……我們採用 Cohen（1988, pp. 48-50）推薦的程序計算二樣本、重複測量、.05 alpha 水準的指向性 *t* 檢定的檢定力，〔而〕實驗後的檢定力分析結果暗示，我們無法發現形體結構誤差方面的無知覺效果不能歸因於檢定力的缺乏。

來源：Holmes, M. C., and Sholl, M. J. (2005). Allocentric coding of object-to-object relations in overlearned and novel environments. *Journal of Experimental Psychology: Learning, Memory, and Cognition, 31*(5), pp. 1082-1083.

在我們剛剛探討過的四篇選錄裡，效力量指標與檢定力都是在資料被蒐集之後計算的。然而，如同在第八章裡所指出的，在蒐集任何資料之前進行檢定力分析是有可能的。當一個至少等於研究者指定效力量的數值使 H₀ 為假的情況下，這種分析的目標是決定樣本量的大小以得到拒絕 H₀ 的已知機率。

在選錄 10.22 裡，我們看見了在先行檢定力分析裡輸入了什麼然後又得了什麼結果。在進行這項檢定力分析時，研究者首先決定他們的統計焦點為平均數，他們會以獨立樣本 *t* 檢定來比較他們的樣本平均數，他們會使用.05 的顯著水準，以及他們想要擁有至少 85%的機率拒絕虛無假設（相同母體平均數），如果短臂投擲與長臂投擲之間的真實 $\mu_1 - \mu_2$ 差異（角度改進方面）≥4°的話。在做出這些決定之後，檢定力分析指出研究者在每一組裡需要五十位個

選錄 10.22 ● 先行檢定力分析

進行先行檢定力計算以決定組別大小。決定大約每組有五十位病人，至少85%的機率（統計檢定力）能偵測角度改變≥4°的平均數差異，這是在投擲組之間從減少後到最終評估的情況。0.05 的 alpha 值與獨立 Student *t* 檢定被使用於此項計算裡。

來源：Webb, G. R., Galpin, R. D., and Armstrong, D. G. (2006). Comparison of short and long arm plaster casts for displaced fractures in the distal third of the forearm in children. *Journal of Bone and Joint Surgery*, American Volume, *88*(1), p. 11.

體以達到想要的檢定力水準。

第五節　潛藏的前提

　　當使用信賴區間或 t、F 或 z 檢定於一個或兩個平均數推論時，關於樣本與母體的某些假設通常與應用在資料上的統計技術有關。如果違反一個或更多的假設，那麼隨著統計結果而來的機率宣告可能就會是失效的。由於這個原因，良好訓練的研究者：(1)熟悉這些假設，這些假設是關於用以分析他們資料的技術；以及(2)在從樣本平均數進行推論之前花時間檢視重要假設。

　　對於目前在本章裡所探討的統計技術而言，有四個潛藏的假設前提。第一，每份樣本應該是代表其母體的隨機子集。第二，應該具有「觀察的獨立性」（意指研究期間裡特定個體的分數不會被任何其他個體所影響）。第三，每一個母體──根據研究裡聚焦的依變項──應該是常態分配。第四，涉及兩個獨立樣本或兩個相關樣本研究的兩個母體應該在涉及的依變項上具有相同的變異程度。

　　涉及隨機性與觀察獨立性的假設是方法學所關注的部分，而研究者幾乎不在他們的研究報告裡談論這些假設。然而，另兩項假設經常被研究者討論。要成為具有分辨能力的研究文獻讀者，你需要知道何時應該考量**常態性假設**（normality assumption）與**等變異數假設**（equal variance assumption），當常態性假設與等變異數假設被檢定時發生了什麼，如果資料違背了這些假設，研究者將會怎麼做，以及在什麼情況下統計檢定是「穩固的」。此段就是要提供你這種知識。

　　研究者應該在評估他們研究的主要 H_0 之前考量常態性與等變異數假設。研究者應該首先考量這些假設，因為用以評估研究 H_0 的統計檢定在假設被違反的情況下，也許沒法以應有的方式運作。檢查假設就像是在划船之前檢查船上是否有洞（或是否你的同伴在船上加裝了驅動馬達）。你的船不會像原來應有的方式運作，如果它有洞或被加裝了馬達。

　　當檢視常態性或等變異數假設時，研究者將會使用樣本資料推論至它的母體。這種推論類似於研究的主要 H_0，除了這些假設並不涉及母體的平均數之

選錄 10.23-10.24 ● 檢定常態性與等變異數假設

進行獨立 t 檢定以決定是否註冊幾何與微積分課程的學生其數學自我效能（以 MSES 測量）之間有顯著差異。進行二樣本 K-S 檢定以檢視常態性假設。結果（$p = .580$）指出資料確實符合常態，因此允許二樣本 t 檢定的使用。

來源：Hall, J. M., and Ponton, M. K. (2005). Mathematics self-efficacy of college freshman. *Journal of Developmental Education, 8*(3), p. 28.

- -

變異數並無顯著不同（$F = .88$, n.s.），而符合等變異數假設的 t 檢定顯示平均數之間存在顯著差異（$t = 5.69, p < .01, df = 9$, 雙尾）。

來源：Shizuka, T., Takeuchi, O., Yashima, T., and Yoshizawa, K. (2006). A comparison of three- and four-option English tests for university entrance selection purposes in Japan. *Language Testing, 23*(1), p. 43.

外。如同它們的稱呼所暗示，常態性假設涉及分配模型，而等變異數假設與變異有關。通常，樣本資料會被用以檢定這些假設。在這種情況下，研究者會應用假設檢定程序的所有步驟。在進行這種檢定時，研究者會希望常態性與等變異數的虛無假設不會被拒絕，因為這樣一來他們就能夠繼續檢定關於平均數的主要虛無假設。

選錄 10.23 與 10.24 示例了應用研究者如何檢定常態性與等變異數假設[註4]。在這些選錄裡，注意這些假定的虛無假設並沒有被拒絕。對於研究者來說這是想要的結果，因為他們可以進一步比較兩個樣本平均數。

等變異數假設經常以**變異數同質性假設**（homogeneity of variance assumption）論及。然而，這個術語有點誤導性，因為它可能使你認為假設指定了母體裡依變項的同質性。那並不是此項假設的意義。關連此等變異數假定的虛無假設為 $\sigma_1^2 = \sigma_2^2$。這種假設可以為真，即使當每個母體裡存在很大程度的變異。只要 $\sigma_1^2 = \sigma_2^2$，「變異數的同質性就可以存在」，不管 σ^2 的數值有多大或多小。

250

註4：在選錄 10.23 裡，研究者使用 K-S 檢定（Kolmogorov-Smirnov test）去檢查常態性假設。也存在其他可用的檢定程序〔例如，卡方適合度檢定（chi square goodness-of-fit test）〕能夠進行同樣的工作。在選錄 10.24 裡，並無提及用以檢查等變異數假設的特定檢定。然而存在許多這種統計檢定，如經常被使用的勒溫檢定（Levene's test）。

　　如果研究者進行一項檢定來檢視是否常態性或等變異數假設是穩固的，結果可能是樣本資料與想要的母體特徵符合。這就是選錄 10.23 與 10.24 裡的例子。但如果假設的檢定暗示假設是站不住腳的呢？

　　在樣本資料暗示母體資料不符合常態性與／或等變異數假設時，研究者有三種選擇。這些選擇包括：(1)使用公式補償缺少的常態性或變異數同質性；(2)藉由資料轉換改變每一個原始分數以減低非常態性（nonnormality）的程度或變異數的異質性，因此而允許使用 t 檢定、F 檢定或 z 檢定於研究的平均數上；或(3)使用不同於 t、F 或 z 的檢定，這種檢定是不須滿足這些關於母體的嚴格假定。選錄 10.25、10.26 與 10.27 示例了這三種選擇。

　　選錄 10.25 呈現了第一種選擇，因為使用了某種特別版本的 t 檢定（Welch's t 檢定），此檢定有內建的機制抵抗因違反等變異數假定而引起的誤差。選錄 10.26 展示了第二種選擇，採取轉換資料的策略然後使用一般檢定程序去比較組平均數。此處，使用平方根（square root）轉換。在選錄 10.27 裡，研究者想要使用配對 t 檢定在幾種依變項上比較前測與後測平均數。然而，在這些資料違反常態性假設的例子裡，研究者採用第三種選擇；以不需常態性假設的無母數檢定代替配對 t 檢定。

　　如同選錄 10.26 所呈現的，研究者有時使用**資料轉換**（data transformations），使變異數之間更類似或創造更接近常態分配的資料集。許多轉換方式被設計以幫助研究者完成這些目標。例如，在選錄 10.26 裡，使用平方根轉換。在選錄 10.28 裡，我們看見了兩個直方圖展示平方根轉換，把高度偏斜的原始分數分配轉換成接近常態的資料集。

　　當研究者感興趣於比較兩組平均數時，如果兩份樣本是同樣大小的話，他們通常繞過等變異數假設的檢定。這是因為理論統計學認為只要 $n_1 = n_2$，平均數上的檢定就能發揮作用，即使兩個母體具有不相等的變異。換句話說，如果樣本量相等，t、F 或 z 檢定對於等變異數假設是免疫的。以統計術語而言，相等的 n 使得這些檢定變得**穩固**（robust）而不受變異數異質性的影響。

251

選錄 10.25-10.27 • 當假設似乎不穩固時的選擇

　　我使用勒溫檢定（Levene's test）去指認不等變異數誤差。必要時，我進行韋爾契檢定（Welch's *t*）確認任何統計上的顯著差異，因而控制變異數之間的不等性質。

來源：Leighton, J. (2006). Teaching and assessing deductive reasoning skills. *Journal of Experimental Education, 74*(2), p. 120.

　　因為這些改變分數的同質性檢定結果是顯著的，$F(3, 77) = 5.72$，$p < .001$，所以這些分數被進行平方根轉換以減低極端分數的衝擊（see Howell, 1997）。

來源：Falomir-Pichastor, J. M., Mugny, G., and Invernizzi, F. (2006). Smokers' (dis)satisfaction, persuasive constraint, and influence of expert and non-expert sources. *Swiss Journal of Psychology, 65*(1), p. 12.

　　資料首先以 K-S 檢定分析以檢視是否呈現常態分配。對於臨床與主觀／客觀睡眠變項在治療期間前與後的比較，以配對 *t* 檢定或威寇森配對標等檢定（Wilcoxon matched-pairs signed-ranks test）為適當的方法。

來源：Kaynak, D., Kiziltan, G., Kaynak, H., Benbir, G., and Uysal, O. (2005). Sleep and sleepiness in patients with Parkinson's disease before and after dopaminergic treatment. *Journal of Neurology, 12*(3), p. 201.

選錄 10.28 • 透過資料轉換降低偏斜

252

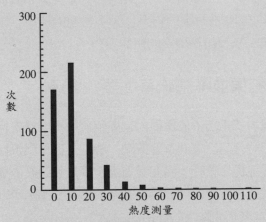

圖一　熱病症測量的次數分配

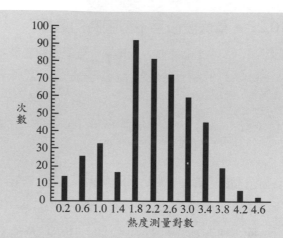

圖二　對數轉換下的次數分配

來源：Coris, E. E., Walz, S. M., Duncanson, R., Ramirez, A. M., and Roetzheim, R. G. (2006). Heat Illness Symptom Index (HISI): A novel instrument for the assessment of heat illness in athletes. *Southern Medical Journal, 99*(4), pp. 343-344.

253

第六節 ╱ 評論

　　在結束我們對於一個或兩個平均數推論的探討之前，為了讓你成為更具鑑別力的研究報告讀者，我想要提供五點警示。這些警示關於：(1)虛無假設沒有被拒絕的結果；(2) H_0 被拒絕的結果；(3) t 檢定的使用；(4)實際顯著性；(5)忽略第一類型與第二類型錯誤機率的研究宣告。

壹　非顯著結果並不意味著主要 H_0 為真

　　在第七章裡，我指出不能僅僅因為虛無假設不能被拒絕就認為虛無假設是真的。研究者有時會忘記這個重要觀點，特別是當他們根據前測平均數來比較組別時。在進行這種比較時，研究者通常希望虛無假設不會被拒絕，這樣一來在比較組別時就能夠在起頭處平等。我想要提出三個為何「如果 H_0 沒有被拒絕，就認為 H_0 為真是危險」的理由。

我這三點評論的背景是項假設性研究。想像我們有 E 組和 C 組（實驗與控制），每組裡的參與者皆有前測資料。讓我們也想像兩組平均數 $\overline{X}_E = 16$ 以及 $\overline{X}_C = 14$。最後，想像 t 檢定或 F 檢定用以比較這兩個 $\overline{X}$。結果是虛無假設（$H_0：\mu_E = \mu_C$）沒有被拒絕，因為 $p_{\text{two-tailed}} > .05$。

在此假設性研究裡，無法接受H_0的第一個理由在本質上純粹是邏輯性的。如果虛無假設被設定為 $H_0：\mu_E - \mu_C = 1$，無法拒絕的決定也可能被達成。這也是在 H_0 的精準數值可以被設定為 0 與 + 4 之間任何數值的情況下所會發生的。因為資料支持這些虛無假設，不存在合理的科學解釋去相信其中之一是正確的而其他是錯誤的。

無法接受 H_0 的第二個理由是關於資料品質。在第九章裡，我討論了衰減現象，指出了非完美的測量工具信度能夠掩飾兩個變項之間存在的真實非零關連。同樣的規則可以應用在非相關係數上，如平均數。在我們的假設性研究裡，以低信度工具蒐集的資料可能導致不能拒絕的決定；如果使用更具信度的工具，樣本平均數——即使又同等 16 和 14——可能會產生低於.05 的 p 值！因此，我們的假設性研究產生無顯著發現的原因，可能是資料信度不足而非 $H_0：\mu_E = \mu_C$。

最後一種考量是關於統計檢定力。樣本量與偵測 H_0 為假的機率之間有著直接的關連。因此，在我們假設性研究裡無法發現統計上的顯著發現，可能是因為n過小。也許μ_E與μ_C差異很大，但我們的研究缺少闡明那種情況的統計敏感度。

為了這三點理由（邏輯、信度、統計檢定力），請審慎思考因不能拒絕H_0就宣告H_0為真的結論。

貳　重疊分配

假設研究者比較兩組分數並發現 $\overline{X}_1$ 與 $\overline{X}_2$ 之間存在統計上的顯著差異。注意顯著差異存在於兩組平均數之間。小心沒有討論組平均的研究報告，因為這會造成一種印象，讓讀者以為一組裡的每個分數高於另一組裡的每個分數。這種情況是非常不可能的。

為了闡釋**重疊分配**（overlapping distributions）的意思，請再次考量呈現在

選錄 10.10 裡的資訊。在那篇選錄裡，六十六位有全語先備知識教師所獲得的平均分數為 190.66，而二十五位缺少此種知識教師所得的平均分數為 172.24。這兩個樣本平均數以 ANOVA F 檢定進行比較，而結果是組平均數之間存在統計上的顯著差異。相等母體平均數的虛無假設被拒絕，$p < 0.001$。

有全語先備知識教師的每一位分數皆比缺少此種知識教師的每一位分數要高嗎？包含在選錄 10.10 裡的證據允許我們以「不」來回答這個問題。回到選錄 10.10 並瀏覽每組裡的最高與最低分數。即使每組裡的高分與低分沒有被完全呈現，標準差也暗示了兩組分數的分配是重疊在一起的。那是因為兩組平均數差異為 18.42，而兩個標準差為 18.80 與 20.16。

小心那些比較兩組（或單一組別被重複測量）之後的宣告，如「女孩表現能力優於男孩」或「治療組分數高於控制組」或「參與者在前測與後測之間有進步」。這種陳述經常出現在研究報告的摘要裡。當你看見這些句子時，確定在研究總結的起頭處要插入這三個字「平均上」。也謹記重疊分配在研究調查裡是規則，不是例外。

參　t 檢定的使用

在本章裡，你已經看見了 t 檢定如何被用以評量涉及一個或兩個平均數的虛無假設。你將發現 t 檢定也能夠用於平均數以外的統計焦點。例如，t 檢定能夠用以檢視是否相關係數與 0 有顯著差異，或兩個相關之間是否存在顯著差異（選錄 9.22 說明了第二種例子）。由於這個原因，最好把 t 檢定視為一種通用工具而且能被用以完成多種推論目標。

雖然 t 檢定具有多種用途，它最常被使用在一個或兩個平均數上。事實上，由於許多研究者高頻率地使用 t 檢定處理平均數，使得 t 檢定與平均數的檢定畫上了等號。因而產生許多術語如單一樣本 t 檢定、獨立樣本 t 檢定、相關樣本 t 檢定、配對 t 檢定、相依樣本 t 檢定、副樣本 t 檢定。當這些術語被使用時，你應該猜測此處 t 檢定的統計焦點為平均數。

肆　實際顯著性對照統計顯著性

在本章稍早，你看見了研究者如何分辨一個統計上顯著的發現也在實際的

255

現實生活裡具有意義。不幸地，許多研究者並不依賴計算的效力量指標、關連強度的測量值（strength-of-association measures）或檢定力分析，去幫助他們避免犯下把「沙丘當作大山」的錯誤。他們僅僅使用假設檢定六步驟程序，然後興奮地期待結果具有統計顯著性。

　　例如，有一項研究進行兩組女性態度的比較。在他們的專業報告裡，他們首先指出平均數結果為 67.88 與 71.24（17 至 85 的測量尺度），然後宣稱「儘管平均數之間差異很微小，但卻是個統計上的顯著差異」。

　　對我而言，上段的最後一句話就好像是統計程序具有魔力，使資料差異變大以引起其他人的注意。然而，統計分析缺乏這種魔力。要使研究者不受統計顯著性的迷惑，就要使他們注意微小的差異而不是顯著差異。如果能這樣做，他們就會宣稱「雖然存在統計上的顯著差異，但是平均數的差異是微小的」。

　　效力量與檢定力分析的估計能夠幫助研究者（和你）對於實際顯著與統計顯著之間的重要區別保持警覺。然而，不要厭惡使用你自己的知識（或常識）來判斷統計結果的「意義性」。在一些例子裡，你將能夠有自信的決定是否兩個樣本平均數之間存在「大差異」。當你檢視選錄 10.29 時，你將能夠這麼做。

256

選錄 10.29 ● 實際顯著性：這樣的平均數差異「大」嗎？

　　為了檢視父母知覺自己參與子女學校活動與子女知覺父母參與學校活動之間的差異，使用配對 *t* 檢定。父母知覺自己參與子女學校活動的平均分數為 *M* = 4.86（李克氏量尺 1 至 6），而子女知覺父母參與學校活動的平均數為 *M* = 4.61。統計差異展現在兩個平均數之間（*t* = 2.41, *df* = 76, *p* = .02），指出父母對自己的評分高於子女對父母的評分。

來源：Gibson, D. M., and Jefferson, R. N. (2006). The effect of perceived parental involvement and the use of growth-fostering relationships on self-concept in adolescents participating in Gear Up. *Adolescence, 41*(161), p. 118.

伍　第一類型與第二類型錯誤

　　我最後的評論是關於假設檢定程序被使用時所達成的結論。因為拒絕或不能拒絕 H₀ 在本質上完全是推論的（奠基於樣本資料上），所以總是存在犯下

第一類型或第二類型錯誤的機率。你需要謹記這個觀點，當閱讀研究報告時，因為大多數研究者並不談及他們發現的推論錯誤可能性。在一些研究報告裡，研究者僅僅假定你知曉每當虛無假設被檢定時可能會發生第一類型或第二類型錯誤。在其他例子裡，研究者可能忽略這種機率而沉浸於統計結果與其研究假設一致的喜悅。

考量選錄 10.30，關於此研究的研究者值得被讚賞，因為指出他們的發現可能是推論錯誤的結果。他們指出他們可能已經犯下第一類型或第二類型錯誤。坦白說，我但願有某種法律能強迫每位研究者都能遵循此處所呈現的範例。

257

當閱讀研究報告時，你將會遇到許多文章，文章裡研究者談論他們好像發現了最可靠的東西。研究者的主張通常會被縮減成這樣的宣告：「資料證實了我們的期待，所以現在我們已經證明我們的研究假設是正確的。」拒絕被花俏統計技術分析得來的結論所迷惑。記住推論總是涉及：(1)平均數或平均數之間差異的信賴區間；與(2)一個或兩個平均數被評估時的虛無假設。沒有什麼是被這些技術所證明，不管研究者的研究結果宣告是多麼地大膽。

選錄 10.30 ● 推論錯誤的可能性

配對 t 檢定被用以分析研究頭兩種目標的資料（評估關於進階指示的知識與態度以及評估文化適應）……顯著發現可能犯下第一類型錯誤，而無顯著發現可能犯下第二類型錯誤。

來源：McAdam, J. L., Stotts, N. A., Padilla, G., and Puntillo, A. (2005). Attitudes of critically ill Filipino patients and their families toward advance directives. *American Journal of Critical Care, 14*(1), pp. 21, 24.

術語回顧 >>

變異數分析（analysis of variance）	相依樣本（dependent samples）
信賴區間（confidence interval）	*df*
相關樣本（correlated samples）	效力量（effect size）

eta 平方（eta squared）	副樣本（paired samples）
F 檢定（*F*-test）	檢定力分析（power analysis）
變異數同質性假設（homogeneity of variance assumption）	偽邦弗朗尼校正（pseudo-Bonferroni adjustment procedure）
獨立樣本（independent samples）	穩固（robust）
配對樣本（matched samples）	*SS*
MS	*t* 檢定（*t*-test）
omega 平方（omega squared）	*z* 檢定（*z*-test）
重疊分配（overlapping distributions）	

閒話統計　

1. 涵括第十章的一個線上互動練習題（提供立即的回饋）。
2. 關於第十章內容的九個迷思。
3. 一封作者寄給學生們的電子郵件，標題為「*t* 檢定拼圖」。
4. 第十章的最佳段落之一：「推論與證明」。
5. 兩則有關統計的笑話。

相關內容請參考：www.ablongman.com/huck5e

11 使用單向變異數分析檢定三個或更多的平均數

259 　　在第十章裡，我們探討了許多研究者用以推論一個或兩個平均數的統計方法。我現在想要延伸討論研究者推論三個或更多平均數的主要統計方法。在這種情形下最常被使用的方法稱作變異數分析（analysis of variance），而它被縮寫為 **ANOVA**。

　　如同我在前章裡指出的，變異數分析能夠被用以檢視是否顯著差異存在於兩個樣本平均數之間。因此，這個特別的統計技術是相當多用途的。它可用以比較兩個平均數、三個平均數，或任何數目的平均數。它的多功能將在稍後的章節裡變得更為明顯。

　　變異數分析是在許多領域裡被廣泛使用的推論工具。即使有許多種類的統計技術可被應用於處理三個或更多的平均數，ANOVA 在使用普遍性上卻是排名第一位。甚至，遠遠地超乎第二名。

　　在本章裡，我們將把焦點放在 ANOVA 的最簡版本，稱作單向變異數分析。我將以討論單向 ANOVA 的統計目的作為開始，之後澄清單向 ANOVA 是如何不同於其他種類的 ANOVA。然後，我們把注意力轉向研究者呈現單向 ANOVA 結果的方式，邦弗朗尼校正技術被使用在單向 ANOVA 裡的範例、單向 ANOVA 假設前提的檢定，以及檢定力分析、關聯和效力量方面的擔憂。最後，我會提供幾點訣竅使你更好地解讀與批評單向 ANOVA 的結果。

260 ## 第一節 ／ 單向變異數分析的目的

　　當研究焦點為三個或更多組別的分數時，**單向 ANOVA**（one-way ANO-

VA）允許研究者使用樣本資料做出關於研究母體平均數的推論聲明。不管有多少份樣本涉入，只有一個推論從樣本集延伸至母體集。這個單一推論處理這個問題：「不同母體的平均數是相同的嗎？」

　　圖 11.1 已經試圖說明單向 ANOVA 的過程。關於此圖有三件事情須注意。首先，這是有三個比較組別的情況；額外的樣本和母體能夠被加入成為四個、五個或更多的比較組別。第二，從樣本資料集至母體集存在單一推論。最後，推論的焦點在於母體平均數，即使每份樣本以 $\overline{X}$、SD 以及 n 描繪。

　　雖然你永遠也不會遭遇包含圖 11.1 的期刊文章，我還是希望此圖能幫助你瞭解，當研究者應用單向 ANOVA 於他們的資料時發生了什麼。例如，選錄 11.1 是來自於美國東北部一所小型私立學院商業課程的成績研究。每一年，此學院的一些課程以全職終生職教授講授，其他以全職非終身職教授講授，另一些是兼職助理教授。每年這三類教授對學生的給分被計算而產生 GPA。二十年來，總共有二十個 GPA 屬於終身職教授類目、二十個 GPA 屬於非終身職教授類目，以及二十個 GPA 屬於助理教授類目。關連每個教授類目的 GPA 構成類目的樣本資料。

261

260

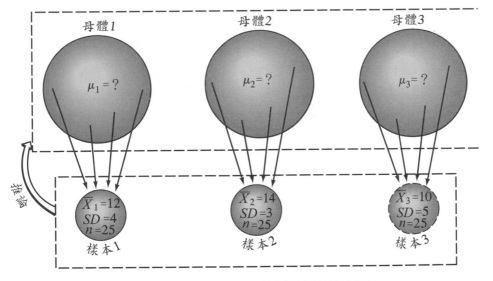

圖 11.1　單向 ANOVA 的推論目的闡釋圖

選錄 11.1 • 使用於單向 ANOVA 裡的典型資料

表一　教授類目 GPA 的敘述統計

類目	樣本量	*M*	*SD*
助　　理	20	2.8268	0.1366
非終身職	20	2.7363	0.1066
終　身　職	20	2.6872	0.0816
全　　部	60	2.7501	0.1233

來源：Kezim, B., Pariseau, S. E., and Quinn, F. (2005). Is grade inflation related to faculty status? *Journal of Education for Business, 80*(6), p. 360.

　　在檢視了圖 11.1 之後，你應該能夠分辨選錄 11.1 使用單向 ANOVA 試圖完成何種任務。當然，在此選錄裡的資料分別對應三份涉入研究的樣本。連結這些樣本的都是抽象母體（例如，在小型私立學院講授商業課程的教授）。研究者的目標是使用三份樣本資料一次性推論至母體的平均數。關於此單向 ANOVA 的統計問題可以陳述為：「根據可得的樣本實際資訊，認為三個母體的平均 GPA 相等是合理的嗎？」

　　如你所見，選錄 11.1 的樣本平均數是不同的。根據 $\overline{X}$ 不同的事實，你可能會認為推論問題的答案再簡單不過了。然而，抽樣誤差的概念使得樣本平均數幾乎不可能剛好同等於母體平均數。可能的是，母體平均數相同，而因為抽樣誤差使得樣本平均數不同。或者，也許 $\overline{X}$ 之間的差異歸因於母體平均數之間的差異。單向 ANOVA 幫助研究者以科學方法決定是否樣本平均數屬於第二種情況。

第二節　單向變異數分析和其他種類變異數分析之間的差別

　　在本章裡，我們把注意力放在最簡形式的 ANOVA，這種形式稱作**單向變異數分析**（one-way ANOVA）、**單因子變異數分析**（one-factor ANOVA），或

簡單變異數分析（simple ANOVA）。因為存在許多不同種類的變異數分析，在本章澄清它們之間的不同之處以便在稍後的章節裡介紹更複雜的ANOVA是很重要的〔一些更複雜的變異數分析標示為「雙向ANOVA」、「隨機化區集（randomized blocks）ANOVA」、「重複測量 ANOVA」，以及「多變量ANOVA」〕。

雖然所有的ANOVA都是在處理平均數，它們也在三方面產生差異：獨變項的數目、依變項的數目，以及是否為獨立樣本或相關樣本。根據這些區別特徵，單向ANOVA具有一個獨變項並聚焦於一個依變項，而它涉及的是獨立樣本。探討這些單向ANOVA的定義元素是值得的，因為研究者有時僅使用*ANOVA*而省略了單向這個形容詞。

當我們說只有一個獨變項時，這意味著在蒐集與分析任何資料之前，比較組別彼此之間是不同的。比較組別可以在質化變項上不同（例如，最愛的 TV秀）或在量化變項上不同（例如，兄弟姐妹的數目），但僅能夠存在一種特徵定義比較組別之間是如何地不同。因為術語**因子**（factor）與**獨變項**（independent variable）在變異數分析的背景下指的是相同的東西，單向ANOVA與其他ANOVA不同之處可以總結成這種方式：單向ANOVA具有單一因子（也就是，一個獨變項）。

選錄 11.2 來自於涉及中國四百八十九位新任教師與受訓教師的研究。研究者把這些個體編入四組，編組依據為個人對於自己生涯發展階段的認知。階段一為剛完成準備教育課程的受訓教師；階段二為剛完成教育課程但是尚未有實際教學經驗的受訓教師；階段三為完成所有訓練並準備接受執照的教師；第四組為剛完成第一年教學的老師。單向ANOVA被用以檢視是否差異存在這些組別的電腦技巧之間。如同選錄 11.2 所陳述的，獨（即，組別）變項被稱作專業發展階段。

263

選錄 11.2 ● 單向 ANOVA 裡的獨變項與依變項

262

單向 ANOVA 被計算以比較四個專業發展水準上的自我評估。獨變項為專業發展階段（一般準備學生、教學前學生、剛取得執照教師、在職教員）。依變項為基礎電腦技巧問卷上的得分（最高 120 分）。

來源：Song, J., Liang, G., Liu, G., Walls, R. T., Li, G., Wang, Z., and Yin, A. H. (2005). Are teachers in China ready to teach in the 21st century? *Journal of Technology and Teacher Education, 13* (2), p. 204.

263

如同選錄 11.2 所示，一些研究者會特別指認關連他們單向 ANOVA 的獨變項。然而，許多研究者選擇不這樣做，而假定讀者能夠從樣本的描述找出獨變項。在本章結束之前，我有自信你能夠在任何單向 ANOVA 裡指認獨變項。

你可能會想，雙向 ANOVA 具有兩個獨變項，那麼三向 ANOVA 就具有三個獨變項等等。在稍後的章節裡，我們將會探討這些更複雜的 ANOVA。然而在本章裡，我們將會把焦點限制在具有單一獨變項的 ANOVA。

即使研究應用的變異數分析僅僅具有一個獨變項，這種 ANOVA 也未必就是單向 ANOVA。第二種區別單向 ANOVA 與其他種類 ANOVA 的準則與分析裡的依變項數目有關。以單向 ANOVA 而言，只存在一個依變項（如果在相同分析裡涉及兩個或更多的依變項，那麼你很可能看見這種分析被描述為多變量 ANOVA，或 MANOVA）。

依變項（dependent variable）對應被測量對象的特徵。例如選錄 11.1 的研究，依變項為商業課程裡教授對學生的評分（GPA）。在那個選錄裡，表的標題讓我們知道依變項與評分有關。在選錄 11.2 裡，研究者直接告訴我們他們的依變項為何。

第三種分辨單向 ANOVA 的特徵是比較的組別在本質上是獨立的（而非相關的）。如你在第十章裡所學到的獨立與相關樣本，這意味著：(1)在任何給定組別裡提供分數的對象不同於其他的組別；以及(2)比較的組別之間沒有配對，三胞胎或子孫（每個家庭的其中之一位成員被放入每個比較組別裡）等連結性。相關樣本的 ANOVA 應用是可能的，但我將在稍後討論這種形式的分析。

在選錄 11.3 裡，我們看見了研究者以**對象間變項**（between-subjects variable）論及他們研究的獨變項。研究者使用對象間這個形容詞是想要澄清比較的資料是來自於獨立樣本（在第十四章裡，你將會遭遇資料來自於相關樣本的單向 ANOVA，而你將會看見這些研究裡的獨變項在本質上被視為對象內）。由於在本章討論的每一個單向 ANOVA 所涉及的資料來自於沒有配對等關連的個體，此處的每個獨變項能夠被視為對象間獨變項。

264

選錄 11.3 ● 對象間變項

為了探索不同特性之組別平均數差異，我們也進行了單向變異數分析（ANOVA），優良教學（即，個別特性的組合分數）為依變項，而組別（即，二年級生、職前教師、在職教師）為對象間變項。

來源：Murphy, P. K., Delli, L. A. M., and Edwards, M. N. (2004). The good teacher and good teaching: Comparing beliefs of second-grade students, preservice teachers, and inservice teachers. *Journal of Experimental Education, 72*(2), p. 79.

現在，讓我們把注意力轉向單向 ANOVA 的特定要素。我們以探討單向 ANOVA 的虛無與對立假設作為開始。

第三節 單向變異數分析的虛無與對立假設

單項變異數分析的虛無假設總是設定為每個母體裡依變項上的平均數是相等的。虛無假設通常是在一組 μ 之間畫上等號，μ 代表母體平均分數。例如，如果研究裡有四個比較組別，虛無假設就是 $H_0: \mu_1 = \mu_2 = \mu_3 = \mu_4$。

在第七章裡，我們知道每一個虛無假設必須包含一個精準母數值，你現在可能懷疑前段所陳述的虛無假設是否合法，因為它並沒有包含任何精準數值。事實上，在那項 H_0 裡存在一個沒有顯露出來的精準數值。如果母體平均數彼此相等，那麼平均數之間就不存在變異。因此，我們能夠重寫 H_0 為 $H_0: \sigma_\mu^2 = 0$。然而，你比較可能見到把精準數值隱藏起來的 H_0（例如，$H_0: \mu_1 = \mu_2 = \mu_3$）。

在選錄 11.4 與 11.5 裡，我們看見了單向 ANOVA 虛無假設出現在研究摘要裡。注意這兩篇選錄都是處理其研究的母體平均數。甚而，兩個虛無假設都被設定為母體平均數之間不存在差異。

選錄 11.4 與 11.5 的研究者值得鼓勵，因為他們花時間陳述關連他們單向 ANOVA 的虛無假設。大多數研究者並不這樣做。他們告訴我們關於蒐集的資料與發生的結果，但他們跳過重要的假設檢定第一步驟。也許他們假定讀者知

265

選錄 11.4-11.5 ● 單向 ANOVA 裡的虛無假設

$H_0: \mu_P = \mu_S = \mu_A$

來源：Chang, Y. (2006). A study on the motivations of ports seeking to diversify their operations in Taiwan. *Journal of American Academy of Business, 8*(1), p. 109.

- -

進行單向 ANOVA〔並〕指出相等母體平均數的虛無假設無法被拒絕。

來源：Prendergast, G., Shi, Y., and West, D. (2001). Organizational buying and advertising agency-client relationships in China. *Journal of Advertising, 30*(2), p. 66.

道虛無假設為何。

　　當然，在假設檢定裡，虛無假設必須伴隨著對立假設。這種 H_a 總是說至少兩個母體平均數彼此不同。如果以符號來表達這種想法，我們得到 $H_a: \sigma^2_\mu \neq 0$。不幸地，對立假設幾乎不被包括在專業研究報告的討論裡。再次，研究者明顯地假定他們的讀者熟悉應用的檢定程序與單向 ANOVA 並知道 H_a。

第四節　結果的呈現

　　單向ANOVA的結果可以兩種方式呈現。研究者可能選擇在內文談論他們的結果並呈現一個ANOVA **摘要表**（summary table）。另一方面，他們也許僅在內文描述結果（有時候是被期刊編輯告知刪除摘要表以節省空間）。

　　一旦你熟悉如何解讀呈現在ANOVA摘要表裡的結果，我有信心你可以毫無困難地理解「無摘要表」的報告形式。因此，我以考量單向ANOVA的結果如何被呈現在表裡為開始。我把這個討論分成兩部分，因為有些報告包含一個單向 ANOVA 結果，而其他報告呈現了多個單向 ANOVA 結果。

壹　一個單向 ANOVA 的結果

　　在選錄 11.6 裡，我們看見了選錄 11.1 裡資料的 ANOVA 摘要表。如你所知，這兩篇選錄來自於一項教授（全職終身職、全職非終身職，以及兼職助

266

選錄 11.6 ● 呈現在表裡的單向 ANOVA 結果

表四　教授類目 GPA 的 ANOVA 結果

來源	*SS*	*df*	*MS*	*F*	*p*
組間	0.201	2	0.100	8.209	.001
組內	0.697	57	0.012		
全部	0.898	59			

來源：Kezim, B., Pariseau, S. E., and Quinn, F. (2005). Is grade inflation related to faculty status? *Journal of Education for Business, 80*(6), p. 360.

理）給分的研究。在繼續閱讀之前，你也許想要再次瀏覽選錄 11.1。

在選錄 11.6 裡，數值 8.209 是計算值，而它被放在標示為 *F* 的欄裡。此計算值是把「組間」（between groups）列的 **均方**〔mean square（*MS*）〕（0.100）除以「組內」（within groups）列的均方（0.012）[譯註1]。每一列的 **MS** 值源自於把 **平方和**〔sum of squares（*SS*）〕除以 *df* 值[註1]。那些 *SS* 數值來自於樣本資料的分析。另一方面，*df* 值參考自組別數目、組內人數，以及全部參與人數[註2]。

前兩個 *df* 值決定了與 8.209 相比的臨界值大小（此臨界值在.05 顯著水準下，是 3.16）。很可能，電腦使用 2 與 57 這兩個 *df* 值來決定臨界值，然後電腦說那個 *p* 小於.001。然而，有可能研究者使用這兩個 *df* 值於統計表裡查閱臨界值。這種統計表允許研究者找出分別在.05、.01 與.001 顯著水準的臨界值。

然而 *df* 數值在單向 ANOVA 裡具有技術上與理論上的意義（有關於中央與非中央 *F* 分配），那些 *df* 值對你而言具有實用功能。更詳細點，你可以使用第一與第三 *df* 幫你瞭解整份研究的結構。為了讓你明瞭這是如何做到的，讓我們聚焦於選錄 11.6 與 11.1。把組間列 *df* 加 1 就能決定研究裡有 2 + 1 = 3 組。把全部列 *df* 加 1 你就能算出有 59 + 1 = 60 位教授參與此項研究。

267

譯註1：　讀者會發現 0.100 除以 0.012 並不等於 8.209，這是由於四捨五入的關係，原來的數值很可能是 0.1002 與 0.012206。

註1：　在任何 ANOVA 摘要表裡全部（total）列的均方值永遠不會被計算。

註2：　組內列的 *df* 值是把三個（*n* − 1）數值相加而來。

選錄 11.6 還有另一項其他特徵值得注意。在最右邊的欄裡，研究者報告了和他們 F 值有關的機率為.001。這個小數值很可能不是研究者的顯著水準。在他們的文章裡，研究者沒有指出他們的 alpha 水準。儘管如此，我猜他們以 α ＝.05 為開始。然後他們遵循報告 p 水準的實施方法（稍早在第八章裡討論過），準確展現樣本資料與虛無假設不一致的程度。藉由報告 $p <$.001，這些研究者宣稱這三個母體平均數，如果相同的話，很不可能與此研究三個比較組別的樣本平均數彼此之間所呈現的不同產生關聯。

在選錄 11.7 裡，我們看見了來自另一項研究的單向 ANOVA 摘要表。此處的 ANOVA 摘要表類似於選錄 11.6，除了 df 欄的位置。也注意沒有「全部」列出現在表的底部。因此，如果你想要決定選錄 11.7 的研究有多少參與者，你需要把「組間」與「組內」列的 df 值相加（2 ＋ 27 ＝ 29 全部的 df）然後再加上 1（29 ＋ 1 ＝ 30 位參與者）。

選錄 11.7 • 另一種單向 ANOVA 的結果呈現

表四　延遲 L2 字彙提取之 ANOVA

來源	df	SS	MS	F
組間	2	84.867	42.433	6.027*
組內	27	190.10	7.041	

$*p < 0.01$

來源：de la Fuente, M. J. (2006). Classroom L2 vocabulary acquisition: Investigating the role of pedagogical tasks and form-based instruction. *Language Teaching Research, 10*(3), p. 277.

另外，有些研究者以不同的標籤標示單向 ANOVA 摘要表裡的「組內」列，如誤差（error）、殘差（residual），或組內對象（subjects within groups）。不要讓這些替代性標籤迷惑你。如果相似於我們剛剛檢視過的摘要表，那麼你應該假定你瀏覽的是單向 ANOVA 摘要表。

因為 F 值與 p 值被認為是單向 ANOVA 摘要表裡最重要的兩個數值，所以那些數值有時會被包括在有平均數與標準差的表裡。藉著這麼做，研究報告的空間被節省了，因為只需要一個表。如果在選錄 11.1 實施這種作法，一條表註

也許會在表一底下出現並註解：「$F(2, 57) = 8.209$，$p < .001$。」因為這條註解指出了組間與組內的 df 值，你可以使用這些數目來決定研究參與者總數。這樣的註解不會包含 SS 或 MS 值，但你真的不需要它們來瞭解研究的結構或結果。

　　雖然單向ANOVA的結果有時被呈現在摘要表裡，但更多時候，統計分析的結果僅僅在報告內文裡被談論而沒有摘要表的呈現。在選錄 11.8 與 11.9 裡，我們看見了單向 ANOVA 被摘要於一兩句內文的範例。

　　這兩篇選錄的類似點在於指出獨變項與依變項。在選錄 11.8 裡，獨變項為教學法，因為那是比較組別在研究資料被蒐集之前的不同之處。依變項藉由資料所呈現。那些資料是 SRL 上的分數。在選錄 11.9 裡，獨變項和依變項分別為診斷組與焦慮程度。這兩篇選錄都透過文字與 p 指出虛無假設的結果。最後，每篇選錄包含了單向 ANOVA 的計算值。這些計算值為 2.36 與 10.89。　*269*

選錄 11.8-11.9 ● 在研究報告內文裡談論單向 ANOVA 的結果 ── *268*

　　單向變異數分析（ANOVA）指出，在四種教學法下的SRL之間不存在顯著差異，$F(3, 82) = 2.36$，$p > .05$。

來源：Kramarski, B., and Mizrachi, N. (2006). Online discussion and self-regulated learning: Effects of instructional methods on mathematical literacy. *Journal of Educational Research, 99*(4), p. 225.

- -

　　這三個診斷組由SCAS量表所測量出的焦慮程度，有顯著不同，$F(2, 90) = 10.89$，$p < .05$。

來源：Farrugia, S., and Hudson, J. (2006). Anxiety in adolescents with Asperger Syndrome: Negative thoughts, behavioral problems, and life interference. *Focus on Autism and Other Developmental Disabilities, 21*(1), p. 29.

　　出現在選錄 11.8 與 11.9 裡的 df 值來自於單向 ANOVA 摘要表裡的組間與組內列。把第一個 df 加 1，你就能決定有多少組別被比較。為了確認研究裡有多少參與者，你必須把兩個 df 值相加之後再加 1。因此這兩篇選錄的研究分別有八十六與九十三位個體參與其中。　*269*

貳　兩個或更多單向 ANOVA 的結果

　　兩個或更多依變項資料的特性為通常至少有三個比較組、聚焦於平均數，以及一個獨變項。雖然這種資料集能夠以不同的方式分析，還是有許多研究者選擇進行分開的單向 ANOVA。據此，當兩個或更多的單向 ANOVA 被進行時，我們應該瀏覽一些研究者呈現他們資料的不同方式。

　　在選錄 11.10 裡，我們看見了兩個分開的單向 ANOVA 結果被呈現在一個摘要表裡。因為摘要表裡欄的標題幾乎相同於選錄 11.6 與 11.7，也因為列的標示也類似（組間與組內），你應該能毫無困難地決定：(1)每個 ANOVA 比較的是三個樣本平均數；以及(2)每項分析涉及的資料超過四百位研究參與者。

選錄 11.10 • 兩個單向 ANOVA 結果併在一個摘要表裡

表二　利益溝通的單向 ANOVA

來源	SS	df	MS	F	p
傳　　統					
組　　間	1.88	2	.94	5.25	.01
組　　內	75.38	421	.18		
全　　部	77.26	423			
非傳統					
組　　間	1.98	2	.99	3.21	.04
組　　內	130.16	422	.31		
全　　部	132.14	424			

來源：Jennings, M., Werbel, J. D., and Power, M. L. (2003). The impact of benefits on graduating student willingness to accept job offers. *Journal of Business Communication, 40*(4), p. 297.

　　在離開選錄 11.10 之前，我想要指出包含兩個或更多統計檢定的結果呈現應注意事項。在這種呈現裡，關連每個結果的特定虛無假設最後不是統計上的顯著，就是統計上的非顯著。因此，有兩個虛無假設與選錄 11.10 產生連結。每項虛無假設表面上看起來相同：$H_0: \mu_1 = \mu_2 = \mu_3$。然而，它們所代表的資料

是不同的。

在選錄 11.10 的研究裡,商業學院的學生被要求填寫一份關於新工作與潛在利益的問卷。一些利益是傳統式的(如醫療保險),而其他(如健身中心的會員資格)是非傳統式的。每位學生在四點李克氏量尺上對每項利益評分,藉以指出這些利益對個人接受這份工作的衝擊力。商業學院的學生被隨機分配填寫三種之一的問卷,因此產生三份樣本。這些問卷形式的不同點在於所提供的利益訊息程度。因此,這份研究的獨變項關連問卷的三種形式,而我們能夠想像這個獨變項為「所提供資訊的程度」。

既然現在你已經瞭解選錄 11.10 的研究,讓我們再次探討虛無假設。對於第一個單向 ANOVA 而言,它處理的是傳統利益,第一個 $\overline{X}$ 關於低度細節版本的傳統利益問卷,而 μ_1 就是關於填寫這份問卷之研究參與者的母體。另外兩個假設檢定裡的平均數 μ_2 與 μ_3 也應該以這種方式思考。在第二個虛無假設裡處理非傳統利益的三個 μ 也應該是類似的思考方式。

現在考量選錄 11.11。在此選錄裡的摘要表呈現的是三個單向 ANOVA 的結果,關連的資料來自於摘要表左列的量表。這些 ANOVA 的資料來自於大學裡主修三個領域的大三與大四女大學生。這三個領域是:男性多數領域、女性多數領域,以及「性別平衡」領域。在這項研究裡的女大學生使用四點量尺回應性別歧視經驗,1 與 4 分別代表「從不」與「經常」。在選錄 11.11 裡,注意並沒有呈現任何的 *SS* 或 *MS* 數值。

在許多研究報告裡,多個單向 ANOVA 結果的呈現並不具備摘要表的形式。我們現在把注意力轉向多個單向ANOVA結果在內文裡被討論的範例。選錄11.12展示了這種常用的報告技術。當你閱讀這篇段落時,你應該能夠決定:(1)有多少虛無假設被檢定;(2)關於每個 H_0 的決策;(3)依變項為何;(4)有多少比較組別涉入每項分析裡;以及(5)研究裡有多少個體。

272

解讀統計與研究 READING STATISTICS AND RESEARCH

271

選錄 11.11 • 來自於三個單向 ANOVA 結果的摘要表

表一 學生行為量表上的差異（根據學生性別註冊模式而來）

量表	性別註冊模式			df 組間／組內	F
	女性多數 M(SD) n	男性多數 M(SD) n	男女平衡 M(SD) n		
男性同儕 行為	1.84(.64) 124	2.13(.58) 123	2.01(.57) 84	2/328	7.21*
沉默行為	1.85(.61) 122	1.72(.60) 112	1.88(.76) 71	2/302	1.73
性別冒犯 行為	1.91(.72) 137	1.83(.62) 121	1.87(.67) 78	2/333	.472

註：學生被給予四點量表（1 ＝從不，2 ＝很少，3 ＝有時，4 ＝經常）去評量他們經驗這些 行為的頻率。

*$p < .001$

來源：Allan, E., and Madden, M. (2006). Chilly classrooms for female undergraduate students: A question of method? *Journal of Higher Education, 77*(4), p. 693.

選錄 11.12 • 多個單向 ANOVA 結果被呈現在內文裡

　　來自於多個EI〔早期干預〕領域的參與者為樣本，包含了服務協調員（$n = 9$）、職業治療師（$n = 14$）、物理治療師（$n = 20$）、語言病理學家（$n = 11$）、幼兒教師（$n = 15$），與其他（包括護士、監督員與社工；$n = 9$）……奠基於單向變異數分析（ANOVA），在 ATCS 的每個因子上，領域之間的組別差異具有統計上的顯著性：使用與申請，$F (5, 72) = 3.49$，$p < .01$；取得訊息／支持，$F (5, 71) = 2.55$，$p < .05$；以及評估，$F (5, 72) = 5.82$，$p < .01$。

來源：Moore, H. W., and Wilcox, M. J. (2006). Characteristics of early intervention practitioners and their confidence in the use of assistive technology. *Topics in Early Childhood Special Education, 26*(1), pp. 17, 20.

266

參 邦弗朗尼校正技術

　　在前段裡，我們瀏覽了個別單向 ANOVA 被用以評估來自於多重依變項資料的三種範例。當研究者具有這種情況時，就存在誇大的第一類型錯誤危機，除非進行某些補償措施。換句話說，如果資料涉及幾個依變項並藉由單向 ANO-VA 做個別的分析，錯誤地拒絕至少其中一項虛無假設的機率大於一般的 alpha 水準（如果你已經忘記什麼是誇大的第一類型錯誤危機，請回顧第八章的擲骰子遊戲）。

　　許多統計技術可以處理誇大的第一類型錯誤問題。最常被使用的是**邦弗朗尼校正程序**（Bonferroni adjustment procedure）。這個方法使得每一項檢定的 alpha 水準變得更為嚴苛。

　　在選錄 11.13 裡，我們看見了邦弗朗尼技術被使用在九個單向 ANOVA 上，每一個對應一個依變項。在這篇選錄裡，以及大部分應用邦弗朗尼校正的研究裡，想要的 alpha 水準被進行檢定的數目所除，然後這個校正過的 alpha 變成每項檢定的 *p* 準則。在選錄 11.13 裡，研究者想要他們的第一類型錯誤危機不超過.05。因此，他們把.05 除以 9 然後四捨五入至.005。這個校正過的 alpha 水準然後變成評量個別 ANOVA 產生的 *p* 水準之準則。大多數研究者以這種方式使用邦弗朗尼程序。

273

選錄 11.13 • 邦弗朗尼校正與單向 ANOVA

272

　　九個單向變異數分析（ANOVA）被進行以檢視目標導向群組在覺知的執行利益方面之差異。這些分析使用校正過的機率值為 p =.005，以降低第一類型錯誤危機。

來源：Zizzi, S. J., Keeler, L. A., and Watson ll, J. C. (2006). The interaction of goal orientation and stage of change on exercise behavior in college students. *Journal of Sport Behavior, 29*(1), p. 102.

　　如果研究者認為研究裡的某些依變項是主要的考慮，而其他依變項是次要的，那麼使用邦弗朗尼技術的程序就可以稍微改變。研究者不使用從頭到尾都一樣的 alpha 水準來評量所有的檢定，而選擇不同程度的 alpha 水準於不同的

273

檢定。例如，研究者分別應用單向ANOVA於四個依變項上。研究者選擇兩個主要檢定以$\alpha = .02$進行，另兩個次要檢定以$\alpha = .005$進行，而不是在每項檢定上一律使用相同的 alpha 於.0125（使用這種不同 alpha 版本的邦弗朗尼程序，讓研究者在那些被視為較為重要的檢定上具有較大的檢定力）。任何組合的alpha 皆被允許，只要個別 alpha 的總和不超過想要的整體研究之第一類型錯誤危機。

當然，當多個單向ANOVA被使用時，沒有法律規定所有研究者都要處理誇大的第一類型錯誤危機，甚而，在某些環境下使用任何形式的校正動作是不明智的。儘管如此，我相信你應該更加重視研究者是否：(1)做一些事情（例如，使用邦弗朗尼程序）去控制第一類型錯誤機率，當多重檢定被進行時；或(2)解釋為何不處理誇大的第一類型錯誤危機。如果這兩件事都沒有做到，你有權利低分評價這份研究。

第五節　單向變異數分析的假設前提

在第十章裡，我們探討了關於 t 檢定、F 檢定和 z 檢定的四項主要假設：獨立性、隨機性、常態性，以及變異數同質性。比較三個或更多平均數的單向ANOVA 也有值得我們注意的假設前提。我更希望你特別記住當比較組別彼此樣本量相等時，就擁有了穩固的等變異數假設。

許多使用單向ANOVA的研究者似乎不大在意 F 檢定的假設前提。因此，我鼓勵你注意研究報告是否：(1)包含假設前提的討論；(2)呈現假設前提的檢定結果；(3)解釋做了些什麼使資料符合這些假設；以及／或(4)指出不需要這麼多假設前提的替代檢定。相反地，我建議你低評價那些沒有進行這些程序的研究報告。

274　　　瀏覽選錄 11.14。在這項研究裡，研究者使用單向ANOVA。然而，在進行分析之前，他們檢視其資料以確認常態性假設是否穩固。什麼樣的「先行分析」被用以偵測資料的偏斜並不清楚。也許這是藉由視覺的觀察或偏斜指標的計算。然而，研究者很清楚地說「常態機率圖示」（normal probability plot）指出常態性假設被違反。因此，他們轉換他們的資料。之後，研究者明顯地再

選錄 11.14 • 檢定常態性

執行單向變異數分析（ANOVA）……先行分析指出定位錯誤的分配〔例如，依變項的分數〕呈現正偏斜，而常態機率圖示指出變項不符合常態性假設。在依變項上執行對數轉換改正了這些問題。

來源：Kristjansson E., Dall' Alba, P., and Jull, G. (2003). A study of five cervicocephalic relocation tests in three different subject groups. *Clinical Rehabilitation, 17*(7), p. 771.

次檢查常態性假設，因為他們說轉換「改正了這些問題」。

選錄 11.14 的研究者以展現他們對於母體常態性的擔憂而樹立了良好典範。不幸地，大多數研究者並不指出資料是否符合**常態性假設**（normality assumption）。也許他們錯誤地認為 F 檢定總是對此假設的違反具有免疫力。或者他們根本不知道有這樣的假設。不論是何種情況，我讚賞那些在選錄 11.14 中進行單向 ANOVA 之前檢查他們資料的研究者。

選錄 11.15 展示了如何檢定**變異數同質性假設**（homogeneity of variance assumption）的實例。注意此偵測結果為非顯著。這也正是研究者想要的結果。他們想要保留這個虛無假設（母體變異數彼此相等），所以他們能夠繼續以單向 ANOVA 進行樣本平均數的比較。

275

選錄 11.15 • 檢定等變異數假設

274

GMNH、GMH 和 HC 組的平均 *T* 分數分別為 41.2（*s* = 4.5）、46.1（*s* = 11.1）和 44.9（*s* = 14.4）。雖然呈現在敘述性資料裡的變異數彼此不同，但是勒溫變異數誤差同質性檢定（Levene's test of equality of error variances）顯示資料符合變異數同質性（$F(2, 40) = 2.33, p = .11$）。以單向變異數分析（ANOVA）進行組別比較，於.05 顯著水準下並無顯著差異。

來源：Boyle, S. W., Church, W. T., Byrnes, E. C., and Byrnes, E. (2005). Migraine headaches and anger. *Best Practice in Mental Health: An International Journal, 1*(1), p. 54.

有時候，常態性與等變異數假設的檢查暗示母體既不常態或也不具有相等變異數。這時候，研究者有三種選擇。他們可以：(1)指認並消除離群值，並假

275

定這種分數是問題的來源；(2)轉換他們的樣本資料以減低非常態性並／或穩定變異數；或(3)從單向 ANOVA F 檢定轉移至其他不需如此嚴格假設前提的檢定。在選錄 11.16 與 11.17 裡，研究者分別採用了第二與第三種選擇。

選錄 11.16-11.17 • 當假設不穩固時的選擇

以 Bartlett 檢定檢視三個母體的變異數同質性，我們發現海豚除了初始鳴叫頻率（$F = 2.05, d.f. = 2, P = 0.13$）之外，所有鳴叫母數值的變異數是不同的。然後我們以 Box-Cox 公式轉換所有的鳴叫母數值使其接近常態⋯⋯單向 ANOVA 被用以比較轉換後的所有鳴叫母數值。

來源：Morisaka, T., Shinohara, M., Nakahara, F., and Akamatsu, T. (2005). Geographic variations in the whistles among three Indo-Pacific bottlenose dolphin Tursiops aduncus populations in Japan. *Fisheries Science, 71*(3), p. 569.

- -

Bartlett 檢定⋯⋯暗示組間標準差存在顯著差異。因此，進行無母數 ANOVA（Kruskal-Wallis test）⋯⋯

來源：de la Fuente, M. J. (2006). Classroom L2 vocabulary acquisition: Investigating the role of pedagogical tasks and form-focused instruction. *Language Teaching Research, 10*(3), p. 278.

單向 ANOVA 的四個假定前提當中最常被忽略的是**獨立性假設**（independence assumption）。本質上，這項假設認為特定個體的分數不應該被任何其他人的測量，或研究執行階段發生在其他人身上的事物所影響。但如果不同組別的學生〔也許是不同的原樣（intact）教室〕被不同的方式所教導，並且使用每一位學生的測驗分數在分析裡，這項假設就會被違反。

當組別是研究調查的必要特徵時，為了要維持獨立性假設我們建議使用的方式為使**分析單元**（unit of analysis）（即，被分析的分數）成為每組的平均數，而非用來自組裡個體的分數。在選錄 11.18 裡，我們看見一個研究團隊這樣做的範例。在他們的研究裡，資料蒐集自三百五十一位分散於二十四個班級的學生。為了比較三種教學法的效果，被分析的資料是每位教師任教班級的平均數而非每位學生的分數。這樣做是適當的，因為來自於同一間教室學生的分數不能被視為是獨立的。

276

選錄 11.18 ● 分析單元

二十四位來自七所都市型學校的三年級教師自願參與本研究。分層化以使在每間學校裡所呈現的每種情況都能接近相等，我們隨機指派八位教師於三種教學情況：控制、SBTI，以及擴大的 SBTI……學生參與者為三百五十一位在這些班級接受前測與後測的兒童……因為教師被隨機分派至這些情況，我們使用教師作為分析單元……

來源：Fuchs, L. S., Fuchs, D., Finelli, R., Courey, S. J., and Hamlett, C. L. (2004). Expanding schema-based transfer instruction to help third graders solve real-life mathematical problems. *American Educational Research Journal, 41*(2), pp. 425, 433.

第六節 統計顯著對照實際顯著

使用單向 ANOVA 的研究者可以做三件事，使他們的研究比六步驟程序的假設檢定更具統計複雜性。前兩樣選擇是在蒐集與分析資料並得到 F 比值之後進行的。此處，研究者不是估計**效力量**（effect size）就是進行**事後檢定力分析**（post hoc power analysis）。第三種選擇是在研究初期進行的。以這種選擇而言，研究者能夠進行**先行檢定力分析**（priori power analysis）。

不幸地，只有少數應用單向 ANOVA 的研究者花時間進行分析，並討論**實際顯著對照統計顯著**（practical versus statistical significance）的議題。我的觀點是，太多研究者僅使用最簡步驟程序的假設檢定去檢定他們的單向 ANOVA 虛無假設。他們蒐集資料並焦急地等待分析結果。如果他們的 F 比值結果是顯著的，這些研究者迅速總結他們的研究，並強調獲得「顯著發現」的事實。

我鼓勵你高評價那些關心實際與統計顯著性代表含義的研究者。這種作法出現在選錄 11.19、11.20 與 11.21。在每篇範例裡，估計與 ANOVA 有關的效力量。如你所見，被應用在這些研究裡的效力量測量值為偏 eta 平方（partial eta squared）、omega 平方（omega squared）和柯恩 f 係數（Cohen's f）。

在選錄 11.19 與 11.20 裡，注意術語「中度效力量」與「高度效力量」。這些研究者使用這些術語詮釋他們的效力量估計值。很可能，他們使用表 11.1

278 的相關訊息當作判斷效力量為「低」、「中」或「高」的準則（此表不包含 *d* 這個效力量指標，因為它無法被應用於比較三個或更多平均數的狀況）。

277 ## 選錄 11.19-11.21 • 估計效力量

> 單向 ANOVA 被用以對照樣本裡兩間國小與一間中學的整體平均分數，以偏 eta 平方（η_p^2）測量效力量……結果指出三間學校之間存在顯著差異，F（2, 77）= 3,927，$p < .05$，$\eta_p^2 = .09$，反映了中度效力量（Cohen, 1987）。
>
> 來源：Safran, S. P. (2006). Using the effective behavior supports survey to guide development of schoolwide positive behavior support. *Journal of Positive Behavior Interventions, 8*(1), p. 6.

> 對於第一組分析而言，我們以參與者閱讀的抄本類型為獨變項進行一系列的單向變異數分析（ANOVA）。參與者的評分……依據所閱讀的抄本而定：F (2, 171) = 10.30，$MSE = 2.68$，$\omega^2 = .10$；$F(2, 171) = 9.70$，$MSE = 1.99$，$\omega^2 = .09$；$F(2, 171) = 14.45$，$MSE = 2.45$，$\omega^2 = .14$。omega 平方值指出，平均上，操弄參與者閱讀的抄本類型具有高度效力（Cohen, 1988）。
>
> 來源：Lampinen, J. M., Judges, D. P., Odegard, T. N., and Hamilton, S. (2005). The reactions of mock jurors to the Department of Justice guidelines for the collection and preservation of eyewitness evidence. *Basic & Applied Social Psychology, 27*(2), p. 159.

> 實驗 1-5 裡的 RSVP 任務資料以單向 ANOVA 分析，結果顯露在同時主要任務上，五項實驗不論於正確回答百分率，$F(4, 59) = 2.13$，$MSE = 133.3$，*ns*，Cohen's $f = 0.18$，或 RT 資料，$F(4, 59) = 0.80$，$MSE = 2558$，*ns*，Cohen's $f = 0.11$，皆不存在顯著差異。
>
> 來源：Ho, C., and Spence, C. (2005). Assessing the effectiveness of various auditory cues in capturing a driver's visual attention. *Journal of Experimental Psychology: Applied, 11*(3), p. 169.

表 11.1 單向 ANOVA 的效力量準則

效力量	低	中	高
eta (η)	.10	.24	.37
eta 平方 (η^2)	.01	.06	.14
omega 平方 (ω^2)	.01	.06	.14

表 11.1　（續）

效力量	低	中	高
偏 eta 平方 (η_p^2)	.01	.06	.14
偏 omega 平方 (ω_p^2)	.01	.06	.14
柯恩 f 係數	.10	.25	.40

註：這些判斷關係強度的標準相當一般化而應該被改變以適合研究的獨特目標。

278

　　在選錄 11.22 裡，我們看見了跟隨在單向 ANOVA 之後的事後檢定力分析範例。注意檢定力結果遠低於想要的最低水準（.80）。因為這個發現，研究者說他們不能「主張此虛無假設的有效性」。如果這項研究的樣本量再大一點，那麼統計檢定力就會再高一點。所以你可能會質問研究者這個問題：「為何不在蒐集與分析資料之前考慮檢定力呢？」

　　在選錄 11.23 裡，一組研究者執行檢定力分析以決定進行他們單向 ANOVA 所需的樣本量。在這篇選錄裡，注意研究者必須先指定效力量與想要的檢定力水準，然後才決定樣本量。這三件事——f、檢定力和 n——代表九步驟假設檢定程序的中央三要素（我們稍早在第八章提到）。

279

選錄 11.22 • 事後檢定力分析

278

　　單向 ANOVA 指出知識習得在五種狀況之間並無顯著差異，$F(4, 45) = 2.39$，*ns*，*MSE* = .48，Cohen's f = .46。就目前的樣本量而言，以高度效力量（Cohen's f = .40 according to Cohen, 1977）拒絕虛無假設的機率只有 .56。因此，即使組別之間無顯著差異，我們也無法主張此虛無假設的有效性，因為檢定力沒有等於或大於 .80（Cohen, 1977）。

來源：Charman, S. C., and Howes, A. (2003). The adaptive user: An investigation into the cognitive and task constraints on the generation of new methods. *Journal of Experimental Psychology: Applied, 9*(4), p. 244.

選錄 11.23 • 決定需要的樣本量

　　我們分發文字記錄到一百五十位參與者手裡，這份方便樣本是從美國西南一所大型大學裡註冊基本課程的大學生當中抽出。在選擇此份樣本量時，我們

假定電腦產生與人類產生的文字記錄之間應該存在明顯差異，而以額外的文本比較下，差異應該變得更為清楚。假定中至高度效力量（$f = .325$），三個處置組具有$\alpha = .05$，$n = 150$，以及檢定力 > 0.95（以 GPOWER 計算；Erdfelder, Faul, & Buchner, 1996）……為了檢定文字記錄長度的效果，我們以分別的單向 ANOVA 分析電腦產生的文字記錄與人類產生的文字記錄。

來源：Corman, S. R., and Kuhn, T. (2005). The detectability of socio-egocentric group speech: A quasi-Turing test. *Communication Monographs, 72*(2), p. 126.

279

第七節 一些警示

在結束本章之前，我想要提供幾點訣竅幫助你解讀與批判奠基於單向 ANOVA 的研究報告。

壹　來自於單向 ANOVA 的顯著與非顯著結果

當研究者說他們已經從單向 ANOVA 獲得統計上顯著的結果時，這意味著他們已經拒絕了虛無假設。因為你不大可能看見研究者詳論研究的 H_0（以文字或符號），或者甚至看見他們使用術語虛無假設在結果的討論裡，所以你必須記住：(1)一個顯著的 F 意味著 H_0 已經被拒絕；(2)單向 ANOVA 的 H_0 裡規定了什麼；以及(3)如何正確詮釋拒絕 H_0 的決定。

雖然單向 ANOVA 能夠被用以比較兩組平均數，但是本章聚焦於使用單向 ANOVA 比較三個或更多平均數的情況。如果資料導向顯著發現，當兩個或更多平均數被比較時，這意味著樣本資料不大可能來自於具有相同 μ 的母體。這種單向 ANOVA 結果並沒有提供有多少個 μ 可能不同的訊息，也沒有詳載是否某特定配對的母體可能具有不同的 μ 值。顯著結果僅僅指出樣本平均數之間的變異大於所期待的，如果所有母體平均數是相等的話。

通常，研究者想要知道更多關於單向 ANOVA 顯露的母體平均數狀態。更詳細點，研究者想要能夠配對比較母體平均數，如「μ_1 可能大於 μ_2，但 μ_2 與

μ_3 不能夠被視為不同（基於樣本資料）」。為了闡釋這種擔憂，研究者必須繞過顯著的 ANOVA F 並應用一種隨後分析。在下一章裡，我們將探討這種分析，稱為事後（post hoc or follow-up）檢定。

因為你很可能會拿到應用單向ANOVA比較下的平均數，如果獲得的是顯著結果，你很可能因此認為每一個平均數，不論如何配對，彼此之間皆存在顯著差異。請務必節制這種想法！

為了深入瞭解這個非常重要的觀點，請再想想選錄 11.11。在那篇選錄裡，三個單向ANOVA結果的呈現伴隨著三個樣本平均數。以其中一個單向ANOVA而言，這三個被比較的平均數分別是 1.84、2.13 和 2.01，而 F 檢定產生統計上的顯著性。這個結果指出相等母體平均數的虛無假設被拒絕。因此，認為 H_0：$\mu_1 = \mu_2 = \mu_3$ 為假是合理的。然而，認為 1.84 與 2.01 之間存在顯著差異，或 2.01 與 2.13 之間有顯著不同是不合理的。單向 ANOVA 就是無法提供這類訊息[註3]。

280

當單向 ANOVA 產生無顯著 F 時，你必須小心。如同我在幾種情況下指出，不能拒絕的決定不應該被詮釋為 H_0 就是真的。不幸地，當比較的組別平均數為前測分數時，許多研究者會犯下這個推論錯誤。研究者的目的是檢視比較組別是否在起頭處是平等的，而他們錯誤地詮釋無顯著 F 檢定就一定意味著沒有組別在起頭處佔有優勢。

當然，當比較的組別是前測之外的東西時，單向ANOVA能夠產生無顯著 F 值。再次考量選錄 11.11。第二個ANOVA（依變項為沉默行為）產生無顯著的 F 值為 1.73。同樣的，第三個 ANOVA（處理性別冒犯行為）結果為無顯著。這兩個結果不應該解釋為這份研究的參與學生母體（大三大四女大學生），不管課程的性別組成模式為何，對沉默行為與性別冒犯行為都有相同程度的感受。換句話說，你和研究者都不應該下結論說 $\mu_1 = \mu_2 = \mu_3$，因為關連 ANOVA F 的 p 值結果大於選擇的顯著水準。單向 ANOVA，如果非顯著，不能被用以合理化這種推論。

註3： 令人驚訝地，顯著的 F 並不一定指出統計上的顯著差異存在於最大與最小樣本平均數之間。

貳　信賴區間

在第十章裡，你看見了信賴區間建立於兩個樣本平均數差異上的範例。你也看見了信賴區間如何被使用於檢定一項虛無假設。當我們現在要結束單向ANOVA 的探討時，你也許在想為何我不在本章裡討論關於估計的方法。

當研究焦點在三個或更多的平均數時，研究者偶爾建立信賴區間於每一個樣本平均數。這樣做的情況是：(1)沒有興趣同時比較所有的平均數；(2)在等母體平均數的虛無假設被拒絕之後，想要以更特別的方式探究資料。然而研究者有時候使用區間估計（於個別平均數）作為相等 μs 假設檢定的補足物，他們不把區間估計當作是檢定單向 ANOVA 虛無假設的替代性策略。換句話說，你不大可能碰到這樣的研究：建立信賴區間於樣本平均數的變異數附近，以檢定 $H_0：\sigma_\mu^2 = 0$。

參　其他須注意事項

從先前的章節到目前為止，已經給予你許多訣竅與警示來幫助你成為一位更具鑑別能力的研究報告讀者。有幾個重點值得在此重述。

1. 在大多數的研究報告裡，平均數是統計的焦點。然而，在許多研究裡，聚焦於平均數無法回答研究問題，因為問題涉及的並非資料的中央趨勢。

2. 如果研究者的興趣僅在於蒐集的資料，那麼應該使用敘述統計來分析資料。

3. 研究資料的信度與效度值得參考。如果缺乏信度，拒絕 H_0 就會變得困難，即使當 H_0 為假時。如果不具效度，得來的結論就不保證符合研究者想要測量分析的目標。

4. 沒有什麼會被單向 ANOVA 所證明，不管研究者在分析資料之後下了什麼樣的結論；不管關於 H_0 的決定為何，都存在第一類型錯誤或第二類型錯誤的可能性。

5. 單向 ANOVA 的目的是洞察母體平均數而非樣本平均數。

6. 那些談論單向ANOVA 潛在假設的研究者值得鼓勵，因為他們謹慎地運

281

用這項推論方法。

7. 不能拒絕單向 ANOVA 之 H₀ 的決定，並不意味所有的母體平均數應該被視為相等。

8. 那些進行檢定力分析（進行單向 ANOVA 之前或之後）與計算效力量指標（應用單向 ANOVA 之後）的研究者，幫助讀者分辨統計顯著與實際顯著之間的差別。

9. 當單向 ANOVA 進行於兩個或更多依變項時，邦弗朗尼程序幫助控制第一類型錯誤危機。

10. 關連單向 ANOVA 的 *df* 值（不論呈現於 ANOVA 摘要表或置放於研究報告內文裡的計算 *F* 值旁邊），能夠被用以決定組別數目與涉入研究的全部參與者數目。

282

第八節　最後的評論

　　我們在本章的討論涵蓋了許多論點。我們檢視過了單向 ANOVA 的基本元素，看過展示這種統計分析的不同形式，考量過潛在的假設，以及注意到研究者如何談論統計顯著性與實際顯著性。你也許已經吸收了在本章呈現的所有東西，你也許僅消化了一些重點，或者你是介於兩者之間。不管目前你能夠多好地解讀奠基於單向 ANOVA 的研究報告，在離開本章之前你需要瞭解一個非常重要的觀點。如果你不留意，很可能會見樹不見林。

　　單向 ANOVA（如同任何其他的統計分析）無法把一項具有缺陷的研究轉換成一項完善的研究。而研究的何處能夠具有最嚴重的缺陷？答案無關於 *F* 檢定、等變異數假設、效力量指標，或邦弗朗尼校正。那是因為研究的潛在價值在於啟動資料蒐集與分析的研究問題。如果研究問題是愚蠢或無關的，單向 ANOVA 無法使這份研究變得有價值。

　　在選錄 11.24 的研究裡，單向 ANOVA 的應用就顯得沒必要。如同此篇選錄所指出的，單向 ANOVA 被用以比較三組個體。獨變項為個體類型。一組為特定語言障礙（SLI）兒童，第二組為唐氏症（DS）兒童，第三組為典型語言發展（TL）兒童。單向 ANOVA 被用以比較這三組在 MLU（發音平均長度）

283

282

選錄 11.24 • 不必要的單向 ANOVA

在目前的研究裡，我們比較了 SLI 兒童、MLU 配對的 DS 較年長兒童，以及 MLU 配對的 TL 較年幼兒童這三個組別的語素產出……三個組別的 MLU 平均值分別為 4.07 語素（TL）、3.83 語素（DS），以及 3.95 語素（SLI）。單向 ANOVA 被用以偵測這三組在 MLU 方面的差異。沒有發現顯著差異，$F(2,26) = 1.81$，$p = .18$。

來源：Eadie, P. A., Fey, M. E., Douglas, J. M., and Parsons, C. L. (2002). Profiles of grammatical morphology and sentence imitation in children with specific language impairment and Down syndrome. *Journal of Speech, Language and Hearing Research, 45*(2), pp. 722-723.

283 上的差異。

然而，請仔細考慮這三個組別是如何形成的。如同選錄 11.24 裡所指出的，三組的形成奠基於 MLU 的表現。此種配對明顯的在於 MLU 平均分數（3.83、3.95 以及 4.07）的類似性。既然形成組別的 MLU 配對基準都已明確，難道我們不知道這三組在一開始就是不具有差異的嗎？因此，單向 ANOVA 是完全不必要的。

術語回顧 >>

ANOVA	*F*
組間（between groups）	變異數同質性假設（homogeneity of variance assumption）
邦弗朗尼校正程序（Bonferroni adjustment procedure）	獨變項（independent variable）
依變項（dependent variable）	均方（mean square）
df	常態性假設（normality assumption）
誤差（error）	單因子 ANOVA（one-factor ANOVA）
因子（factor）	單向 ANOVA（one-way ANOVA）
f	事後檢定力分析（post hoc power analysis）

實際顯著對照統計顯著	摘要表
（practical significance versus statistical	（summary table）
significance）	
簡單 ANOVA（simple ANOVA）	分析單元（unit of analysis）
來源（source）	組內（within groups）
平方和（sum of squares）	

閒話統計

1. 涵括第十一章的一個線上互動練習題（提供立即的回饋）。
2. 關於第十一章內容的八個迷思。
3. 一封作者寄給學生們的電子郵件，標題為"A Closed Hydraulic System"。
4. 第十一章的最佳段落：「單向 ANOVA 與什麼是真正重要的」。
5. 標題為「單向 ANOVA」的線上互動資源。

相關內容請參考：www.ablongman.com/huck5e

12 事後與計畫比較

在前一章裡，我們檢視了用以比較三個或更多組別之單向變異數分析的設定、目的、假設，以及結果。在本章裡，我們把注意力轉向與單向ANOVA緊密連結的兩種推論程序。這些程序涉及一個獨變項、一個依變項、無重複測量，並且聚焦於平均數。

此處探討的兩種程序被稱作**事後比較**（post hoc comparisons）與**計畫比較**（planned comparisons）。其中之一種程序——事後——被發展，因為顯著的單向ANOVA F無法讓我們洞察是什麼引起虛無假設被拒絕。例如，以三個比較組別而言，情況也許是兩個μ相等而第三個較高，或兩個μ相等而第三個較低，或者三個μ都不一樣。藉著使用事後程序，研究者探究資料以找出哪一種可能的非虛無情節最有可能是真的。

在本章裡所探討的第二種程序涉及計畫比較。發展這種程序是因為研究者有時提出的問題是無法經由拒絕或不能拒絕單向ANOVA H_0所回答。例如，研究者也許懷疑特定配對的μ是不同的，或是否兩個μ的平均不同於第三個μ。除了允許研究者回答關於母體平均數的特定問題外，計畫比較還具備另一種特徵。簡言之，這種檢定的檢定力比單向ANOVA的F檢定要高。換句話說，計

畫比較允許研究者處理特定的、先行的問題，並具有較低的第二類型錯誤危機。

比起計畫比較，研究者較常使用事後比較。由於這個原因，我們將先探討當單向ANOVA產生顯著F而隨後進行事後調查時所使用的不同檢定程序與報告方案。然後，我們把注意力轉向當研究者最初設定與檢定計畫比較時做了些什麼。最後，我們檢視使用計畫比較時的不尋常狀況。

第一節 事後比較

壹 定義與目的

　　研究者對於什麼是事後檢定有著困惑。我遭遇過研究者進行事後調查，但卻使用術語計畫比較來描述他們所做的。我也遭遇過使用計畫比較的研究報告，但是檢定程序卻被大多數研究者認為本質上是事後。為了幫助你避免有著相同的困惑，我想要澄清什麼夠資格被稱作事後調查。

　　如果研究者進行單向 ANOVA 並使用 F 檢定的結果來決定是否必須進行額外的特定檢定，那麼我將論及這種額外檢定在本質上為**事後**（post hoc）。當這種定義清楚時，事後調查的下定義準則就與採用的檢定程序名稱，與被進行的檢定數目，或與比較的本質無關。唯一緊要之事為是否 ANOVA F 檢定必須事先檢查，以決定是否更進一步的資料分析是需要的。

　　在事後調查時，研究者的目標是要更好地瞭解為何 ANOVA 產生顯著的 F。換句話說，事後調查幫助研究者瞭解為何 ANOVA H_0 被拒絕。因為 H_0 詳載的是所有母體平均數都相等，事後比較被設計去幫助研究者洞察 μ 的模式。如同我們在本章起頭處所指出的，有不同模式的 μ 可以使得 ANOVA F 結果為顯著的。事後分析幫助研究者瞭解真實的母體平均數模式。

　　根據實證研究通常是被研究假設所驅動的這件事實而言，可想而知事後調查通常被進行以找出是否此假設可能為真。再者，研究假設的不同導致研究者在他們的事後調查裡進行不同的事情。例如，有時研究者設定他們的事後調查去比較每一個樣本平均數。在其他情況下，研究者使用事後檢定去比較實驗組平均數與控制組平均數，而不在實驗組別之間做比較。在少數情況下，事後調查被用以比較一組平均數與剩下其他組平均數的平均。我將在本章稍後一一闡釋這些事後比較情形。

287

貳　專門用語

存在不同術語，它們是**事後檢定**（post hoc test）的同義詞。經常出現在出版文獻裡的這三個同義詞為**後續檢定**（follow-up test）、**多重比較檢定**（multiple comparison test）以及**歸納檢定**（a posteriori test）。選錄 12.1 至 12.4 展示了這些術語是如何被使用的。

288

選錄 12.1-12.4 ● 術語事後與它的同義詞

事後檢定指出三個 HPS 組在躁狂的平均水準上彼此之間存在顯著差異。

來源：Hofmann, B. U., and Meyer, T. D. (2006). Mood fluctuations in people putatively at risk for bipolar disorders. *British Journal of Clinical Psychology, 45*(1), p. 108.

單向變異數分析（ANOVA）與多重比較檢定被用以評估精神分裂症住院病人、非精神分裂症住院病人、社區監控病人之間的顯著差異。

來源：Hadjez, J., Stein, D., Gabbay, U., Bruckner, J., Meged, S., Barak, Y., Elizur, A., Weizman, A., and Rotenberg, V. S. (2003). Dream content of schizophrenic, nonschizophrenic mentally ill, and community control adolescents. *Adolescence, 38*(150), pp. 335-336.

進行後續檢定以評估字尾平均數的三個配對差異。

來源：Jarmulowicz, L. (2006). School-aged children's phonological production of derived English words. *Journal of Speech, Language & Hearing Research, 49*(2), p. 299.

使用單向變異數分析（ANOVA）……每當 ANOVA 產出顯著 F 值（P < 0.05）時，進行平均數的歸納比較以決定顯著差異的位置。

來源：Muli, J. (2005). Spatial variation of benethic macroinvertebrates and the environmental factors influencing their distribution in Lake Victoria, Kenya. *Aquatic Ecosystem Health and Management, 8*(2), pp. 150, 151.

287

你也許會在研究報告裡看見對照（contrast）這個術語。**對照**同義於**比較**（comparison）。因此，事後對照就是事後比較。後續對照就是後續比較。歸納對照就是歸納比較。

也值得注意之前在 ANOVA 使用的 F 檢定有時稱為**總括 F 檢定**（omnibus F-test）論及。這個術語似乎很合適，因為 ANOVA 的 H_0 涉及所有的母體平均數。因為事後（與計畫）調查經常使用 F 檢定完成他們的目標，使用術語總括（當提及 ANOVA F 時）以澄清哪種 F 被討論是有助益的。選錄 12.5 闡釋了這種術語的使用。

最後，術語配對（pairwise）與非配對經常出現在事後（與計畫）比較的討論裡。**配對**意味著一次比較兩組。例如，被標示為 A、B、C 三組的配對比較為 AB、AC、BC。如果有四組，那麼就有六對可能的比較。

非配對（或錯綜）比較〔nonpairwise（or complex）comparison〕涉及三個或更多組別，而把這些組分成兩個子集。然後每個子集的平均數被計算與比較。例如，假設有四組 A、B、C 和 D。研究者也許想要比較 A 與 B 總和的平均數和 C 與 D 總和的平均數。也可以是第一組與最後兩組總和的平均互相比較（第二組被抽離比較程序）。

選錄 12.5 • 總括 F 檢定

　　使用單向 ANOVA 總括 F 檢定，以班級排名為因子變項於自我效能上具有顯著差異。

來源：Brown, U. J., Jara, U., and Braxton, E. (2005). College students and AIDS awareness. The effects of condom perception and self efficacy. *College Student Journal, 39*(1), p. 186.

在選錄 12.6 與 12.7 裡，我們看見了配對與非配對（錯綜）比較的實例。配對形式的比較常被應用研究者使用而非配對比較很少被使用。

288

選錄 12.6-12.7 • 配對與非配對比較

289

　　我們使用單向變異數分析（ANOVA）……如果 ANOVA 發現統計上的顯著差異，將會進行配對比較。

來源：Crane, H. M., Van Romplaey, S., Dillingham, P. W., Herman, E., Diehr, P., and Kitahata, M. M. (2006). A single-item measure of health-related quality-of-life for HIV-infected patients in routine clinical care. *AIDS Patient Care & STDs, 20*(3), p. 164.

- -

　　我們假設在不確定情況下的人們會保持正面情緒最久，也因此比確定或控

制情況下的人們報告了更佳的情緒。如你在表一所見〔沒有在此呈現〕,此項假設被確認。計畫比較(加權+2於不確定情況的平均數,於確定與控制組平均數上加權-1)為顯著,$F(1, 28) = 8.95$,$p = .006$。

來源:Wilson, T. D., Centerbar, D. B., Kermer, D. A., and Gilbert, D. T. (2005). The pleasures of uncertainty: Prolonging positive moods in ways people do not anticipate. *Journal of Personality and Social Psychology, 88*(1), p. 8.

參 經常被使用於事後分析裡的檢定程序

存在有許多事後比較的統計程序。有許多程序不常被使用,所以你很可能連見到的機會都沒有。有三種程序被少數研究者所使用,它們是**費雪 LSD 檢定**(Fisher's LSD test)、**鄧肯多變域檢定**(Duncan's multiple range test),或**紐曼—柯爾檢定**(Newman-Keuls test)。三種最常被使用的程序稱作**邦弗朗尼檢定**(Bonferroni test)、**杜基檢定**(Tukey test),以及**薛費檢定**(Scheffé test)。選錄 12.8 至 12.10 展示了研究者如何選擇使用這三種普遍的檢定。

在選錄 12.9 裡,你也許會驚訝於邦弗朗尼技術能夠被用以進行事後檢定。但事實確實如此。假設研究裡有四組(A、B、C、D),且單向 ANOVA 產生顯著的 F,又假設研究者使用$\alpha = .05$。事後調查的邦弗朗尼檢定會涉及六個獨立樣本 t 檢定,每一組的平均數與其他每一組的平均數互相比較(M_A vs. M_B、M_A vs. M_C 等等),這些事後檢定被進行時的 alpha 水準降為 0.0083(即,.05/6)。使用此邦弗朗尼程序的原理和於兩組別研究裡進行六個 t 檢定是相同的,因為存在六個依變項。

除了調整顯著水準來處理誇大的第一類型錯誤危機之外(如邦弗朗尼技術),費雪、鄧肯、紐曼—柯爾、杜基,以及薛費程序卻採用另一種方法,那就是調整決定兩平均數之間是否存在顯著差異的臨界值。為了補償多個比較被進行的事實,使用較大的臨界值。然而,調整臨界值的程度是依據使用哪種檢定程序。

290

選錄 12.8-12.10 ● 經常用於事後調查的檢定程序

單向變異數分析之後使用杜基事後檢定，以決定是否在估計的目標置換物與含金標準之間存在顯著差異。

來源：Kawchuk, G. N., Liddle, T. R., Fauvel, O. R., and Johnston, C. (2006). The accuracy of ultra-sonic indentation in detecting simulated bone displacement: A comparison of three techniques. *Journal of Manipulative & Physiological Therapeutics, 29*(2), p. 129.

- -

使用單向變異數分析（ANOVAs）與邦弗朗尼事後比較分析資料。

來源：van der Leij, A., and Morfidi, E. (2006). Core deficits and variable differences in Dutch poor readers learning English. *Journal of Learning Disabilities, 39*(1), p. 80.

- -

進行單向 ANOVA 以決定是否組別在教室氣氛評量上有所不同。組別之間的顯著差異以事後檢定（薛費）加以檢視。

來源：Allan, E. J., and Madden, M. (2006). Chilly classrooms for female undergraduate students: A question of method? *Journal of Higher Education, 77*(4), p. 691.

當臨界值稍微增加時，與兩組別研究情形時的臨界值相較之下，檢定程序被視為是**自由的**（liberal）。另一方面，當臨界值巨量增加時，檢定程序被視為是**保守的**（conservative）。自由的程序提供較少的控制於第一類型錯誤上，但是這種缺點被增加的檢定力（即更多的控制於第二類型錯誤上）所抵消。保守的程序恰恰相反；它們提供較大的控制於第一類型錯誤危機上，但是付出的代價是得到較低的檢定力（即較高的第二類型錯誤危機）。

費雪 LSD 檢定程序是最自由的檢定程序，因為它不對被進行的多重檢定做出校正。實際上，它就像是以 *t* 檢定比較每一對平均數。另一種極端是薛費檢定。它具有非常大的控制於第一類型錯誤上，因為它被設計以滿足這種情況：研究者想要所有可能的配對比較外加所有可能的非配對比較。少數研究者需要或想要那樣的保護程度！其他的檢定程序（如邦弗朗尼與杜基）是介於這兩個自由與保守極端之間。

291

選錄 12.11 展示了第一類型錯誤危機有無被控制的結果。在這項研究裡，六個樣本平均數在事後分析裡被比較兩次，在每一項調查裡進行了十五個配對比較。在第一項事後調查裡，一般 *t* 檢定被應用於每一個配對比較。在第二項

調查裡，誇大的第一類型錯誤危機被邦弗朗尼程序所控制。請瀏覽這兩組結果。

選錄 12.11 • 為何壓制第一類型錯誤危機有其重要性

RN 教育水平〔Diploma、AND、BSN、MSN、PhD，以及其他博士學位〕與 RN 獻身護理專業之間存在顯著差異〔$F(5, 900) = 3.56, p = 0.00$〕。事後分析顯示具有研究所學位的 RN 比其他 RN 更致力獻身於護理專業。然而，使用邦弗朗尼事後校正，唯一的統計顯著性僅僅存在於 BSN 與 MSN 之間，而 MSN 具有較高的職業獻身分數（MSN, $M = 67.81$, BSN, $M = 65.35$）。

來源：Nogueras, D. J. (2006). Occupational commitment, education, and experience as a predictor of intent to leave the nursing profession. *Nursing Economic\$, 24*(2), p. 90.

你很可能會碰到使用在事後調查裡的額外檢定程序。這些檢定具有特殊的目標。其中一種程序為丹內特檢定（Dunnett's test）；另一種稱為泰姆漢檢定。

丹內特檢定的配對比較並不是比較每一個平均數，而是比較特定組別的平均數與剩下組別的平均數。例如，如果研究者只關心不同的實驗處置如何影響依變項，並與控制（或安慰劑）情況比較。在選錄 12.12 裡，我們看見了丹內特檢定被以這種方式使用的範例。

第二種特殊的檢定程序為**泰姆漢事後檢定**（Tamhane's post hoc test）。這種檢定被發展用於等變異數假設似乎不穩固的情況。選錄 12.13 示例了這種泰姆漢檢定的使用。

選錄 12.12-12.13 • 丹內特與泰姆漢檢定

以單向變異數分析和丹內特 t 檢定進行檢測藥物與控制組反應的差異檢定……〔結果顯示〕當與控制組比較之下，MEO 萃取量於 50、100、150 毫克／公斤時，會降低炭粒通過腸胃道的推進力。

來源：Perianayagam, J. B., Narayanan, S., Gnanasekar, G., Pandurangan, A., Raja, S., Rajagopal, K., Rajesh, R., Vijayarajkumar, P., and Vijayakumar, S. G. (2005). Evaluation of antidiarrheal potential of emblica officinalis. *Pharmaceutical Biology, 43*(4), pp. 374, 375.

單向 ANOVA 指出組別之間具有顯著差異〔$F(7, 165) = 46.031; p < .001$〕。

因為 Levene 統計值指出不等變異數，進行泰姆漢事後檢定……

來源：Roever, C. (2006). Validation of a web-based test of ESL pragmalinguistics. *Language Testing, 23*(2), p. 245.

肆　事後調查的虛無假設

在下一大段裡，我們將檢視研究者呈現他們事後分析結果的不同方式。在那些呈現當中，你幾乎不會看見透過符號與文字所呈現的虛無假設。因此，你需要記住所有的事後程序在本質上是推論的並且具有虛無假設。

在任何的事後分析裡，至少兩個對照會被調查，每一個涉及一項虛無假設。例如，研究裡有三個組別（A、B 以及 C），而配對比較被用以探究單向 ANOVA 的顯著結果，三項虛無假設會被檢定：$H_0：\mu_A = \mu_B$，$H_0：\mu_A = \mu_C$，$H_0：\mu_B = \mu_C$[註1]。如果類似的分析涉及四組，那麼就會存在六項虛無假設。以丹內特檢定而言，存在比所有比較組別少一的虛無假設。

事後分析的目標是去評量每一個被調查之對照組的虛無假設。我已經多次指出，許多應用研究者似乎忘記這個相當重要的觀點。他們的發現僅僅是關於不可見母體平均數的推論，而每一項推論潛在地具有第一類型或第二類型錯誤。

293

伍　結果呈現

研究者有時在專業報告的內文裡摘要他們事後調查的結果。當結果以這種方式呈現時，判斷研究者的結論為何並不困難。然而，有時候你必須小心地閱讀。例如選錄 12.14。此選錄裡的研究涉及三個單向 ANOVA，每一個對應一個依變項。因為每一個 ANOVA 產出顯著的 F，所以有三項事後調查被進行。看看你是否能判斷在每個 ANOVA 裡的依變項為何，獨變項為何（存在多少比較組別），以及每個 ANOVA 後續進行了多少個配對比較[註2]？

註 1：雖然事後調查的虛無假設精準值能夠被設定為 0 以外的任何數，你不大可能看見研究者在事後分析裡不檢定無差異的虛無假設。

註 2：依變項為一致呈現的逐字反應、非一致呈現的逐字反應，以及非一致呈現的替代錯誤反應；獨變項為年齡（有三組：年輕、中年和年老）；在每項 ANOVA 之後存在三個配對比較。

選錄 12.14 ● 事後調查的結果

> 這些〔單向 ANOVA〕顯示對於一致呈現的逐字反應，$F(2, 58) = 10.13$，$p < .05$，與非一致呈現，$F(2, 58) = 4.15$，$p < .05$，以及非一致呈現的替代錯誤反應，$F(2, 58) = 5.13$，$p < .05$，在年齡組別之間存在顯著差異。杜基事後檢定顯示，對於一致呈現的逐字反應而言，顯著差異存在年輕組和年老組之間（$p < .05$）與中年組和年老組之間（$p < .05$）；對於非一致呈現而言，年輕組與中年組之間存在顯著差異（$p < .05$）。對於非一致呈現的替代錯誤反應而言，顯著差異存在於年輕組和年老組之間（$p < .05$）與中年組和年老組之間（$p < .05$）。
>
> 來源：Ziegler, F., Mitchell, P., and Currie, G. (2005). How does narrative cue children's perspective taking? *Developmental Psychology, 41*(1), pp. 117-118.

如果你再看一次選錄 12.14，你將會注意到研究者說他們在 ANOVA 結果為顯著之後使用「杜基事後檢定」。事實上，存在幾種版本的杜基事後檢定，而研究者通常會指定使用了哪一種特別的杜基檢定。選錄 12.15、12.16 和 12.17 呈現了杜基 HSD、杜基—克拉瑪檢定（Tukey-Kramer test）、杜基—B。對於所有的實際目的而言，你可以把這些不同版本的杜基檢定視為近似相等。

當事後分析的結果以圖表呈現時，有三種典型的格式。這些格式包括：(1)呈現平均數的摘要表，有字母附加於平均數旁；(2)呈現平均數的摘要表，有著一個或以上的註解，使用組別標籤和大於或小於符號；以及(3)一個含有垂直長條的圖示，垂直長條上有線段。即使採用不同的形式以展示結果，這三種形式都顯露了在比較組別之間何處發現了顯著差異。

第一種呈現事後結果的形式為摘要表，在表裡有字母附加於組平均數旁。這種摘要表出現在選錄 12.18 裡。

呈現在選錄 12.18 裡的摘要表包含了三個平均數，每一個平均數來自於研究裡的一個組別。在總括 F 檢定已經產生了顯著結果之後，配對比較以邦弗朗尼程序進行。事後調查的結果以組別平均數的下標字母指出。如果你檢視表下的註解，你將會看見研究者提供讀者關於下標字母的含義。

選錄 12.15-12.17 • 杜基檢定程序的不同版本

當獲得顯著的單向 ANOVA 結果時，進行事後杜基 HSD。

來源：Trépanier, L. L., Rourke, S. B., Bayoumi, A. M., Halman, M. H., Krzyzanowski, S., and Power, C. (2005). The impact of neuropsychological impairment and depression on health-related quality of life in HIV-infection. *Journal of Clinical & Experimental Neuropsychology, 27*(1), p. 8.

進行後續檢定以評量字尾平均數當中三個配對的差異。使用杜基一克拉瑪法於不等大小的組別。

來源：Jarmulowicz, L. (2006). School-aged children's phonological production of derived English words. *Journal of Speech, Language & Hearing Research, 49*(2), p. 299.

使用杜基一B 進行後續檢定指出，沒有幻想同伴兒童的平均分數顯著低於有幻想同伴與角色對象的兒童。

來源：Gleason, T. R. (2004). Imaginary companions: An evaluation of parents as reporters. *Infant & Child Development, 13*(3), p. 205.

選錄 12.18 • 呈現在表裡以字母附加於平均數旁的事後調查結果

表四　PDSR判定為非恐慌違常學生、PDSR判定為恐慌違常學生，和SCID判定為恐慌違常社區參與者，其 PDSS-SR 的平均數與標準差

測量值	**PDSR** 判定為非恐慌違常學生（$n = 388$）	**PDSR** 判定為恐慌違常學生（$n = 49$）	**SCID** 判定為恐慌違常社區參與者（$n = 27$）
PDSS-SR			
M	1.50$_a$	9.39$_b$	11.15$_b$
SD	2.25	5.32	5.08

註：不同的下標指出平均數之間存在顯著差異，$p < .001$。相同的下標指出平均數之間不存在顯著差異。PDSS-SR ＝恐慌違常嚴重程度量表一自我報告；SCID ＝ *DSM-IV* 裡的結構化臨床訪談；PDSR ＝恐慌違常自我報告。

來源：Newman, M. G., Holmes, M., Zuellig, A. R., Kachin, K. E., and Behar, E. (2006). The reliability and validity of the Panic Disorder Self-Report: A new diagnostic screening measure of panic disorder. *Psychological Assessment, 18*(1), p. 55.

　　當檢視表裡以字母下標於平均數旁的事後調查結果時，你需要閱讀表底下的註解才能正確理解比較的結果。這很重要，因為並非所有的作者都以同樣的方式設定他們的表。在某些摘要表裡，相同的字母表示虛無假設沒有被拒絕；在其他的摘要表裡，相同的字母卻指出虛無假設被拒絕。選錄 12.18 提供了第一種（也是比較典型）情況的範例。第二種（較不典型）情況能以下列語句做說明範例：「享有相同下標的平均數皆顯著於 $p < .05$。」

　　第二種摘要事後調查結果的方式很像第一種，然而，第二種方法涉及：(1)代表組別平均數次序的縮寫或數字；以及(2)符號>、<和＝的使用（置放於代表組別的縮寫或數字之間）以指出配對比較的發現。選錄 12.19 示例了這種方法。

選錄 12.19 • 另一種用以呈現事後調查結果的摘要表

表一　多向度人格問卷之高層次因子量表分數於群集組別

測量	群集						$F(2, 202)$	配對比較
	低病理症狀（群集 1）[a]		客觀化（群集 2）[b]		主觀化（群集 3）[c]			
	M	SD	M	SD	M	SD		
PEM	49.7	11.0	42.5	8.2	28.6	5.9	126.3	1 > 2 > 3
NEM	50.9	8.2	69.9	6.8	65.3	6.8	114.4	2 > 3 > 1
CON	49.4	8.8	38.4	8.8	44.6	8.7	22.9	1 > 3 > 2

註：所有列出的 F 比值皆顯著於 $p < .003$。分析的全部樣本量為 205。PEM ＝正面情感；NEM ＝負面情感；CON ＝壓抑。[a] $n = 66$。[b] $n = 51$。[c] $n = 88$。

來源：Miller, M. W., Greif, J. L., and Smith, A. A. (2003). Multidimensional Personality Questionnaire profiles of veterans with traumatic combat exposure: Externalizing and internalizing subtypes. *Psychological Assessment, 15*(2), p. 209. (Adapted slightly for presentation here.)

　　在選錄 12.19 裡，有三個比較組別，每個組別稱為「群集」。分開的單向 ANOVA 被用以分析三組對象的三種測量值（PEM、NEM 和 CON）。在個別的 ANOVA 產出顯著的 F 之後，進行杜基 HSD 事後檢定。事後調查的結果被呈現在最右邊那欄。此欄裡可以看出就 NEM 來說，群集 2 的平均數顯著大於群集 3，而群集 1 的平均數顯著小於其他任兩個群集。

　　有時研究者會使用某類型的圖示幫助其他人「看見」事後調查裡發現的證據。選錄 12.20 包含了這種策略的範例。此例裡，三個平均數彼此之間存在顯著差異。如果只有一個或兩個配對比較具有顯著差異，研究者會在圖示底部註解或在長條旁邊附加下標字母。

選錄 12.20 • 使用長條圖呈現事後調查的結果

　　反向計數明顯降低了動作後效的持續時間，$F(2, 16) = 25.69$，$MSE = 30.01$，$p < .01$。杜基—克拉瑪事後分析指出，所有三種狀況——控制（消極觀察）、反向計數 2s，以及反向計數 12s——彼此之間顯著不同於 $p < .05$ 水準。不同狀況的後效持續時間被製作成圖五。

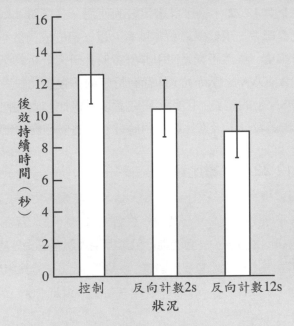

圖五　　以狀況分組的動作後效持續時間，實驗三之參與者反向計數 2s 與
　　　　12s 的平均。垂直線誤區指出標準誤。

來源：Houghton, R. J., Macken, W. J., and Jones, D. M. (2003). Attentional modulation of the visual motion aftereffect has a central cognitive locus: Evidence of interference by the postcategorical on the precategorical. *Journal of Experimental Psychology: Human Perception and Performance, 29*(4), p. 737.

第二節　計畫比較

　　到目前為止，我們已經探討了使用兩步驟策略的組平均數比較，這涉及單向ANOVA的進行與隨後的事後調查。如果研究者願意，他們能夠繞過ANOVA F檢定並直接朝向特定興趣的一個或更多之指定比較。這種平均數之間的比較（不依靠顯著的總括F檢定結果所給予的允許）被稱作**計畫比較**（planned comparisons）（註3）。雖然計畫比較的使用頻率少於事後比較，瞭解這種平均數的統計檢定卻是必要的。

　　選錄 12.21 與 12.22 示例了計畫比較的使用。在選錄 12.21 裡，存在三個比較組別：芭蕾舞者、現代舞者和非舞者。這三組的成員於兩個依變項（FNE與PSN）上被測量。雖然研究者使用非舞者於此研究分析的某處（例如，當所有三組被單向ANOVA比較時），卻存有特定的興趣於比較芭蕾舞者與現代舞者在 FNE 與 PSN 上的差異。因此，研究者以計畫比較直接比較這兩組。在選錄 12.22 裡，我們看見了計畫比較被用於每一個實驗組與控制組之間。

選錄 12.21-12.22 ● 計畫比較

　　目前的研究檢定兩種舞者相互之間，以及與非舞者比較的刻板印象準確度……芭蕾舞者平均 19.8 歲……現代舞者平均 20.1 歲……〔存在〕三十四位非舞者（平均年紀 20.12 歲）……我們進行芭蕾與現代舞者的獨立樣本 t 檢定作為計畫比較……如表一所見〔沒有在此呈現〕，在 FNE 上芭蕾舞者分數顯著高於現代舞者，$t(87) = -3.06$，$p = .003$，$d = -0.65$；以及 PSN，$t(87) = -2.59$，$p = .01$，$d = -0.57$（譯註1）。

來源：Clabaugh, A., and Morling, B. (2004). Stereotype accuracy of ballet and modern dancers. *Journal of Social Psychology, 144*(1), pp. 35, 36, 37, 39.

註3：　術語事前比較（priori comparison）和計畫比較是同義。

譯註1：　此處 d 值為負數，這是因為計算公式的關係，$d = 〔$Mean(group #1) $-$ Mean(group #2)$〕 /$ SD。不同統計目標之 d 值具有不同的計算公式，從公式的觀點出發，d 值可正可負。從效力量的概念出發，0 是最小值。

> 假設 1 提出種類特徵的增加會導致增強的社會認同。使用單向 ANOVA 檢定這個假設的每一個認同焦點……然而，更重要的是那些情況與控制組之間的計畫比較。

來源：van Dick, R., Wagner, U., Stellmacher, J., and Christ, O. (2005). Category salience and organizational identification. *Journal of Occupational & Organizational Psychology, 78*(2), p. 280.

299

選錄 12.23 展示了計畫非配對比較的使用。在此選錄的研究裡，四組個體，當他們完成一系列迅速決策任務時，去比較其大腦活動（以 PET 掃描測量）。如同選錄裡所指出的，這四個組別以藥物使用做分組的界定。兩組是目前為藥癮者。一組使用安非他命；另一組使用鴉片。第三組是中斷前兩種藥物至少一年者。第四組為無藥物使用歷史者。每一組皆包含男性與女性。

選錄 12.23 • 計畫配對與非配對比較

> 四組被比較，每一組皆包含十五位參與者：慢性安非他命濫用者、慢性鴉片濫用者、前安非他命／鴉片濫用者且已經中斷藥物至少一年，以及無藥物濫用歷史的健康控制組……三種計畫比較被進行：三個藥物濫用組與控制組進行比較、目前濫用者對照前濫用者，以及安非他命濫用者對照鴉片濫用者。

來源：Ersche, K. D., Fletcher, P. C., Lewis, S. J. G., Clark, L., Stocks-Gee, G., London, M., Deakin, J. B., Robbins, T. W., and Sahakian, B. J. (2005). Abnormal frontal activations related to decision-making in current and former amphetamine and opiate dependent individuals. *Psychopharmacology, 180*(4), pp. 612, 617.

選錄 12.23 裡所提到的三種計畫對照，前兩種是非配對比較。第一個虛無假設為 H_0：$\mu_{user} = \mu_{nonuser}$ 或 H_0：$(\mu_{amphetamine} + \mu_{opiate} + \mu_{ex\text{-}user}) / 3 = \mu_{nonuser}$。為了檢定這個虛無假設，研究者比較四十五位目前／前藥物濫用者的平均數和十五位無濫用藥物者的平均數。第二個虛無假設能夠被表達為 H_0：$\mu_{user\,(current)} = \mu_{ex\text{-}user}$ 或 H_0：$(\mu_{amphetamine} + \mu_{opiate}) / 2 = \mu_{ex\text{-}user}$。為了檢定這個虛無假設，三十位安非他命／鴉片濫用者的平均數與十五位前藥物濫用者的平均數進行比較。第三種計畫比較在本質上是配對的，而它的虛無假設形式為 H_0：$\mu_{amphetamine} = \mu_{opiate}$。而這最後的比較是，十五位安非他命濫用者的平均數被拿來與十五位鴉片濫用者的平均數進行比較。

第三節　評論

當我們來到本章結束之處時，需要考量幾件事。如果你花時間探討這些議題，你將能夠更好地解讀與批判研究報告。這些議題被放在本章結束之處，因為它們皆與事後和計畫比較有關。

壹　專門用語

本章稍早，你接觸到六個專業術語：事後、計畫、比較、對照、配對與非配對〔第七個術語，**事前**（a priori）出現在註解裡〕。我們現在需要去探討兩個額外的術語：自由度 1 F 檢定（1 *df* F-test）和正交（orthogonal）。在你增加這兩個術語於自己的工作字彙之後，你將能夠瞭解任何關於事後與計畫比較之研究報告。

在閱讀事後與計畫比較的討論時，你很可能遇到術語**自由度 1 F 檢定**（one-degree-of-freedom F-test）。這個術語經常出現，當非配對比較透過 F 檢定被執行時，而它僅意指一件事實：這種 F 檢定的兩個 *df* 值之第一個總是 1，不論有多少組別涉入比較。因此，如果有一項研究涉及金髮組、褐髮組和紅髮組，研究者也許想要集合金髮組與褐髮組並把此結合組的平均數拿來與紅髮組進行比較。被這樣應用的 F 檢定具有的組間 *df* 值同等於 1。

當然，我的髮色是人造的。請再次瀏覽選錄 12.7 看看這種特殊的 F 檢定。那份研究存在三個組別。儘管如此，附加於 F 的第一個 *df* 數值為 1，不是 2。

第二個探討的新術語是**正交**（orthogonal）。如同選錄 12.24 裡所示例，當討論檢定的對照時，研究者偶爾使用術語正交。

選錄 12.24 • 正交比較

我們進行兩個計畫正交比較：非霸凌者與被認定為霸凌者（自我報告與同儕提名）進行比較，然後自我報告霸凌者與同儕提名霸凌者進行比較。

來源：Cole, J. C. M., Cornell, D. G., and Sheras, P. (2006). Identification of school bullies by survey methods. *Professional School Counseling, 9*(4), p. 308.

在研究者的計畫（或事後）調查裡，兩個對照被說成是互相正交的條件為一個對照產生的資訊對於另一個對照的發現而言是新的且不同（也就是，獨立的）。例如，研究裡有三個組別（A、B、C），A 組與（B ＋ C）組平均的比較會正交於 B 組與 C 組的比較，因為第一種對照的結果沒有給你任何關於第二種對照結果會如何的線索。

301

貳　假設前提

　　在本章稍早所提之各種計畫與事後檢定程序的正常運作條件為，對於研究裡母體與樣本的四個潛在假設為真。這些假設與單向 ANOVA F 檢定的潛在假設是一樣的，而它們以術語隨機性、獨立性、常態性和變異數同質性論及。我希望你記住在第十一章裡所陳述的關於這些假設的重要論點。

　　雖然本章目前為止所涵蓋的各種檢定程序一般都符合常態性假設，但是等變異數假設就不一定了──特別是在樣本量不相等的情況下。如果研究者進行計畫比較，他們應該談論假設的議題。如果研究的樣本量不同，應該採用檢定程序來評估變異數同質性的假設。以事後調查而言，假設應該與總括 F 檢定一起被討論；那些假設不必進行第二次的討論或檢定，當研究者從單向 ANOVA 移至事後比較時。

　　如果等變異數假設是不穩固的（結合計畫比較或單向 ANOVA），當事前或事後對照被檢定時，研究者很可能進行某種形式的調整。這種調整可能採用資料轉換的形式、顯著水準的改變，或比較平均數之檢定程序的改變。如果採用的是後面的方法，你很可能看見韋爾契檢定（Welch test）被應用於資料上（因為韋爾契模型並不假定等母體變異數）。

　　許多計畫或事後比較的檢定程序被發展以適用於各樣本量彼此相同的情況。當使用於樣本量不同的情形時，研究者可能指出他們使用的是主要技術的變形。例如，鄧肯多變域之克拉瑪延伸檢定（Kramer's extension of Duncan's multiple range test）涉及的是一般鄧肯檢定並使其適用於各樣本量不同的情況。不要讓這種延伸或修正使你驚慌，因為解讀研究報告的方式與一般的計畫或事後檢定是一樣的。

參　研究者對於檢定程序的選擇

如同我在本章開頭之處所指出的，事後程序的不同在於它們有多自由與保守而定。理想上，研究者應該在考量檢定力與第一類型錯誤的控制力之後選擇這些程序。然而，實際上的決定很可能被可獲得的電腦程式，或被特定的教科書，或是特定的講授者所影響。

在選錄 12.25 裡，一組研究者做了一件正確的事：他們解釋為何選擇這種檢定程序來進行平均數之間的多重比較。如同選錄裡所指出的，有兩個理由讓他們選擇使用薛費檢定：各樣本量之間的變異與使用保守程序的需要性。藉由使用保守（而非自由）程序，這些研究者展現了他們想要壓制第一類型錯誤機率的企圖。

選錄 12.25 • 解釋為何使用這個檢定程序

選擇薛費法，因為它適用於不等樣本量的情況〔以及〕它是最為保守的事後檢定法；所以，與其他事後方法比較之下，它比較不可能指出一個給定的比較是具有統計上的顯著性⋯⋯

來源：Sue-Chan, C., and Latham, G. P. (2004). The relative effectiveness of external, peer, and self-coaches. *Applied Psychology: An International Review, 53*(2), p. 268.

不管研究者使用什麼樣的理由採用特定的檢定程序，你完全具有詮釋結果的權利。如果研究者使用一項你認為過於保守或過於自由的檢定程序，你有權不去照單全收研究者的結論。或者，你也許想要拒絕研究裡所有的「發現」，因為你的保守／自由立場相當不同於執行資料分析的研究者。

肆　統計顯著性對照實際顯著性

我們在稍早的章節裡已經探討過了統計顯著性與實際顯著性之間的區別。我在此處的建議是當你接觸計畫與事後比較結果時也要謹記這個區別。

在選錄 12.26 裡，我們看見了 d 被用以估計每一個統計上顯著的配對比較結果之效力量。關於這份研究的研究者值得鼓勵，因為他們覺知統計顯著性不

一定具有實際顯著性。不幸地，大多數研究者進行事後與計畫比較時並不執行檢定力分析與計算效力量估計值。當你遭遇類似選錄 12.26 的研究時，請給予高度評價。

303

選錄 12.26 ● 對於事後調查之實際顯著性的擔憂

ANOVA 結果顯示低度、中度、高度數學焦慮組的平均 MTEBI 分數存在顯著差異，$F(2, 61) = 20.117$，$p < .001$。根據杜基 HSD 檢定，發現低度與中度焦慮組（$p < .001$; $d = 1.25$）以及低度與高度焦慮組（$p < .001$; $d = 1.89$）於 MTEBI 的平均數差異存在統計上的顯著性。大效力量指出這些平均數差異的實際顯著性。

來源：Bursal, M., and Paznokas, L. (2006). Mathematics anxiety and preservice elementary teachers' confidence to teach mathematics and science. *School Science & Mathematics, 106*(4), p. 176.

如同選錄 12.26 所示例，研究者經常使用「小」、「中」或「大」來描述他們估計的效力量。當他們這樣做的時候，他們正在使用一組被廣泛用於不同領域之效力量詮釋準則。這些比較兩個平均數的準則被呈現在第十章。如果你參考表 10.1，你將能夠分辨為何選錄 12.26 裡的效力量為「大」。

伍　其他檢定程序

在本章裡，我們已經探討過了幾種用以比較平均數的計畫與事後調查的檢定程序。我們所探討的諸多選錄展現了杜基與邦弗朗尼檢定程序的普遍性。然而，我們也看見了其他檢定程序的使用如泰姆漢檢定、薛費檢定、丹內特檢定。當兩個或更多的對照被評估時，所有這些程序幫助壓制第一類型錯誤的機會。

雖然幾種不同的檢定程序在本章裡被探討，但是還有其他我們尚未討論的檢定程序。在前段所提及的檢定是當你閱讀研究報告時經常會遇見的。然而，你可能遭遇一個或更多尚未在本文裡討論的方法。如果發生這種情況，我希望你不要驚惶失措。如果你已經瞭解我們在此所探討的計畫與事後檢定之目標，我認為你不難瞭解我們尚未討論之類似檢定程序的目標與結果。

術語回顧

歸納檢定 （a posteriori test）	多重比較檢定 （multiple comparison test）
事前 （a priori）	紐曼—柯爾檢定 （Newman-Keuls test）
比較 （comparison）	非配對（或錯綜）比較〔nonpairwise (or complex) comparison〕
錯綜比較 （complex comparison）	總括 F 檢定 （omnibus F-test）
保守的 （conservative）	自由度 1 F 檢定 （one-degree-of-freedom F-test）
對照（contrast）	正交（orthogonal）
鄧肯多變域檢定 （Duncan's multiple range test）	配對比較 （pairwise comparison）
丹內特檢定（Dunnett test）	計畫比較（planned comparisons）
費雪 LSD 檢定（Fisher's LSD test）	事後比較（post hoc comparisons）
後續檢定（follow-up test）	薛費檢定（Scheffé test）
自由的（liberal）	杜基檢定（Tukey test）

閒話統計

1. 涵括第十二章的一個線上互動練習題（提供立即的回饋）。
2. 關於第十二章內容的八個迷思。
3. 一封作者寄給學生們的電子郵件，標題為 "Seemingly Illogical Results"。
4. 關於統計學家的兩則笑話。
5. 第十二章的最佳段落：「你選擇自由或保守的權利」。

相關內容請參考：www.ablongman.com/huck5e

13 雙向變異數分析

在第十與第十一章裡，我們看見了單向 ANOVA 如何在涉及一個獨變項的
研究裡被用以比較兩個或更多的樣本平均數。在本章裡，我想要延伸我們的變
異數分析討論至兩個獨變項的情況。這種形式的 ANOVA 被稱作雙向 ANOVA
（two-way ANOVA）。因為你很可能會接觸到術語*多變量變異數分析*（multi-
variate analysis of variance）或是同義縮寫 *MANOVA*，所以我必須在此澄清本章
並不處理多變量變異數分析。*MANOVA* 的第一個字母代表 multivariate，這指
出多重依變項涉入同一項分析。在本章裡我們所討論的 ANOVA 涉及多重獨變
項但是只有一個依變項。據此，本章的標題屬於**單變量分析**（univariate analy-
sis）。

306

第一節 單向和雙向變異數分析之間的相似處

不論是單向或是雙向 ANOVA，焦點都是在組平均數（你很快就會看見，
任何的雙向 ANOVA 至少涉及四個 $\overline{X}$s）。因為是推論方法，雙向 ANOVA 關
心的是對應於樣本平均數（計算自研究資料）的 μ 值。從樣本至母體的推論可
透過六、七或九步驟的假設檢定程序。統計假設也許需要被檢定，而研究問題
將指出是否使用計畫或事後比較。儘管單向與雙向 ANOVA 之間存有這些相似
性，此處所討論的 ANOVA 實質上不同於我們在第十一章裡所檢視的。

307

第二節 雙向變異數分析的結構

在我們討論哪種研究問題能夠被雙向 ANOVA 所回答之前，你必須先瞭解雙向 ANOVA 的結構。因此，我現在將解釋：(1)因子與層次如何形成細格；(2)隨機性如何被使用以填滿 ANOVA 的細格，而細格的資料來自於被公平蒐集之人們、動物或事物；以及(3)為何本章特別處理具有「對象間」因子的雙向 ANOVA。

壹　因子、層次與細格

雙向 ANOVA 總是涉及兩個獨變項。每一個獨變項，或**因子**（factor）以兩個或更多的**層次**（level）所組成。第一個因子的層次與第二個因子的層次創造了比較的情況。每個情況以**細格**（cell）論及。

為了幫助你瞭解雙向 ANOVA 的因子、層次和細格之間的基本結構，讓我們一起來探討這項有關死亡、牙醫，以及渴望擁有孩子的研究。在這項研究裡，研究者首先要求三十八位女大學生與三十八位男大學生寫一份短文。每個性別組的一半學生被告知描述，當想到「去看牙醫」時的感覺與付諸行動後的結果，而另一半學生，去看牙醫被換成「自身的死亡」。在每一位學生完成短文後，研究者提出一項任務（每一個人都相同）以引開學生剛剛寫短文的情境。最後，詢問每位學生他們想要有多少個小孩（0 至 6 之間的整數）。

選錄 13.1 的摘要表讓我們看見了這項研究的因子、層次和細格結構。在此選錄的摘要表裡，生死特徵標示了兩個主要列，而性別標示了兩個主要欄。這些都是涉及此項研究的兩個獨變項或因子。特定的列與欄指出組成這兩個因子的層次。因此生死特徵因子具有兩個層次，分別是牙醫與死亡；而性別因子具有兩個層次，分別是女性與男性。結合兩者之後就產生四個細格。每一個細格代表十九位大學生的「家」。

選錄 13.1 • 因子、層次與細格

308

表二　性別與生死特徵對生殖慾望的影響

		性別	
		女性	男性
牙醫	*M*	2.74	2.13
	SD	1.17	1.03
	n	19	19
生死特徵 死亡	*M*	2.37	2.87
	SD	1.23	1.33
	n	19	19

來源：Wisman, A., and Goldenberg, J. (2005). From the grave to the cradle: Evidence that mortality salience engenders a desire for offspring. *Journal of Personality and Social Psychology, 89*(1), p. 52. (Modified slightly for presentation here.)

在選錄 13.1 裡所呈現的細格之中存在平均數與標準差。這兩個數值組成依變項分數的摘要──想要的小孩數。當然，這些資料對於此項研究的雙向 ANOVA 而言非常重要。因子、層次和細格提供了這個雙向 ANOVA 的結構；然而，如果沒有依變項的資料，就沒有辦法探索任何研究問題。

如同稍早所指出的，所有的雙向 ANOVA 涉及兩個因子。研究者將會告訴你涉及什麼樣的因子，但他們不會在描述上一致。有時候因子被稱作獨變項，有時候它們被稱作主要效果（main effects），而有時候它們甚至沒有名稱。這種標示的變化呈現在選錄 13.2 至 13.4 裡。

當研究者描述他們的雙向 ANOVA 時，大都會指出每個因子裡有多少層次。例如，2×2 ANOVA、2×4 ANOVA、3×5 ANOVA 以及 2×3 ANOVA。第一個數字代表有多少層次屬於第一個因子，而第二個數字指出有多少層次組成第二個因子。選錄 13.5 與 13.6 示例了這種註解的使用。

選錄 13.2-13.4 ● 雙向 ANOVA 的因子

我們在每一個項目上進行以年紀與能力為因子的雙向變異數分析。

來源：Reese, C., and Cherry, K. E. (2006). Effects of age and ability on self-reported memory functioning and knowledge of memory aging. *Journal of Genetic Psychology, 167*(2), p. 233.

以處置和學生類型為獨變項的雙向 ANOVA 指出……

來源：Saddler, B., and Graham, S. (2005). The effects of peer-assisted sentence-combining instruction on the writing performance of more and less skilled young writers. *Journal of Educational Psychology, 97*(1), p. 46.

雙向 ANOVA 被計算以決定是否教育課程與性別在研究裡的依變項上有差異。

來源：Kristensson, P., and Ohlund, L. S. (2005). Swedish upper secondary school pupils' sense of coherence, coping resources and aggressiveness in relation to educational track and performance. *Scandinavian Journal of Caring Sciences, 19*(1), p. 81.

選錄 13.5-13.6 ● 指出雙向 ANOVA 的特徵

一項 2×3 因子變異數分析被用以檢定這個假設。

來源：Ogiegbaen, S. E. A. (2006). Assessment of teachers' perception of instructional media use in colleges of education in southern Nigeria. *International Journal of Instructional Media, 33*(2), p. 210.

為了確知高中年紀的青少年在公民競爭力上的差異，公民競爭力測驗上的分數以 4×2（族群×失能）因子變異數分析法進行分析。

來源：Hamot, G. E., Shokoohi-Yekta, M., and Sasso, G. M. (2005). Civic competencies and students with disabilities. *Journal of Social Studies Research, 29*(2), p. 38.

　　研究者在描述他們的雙向ANOVA時，除了指出因子的名稱與層次的數目之外，還可以說明層次的名稱。選錄 13.7 呈現這樣一個良好的範例。

　　根據選錄 13.7 裡的資訊，你可以並應該創造一個如同選錄 13.1 的摘要表（寫在紙上或記在心裡）。然而，此處的摘要表有三列、四欄和十二細格。這三個列可以被標示為主要狀態，細分為死亡、失敗和中性。四個欄可以被標示

選錄 13.7 ● 賦予因子與層次名稱

為了檢視是否食物減輕了對於死亡的衝擊，一項 3×4 ANOVA 被執行，主要狀態（死亡、失敗、中性）與食物狀況（沒食物、不愉快、中性、愉快）為因子。

來源：Hirschberger, G., and Ein-Dor, T. (2005). Does a candy a day keep the death thoughts away? The terror management function of eating. *Basic & Applied Social Psychology, 27*(2), p. 182.

為食物狀況，細分為沒食物、不愉快、中性和愉快（註1）。

很快地，我們將探討雙向ANOVA的虛無假設，我們也要看看報告這種檢定結果的不同報告方式。瞭解因子、層次與細格對於探討雙向ANOVA的任務是非常重要的。換句話說，如果你不能創造先前討論過的摘要表，你就無法瞭解結果，或評估是否研究者所宣稱的發現被實際資料所支持。

貳 主動因子對照指定因子以及比較組別的形成

所有的雙向ANOVA都是以兩個因子和其層次一起定義細格。然而這些測量值（人、動物或對象）填滿每一個細格的方式有所不同。在任何給定的研究裡，有三種可能的程序形成比較組別，這是依據兩個因子的本質而定。因為任何因子在本質上能夠被歸類為「指定」或「主動」，所以雙向ANOVA能夠涉及兩個指定因子、兩個主動因子，或一個指定因子和一個主動因子。

指定因子（assigned factor）涉及研究對象之「帶入研究」的特徵。例如，研究聚焦於人，這種因子可能是性別、左撇子或右撇子、出生次序、智力、偏好顏色、GPA或人格類型。如果研究聚焦於狗，指定因子可以是血統、體型或年齡。

第二種因子被稱為**主動因子**（active factor）。此處，參與者在因子上的狀態是在研究裡被決定。這是因為主動因子涉及的情況是在研究者控制之下。簡單地說，這意味著研究者能夠為任何參與者決定因子的層次。主動因子的範例

311

註1： 選錄 13.7 的摘要表也可以被設定為列去對應食物狀況，欄去對應主要狀態。那麼就會有四列三欄，這對於雙向 ANOVA 而言並無差別。

包含了飲食形態、時間限制、發生行為的獎賞種類。主動因子的最大特徵為研究者可以決定參與者在調查期間將會經驗何種因子層次。

如果雙向 ANOVA 涉及兩個指定因子,研究者僅僅是把可獲得的參與者放入不同的細格,這些細格的設計是來自於參與者的特徵。這種情況可參考選錄 13.6。在那份研究裡,兩個因子分別為族群與失能。每一位學生根據其族群與失能狀態被放入不同的細格。

如果雙向 ANOVA 涉及兩個主動因子,那麼研究者會隨機地把參與者放入不同的細格裡。這就是選錄 13.7 所發生的情形。在那份調查裡,一百四十九位大學生被隨機性地放入研究的十二個細格裡。然後細格裡的學生被要求去寫關於死亡、考試失敗、看電視的感受。寫完短文之後,食物狀況指出學生被提供了什麼東西:一顆糖、一顆帶怪味的整人糖、一片薄餅,或什麼都沒有。因此,是研究者決定要給予參與者何種因子層次。研究者控制了每一個獨變項。

如果雙向 ANOVA 涉及一個主動因子與一個指定因子,研究者將會把在同樣指定因子層級的參與者隨機放入不同的主動因子層級。這種形成之比較組別的程序可以參看選錄 13.3。在那份研究裡,四十四位四年級學生首先以標準化測驗與教師評分被分為精熟寫作與非精熟寫作組。然後,二十二位精熟寫作組學生被隨機放入兩種教學程序;以同樣的方式,二十二位非精熟寫作學生被隨機放入兩種教學法。整體而言,這些教學法被稱作 ANOVA 的處置因子(例如,主動因子)。此處值得注意的是,學生類型因子的指定本質意味著這四十四位學生必須被隨機放入這些處置層級。

參　對象間與對象內因子

312

雙向 ANOVA 的每一個因子在本質上能夠被描述為對象間(between subjects)或對象內(within subjects)。這兩個因子的區別涉及一個簡單的問題,「研究參與者只在一個層次上被測量或是在層次之間被重複測量?」如果是前者,那麼此因子為對象間因子;否則,它是對象內因子。

為了澄清這兩種因子的差別,讓我們考量一項假設性研究。想像一位研究者想要知道高爾夫球員輕推入洞的能力是否被球的顏色或標竿狀態所影響。假設有二十位高爾夫球員同意參與此研究,所有的推擊都是在同樣的草地上距離

球洞二十五呎遠的起始點，而推擊準確度（我們的依變項）以球距洞口多少英吋為測量尺度。

在我們的推擊調查裡，我們可以透過研究設計讓我們的兩個獨變項（標竿狀態與球體顏色）成為對象間因子。如果我們這樣做，我們就創造了四個比較組別（每個組別的 $n = 5$），並且讓每一位球員的推擊只處於一種研究狀況下（例如，推擊橘色球朝向無標竿狀態的球洞）。或者，我們可能想要使這兩個因子在本質上是對象內的。如果那是我們的選擇，我們將會使所有二十位球員經歷研究的所有四個狀況。也存在第三種可能性。那就是一個對象間因子與一個對象內因子。例如，我們可以使所有的球員推擊白色和橘色球，一半球員朝向有標竿球洞推擊，另一半朝向無標竿球洞推擊。

在本章裡，我們將探討涉及兩個對象間因子的雙向 ANOVA。如果研究者指出他使用雙向 ANOVA（沒有特別指出涉入的因子類型），你應該假定它是屬於本章所討論的種類，因為大多數研究者當兩個因子具有對象間特徵時，會使用「雙向 ANOVA」[註2]。偶爾，如同在選錄 13.8 裡所示例的，你能夠很清楚地看出涉入 ANOVA 的是兩個對象間因子。

肆 · 樣本與母體

任何雙向 ANOVA 的樣本總是很容易被辨認出，因為樣本的份數總是與細格的數目一樣。因此，2×2 ANOVA 存在四份樣本，2×3 ANOVA 存在六份樣本，3×4 ANOVA 存在十二份樣本，依此類推。

選錄 13.8 • 對象間因子 *313*

用雙向 ANOVA 分析擾亂誤差的數量，兩個對象間因子分別為年紀與教育。

來源：Plumet, J., Gil, R., and Gaonac'h, D. (2005). Neuropsychological assessment of executive function in women: Effects of age and education. *Neuropsychology, 19*(5), p. 570.

註2：如果一個或兩個因子為對象內因子，研究者通常會說他們使用重複測量 ANOVA（repeated-measures ANOVA）、混合 ANOVA（mixed ANOVA），或分謀 ANOVA（split-plot ANO-VA）。我們將會在第十四章裡探討這些 ANOVA。

　　推論統計學的特徵是一個母體關連其每一份樣本。因此，細格的數目不止指定了樣本份數（即，比較組別），也指出了母體數目。因為很容易分辨涉及雙向ANOVA的母體數目，所以不要忽略去思考這些母體的本質，尤其是當一個或兩個因子為主動因子時。

　　簡言之，雙向ANOVA裡的每一個母體應該對應每一個細格裡的樣本。假如，大學生擲標槍能力的測量是透過雙向ANOVA，兩個因子分別為性別（男性與女性）與慣用手（左手或右手）。此研究的其中一個母體應是右手男性大學生。其他三個母體也應該以同樣的方式被定義。如果此研究裡的四份樣本是從較大組的潛在參與者所抽取出來的，那麼每一個母體在本質上應該被視為是有形母體。反之，如果可獲得的擲標槍者皆被當作樣本使用，那麼對應這些樣本的母體在本質上是抽象的[註3]。

　　如果雙向ANOVA涉及一個或兩個主動因子，關連此研究的母體就會被歸類為抽象母體。為了明瞭這個現象，請再次考量選錄 13.1 的研究。如同稍早所討論的，此研究涉及大學生寫下去看牙醫或自己生命終點的短文，然後指出他們想要有多少小孩。研究的兩個因子分別為性別（女性與男性）與生死特徵（看牙醫或死亡）。

　　在這項研究裡，母體是抽象的，因為參與者必須跟隨研究的應用程序。無可置疑地，存在許多類似參與者的大學生。然而，在這些參與者之外可能不會有人寫下看牙醫或死亡的短文，然後回答想要幾個小孩。這四組參與者即使是從一個有形母體抽取出來，但是研究調查過程的經歷使他們變得完全不同。

314

第三節　三個研究問題

　　為了深入瞭解雙向ANOVA的三個研究問題，讓我們繼續檢視牙醫、死亡與想要小孩數目的這項研究。為了幫助目前的討論，我重製了選錄 13.1 的細格平均數再加上我們需要去探討的四個額外數值。如你所回憶的，此項研究的平均數反映了大學生想要的孩子數目（奠基於 0 至 6 量尺）。

註3：　我在第五章討論過有形與抽象母體的差別。

性別

		女性	男性	
生死特徵	牙醫	2.74	2.13	2.435
	死亡	2.37	2.87	2.620
		2.555	2.500	

當研究者應用雙向 ANOVA 於七十六位大學生所提供之資料上時，他們就獲得了三個研究問題的答案。即使這三個研究問題結綁此研究特定的獨變項與依變項，他們問題的本質同等於任何雙向 ANOVA 所要回答的三個研究問題之本質。這三個問題為：(1)對於第一個因子而言，存在統計上的顯著主要效果嗎？(2)對於第二個因子而言，存在統計上的顯著主要效果嗎？(3)兩個因子之間存在統計上的顯著交互作用嗎？

第一個研究問題為，對於生死特徵而言，統計上的顯著主要效果是否存在。為了更深刻感受第一個研究問題，你必須專注於生死特徵因子的**主要效果平均數**（main effect mean）。這些平均數坐落於細格平均數的右邊，結果為 2.435 與 2.620。第一個平均數僅僅是被要求寫下看牙醫短文的三十八位學生之整體平均數（因為在上端細格裡有十九位女性與十九位男性，頂端列的主要效果平均數同等於 2.74 與 2.13 的算術平均數）。同理，第二個主要效果平均數僅僅是被要求寫下死亡短文的三十八位學生之整體平均數。

在任何的雙向 ANOVA 裡，第一個研究問題都是詢問是否第一個因子的**主要效果**（main effect）平均數之間存在統計上的顯著差異。換句話說，第一個研究問題詢問，關聯第一個因子的主要效果平均數之間的差異是否大於機率所期待的狀況。在我們所探討的研究裡，第一個因子（生死特徵）有兩個層次（牙醫與死亡），而第一個研究問題提問是否 2.435 與 2.620 之間存在統計上的顯著差異。換句話說，第一個研究問題為：「對於寫下看牙醫短文和死亡短文的大學生而言，兩者想要擁有的孩童數目是否存在統計上的顯著差異？」

在任何雙向 ANOVA 裡的第二個研究問題為：對應於欄的因子是否存在顯著的主要效果。對於此問題的回答將會是第二個因子的主要效果平均數之間是否存在統計上的顯著差異。在我們所探討的研究裡，存在兩個這樣的主要效果平均數，一個對應女性，一個對應男性。這些平均數分別為 2.555 與 2.500。

315

簡言之，此研究的第二個問題為：「對於女性和男性大學生而言，兩者想要擁有的孩童數目（在寫下短文與執行分散注意力任務之後）是否存在統計上的顯著差異？」

在任何雙向ANOVA裡的第三個研究問題為：涉及研究的兩個因子之間是否存在統計上的顯著**交互作用**（interaction）。交互作用涉及細格平均數，而非主要效果平均數。因此，在2×2 ANOVA裡，總是有四個平均數涉入交互作用，而在2×3 ANOVA裡，總是有六個平均數涉入交互作用，依此類推。

當我們在第二個因子的層級之間移動時，交互作用存在於第一個因子層級之間差異的改變。如果死亡層次的男女細格平均數差異也是.61，那麼就不存在交互作用；如果差異大於或小於.61（或是.61但相反的平均數順序），那麼資料中就存在交互作用。

當我們檢視底部列細格平均數時，我們能夠看出它們之間的差異並沒有反映頂端列的細格平均數。底部列的差異是－.50而非.61（負號是需要的，因為底部列較大的平均數是在右手邊的細格裡）。因此，生死特徵與性別因子之間存在某種交互作用。但是交互作用的量達到統計顯著性嗎？如果有，那麼我們就說生死特徵與性別因子之間存在統計上的顯著交互作用。

應該注意的是雙向ANOVA的交互作用可以被視為列因子層次之間的差異當層次在欄因子間移動時，或欄因子層次之間的差異當層次在列因子間移動時。例如，以想要的孩童數研究而言，左手欄細格平均數的差異為.37（上面的平均數較大），而右手欄的平均數差異為－.74，負號表示底下的平均數較大。雖然這兩個差異（.37與－.74）不同於前兩個差異（.61與－.50），但是這些差異之間的差異是完全相同：1.11。我此處的論點僅僅指出雙向 ANOVA裡只有一個交互作用；因子的順序不會造成影響。

316

第四節　三個虛無假設（和三個對立假設）

在一個雙向ANOVA裡有三項虛無假設需要被檢視。一個關於列因子的主要效果，第二個關於欄因子的主要效果，第三個關於兩個因子之間的交互作用。這些虛無假設很少在研究報告裡被提及。然而，在選錄13.9裡，研究者

選錄 13.9 • 標準雙向 ANOVA 的三項虛無假設

所有的主要和交互作用效果皆被評估。主要效果的虛無假設如下：(a)申請者對廣告的反應不會根據指導計畫內容（學術交流、生涯教育、補償教育）而有所差異；以及(b)申請者對廣告的反應不會根據工作屬性內容（原有的、外在的、工作背景）而有所差異。交互作用效果的虛無假設如下：申請者對廣告的反應不會被指導計畫內容與工作屬性的結合效果所影響。

來源：Winter, P. A. (1996). The application of marketing theory to community college faculty recruitment: An empirical test. *Community College Review, 24*(3), p. 6.

提及了主要效果與交互作用的虛無假設。

為了解釋這些虛無假設應該如何被概念化，我想要重述雙向 ANOVA 的細格資料只是樣本。如同稍早在本章所指出的，一個母體關連一個細格裡的樣本。有時候母體是有形的，因為參與者是從有限度的潛在參與者集合裡所抽取出來的。在許多研究裡，母體在本質上是抽象的，因為母體的本質被修改以適合細格裡組別的本質與資料被蒐集的情況。

在涉及性別、生死特徵和想要的小孩數目之 2×2 ANOVA 研究裡，涉入了四個母體。如同稍早所指出的，每一個都是抽象母體（而非有形）。其中之一個母體應該被概念化為女大學生（就像研究裡所使用的那樣），她們寫了一篇看牙醫短文，之後進行一項注意力分散任務，最終指出想要有多少個小孩。其他三個母體也應該以同樣的方式被概念化，改變的是短文的焦點（以死亡代替牙醫）和學生的性別（以男性代替女性）。這四個母體在我們的內心被創造以符合 ANOVA 細格裡的學生與研究情況。

在任何雙向 ANOVA 裡的第一個虛無假設處理的是列因子的主要效果平均數。這個虛無假設宣稱這些以樣本為基礎的主要效果平均數的對應母體彼此之間相等。以符號表達如下：$H_0 : \mu_{row1} = \mu_{row2} = \cdots = \mu_{bottom\ row}$。以想要多少小孩的這項研究而言，這個虛無假設採用這樣的形式：$H_0 : \mu_{dentist} = \mu_{death}$。

在任何雙向 ANOVA 裡的第二個虛無假設處理的是欄因子的主要效果平均數。這個虛無假設宣稱這些以樣本為基礎的主要效果平均數的對應母體彼此之間相等。以符號表達如下：$H_0 : \mu_{column1} = \mu_{column2} = \cdots = \mu_{last\ column}$。以想要多少小

317

孩的這項研究而言，這個虛無假設採用這樣的形式：$H_0 : \mu_{women} = \mu_{men}$。

在我們把注意力轉向雙向 ANOVA 的第三個虛無假設之前，我需要澄清出現在主要效果之虛無假設裡的 μ。每一個 μ 確實代表了細格平均數的平均。例如，μ_{row1} 是列 1 細格 μ 的平均，而 $\mu_{column1}$ 是欄 1 細格 μ 的平均。每一個主要效果 μ 代表的是共同欄或共同列裡細格 μ 的平均。這個關於主要效果 μ 的觀點是重要的，因為：(1)母體總是在概念上和樣本緊密相關；以及(2)雙向 ANOVA 的樣本是位於細格裡。除非你瞭解主要效果 μ 是源自於細格 μ 的平均，不然你很可能會誤認為任何雙向 ANOVA 的母體數目是主要效果平均數的數目加上細格的數目。我希望目前為止的討論能幫助你看清雙向 ANOVA 只有與細格數目一樣多的母體。

雙向 ANOVA 裡的第三個虛無假設指定兩個因子之間不存在交互作用。這個虛無假設處理的是細格平均數，而非主要效果平均數。此虛無假設宣稱給定欄裡的細格母體平均數差異同等於其他欄。換句話說，整體細格母體平均數的單一差異模式能夠正確地描述任何欄裡的情況[註4]。

為了以符號表達交互作用虛無假設，我們先假定 j 和 j' 分別代表兩列，而 k 和 k' 分別代表兩欄。因此列 j 和欄 k 的交互作用細格為 jk，母體平均數為 μ_{jk}。依此類推其他三個母體分別為 $\mu_{j'k}$、$\mu_{jk'}$、$\mu_{j'k'}$。我們可以使用符號表達任何雙向 ANOVA 的交互作用虛無假設如下：

$$H_0 : \mu_{jk} - \mu_{j'k} = \mu_{jk'} - \mu_{j'k'}，對所有的列與欄而言$$
$$（即，對所有的 j 與 j'、k 與 k' 而言）$$

為了幫助你瞭解交互作用虛無假設的定義，我建構了假設性的母體平均數，分別對應 2×2 ANOVA、2×3 ANOVA 和 2×4 ANOVA。在每一項假設性的 ANOVA 裡，交互作用虛無假設完全為真。

$\mu = 20$	$\mu = 40$
$\mu = 10$	$\mu = 30$

$\mu = 10$	$\mu = 30$	$\mu = 29$
$\mu = 5$	$\mu = 25$	$\mu = 24$

$\mu = 2$	$\mu = 12$	$\mu = 6$	$\mu = 24$
$\mu = 4$	$\mu = 14$	$\mu = 8$	$\mu = 26$

註4： 交互作用虛無假設也可以列的細格母體平均數出發（而非欄）。因此交互作用虛無假設宣稱雙向格局給定列裡的細格母體平均數差異同等於其他列。

在我們把注意力轉向雙向 ANOVA 的對立假設之前，請注意我們在此所探討的每一個 H_0 是彼此獨立的。換句話說，這三個虛無假設的任何組合可以為真（或假）。為了闡釋這個道理，我已經建構了 2×2 格局的三組假設性母體平均數。從左到右，一例只有列平均數不同，一例只有交互作用虛無假設為假，一例裡列的主要效果與交互作用皆為假：

$\mu=10$	$\mu=10$
$\mu=5$	$\mu=5$

$\mu=20$	$\mu=10$
$\mu=10$	$\mu=20$

$\mu=10$	$\mu=30$
$\mu=20$	$\mu=0$

因為三個虛無假設彼此之間互相獨立，所以結論（來自於樣本資料）是針對特定的 H_0。樣本資料集可以被用以評估所有三個虛無論述，但是必須從不同的角度切入資料以詮釋所有三個虛無假設。這件任務的完成可以藉由計算分開的 F 檢定來檢視是否每一項 H_0 很可能為假。

如果研究者進行雙向 ANOVA 評估每一項 H_0，那麼他就必須面對三個對立假設。每一個 H_a 以非方向性方式被設立，而它們主張：

1. 列 μ 彼此之間並不全都相等；
2. 欄 μ 彼此之間並不全都相等；
3. 第一欄（或第一列）裡細格 μ 之間的差異模式不能正確地描述其他至少一欄（列）裡的細格 μ 之間差異的模式。

第五節 結果的呈現

雙向 ANOVA 的結果能夠透過摘要表或研究報告的內文來傳達。我們以牙醫、死亡和小孩數目的研究資料為開始。然後我們探討幾種雙向 ANOVA 的結果是如何被呈現的。在本大段結束之處，我們將檢視研究者把兩個或更多的雙向 ANOVA 發現組織起來的不同方式。

壹 雙向 ANOVA 研究的結果

在我們的性別、生死特徵和想要的小孩數目研究裡，獲得的發現並沒有被

呈現在雙向 ANOVA 摘要表裡。表 13.1 重現了這個摘要表。

在表 13.1 裡，注意這種摘要表類似單向 ANOVA 摘要表於：(1)欄的名稱與數目；(2) $MS = SS/df$；(3)全部列 df 值比實際的研究參與者總數少 1；以及(4)計算值被呈現在 F 欄裡。儘管有這些相似性，單向與雙向 ANOVA 摘要表不同之處為後者具有五列（而非三列）和三個 F 比值（而非一個）。注意在雙向摘要表裡，MS 的倒數第二列〔常被標示為誤差（error）或組內（within groups）〕數值被當成分母以計算每一個 F 比值：$.6503/1.4279 = .46$（ns），$.0575/1.4279 = .04$（ns），以及 $5.8525/1.4279 = 4.09$（$p < .05$）。

雙向 ANOVA 摘要表裡的 F 欄存在三個數值，這是因為存在三項虛無假設。每一個 F 闡明一項虛無假設。頭兩個 F 關於研究的主要效果；換句話說，頭兩個 F 涉及兩組主要效果平均數。第三個 F 涉及兩個因子之間的交互作用，此 F 的焦點在於細格平均數。請在此 ANOVA 摘要表裡，檢視兩個主要效果的結果。這兩個 F 值為小並且無顯著性。如果你再次檢視之前展示細格、列，以及欄平均數的表，你會發現每個因子的主要效果平均數相當接近〔女性與男性的主要效果平均數幾乎一樣——2.555 與 2.500——而這正是為何性別的**主要效果 F**（main effect F）小於生死特徵的主要效果 F 的原因〕。對於此 ANOVA 的 F 檢定而言，平均數的同質性使得 F 值為小並且無顯著。以統計上的觀點而言，欄主要效果平均數之間所觀察到的差異不足以懷疑性別虛無假設（H_0：$\mu_{women} = \mu_{men}$）；同樣的，列主要效果平均數之間所觀察到的差異不足以懷疑生死特徵虛無假設（H_0：$\mu_{dentist} = \mu_{death}$）。

在這個 ANOVA 摘要表裡，你能夠看出交互作用 F 值結果為顯著的。如同我們稍早注意到的，樣本資料存在某種交互作用，因為男性與女性看牙醫短文

表 13.1　性別與生死特徵研究的 ANOVA 摘要表

來源	df	SS	MS	F	p
生死特徵	1	.6503	.6503	.46	ns
性別	1	.0575	.0575	.04	ns
交互作用	1	5.8525	5.8525	4.09	$p < .05$
組內	72	102.8088	1.4279		
全部	75	109.3691			

平均數之間的差異（2.74 − 2.13 ＝.61），不同於死亡短文平均數之間的差異
（2.37 − 2.87 ＝−.50）。雙向 ANOVA 考量這些差異之間的差異，並宣告它
「超越了機率抽樣的限定範圍」。換句話說，樣本資料裡所觀察到的交互作用
程度不是被期待的，如果這四份樣本來自於沒有交互作用的母體。據此，交互
作用虛無假設被拒絕，以 $p < .05$ 指出。

貳 不同的雙向 ANOVA 研究結果摘要

在選錄 13.10 裡，我們看見了 2×2 ANOVA 摘要表。現在讓我們把此表與
表 13.1 做比較，以指認在呈現相同訊息上的差異性。

選錄 13.10 ● 雙向 ANOVA 摘要表

表二 地震區域男性與女性在 SCL-90-R，GSI 的雙向變異數分析結果

來源	平方和	*df*	均方	*F*	*p*
性別	111929.97	1	111929.97	30.28	.001*
執行組	13235.12	1	13235.12	3.58	.059
性別 × 執行組	355.50	1	355.50	0.096	.757
誤差	2066360.13	559	3696.53		
全部	2190330.27	562	3897.39		

*$p < .001$

來源：Kisac, I. (2006). Stress symptoms of survivors of the Marmara region (Turkey) earthquakes: A follow-up study. *International Journal of Stress Management, 13*(1), p. 122.

首先，注意術語平方和（sum of squares）與均方（mean square）被用以標
示此摘要表的兩個欄，而非縮寫 *SS* 與 *MS*。第二件須注意之事為 *df* 被置放於
SS 的右邊（而非左邊）。再來，注意第三與第四列的名稱。此處在選錄 13.10
裡，第三列稱作「性別×執行組」（而非只有「交互作用」），而第四列稱作
「誤差」（代替「組內」）。最後，注意真實 *p* 值被呈現在右邊的欄裡，然而
在表 13.1 裡僅使用縮寫的 *ns* 來傳達這個訊息。

我見過不同於以上所探討的 2×2 ANOVA 摘要表。有時候沒有 *SS* 欄，而

有時候沒有底部的全部列。這些缺漏並不會影響你取得訊息，因為你可以（如果你如此渴望）計算所有五個缺失的 SS 值以及全部列 df。全部列 df 是最重要的項目，因為它允許你決定研究裡涉入多少個體。

儘管差異存在表 13.1 與選錄 13.10 之間，這兩個 ANOVA 摘要表在幾個方面是類似的。比如，表的標題暗示了何者為依變項。頭兩列的名稱顯露了兩個因子的名稱。表的主要效果列 df 值允許我們確知每個因子包含兩個層次。三個 F 值皆以 MS 前三列的值除以第四列（例如，組內或誤差）的值而得。三個 F 值皆被呈現以闡明三個虛無假設。

當然，並非所有的雙向 ANOVA 皆為 2×2 格局。在選錄 13.11 裡，我們看見了 2×5 ANOVA 摘要表。雖然執行組有兩個層次，教育組因子有五個層次，此雙向 ANOVA 仍然產生三個 F 值分別對應主要效果與交互作用。此表展示並告訴我們雙向 ANOVA 摘要表的「結構」並不會因為涉入的層次數目而有所改變。

選錄 13.11 ● 2 × 5 ANOVA 摘要表

表四　教育層次，SCL-90-R（GSI）的雙向變異數分析結果

來源	平方和	df	均方	F	p
教育組	46097.12	4	11524.28	2.99	.018*
執行組	2191.13	1	2191.13	0.57	.451
教育組×執行組	3455.28	4	863.82	0.22	.925
誤差	2126971.36	552	3853.21		
全部	2188796.28	561			

*$p < .05$

來源：Kisac, I. (2006). Stress symptoms of survivors of the Marmara region (Turkey) earthquakes: A follow-up study. *International Journal of Stress Management, 13*(1), p. 123.

在報告雙向 ANOVA 結果時，研究者經常在內文裡談論他們的結果而不使用摘要表。在選錄 13.12 裡，我們看見了這種範例。此項 ANOVA 來自於一份大學生飲酒的研究。此研究的兩個因子為性別（男性與女性）與壓抑者狀態（壓抑者對照非壓抑者）。雙向 ANOVA 的資料奠基於大學生對於他人飲酒傷

害程度的知覺分數。知覺差異為依變項。

　　根據選錄 13.12 的資訊，你應該能夠判斷三個虛無假設為何、關於每項 H_0
的決定為何，以及有多少位參與者（註5）。

選錄 13.12 ● 呈現在內文裡的雙向 ANOVA 結果

　　以自我報告為飲酒者的分數作為 2（性別）×2（壓抑者狀態）ANOVA 的
依變項。顯著主要效果存在於性別〔$F(1, 321) = 5.43, p = .020$〕與壓抑者狀態
〔$F(1, 321) = 6.95, p = .009$〕。性別×壓抑者狀態之交互作用並不顯著。壓抑
者（$M = 2.05, SD = 1.87$）的分數顯著高於非壓抑者（$M = 1.44, SD = 1.95$）。
壓抑者比非壓抑者更容易知覺他人的飲酒傷害比自己的飲酒傷害要大。這種趨
勢也存在於性別之間，如女性（$M = 1.78, SD = 2.04$）知覺高於男性（$M = 1.29, SD = 1.74$）。

來源：Shirachi, M., and Spirrison, C. L. (2006). Repressive coping style and substance use among
　　　college students. *North American Journal of Psychology, 8*(1), p. 108.

　　當兩個獨變項涉及多個依變項時，研究者通常選擇進行分開的雙向 ANO-
VA 於每一個依變項上。有時候，像表 13.1 或是選錄 13.10 或 13.11 的摘要會
出現在同一張表裡。當你碰到這類摘要表時，你將能毫無困難地詮釋你所看到
的結果。然而，有時分開的雙向 ANOVA 結果被結合成一個「非標準」的雙向
ANOVA 摘要表。例如，選錄 13.13。

　　選錄 13.13 有三個地方不同於選錄 13.10 與 13.11。首先，平方和與均方皆
沒有被呈現。第二，不具有「全部」列。第三，以效力量指標取代 p 值（我們
將會在本章稍後談論更多效力量）。儘管有這三種差異，我希望你能夠分辨選
錄 13.13 裡的內容。

　　如果是進行多重雙向 ANOVA，研究者通常把結果摘要在內文裡而非摘要
表裡。選錄 13.14 示例了這種普遍的報告方法。注意選錄 13.14 裡的雙向 ANO-
VA 所涉及的因子皆同。然而在個別分析裡的依變項是不同的。

註 5： 如果你認為是三百二十三位參與者，請再嘗試一次。

選錄 13.13 • 兩份雙向 ANOVA 結果在一個摘要表裡 ─────────

表八 組內協調過程的變異數分析

依變項	來源（獨變項）	*df*	*F*	η^2	*MSE*
組內協調 （air to ground）	策略訓練（SP）	1	0.55	.01	
	協調訓練（CP）	1	1.60	.03	
	SP×CP	1	2.14	.03	
	誤差	60			0.51
組內協調 （air to air）	SP	1	1.79	.03	
	CP	1	0.52	.01	
	SP×CP	1	0.15	.00	
	誤差	60			0.73

來源：DeChurch, L. A., and Marks, M. A. (2006). Leadership in multiteam systems. *Journal of Applied Psychology, 91*(2), p. 321.

選錄 13.14 • 三個雙向 ANOVA 的結果 ─────────

　　計算雙向 ANOVA 以決定是否教育與性別在本研究的依變項上有所差異。統計顯示教育在SOC變項上沒有顯著效果，但是性別有效果〔$F(1, 249) = 4.39$, $p < 0.04$〕，教育與性別之間的交互作用沒有統計上的顯著性。同樣的發現也適用於 CRI：教育沒有顯著效果，性別有統計上的顯著效果〔$F(1, 249) = 6.3$, $p < 0.02$〕，教育與性別之間的交互作用沒有統計上的顯著性。對於 AQ 而言，教育〔$F(1, 249) = 5.39$, $p < 0.03$〕與性別〔$F(1, 249) = 4.80$, $p < 0.03$〕皆達到統計上的顯著性，然而兩變項之間沒有交互作用。

來源：Kristensson, P., and Ohlund, L. S. (2005). Swedish upper secondary school pupils' sense of coherence, coping resources and aggressiveness in relation to educational track and performance. *Scandinavian Journal of Caring Sciences, 19*(1), p. 81.

第六節 / 後續追蹤檢定

如果雙向 ANOVA *F* 最終呈現非顯著結果，就不需要進行後續檢定。另一方面，如果至少一個主要效果被發現是顯著的，或交互作用虛無假設被拒絕，你可能發現會進行後續調查以更進一步地深究資料。我們將首先考量用於顯著主要效果 *F* 比值的後續檢定。然後，我們將檢視當交互作用 *F* 結果為顯著時的事後策略。

壹 使用後續檢定深究顯著的主要效果

如果一個因子的 *F* 檢定結果為顯著的，並且此因子只有兩個層次，那麼無須應用事後檢定。在這種情況下，*F* 檢定的結果指出顯著差異存在因子的兩個主要效果之間，研究者只須檢視這兩列（或兩欄）的平均數就能得到答案。如果你再次瀏覽選錄 13.12，你將能夠發現兩個顯著的主要效果。因為只有兩個主要效果平均數關連著每一個顯著的 *F*，所以研究者可以直接詮釋這些結果。

如果產生顯著 *F* 的因子涉及三個或更多的層次，那麼研究者很可能進行**事後**（post hoc）調查來比較每個平均數。這與單向 ANOVA 進行的事後調查原理相同。在這兩種情況下，需要深究顯著的總括 *F*，以允許研究者（以及其他人）「洞察」母體平均數的模式。

選錄 13.15 呈現了事後調查如何能幫助澄清雙向 ANOVA 的顯著主要效果。在這個選錄裡，薛費配對檢定被用以比較情況因子的三個層次。另一個因子（學前年級）的主要效果也是顯著的；但是不需要進行事後調查，因為僅有兩個層次。

選錄 13.15 • 伴隨顯著主要效果的事後調查

相關物件回想的雙向變異數分析結果於學前年級，$F(1, 106) = 4.11$，$p < 0.05$ 以及情況，$F(2, 106) = 8.26$，$p < 0.001$，發現顯著的主要效果。薛費事後檢定指出角落情況孩童的回想平均數顯著高於隔絕與控制情況的孩童，$p < 0.01$。

來源：Blumberg, F. C., and Torenberg, M. (2005). The effects of spatial configuration on preschool-ers' attention strategies, selective attention, and incidental learning. *Infant & Child Development, 14*(3), p. 252.

326

　　如果雙向ANOVA的每一個因子皆具有顯著性並且都包含三個或更多的層次，那麼很可能個別的事後調查會在每一組主要效果平均數上被進行。兩個事後調查的目標將會是一樣的：指認關聯每一個因子的主要效果平均數是否存在足夠差距，以暗示對應的母體平均數是不同的。當兩組主要效果平均數藉由事後調查偵測時，相同的檢定程序（例如，杜基）就會被應用以比較每一組主要效果平均數。

貳　使用事後檢定深究顯著的交互作用

　　當面臨統計上的顯著交互作用時，研究者通常會做兩件事情。第一，他們會暫停詮釋兩個主要效果的 *F* 比值。第二，進行事後檢定和／或準備圖表，以幫助解釋交互作用的特定本質。在把注意力轉向後續策略之前，我想要說明為何不詮釋主要效果的 *F*。

　　一旦獲得雙向 ANOVA 的結果時，研究者通常先檢視交互作用 *F*，如果交互作用結果為非顯著時，他們會把注意力轉向兩個主要效果 *F*。然而，如果交互作用結果為顯著，就不大需要注意主要效果的比值以避免誤導發生。

　　為了示範交互作用的出現如何使得主要效果的詮釋變得有問題，請考量呈現在圖 13.1 裡的三種假設性情況。在每一個細格裡的數值為樣本平均數，在
327　右邊以及下方的數值為主要效果平均數（假設相等樣本量）。

　　在狀況 1 裡，兩個主要效果 *F* 結果為非顯著。這些結果可能使人誤認為 A 因子的兩個層次之間相等以及 B 因子的三個層次之間相等。然而在檢查細格平均數之後，你會發現奠基於主要效果平均數的結論很可能忽略潛在的重要發現。因子 A 的兩個層次在因子 B 的第一與第三個層次產生了不同的平均數，而因子 B 的三個層次在因子 A 的每一個層次皆不同。

　　為了更深入瞭解當交互作用顯著時，主要效果 *F* 的誤導現象，讓我們假設因子 A 為性別（男性在上列，女性在下列），因子 B 是某種緩解頭痛的藥物（品牌 X、Y、Z 分別對應第一、第二、第三欄），並且要求每一位參與者在

	B			
A	10	15	20	15
	20	15	10	15
	15	15	15	

來源	F
A	ns
B	ns
A×B	*

(1)

	B			
A	5	10	15	10
	25	20	15	20
	15	15	15	

來源	F
A	*
B	ns
A×B	*

(2)

	B			
A	10	10	10	10
	10	10	40	20
	10	10	25	

來源	F
A	*
B	*
A×B	*

(3)

圖 13.1　來自於三個雙向 ANOVA 的假設性結果

服用六十分鐘後於 0 至 40 量尺（0 ＝無緩解；40 ＝完全緩解 ）上評分其有效性。如果我們只注意主要效果 F，我們會誤以為男性與女性在三種品牌上經歷了相同的緩解效用。這種結論是不幸的，因為細格平均數強烈暗示：(1)平均上，在 X 與 Z 牌藥物上的反應，男性與女性是不同的；以及(2)三種藥物的緩解功效不同（X 品牌對於女性較有功效，Z 品牌對於男性較有功效）。

在我們的第二種假設性情況裡，因子 A 的主要效果為顯著，所以很可能讀者會誤以為男性比女性經驗了較少的緩解功效。然而，細格平均數清楚地呈現男性與女性在 Z 藥物上的反應是沒有差異的。

在最後的假設性情況裡，兩個主要效果 F 皆為顯著。然而，細格平均數顯露因子 A 於因子 B 的第一與第二層次上並無差異，而因子 B 的層次於因子 A 的第一個層次上並無差別。在這最後的假設性頭痛背景之下，如果只詮釋主要效果 F，會使人以為女性比男性經驗了更多的緩解功效以及三種藥物具有不同的效用。這種結論是誤導的，因為男性與女性只有在 Z 藥物上經驗不同的緩解功效，而且不同品牌的藥物似乎只有在女性身上產生不同的功效。

當交互作用 F 結果為顯著時，主要效果 F 必須被謹慎詮釋——或根本不加以詮釋。這也正是大多數研究者被鼓勵先去檢視交互作用 F 的原因。交互作用 F 等於是一個路標，它告訴研究者下一步該做什麼。如果交互作用 F 結果為非顯著，這意味著他們可以繼續詮釋關於兩個主要效果的 F 比值。然而，如果交

328

互作用 F 為顯著，這等於說：「把注意力集中在細格平均數而非主要效果平均數。」

一種用以幫助我們洞察統計上顯著交互作用的策略為**細格平均數圖示**（graph of cell means）。我們即將檢視這種包含在研究報告裡的圖示。然而，首先你必須熟悉這項研究。

在這份研究的實驗裡，研究者隨機指派六十一位參與者（大學生）於四個細格（2×2 對象間設計）。其中一個因子稱為「情緒」，而此因子的兩個層次為「氣憤」與「感謝」。另一個因子稱作「操弄」，此因子的兩個層次分別為「起爆點（只有回想）」與「情緒誘導（描述）」。

在此兩階段研究的第一個部分裡，大學生執行一項能夠誘發氣憤與感謝情緒的任務。大約四分之一的學生被要求寫下關於本身感謝經驗細節的短文。另四分之一的學生被要求寫下關於自身氣憤經驗細節的短文。另兩組不寫短文，而僅僅是回憶情緒事件。一組回憶感謝事件，另一組回憶氣憤事件。

在第二個階段，所有六十一位大學生填寫一份含有十個題目的問卷，以測量其信任他人的傾向程度。此問卷為七點量表，1 ＝毫無可能，7 ＝很有可能。每一位學生的信任分數為整份問卷的平均分數。2×2 ANOVA 的四個細格平均數被呈現在研究報告裡，而我們在此處重製它們。

		操弄	
		起爆點 （只有回想）	情緒誘導 （細節描述）
情緒	感謝	5.24	5.69
	氣憤	5.18	4.50

329   在選錄 13.16 裡，我們看見了涉及感謝、氣憤和信任研究的細格平均數圖示。大多數研究者設置他們的圖示如選錄 13.16，在這種圖示裡：(1)垂直軸代表依變項；(2)水平軸上的點代表獨變項的層次；而(3)圖示裡的線段代表另一個獨變項。任一個獨變項在水平軸皆可，兩者位置可以互換。例如，選錄 13.16 的研究者可以把情緒因子和其兩個層次（氣憤與感謝）放在圖裡原本代表操弄因子兩個層次（只有回想與細節描述）的底線上。

注意選錄 13.16 的圖示如何允許我們看見是否存在交互作用。首先回憶沒

選錄 13.16 • 顯著交互作用的圖示

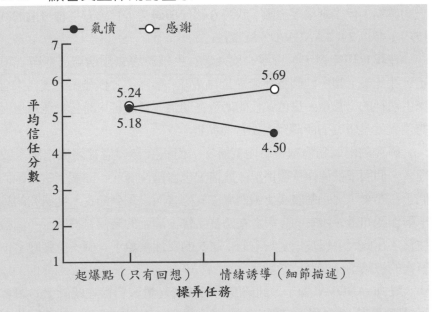

圖一　情緒狀態對照操弄效果於信任傾向，研究 2。信任量表評分範圍從 1
　　　（最少信任）到 7（最信任）

來源：Dunn, J. R., and Schweitzer, M. E. (2005). Feeling and believing: The influence of emotion on
　　　trust. *Journal of Personality and Social Psychology, 88*(5), p. 741.

有交互作用，意味著當我們從一個因子的其中一個層次移動到另一個層次時，
另一個因子層次之間的差異保持不變。現在請檢視選錄 13.16，左邊的平均分
數僅有微小的差異。然而情況隨著線段往右移動而改變。到了右邊，兩個平均
數之間有將近 1 分的差異。以整體觀之，此圖暗示大學生如何在信任傾向上被
感謝或氣憤短文所影響；另一方面，回想感謝與氣憤事件似乎對於學生的信任
傾向沒有多大影響（註6）。

330

註 6：　注意選錄 13.16 裡的兩條線段並非是平行的。如果交互作用 *F* 結果為顯著，那麼這是因為
　　　　兩條線段非平行的程度大於機率所期待的。據此，一些作者定義交互作用為：與平行的離
　　　　距（a departure from parallelism）。

　　交互作用圖示（graph of an interaction）能夠被設定以垂直長柱（而非線段上的黑點）代表細格平均數。我將介紹一項研究，它含有這種普遍的圖示報告技巧，並以 2×2 ANOVA 分析資料。

　　在這項研究裡，一百零二位大學女生被誘導去相信自己參與一項口味檢定，在此檢定裡，她們將評量奶昔的品質。事實上，依變項的資料來自於每位學生消耗的奶昔量。每位女性的奶昔在開始與實驗結束時皆被測量，而重量上的差異就是研究者所測得的奶昔消耗量。

　　研究的兩個獨變項皆有兩個層次，而研究參與者被隨機指派入四個細格裡。一個因子被稱作特徵情況。此情況包含兩個層次，一個層次使她們記住她們正在節食，另一個層次使她們專注於奶昔而沒想到節食。此研究的第二個因子稱作認知量。所有的參與者在奶昔品嘗一開始的時候皆被給予一個數字並記住它。在此因子裡被指定為「低」層次的女性被給予一個一位數數字，「高」層次的被給予一個九位數數字。

　　雙向 ANOVA 顯示，此研究的奶昔消耗量資料存在統計上的顯著交互作用。選錄 13.17 呈現了這種交互作用。注意在高認知量（198.05 對照 109.08）

選錄 13.17 • 另一種圖示交互作用的方式

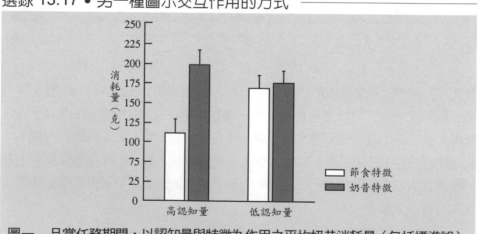

圖一　品嘗任務期間，以認知量與特徵為作用之平均奶昔消耗量（包括標準誤）

來源：Mann, T., and Ward, A. (2004). To eat or not to eat: Implications of the attentional myopia model for restrained eaters. *Journal of Abnormal Psychology, 113*(1), p. 94.

上的奶昔消耗量差異明顯大於低認知量（171.51 對照 164.43）的情況。

另一種幫助瞭解顯著交互作用本質的策略，就是進行細格平均數的統計比較。執行這種比較的方式有兩種。一種是以配對的方式同時比較所有的細格平均數，使用的是第十二章裡所討論的檢定程序。或是，細格平均數以配對的方式於一列和／或一欄裡同時比較，使用以簡單主要效果分析論及的事後策略。在接下來的段落裡，來自於實證研究的選錄將被用來示範每一種事後策略。 *331*

當研究者透過**簡單主要效果**（simple main effect）的檢定深究統計上顯著的交互作用時，可以使一個因子的不同層次被比較，而另一個因子「保持不變」。這可以藉由比較二維安排的個別列和／或個別欄裡的細格平均數來完成。這種範例請參考選錄 13.18。

關於選錄 13.18 首先須注意的是兩個因子分別被稱作「學校程度」和「課程類型」。再來，學校程度因子有三種層次（小學、初中、高中），而課程類型涉及兩種層次（一般教育與特殊教育）。你需要利用這些發現創造一幅圖表。在我的圖表裡，有三列代表學校層次，二欄代表課程類型。最後，你需要瞭解有一群老師分布在這六個細格裡，每一位老師提供了關於學生自我控制重要性的意見分數。

因為學校程度與課程類型之間的交互作用為顯著，研究者進行簡單主要效果的檢定。如你所見，他們比較每一個學校層次，兩種課程類型的細格平均 *332* 數。在我的圖表裡，這等於是比較頂端列的兩個平均數，然後比較中間列的兩個平均數，最後比較底部列的兩個平均數。我的圖表幫助我瞭解在這三項簡單主要效果的檢定裡什麼被比較了。

選錄 13.18 裡進行的三項簡單主要效果檢定非常類似三項獨立樣本 *t* 檢定，因為在每一項檢定裡涉及兩個平均數。除了以上的方法之外，研究者可以比較具有相同課程類型的三種學校層次，這種簡單主要效果的比較方式存在兩項檢定，每一項都高度類似於單向 ANOVA。如果簡單主要效果的檢定以這種方式進行，而一項（或兩者）導致顯著的 *F*，研究者很可能在這三個細格平均數之間進行配對比較，也許使用杜基 HSD（Tukey's HSD）檢定程序。

有時候兩組簡單主要效果的檢定被用以深究統計上的顯著交互作用。當這種方法被執行時，一組事後檢定用以比較每一列裡的細格平均數，然後第二組被用以比較每一欄裡的細格平均數。選錄 13.19 示範了簡單主要效果的檢定被

選錄 13.18 • 簡單主要效果的檢定

組間因子（學校程度與課程類型）的雙向 ANOVA 結果以自我控制為依變項，產生了顯著的交互作用，$F(2, 539) = 4.62$，$p = .0102$。國小與國中教師課程類型的簡單主要效果皆不顯著。這些發現指出國小與國中的一般以及特殊教育教師共享類似的看法，這看法是關於學生自我控制技巧的重要性。高中教師課程類型的簡單主要效果為顯著，$F(1, 185) = 15.24$，$p = .0001$，效力量(d) $= .72$，並指出高中特教教師比一般教師更重視自我控制對於學習成就的幫助。

來源：Lane, K. L., Wehby, J. H., and Cooley, C. (2006). Teacher expectations of students' classroom behavior across the grade span: Which social skills are necessary for success? *Exceptional Children, 72*(2), p. 160.

應用於雙向 ANOVA 的細格平均數。

統計上的細格平均數比較存在第三種策略。有些研究者在細格平均數之間進行所有可能的比較。在選錄 13.20 裡，我們看見了在交互作用虛無假設被拒絕之後，這種策略被執行的範例。有六個細格涉入此項研究（因為它是 2×3 ANOVA），而很明顯的，杜基檢定程序被用以深究這個顯著交互作用。然而，並不清楚有多少個配對比較被進行。但是我們可以從選錄結束之處看出其中之一個細格（50 至 59 歲女性）被拿來與其他五個細格做配對比較。其他五個細格可能也以配對的方式被比較；然而，我們無法從選錄辨別是否這額外十項檢定被進行。

選錄 13.19 • 簡單主要效果的檢定應用於兩個方向

如圖一〔沒有在此呈現〕所示，在非確信的情況裡，咖啡飲用者（$M = 4.15$）比非咖啡飲用者（$M = 6.22$）較少接受文章的結論，$F(1, 28) = 10.77$，$p < .01$。然而，在確信情況下，咖啡飲用者（$M = 7.23$）比非咖啡飲用者（$M = 5.81$）較能接受文章的結論，$F(1, 30) = 5.85$，$p < .05$。結果顯示確信的效果對於相關的參與者最為有益。對於非咖啡飲用者而言，確信狀況（$M = 5.81$）與非確信狀況（$M = 6.22$）之間不存在差異，$F(1, 31) < 1.00$，*ns*。然而，對於咖啡飲用者而言，確信狀況具有清楚的有利效果。確信的咖啡飲用者（$M = 7.23$）比非確信的咖啡飲用者（$M = 4.15$）更能接受文章的結論，$F(1, 27) =$

33.26，p ＜ .001……因此，對於女性咖啡飲用者而言，自我確信說服她們接受她們應該降低咖啡因的攝取。

來源：Sherman, D. A. K., Nelson, L. D., and Steele, C. M. (2000). Do messages about health risks threaten the self? Increasing the acceptance of threatening health messages via self-affirmation. *Personality and Social Psychology Bulletin, 26*(9), p. 1050.

選錄 13.20 • 所有細格平均數的配對比較

進行雙向變異數分析（ANOVA）以檢定全部 CB&M 分數之間的差異，使用年紀（30 至 39、40 至 49 以及 50 至 59 歲）與性別為因子。在顯著的交互作用事件裡，杜基事後比較被進行……進行於 CB&M 全部分數的雙向 ANOVA 指出顯著主要效果存在於年紀〔$F(2, 84) = 20.70, p = .001$〕，顯著主要效果存在於性別〔$F(1, 84) = 11.66, p = .001$〕，以及年紀與性別的顯著交互作用〔$F(2, 84) = 7.72, p = .001$〕。這個交互作用能夠被事後分析所解釋，事後分析顯示五十至五十九歲的女性所得分數顯著低於所有其他年紀與性別類目裡的男性或女性。

來源：Rocque, R., Bartlett, D., Brown, J., and Garland, S. J. (2005). Influence of age and gender of healthy adults on scoring patterns on the Community Balance and Mobility Scale. *Physiotherapy Canada, 57*(4), pp. 288-289.

第七節 計畫比較

334

在第十二章裡，我們看見了單向 ANOVA 被應用於事前比較的例子（參看選錄 12.21 至 12.24）。這種比較也可以使用雙向 ANOVA。雖然使用的研究者不多，但確實有些人這樣做。例如選錄 13.21。

選錄 13.21 • 雙向 ANOVA 裡的計畫比較

所有資料在 2×2 對象間設計背景下被分析，分別為目標觀察者類似性（類似 vs. 非類似）以及心智疲勞（高度疲勞 vs. 低度疲勞）……感知的反應評分適當性分析產生顯著的主要效果於類似性情況。類似情況下的目標反應被視為比

非類似情況更為適當，$F(1, 59) = 12.92$，$p < .001$，$MSE = 1.85$，$\eta^2 = .18$。為了評估兩個我們所採用觀點的主要預測，兩項計畫比較被進行於評估感知的反應適當性項目上[3]。首先，當參與者類似於目標時，評估疲勞情況的效果……當參與者與目標不相類似時，進行第二個計畫比較以檢定疲勞情況的效果。

[3] 我們選擇計算計畫比較而非傳統的 ANOVA 交互作用效果檢定，因為前者被期待去提供一項更有力的檢定於我們所期望的效果。ANOVA 交互作用檢定傾向於鏡像交互作用模式，而因為我們預測的效果並不遵循這種模式，所以計畫比較被選擇當成最有力的檢定（Rosenthal & Rosnow, 1991）。

來源：Nelson, D. W., Klein, C. T. F., and Irvin, J. E. (2003). Motivational antecedents of empathy: Inhibiting effects of fatigue. *Basic and Applied Social Psychology, 25*(1), pp. 41, 42.

在選錄 13.21 裡，研究者可以進行標準 2×2 ANOVA 並產生兩個主要效果 *F* 以及一個交互作用 *F*。如你所見，他們確實分析資料並獲得一個主要效果 *F*。然而，研究者進行兩項計畫比較來取代其他主要效果與交互作用的檢定。如果你仔細閱讀此篇選錄，你將會發現這些計畫比較就像是研究者用以深究顯著交互作用之簡單主要效果的檢定。此處不同的是，研究者在目標觀察者類似性因子的每個層次比較高度與低度疲勞個體之前並沒有執行交互作用的檢定。選錄裡的註腳解釋了他們這樣做的原因。

選錄 13.21 的研究者值得鼓勵，因為當他們設計研究與分析資料時，心中存有特定的計畫。他們的研究問題帶領他們的統計分析，而他們的分析並不遵循傳統的雙向ANOVA統計比較規則。太多的研究者錯誤地認為：(1)主要與交互作用效果的 *F* 檢定必須被計算；以及(2)細格平均數的比較只有在交互作用為顯著時才被執行。這是不幸的，主要的原因為有時候細格平均數的計畫比較所產生的有趣發現，是標準雙向 ANOVA *F* 檢定所無法偵測到的。

第八節 關於雙向變異數分析的假設前提

雙向 ANOVA 的假設前提與單向 ANOVA 是一樣的：隨機性、獨立性、常態性和變異數同質性。我希望你能回憶我們在第十一章裡的討論，隨機性與獨

立性是方法學上的考量；它們被討論（或應該被討論）是當研究被設定時、當資料被蒐集時，和當結果被泛論時（超越參與者與研究的情況）。即使違反隨機性與獨立性假設會破壞一項研究，卻也沒有辦法使用樣本資料來檢定這些事先所需要條件的效度。

常態性與變異數同質性假設可以被檢定，並且在某些環境下必須被檢定。這些檢定與進行 t 檢定或單向 ANOVA 時執行的常態性與等變異數檢定是相同的。雙向 ANOVA 與 t 檢定和單向 ANOVA 彼此之間的類似點，在於：(1)違反常態性假設通常不會降低結果的效度[譯註1]；以及(2)違反等變異數假設只有當樣本量不同時才會比較有問題。

因為違反常態性與等變異數假設在 n 為大且相等時，不會對雙向 ANOVA 的 F 檢定造成多大干擾，因而許多研究者努力使研究處理相等的細格樣本量。然而，這種目標不容易達成。偶爾，研究者以相等的細格樣本量為開始，但是最終的細格 n 會因為設備故障、對象退出，或無用的答案紙而變得不同。在其他情況裡，研究者會在初期具有不同大小的樣本量，但是也不想拋棄任何資料來創造相等 n，因為這種策略會導致統計檢定力的流失。因此，研究者也許最終獲得的細格樣本量是不同的。在這種情況下，研究者通常會考慮常態性與變異數同質性的假設。

在選錄 13.22 與 13.23 裡，我們看見了檢定**常態性假設**（normality assumption）與**等變異數假設**（equal variance assumption）的例子。在這些與其他假設被檢定的例子裡，研究者通常希望假設的虛無假設不會被拒絕。當此成立時，他們能夠直接從這些事先的檢定繼續至他們研究的主要檢定。在選錄 13.22 裡，我們看見了勒溫檢定產生了一個非顯著結果的情形，這個發現毫無疑問是研究者所渴望的。另一方面，在選錄 13.23 裡，同樣的檢定卻亮起了「紅燈」，因為結果提供了證據指出母體不大可能具有等變異數。

336

譯註 1： 作者解釋：「非常態性可以是一個問題，如果一組資料呈現的是正偏斜分配而另一組是負偏斜。換句話說，如果不同組別的非常態性不一致，問題就會存在，尤其是當樣本量不同的時候。因此，當樣本量不同時，檢視常態性是明智的作法；在此情況下，如果常態性檢視顯露了比較組別裡的非常態性，進一步觀察是何種非常態性存在於比較的母體裡是重要的。」當然，研究者可以使用無母數檢定避開常態性的議題。

選錄 13.22-13.23 ● 常態性與等變異數假設

　　此研究〔2×3 ANOVA〕裡的組別在數量上接近相等，並且符合以勒溫檢定所測量之變異數同質性假設。

來源：Bentley, M. W., Stas, J. M., Johnson, J. M., Viet, B. C., and Garrett, N. (2005). Effects of pre-incisional ketamine treatment on natural killer cell activity and postoperative pain management after oral maxillofacial surgery. *AANA Journal, 73*(6), p. 429.

　　一項 2×2 對象間變異數分析（ANOVA）被用以檢視性別（男性 vs. 女性）與聽力狀態（損傷 vs. 夥伴）於全部屬性的影響……假設的評估指出此變項的常態分配並且沒有離群值的出現。等變異數之勒溫檢定為顯著（$p = 0.01$），這指出違反了等變異數假設。

來源：Anderson, D. L., and Noble, W. (2005). Couple's attributions about behaviours modulated by hearing impairment: Link with relationship satisfaction. *International Journal of Audiology, 44*(4), pp. 200-201.

　　如同在第十一章裡所指出的，當他們的資料集特徵為極端非常態或變異數的異質性時，研究者擁有幾種選擇。一種是在檢定任何涉及主要效果或細格平均數虛無假設之前應用**資料轉換**（data transformation）。在選錄 13.24 裡，我們看見了研究者使用平方根轉換來進行資料轉換的實例。在其他的研究報告裡，你很可能看見不同種類的轉換方式被使用〔例如，對數轉換和反正弦（arc-sine）轉換〕。不同種類的轉換方式是可獲得的，因為非常態性或變異數的異質性能夠以不同的形式存在。當然，選擇合適的轉換方式使資料符合常態性與

337

336

選錄 13.24 ● 使用資料轉換

　　一項雙向變異數分析（ANOVA）被執行於接枝法形態（E-PHB、PHB-ALC 以及 PHB-GGF）和間隙長度（2 或 4 公分）以及他們的交互作用。交互作用評估是否接枝法形態的不同與間隙長度之間存在差異。ANOVA 的常態性假設以 Shapiro-Francia W dash 檢定進行檢查，而等變異數假設以 Bartletts 檢定進行檢視。從這些非轉換資料上的分析發現假設無效，因此執行資料的平方根轉換。

來源：Mohanna, P., Terenghi, G., and Wiberg, M. (2005). Composite PHB-GGF conduit for long nerve gap repair: A long-term evaluation. *Scandinavian Journal of Plastic & Reconstructive Surgery & Hand Surgery, 39*(3), p. 132.

等變異數假設是研究者的工作。

訓練良好的研究者會指出他們注意到了雙向 ANOVA F 檢定的假設前提。有時候，你會看見研究者說他們的檢定是**穩固的**（robust），這意味著不必過於擔心假設的問題，因為統計檢定將會正常運作即使假設被違反。有時候，假設被檢定並發現是經得起考驗的。再者，資料轉換被用以使樣本資料更符合假設的情形並非不常見。最後，研究者使用不需嚴苛假設前提的檢定程序評估研究的主要虛無假設的這種情況也並非不尋常，這樣做的理由是因為假設前提被檢定之後發現是不穩固的，或是因為研究者不想處理需要許多假設的檢定程序。

如果研究者進行一項雙向 ANOVA 但是完全沒有提到常態性與等變異數假設，那麼你有權──甚至是義務──強烈懷疑研究者的研究結論。你有權這樣做，因為如果假設被違反，F 檢定就會被扭曲。這種**偏差**（bias）在本質上可以是正向或負向的，因此使得 F 檢定結果不是太大就是太小。如果前者問題存在，關連 F 值的 p 值就會太小，因此誇大了樣本資料與虛無假設之間的離差。在這種情況下，alpha 水準會低估第一類型錯誤的機率。如果偏頗是負向的，關連 F 值的 p 值就會太大。這可能使研究者無法拒絕以無偏差 p 評量下應該被拒絕的一項或更多的虛無假設。

第九節　雙向變異數分析的效力量估計與檢定力分析

如同在第八章裡所指出的，不同的方法被發展以幫助研究者評估顯著結果的實際性。這種方法在量化研究裡扮演著重要的角色；被宣告具有統計顯著性的結果可能從實際的觀點而言完全不重要。稍早，我們看見這些方法如何與 t 檢定和單向 ANOVA 一起使用。我們現在即將探討它們與雙向 ANOVA 的關連。

展現雙向 ANOVA 之實際顯著性的最普遍策略，就是去估計主要效果與交互作用虛無假設 F 檢定的效力量。從事此步驟的研究者通常會有以下三種選擇來估計效力量：eta 平方（η^2）、omega 平方（ω^2）或**柯恩 f 係數**。選錄 13.25

與 13.26 呈現了前兩項指標被使用的範例。

338

　　相較於使用，如 **eta 平方**（eta squared）或 **omega 平方**（omega squared）來估計效力量，許多研究者喜歡使用 d 來估計效力量。這種方式限於兩個平均數被比較的情況。因此，你很可能看見 d 的使用當焦點在於：(1)僅有兩個層次之因子的主要效果平均數；(2)在事後調查裡，以配對方式進行比較的主要效果平均數（一個因子具有不只兩個層次）；或(3)在簡單主要效果的檢定裡，細格平均數的配對比較。在選錄 13.27 裡，我們看見了 d 被用以完成這三項目標的第二項。

選錄 13.25-13.26 • 以 η^2 與 ω^2 估計效力量

　　以字數為依變項的一項 2（確實性：真實 vs.想像）×2（回想：單一 vs.重複）ANOVA 顯示無顯著的確實性主要效果，$F(1, 76) = 2.71$，$p = .10$，$\eta^2 = .03$。然而，回想因子的顯著主要效果被發現，$F(1, 76) = 4.92$，$p < .05$，$\eta^2 = .03$，這指出回想事件達四次的兒童（$M = 720.88$, $SD = 338.06$）比只有一次的兒童（$M = 564.42$, $SD = 317.17$）給予更多的陳述。交互作用效果並不顯著，$F(1, 76) = 1.08$，$p = .30$，$\eta^2 = .01$。

來源：Granhag, P. A., Strömwall, L. A., and Landström, S. (2006). Children recalling an even trepeatedly: Effects on RM and CBCA scores. *Legal & Criminological Psychology, 11*(1), p. 90.

- -

　　ANOVA 指出 KR 的顯著效果，$F(4, 105) = 2.54$，$p < .05$，$\omega^2 = .009$，和警戒期間的顯著效果，$F(3, 291) = 9.58$，$p < .001$，$\omega^2 = .06$。這些因子之間的交互作用並不具有統計上的顯著性（$p > .05$）。

來源：Szalma, J. L., Hancock, P. A., Dember, W. N., and Warm, J. S. (2006). Training for vigilance: The effect of knowledge of results format and dispositional optimism and pessimism on performance and stress. *British Journal of Psychology, 97*(1), p. 122.

選錄 13.27 • 以 d 估計效力量

　　兩個組間因子（學校程度與課程類型）的雙向 ANOVA 結果顯示學校程度 × 課程類型的交互作用並不顯著。學校程度的主要效果為顯著，$F(2, 539) =$

7.42，*p* = 0.0007，高中教師（*M* = 8.26; *SD* = 3.77）對斷定技巧的重要性評分顯著低於國小〔*M* = 9.69; *SD* = 2.97, effect size(*d*)= 0.44〕或國中〔*M* = 8.90; *SD* = 3.66, effect size(*d*)= .17〕教師。

來源：Lane, K. L., Wehby, J. H., and Cooley, C. (2006). Teacher expectations of students' classroom behavior across the grade span: Which social skills are necessary for success? *Exceptional Children, 72*(2), p. 160.

339

　　當估計總括 *F* 比值的效力量或兩個樣本平均數之間的差異時，研究者應該陳述估計的效力大小。不幸地，你常會遭遇沒有如此做的研究報告。因為現在相當多的期刊需要效力量的估計值被呈現，所以一些研究者僅僅「套用」這種估計值在他們的研究裡。這是可悲的，因為那些研究者完全不知道要如何詮釋他們的效力量估計值。他們只是把它們丟入研究報告以使其變得好看點。

　　為了確定當詮釋雙向 ANOVA 結果之效力量測量值時你不會一無所知，我創造了表 13.2。此表的上半部資訊與稍早的表 10.1 所呈現的訊息一模一樣。在表 13.2 的下半部，我試著指出與雙向 ANOVA 共用的各種效力量測量值。如果你再次瀏覽選錄 13.18 與 13.21，你將會看見兩種測量值（η^2 與 *d*）被用以幫助詮釋簡單主要效果與計畫比較的檢定。

表 13.2 雙向 ANOVA 的效力量準則

A. 判別效力量大小的準則

效力量	低度	中度	高度
d	.20	.50	.80
eta (η)	.10	.24	.37
eta 平方 (η^2)	.01	.06	.14
omega 平方 (ω^2)	.01	.06	.14
偏 eta 平方 (η_p^2)	.01	.06	.14
偏 omega 平方 (ω_p^2)	.01	.06	.14
柯恩 *f* 係數	.10	.25	.40

表 13.2　雙向 ANOVA 的效力量準則（續）

B. 不同測量值一般被使用之處

效力量估計的焦點	經常被使用的效力量測量值				
因子的主要效果 F，$df = 2$	d	η^2	ω^2	η_p^2	ω_p^2
因子的主要效果 F，$df > 2$	η^2	ω^2	η_p^2	ω_p^2	f
交互作用 F	η^2	ω^2	η_p^2	ω_p^2	f
事後調查裡的兩個平均數	d	η^2	ω^2	η_p^2	ω_p^2
計畫比較的自由度 1 F 檢定	d	η^2	ω^2	η_p^2	ω_p^2

註：這些判斷效力量的標準相當一般化而應該被改變以適合任何給定研究的獨特目標。

340

　　為了展現對於實際顯著性的擔憂，一定數量的研究者選擇在他們的雙向 ANOVA 進行**檢定力分析**（power analysis）。這可以在研究的設計階段完成以決定需要的樣本量。檢定力分析也可以在研究完成之後被執行，此處的目標是決定是否存在足夠的檢定力去偵測特定量值的差異。這兩種檢定力分析在目標上相當不同。

　　在選錄 13.28 裡，我們看見了先行檢定力分析的例子。執行這項研究的研究者值得被鼓勵，因為他們花時間決定他們的樣本量應該要多大。

選錄 13.28 • 使用檢定力分析決定樣本量

　　先行檢定力分析被執行以決定為了偵測中度效力量於標準 $\beta = .80$ 水準（Cohen, 1977）所需的回答者數量。為了在獨立樣本 t 檢定裡偵測中度效力量，每份樣本需要六十四位回答者；對於 2 × 2 ANOVA 而言，回答者的數量在每個細格裡為 33。因此，這份實驗包括在一所大型中西部大學裡的一百三十四位大學生（41 名男性，93 名女性）。

來源：Sparks, G. G., Sherry, J., and Lubsen, G. (2005). The appeal of media violence in a full-length motion picture: An experimental investigation. *Communication Reports, 18*(1), p. 24.

　　在你閱讀研究文獻時，你很可能遇到許多研究報告是以雙向 ANOVA 當作主要的資料分析工具。不幸地，許多使用這種工具的研究者只是形式上地說明統計顯著性的概念，並自動地（並且不正確地）附加實際顯著性的想法於統計

上的顯著結果。因此，你必須對於這種不合理與危險的錯誤詮釋保持警覺。

第十節　多因子變異數分析裡被誇大的第一類型錯誤率

當資料以一項標準雙向 ANOVA 分析時，三個 F 值被計算——兩個主要效果、一個交互作用。如果相同的顯著水準（例如，.05）被用以評估每一個 F 值，你也許會認為發生於此三項 F 檢定的第一類型錯誤機率會大於只用以評量每一個 F 值的 alpha 水準。據此，你也許已經期望我指出那些使用校正以避免擁有誇大的第一類型錯誤率於雙向 ANOVA 的研究者是多麼的謹慎。

341

很清楚的，在雙向 ANOVA 裡，三個 F 值的計算會導致比 alpha 更大的機率讓一個或更多項虛無假設被不正確地拒絕，然而大多數應用研究者並不處理這個「問題」。這是因為大多數應用研究者認為每一個 F 檢定是分開的，而非把這三項 F 檢定集體上地視為一個集合。當我們以這種方式看待 F 檢定時，那麼第一類型錯誤危機就**不是**被誇大的，因為研究者的 alpha 水準正確地指出任何給定的 F 檢定會使得一個真實 H_0 被拒絕的機率。

當一個給定的顯著水準被用以評量這三個 F 值時，這可以說成是**族系錯誤率**（familywise error rate）被設定同等於 alpha 水準。每一個「族」被定義為以 F 檢定代表的一副比較（the set of contrasts）以及任何由於 F 結果為統計顯著所可能被進行的事後檢定。族系錯誤率等於一般評量這三項 F 檢定所使用的 alpha 水準，因為第一類型錯誤的機率，**在每一個族系內**，就等於 alpha 水準。

如果研究者以分開的雙向 ANOVA 分析兩個或更多依變項的資料，你可能會發現邦弗朗尼程序被用以校正 alpha 水準。在選錄 13.29 裡，我們看見了這種例子。如你所見，研究者把他們想要的整體研究 alpha 水準除以 3，3 是他們企圖去進行的雙向 ANOVA 數量。因為這篇選錄與選錄 13.27 來自於相同的研究報告，這表示這些研究者非常謹慎地進行他們的統計分析，所以我對他們的印象特別深刻。一方面，他們在進行三個雙向 ANOVA 之前就先行校正了他們的顯著水準。另一方面，他們花時間估計事後調查所產生的統計顯著結果的效力量。

選錄 13.29 • 邦弗朗尼校正

計算三個雙向變異數分析（ANOVA）……於老師對於學生社會競爭力在自我控制、合作，和斷定技巧領域的期待上，去比較課程類型（一般 vs.特教）與學校程度（小學 vs. 中學 vs. 高中）之間的差異。自我控制、合作，和斷定技巧領域的得分為依變項資料。邦弗朗尼程序（0.05/3）被用以校正第一類型錯誤，因為三項分開的 ANOVA 被進行。

來源：Lane, K. L., Wehby, J. H., and Cooley, C. (2006). Teacher expectations of students' classroom behavior across the grade span: Which social skills are necessary for success? *Exceptional Children, 72*(2), p. 159.

342

研究者經常進行涉及三個以上因子的 ANOVA。在這種情況下，當越來越多的因子涉入時，在「標準」分析裡 F 檢定的數目會戲劇性地增加。以三個因子而言，大多數研究者計算七個 F 檢定；如果是四個因子，通常會有十六個 F 檢定被檢視。如果研究者使用這種高層次多因子（higher order factorial）ANOVA（一個依變項），你很可能看見.05 的 alpha 水準被用以評量每一個 F 檢定。因此，族系 alpha（比如.05）的使用並不侷限於雙向 ANOVA。

第十一節　關於雙向變異數分析的一些警示

在結束本章之前，我想要提供一些警示，並希望當你接觸到雙向 ANOVA 的研究報告時能牢記和運用。雖然此處的一些議題已經在前章被討論過，此處的重述必定能增進你解讀與批判研究報告的能力。

壹　評估被檢定假設的價值

我無法再強調批判性地評估被檢定假設之價值是有多麼重要。如果研究問題毫無重要性，不論研究的統計觀點與寫作是多麼優質，一切都是枉然。換句話說，研究問題必須值得回答並且在研究進行之前沒有清楚的答案。否則，此研究就具有致命的缺陷。就算是大樣本量、嚴苛的 alpha 水準、高信度與高效

度、統計顯著的 F 比值、精心的事後分析、假設前提的檢定，以及檢定力分析都無法克服此缺陷。有句諺語說得好：「糟糕的開始不會有更好的結果（You can't make a silk purse out of a sow's ear.）。」

貳　謹記雙向 ANOVA 的焦點在於平均數

如同大多數的 t 檢定與所有的單向 ANOVA 一樣，雙向 ANOVA 的焦點在於平均數。主要效果平均數與細格平均數是雙向 ANOVA 之三個研究問題的焦點。當主要效果與交互作用 F 檢定被討論時，對你來說需要銘記在心的是：結論和平均數概念是密不可分的。

我讀過一篇評估戶外攀岩課程對於處於生活危機成年人影響的研究（運用雙向 ANOVA）。存在兩個主要依變項：疏離與個人控制。這些研究者在報告的摘要裡宣稱「在經歷了攀岩課程後，實驗組比控制組較不會有疏離感」，並且「比控制組展現了更強的個人控制感」。許多閱讀這些陳述的人會認為這種現象發生在每一個實驗組成員與每一個控制組成員身上。然而，此研究報告的組平均數與標準差很清楚地告訴我們，有些控制組成員比實驗組成員具有更好的分數。

許多研究者沒有注意他們的統計顯著發現處理的是平均數，並且說一組裡面的所有成員表現要比另一組的所有成員要好。如果語句平均上或類似的字眼沒有出現在研究報告裡，確定在你試圖解讀與瞭解統計發現時要插入它。如果你不這樣做，你將會認為比較組別彼此之間的差異比實際情況要大得多。

參　記住第一類型錯誤與第二類型錯誤的機率

我想要提供給你的第三個警示並不是什麼新鮮事。你已經在稍早我們對於 t 檢定與單向 ANOVA 的討論裡碰到過它。簡言之，我要你記住不論雙向 ANOVA 的結果為何，總是存在第一類型與第二類型錯誤。

基於許多研究者在討論他們的結果時所使用的字句，對我而言似乎「統計顯著性」的意義經常被放大為不可被推翻的發現甚或是證據。我很少在使用假設檢定的研究報告裡看見推論或虛無假設等字句。雖然你沒有能力控制研究者要怎麼去總結其研究，你絕對有自由調整研究摘要以使其變得更為正確。

很快地，你將會碰到這樣的研究陳述：⑴「處置組 A 運作得比處置組 B 要好」；或⑵「擁有特徵 X 的成員比擁有特徵 Y 的成員表現要好」。這種陳述不但忘記了樣本統計值與母體母數值之間的差異，也忘記了推論誤差的可能性。為了避免這種錯誤，你應該記住 F 檢定並不能夠證明什麼。

肆　請小心詮釋非顯著 F 檢定

在第七章裡，我指出不能因為做出不能拒絕虛無假設的決定就認為虛無假設是真的。其他因素（例如，小樣本量、不可靠的測量工具，或者過大的組內變異）都能使得結果為非顯著，即使被檢定的虛無假設確實為假。尤其是當差異很小的時候。

幾乎所有研究者都知道，僅僅因為不能拒絕虛無假設的決定就認為虛無假設為真的這種想法是不妥的。儘管如此，還是有許多研究報告的語言暗示著研究者早忘了這條規則。在你檢閱使用雙向 ANOVA 的研究報告時，請對於非顯著發現的陳述保持警覺。

術語回顧　>>

主動因子（active factor）	族系錯誤率（familywise error rate）
指定因子 （assigned factor）	細格平均數圖示 （graph of cell means）
偏差的 F 檢定 （biased F-test）	交互作用圖示 （graph of an interaction）
細格（cell）	交互作用（interaction）
柯恩 f 係數（Cohen's f）	層次（level）
資料轉換（data transformation）	主要效果 F（main effect F）
等變異數假設 （equal variance assumption）	主要效果平均數 （main effect mean）
eta 平方（eta squared）	常態性假設（normality assumption）
因子（factor）	omega 平方（omega squared）

| 事後檢定（post hoc tests） | 簡單主要效果（simple main effect） |
| 檢定力分析（power analysis） | 單變量分析（univariate analysis） |

閒話統計

1. 涵括第十三章的一個線上互動練習題（提供立即的回饋）。

2. 關於第十三章內容的九個迷思。

3. 一封作者寄給學生們的電子郵件，標題為：「一個細格能創造交互作用嗎？」

4. 標題為「雙向 ANOVA(a)」的線上互動資源。

5. 第十三章的最佳段落：「糟糕的開始不會有更好的結果」。

相關內容請參考：www.ablongman.com/huck5e

14 重複測量變異數分析

在本章裡，我們將探討三種不同的重複測量 ANOVA。特別的是，此處的焦點在於單向 ANOVA 的重複測量、雙向 ANOVA 兩個因子的重複測量，以及雙向 ANOVA 一個因子的重複測量。雖然存在其他種類的 ANOVA 涉及重複測量（例如，四向 ANOVA 於一些或全部因子的重複測量），但此處探討的三種類型是你最有可能會碰到的。

在本章所檢視的單向和雙向 ANOVA 與第十一、十三章所探討的 ANOVA 有許多類似之處。本章的 ANOVA 與稍早章節 ANOVA 的主要不同之處，是我們現在把注意力轉向至少涉及一個因子的重複測量。這意味著研究參與者會在因子的每一個層次（或層次的結合）下被測量一次。

也許一個例子可以幫助釐清在稍早章節裡所探討的 ANOVA 與其重複測量之間的差異。如果研究者具有 2×3 無重複測量設計特徵，那麼研究的每一位參與者能夠被視為：(1)位於多因子設計六個細格裡的其中一格；以及(2)為整組資料貢獻一個分數。相反地，如果研究者具有 2×3 重複測量設計特徵，每一位參與者可以被視為：(1)在這六個細格的每一格裡面；以及(2)為整組資料貢獻六個分數。

在把我們的注意力轉向本章特定的 ANOVA 之前，我想要說三點開場評論。第一，此處所探討的每一項ANOVA本質上是單變量的。即使參與者在同樣的 ANOVA 裡不只一次被測量，這些統計程序在本質上是單變量而非多變量，因為只有一個依變項。本章的 ANOVA 能夠被轉換成多變量 ANOVA，如果每位參與者在每個細格裡被重複測量，而這些細格內重複測量值對應不同的依變項。然而，這種多變量重複測量 ANOVA 在此不列入探討。

第二，瞭解以下兩者之間的區別是重要的：(1)進行兩個或更多分開的

ANOVA 於對應不同依變項上的資料，而所有資料皆來自於相同的參與者；以及(2)單一ANOVA在因子層次之間被重複測量。在第十、十一和十三章裡，你已經看過了許多個別ANOVA被應用於不同資料集的範例，每一個對應一個獨特的依變項。然而此處我們將探討的 ANOVA 只涉及單一分析。

我最後的開場觀點是關於不同種類的重複測量因子。更詳細點，我想要區分能創造**對象內因子**（within-subjects factor）之研究裡一些不同的情況[註1]。當你閱讀專業研究報告時，你很可能會遇到這三種情況。

一個因子要涉入重複測量的明顯方式，就是使參與者在不同的時間點被測量。例如，研究者也許在干預之前與之後測量參與者，而因子被稱為**時間**，它的層次被稱作**前**與**後**。或者，在聚焦於新技巧獲得的研究裡，因子也許被稱為**考驗**（trials or trial blocks），而層次僅被數字標示為 1、2、3 等等。第二種讓因子涉入重複測量的方式，是使參與者在每個不同處置條件下被測量一次。在這種研究裡，因子可能被稱為**處置**或**條件**，而因子的層次被標示以對應特定的處置。第三種重複測量因子的出現，是當研究參與者被要求去評量不同的事物或在不同的特徵上被測量。此處，因子與層次名稱會被選擇以對應不同類型的資料。

在選錄 14.1 至 14.3 裡，我們看見了不同的狀況如何能夠導致資料從重複測量因子的層次蒐集而來。雖然這些選錄裡所論及的因子都是對象內因子，它們涉入重複測量的理由不同。在選錄 14.1 裡，資料在不同的**時間點**被蒐集；在選錄 14.2 裡，資料在不同的**處置條件**下被蒐集；而在選錄 14.3 裡，資料在不同的**變項**上被蒐集。

選錄 14.1-14.3 ● 不同種類的重複測量因子

此研究〔使用 ANOVA〕的重複測量因子為時間。

來源：Rodgers, M. D., and Emerson, R. W. (2005). Human factor analysis of long cane design: Weight and length. *Journal of Visual Impairment & Blindness, 99*(10), p. 625.

兒童在三種情況下學習文字：塑形（SHP）、功能（FNC）和控制

註 1： 術語重複測量因子（repeated-measures factor），對象內因子（within-subjects factor），以及參與者內因子（within-participants factor）為同義詞。

（CTL）。口語文字在所有情況下標示物件，但是在 SHP 情況下，塑形手勢搭配口語文字，而在 FNC 情況下，功能手勢搭配口語文字……在三個層次（情況）的表現以單向重複測量 ANOVA 進行分析。

來源：Capone, N. C., and McGregor, K. K. (2005). The effect of semantic representation on toddlers' word retrieval. *Journal of Speech Language & Hearing Research, 48*(6), pp. 1472, 1475.

單向重複測量 ANOVA 被執行，以自己 IQ、父親 IQ、母親 IQ、祖父 IQ 和祖母 IQ 當作對象內因子的五個層次。

來源：Furnham, A., Wytykowska, A., and Petrides, K. V. (2005). Estimates of multiple intelligences: A study in Poland. *European Psychologist, 10*(1), p. 55.

第一節　單向重複測量變異數分析

　　當研究者使用單向重複測量 ANOVA 時，他們通常會給一些暗示。他們會加入語句如「重複測量」或「對象內」或「參與者內」，當作他們 ANOVA 或其單一因子的描述詞。在選錄 14.4、14.5 以及 14.6 裡可以看見這樣的例子。

壹　目標

　　單向重複測量 ANOVA 與單向 ANOVA 的目標是一樣的。研究者都是感興趣於檢視是否樣本資料與 ANOVA 的虛無假設之間存在不可忽視的差異。對於對象內與對象間的例子而言，虛無假設為：關連因子不同層次的 μ 並無不同。因為使用單向對象內 ANOVA 的研究者很可能想要洞察 μ 之間是如何地不同，事後檢定通常被應用（如同對象間 ANOVA），條件為整體虛無假設被拒絕並且三個或更多的層次組成 ANOVA 的因子。

　　例如，假設研究者從六位參與者身上於三個時間點蒐集反應時間資料：早上剛起床、起床後一小時，和起床後兩小時。這六位參與者皆會被測量三次，因此總共有十八筆資料可供分析。在輸入資料於單向重複測量 ANOVA 時，研究者會問這三個平均數是否差異夠大而使我們質疑虛無假設的陳述。換句話

349

選錄 14.4-14.6 ● 單向重複測量 ANOVA 的不同標示

以單向對象內變異數分析（ANOVA）分析每個問題裡的判斷。

來源：White, P. A. (2005). Cue interaction effects in causal judgement: An interpretation in terms of the evidential evaluation model. *Quarterly Journal of Experimental Psychology: Section B, 58* (2), p. 115.

為了檢查任務表現於不同期間的變異，我們在每段期間的任務表現上重複測量並執行單向變異數分析（ANOVA）。

來源：Otzenberger, H., Gounot, D., Marrer, C., Namer, I. J., and Metz-Lutz, M. (2005). Reliability of individual functional MRI brain mapping of language. *Neuropsychology, 19*(4), P. 485.

為了檢定這些不同，單向 ANOVA 的執行使用這四個頻率水準百分率當作對象內因子。

來源：Mochida, A., and Harrington, M. (2006). The Yes/No Test as a measure of receptive vocabu-lary knowledge. *Language Testing, 23*(1), p. 88.

說，此研究的單向重複測量ANOVA的目標是去看看，是否母體（類似於這六位參與者的人們）的平均反應時間不同於早上起床後 0、60 或 120 分鐘的時間點。

以二次元矩陣看待任何的單向重複測量ANOVA是很有幫助的。在此矩陣內，每一列對應一位參與者而每一欄對應一個層次。在這個矩陣裡的每個細格皆被輸入一個分數，而每一列的分數皆來自於同一位參與者。我們假設性研究所創造的矩陣被呈現在圖 14.1。這種說明通常不會出現在研究報告裡。因此，當你試著解讀單向重複測量ANOVA時，你需要創造如圖 14.1 的說明於自己的心中或畫在紙上。這是很容易做到的，因為你會得到一些資訊，像是人數、重複測量因子的本質，和對應重複測量因子層次的樣本平均數。

350

起床後的時間點（小時）

	○	一	二
參與者 1	1.7	1.1	1.7
參與者 2	1.8	0.9	1.5
參與者 3	1.6	1.2	1.4
參與者 4	2.3	1.5	1.8
參與者 5	2.0	1.5	1.3
參與者 6	2.0	1.0	1.9

$\overline{X} = 1.9$ $\quad\quad\quad \overline{X} = 1.2$ $\quad\quad\quad \overline{X} = 1.6$

圖 14.1　在假設性的反應時間研究裡，單向重複測量
ANOVA 的資料設置說明

貳　結果的呈現

　　單向重複測量 ANOVA 的結果可以被呈現在 ANOVA 摘要表裡。在表 14.1
裡，我已經為我們的假設性研究準備了這種摘要表。這種摘要表在某些方面類
似於單向 ANOVA 的摘要表（第十一章），但在其他方面又類似於雙向 ANOVA
摘要表（第十三章）。表 14.1 在 F 比值的呈現方面類似單向 ANOVA。而在以
下兩點就像是雙向 ANOVA 的摘要表：(1)參與者的功能在某些方面就像是研究
的第二個因子；以及(2)殘差列數字的計算如同雙向 ANOVA 的交互作用（注意
殘差列的 df 值是前兩個 df 值的乘積）。事實上，我們能夠使用「時間點×參
與者」來標示此列以代替殘差。

表 14.1　接續圖 14.1 的 ANOVA 摘要表

來源	*df*	*SS*	*MS*	*F*
起床後的時間	2	1.48	.74	16.34*
參與者	5	.47	.09	
殘差	10	.45	.05	
全部	17	2.40		

*$p < .001$。

不管表 14.1 是比較像單向 ANOVA 摘要表或是雙向 ANOVA 摘要表，它涵蓋了有用的資訊讓讀者瞭解調查的結構與結果。首先，表的標題指出哪種資料被蒐集。第二，我們能夠從來源欄分辨出此項研究的因子為起床後的時間點。第三，上端的兩個 *df* 值告訴我們研究涉及三個層次（2 ＋ 1 ＝ 3）與六位參與者（5 ＋ 1 ＝ 6）。第四，*df* 欄的底部數字指出總共有十八筆資料被分析（17 ＋ 1 ＝ 18）。最後，在表底下的註解透露了此研究的虛無假設被拒絕，.001 可以是以下三種解釋之一：(1)研究者所使用的最初顯著水準；(2)邦弗朗尼或偽邦弗朗尼校正所得到的 alpha 水準；或(3)對於資料而言是最嚴苛的標準 alpha 水準（即，.05、.01、.001）。

　　在我們的反應時間假設性研究裡，表 14.1 指出等母體平均數的虛無假設不大可能為真。為了洞察母體平均數的模式，事後調查很可能被執行。大多數研究者會進行三個配對比較的檢定，每一對涉及不同的平均數（ $\overline{X}_0$ vs. $\overline{X}_1$ ， $\overline{X}_0$ vs. $\overline{X}_2$ ， $\overline{X}_1$ vs. $\overline{X}_2$ ）。

　　在選錄 14.7 裡，我們看見了單向重複測量 ANOVA 結果的實例。資料來自於五十七位個體獨自評量位於舊金山的十七幢建築物照片。此表第二列的 *F* 比值與 *p* 值指出不同景色平均分數之間的差異大於機率所期待的。注意只有一個 *F* 比值出現在 ANOVA 摘要表裡，因為此研究裡只存在刺激物（即，照片）一個真實因子。

　　雖然檢視 ANOVA 摘要表對於瞭解研究結果是有幫助，但是研究者基於空間的考量通常必須刪除此類摘要表。在選錄 14.8 裡，我們看見了單向重複測量 ANOVA 被呈現在內文裡的例子。注意事後檢定被用以比較三組平均數，因為：(1)總括 *F* 檢定產生統計上的顯著結果；以及(2)多於兩個平均數被比較。

選錄 14.7 ● 單向重複測量 ANOVA 的結果被呈現在摘要表裡

表一　變異數的分析

來源	*SS*	*df*	*MS*	*F*	*p*
反應者	1714	56	30.6		
刺激物	449	16	28.1	14.3	＜ .001
殘　差	1752	896	1.96		
全　部	3915	968			

來源：Stumps, A. E. (2000). Evaluating architectural design review. *Perceptual and Motor Skills, 90,* p. 269.

352

選錄 14.8 • 無摘要表之單向重複測量 ANOVA 的結果呈現 ────

　　單一因子（表達：誠摯／假裝／中性）對象內 ANOVA 在平均評量分數上的表現顯露了主要效果，$F(2, 76)= 16.02$，$p < .0001$，$\eta_p^2 = .30$。事後檢定（Tukey HSD, $p < .05$）指出，比起假裝笑容和中性表達，參與者對於與誠摯笑容配對的 T 恤評分更為正向，而假裝與中性之間並無差異（$Ms = 4.20$ vs. 3.35 和 3.26）。

來源：Peace, V., Miles, L., and Johnston, L. (2006). It doesn't matter what you wear: The impact of posed and genuine expression of happiness on product evaluation. *Social Cognition, 24*(2), p. 150.

　　有時候，研究者會在同一份研究裡不只一次地應用單向重複測量 ANO-VA。他們這麼做的原因有兩種。一方面，每位參與者可能提供兩筆或更多的資料以對應不同的依變項。在這種情況下，研究者可以應用個別的單向重複測量ANOVA去分析對應不同依變項的資料。另一方面，研究者也許具有兩個或更多組別的參與者，此處，研究者可以決定應用個別的單向重複測量 ANOVA 於每一個組別上。選錄 14.9 示例了第一種情況。

選錄 14.9 • 兩個單向重複測量 ANOVA 使用於不同的依變項上 ────

　　此處的樣本組成為二十位參與者，每位的一般夢境回憶與清晰夢境回憶的頻率在進行兩星期夢境問卷訓練計畫之前、期間，以及之後均被記錄。單向重複測量變異數分析顯示一般夢境回憶頻率（$F_{2, 38} = 22.09, p < .05$）與清晰夢境回憶頻率（$F_{2, 38} = 5.96, p < .05$）皆有顯著增加。

來源：Paulsson, T., and Parker, A. (2006). The effects of a two-week reflection-intention training program on lucid dream recall. *Dreaming, 16*(1), p. 22.

參　對象內因子層次的呈現次序

　　單向重複測量 ANOVA 裡的因子可以有三種基本形式。在某些研究裡，對象內因子對應於時間，而因子的層次指出資料被蒐集的不同時間點。第二種是對象內因子對應於不同的處置或給定的情況，而測量發生於每位參與者在每一個處置或情況下的表現。第三種對象內因子的情形為參與者被要求去評量不同的事物、接受不同的測驗，或提供分數於不同的依變項上。

　　如果單向重複測量 ANOVA 涉及的資料是蒐集自不同的時間點，就只存在一種資料被蒐集的次序。然而，如果對象內因子對應於處置情況或不同的依變項時，那麼就存在許多資料被蒐集的方式。當選擇存在於因子層次被呈現的次序時，研究者關於此項研究觀點的決定就必須被考慮進去，這可以幫助你決定是否接受研究者的發現。

　　如果不同的處置情況、被評量的事物，或被執行的測驗以同樣的次序被呈現，那麼系統偏差（systematic bias）也許會在研究裡逐漸產生，並使得統計結果的結論模糊不清。系統偏差的形式可以是**練習效果**（practice effect），這是由於參與者之前的熱身，或從之前他們所做當中得到學習而使表現較好；**疲勞效果**（fatigue effect），這是由於參與者疲倦或無聊而使接續的表現較差；或**混淆**（confounding），這是因為研究資料蒐集期間，參與者在研究設置外所做或所學而造成的。不論何種形式，當它們確實相像時這種偏誤會使不同處置情況（或不同測量工具的版本）看起來不同，或當它們確實不同時看起來卻相像。

　　為了避免研究被練習效果、疲勞效果和混淆等所帶來的次序效果所毀壞，研究者應該調換次序於處置情況、任務、問卷、評量表，或任何呈現給參與者的東西。這種作法可以有三種方式。一種設計策略是隨機化對象內因子層次被呈現的次序。第二種策略是使用所有可能的呈現次序，以等比例參與者隨機分派至每一種可能的次序。第三種策略涉及平衡重複測量因子的層次被呈現的次序；此處，研究者確定每個因子層次在任何排序的位置裡出現的頻率相等。

　　在選錄 14.10 裡，我們看見了研究者隨機化與**平衡**（counterbalanced）研究參與者接受三項處置（咖啡因含量程度不同的飲料）的次序。在這篇選錄裡論及的**拉丁方陣**（Latin square）僅僅是一種「排序設計」，這種設計確保每一

354　種處置情況在第一、第二和最終位置裡發生的頻率相同。例如，我們以字母 A、B 和 C 代表研究裡的三種飲料，三分之一的參與者會接受 A—B—C 的次序。另三分之一的參與者會接受 B—C—A 的次序。最後三分之一的參與者會接受 C—A—B。

選錄 14.10 ● 平衡處置的次序

　　參與者接受三種含有 0（安慰劑）、75 和 150 毫克咖啡因氫氯化物的飲料……第一天的第一個階段裡，參與者以拉丁方陣設計被隨機分派至一種處置，以平衡三天研究期間的處置次序。

來源：Haskell, C. F., Kennedy, D. O., Wesnes, K. A., and Scholey, A. B. (2005). Cognitive and mood improvements of caffeine in habitual consumers and habitual non-consumers of caffeine. *Psychopharmacology, 179*(4), p. 817.

肆　轉遞效果

　　關連不同處置種類的重複測量因子之研究裡，一個處置的影響也許會干擾到下一個處置運作的測量。如果是這樣的話，這種**轉遞效果**（carry-over effect）會干擾不同處置的相關評量。即使處置的次序是不同的，轉遞效果的干擾影響能夠使得某些處置似乎比原來更為有力或無力。

　　研究者能夠降低或消除轉遞效果問題的一種方式是延緩第二處置的呈現，直到第一處置已「完成旅程」。在選錄 14.10 的咖啡因研究裡，在咖啡因飲料與表現任務被執行期間均有四十八小時的緩衝。之所以設計這些所謂的「漂白」間隔，目的在於讓每個處置效果在另一個處置被放入之前被驅散。

伍　球形假設

　　為了使單向重複測量 ANOVA 產生有效的 F 檢定，有一個重要的假設必須確保為真。這就是所謂的**球形假設**（sphericity assumption），而每一位使用這種 ANOVA 形式的研究者都必須要考量到它。即使重複測量因子的每個層次擁有相同數量的資料，這也不能使單向重複測量 ANOVA 的 F 檢定對於違反球形

假設具有免疫力。更進一步說，違反球形假設的這種 ANOVA 的 *F* 值會太大。

球形假設是這樣說明的：和重複測量因子層次有關的母體變異數，結合層次配對之間的母體相關，必須代表一種可接受模式。其中一種可接受模式為所有母體變異數皆相等以及所有二變量相關均相等。然而，也存在其他的變異數與相關的模式是符合球形假設的要求的。

蒐集自任何單因子重複測量調查的樣本資料能夠被用以檢定球形假設。這種檢定在一九四○年由 J. W. Mauchly 所發展，而研究者現今以毛克里球形檢定稱呼之。如果**毛克里檢定**（Mauchly's test）產生統計上的顯著結果（因此暗示球形情況不存在），研究者可以進行不同的策略來避免第一類型錯誤。最普遍的兩種方法皆涉及使用一對較小的 *df* 數值來決定被用以評估計算 *F* 值的臨界 *F* 值。當單向重複測量 ANOVA 的虛無假設被評量時，這種調校導致較大的臨界值以及不能拒絕之決定的更大可能性。

一種調校 *df* 值的方式，是使用由 S. Geisser 與 S. W. Greenhouse 兩位統計學家所發展的一項簡單程序。他們的程序是把臨界 *F* 值奠基於假設重複測量因子只有兩層次的適當 *df* 值之上。這使得臨界值的 *df* 急遽下降，因為它假定球形假設以最大限度被違反。因此使用 **G-G 校正**（Geisser-Greenhouse correction）處理與球形的離距會產生一項**保守 *F* 檢定**（conservative *F*-test）（因為真實第一類型錯誤率會比顯著水準所暗示的要小）。

第二種調校自由度的程序涉及使用樣本資料來估計球形假設被違反的範圍有多大。這步驟產生 *ε*（epsilon），這是一個結果比 1.0 小的分數。然後，和 *F* 檢定有關的「慣例」 *df* 值乘以 *ε*，因此產生調校的 *df* 值和一個為眼前研究量身訂做的臨界值。當研究者使用第二種程序時，他們通常報告他們使用了 **H-F 校正**（Huynh-Feldt correction）。

在選錄 14.11 與 14.12 裡，我們看見了研究者在檢定球形假設，並發現此假設不穩固之後採取校正動作的兩個實例。在第一個選錄裡，G-G 程序被使用。在選錄 14.12 裡，樣本資料首先被檢視以看看假設很可能被違反的範圍，然後 H-F 校正被應用。在這兩份研究裡，關連臨界值的自由度變得較小，因此使得臨界值較大。這種臨界值的改變消除了慣例臨界值被使用的情況下，*F* 檢定裡存在的正偏誤（由於缺乏球形假設）。

356

選錄 14.11-14.12 • 處理球形假設

為了決定平均數之間的差異是否為顯著,單向重複測量 ANOVA 被進行。ANOVA 檢定的球形假設以毛克里球形檢定進行檢查。在違反球形假設的情況下,G-G(Geisser-Greenhouse)校正法被應用於ANOVA結果上,這提供了更嚴苛標準的 F 檢定。

來源:Sakar, A., and Ercetin, G. (2005). Effectiveness of hypermedia annotations for foreign language reading. *Journal of Computer Assisted Learning, 21*(1), pp. 33-34.

- -

我們使用單向重複測量變異數分析(ANOVA; 20 levels of time)於常數錯誤與變項錯誤上,並使用 H-F 校正(Huynh-Feldt correction)於球形的違反。

來源:Binsted, G., Rolheiser, T. M., and Chua, R. (2006). Decay in visuomotor representations during manual aiming. *Journal of Motor Behavior, 38*(2), p. 84.

不管哪種策略被用以處理球形假設,我想要重述稍早在本章裡所討論的重要假設。如果研究者進行重複測量ANOVA卻沒有提到球形假設,結論就應該被強烈懷疑。如果資料分析產生了統計上的顯著發現,而沒有進行球形檢定或臨界值 *df* 的校正,那麼你絕對有權不理睬研究者所做的推論聲明。

第二節 雙向重複測量變異數分析

我們現在把注意力轉向包含兩個重複測量因子的 ANOVA。如你即將所見,這種 ANOVA 與第十三章裡所檢視的 ANOVA 有許多類似之處,然而,也存在重要的差異。據此,你需要能夠分辨這兩種分析。

如果研究者說他們使用雙向ANOVA而沒有提及重複測量,那麼你應該假定它是屬於第十三章裡所討論的類型。另一方面,如果研究者使用語句「重複測量」、「對象內」或「參與者內」來描述他們ANOVA的任一因子時,那麼你需要記住本章即將要探討的內容。選錄 14.13 與 14.14 示例了研究者如何暗示他們使用的是重複測量雙向 ANOVA。

選錄 14.13-14.14 • 雙向重複測量 ANOVA 的不同標示 ────

資料以個別的雙向對象內 ANOVA 加以分析。

來源：Dunn, J. M., Inderwies, B. R., Licata, S. C., and Pierce, R. C. (2005). Repeated administration of AMPA or a metabotropic glutamate receptor agonist into the rat ventral tegmental area augments the subsequent behavioral hyperactivity induced by cocaine. *Psychopharmacology, 179* (1), p. 177.

- -

我們進行變異數分析於探測器 RTs 上，而 SOA（150ms, 450ms, 750ms, 1,050ms）為重複測量因子。

來源：Agter, F., and Donk, M. (2005). Prioritized selection in visual search through onset capture and color inhibition: Evidence from a probe-dot detection task. *Journal of Experimental Psychology: Human Perception and Performance, 31*(4), p. 725.

壹 目標

　　雙向重複測量 ANOVA 的目標同等於沒有重複測量的雙向 ANOVA。在每個情況下，研究者使用推論統計來幫助評估三個虛無假設。第一個虛無假設處理一個因子的主要效果，第二個虛無假設處理第二個因子的主要效果，第三個虛無假設處理兩個因子之間的交互作用。

　　雖然有或沒有重複測量的雙向 ANOVA 在虛無假設的數目和本質上是相同的，但是它們在兩個方面是不同的。就蒐集資料的方式來看，在第十三章裡探討的雙向 ANOVA 需要位於單一細格裡的每一位參與者只有一個分數被分析。相反地，雙向重複測量 ANOVA 需要每一位參與者行經兩個因子所創造的所有細格，而每位參與者在*每*個細格裡被測量一次。例如，有八位訓練有素的男性運動員在兩種場合騎腳踏車一百哩。一種場合的室外溫度很冷（0°C），另一種場合較為溫暖（19°C）。研究的一個依變項為心跳率，測量發生在騎乘之前、騎乘之後立即，和騎乘後二十四小時。此研究的兩個因子為溫度與測量時間，而你應該能夠想像每一位運動員是如何被測量的（測量過程行經研究的六個細格）。

　　有或沒有重複測量的雙向 ANOVA 之間的第二種差異為 ANOVA 摘要表。我們將在下個階段探討研究者如何呈現他們的雙向重複測量 ANOVA 結果。現

358

在，我們需要專注於這種 ANOVA 所處理的三項虛無假設。

為了幫助你洞察任何雙向重複測量 ANOVA 的三項虛無假設，讓我們探討一項假設性研究。這項研究是關於一種叫作「西蒙」的遊戲，這是種需安裝電池的玩具棒，棒上有四顆彩色按鈕。在玩者轉動此棒的開啟開關後，彩色按鈕就會依某種順序發亮，每個亮燈伴隨一個獨特的聲調。玩者的任務：(1)觀察並聆聽西蒙棒被開啟後的動作；(2)然後按照西蒙棒亮燈的順序，依序按下接鈕。

假設你是玩者，如果紅燈亮起，你就必須按下紅色按鈕。然後，如果紅燈亮於綠燈之前，你必須以同樣的順序按下這兩顆按鈕。每當你成功地模仿了西蒙棒的動作之後，你接著會得到與先前相像的一組亮燈順序，唯一的差別是新的燈序比剛剛的多了一個燈。最初，玩者很容易模仿西蒙棒的動作，但是隨著順序加長，玩者會發現越來越難以模仿。

以我的研究而言，想像有六位玩者。依變項是玩者成功複製的最長順序（例如，如果玩者成功模仿八個燈的順序卻於第九個燈失敗，那麼玩者的分數就會是 8）。在練習三回合之後，我要求每一位參與者進行四次西蒙遊戲，每次的情況由兩個因子所決定：聲調與文字。聲調因子的兩個層次將會是開啟與關閉，這意味著西蒙棒將會被設定為提供聲音線索或保持寂靜。文字因子的兩個層次是顏色名稱或人物名稱。以顏色名稱而言，玩者被教導大聲說出亮燈顏色的順序（這些顏色是紅、藍、綠和黃）。以人物名稱而言，玩者被教導大聲說出每種顏色代表的人物名稱：紅色為朗恩、藍色為鮑伯、綠色為桂格、黃色為小野。最後，想像我為這六位玩者隨機安排研究的四種情況。

圖 14.2 包含了此項假設性研究的分數，每個人的 4 個分數依序排列以便準確地對應欄的標題。此圖也包括 2×2 細格平均數矩陣，主要效果平均數置放在細格平均數的右邊與底部。

如同稍早所指出的，有三項和任何的雙向重複測量 ANOVA 有關連的虛無假設。在我們的假設性研究裡，聲調主要效果的虛無假設為：有聲音線索的玩者平均表現與無聲音線索的平均表現，兩者母體之間沒有差異。以類似的方式出發，文字主要效果的虛無假設為：說出顏色名稱順序之玩者平均表現與說出人物名稱順序的平均表現，兩者母體之間沒有差異。最後，交互作用的虛無假設為：聲調線索對於玩者的正向（或負向）衝擊是一樣的，不管他們是否必須說出顏色名稱或人物名稱。

	顏色名稱		人物名稱	
	聲調開啟	聲調關閉	聲調開啟	聲調關閉
玩者 1	6	8	6	3
玩者 2	8	3	2	4
玩者 3	7	5	6	6
玩者 4	9	6	3	5
玩者 5	8	6	6	3
玩者 6	10	8	7	3
M =	8	6	5	4

文字

		顏色	人物	
聲調	開啟	8	5	6.5
	關閉	6	4	5.0
		7.0	4.5	

圖 14.2　來自於西蒙研究的資料排列圖示

　　圖 14.2 的下半部分呈現了四個細格平均數與兩個因子的四個主要效果平均數。如果 6.5 與 5.0 被發現比機率所期待的差距要大，那麼聲調的虛無假設就會被拒絕。同樣的，如果 7.0 與 4.5 被發現比機率所期待的差異要大，那麼文字的虛無假設就會被拒絕。如果上端列細格平均數的差異（8 − 5 ＝ 3）和下端列細格平均數的差異（6 − 4 ＝ 2），兩者之間的差距（3 − 2 ＝ 1）大於機率所期待的話，那麼交互作用的虛無假設就會被拒絕。

　　圖 14.2 上半部的示例很少出現在研究報告裡。然而，建構細格平均數與主要效果平均數的圖表是相當容易的。這種圖表建構任務很容易達成，因為你總是會被給予如下的資訊：(1)涉及研究的因子與層次；(2)依變項的本質；以及(3)樣本平均數。這種圖表是很重要的，因為研究的結果緊密地連結細格與主要效果平均數。

360

貳　結果的呈現

偶爾，雙向重複測量 ANOVA 的結果會以 ANOVA 摘要表呈現。在表 14.2 裡，我已經為西蒙研究準備了這種表格。

呈現在表 14.2 的摘要表在某些非常重要的方面類似於第十三章裡的雙向 ANOVA 摘要表。最重要的是，它包含三個計算的 F 值，一個屬於文字因子的主要效果，一個屬於聲調因子的主要效果，一個屬於文字與聲調的交互作用。這三個 F 值直接關連前面所討論過的虛無假設。

表 14.2 與第十三章裡所討論的摘要表之間存在兩項主要差異。第一，在表 14.2 裡存在三列誤差列，而在雙向 ANOVA 摘要表裡只存在一列誤差列。如果你仔細觀察表 14.2，你將會發現可用誤差 1 的 MS 求得文字因子的 F 值，可用誤差 2 的 MS 求得聲調因子的 F 值，與可用誤差 3 的 MS 求得交互作用的 F 值（註2）。

361　　表 14.2 與第十三章裡的 ANOVA 摘要表之間的第二種差異為全部 df 值的意義。如你所見，此處的 df 數值為 23。如果這是一般的雙向 ANOVA，你能夠藉由加 1 於全部 df 值而算出有多少參與者。很顯然地，你無法在此處這麼

360
表 14.2　西蒙表現分數的 ANOVA 摘要表

來源	df	SS	MS	F
玩者	5	15.5	3.1	
文字	1	37.5	37.5	19.74*
誤差 1	5	9.5	1.9	
聲調	1	13.5	13.5	12.27**
誤差 2	5	5.5	1.1	
文字 × 聲調	1	1.5	1.5	.29
誤差 3	5	25.5	5.1	
全部	23	108.5		

*$p < .01$　**$p < .05$

註2：這些誤差列的 df 數值皆為 5，但是它們的計算方式不同。每一個 df 數值都是把玩者 df 值乘以被考量誤差的上列 df 值。例如，誤差 2 的 df 值是玩者 df 乘以聲調 df。

做，因為在我們的西蒙研究裡僅有六位參與者，而全部 *df* 值遠大於這個數目。你應該把 1 加在頂端 *df* 值才能得到確實的參與者數目。

如果你碰到如同表 14.2 那樣的摘要表，不要忽略在你面前的重要資訊。從這種摘要表當中，你可以看出有多少參與者涉入研究（5 + 1 = 6），依變項為何（西蒙遊戲的表現），兩個因子（聲調與文字），以及每個因子有多少層次（1 + 1 = 2），總共有多少筆資料被分析（23 + 1 = 24），以及哪個虛無假設被拒絕。

在選錄 14.15 裡，我們看見了一組研究者以內文的形式摘要雙向重複測量 ANOVA 的結果。注意此篇摘要非常類似於雙向 ANOVA 的文字摘要。存在兩個因子（對照與比率），兩個主要效果的 *F* 檢定（其中之一為顯著），一項交互作用的 *F* 檢定（結果為無顯著）。因為有一個包含四個層次的因子為顯著，研究者進行事後調查於此因子的主要效果平均數。

選錄 14.15 ● 雙向重複測量 ANOVA 的結果以內文的方式呈現 ——

雙向重複測量（3 × 4）ANOVA 被計算，兩個對象內因子分別為對照與比率。沒有顯著效果顯示於比率因子（$F_{(2, 10)} = 0.29$, $p = 0.75$）或對照與比率之間的交互作用（$F_{(6, 30)} = 0.63$, $p = 0.70$），即使顯著效果存在於對照因子（$F_{(3, 15)} = 8.53$, $p < 0.005$）。對照因子的事後 *t* 檢定顯示顯著差異（$p < 0.05$），存在日期指認與摩擦比較之間，但並不存在其他的配對檢定裡。

來源：Verschuur, C. A. (2005). Effect of stimulation rate on speech perception in adult users of the Med-E1 CIS speech processing strategy. *International Journal of Audiology, 44*(1), pp. 60-61.

362

雖然在選錄 14.15 裡所討論的 ANOVA 在許多方面類似第十三章裡所探討的雙向 ANOVA，兩者之間卻也存在一點微小差異。三項 *F* 檢定的 *df* 數值並不相同。鄰近每個 *F* 的第一個 *df* 數值當然是不同的，這僅僅是因為一個因子有三個層次，而另一個因子有四個層次的關係。然而，請看第二個 *df* 值。這些 *df* 是不同的，因為有三個不同的誤差 *MS* 數值涉入研究，每一個皆被研究者用來計算 *F* 比值。如果這是項沒有重複測量的雙向 ANOVA，只有一個誤差 *MS* 會被用來求得三個 *F*，因此使得每一個 *F* 的第二個 *df* 數值是相等的。

現在我們把注意力轉向選錄 14.16，我們看見了 2×3 重複測量 ANOVA 的

摘要表。這部分的研究報告是非常值得閱讀的,因為它呈現了雙向ANOVA與重複測量雙向ANOVA之間的另一種類似之處。這種相似之處是關於當交互作用結果為統計上的顯著時,研究者通常會怎麼做。此處注意顯著的交互作用促使研究者進行簡單主要效果的檢定。因為這些簡單主要效果的檢定只涉及兩個平均數,t 檢定被用來進行這些比較(注意此處的顯著 t 檢定之 df 值為 13,比涉入研究的步行者數量少 1)。

選錄 14.16 • 深究雙向重複測量 ANOVA 的交互作用

參與者為十四位社區成年人,他們具有 ABI 和有關的步態模式損傷……在協議之初,參與者被要求先靜坐五分鐘之後,再以輕鬆的步伐來回走動六分鐘(CP)。在五分鐘的恢復期之後,完成六分鐘的輕快步伐(BP),接著是九分鐘的恢復期和三分鐘的快速步伐(FP)……協議從頭到尾,參與者穿戴兩樣能提供步行強度估計值的工具……活動強度的兩種測量值(計步數與耗氧量)皆被轉換成METs,而結果被呈現在表2〔沒有在此呈現〕。雙向重複測量 ANOVA 指出工具 × 步行速度的顯著交互作用($F(2, 26) = 4.47, P < 0.05$)。交互作用的簡單主要效果分析指出,不論是 CP 或 BP 步行,預測(根據計步數)和測量(根據氧氣消耗量)的 METs 之間沒有顯著差異。然而,對於 FP 而言,預測的 METs 顯著低於測量的 METs($t(13) = 2.175, P < 0.05$)。

來源:Tweedy, S. M., and Trost, S. G. (2005). Validity of accelerometry for measurement of activity in people with brain injury. *Medicine and Science in Sports and Exercise, 37*(9), pp. 1475, 1477.

參　不同任務的呈現次序

稍早在本章裡,我指出重複測量因子的基本形式有三種:不同的時間點、不同的處置情況,或不同的依變項。以雙向重複測量ANOVA而言,這三種因子的任何結合模式都是有可能的。然而,最普遍的結合涉及:(1)兩個因子,每一個以處置的不同版本(即,層次)被定義;或(2)一個處置因子與一個涉及在不同的時間點進行測量的因子。

當雙向重複測量ANOVA的一個或兩個因子的層次對應不同的處置情況或

不同的依變項時，那些層次不應該以同樣的次序呈現給研究參與者。如果不注意的話，某些問題（如練習效果或疲勞效果）可能會發生。而如果確實發生這種問題，涉及重複測量因子之 *F* 檢定的意義會模糊失焦。

　　如同稍早在本章所指出的，研究者應該使因子的層次以不同的次序呈現。在選錄 14.17 裡，我們看見了研究者隨機化處置狀況發生的次序。

選錄 14.17 • 雙向重複測量 ANOVA 裡不同的呈現次序

　　實驗當中，每個找尋狀況皆被呈現在個別的展示台上……展示台以不同順序呈現以避免練習效果或疲勞效果，參與者在每個狀況之前被給予練習時段……以狀況和展示大小當作主要變項的雙向對象內變異數分析（ANOVA）被用以比較各種狀況下的 RTs。

來源：Kunar, M. A., Humphreys, G. W., and Smith, K. J. (2003). Visual change with moving displays: More evidence for color feature map inhibition during preview search. *Journal of Experimental Psychology: Human Perception and Performance, 29*(4), pp. 781, 782.

肆　球形假設

　　雙向重複測量 ANOVA 裡被計算的 *F* 值結果會過大，除非對應於樣本資料的母體變異數與相關符合一種或更多的可接受模式。即使雙向重複測量 ANOVA 裡的樣本變異數與相關是奠基於同樣大小的樣本量（重複測量同數量對象所帶來的情況），*F* 值過大的現象還是會發生。因此，對於研究者而言，當使用這種形式的 ANOVA 時，考慮母體變異數與相關的假設是很重要的。這種假設我們最常提到的就是球形假設。

　　當處理球形假設時，有三種策略可以使用。如同單向重複測量 ANOVA 的例子一樣，使用雙向重複測量 ANOVA 的研究者可以：⑴以毛克里檢定來檢視樣本資料是否違反球形假設；⑵不使用毛克里檢定而改用 G-G 校正法的保守 *df* 來定位用以評量計算 *F* 值的臨界值；或⑶運用樣本資料來計算 ε（估計球形假設被違反至何種程度的指標），然後降低臨界值 *df* 以符合 ε 指標所指出的範圍。

364

　　在選錄 14.15 與 14.16 的研究裡，沒有證據證明研究者試圖處理重要的球形假設。如果他們有進行這方面的動作，會造成任何的差別嗎？讓我們一起來

探討,如果研究者在他們的分析當中使用 G-G 校正法的保守 *df*,什麼事情會發生。以這種改變而言,在選錄 14.15 裡的顯著 *F* 仍然具有顯著性,但標準是 $p < .05$ 而不是 $p < .005$。在選錄 14.16 裡,交互作用 *F* 仍然是顯著的($p < .05$),但只有些微的差距。在這兩項研究裡,顯著結果仍然是顯著的,即使 G-G 校正被用以處理球形假設。然而在其他研究裡,顯著差異也許會消失無蹤,如果 *F* 比值以保守 *df* 重新評估的話。

伍 實際顯著性對照統計顯著性

在本書裡,我已試著一再強調統計顯著性也許並不代表實際顯著性。換句話說,一個小*p*並不一定指出研究發現是重要的。在本段裡,我想要指出那些受過良好訓練的研究者們,在使用雙向重複測量ANOVA時,並不使用六步驟程序的假設檢定。

對那些關心他們研究發現意義的研究者而言,有幾個選擇可供使用。這些選擇可以被歸類到兩個類目裡:事前與事後。在第一個類目裡,一種選擇涉及了進行一項先行檢定力分析,其目的是決定適當的樣本量。第二種選擇涉及了檢視已存在的樣本量是否具備足夠的檢定力。在事後類目裡,兩種選擇涉及了使用研究的樣本資料來估計效力量或已完成分析的檢定力。

在選錄 14.18 裡,我們看見了事後策略被用以闡述實際顯著性的議題。在此研究裡所使用的特定技術為偏eta平方的計算。根據效力量大小準則,.78 代表了非常大的效力量。

判斷效力量的指標在雙向重複測量 ANOVA 與雙向 ANOVA 裡都是一樣的。如同在第十三章裡所指出的,判斷 η_p^2 效力量低中高的準則為.01、.06 和.14。再看一次選錄 14.18 裡的 η_p^2,你會發現為何我說它代表相當大的效力量。

365

選錄 14.18 • 實際顯著性對照統計顯著性

> 我們進行一項雙向重複測量變異數分析(ANOVA)於這些資料上,以任務(口語、視覺)與大小(三、六、九)為因子……分析顯示了任務的主要效果,$F(1, 74) = 261.82$,$p < .01$,*MSE* = 92,908.53,partial η^2 =.78,在口語任務方面顯示較低的 RT。

來源：Bayliss, D. M., Jarrold, C., Gunn, D. M., and Baddeley, A. D. (2003). The complexities of complex span: Explaining individual differences in working memory in children and adults. *Journal of Experimental Psychology: General, 132*(1), p. 77.

請再瀏覽表 13.2 以瞭解他種估計效力量的使用準則。此表也呈現了主要效果檢定、交互作用檢定，和不同的事後檢定所使用的效力量測量值。

第三節　雙向混合變異數分析

我們現在把注意力轉向第三種也是最後一種本章所要探討的 ANOVA。它被稱作**雙向混合 ANOVA**（two-way mixed ANOVA）。使用混合這個詞是因為一個是對象間因子，而另一個是對象內因子。

壹　這種 ANOVA 的標示

不幸的，並非所有的研究者都使用同樣的標示（雙向混合 *ANOVA*）來描述這種具有一個對象內因子與一個對象間因子的 ANOVA。因此，你首先要使自己熟悉雙向混合 ANOVA 的不同標示。如果你不這樣做，你可能不知道你正在閱讀一篇雙向混合 ANOVA 的研究報告。

當研究者使用雙向混合 ANOVA 時，一些研究者以**雙向一個重複測量因子 ANOVA**（two-way ANOVA with repeated measures on one factor）論及。其他研究者稱其為**一個對象間因子與一個對象內因子 ANOVA**（ANOVA with one be-tween-subjects factor and one within-subjects factor）。偶爾，它被稱作**分謀 ANOVA**（split-plot ANOVA）或**二因子對象間與內 ANOVA**（two-factor be-tween-within ANOVA）。透過選錄 14.19 至 14.22，我們看見了研究者用以描述二因子混合 ANOVA 的四種不同方式。

選錄 14.19-14.22 ● 雙向混合測量 ANOVA 的不同標示 ────────

366

一項 3（年紀）×3（實驗）ANOVA 被執行於表現分數上，在最後的因子上進行重複測量。

來源：Subbotsky, E. (2005). The performance of mental objects: Testing magical thinking on perceived and imaginary realities. *Developmental Psychology, 41*(2), p. 310.

　　一項 3（預讀相關指導的類型：生理學、太空旅行者、控制）×3（文章段落的類型：生理學段落、太空旅行者段落、基本文章段落）混合模式重複測量變異數分析（ANOVA）被進行。相關指導的類型被呈現於對象間；文章段落的類型在對象內被重複測量。

來源：McCrudden, M. T., Schraw, G., and Kambe, G. (2005). The effect of relevance instructions on reading time and learning. *Journal of Educational Psychology, 97*(1), 91.

　　因此，一項 2×2 重複測量 ANOVA 被執行，分組成員身分（處置與控制）為參與者間因子，而在 PPVT-Ⅲ 上的前測與後測標準分數為參與者內因子。

來源：van Kleeck, A., Vander Woude, J., and Hammett, L. (2006). Fostering literal and inferential language skills in Head Star preschoolers with language impairment using scripted book-sharing discussions. *American Journal of Speech-Language Pathology, 15*(1), p. 89.

　　正向情緒指標之 2（確定狀態）×2（時間）對象間與內變異數分析（ANOVA）顯示……

來源：Wilson, T. D., Centerbar, D. B., Kermer, D. A., and Gilbert, D. T. (2005). The pleasures of uncertainty: Prolonging positive moods in ways people do not anticipate. *Journal of Personality and Social Psychology, 88*(1), p. 12.

貳　資料的配置與目的

　　為瞭解雙向混合 ANOVA 的結果，你一定要能夠在資料被分析之前概念化資料被安排的方式。每當你處理這種 ANOVA 時，試著想像（或確實畫出）如同圖 14.3 那樣的資料摘要表。此表的研究是屬於範圍相當小的研究，它示例了每一位參與者被重複測量於對象內因子的層次，而非對象間因子。當然，在此表裡，對象間因子為性別，而對象內因子為時間點。這些分數是假設性的，而它們理應反映可能被蒐集的資料，如果我們要求這五位男性與五位女性給予我們活力水準的自我評分（0 至 10 量尺）於一天的三個時間點：早上八點、

367

性別		時間點		
		早上八點	下午兩點	晚上八點
男性	參與者 1	6	3	8
	參與者 2	7	6	8
	參與者 3	4	2	10
	參與者 4	8	5	10
	參與者 5	5	4	9
女性	參與者 6	8	5	9
	參與者 7	6	6	7
	參與者 8	8	4	8
	參與者 9	7	4	9
	參與者 10	6	6	7

圖 14.3　2 × 3 混合 ANOVA 的資料配置圖

下午兩點以及晚上八點。

　　雖然雙向混合 ANOVA 總是涉及一個對象間因子與一個對象內因子，但是每個因子裡的層次數目有多有寡。換句話說，圖 14.3 的範圍與標示只符合我們的假設性雙向混合 ANOVA，並且是一個具有兩個層次的對象間因子，另一個對象內因子具有三個層次，外加每組僅有五位參與者。為了適應任何的雙向混合 ANOVA，你只須在我們所設計的摘要表裡增減欄列即可。

　　雙向混合 ANOVA 的目標與完全對象間雙向 ANOVA 或完全對象內雙向 ANOVA 的目標是一致的。一般來說，其目標是檢視是否樣本平均數之間的離距比機率所期待的要大。大多數研究者採用這種一般化的目標，並依此設置和檢定三個虛無假設。當然，這些虛無假設聚焦於調查的母體，而這三個虛無假設宣稱：(1)第一個因子的主要效果平均數彼此相等；(2)第二個因子的主要效果平均數彼此相等；以及(3)兩個因子沒有發生交互作用。

　　為了幫助你瞭解這三個虛無假設，我已經計算了圖 14.3 的主要效果平均數與細格平均數，並把這些平均數放入下表裡：

	時間點			
	早上八點	下午兩點	晚上八點	
男性	6	4	9	6.3
女性	7	5	8	6.7
	6.5	4.5	8.5	

性別（欄標示於左側「男性／女性」）

我們的三個研究問題之一關係著性別的主要效果。為了回答這個問題，平均數 6.3（根據五位男性所提供的十五個分數）會與平均數 6.7（根據五位女性所提供的十五個分數）進行比較。第二個研究問題是關於時間點的主要效果，因此，欄平均數 6.5、4.5 和 8.5（每一個皆根據十位參與者所提供的分數）會被進行比較。第三個研究問題涉及的是性別與時間點之間的交互作用，將聚焦於六個細格平均數（每一個根據五個分數）。這個交互作用問題詢問男性與女性平均數之間的差異──從早上八點至晚上八點──是否大於抽樣機率所期待的。

參　結果的呈現

如果將雙向混合 ANOVA 的結果呈現在 ANOVA 摘要表裡，有三個 F 值會被呈現──兩個屬於主要效果，一個屬於交互作用──就如同完全對象間與完全對象內 ANOVA 的 ANOVA 摘要表一樣。然而，**混合 ANOVA**（mixed ANOVA）摘要表的設置不同於稍早所探討的 ANOVA。為了闡釋這些不同，我已經分析了圖 14.3 的活力水準資料。這個雙向混合 ANOVA 的結果被建立在表 14.3 裡。

如同表 14.3 所呈現的，混合 ANOVA 的摘要表具有上下兩部分。這兩部分通常被分別標示為**對象間**（between subjects）與**對象內**（within subjects）。在上半部裡，存在兩列資訊，一種關於對象間因子的主要效果，而誤差列訊息是跟隨著對象間主要效果。在摘要表的下半部，存在三列資訊。第一列屬於對象內因子的主要效果，第二列屬於兩個因子之間的交互作用，而第三列屬於對象內誤差。如你從表 14.3 所見，第一個誤差列 MS 被當作是計算摘要表上半部 F 值的分母，而第二個誤差列 MS 被當作是計算下半部兩個 F 值的分母。

表 14.3　呈現在圖 14.3 的活力水準資料之 ANOVA 摘要表 *369*

來源	df	SS	MS	F
對象間	9			
性別	1	0.83	0.83	0.50
誤差（之間）	8	13.34	1.67	
對象內	20			
時間點	2	80.00	40.00	28.17*
性別 × 時間點	2	6.67	3.33	2.35
誤差（之內）	16	22.66	1.42	
全部	29	123.50		

*$p < .05$

　　表 14.3 包含的資訊允許你瞭解雙向混合 ANOVA 的研究結構。為了示範你如何能從此表裡汲取資訊，請假裝你尚未閱讀過任何與表 14.3 有關連的資料。換句話說，想像你第一次接觸到這個 ANOVA 摘要表。

　　首先，此表的對象間列 *df* 值（9）讓你知道資料是蒐集自十位個體。第二，此表上半部裡主要效果的名稱與 *df* 值讓你知道有兩個組別在此項研究裡，性別為關連此主要效果的獨變項。第三，此表下半部裡主要效果的名稱與 *df* 值讓你知道這十位個體在三個特定的時間點被測量。此表的標題暗示你此研究使用分數的類型，因為你被告知這項 ANOVA 被進行於活力水準資料上。

　　當然，表 14.3 也包含了 ANOVA 的結果。為了詮釋這些結果，你現在需要來回瀏覽此 ANOVA 摘要表，與我們剛剛探討的細格與主要效果平均數 2×3 摘要表。第一個 *F* 值（0.50）指出男性（6.3）與女性（6.7）的主要效果平均數之間的差距沒有比機率所期待的大。據此，性別的虛無假設沒有被拒絕。另一方面，第二個 *F* 值（28.17）指出時間點的虛無假設被拒絕。這個發現是因為對象內因子的主要效果平均數（6.5、4.5、8.5）間的差距，比機率所期待的要大。第三個 *F* 值（2.35），並不具備統計上的顯著性，這說明了沒有交互作用。即使男性與女性細格平均數之間於三個時間點的差異並不一致（－ 1.0、－ 1.0 與＋ 1.0），但是不一致的程度不足以拒絕交互作用虛無假設。 *370*

　　現在讓我們來探討選錄 14.23 裡的 2 × 2 混合 ANOVA。此選錄的表有三件事值得注意。第一，此表的標題可能讓一些人認為被執行的是常規雙向 ANO-

選錄 14.23 • 雙向混合 ANOVA 的摘要表

表六 雙向 ANOVA 的摘要表

來源	SS	df	MS	F	Partial η^2
對象間效果					
組別	1.83	1	1.83	0.07	.00
誤差	519.07	19	27.32		
對象內效果					
情況	77.40	1	77.40	43.16*	.69
情況×組別	0.07	1	0.07	0.85	.00
誤差	34.07	19	1.79		

*$p < .001$

來源：Kondo-Brown, K. (2006). How do English L1 learners of advanced Japanese infer unknown Kanji words in authentic texts? *Language Learning, 56*(1), p. 135.

VA；希望表內的資訊能讓你明瞭此處的 ANOVA 涉及一個因子的重複測量。第二，在選錄 14.23 裡的兩個誤差列僅僅被標示為「誤差」。即使這兩個誤差列攜帶相同的標示，請注意它們並不是可以相互交換的。第一個誤差列的 MS 被當作分母來計算表上半部出現的 F 值；相反的，第二個誤差列的 MS 被當作分母來計算出現在表下半部的兩個 F 值（註3）。

在選錄 14.23 裡第三件值得注意的資訊是右手邊的欄。那些資訊可以幫助我們詮釋具有統計顯著性之 F 比值其在實際顯著性上的意義。

雖然 ANOVA 摘要表對於解讀與批判研究報告是很有幫助的，但是這種摘要表在期刊文章裡並不常見。相反地，結果通常以一兩個段落被直接呈現在內文裡。請看選錄 14.24 裡的範例。

註3：如表 14.3 與選錄 14.23 裡所示，有時會用不同的術語標示兩個誤差列。如誤差 1 與誤差 2、誤差（a）與誤差（b），或誤差（b）與誤差（w）。少數研究者使用「組內對象」與「　　×組內對象」，空格內填入對象內因子的名稱。

選錄 14.24 ● 不使用摘要表呈現結果的雙向混合 ANOVA

除此之外，3（能力）× 2（考驗）重複測量ANOVA被用以評量失能學生、一般學生和資優學生在前後測作文長度上的表現。〔結果〕顯示測驗時間的顯著主要效果，$F(1, 67) = 122.26$，$MSE = 3,034.68$，$p = .000$，以及能力層次的顯著主要效果，$F(2, 67) = 10.67$，$MSE = 9,116.07$，$p = .000$。能力組別與時間之間的交互作用並不顯著。事後平均數配對比較被進行，並使用霍姆繼起邦弗朗尼程序（Holm-sequential Bonferroni procedure）來控制第一類型錯誤率於.05 水準。這些結果指出，失能學生寫出的作文長度要比一般和資優學生要短，而一般與資優學生的作文長度差異不具備統計顯著性。

來源：De La Paz, S. (2005). Effects of historical reasoning instruction and writing strategy mastery in culturally and academically diverse middle school classrooms. *Journal of Educational Psychology, 97*(2), pp. 149-150.

有兩個原因值得我們去細看選錄 14.24。首先，這篇選錄不只呈現了兩個顯著 F 比值，也呈現了兩個誤差列的 MS 數值，這兩個數值都被標示為 MSE，所以你必須決定哪一個是對象間誤差 MS，哪一個是對象內誤差 MS。如果你仔細閱讀並找出涉及重複測量的因子，你應該能夠分辨哪一個 MSE 是屬於對象內平均數平方（此處，如同大多數的雙向混合 ANOVA，對象內平均數平方會小於對象間平均數平方）。

第二個原因是關於被執行的事後檢定。此處，能力主要效果在統計上的顯著性促使研究者進行事後調查。在這項研究裡，研究者使用**霍姆繼起邦弗朗尼事後程序**（Holm-sequential Bonferroni post hoc procedure）。能力因子有三個層次，這意味著有三個配對比較會被進行。每一個配對比較都是一項獨立樣本 t 檢定。然而，這些檢定的 alpha 水準是比較嚴苛的，這是為了控制誇大的第一類型錯誤率的問題。

372

如果是一般的**邦弗朗尼**程序被應用於選錄 14.24 裡，那麼每一個配對比較都會以.05/3 或是.017 的 alpha 水準來進行檢定。以霍姆繼起邦弗朗尼程序而言，配對比較所產生的最小 p 值首先和一般邦弗朗尼 alpha 水準進行比較。接下來，配對比較所產生的第二小 p 值與稍微寬鬆的 alpha 水準.05/2 或是.025 進行比較。最後，第三也是最終的配對比較所產生的 p 值會與一個更為寬鬆的 alpha 水準進行比較,那就是.05/1 或是.05。如你所見,顯著水準的繼起變化橫跨不同的檢定,剛開始是使用一般邦弗朗尼校正過的 alpha 水準,而結束點是使用沒有校正過的 alpha 水準。

肆 有關的議題

在本章稍早,我指出對象內因子的層次應該如何以不同的順序被呈現。這種規則不但適用於完全重複測量 ANOVA,也適用於混合 ANOVA。選錄 14.25 呈現了平衡技術的應用。它用來避免當對象內因子的層次以相同順序呈現給所有參與者時,所可能存在的偏誤。為了平衡兩個主要情況的順序,研究者安排他們研究的處置,以使任何被給定處置裡一半的參與者接受控制刺激,而另一半參與者接受 IR 刺激。藉著這麼做,研究者確定主要情況沒有被處置所混淆。

選錄 14.25 • 調換對象內因子層次被呈現的次序 ————

採用混合設計。對象間變項為年紀組別(5 至 6 歲、8 至 9 歲、11 至 12歲)。對象內變項為主要情況(控制 vs. IR)。實驗裡一半為控制處置(主要分心物的顏色與目標的顏色是不相關的),而另一半為 IR 處置(分心物的顏色與隨後目標的顏色是相同的)。實驗裡刺激物的分配被平衡。

來源:Pritchard, V. E., and Neumann, E. (2004). Negative priming effects in children engaged in non-spatial tasks: Evidence for early development of an intact inhibitory mechanism. *Developmental Psychology, 40*(2), p. 194.

373

第二個你應該謹記於心的議題是**球形**(sphericity)假設。這個假設適用於完全重複測量 ANOVA,也適用混合 ANOVA 於對象內部分之 *F* 檢定。因此,對象間因子的主要效果 *F* 值不會因為母體缺少球形假設而受影響。相反地,如果球形假設被違反的話,對象內因子的主要效果與交互作用的 *F* 值會有正偏誤(即,結果大於原本應有的)。

訓練良好的研究者在使用雙向混合 ANOVA 時並不會忽略球形假設。他們還會進行兩種之一的程序。一種選擇是校正關連臨界值的自由度(使用 G-G 或 H-F 程序),以此來補償可能的或觀察到的違反球形假設的情況。另一種選擇是應用毛克里檢定於樣本資料上以檢視是否假設被違反。在選錄 14.26 與 14.27

選錄 14.26-14.27 ● 處理球形假設的選擇

> 　　3（年紀）× 5（類目）重複測量 ANOVA 被使用。G-G 校正法被應用於所有涉及重複測量的效果上。
>
> 來源：Shapiro, L. R., Blackford, C., and Chen, C. (2005). Eyewitness memory for a simulated misdemeanor crime: The role of age and temperament in suggestibility. *Applied Cognitive Psychology, 19*(3), p. 276.
>
> -
>
> 　　以重複測量變異數分析進行安慰劑與嗎啡組於 T1、T2 和 T3 的疼痛分數上的比較。對象內因子為 T1、T2 和 T3 上的疼痛分數；對象間因子為處置組（安慰劑對照嗎啡）。在結果詮釋之前，先確認共變異數矩陣相等性檢定^{（譯註 1）}與毛克里球形檢定。
>
> 來源：Carbajal, R., Lenclen, R., Jugie, M., Paupe, A., Barton, B. A., and Anand, K. J. S. (2005). Morphine does not provide adequate analgesia for acute procedural pain among preterm neonates. *Pediatrics, 115*(6), p. 1495.

裡，我們看見了研究者使用這兩種選擇的範例。這些研究者值得被讚賞。

　　第三件你需要謹記於心的議題是，當你碰到雙向混合 ANOVA 時，你要能夠區別統計顯著性與實際顯著性。我首先在第七章裡談論這種區別，而我也經常性地帶出這樣的議題。這是因為太多的研究發現幾乎不具備實際顯著性，即使非常低的機率水準關連著統計檢定所產生的計算值。

　　如同我在本章稍早所指出的，判斷事後效力量（如 d 或 η^2）估計值大小的準則，不論是在雙向混合 ANOVA，或是沒有重複測量的雙向 ANOVA 裡都是一樣的。請瀏覽表 13.2 來喚起自己的記憶。這份表也指出與主要效果檢定、交互作用檢定、不同種類的事後檢定連用的效力量程序。

　　大多數進行雙向混合 ANOVA 的研究者疏於闡明實際顯著性的問題。然而，有些研究者確實做到而他們值得鼓勵。在選錄 14.28 裡，我們看見了這樣一個優秀的範例。

374

譯註 1： Box's test of equality of covariance matrices。

選錄 14.28 • 對於實際顯著性的擔憂

閱讀每字的時間資料以 3（預讀有關指導的類型：主題、支持、控制）× 3（文句類型：主題句、支持句、基本文句）混合模式重複測量 ANOVA 進行分析。有關指導的類型在對象間被呈現；文句類型在對象內被呈現……有關指導變項類型的主要效果達到顯著性，$F(2, 61) = 3.40$，$MSE = .036$，$p < .05$，這指出整體閱讀時間在情況之間有差異……有關指導變項主要效果的效力量 eta 平方值為.10。這超越了中效力量準則……文句類型變項的重複主要效果達到顯著性，$F(2, 122) = 8.74$，$MSE = .005$，$p < .001$，這指出不同文句類型的閱讀時間存在顯著差異……文句類型變項之重複主要效果的效力量 eta 平方值為.125。這接近了大效力量。交互作用並不顯著。

來源：McCrudden, M. T., Schraw, G., and Kambe, G. (2005). The effect of relevance instructions on reading time and learning. *Journal of Educational Psychology, 97*(1), p. 97.

第四節 / 三點最後的評論

375

當我們來到本章結束之處時，我想要做出三點評論。這三點評論需要你在閱讀或聆聽正式的研究摘要時保持警覺並注意。這是必要的，因為你可以：(1) 確認研究者真正使用的分析種類；以及(2)過濾不合理的宣稱。如果你沒有做到這兩件事，你很可能會被研究報告的內容所誤導。

壹　它是什麼類型的 ANOVA？

在本章裡，我們已經探討了三種不同種類的ANOVA：單向重複測量ANO-VA、雙向重複測量 ANOVA、雙向混合 ANOVA。這三種 ANOVA 彼此之間不一樣，而它們也與第十一章和第十三章所討論的單向或雙向 ANOVA 有所不同。因此，你需要瞭解單向或雙向ANOVA的結構與結果，你需要知道是否其涉及了重複測量，而在有重複測量的雙向ANOVA裡，你需要知道是否一個或兩個因子涉及了重複測量。

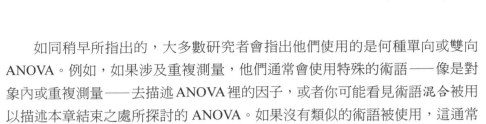

如同稍早所指出的，大多數研究者會指出他們使用的是何種單向或雙向 ANOVA。例如，如果涉及重複測量，他們通常會使用特殊的術語——像是對象內或重複測量——去描述 ANOVA 裡的因子，或者你可能看見術語混合被用以描述本章結束之處所探討的 ANOVA。如果沒有類似的術語被使用，這通常意指沒有發生重複測量。

　　不幸的，並非所有單向或雙向 ANOVA 的描述語都這麼清楚地指出其因子的本質。有時候，你會被告知單向 ANOVA 被使用，但事實上卻是單向重複測量 ANOVA。偶爾，同樣的現象會發生在兩個雙向 ANOVA 上。或者，你可能被告知雙向重複測量 ANOVA 被使用，而使你認為有兩個對象內因子，但事實上只有一個重複測量因子。請看選錄 14.23 裡的表標題，你就會知道為何 ANOVA 的描述詞可能會誤導研究報告的讀者。

　　因為重複測量的出現與否並不會影響單向 ANOVA 的虛無假設或雙向 ANOVA 的三個虛無假設，有人就主張你是否能分辨 ANOVA 的因子是屬於重複測量本質並不重要。但我想要問一個簡單的問題：「你知道球形假設與它在什麼情況下會被探討嗎？」

貳　實際顯著性對照統計顯著性

　　在本章的不同地方，我已試著幫助你瞭解統計顯著性並不總是意味著實際顯著性。我已試著藉由我所寫與所選擇的選錄來達到這個目的。在你離開本章之前，你應該再次瀏覽四篇選錄，這四篇選錄是關於重複測量 ANOVA 的探討。它們是選錄 14.8、14.18、14.23 以及 14.28。

　　存在一個趨勢，那就是當研究者選擇樣本量或將要詮釋他們的研究結果時，他們會考慮到統計顯著性的問題。然而，你一定會碰到研究報告的宣稱是奠基於：(1)本章所探討的一個或多個 ANOVA；與(2)六步驟程序的假設檢定。當此發生時，我希望你記住兩件事情。第一，很小的 p 值可能意味著沒有什麼重要的發現，因為大樣本能夠使小丘看起來像大山，而相反地，一個大的 p 值可能意味著因為樣本量太小的關係，而使得重要現象沒有被偵測到。第二件須注意事項為，研究可以使用九步驟的假設檢定程序，如此一來，以上的問題就不大可能發生。

376

參　推論誤差的機率

　　許多研究者討論其研究結果的語氣就好像是他們發現了真理一般。換句話說，許多研究報告裡所使用的話語，強烈暗示樣本統計值與推論檢定具體化至母體母數值的結果是無可置疑的宣稱。有時候，這種宣稱是奠基於本章所探討的 ANOVA。

　　你需要記住任何 F 檢定的結果也許是第一類型錯誤（如果虛無假設被拒絕）或第二類型錯誤（如果虛無假設被保留）。這確實不假，即使使用九步驟程序的假設檢定，即使所有相關的潛藏假設都注意到了，即使資料的蒐集沒有偏誤並使用有效與可靠的測量工具，甚至所有其他有益的作法都執行以使研究完善。簡言之，每當虛無假設被檢定時，推論誤差總是可能的。

術語回顧　>>

對象間 （between subjects）	對象間與內 ANOVA （one between, one within ANOVA）
邦弗朗尼技術（Bonferroni technique）	球形（sphericity）
平衡（counterbalancing）	分謀 ANOVA（split-plot ANOVA）
霍姆繼起邦弗朗尼程序（Holm- sequential Bonferroni procedure）	雙向混合 ANOVA （two-way mixed ANOVA）
混合 ANOVA（mixed ANOVA）	對象內因子（within-subjects factor）

閒話統計　>>

1. 涵括第十四章的一個線上互動練習題（提供立即的回饋）。
2. 關於第十四章內容的十個迷思。
3. 第十四章的最佳段落：「混合 ANOVA 的實際顯著性對照統計顯著性」。
4. 標題為「對象內 ANOVA」的線上互動資源。
5. 兩則關於統計學的笑話。

相關內容請參考：www.ablongman.com/huck5e

15　共變異數分析

在前五章裡，我們瀏覽了幾種不同種類的變異數分析。我們聚焦於單向與雙向 ANOVA，並考量以下情況：⑴每一個因子在本質上是對象間因子；⑵每一個因子在本質上是對象內因子；以及⑶對象間與對象內因子在同項研究裡被結合在一起。我們仔細檢視了五種在因子的數量與本質上有區別的 ANOVA。在本書裡，這五種 ANOVA 被稱為單向 ANOVA、雙向 ANOVA、單向重複測量 ANOVA、雙向重複測量 ANOVA，以及雙向混合 ANOVA。

我們現在把注意力轉向類似ANOVA的推論策略，這種策略我們並沒有在稍早的章節裡提及。這種統計方法稱為**共變異數分析**（analysis of covariance），並縮寫為六個字母 **ANCOVA**。此方法可以被應用在任何研究裡，不管涉及的因子數目或因子之對象間或對象內本質。據此，共變異數分析最好被視為是變異數分析的一種選擇。例如，如果研究涉及一個對象間因子，資料的分析可以使用單向 ANOVA 或單向 ANCOVA。同樣的選擇存在於另外四種稍早被檢視的情況。簡言之，任何 ANOVA 都存在一個 ANCOVA 拍檔。

在選錄 15.1 至 15.3 裡，我們看見了研究者指出他們的資料使用共變異數分析做分析。注意這些選錄如何說明 ANCOVA 能夠被當作 ANOVA 的一種選擇，不管研究因子的數目或任何因子的對象間或對象內本質。

選錄 15.1-15.3 ● 共變異數分析的多用途特性

我們以單向 ANCOVA 分析能力信念。

來源：Schlosser, A. E., White, T. B., and Lloyd, S. M. (2006). Converting web site visitors into buyers: How web site investment increases consumer trusting beliefs and online purchase intentions. *Journal of Marketing, 70*(2), p. 137.

> 進行單變量 2×2（飲酒線索種類×能否取得酒精）共變異數分析（ANCO-VAs），以檢定獨變項的主要效果與交互作用……
>
> 來源：MacKillop, J., and Lisman, S. A. (2005). Reactivity to alcohol cues: Isolating the role of perceived availability. *Experimental and Clinical Psychopharmacology, 13*(3), p. 232.

- -

> 雙向重複測量共變異數分析（ANCOVA）被用以正式地分析三個組別（SCF、MTIF 和 STIF）於四個評估時段（3、6、9 和 12 個月）的表現，以及可能的組別 × 評估時段交互作用。
>
> 來源：Reimer, M. A., Slaugher, S., Donaldson, C., Currie, G., and Eliasziw, M. (2004). Special care facility compared with traditional environments for dementia care: A longitudinal study of quality of life. *Journal of the American Geriatrics Society, 52*(7), p. 1088.

第一節　涉入任何共變異數分析研究的三個不同變項

　　在稍早所探討的任何 ANOVA 裡，僅存在兩種變項：獨變項與依變項。當然，在這些 ANOVA 裡所分析的資料代表了依變項；而因子代表了研究的獨變項。我們已經檢視過 ANOVA 如何涉及一個以上的變項、因子如何由不同數目的層次所組成，以及不同種類的因子（即，對象間因子對照對象內因子）；儘管如此，在本書所探討 ANOVA 裡的每一個因子代表一個獨變項。因此這種 ANOVA 能夠被說成是包含兩種構造成分：一個或多個獨變項和一個依變項上的資料。

　　在任何的共變異數分析裡，涉及三種變項。如同我們所探討過的 ANOVA，存在對應於依變項的分數以及一個或更多個與研究的獨變項一致的因子。除此之外，存在一個被稱作共變量的變項[註1]。因為**共變量**（covariate）是研究參與者被測量的一個變項，它比較類似於研究的依變項而不是獨變項。然而，在任何的 ANCOVA 研究裡，共變量與依變項有著完全不同的功能，這將

註1：術語伴隨變項（concomitant variable）與術語共變量變項（covariate variable）為同義詞。

會在下個部分裡做說明。在討論共變量的功能之前，讓我們探討幾件真實的研究來證實 ANCOVA 研究總是具有三項結構成分。

考量選錄 15.4 與 15.5，此處的研究涉及單向對象間 ANCOVA。在選錄 15.4 的研究裡，比較兩組孕婦（全部皆為藥癮者）。一組孕婦接受動機強化治療；另一組孕婦接受「標準看護建議」。依變項為尼古丁依賴性（抽菸頻率）；獨變項為治療組。共變量變項為治療前所測得的抽菸頻率基線。選錄 15.5 的研究也是比較兩個組別，分別是一般學生與學習障礙學生。這種區別也是研究的獨變項。依變項為學習類型，以學習類型量表（Inventory of Learning Styles, ILS）為測量工具，而共變量變項為 GPA。

選錄 15.4-15.5 ● 在任何 ANCOVA 研究裡的三種變項

我們執行了三項單向共變異數分析程序，使用治療組（MET vs. SC）為獨變項，治療後的抽菸行為是依變項（即，自我報告吸菸數，CO ppm，cotinine-creatinine ratio ng/ml），抽菸基線作為共變量。

來源：Haug, N. A., Svikis, D. S., and DiClemente, C. (2004). Motivational enhancement therapy for nicotine dependence in methadone-maintained pregnant women. *Psychology of Addictive Behaviors, 18*(3), p. 291.

- -

單變量分析被執行以檢視組別（LD vs. NLD）之間的差異，組別為獨變項，ILS 的總分為依變項，使用 GPA 為共變量變項。

來源：Heiman, T. (2006). Assessing the learning styles among students with and without learning disabilities at a distance-learning university. *Learning Disability Quarterly, 29*(1), p. 59.

第二節 共變量的角色

如同變異數分析一樣，共變異數分析允許研究者做出關於主要與交互作用效果的推論陳述。以此觀之，這兩個統計程序具有相同的目標。然而，只要使用好的共變量^{（註2）}，ANCOVA 在兩個獨特的方面是優於它的 ANOVA 拍檔的。

382

註 2：我們將會在稍後描述「好的」共變量品質。

為瞭解共變異數分析，你需要弄懂共變量的雙重角色。

當做出主要或交互作用效果的檢定，或當計畫或事後調查比較被執行時，共變量的一種角色是降低第二類型錯誤的機率。如同在稍早章節裡所指出的，每當一項錯誤虛無假設沒有被拒絕時，就會犯下這種推論錯誤。因為第二類型錯誤的機率與統計**檢定力**（power）是呈現反逆的關係，假定其他因素皆保持不變且使用一個好的共變量，我會說ANCOVA比它的ANOVA搭檔更為有力。

如你所見，和一項標準ANOVA有關的 F 值是經由把主要與交互作用效果的 MS 值除以誤差列的 MS 值。如果 MS_{error} 能夠變小，那麼計算的 F 值就會變大，p 值就會變小，這樣就會使虛無假設更有機會被拒絕。當一個好的共變量被使用於一項共變異數分析裡，就確實會發生以上的現象。共變量的資料能夠解釋一部分的組內變異，這導致較小的 MS_{error}。這種均方經常指的是「誤差變異數」。

在選錄 15.6 裡，我們看見了研究者解釋他們之所以使用共變異數分析的理由，是因為它增加檢定力的能力。在一項 ANOVA 裡，MS_{error} 是奠基於每組分數裡的變異大小。有幾種情況可以引起這種變異，然而其中一種主要解釋僅僅是：在一組裡，人們（或動物）當中的個別差異。藉著「考慮」那些個別差異，ANCOVA 的 MS_{error} 範圍縮小，因此統計檢定力上升。

選錄 15.6 • 共變量的第一個角色：增加統計檢定力

共變異數統計檢定的分析（ANCOVA）被使用，因為其加強的檢定力……

來源：Sallot, L. M., and Lyon, L. J. (2003). Investigating effects of tolerance-intolerance of ambiguity and the teaching of public relations writing: A quasi-experiment. *Journalism & Mass Communication Educator, 58*(3), p. 258.

除了它的檢定力功能之外，共變異數分析裡的共變量有著另外一項功能。這第二項功能為**控制**。事實上，有些研究者以**控制變項**提及他們 ANCOVA 研究的共變量。選錄 15.7 極佳地示例了共變量的使用有時是因為其控制（或校正）的能力。在此篇選錄裡，值得注意的是，使用了共變量（用以控制治療前的組別差異），即使這六十六位參與者被隨機分派至研究的兩個比較組別。還有值得注意的是，這兩組在研究的兩個依變項上，於前測的時間點上，被發現

383

具有顯著差異。雖然隨機分派是調查因果（cause-and-effect）關係研究的優良特徵，但它並不（如選錄 15.7 所示例）保證比較的組別是相等的。

選錄 15.7 ● 共變量的第二種角色：控制

這六十六位參與者同意被隨機分派至 ATP 組（$n = 33$）或控制組（$n = 33$）……共變異數分析被用以檢定以下假設：參與 ATP 的 ESRD 病人比只接受常規照護的病人具有較好的減壓能力、較低的沮喪，和較高的生活品質……在前測分數的組間比較裡，生活品質的平均分數不存在顯著差異；然而，在沮喪與壓力的感受方面存在組間差異。單向共變異數分析（ANCOVA）被用以控制這些差異。

來源：Tsay, S., Lee, Y., and Lee, Y. (2005). Effects of an adaptation training programme for patients with end-stage renal disease. *Journal of Advanced Nursing, 50*(1), pp. 41, 43, 44.

隱藏在 ANCOVA 控制特徵背後的邏輯是簡單的。涉及研究的比較組別很可能在研究者想要變項保持不變的方面有所差異。據此，研究者可以使用在變項上具有相同分數的參與者。然而，這種努力通常會帶來兩種不受歡迎的結果。一方面，只有一部分的可得參與者會被使用，因而降低推論檢定的統計檢定力。甚至，發現無法泛論至較為異質的群體。

為了帶來想要的控制，ANCOVA 校正在每一個依變項上的組平均數。雖然這種校正公式有點複雜，但是其背後的過程是相當容易理解的。如果其中一個比較組在控制變項（與研究裡的其他比較組別相比之下）上具有高於平均的平均數，那麼在依變項上的組別平均數就會被降低。相反地，任何在共變量上具有低於平均的平均數之組別會升高其在依變項上的平均分數。校正的程度依據與平均的距離有多遠而定。藉由以這種方式校正在依變項上的平均分數，ANCOVA 提供了最佳估計值。

384

為了示範 ANCOVA 在依變項上校正組別平均數的方式，讓我們看看一項關於閱讀技巧的研究，在這項研究裡，研究兩種閱讀教學法，在幫助五年級生改進閱讀技巧上是否有差異。三十二位學生被隨機分派至兩種教學法，分別稱作 TWA 與 RQ。接著，每一個教學組的十六位五年級生分成小組（$n = 4$）被教導五節不同的閱讀課。

在這項研究裡，五年級生的資料蒐集自幾種閱讀理解測量值與兩種額外的變項上：自我效能與內在動機。所有這些變項上的資料蒐集自第一節閱讀課之前與進行了五節閱讀課之後。第二組分數（即後測）代表了研究的依變項，而第一組分數（前測）當作是控制變項，或共變量變項。在選錄 15.8 裡，我們看見了兩比較組別在自我效能上的表現。

如你從選錄 15.8 所見，兩比較組別在研究開始時有著不同的自我效能平均分數。以所有三十二位學生的前測平均分數 3.125 而言，很清楚的，平均上，TWA 組的十六位學生在剛開始的時候，比 RQ 組的十六位學生具有較高的自我效能。自我效能的可能分數範圍是 1 至 5。

如果兩比較組別在自我效能的後測平均數被直接比較（獨立樣本 t 檢定或 F 檢定），那麼統計的顯著結果就難以去詮釋。那是因為部分或全部的後測差異可能僅僅是開始點差異的緣故。

為考量兩比較組別在共變量上所存在的差異，ANCOVA 校正後測平均數。如果你檢視選錄 15.8 裡的三組平均數，你很容易看見此校正程序的基本邏輯。TWA 組在出發的時候佔有優勢，因為它的前測平均（3.25）高於兩組結合的平均（3.125）。因此那組的後測平均被往下調校（從 3.19 至 3.09）。相反地，RQ 組在開始時處於劣勢，因為它的前測平均（3.00）低於所有前測的平均。因此，RQ 組的後測平均被往上調校（從 3.04 至 3.15）。值得注意的是，TWA 組具有較高的後測平均但是校正過的後測平均卻較低。

在任何研究裡，這確實是 ANCOVA 控制特徵的運作方式。任何組別在共變量上具有高於平均的平均數，將會在依變項上使其平均數往下調校，而具有低於平均的平均數，將會在依變項上使其平均數往上調校。這些**校正平均數**（adjusted means）使我們理解，如果控制（即，共變量）變項上的平均數相等的話，會產生什麼樣的結果。

385

選錄 15.8 • ANCOVA 的「控制」功能

　　三十二位有閱讀困難的都市型公立小學學生被隨機分派至八個教學組，每組四人。四組接受 SRSD 的閱讀理解策略的教學——閱讀前思考、閱讀中思考、閱讀後思考（TWA）……另四組當作比較，接受互相提問（RQ）的閱讀理解教學……學生的文字反應、自我效能，以及內在動機被單向 ANCOVA 檢定，前測

為共變量。

表四　自我效能平均數、標準差（在括弧內），和校正平均數

組別	前測	後測	校正後測
TWA	3.25（0.34）	3.19（0.55）	3.09
RQ	3.00（0.40）	3.04（0.46）	3.15

註：TWA ＝閱讀前思考、閱讀中思考、閱讀後思考策略；RQ ＝互相提問策略。

來源：Mason, L. H. (2004). Explicit self-regulated strategy development versus reciprocal questio-
ning: Effects on expository reading comprehension among struggling readers. *Journal of Edu-
cational Psychology, 96*(2), p. 284. (Adapted slightly for presentation here.)

　　雖然隱藏在 ANCOVA 背後的校正邏輯很容易理解，但是其統計程序確是
相當複雜。用以完成這項目標的公式不會出現在這裡，因為你毋須瞭解此公式
的錯綜複雜內容，就能解讀與批判 ANCOVA 的結果。你所需要知道的是，這
種校正過程涉及的，不僅僅是：(1)決定每組共變量平均數距離總體共變量平均
數之上或之下有多遠；以及(2)在依變項上的組平均數加減這種差異。為了證明
以上所述，請再看一次選錄 15.8。在那份研究裡，每一組的前測平均數都距離
總體前測平均數達.125。然而，校正過的後測平均數並不是直接從後測平均數
上直接加減.125，這是因為共變異數校正（covariance adjustment）所引起的現
象。

　　注意 ANCOVA 的兩個目標——增加檢定力與控制外來變項的干涉——此
兩者是同時發生的。如果研究者使用這種統計程序的目標僅僅是為了增加檢定
力，那麼依變項上的分數會被自動校正，以反映共變量變項上組別平均數之間
的差異。另一方面，如果研究者應用 ANCOVA 僅僅是因為想要運用統計控制
於共變量變項上，那麼推論檢定的統計檢定力將會自動增加。換句話說，AN-
COVA 同時完成兩個目標，即使研究者只想要達成一個目標。

　　在本部分開始之處，我說過 ANCOVA 允許研究者建立母體裡關於主要與
交互作用效果的推論陳述。既然你已經知道共變量變項上的資料可以使研究者
控制一種或更多的外來干涉，那麼我現在就可以點出 ANCOVA 的推論陳述是
奠基於校正平均數之上。每當檢定一項虛無假設時，使用共變量與依變項上的
資料以計算依變項上的校正平均數，ANCOVA 就聚焦於這些校正平均數上。

第三節 / 虛無假設

ANCOVA 所涉及的虛無假設數目就如同 ANOVA 一樣。因此，你會發現單因子 ANCOVA 有一項虛無假設，而二因子 ANCOVA 有三項虛無假設。這些 ANCOVA 虛無假設的本質與 ANOVA 是一樣的，除了 μ 必須被考慮是作為校正平均數$^{(註3)}$。

雖然虛無假設很少出現在 ANCOVA 的研究報告裡，有些研究者還是會提到它們。選錄 15.9 與 15.10 示例了這種現象。如果在這兩項研究裡的虛無假設以符號表示，第一項形式為：$H_0 : \mu'_{Placebo} = \mu'_{Orlistar}$，而第二項可以是：$H_0 : \mu'_{Green} = \mu'_{Blue} = \mu'_{Red} = \mu'_{White}$，此處的符號 μ' 代表校正過的母體平均數。當然，μ' 的意義在這兩項虛無假設裡是不一樣的，因為這兩項研究裡的依變項相當不同。

387

選錄 15.9-15.10 • ANCOVA 裡的虛無假設

虛無假設——期待的平均減重，從 HbA_{1c} 的基線開始至一年後結束的雙盲實驗裡，安慰劑與orlistat的治療效果兩者之間沒有顯著的不同——以ANCOVA 檢定。

來源：Kelley, D. E., Bray, G. A., Pi-Sunyer, F. X., and Klein, S. (2002). Clinical efficacy of orlistat therapy in overweight and obese patients with insulin-treated type 2 diabetes: A 1-year randomized controlled trial. *Diabetes Care, 25*(6), p. 1035.

- -

目前的研究是用以檢視顏色在目標準確度任務（標槍投擲）表現上的效果……單變量ANCOVA指出在綠色、藍色、紅色和白色狀況下，表現平均數之間沒有顯著差異（$p > .05$）……基於目前調查的結果，顏色在標槍投擲表現上沒有顯著差異的虛無假設不能被拒絕。

來源：Araki, K., and Huddleston, S. (2002). The effect of color on a target accuracy task. *International Sports Journal, 6*(2), pp. 86, 90.

註3： 在一項完全隨機並且是主動因子的 ANCOVA 裡，依變項上校正過的母體平均數在邏輯上與數學上是同等於未校正過的母體平均數。

共變異數分析 15

第四節　共變量變項的焦點、數量和特質

　　假設兩位研究者各自在其研究裡使用共變異數分析去分析他們的資料。又假設這兩項研究在同一時間點被進行，在相同的設置裡，有著相同的獨變項（以因子與層次來定義），並以相同的測量工具自相同數量與種類的參與者身上蒐集資料。儘管有這些類似性，這兩項 ANCOVA 研究可能因為共變量變項的焦點、數目和品質上的差異而產生完全不同的結果。

　　關於其焦點而言，在許多研究裡的共變量僅僅是每位參與者在依變項上開始狀態的指標。據此，研究者在共變量上的分數會成為他們的前測或基線測量值。在選錄 15.7、15.8 和 15.9 裡可以看見這種類型的 ANCOVA。實際上，這類型的 ANCOVA 是比較簡單的（但不一定具有較低的品質），因為只有單一測量工具被用以蒐集共變量變項與依變項上的資料。

　　然而，沒有規定強迫研究者使用前測類型的資料來代表共變量變項。在許多研究裡，共變量變項完全不同於依變項。例如，在選錄 15.5 裡，依變項為 ILS 上的總分，但共變量變項卻是 GPA。

　　不管共變量變項與依變項是相同或不同，ANCOVA 的校正過程基本上是相同的。首先，計算所有比較組別裡所有對象的平均共變量分數。接下來，每個比較組別的共變量平均數被拿來與總體共變量平均數（grand covariate mean）進行比較，以檢視：(1)是否前者高於或低於後者；以及(2)這兩種平均數之間存在多少差異。最後，在依變項上的每組平均數被往上或往下調校。

　　第二種 ANCOVA 研究可能不同的方式——即使獨變項、依變項、設置和參與者皆相同——是關於共變量變項的數目。簡言之，任何 ANCOVA 研究裡所包含的共變量變項可以是一個、兩個或更多個。然而，經常是只有一個共變量變項涉入研究者的調查。從目前為止我們所探討過的選錄看來，大多數只涉及單一共變量變項。但在選錄 15.11 裡，我們看見使用兩個共變量的例子。此研究涉及比較兩種心理學教學方式：線上 vs. 教室。依變項為學生所獲得的成績，兩個共變量測量課前能力水平。研究者用術語類獨變項（quasi-independent variable）來標示學生並沒有被隨機分派至這兩種課堂裡的課程傳遞因子。

388

選錄 15.11 • 具有多重共變量的 ANCOVA

成績百分率以單因子對象間共變異數分析進行分析。類獨變項為課程傳遞，有兩個層次（線上、教室）。涉入分析的共變量為 HSGPA〔高中 GPA〕與 SATC〔SAT 綜合〕分數。

來源：Edmonds, C. L. (2006). The inequivalence of an online and classroom based general psychology course. *Journal of Instructional Psychology, 33*(1), p. 17.

當許多共變量變項涉入時，似乎會使得 ANCOVA 運作較好，但是研究者需要為每一個這種變項付出代價。我們將會在稍後探討這個觀點。現在，我要你知道大多數的 ANCOVA 只包含一個或兩個共變量變項。

第三種方式關於共變量變項的品質。稍早，我們探討了共變量的兩種角色：檢定力與控制。但是如果：(1)無關的共變量變項被使用；或(2)共變量變項在概念上是有關連的，但是測量所得的資料卻是無效或不可靠的，則共變量資料將不會有任何幫助。

為了使共變量變項在概念上有關於所給定的研究，它必須與研究的依變項產生關連。在一項研究裡，如果共變量變項的測量值是透過前測蒐集而來的，並且後測分數（使用相同的測量工具）是用以代表依變項，那麼共變量在概念上的關連就很清楚。當共變量與依變項不同時，共變量是否值得被包含在 AN-COVA 裡就並不一定了。在本章稍後，我們將回到這個共變量變項的議題。

就算被研究者所選擇的共變量變項是具有敏感性的，此變項的測量也必須完善。換句話說，在共變量變項上所蒐集的資料必須可靠並且有效。稍早在本書裡，我們探討了估計信度與效度的策略。稱職的研究者使用這些方法來評估他們的共變量資料品質，甚至，他們呈現這種「資料檢查」證據於研究報告當中。

第五節 結果的呈現

大多數研究者在他們的研究報告內文裡呈現他們的 ANCOVA 結果。據此，我們現在將瀏覽幾篇摘要自已出版文章的段落。

在選錄 15.12 裡，我們看見了單向共變異數分析的結果。此篇段落非常類

似於比較兩組平均數之單向 ANOVA 的內容。我們被給予的資訊有獨變項、依變項、計算的 F 值、被比較的樣本平均數,以及關於虛無假設的決定($p <$ .01)。甚者,就像單向 ANOVA 一樣,不需要事後檢定,因為只有兩個平均數被比較。

選錄 15.12 ● 單向 ANCOVA 的結果

學生對於詩詞的前後態度與信念以四點李克氏量尺評估,從 1(非常不同意)至 4(非常同意)……我以單向共變異數分析(ANCOVA)評量干預效果,前測分數被當作共變量……ANCOVA 顯示控制組與實驗組在詩詞參與興趣方面存在顯著差異,$F(1, 35) = 9.12$,$p <$ .01。控制組於後測的校正平均數($M = 2.60, SE = .07$)顯著低於實驗組於後測的校正平均數($M = 2.89, SE = .07$)。

來源:Eva-Wood, A. L. (2004). How think-and-feel-aloud instruction influences poetry readers. *Discourse Processes, 38*(2), pp. 181, 182.

關於此篇選錄有兩件事與單向 ANOVA 的文字呈現結果不一樣。第一,注意這兩個平均數被稱為*校正平均數*。你永遠不會在單向 ANOVA 裡看見這種類型的平均數。第二,注意緊鄰 F 值的 df 數字。如果是單向 ANOVA,你可以把這兩個數字總和再加 1 以獲得研究參與者總數。因為這些結果來自於 ANCOVA,你必須於 $df_{Between}$ 和 df_{within} 的總和上加 2 而不是 1(這是因為 ANCOVA 研究裡,每一個被使用的共變量變項的組內 df 之一個自由度被應用)。據此,你可以確知這項單向 ANCOVA 的資料來自於三十八位個體。 *390*

現在讓我們檢視選錄 15.13。在這篇選錄裡,我們被給予四項個別的 2×2 ANCOVA 結果。每一項分析均涉及相同的八十二位研究參與者——四至五歲孩童——與同樣的兩個因子:不良對待狀況(是或否,依據兒童是否遭受雙親的身體虐待或被忽視)以及處置(是或否,依據兒童是否隨機接受創新的遊戲策略,稱為彈性同儕處置)。四項 ANCOVA 是需要的,因為資料蒐集自四個依變項上:共同遊戲、聯想遊戲、社交注意和獨自遊戲。這些 ANCOVA 皆會 *391* 產生三個 F 值,兩個聚焦於主要效果而一個聚焦於兩個因子之間的交互作用。在選錄 15.13 裡,研究者給予我們頭兩項分析的其中一個主要效果 F,但他們沒有呈現其他兩項 ANCOVA 的 F,因為它們並不顯著。在選錄裡的最後一句

390

選錄 15.13 • 四個雙向 ANCOVA 的結果

　　八十二位被不良對待與正常對待的社交退縮兒童被隨機分派至 RPT〔彈性同儕處置〕或注意力控制（AC）情況。資料蒐集自教師與不曉得不良對待狀況與處置情況之獨立觀察者……表一〔沒有在此呈現〕顯示處置前與處置後於共同遊戲、聯想遊戲、社交注意和獨自遊戲類目上的組別平均數……雙向共變異數分析（處置×不良對待狀況）被用以評估組別於前測水準控制下，後測上的差異……共同遊戲資料的分析指出，RPT 干預情況下的兒童遊戲互動水準顯著高於控制情況下的兒童，$F(1, 77) = 39.1$，$p < .0001$，$\eta^2 = .36$。獨自遊戲方面的處置主要效果也指出，RPT 干預狀況下的兒童於後測的獨自遊戲行為顯著少於控制情況下的兒童，$F(1, 77) = 13.7$，$p < .0001$，$\eta^2 = .15$。在這兩種遊戲類目上，不存在顯著主要效果於不良對待狀況，或處置×不良對待狀況之顯著交互作用。並且，在聯想或社交注意遊戲類目上，沒有發現顯著的組別差異。

來源：Fantuzzo, J., Manz, P., Atkins, M., and Meyers, R. (2005). Peer-mediated treatment of socially withdrawn maltreated preschool children: Cultivating natural community resources. *Journal of Clinical Child & Adolescent Psychology, 34*(2), pp. 320, 322.

391

話，研究者指出其他兩項ANCOVA裡的三個*F*結果並不具備統計上的顯著性。

　　選錄 15.13 的研究者做了兩件很重要的事。一件是效力量的估計。另一件是對於誇大的第一類型錯誤危機之可能性的警覺，但是它沒有被呈現在選錄 15.13 裡。我這樣說是因為研究者使用邦弗朗尼校正程序（把 α 從.05 改變至.013），因為他們執行了四項 ANCOVA。

　　現在請注意選錄 15.14，我們看見了雙向混合ANCOVA的結果。這組結果有兩個理由值得我們去檢視。如你即將所見，簡單主要效果的檢定被進行以深究交互作用。第二，此篇選錄示例了稱職的研究者如何把注意力放在所使用統計程序的潛藏假設上面。注意這些研究者對潛藏假設所採取的兩種行動。第一，他們轉換他們的資料以減低非常態現象。第二，他們使用 G-G 保守 *df*，因為他們發現球形假設被違反。

選錄 15.14 • 混合 ANCOVA 的結果

我們使用重複測量共變異數分析來比較無聽力損傷者與有聽力損傷者的分數。因為無聽力損傷組的組成分子為較年輕的參與者，將年紀輸入此模型而成為共變量。依變項為測驗分數，以反正弦轉換來常態化變異數（Studebaker, 1985）。球形假設被違反，所以伴隨的結果須參考 Greenhouse-Geisser 校正自由度。結果指出組別 × 情況的顯著交互作用（$p = .013$）。接下來，我們使用邦弗朗尼校正的平均數比較方式去比較在年紀控制下，無聽力損傷組與有聽力損傷組在每個測驗情況下的表現。無顯著差異存在於頻率 1（$p = .095$）或頻率 2（$p = .166$）的情況。在頻率 4（$p = .009$）、頻率 8（$p < .0005$），以及全部（$p < .0005$）情況下，無聽力損傷者的表現顯著要好。

來源：Souza, P. E., and Boike, K. T. (2006). Combining temporal-envelope cues across channels: Effects of age and hearing loss. *Journal of Speech, Language & Hearing Research, 49*(1), pp. 142-143.

第六節 共變異數分析的檢定力優勢和校正特徵的統計根據

392

在本章稍早的部分裡，你學到了一個適當的共變量變項必須在概念上與依變項有關，並且提供可靠且有效的資料。但是研究者如何能夠決定是否現存的資料（或新蒐集的資料）符合這雙重標準？每一位使用 ANCOVA 的研究者應該要能夠回答這個問題，每當一個或更多的共變量變項被融入研究時。須知道，使用了不適當的共變量變項無法得到有價值的結果。

為了使 ANCOVA 提供增加的檢定力（與 ANOVA 比較）和校正組別平均數，共變量變項必須與依變項有關。兩者間的相關本質不是正向就是負向，然而除非中度相關存在於每個共變量變項與依變項間，否則 ANCOVA 是不會達到它的檢定力與校正目標的。換句話說，存在於共變量與依變項間的有力關連，可以用來解釋依變項分數的麻煩變異性（nuisance variablility）[註4]。

註4：當兩個或更多的共變量變項被應用於同一項研究裡的時候，那麼這些共變量要彼此之間互

有許多方式去探討存在於 ANCOVA 裡的相關，即使資料只蒐集自一個共變量變項上。有兩種方式，包括：(1)為來自於被丟入單一大組之所有比較組別的所有參與者，檢視共變量與依變項之間的相關；或(2)在每個比較組別裡個別檢視共變量與依變項之間的相關。第二種方式被認為是適當的，因為 ANCOVA 在集合的組內相關係數的基礎上進行（個別分數和組平均數）校正。

最後一點關於共變量與依變項之間的相關是值得提及的。在共變量能夠以增加的檢定力宣稱差異之前，關於集合的組內 r 需要是多大就是一個很好的問題。統計學家說這個 r 的絕對值應該至少為.20。而當 r 介於 $-.20$ 與 $+.20$ 之間時，誤差列 MS 值就會變大。這種情況會帶來檢定力的降低[註5]。

第七節 / 假設前提

ANCOVA 的統計假設包含了所有關於 ANOVA 的假設，再加上三種獨特的情況，在此情況下共變量變項的資料被用以進行校正與增加檢定力。如果分析想要發揮它預期的功能，所有這三種獨特的 ANCOVA 假設必須被滿足。而研究者（與你）應該考量這些假設，每當 ANCOVA 被使用時——即使比較組別是同等大小的情況下。換句話說，n 相等並不會使 ANCOVA 對於我們現在要去探討的任何假設產生免疫力。

壹　獨變項不應該影響共變量變項

這三項新假設的第一項假設明定研究的獨變項不應該影響共變量變項。在一項實驗裡（獨變項為主動因子），這項假設很明顯地會被滿足，如果共變量變項上的資料在處置被應用之前就被蒐集。如果共變量資料在處置被應用之後被蒐集，情況就會很模糊——而研究者應該提出合理的主張宣稱處置沒有影響共變量。在非實驗研究裡（即，敘述性研究），情況會更加模糊，因為獨變項

不關連才能使 ANCOVA 運作良好。當共變量變項當中存在乏力的關連時，每一個這種變項就有機會解釋依變項裡不同部分的麻煩變異性。

註5：雖然我們已經在此段落裡使用 r，但是真正需要超過±.20 以使 ANCOVA 擁有檢定力優勢的是母體母數 ρ。

很可能已經影響每位對象在研究之前共變量變項上的狀態。我們將會在下個主要部分回到這個議題——共變異數被使用於非隨機化的研究裡。

為瞭解在一項隨機化實驗研究裡，共變量如何能被獨變項所影響，請看選錄 15.15。在這項研究裡，在共變量變項上的資料（研究十二週期間後的改變分數）蒐集自獨變項被應用之後。因此存在獨變項影響共變量分數的機率，而研究者似乎也主張這就是所發生的現象！

貳　組內相關的同質性（或回歸斜率）

第二種關於 ANCOVA 的獨特假設是指，依變項與共變量之間的相關在每一個涉及研究的母體裡是相等的。此項假設通常以回歸斜率論及而非相關，也因此你很可能在 ANCOVA 的研究報告裡碰到**等回歸斜率假設**（assumption of equal regression slopes）或**回歸斜率同質性假設**（homogeneity of regression slope assumption）等用語。研究資料能夠被用以檢定這項假設——而它應該總是被檢定，每當 ANCOVA 被使用時。對於這項假設，研究者渴望的是等回歸斜率的統計檢定產生不能拒絕的決定。此結果被詮釋為允許使用 ANCOVA 程序去分析研究資料的一種信號。

394

選錄 15.15 • 獨變項影響了共變量變項

除了已經在服用的藥物之外，對象被隨機分派去接受 3g/天的 E-EPA 補充膠囊（每天兩次，一次三粒 500mg 膠囊）或安慰劑（3g/天的藥用液狀石蠟 BP）……主要的測量結果為在基線與十二週之間，正負面症狀量表總分的改變，運動困難分數為共變量……此研究指出 E-EPA 的顯著優勢並且暗示在正負面症狀量表總分的降低方面，可能有一部分是起因於運動困難分數的降低。

來源：Emsley, R., Myburgh, C., Oosthuizen, P., and van Rensburg, S. J. (2002). Randomized, placebo-controlled study of ethyl-eicosapentaenoic acid as supplemental treatment in schizophrenia. *American Journal of Psychiatry, 159*(9), pp. 1596-1597.

看看選錄 15.16。此選錄呈現了研究者如何在每一個依變項上使用ANCOVA 之前達成共變異數分析的假設。這些研究者清楚地指出：(1)他們在進行每一項 ANCOVA 之前檢定等回歸斜率假設；並且(2)他們採取適當的校正行動，

395

394

選錄 15.16 • 等回歸斜率的假設

在使用共變異數分析執行主要分析之前，我們進行常態性、變異數同質性、共變量的信度、線性，以及回歸斜率同質性假設的評估。除了一項在工作滿意度後測分數與共變量前測分數之間的回歸斜率同質性假設被違反之外，其餘假設皆被滿足。為了處理回歸斜率同質性假設被違反的狀況，我們採用 Tabachnick 和 Fidell（2001, p. 303）的建議，計算新的工作滿意度分數。

來源：Alford, W. K., Malouff, J. M., and Osland, K. S. (2005). Written emotional expression as a coping method in child protective services officers. *International Journal of Stress Management, 12*(2), pp. 182-183.

395

當其中一項等回歸斜率假設被違反時。

如果等斜率 H_0 被拒絕，研究者有幾種選擇。例如，他們可以轉換資料並在已轉換的資料上再次進行假設的檢定。或者，研究者使用更複雜的分析〔例如，詹森內曼技術（Johnson-Neyman technique）〕於異質回歸存在的情況。或是，研究者決定不管共變量資料而僅使用 ANOVA 去比較依變項上的組別。這些不同的選擇很少被使用，不是因為等斜率假設沒有被拒絕，就是因為研究者錯誤地繞過這項假設檢定。

參　線性

第三種關於 ANCOVA 的假設（而非 ANOVA）是指，共變量與依變項之間的組內關係必須是線性的關係[註6]。有幾種方式能評估這項假設，一些涉及正式的統計檢定而一些涉及散點圖的視覺檢視（散點圖的一種特殊類型，它涉及了殘差值，被使用的頻率比原始分數散點圖更為頻繁）。不管研究者如何評估**線性**（linearity）假設，我們都需要為此行動致上敬意，因為他們努力檢查其資料是否具備進行變異數分析的合理性。

看看選錄 15.17。此段落類似於選錄 15.16。以我們現在的目標而言，首先注意研究的共變量與依變項為何。接著，瀏覽一下緊接著「變異數同質性」之

396

註6：　我最先在第三章裡討論過線性的議題。

選錄 15.17 • 線性假設

ANCOVA 的主要分析是確認正面影響的賽後測量值（依變項）於組別上的差異，正面影響的賽前測量值扮演控制的角色（共變量）。統計值的假設，包含資料的常態性、變異數同質性、賽前與賽後測量值之間的線性關係，以及回歸斜率的同質性（homogeniety of regression slopes），皆被滿足。

來源：Brown, L. J., and Malouff, J. M. (2005). The effectiveness of a self-efficacy intervention for helping adolescents cope with sport-competition loss. *Journal of Sport Behavior, 28*(2), p. 141.

後的文字。這些研究者值得被鼓勵，因為他們檢查了 ANCOVA 的線性假設。

肆　其他的標準假設

如同稍早所指出的，ANOVA 的「標準」假設（例如，常態性、變異數同質性、球形）也適合 ANCOVA。你應該依據 F 檢定是否基於假設被違反的情況下來提高或降低你對研究的評價。不幸的，你很可能會遇到許多 ANCOVA 研究並不討論線性、等回歸斜率、常態性，或變異數同質性。

第八節　當比較組別並非以隨機形式組成時之共變異數分析

在一項隨機化實驗裡，共變量變項上不同的母體平均數能夠被視為是相等的。這是因為研究參與者被隨機分派至所要調查之比較組別的緣故。當然，比較組別在共變量變項上的樣本平均數很可能不同，但是對應的母體平均數是相等的。

當 ANCOVA 被用以比較非隨機方式所組成的組別時，在共變量變項上的母體平均數就不能夠被假設是相同的。例如，如果研究想要比較六年級男生與六年級女生解答數學應用問題的能力，研究者可能使用 ANCOVA 並以閱讀能力當作共變量變項。在這項研究裡，閱讀能力上的母體平均數可能會在兩個性別組之間有所差異。

理論統計學的研究指出，如果比較的組別在共變量變項上的母體平均數不同的話，ANCOVA 的校正平均數結果是偏誤的。換句話說，當共變量變項上的母體平均數不同時，在依變項上以樣本為基礎的校正平均數並非是對應母體裡校正平均數的正確估計值。

因為 ANCOVA 產生校正平均數，許多應用研究者錯誤地認為這種統計程序允許比較非隨機組成的組別。許多年來，我不斷在研究報告裡發現，研究者暗示 ANCOVA 具有神奇的魔力來等化這類組別，也因此允許從校正平均數的比較當中進行有效推論。選錄 15.18 與 15.19 示例了這種被許多應用研究者奉為圭臬的錯誤觀點。在第一篇選錄裡，請看最後一句話。在選錄 15.19 裡，研究者基本上宣稱，ANCOVA 能夠控制最初的組別差異並「補償」無法隨機形成組別的狀況。

選錄 15.18-15.19 • 使用 ANCOVA 於非隨機形成的組別

此研究裡，使用類實驗研究設計（quasi-experimental research design）。類實驗設計具有前測—後測隨機化實驗的外觀，但是缺少隨機分派（Babbie, 2001）……後測以共變異數分析進行分析以校正前測的組間差異。

來源：Woullard, R., and Coats, L. T. (2004). The community college role in preparing future teachers: The impact of a mentoring program for preservice teachers. *Community College Journal of Research and Practice, 28*(7), pp. 614, 617.

- -

由於處置組別在 Time1 上產生差異，所以在處置開始之前，我們進行共變異數分析，以決定干預結束兩個月後的處置效果，並在統計上控制最初的差異……缺少隨機分派以及在招募過程當中的可能變化是此研究在方法學上的限制。我們使用共變異數分析來處理這類方法學上的限制。

來源：Staub, E., Pearlman, L. A., Gubin, A., and Hagengimana, A. (2005). Healing, reconciliation, forgiving, and the prevention of violence after genocide or mass killing: An intervention and its experimental evaluation in Rwanda. *Journal of Social & Clinical Psychology, 24*(3), p. 321.

除了以上所述之外，第二項合理的理由為，研究者所使用的共變量變項可能無法闡述組別之間的單一或多種重要差異。此處，問題出現在共變量變項的領域限制性。例如，研究者所使用的共變量變項可能僅闡述了知識而非動機

（反之亦然）。

　　例如，教學法的研究。一原樣組（intact group）學生接受一種形式的教學法，而另一原樣組學生接受替代形式的教學法。在這類研究裡，經由共變異數分析來比較兩組後測平均數是一般會採用的程序，而共變量可以是 IQ、GPA或前測的分數。在這類研究的摘要裡，研究者會說他們使用 ANCOVA 來「控制組間最初的差異」。然而，學術能力是否就是這三種共變量（或三種一起使用）所代表的呢？在本項以及其他許多的研究裡，人們的動機在表現能力上扮演了舉足輕重的角色。

398

　　簡言之，當碰到的研究宣稱是來自於使用原樣組的 ANCOVA 時須非常小心。如果一項重要的共變量變項被研究者所忽略，對於資料分析的結論就必須抱持高度懷疑。就算研究者蒐集並使用所有重要的共變量變項，你也不應立即照單全收研究者的宣稱。

　　在你離開關於 ANCOVA 與非隨機化形成組別的討論之前，花時間閱讀選錄 15.20 與 15.21。它們呈現了可能的問題所在，而這在研究報告裡是相當少見的。這些研究者值得我們高度的讚賞，因為他們指出 ANCOVA 沒有辦法等化非隨機形成的組別。

399

選錄 15.20-15.21 • 為何非隨機形成組別的 ANCOVA 是具有問題的

398

　　在此項研究裡，以隨機分派形成組別是不可能的，因為它需要已形成的原樣組別。這件事實使得前測（潛在共變量）的等母體平均數假定不可能被滿足。等母體平均數假定是使用共變異數分析（ANCOVA）程序的必要條件。

來源：White, J. L., and Turner, C. E. (2005). Comparing children's oral ability in two ESL programs. *Canadian Modern Language Review, 61*(4), pp. 502-503.

- -

　　研究〔使用 ANCOVA〕的幾種限制需要被告知。病人並不是被隨機分派至實驗組別的。很有可能沒有參與計畫的病人是較少動機、較低服從性和較不容易痊癒的。也有可能選擇不去參與的女性對於她們的運動較為嚴格，也因此較為厭惡參與不符其頻率、強度或品質期望的身體活動。最後，運動組與控制組之間可能存在某種未知的人格差異而干預了處置。

來源：Calogero, R. M., and Pedrotty, K. N. (2004). The practice and process of healthy exercise: An

investigation of the treatment of exercise abuse in women with eating disorders. *Eating Disorders, 12*(4), p. 288.

第九節　有關的議題

在本章開始之初，我說過任何的 ANCOVA，在許多方面，就像是其 ANO-VA 拍檔一樣。我們已經探討了許多 ANOVA 與 ANCOVA 彼此之間類似的方式，如事後檢定被用以深究顯著的主要效果與交互作用。此時，我們應該另外再探討 ANCOVA 與 ANOVA 彼此之間相互類似的三種情況。

如同 ANOVA 一樣，如果分開的 ANCOVA 被用以分析兩個或更多的依變項，第一類型錯誤率會被誇大。為了處理這個問題，謹慎的研究者會使用一些可得的策略。最常被使用的策略為**邦弗朗尼校正技術**（Bonferroni adjustment technique），而它能夠很簡單地被使用於 ANCOVA。

在選錄 15.22 裡，我們看見了邦弗朗尼技術被用於雙向 ANCOVA，因為此 ANCOVA 被使用了三次。這是一項縱貫研究（longitudinal study），而研究者想要看看同組別的學生在二年級結束時、三年級結束時和四年級結束時會有什麼變化。在每一項分析裡，兩個對象間因子分別為性別與幼稚園班級分類（全日班或半日班）。

選錄 15.22 ● 邦弗朗尼校正技術的使用

我們最後的選擇是去進行分開的單變量 ANCOVA，使用適當的邦弗朗尼校正以預防誇大的第一類型錯誤率。對於閱讀層次分析而言，我們進行三項 2×2 ANCOVA，因為閱讀成就測驗在二年級、三年級和四年級的春季施測。每一項分析的 alpha 水準被設定在 .017。

來源：Wolgemuth, J. R., Cobb, R. B., Winokur, M. A., Leech, N., and Ellerby, D. (2006). Comparing longitudinal academic achievement of full-day and half-day kindergarten students. *Journal of Educational Research, 99*(5), p. 263.

第二種 ANOVA 與 ANCOVA 都會遇到的議題是**統計顯著性**（statistical significance）與**實際顯著性**（practical significance）的差別。因為有可能在這兩種分析裡所得到的結果具有統計顯著性，但是卻沒有實際上的差異或效果。所以，當你看見研究者進行檢定力分析或估計觀察到的效果範圍時，你應該給予掌聲。因為許多人錯誤地平等化統計顯著性與實際顯著性，所以讓我們花時間探討三項研究，在這三項研究裡，研究者很有智慧地試圖去區別這些概念。

稍早（在選錄 15.13 裡），我們看見了 eta 平方被用以估計 ANCOVA 結果的實際顯著性。現在，在選錄 15.23 裡，我們看見了實際顯著性被不同的效力量（效力量都是估計值）所闡釋的例子。如你所見，研究者此處使用 d。他們也使用術語「大」（large）和「強」（strong）來詮釋其 d 值。

選錄 15.23 • ANCOVA 裡的效力量估計值

在 WLPB-R 文字子測驗上，校正後的表現在組別之間存在顯著差異，$F(1, 60) = 14.27$，$p < .001$，因此處置組學生展現了比較好的能力，而此差異的效力量為大（$d = +0.85$）。此外，在 WLPB-R 子測驗上，校正後的表現存在很大的差異，$F(1, 60) = 8.46$，$p < .006$，處置組學生顯然表現較為優良，此差異的效力量為強（$d = +0.55$）。

來源：Vaughn, S., Thompson, L., Mathes, P. G., Girino, P. T., Carlson, C. D., Pollard-Durodola, S. D., Cardenas-Hagan, E., and Francis, D. J. (2006). Effectiveness of Spanish intervention for first-grade English language learners at risk for reading difficulties. *Journal of Learning Disabilities, 39*(1), p. 65.

在 ANCOVA 裡判斷效力量的指標與 ANOVA 的情況是一樣的。這些指標請參看表 13.2。此表也指出了哪種程序通常被用於主要效果、交互作用和不同種類的事後檢定上。

在選錄 15.24 裡，我們看見了研究者在他們的 ANCOVA 研究裡進行先行檢定力分析。他們這樣做是為了決定樣本量的大小。如果他們的樣本量比檢定力分析所指出的要大，那麼研究可能產生統計上的顯著發現而不具備實際顯著性。藉著僅使用六十八位女性參與者，研究者很可能使得統計顯著性（如果有發現的話）伴隨著實際顯著性。

401

選錄 15.24 • 使用檢定力分析來決定樣本量

在課程 4 的 BCSCS 分數上進行共變異數分析。使用課程 3 的 BCSCS 分數當作共變量，並估計觀賞錄影帶的效果。第一類型與第二類型錯誤率分別被設定為 0.05（雙尾檢定）與 0.20。檢定力分析指出每一項處置大約需要六十八位女性參與者。

來源：Nolte, S., Donnelly, J., Kelly, S., Conley, P., and Cobb, R. A. (2006). Randomized clinical trial of a videotape intervention for women with chemotherapy-induced alopecia: A gynecologic oncology group study. *Oncology Nursing Forum, 33*(2), p. 307.

選錄 15.25 展示了在一項 ANCOVA 研究裡，事後檢定力分析的使用。此選錄值得你仔細注意。如果你小心地閱讀這篇選錄，你將會注意到研究者使用「負面發現」（negative findings）（意指他們的虛無假設被保留）這個詞語。這些結果是由於低檢定力的緣故，使得檢定沒有能夠偵測出可能存在於組別之間的實際顯著差異嗎？這些結果的檢定力分析暗示事情並不是這樣的。研究者對於此宣稱的反駁被包含在此選錄的最後一句話。

選錄 15.25 • 事後檢定力分析

干預階段期間，在每一項調查裡，標的藥物的使用分別以共變異數分析（ANCOVA）進行分析，有兩個對象間因子（大麻使用類目與實驗對待組類目）以及一個連續共變量（每一位病人尿液樣本的基線百分率，反正弦轉換以維持變異數的同質性）……因為發現普遍是負面的，我們進行事後檢定力計算。對於干預階段的 ANCOVA 資料而言，我們使用 f 效力量測量值之檢定力表……三項調查（鴉片、古柯鹼 1、古柯鹼 2）皆具有 0.95 的檢定力以分別偵測效力量 f = 0.40、0.44、0.35 於大麻使用類目。這些都是高度至中度的效力，同等於 r^2 的值為 0.14、0.15、0.11。換句話說，如果大麻使用類目能夠解釋 11% 以上的標的藥物（古柯鹼或非法鴉片）使用變異，那麼我們無法偵測到關聯的機率會小於 0.05。

來源：Epstein, D. H., and Preston, K. L. (2003). Does cannabis use predict poor outcome for heroin-dependent patients on maintenance treatment? Past findings and more evidence against. *Addiction, 98*(3), p. 272, 273, 276.

第三個要點是很簡單的：計畫比較能夠運用在 ANCOVA 研究裡，就如同被應用於 ANOVA 研究裡那樣的容易。請看選錄 15.26。如果你仔細閱讀此篇選錄，你會發現兩項不同種類的計畫比較被進行。一種在本質上是配對的；另一種是非配對的。

選錄 15.26 ● ANCOVA 與計畫比較

在每個年齡組別裡的參與者被隨機分派至四個策略組別：書寫（隱含組織）、分類（明晰組織）、分類＋書寫（明晰與隱含）或控制，同時被要求學習與回憶一份分類文字列表……為了檢定策略情況假設，在回憶、分類（ARC）、自我效能和特定任務控制信念上進行年齡(3)×策略情況(4) ANCOVA ……在每一個年齡組別裡執行計畫比較，以檢定是否混合策略比控制情況的表現改進較多，也檢視是否策略組別比起控制組別具有較高的效能與控制信念。

來源：Lachman, M. E., Andreoletti, C., and Pearman, A. (2006). Memory control beliefs: How are they related to age, strategy use and memory improvement? *Social Cognition, 24*(3), pp. 369, 370.

第十節 ——些警示

在結束我們的 ANCOVA 討論之前，我想要提供幾點關於解讀這類研究報告的警示。然而，當你探討這些評論時，別忘了 ANCOVA 完全可以被視為是 ANOVA 外加共變量資料的情形。由於這件事實，從第十章至第十四章所提供的訣竅與警示都適用於 ANCOVA 的情況。除此之外，你還必須注意隨後的三種特別適用於 ANCOVA 的警示。

壹 統計焦點：校正平均數

在共變異數分析裡，所有的 F 檢定（除了那些關於潛藏假設的檢定）皆處理依變項上的校正平均數，而非未校正過的平均數。這在 ANCOVA 摘要表裡的 F 檢定、涉及計畫比較的 F 檢定，以及涉及任何事後調查的 F 檢定而言確

403　實不假。因此，校正平均數應該被呈現在摘要表或內文裡。能夠擷取共變量變項上的平均數，以及依變項上未校正的平均數是有幫助的。然而，依變項上的校正平均數組成了任何 ANCOVA 的主要統計焦點。

　　不幸地，許多研究者並沒有在他們的研究報告裡呈現校正平均數。當這種情況發生時，你很難判斷是否統計上的顯著發現具有實際顯著性。據此，我鼓勵你不要太在意這些沒有呈現校正平均數的（以 ANCOVA 為基礎的）研究報告。

貳　潛藏假設的重要性

　　用以比較校正平均數的 ANCOVA F 檢定，只有在不同的潛藏假設為有效的情況下才能運作良好。再者，等樣本量的情況也無法使檢定免疫於這些假設。換句話說，n 相等並不會使 ANCOVA 在假設被違反的情況下變得穩固。

　　每當你探討奠基於 ANCOVA 的研究宣稱時，檢查看看是否研究者有提到任何的統計假設。如果你看見研究者提及等迴歸斜率假設、共變量變項與依變項之間的線性關係，以及共變量變項上的分數並沒有被獨變項所影響的假設，請你提高對於這篇研究報告的評價。如果這些假設都沒有被討論，請降低你的評價。

　　如果研究者使用較為寬鬆的 alpha 水準來評估假設的 H_0，請你給予這位研究者高的評價。因為使用 ANCOVA 的研究者通常會希望線性與等斜率假設被滿足，而使用較為寬鬆的顯著水準（如.10、.15、.20 或甚至.25）會使資料更有機會顯露不妥當的情況。當檢定這些假設時，第二類型錯誤通常被視為比第一類型錯誤更為嚴重，也因此顯著水準應該據此設定。

參　ANCOVA 對照 ANOVA

　　我最後的警示是關於你對於 ANCOVA 研究與 ANOVA 研究的一般見解。因為 ANCOVA 較為複雜（由於較多的變項與假設涉入的緣故），許多研究文獻的讀者會認為奠基於 ANCOVA 的研究結果比 ANOVA 更值得信賴。我強烈建議你暫時不要採用這種尚未被合理化的觀點。

404　雖然 ANCOVA（與 ANOVA 相較之下）不管是在表面上或表面下，確實

涉及較多的複雜性，但它是一種相當敏感精確的工具。為了提供具有意義的結果，ANCOVA 必須被很謹慎地使用——注意重要假設，聚焦於適當的樣本平均數，以正確的方式從 ANCOVA 的 F 檢定進行推論。因為它的複雜性，所以與 ANOVA 相比之下，ANCOVA 使其使用者更有機會犯下更多的錯誤。

如果使用得當，ANCOVA 能夠提供應用研究者很大的協助。然而如果使用不當，ANCOVA 可以是有害的。不幸地，許多人認為複雜性是一種天生的美德。在統計的世界裡，這通常不是準則。如同稍早在本章所指出的，每當被比較的組別不是以隨機的方式形成時，ANCOVA F 檢定的詮釋就會有問題——而此陳述為真即使：(1)涉入多重共變量變項；以及(2)所有的潛藏假設皆被注意到了。相反的，詮釋以 ANOVA 分析的隨機組別資料就顯得容易了許多。當然，每當你試圖去詮釋任何推論檢定的結果時，小心謹慎是需要的。我的論點很簡單，因為 ANCOVA 比 ANOVA 還要複雜，所以當你遇到其結果時應當更為謹慎。

術語回顧

校正平均數（adjusted means）	共變量變項（covariate variable）
共變異數分析（analysis of covariance）	回歸斜率的同質性（homogeneity of regression slopes）
ANCOVA	線性（linearity）
等回歸斜率假設（assumption of equal regression slopes）	檢定力（power）
邦弗朗尼校正技術（Bonferroni adjustment technique）	實際顯著性（practical significance）
伴隨變項（concomitant variable）	統計顯著性（statistical significance）

閒話統計

1. 涵括第十五章的一個線上互動練習題（提供立即的回饋）。
2. 關於第十五章內容的九個迷思。

3. 第十五章的最佳段落：「ANCOVA 研究優於 ANOVA 研究嗎？」

4. 兩篇電子文章。

5. 兩則關於共變異數分析的笑話。

相關內容請參考：www.ablongman.com/huck5e

16　二變量回歸、多重回歸、邏輯回歸

在第三章裡，我們探討了二變量相關如何能被用以描述兩個變項之間的關連。然後，在第九章裡，我們檢視了如何以推論方式處理二變量相關。在本章裡，我們的主題焦點非常接近相關。此主題被稱為**回歸**（regression）。

如你所見，三種不同種類的回歸將會在此處被探討；**二變量回歸**（bivariate regression）、**多 重 回 歸**（multiple regression）和**邏 輯 回 歸**（logistic regression）。二變量回歸類似於二變量相關，因為兩者皆被設計以適用只有兩個變項的情況。另一方面，多重與邏輯回歸適用於三個或更多變項的情況。雖然已經有許多種類的回歸程序被發展，在此處所探討的三種類型是最常被應用研究者所使用的。

在本章所探討的三種回歸程序就像是變項之間的相關關係。據此，你可能會認為回歸不過是另一種形式或測量的相關。請別這樣想！那是因為這兩種統計程序在三個重要方面是不同的：它們的目標、變項被標示的方式，以及應用於資料之推論檢定的類型。

相關與回歸的第一種差異是關於其目標。如同在第三章裡所指出的，二變量相關被設計以闡明兩個變項之間的關係或連結性。計算得來的相關係數可能暗示聚焦的關連性是直接且有力的，或間接且中度的，或是如此地乏力以至於認為其關連為直接或間接都是不公平的。不管結果如何，這兩個變項都要為彼此之間連結的強度與本質負責。

相關聚焦於變項之間的關連，而回歸聚焦於此關連兩端之一的變項。依據聚焦的一端，回歸試圖完成兩種目標。這兩種目標涉及預測與解釋。

在某些研究裡，回歸被用以**預測**（predict）一個變項上的分數，而所運用的資訊是來自於其他變項。例如，大學院校可能使用其他變項（例如，入學測

驗、申請者的論文、推薦信）來預測申請學生未來的學術成就（例如，GPA）。這個時候，每位申請者的大學 GPA 就會是回歸的主要焦點。

在其他研究裡，回歸被用以**解釋**（explain）為何在某個特定的變項上，研究的人們、動物或事物分數是不同的。例如，研究者也許感興趣於為何人們在生活滿意度上有所不同。如果此研究被進行的話，一份問卷會被發給一大群組個體以測量生活滿意度。同樣的群體會在幾種變項上被測量，以解釋為何有些人滿意自己的生活，而有些人認為生活是殘酷且不公平的。這類變項也許包含健康狀態、人際關係和工作滿意度。如果是這種使用方式，回歸的焦點會在那些能夠解釋為何人們會有不同生活滿意度的變項上。

選錄 16.1 與 16.2 示例了回歸的兩種不同目標。在第一篇選錄裡，目標是要使用回歸分析幫助預測兒童的閱讀與拼字表現。在選錄 16.2 裡，目標是去解釋，而非預測。此處，研究者想要瞭解哪些因子能夠解釋，為何某些居住於都市且罹患骨關節炎（OA）或風濕性關節炎（RA）的非裔美國女性比其他人更常運動。

回歸與相關之間的第二種差異是關於變項的標示。這種差異在只有兩個變項資料被蒐集的情況下最容易被認出。讓我們把這兩個變項稱作 A 與 B。在相關分析裡，變項 A 與 B 沒有特定的名字；它們僅僅是研究的兩個變項。它們的文字描述位置與圖形代表位置可以互換。例如，一旦 r 被確立，它可以被描述為 A 與 B 之間的相關**或** B 與 A 之間的相關。同樣的，如果散點圖被用以呈現兩個變項之間的關連，哪一個變項被置放在橫座標是無關緊要的。

在涉及 A 與 B 的回歸分析裡，兩個變項間的重要區別必須被釐清。在回歸分析裡，一個變項需要被指認為**依變項**（dependent variable），而另一個變項需要被視為是**獨變項**（independent variable）（註1）。這種區別是重要的，因為：(1)二變量回歸的散點圖其縱座標對應依變項，橫座標代表獨變項；以及(2)兩變項的名稱不能夠相互交換。例如，A 於 B 的回歸不同於 B 於 A 的回歸（註2）。

_408_

註 1： 術語**準則變項**（criterion variable）、**結果變項**（outcome variable）、**反應變項**（response variable）與**依變項**（dependent variable）是同義詞，而術語**預測變項**（predictor variable）或**解釋變項**（explanatory variable）與**獨變項**意味著相同的東西。

註 2： 當使用語句「＿＿於＿＿的回歸」時，出現在第一個空格的變項會是依變項，而出現在第二個空格的變項會是獨變項。

選錄 16.1-16.2 • 回歸的兩種目標：預測與解釋

在 ELS〔早期閱讀支持〕的有效性方面蒐集資料是重要的……除此之外，瞭解是什麼預測了兒童的個別差異是必要的，因為可以根據兒童的特殊需要而進行課程上的調整……相關矩陣〔沒有在此處呈現〕暗示T2 的閱讀與拼字能夠被T1 的諸多變項所預測。然而，此矩陣並不允許我們指認哪個變項貢獻了獨特的變異數以預測閱讀與拼字。據此，進行回歸分析是必要的。

來源：Hatcher, P. J., Goetz, K., Snowling, M. J., Hulme, C., Gibbs, S., and Smith, G. (2006). Evidence for the effectiveness of the Early Literacy Support programme. *British Journal of Educational Psychology, 76*, pp. 353, 362.

此研究的目標是去回答以下的問題：⑴何種因子解釋了居住於都市且罹患 OA 或 RA 之非裔美國女性的身體活動和運動行為？⑵這些解釋身體活動和運動行為的因子與在母體裡罹患 OA 和 RA 的人們一樣嗎？……進一步的多重回歸被用以建立解釋變項的模型以最佳解釋身體活動裡的變異數。

來源：Greene, B. L., Haldeman, G. F., Kaminski, A., Neal, K., Sam Lim, S., and Conn, D. L. (2006). Factors affecting physical activity behavior in urban adults with arthritis who are predominantly African-American and female. *Physical Therapy, 86*(4), pp. 512, 514.

選錄 16.3 與 16.4 來自於兩項相當不同的研究。在第一項研究裡，只有兩個變項涉入回歸分析。在第二篇選錄裡，存在一個依變項與四個獨變項。儘管有這些差異，注意研究者如何清楚地指出每一個變項的狀態。

409

選錄 16.3-16.4 • 依變項與獨變項

首先，對象被分成三組，分組依據為他們的資源水準（高、中或低），然後二變量回歸在每一個資源水準上被計算，以痛苦為獨變項而自殺觀念為依變項。

來源：Lieberman, Z., Solomon, Z., and Ginzburg, K. (2005). Suicidal ideation among young adults: Effects of perceived social support, self-esteem, and adjustment. *Journal of Loss & Trauma, 10*(2), pp. 174-175.

為了比較自我效能與 SARS 恐懼感的預測力〔以 SARS 恐懼量表子測驗進

行測量〕，我們進行一項多重回歸分析，以 CIES-R 為依變項，感知的自我效能、SFS 感染、SFS 不安全感和 SFS 不確定感為獨變項。

來源：Ho, S. M. Y., Kwong-Lo, R. S. Y., Mak, C. W. Y., and Wong, J. S. (2005). Fear of severe acute respiratory syndrome (SARS) among health care workers. *Journal of Consulting and Clinical Psychology, 73*(2), p. 347.

　　相關與回歸之間的第三種差異是關於推論檢定的焦點與信賴區間。以相關而言，僅聚焦於一件事情：樣本相關係數。然而，以回歸而言，你將會看見推論聚焦於相關係數、回歸係數、截距、回歸係數的改變和勝算比。當我們檢視二變量回歸、多重回歸和邏輯回歸時，我們將探討這些不同的推論程序。

　　雖然相關與回歸是不同的，但是有一些相關的概念可以當作回歸的基石。由於這種緣故，你也許會懷疑為何本章不立刻放在第九章之後。如果此疑問浮現在你腦海當中，那麼這裡有個簡單的回答。本章之所以會被置放於此處，是因為變異數分析與共變異數分析的某些概念也被當作某些回歸分析的基石。例如，研究者有時把他們的回歸預測（或解釋）奠基於獨變項之間的交互作用。並且，有時候回歸的進行伴隨著一個或更多控制的或保持不變的共變量變項。不知曉交互作用與共變量，你將無法瞭解這些回歸分析的特定要素。

　　我們現在把注意力轉向被應用研究者使用的最簡回歸類型。謹記你現在即將要學習的材料，因為在本章稍後所探討的其他兩種回歸類型是奠基於最簡類型的概念。

第一節　二變量回歸

　　回歸分析的最簡類型被稱為**二變量回歸**（bivariate regression）。首先，我們需要去澄清此類型回歸的目標與所需的資料。然後，我們將探討散點圖、最佳調和線和預測等式。最後，我們將討論關於二變量回歸的推論程序。

壹　目標與資料

　　如你從名稱上所猜想的一樣，二變量回歸僅僅涉及兩個變項。其中一個變

項為依變項而另一個變項為獨變項。這類回歸的目標可以是預測或解釋；然而，二變量回歸最常被用以檢視依變項上的分數如何能被來自於獨變項上的資料所預測。

為了示範二變量回歸如何被用於預測的方式，想像有一位三十歲的舉重選手叫作山姆，他的肩膀已經受傷好幾個月並且尚未進行手術治療。因此，安排肩部手術以治療山姆的肩膀。即使他知道這種手術能夠很快的復元，他還是想要知道手術多久之後才能夠進行正常活動。他手術前對醫生提出的問題很簡單：「我何時才能夠再次舉重？」很明顯的，山姆想要他的醫生進行預測。

雖然山姆的醫生傾向於以平均康復期來回答這個問題，但這並不是山姆真正想要知道的。很明顯的，有些人的復元期較短，而有些人的復元期較長。因此，山姆想要他的醫生考量其個別情況，並且告訴他必須中斷訓練多久。如果山姆的醫生手邊有最近的肩部手術舉重選手的康復期資料，並且有電腦程式進行二變量回歸，他就能夠考量山姆的個別情況並提供一個更為適切的答案。

在一項實際進行過的舉重選手肩部手術研究裡，有十位具有肩傷的舉重者。雖然在這個研究裡有幾種變項的資料被蒐集，但我們僅探討兩種資料：年紀與術後復元期。選錄 16.5 呈現了這兩個變項上的資料。

411

選錄 16.5 • 兩個變項上的資料

表一 十位舉重者的年紀與術後復元期

病人	年紀	恢復運動（天數）
1	33	6
2	31	4
3	32	4
4	28	1
5	33	3
6	26	3
7	34	4
8	32	2
9	28	3
10	27	2

來源：Auge, W. K., and Fischer, R. A. (1998). Arthroscopic distal clavicle resection for isolated at-raumatic osteolysis in weight lifters. *American Journal of Sports Medicine, 26*(2), p. 191. (Note: Table 1 was modified slightly for presentation here.)

貳　散點圖、回歸線和回歸等式

　　回歸的組成部分與功能可以藉由檢視散點圖來獲得最佳理解。在圖 16.1 裡，資料取自選錄 16.5。在此「圖示」裡有十顆黑點，每一個黑點代表了每一位舉重選手的年紀與術後康復期。

　　在圖 16.1 的散點圖裡，復元期為縱座標而年紀為橫座標。如此安排的原因是復元期被視為是依變項，也是最終要預測的變項。另一方面，年紀被置放在橫座標，這是因為它是獨變項，也是提供支援資料於預測方面的變項[註3]。

412

　　如你所見，一條斜線經過散點圖的資料點。這條線被稱為**回歸線**（regression line）或**最佳調和線**（line of best fit），而它的功能是預測山姆需要中

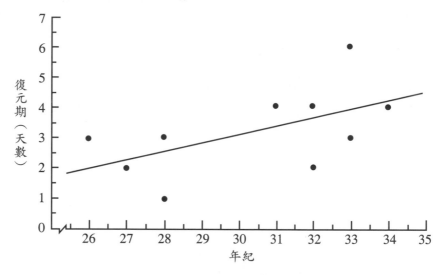

圖 16.1　使用選錄 16.5 裡的資料進行回歸分析

註3：　因為我們處理的是回歸（而非相關），在散點圖內對調兩個變項並不適當。依變項總是在縱座標上；獨變項總是在橫座標上。

斷訓練多久。很明顯的，回歸線的置放是要盡可能地靠近所有的資料點。一條特定的公式決定了這條線的準確位置；然而，你只需要知道它是基於一項稱為最小平方（least squares）的統計概念（註4）。

讓我們假裝是山姆的醫生並為他進行預測。我們需要做的是把注意力轉向散點圖，並以眼手來做輔助。請先在橫座標上找出山姆的年紀（記住，山姆年齡為三十歲）。從此點垂直往上直到碰觸回歸線。最後，從碰觸回歸線的點向左橫向移動直到碰觸縱座標。在縱座標上所碰觸到的點就代表我們為山姆所做的預測復元期。根據我們的資訊，我們預測山姆大概需要中斷訓練三天。

413

注意如果山姆的年紀較大時，其復元期會較長，而如果山姆年紀較輕時，其復元期會較短。例如，如果山姆只有二十六歲的話，我們將預測其復元期為兩天，而如果他是三十四歲的話，復元期為四天。這些關於山姆不同年紀的預測是參考回歸線的斜度而來。因為依變項與獨變項之間存在正相關，回歸線斜度是從左下延伸至右上。

雖然使用散點圖裡的回歸線能夠幫助我們進行預測，但是還有一種更快更科學的方法稱作**回歸等式**（regression equation）。在二變量線性回歸裡，此種等式具有以下的形式：

$$Y' = a + b \cdot X$$

此處 Y' 代表依變項上被預測的分數，a 是常數，b 是**回歸係數**（regression coefficient），而 X 是獨變項上的已知分數。此等式僅僅是描述回歸線的一種專業方式。以選錄 16.5（與圖 16.1）的資料而言，回歸等式結果如下：

$$Y' = -5.05 + (.27)X$$

使用此回歸等式來為山姆進行預測，我們僅僅把山姆的年紀代入 X 然後進行簡單的數學運算。當我們這樣做的時候，我們發現 $Y' = 3.05$。這是為山姆所運算出的預測復元期（天數）。此結果非常類似我們稍早所預測的，而這並不令人感到訝異。那是因為此回歸等式是基於回歸線的一種準確機制。

然而散點圖和回歸線很少出現在研究報告裡，回歸等式倒是經常出現。在

註4：最小平方原則僅僅意味著資料點自回歸線的平方距離相加時所產生的總和為最小。

選錄 16.6 裡，我們看見這種例子。如你即將所見，建立回歸等式，以預測用手臂寬幅測量身高的情形。在此項研究裡，每個人的身高與手臂寬幅以公分為測量單位。因此，在回歸公式裡的兩個數字（0.87 與 20.54）是公分量尺，而非英吋。

讓我們使用選錄 16.6 裡的回歸等式進行一些身高預測。當我測量我自己的手臂寬幅時，我發現它是 175.1 公分。使用此回歸公式，我發現我的身高是 20.54 ＋ 0.87(175.1)＝ 172.88 公分。此預測值非常接近我的真實身高 172.70 公分。現在輪到你來試試看吧！

選錄 16.6 • 二變量回歸裡的回歸等式

> 此研究的目標是決定以手臂寬幅來測量中年人與年輕人身高的準確度……研究八十三位對象組成的方便樣本。對象年紀介於二十歲與六十一歲之間，平均年紀為 41.63 歲（SD ＝ 11.10）。五十七位（69%）為女性，而二十六位（31%）為男性……第一項分析是以手臂寬幅來預測身高的簡單回歸。預測等式如下：身高＝ 0.87（手臂寬幅）＋ 20.54。

> 來源：Brown, J. K., Whittemore, K. T., and Knapp, T. R. (2000). Is arm span an accurate measure of height in young and middle-age adults? *Clinical Nursing Research, 9*(1), pp. 90-91.

應該注意的是二變量回歸分析可以有兩種回歸等式。一種稱為**非標準化回歸等式**（unstandardized regression equation）。這是我們到目前為止所探討的類型，而它的形式為 $Y' = a + b \cdot X$。另一種回歸等式（能夠使用相同的資料而產生）被稱為**標準化回歸等式**（standardized regression equation）。標準化回歸等式的形式為 $z'_y = \beta \cdot z_x$。這兩種回歸等式在三方面是不同的。首先，標準化回歸等式在依變項與獨變項上都是 z 分數，而非原始分數。再者，標準化回歸等式不具有常數（即 a）。最後，符號 β 被用以代替 b〔並且被稱為 **beta 權數**（beta weight）而非回歸係數〕。

參　在二變量回歸裡詮釋 a、b、r 和 r^2

當為了預測而使用回歸等式時，它的形式為 $Y' = a + b \cdot X$。現在既然你已

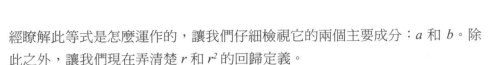

經瞭解此等式是怎麼運作的，讓我們仔細檢視它的兩個主要成分：a 和 b。除此之外，讓我們現在弄清楚 r 和 r² 的回歸定義。

　　稍早，我提到a為「常數」。這個回歸等式的組成要素也被稱為**截距**（intercept）。簡言之，a 指出回歸線在散點圖裡延伸至左邊與縱座標相交之處。因此，它指出 X = 0 時的 Y'值。在許多研究裡，X = 0 的情況是很不可能的；儘管如此，Y'= a，當 b = 0 時。

　　在選錄 16.6 裡，八十三位對象的回歸等式常數為 20.54。這並不是一個非常真實的數字，因為它指出零手臂寬幅對象的預測身高。同樣的，在圖 16.1 裡的回歸線a值為－ 5.05。此數字沒有意義，因為它指出年紀零的舉重者所需要的術後康復期。明顯的，a 也許在研究裡獨變項與依變項的背景下完全喪失意義。儘管如此，a 在散點圖裡清楚地指出回歸線與縱座標相交之處。

　　第二種主要的回歸概念是 b，回歸係數。當回歸線被置放在散點圖裡時，b 指的僅僅是這條線的**斜率**（slope）。換句話說，b 值意味著依變項裡有多少預測單位的改變（向上或向下）是因為獨變項裡任何一個單位增加的緣故。在圖 16.1 裡，回歸等式的斜率為.27。這意味著如果手術延後一年的話，山姆的復元期會多四分之一天。

　　當研究者使用二變量回歸時，他們有時會比較著重b或β。例如選錄16.7。在此選錄的研究裡，五十位多重硬化症患者在三個人格變項上被測量：存在主義的（即，非宗教的）富足感（以EWB測量）、感知的疾病不安感（以MUIS測量）、對疾病的心理社會調適（以PAIS-T測量）。在把整組病人依據EWB分數分成高分與低分這兩個子組之後，研究者在每一個子組上進行二變量回歸，以調查與 MUIS 和 PAIS-T 分數之間的關連。注意當研究者比較病患的兩個子組時，他們如何把注意力放在 beta 權數上。

選錄 16.7 • 聚焦於回歸係數

　　EWB 的分數被二分為兩組（高分 EWB > 46，低分 EWB < 46）。〔二變量〕回歸分析分別進行於每一組（高分 vs. 低分）與 MUIS 以及 PAIS-T 之間。檢視斜率……指出，以高分EWB組而言，MUIS分數的增加沒有導致任何PAIS-T分數的改變（β＝ .015）。然而，以低分EWB組而言，MUIS分數的增加導致

了 PAIS-T 分數的減少（$\beta= -.30$）。換句話說，對於高分 EWB 的病患而言，不安感與心理社會調適之間沒有發現關連性，而對於那些低分 EWB 的病患而言，不安感的增加與心理社會調適的降低是有關連的。

來源：McNulty, K., Livneh, H., and Wilson, L. M. (2004). Perceived uncertainty, spiritual well-being, and psychosocial adaptation in individuals with multiple sclerosis. *Rehabilitation Psychology, 49*(2), pp. 94, 96.

416

　　當總結回歸分析的結果時，研究者通常會指出 r 的數值（獨變項與依變項之間的相關）或 r^2。當然，你已經知道這兩個數值是測量獨變項與依變項之間的關連強度。但每一個數值在回歸背景下有著特定的意義，這值得我們瞭解。

　　如你所期待的，高的 r 值指出資料點很接近回歸線。雖然這是件不可否認的事實，但是存在更精確的方式來概念化 r 的回歸定義。一旦回歸等式被產生，這條等式就能夠被用以預測那些提供分數來發展等式的人們的 Y'。這樣做或許有點傻，因為預測的分數實際上是那些人在依變項上已知的**真實**分數。然而，藉由比較他們的預測分數與他們的真實分數（兩者皆來自於依變項），我們能夠看出回歸等式運作的狀況。r 值確實做到了這一點。它量化了預測分數與真實分數配合的程度。

　　如同 r 有其回歸背景下的特殊詮釋定義，r^2 也不例外。簡言之，確定係數指出，依變項裡的變異有多少部分能夠被獨變項所「解釋」。如同選錄 16.8 所示例的，r^2 通常以百分率的形式被呈現在研究報告裡。

選錄 16.8 • 依變項裡的變異被獨變項裡的變異所解釋

　　二變量回歸分析指出藥物以及攝生法選擇與 SBP〔心臟收縮的血壓〕之間於母體裡存在中度線性關連：大約 15%（皮爾森積差相關係數 $r^2 = 0.148$）的藥物／攝生法選擇變異可以被 SBP 所解釋。

來源：Erhun, W. O., Agbani, E. O., and Bolaji, E. E. (2003). Managing hypertension with combination diuretics and methyldopa in Nigerian Blacks at the primary care level. *Clinical Drug Investigation, 23*(9), p. 585.

肆　二變量回歸裡的推論檢定

　　用以產生回歸線或回歸等式的資料通常被視為是來自於樣本而非母體。因此回歸分析的組成部分——a、b 和 r——通常被視為是樣本統計值，而非母體母數值。據此，每當研究者執行回歸分析時就會進行一項或多項的推論檢定。

417

　　最常被進行的檢定聚焦於 r。這種檢定的虛無假設會說母體裡的相關等於 0（即，$H_0 : \rho = 0$）。這類型的檢定在第九章裡被討論過，而那時所考量的同樣可以應用於二變量回歸背景下的 r。在選錄 16.9 裡，我們看見了執行這種檢定的例子。在本選錄結束之處，研究者呈現 r^2 的值而非 r。他們也可以報告 r =.32 來替代 r^2 =.10。這無所謂，因為 r 的檢定在數學上同等於 r^2 的檢定。

選錄 16.9 • 在二變量回歸裡檢定 r（或 r^2）的顯著性

　　為了回答第一個研究問題——感知的對於挑戰種族主義、性別歧視，和社會不公的支持，是否與都市人之間關鍵意識的反省要素有關——反轉的SDO總分與全部感知的支持變項（對於挑戰種族主義、性別歧視，和社會不公的支持）進行回歸分析。此項簡單回歸具有統計上的顯著性，$F(1, 91) = 9.70$，$p < .01$，$r^2 = .10$，指出 10% 之關鍵意識反省要素的變異能夠被全部支持變項所解釋……

來源：Diemer, M. A., Kauffman, A., Koenig, N., Trahan, E., and Hsieh, C. (2006). Challenging racism, sexism, and social injustice: Support for urban adolescents' critical consciousness development. *Cultural Diversity & Ethnic Minority Psychology, 12*(3), pp. 448, 452.

　　在二變量回歸裡，r 的檢定在數學上同等於 b 或 β 的檢定。因此，你永遠不會看見 r 與 b（或 r 與 β）同時被檢定，因為這樣是多餘的。然而，研究者有這個自由選擇聚焦於 r 或 b 或 β。在選錄 16.10 裡，我們看見了一組研究者選擇檢定 β。此種檢定的虛無假設會說 beta 權數的母體數值為 0。換句話說，這種檢定的虛無假設為回歸線沒有斜度，這意味著獨變項在預測依變項分數上沒有提供協助。

418

選錄 16.10 • 檢定 beta 權數

417

　　二變量回歸分析發現，年紀對於PTGI分數而言，是一個微小，但顯著的預

測因子（$\beta = .17$, $p < .05$）。

來源：Morris, B. A., Shakespeare-Finch, J., Rieck, M., and Newbery, J. (2005). Multidimensional nature of posttraumatic growth in an Australian population. *Journal of Traumatic Stress, 18*(5), p. 581.

第二節　多重回歸

　　我們現在把注意力轉向最普遍的回歸程序，**多重回歸**（multiple regression）。這種形式的回歸涉及單一依變項，就像是二變量回歸一樣。然而，在多重回歸裡，存在兩個或更多的獨變項。換句話說，多重回歸只涉及一個 Y 變項，但兩個、三個或更多 X 變項[註5]。

　　在三個重要方面，多重回歸同等於二變量回歸。首先，使用多重回歸的研究理由與使用二變量回歸是一樣的，不論是在預測（聚焦於依變項）或解釋（聚焦於獨變項）上。第二，這兩種回歸程序皆涉及回歸等式。第三，二變量與多重回歸總是涉及推論檢定以及依變項分數裡能夠被解釋的變異範圍。

　　雖然多重回歸與二變量回歸在某些方面是相同的，但它們確實在三個相當重要的方面是不同的。如你即將所見，多重回歸能以不同的方式被執行以導致不同的結果，它能被設置以配合研究者想要控制的共變量，與它能夠涉及（如同預測變項）一個或更多獨變項之間的交互作用。二變量回歸沒有這些特徵。

　　在接下來的段落裡，多重回歸的這三項特徵將會被討論。然而，我們先探討一個依變項與多重獨變項的回歸等式。此等式的作用就像是原始分數與所得發現之間的最重要踏腳石。

壹　回歸等式

　　當回歸分析涉及一個依變項與兩個獨變項時，回歸等式的形式如下：

註5：請回憶依變項（Y）有時也稱為準則、結果或反應變項，而獨變項（X）有時稱為預測或解釋變項。

$$Y' = a + b_1 \cdot X_1 + b_2 \cdot X_2$$

此處 Y' 代表依變項上被預測的分數，a 代表常數，b_1 與 b_2 為回歸係數，而 X_1 與 X_2 代表兩個獨變項。在選錄 16.11 裡，我們看見了這種類型的回歸等式。

419

選錄 16.11 • 兩個獨變項的回歸等式 ——————

回歸公式如下：

$Y = 6.34 + 7.06X_1 + 4.17X_2$

此處 X_1 是在每餐之間改變飲食，而 X_2 是在從事其他活動時改變飲食。

來源：Golan, M., Fainaru, M., and Weizman, A. (1998). Role of behaviour modification in the treatment of childhood obesity with the parents as the exclusive agents of change. *International Journal of Obesity, 22*, p. 1221.

如同先前所指出的，多重回歸能夠配合兩個以上的獨變項。在這樣的情況下，回歸等式僅僅是往右延伸（產生新的 b 與新的 X），並把每一個獨變項相加。當然，這種情況也只包含一個 Y'（位於等式的左邊）以及一個 a（位於等式右邊）。

選錄 16.12 示例了涉及兩個以上獨變項的回歸等式。在此選錄的研究裡，研究者蒐集資料自六百零九位大學生，這些大學生皆註冊一門三學期的電腦科技課程。為了回答其中之一項研究問題，研究者使用多重回歸分析來檢視，是否某些態度變項能夠預測學生在課外花多少時間改進他們的電腦科技技巧。在選錄 16.12 裡，研究者澄清哪四種態度被視為是獨（預測）變項。注意研究者稱依變項為**反應變項**（response variable）。

420

選錄 16.12 • 具有幾個獨變項的回歸等式 ——————

419

在頭一項回歸分析裡，預測變項為四個態度變項——樂在其中（X_1）、動機（X_2）、重要性（X_3），以及免於焦慮的自由（X_4）；而反應變項為時間（Y）——花在學習或使用科技的時間……回歸分析產生一組用以形成回歸等式的係數：

$Y = - 428.15 + 15.22\,(X_1) + 3.34\,(X_2) + 16.02\,(X_3) + 5.57\,(X_4)$

來源：Liu, L., Maddux, C., and Johnson, L. (2004). Computer attitude and achievement: Is time an intermediate variable? *Journal of Technology and Teacher Education, 12*(4), pp. 599, 600.

420   呈現在選錄 16.11 與 16.12 的每一條回歸等式裡，在等式右邊介於兩個獨變項之間的算術符號是正的。這意味著每一個回歸係數都是正的。在某些多重回歸等式裡，一個或更多的 *b* 是負的。回歸係數的正負符號僅僅指出獨變項與依變項之間的關連本質。因此，如果在選錄 16.12 裡的學生被測量花在課外活動的時間，我會預期此預測變項的回歸係數是負的，這暗示涉入課外活動與花時間學習電腦之間存在反逆的關連。

    不管多重回歸是否被用於預測或解釋的目的，研究者通常感興趣於比較哪一個獨變項幫助回歸分析達成它的目標。換句話說，找出每一個獨變項對於成功預測或有效解釋的貢獻程度是重點所在。你可能會試圖檢視 *b* 以瞭解獨變項的運作成效，但是你必須注意，每個回歸係數的測量單位與 *X* 是相互對應的。因此如果多重回歸裡的其中一個獨變項是身高，其 *b* 依據身高測量的單位是公分或英吋等等，而在大小上會有所不同。

    為了確定不同獨變項的相對重要性，研究者需要檢視不同於我們目前為止所見的**非標準化回歸等式**（unstandardized regression equation），它是**標準化回歸等式**（standardized regression equation）。這種回歸等式，以三個獨變項而言，具有下列的形式：

$$z'_y = \beta_1 \cdot z_{x1} + \beta_2 \cdot z_{x2} + \beta_3 \cdot z_{x3}$$

    你會注意到，等式裡的依變項與獨變項以 *z* 為代表，沒有常數，並且使用符號 *β* 而非 *b*。這些 *β* 就像是標準化回歸係數，並且被稱作 **beta 權數**（beta weights）。

    雖然標準化回歸等式很少被包含在研究報告裡，但研究者通常會個別呈現
421   這些 *β* 數值。在選錄 16.13 與 16.14 裡，我們看見兩個這種例子。注意在第一篇選錄裡，beta 權數以「beta」論及，而在第二篇選錄裡卻是使用符號 *β*。

    在結束我們的回歸等式討論之前，有三項要點需要說明。第一，在回歸分析裡的一個或更多的獨變項在本質上可以是類目變項。例如，性別通常被用於多重回歸裡，以協助完成研究者的預測或解釋目的。當你看見用於不同研究裡

的多重回歸方法時，你很可能看見不同的類目獨變項，例如婚姻狀態（單身、已婚、離婚）、最高學歷（學士、碩士、博士），以及種族（黑人、白人、西班牙裔）。

第二，研究者通常會在回歸等式裡納入一個條件來代表研究裡兩個獨變項之間的交互作用。在選錄 16.15 裡，我們看見這樣一個例子。

研究者在多重回歸分析裡使用交互作用的原因有許多。有時候，研究者僅僅是想要 R^2 盡可能地大。他們在回歸等式裡放入交互作用，把它當作一項新的獨變項，這可能會提高依變項的可預測性。然而，大多數研究者在其回歸分析裡使用交互作用是為了另種理由。

選錄 16.13-16.14 • beta 權數

這項研究檢視學生於共同學習組作業上的表現和統計學考試成績之間的關連⋯⋯多重回歸方法被用以分析資料⋯⋯標準化回歸係數的比較指出，計畫 2 運用在期末成績上的效果（Beta ＝.205）不及運用在隨堂測驗上之效果的一半（Beta ＝.564）。

來源：Delucchi, M. (2006). The efficacy of collaborative learning groups in an undergraduate statistics course. *College Teaching, 54*(2), pp. 244, 246.

我們使用標準多重回歸分析，檢定原始 TPB 變項的效能與自我效能於預測青年庇護所居民遵守規則的意圖⋯⋯兩個變項都是意圖的顯著預測因子。自我效能，$\beta = .47$，顯示為最強的預測因子；而主觀社會壓力規範（subjective norm），$\beta = .34$，為另一個顯著的預測因子。

來源：Broadhead-Fearn, D., and White, K. M. (2006). The role of self-efficacy in predicting rule-following behaviors in shelters for homeless youth: A test of the theory of planned behavior. *Journal of Social Psychology, 146*(3), p. 316.

選錄 16.15 • 交互作用成為獨變項

在第一組分析裡，產生兩項多重回歸等式，而在兩項等式裡，準則變項皆為顧客滿意度。以第一項回歸等式而言，預測變項為提供者職業類型、謙恭表達，以及兩者的交互作用。

422

來源：Koermer, C. D. (2005). Service provider type as a predictor of the relationship between sociality and customer satisfaction. *Journal of Business Communication, 42*(3), p. 254.

交互作用的包含產生了一種情況，在此情況裡，研究者能夠檢視，是否回歸等式對於涉入交互作用變項的不同層次而言，皆呈現類似的運作效果。請再次考量選錄 16.15。在此項研究裡，研究者能夠進行一項簡單二變量回歸，以檢視是否謙恭表達（來自工作人員）能預測顧客滿意度。藉由把服務提供者類型與交互作用（服務提供者類型與謙恭表達）當作獨變項，研究者有機會檢視謙恭表達與顧客服務之間的關連，是否受到不同種類的服務提供者影響而有所差異。那麼，服務提供者類型能夠被稱為**調解變項**（moderator variable）。回歸分析裡的交互作用條件，探詢是否預測依變項的等式，對於涉及交互作用的變項之不同類目皆保持相同。

最後一點關於回歸等式的評論是一項重要的警示。簡言之，注意如果分析缺少或增加了獨變項，回歸係數（或 beta 權數）能夠劇烈地改變。因此回歸係數（或 beta 權數）並不提供任何獨變項價值的絕對評估。相反地，它們是「依據情況而定」。

貳　多重回歸的三種類型

存在不同種類的多重回歸，因為獨變項資料能以不同的次序被輸入分析裡。在本部分，我們將探討三種最普遍的多重回歸。它們被稱作同時多重回歸、逐步多重回歸和階級多重回歸。

在**同時多重回歸**（simultaneous multiple regression）裡，所有關於獨變項的資料在同一時間被考量。這類型的多重回歸能類比煮蔬菜湯的過程，比如把所有材料同時丟入鍋中、攪拌，並且一起烹煮。在選錄 16.16 裡，我們看見了同時多重回歸的範例。

選錄 16.16 • 同時多重回歸

進行同時多重回歸分析，以更進一步檢視 Sport-MPS 子量表與 Hewitt-MPS 子量表的關連。每一份 Sport-MPS 子量表分別被輸入回歸分析裡作為依變項，三份 Hewitt-MPS 子量表被同時輸入作為獨（或預測）變項。

來源：Dunn, J. G. H., Dunn, J. C., Gotwals, J. K., Vallance, J. K. H., Craft, J. M., and Syrotuik, D. G. (2006). Establishing construct validity evidence for the Sport Multidimentional Perfectionism Scale. *Psychology of Sport & Exercise,* 7(1), p. 68.

　　第二種多重回歸分析類似準備一碗蔬菜湯，根據每一種材料的分量依序投入鍋裡烹煮。此處高湯先丟入（因為分量最多），接著是蔬菜、肉類，而最後是佐料。每一樣材料皆代表一種獨變項，而「材料的分量」同等於依變項與獨變項之間二變量相關的大小。此處，在**逐步多重回歸**（stepwise multiple regression）裡，電腦決定這些獨變項變成回歸等式一部分的順序。在選錄 16.17 裡，我們看見這種多重回歸的範例。

　　除了以上兩種的調味程序之外，我們還可以考量食材口味與柔軟度以作為丟入鍋裡烹煮的依據。如果我們想要每一樣東西都有洋蔥味，我們最好把它先放入鍋內，即使食譜說只需要少量。同樣地，我們可以先不放入蔬菜（並且不與其他材料一起放入），如果這些蔬菜是柔軟的，而我們不想煮爛它們。**階級多重回歸**（hierarchical multiple regression）就像是以這種方式來烹煮一碗蔬菜湯，因為在這種形式的回歸裡，獨變項階段性地被輸入分析。通常，如同選錄 16.18 所示例的，首先被輸入的那些獨變項是研究者想要去控制的。在其被允許去盡可能地解釋依變項裡的變異性之後，其他變項被輸入以檢視是否它們能夠比首先輸入的那些獨變項貢獻更多。

424

選錄 16.17 • 逐步多重回歸

423

　　為了決定影響學術表現的因子，進行逐步多重回歸，第一年結束時的平均分數作為依變項，以此發掘哪種變項有關於學術表現。以下的獨變項被輸入：入學年齡（低於 21、21 至 25、25 以上）、性別、社經階級、A-Level 得分、父親有無學位、母親有無學位、三項生活目標分數、三種學習取向。

來源：Wilding, J., and Andrews, B. (2006). Life goals, approaches to study and performance in an undergraduate cohort. *British Journal of Educational Psychology,* 76(1), p. 177.

選錄 16.18 • 階級多重回歸

424

　　階級線性回歸分析被用以預測下週狂歡飲樂的意圖。獨變項分三個階段批

次（in three blocks）輸入：(1)年紀與性別；(2)態度、自我效能，和感知的控制力；以及(3)過往的狂歡飲樂行為。以這種方式，檢視 TPB〔計畫行為理論〕變項的預測功能是可能的，因為控制了年紀與性別的效果⋯⋯

來源：Norman, P. and Conner, M. (2006). The theory of planned behaviour and binge drinking: Assessing the moderating role of past behaviour within the theory of planned behaviour. *British Journal of Health Psychology, 11*(1), p. 60.

參　多重回歸裡的 R、R^2、ΔR^2 和校正 R^2

在多重回歸研究裡，回歸分析通常藉由 R、R^2，或校正 R^2 的量化範圍而達到其目標。有時候其中兩者會被呈現，偶爾你會看見這三者同時在回歸分析裡被報告。多重回歸分析的這些要素與回歸等式本身同樣的重要。

在二變量回歸裡，r 提供了回歸等式運作情形的指標。它提供了被預測分數與用以發展等式之真實分數（在依變項上）之間符合程度的訊息。多重回歸 R 能夠以同樣的方式被詮釋。如果我們為提供獨變項與依變項分數的個體計算 Y 與 Y' 之間的皮爾森 r，我們會得到**多重回歸 R**（Multiple R）。

425

雖然當多重回歸的結果被報告時，R 值有時會出現，研究者更有可能報告 R^2 的值或其百分率。藉著這麼做，被獨變項所解釋的依變項裡的變異部分或百分率能夠以量化的方式被報告。選錄 16.19 示例了研究者使用 R^2 的方式。

選錄 16.19 • R^2 作為解釋變異的指標

進行一項多重回歸分析以確認會議長度的預測因子。預測因子為學生年紀、學生年級，以及會議參與者的數目⋯⋯樣本多重相關係數為.52，這指出會議長度大約 27%的變異能夠被這些變項的線性結合所解釋。

來源：Martin, J. E., Van Dycke, J. L., Greene, B. A., Gardner, J. E., Christensen, W. R., Woods, L. L., and Lovett, D. L. (2006). Direct observation of teacher-directed IEP meetings: Establishing the need for student IEP meeting instruction. *Exceptional Children, 72*(2), p. 195.

當多重回歸分析裡的所有獨變項資料皆被同時考慮時，只有一個 R^2 能夠被計算。然而，在逐步與階級回歸裡，多個 R^2 值能夠被計算，每一個都對應分析的每一個階段，當個別獨變項或一組獨變項被加入時。這些 R^2 值會在每

個階段逐漸變大,而每個階段之間的增值稱為 R^2**變化**(R^2 change)。另一種符號ΔR^2代表的是相同的意思,此處符號Δ表示「變化」之意。

選錄 16.20 很好地闡釋了ΔR^2的概念。在階級多重回歸的第一個步驟裡,三個「控制」變項被用以預測依變項(學生對課程的評價)。那些變項產生一個很小的R^2。接下來,在回歸分析的第二個步驟裡,三個額外的獨變項輸入模型裡,而使得R^2從.044 改變至.504。因此R^2的增加(即ΔR^2)是 .46。在第二個步驟結束之處,回歸模型使用了所有六個獨變項,學生課程評價變異的50.4%能夠被所有的獨變項所解釋。

校正 R^2(adjusted R^2)被經常報告在多重回歸分析裡,並用以替代R^2或額外加入。會以比例或百分率的形式報告校正 R^2。它的詮釋方式就像是 R^2,因為它指出依變項裡的變異能夠被獨變項所解釋的程度。R^2與校正 R^2概念上不同之處為,前者(奠基於樣本資料)總是高估母體 R^2的值。

426

選錄 16.20 ● 逐步或階級回歸裡的ΔR^2

我們以學生對課程的評價結果作為依變項,並執行一項階級多重回歸分析。變項分兩步驟被輸入等式。首先,學生自我報告成就(即,學生報告其 GPA)、學生性別等控制變項被輸入等式。結果顯示此等式的 $R^2 = .044$……第二,課程期待、情感日誌結果、認知日誌結果等預測變項被輸入等式。結果顯示此等式之$\Delta R^2 = .46$……整體而言,〔全部〕回歸等式解釋了超過 50%的變異……

來源:Bolin, A. U., Khramtsova, I., and Saarnio, D. (2005). Using student journals to stimulate authentic learning: Balancing Bloom's cognitive and affective domains. *Teaching of Psychology, 32*(3), p. 157.

校正 R^2 藉由降低 R^2 的數值來移除 R^2 的偏誤。因此,如果研究以大於原本許多的樣本被複製時,這種校正預期了以更大樣本複製研究所觀察到的**削減量**(shrinkage)。如你所預期的,這種校正的範圍與研究的樣本量呈反逆的關連(註6)。

當報告多重回歸分析的結果時,一些研究者(大概不知道 R^2 提供了預測的誇大指標)只報告 R^2。對於那些認知到關於 R^2 正偏誤的研究者而言,一些

註 6: 校正的範圍也被獨變項的數目所影響。越多的獨變項其校正範圍越大。

研究者在他們的報告裡只會包含校正 R^2，而另一些研究者會同時包含 R^2 和校正 R^2。在選錄 16.21 裡，我們看到了後者的情況。

選錄 16.21 • 校正 R^2

階級回歸模型被用以探索預測變項與準則變項之間的關連……年紀與教育的貢獻是顯著的，$R^2 = .19$，校正 $R^2 = .18$，$p < .001$。ATG-S 在第二步驟解釋了 14% 的顯著額外變異，$R^2 = .33$，校正 $R^2 = .32$，$p < .001$。在最後階段，整組 GRCS-I 變項解釋了 4%[譯註 1]的額外變異（$R^2 = .38$, 校正 $R^2 = .35$, $p < .01$）。

來源：Kassing, L. R., Beesley, D., and Frey, L. L. (2005). Gender role conflict, homophobia, age, and education as predictors of male rape myth acceptance. *Journal of Mental Health Counseling,* *27*(4), p. 321.

427

肆　多重回歸裡的推論檢定

當研究者執行一項多重回歸時，他們能夠應用幾種不同的推論檢定。三種最常見到的檢定把焦點放在 β、R^2 和 ΔR^2。讓我們探討這些檢定在做些什麼，然後我們檢視一篇選錄，在此選錄裡，這三項檢定皆被使用。

當一個特定獨變項的 beta 權數被檢定時，虛無假設會說母數值為 0。如果此項假設為真，那麼此特定獨變項就對多重回歸的預測或解釋性目標沒有貢獻。因此，研究者通常努力檢定每一個 beta 值以決定：(1)哪個獨變項應該被囊括在回歸等式裡；或(2)在已發展回歸等式裡的哪個獨變項最終是有助益的。beta 權數的檢定通常使用雙尾 t 檢定[註7]。

當 R^2 被檢定時，虛無假設說依變項裡沒有任何變異能夠被獨變項的集合所解釋（此處的 H_0，當然，論及的是研究母體，而非樣本）。此項虛無假設通常以 F 檢定加以評估。在大多數的研究裡，研究者會希望此項 H_0 被拒絕[註8]。

譯註 1：5% 才能解釋 $R^2 = .33$ 至 $R^2=.38$ 的變異；3% 才能解釋校正 $R^2 = .32$ 至校正 $R^2 = .35$ 的變異，端看你是聚焦於 R^2 或校正 R^2。

註 7：此類 t 檢定的 df 同等於樣本量減去比獨變項數目多 1 的數。

註 8：此類 F 檢定的第一個 df 等於獨變項的數目；第二個 df 值等於樣本量減去比獨變項數目多 1 的數。

當 ΔR^2 被檢定時，虛無假設說新加入回歸等式裡的獨變項，完全無益於解釋依變項裡的變異。如同 beta 權數與 R^2 的虛無假設一樣，此項特定的 H₀ 論及的是研究的母體，而非其樣本。有一項特別的 F 檢定被用以評估這項虛無假設。當然，這種檢定在邏輯上適合逐步與階級多重回歸的程序；它永遠不會被使用於同時多重回歸的背景下(註9)。

現在請看看選錄 16.22，它來自於一篇涉及階級多重回歸的研究。花時間仔細檢視這篇選錄。如你所見，它包含了 beta 權數的檢定、第一步驟分析之 R^2 的檢定、從第一步至第二步驟分析之 R^2 增值的檢定、步驟二對於整個模型分析之 R^2 的檢定。

選錄 16.22 的兩個額外特徵值得注意。第一，當分析從步驟一至步驟二時，與治療師自我覺知的水準和經驗有關之 beta 權數大小的改變（在步驟一

選錄 16.22 • 多重回歸裡的推論檢定

表一　治療階段的病人感受到治療師的水準、經驗，和治療階段自我覺知管理之階級多重回歸結果

準則變項：SIS 關係衝擊分數	**B**	**SE B**	**β**
步驟一：$df = 2, 14$			
治療師自我覺知的水準	1.66	0.74	0.58*
治療師自我覺知的經驗	− 0.17	1.19	− 0.04
步驟二：$df = 3, 13$			
治療師自我覺知的水準	2.96	0.89	1.04**
治療師自我覺知的經驗	− 0.67	1.08	− 0.15
治療師管理策略	− 13.87	6.37	− 0.59*

註：步驟一的 $R^2 = .32$（$p > .05$）；步驟二的 $\Delta R^2 = .18$（$p \leq .10$）；步驟二的整個模型 $R^2 = .50$（$p \leq .05$）。SIS ＝治療階段衝擊量表。
*$p \leq .05$　**$p \leq .01$

來源：Fauth, J., and Williams, E. N. (2005). The in-session self-awareness of therapist-trainees: Hindering or helpful? *Journal of Counseling Psychology, 52*(3), p. 445.

註 9：此類 F 檢定的 df 同等於(a)新加入獨變項的數目，以及(b)樣本量減去比新舊獨變項總數多 1 的數目。

裡，治療師的自我覺知水準在 $p \leq .05$ 時為顯著；在步驟二裡，同樣的獨變項在 $p \leq .01$ 時為顯著）。這種獨變項評估值的改變在逐步與多重回歸裡並非不尋常。因此，任何獨變項的階級值並不是絕對的；而是，它的用處是依據整個背景而來（即是，是否其他獨變項也涉及此多重回歸，和如果存在其他預測變項，什麼樣的關係存在此獨變項與依變項之間）。

關於選錄 16.22 第二件值得注意的事情是 R^2 從步驟一至步驟二的數值，它從「$p > .05$」改變為「$p \leq .05$」。這顯示在步驟二被輸入於模型的獨變項造成了改變。注意第一個 R^2 並不顯著，而第二個 R^2 是顯著的，並注意被解釋變異的估計程度從 32%上升至 50%。

第三節　邏輯回歸

本章最後所要探討的回歸被稱作邏輯回歸。原本，只有醫療領域（尤其是流行病學）的研究者使用這種回歸。然而，越來越多在其他領域的研究者發現並使用**邏輯回歸**（logistic regression）。它的普遍性持續增長，使其即將取代多重回歸而成為最常使用的回歸工具。

在探討邏輯回歸與其他回歸之間的差異之前，讓我們檢視它們之間的相似性。首先，邏輯回歸處理變項之間的關連（而非平均數差異），而一個為依（結果或反應）變項另外為獨（預測或解釋）變項。第二，獨變項的本質可以是連續變項或類目變項。第三，邏輯回歸的目標可以是預測或解釋。第四，能夠進行顯著檢定，而檢定目標可以是個別的獨變項或獨變項集合的效果。最後，邏輯回歸能夠以同時、逐步或階級的方式被進行。

當然，邏輯回歸與二變量或多重回歸之間存在重要的差異。這些差異會在以下的三個大段裡被澄清。如你即將所見，邏輯回歸圍繞著一種稱作**勝算比**（odds ratio）的核心概念，而此概念並非二變量或多重回歸的特徵。在檢視此新概念之前，我們需要把注意力放在邏輯回歸所使用的資料，以及使用這種統計工具的理由。

壹　變項

　　如同二變量或多重回歸，邏輯回歸總是涉及兩種主要變項。這些是研究的依變項與獨變項。在典型的邏輯回歸裡（如同一些多重回歸的應用），獨變項的子集被囊括並當作控制的作用，被標示為控制（或共變量）。在此三種變項上的資料是進入正常邏輯回歸裡的唯一成分，而這種分析的結果，在概念上，是緊貼著這三種變項。由於這些原因，先探討邏輯回歸的組成部分對我們而言是重要的。

　　在任何的邏輯回歸裡，如同在任何的二變量或多重回歸裡，僅存在一個依變項。然而，此處的依變項本質是二分法的（即，兩個一組）。例如，是否病人能夠存活於開放性心臟手術，是否老年婚姻不幸者認為其伴侶是主要的照護者，是否孩童長期遭受半夜咳嗽之苦，以及是否成年人每天至少喝八盎斯的牛奶。如以上範例所顯示，邏輯回歸裡的依變項能夠代表真實二分或人工二分。

　　除了依變項之外，在任何的邏輯回歸裡至少涉及一個獨變項。幾乎，兩個或更多的獨變項會涉入。如同多重回歸，這些變項本質上可以是量化或質化。如果是前者，獨變項上的分數就代表數字連續體上的點。然而，以質化獨變項而言，分數不具有數字意義，而僅代表一種組別身分。在任何給定的邏輯回歸裡，獨變項能夠全部是量化、全部是質化，或一些量化一些質化。甚而，獨變項能夠被個別地使用和／或結合成為交互作用。

430

　　當使用邏輯回歸時，應用研究者通常於幾種獨變項上蒐集資料，而不是只有一個。例如，研究的依變項為學前兒童半夜咳嗽，獨變項可以是兒童的性別與出生體重、寵物的存在與尿床問題、雙親是否吸菸或有氣喘、兒童白天是否在照護中心裡。許多的獨變項出現在邏輯回歸的研究裡並非不尋常。

　　如同稍早所指出的，在典型邏輯回歸裡的某獨變項子集被視為控制變項。邏輯回歸裡的這類變項能夠使研究者評估剩餘獨變項與依變項之間的「純粹」關連。換句話說，邏輯回歸之所以包含控制變項，是為了避免獨變項與依變項之間的存粹關連被研究者所懷疑的因素影響而無法被呈現出來。

　　以被包含在任何邏輯回歸裡的共變量變項而言，它可以只有一個，或兩三個，或除了一個獨變項之外全部都是。當然，這視研究目標與研究者指認與測

量潛在困惑變項的能力而定。例如，在學前兒童半夜咳嗽的研究裡，除了一個獨變項外，其他獨變項全部被視為控制作用；藉著這麼做，研究者認為他們比較能夠檢視照護中心與居家照護在呼吸症狀上的直接影響。

在選錄 16.23 裡，一項典型邏輯回歸的三種變項被清楚地指認。值得花時間仔細閱讀此篇選錄並注意這三種變項的本質與數目。

如同所有這類邏輯回歸一樣，選錄 16.23 的研究有一個在本質上是二分法的依變項。此變項為兒童是否有齲齒。除此之外，此研究涉及五個獨變項（有關於兒童與鄰居的社經特徵），並伴隨一些控制變項。雖然「控制變項」沒有出現在選錄 16.23 裡，但是「可能的混淆因素」指出，年紀、家庭大小和口腔衛生行為變項被視為是控制變項。

431

選錄 16.23 ● 依變項、獨變項和控制變項

為了確認社經變項對 ECC〔早期兒童齲齒〕的影響，建立多重邏輯回歸模型，所有五個社經變項皆被使用，而年紀、家庭大小和口腔衛生行為被視為可能的混淆因素。

來源：Willems, S., Vanobbergen, J., Martens, L., and De Maeseneer, J. (2005). The independent impact of household-and neighborhood-based social determinants on early childhood cavities. *Family & Community Health, 28*(2), p. 173.

許多邏輯回歸研究就像是選錄 16.23 的例子一樣，涉及一個二分依變項、多重獨變項和多重控制變項。在某些邏輯回歸研究裡，會存在多重獨變項與一個控制變項。或者，存在一個獨變項與多個控制變項。這全視研究的目標以及研究者於獨變項和控制變項上蒐集資料的能力而定，這些獨變項與控制變項在邏輯上與依變項有關。

貳　邏輯回歸的目標

稍早在本章裡，我們指出研究者使用二變量回歸與多重回歸來達成兩種目標：解釋或預測。這也適用於邏輯回歸。在許多研究裡，焦點在於沒有控制的獨變項，目標是指認哪一個獨變項解釋了二分依變項的狀態。在其他研究裡，焦點在依變項上，以及如何預測依變項的結果。

選錄 16.24 示例了以解釋為目標的邏輯回歸。在這項研究裡，研究者感興趣於檢視大學生完成或沒有完成其學業的潛在解釋。此研究並沒有放多少注意力於二分依變項（完成或沒有完成學業）上，因為注意力都放在可能解釋依變項狀況的獨變項上。

選錄 16.24 ● 邏輯回歸與解釋

> 透過檢視學生的大學前屬性以及與高等教育機構的互動，我們試圖尋找大學生為何能成功完成學業的解釋因子。然而，此份研究只有調查大學前屬性在中輟與完成學位上的影響，主要是因為缺乏諸如學術與社會互動的研究資料……因為邏輯回歸適合這項分析，二分依變項裡的畢業狀態被標示為 1。
>
> 來源：Ishitani, T. T. (2006). Studying attrition and degree completion behavior among first-generation college students in the United States. *Journal of Higher Education, 77*(5), pp. 865, 887.

在選錄 16.25 裡，我們看見了邏輯回歸被用於預測。在此篇選錄裡，研究者發展一項計算公式來預測電影是否能贏得奧斯卡金像獎。在此篇研究報告結束之處，作者提醒讀者不應該使用這項公式於賭博行為。因為打賭奧斯卡金像獎（即使在拉斯維加斯）是違法的！

選錄 16.25 ● 邏輯回歸與預測

> 奧斯卡金像獎提供了一項獨特的機會來探究投票者喜好。每年奧斯卡金像獎評審都會投票選出最佳影片獎。存在許多因素影響他們的決定。本研究調查並權衡這些影響。分析過去四十年來最佳影片獎的特徵，包括人事、種類、行銷和其他獎項的紀錄。使用邏輯回歸模型，估計每個變項對於影片的得獎影響力。
>
> 來源：Kaplan, D. (2006). And the Oscar goes to ...: A logistic regression model for predicting Academy Award results. *Journal of Applied Ecnomics & Policy, 25*(1), p. 23.

參　勝算、勝算比和校正勝算比

因為**勝算**（odds）的概念對於邏輯回歸是如此地重要，讓我們探討一個簡

單的例子來闡釋這個字的意義。假設你有一對正常的骰子，如果你同時擲出這兩顆骰子，並檢視你是否得到一對相同的數目，答案可能是「是」或「否」。所有可能的結合有三十六種，其中六種是成對的情況。因此，出現成對的機率是 6/36 或.167（據此，非成對的機率是.833）。很明顯的，打賭成對的狀況很可能讓你遭遇失敗。但我們可以更準確點。我們可以說勝算對你而言是 5 比 1，這意味著得到非成對結果是得到成對結果的五倍之多。

　　大多數研究者應用邏輯回歸，以使他們能夠討論每一個使用勝算概念之獨變項的解釋或預測能力。例如，他們想要能夠說，如果人們在某個特定的獨變項上採取立場，他們很可能有兩倍的機會在依變項上得到某種結果。例如，在一項有關兒童期遭受虐待與之後產生不法行為的研究裡，研究者總結他們的發現：「有兒時被虐經驗的成人，被逮捕的機率是那些沒有這種經驗成人的五倍。」在另一項研究裡，研究者發現：「穿戴護腕的滑雪者，手腕扭傷的機率是沒有穿戴者的一半。」

　　在進行了邏輯回歸之後，研究者通常會為每一個獨變項，或至少是那些沒有被當作控制作用的獨變項，提出**勝算比**（odds ratio）。勝算比有時候以 **OR** 表示，而它可類比於 r^2，因為它測量了獨變項與依變項之間的關連強度。然而，勝算比被許多人認為是比確定係數更容易使用的概念。因為勝算比對於邏輯回歸是如此重要，讓我們花點時間探討它意味著什麼。

　　想像有兩個非常受歡迎的電視節目在晚間同一個時段播出。讓我們姑且把這兩個節目稱作 A 與 B。也想像我們在播出時段當中進行調查，我們詢問每個被調查的對象兩個問題：(1)您正在觀賞的電視節目名稱？以及(2)您是男性或女性？在我們剔除了沒有在看電視以及看其他電視節目的人們之後，讓我們假設我們得到了如圖 16.2 的資料。

被觀賞的電視節目

		節目 A	節目 B
性別	男性	200	100
	女性	50	150

圖 16.2　性別於兩種電視節目偏好的假設性資料

如你所見，兩種電視節目都同樣受歡迎。每一種都被二百五十位我們所電訪的人們觀賞。現在讓我們檢視，每一個性別組在兩個電視節目之間的分布情況。我們先選擇節目 A，並且計算男性與女性觀賞節目 A 的勝算。對於男性而言，觀賞節目 A 的勝算是 200 ÷ 100（或 2 比 1）；對於女性而言，觀賞同樣節目的勝算為 50 ÷ 150（或 1 比 3）。如果我們現在把男性的勝算除以女性的勝算，我們可以獲得節目 A 的性別勝算比。此項 OR 將會是（2 ÷ 1）÷（1 ÷ 3）或 6。此結果告訴我們，在我們的抽樣個體裡，男性觀賞節目 A 的可能性是女性的六倍。換句話說，性別（我們的獨變項）似乎是高度有關於哪個節目被觀賞（我們的依變項）。

在我們的性別與電視節目範例裡，勝算比是很容易計算的，因為僅涉及兩個變項。然而，邏輯回歸通常涉及兩個以上的獨變項。當多重獨變項涉入時，計算勝算比的程序就變得相當複雜；然而，勝算比的基本概念都是一樣的。

請考量選錄 16.26 與 16.27。注意出現在第一篇選錄裡的詞語「85%的降低量」和「66%的降低量」，還有出現在第二篇選錄裡的「1.3 倍之多」。大多數人都能夠瞭解這類結論，即使他們不熟悉產生勝算比的統計公式。除此之外，你可能已經發現勝算比大於或小於 1 是相當武斷的。它完全依據句子的結構方式而定。例如，在選錄 16.27 裡的最後一句，如果句子中的男性與女性顛倒的話，OR 將會是.77（而他們可以說「大約 3/4」）。

選錄 16.26-16.27 • 勝算比和校正勝算比

在比較移民與非移民哺乳行為的時候，我們發現移民比非移民更有可能親自哺乳。出生在美國的母親於哺乳行為勝算上有 85%的降低量（OR = 0.150, P < .01），而在第六個月的哺乳行為勝算上有 66%的降低量（OR = 0.344, P <

434

435

434

.01）。

來源：Gibson-Davis, C. M., and Brook-Gunn, J. (2006). Couples' immigration status and ethnicity as determinants of breastfeeding. *American Journal of Public Health, 96*(4), p. 643.

- -

　　當為醫生背景與執業特徵校正時，專長仍然是計畫熟悉度的一項有力預測因子。再次，胸腔內科醫師（校正勝算比〔OR〕＝ 1.205）、家醫科醫師（OR ＝ 1.000）和心臟科醫師（OR ＝ 0.856）具有最大的熟悉度……增加的年紀與較低的轉診勝算有關，而女醫師轉診病人去抽菸中斷計畫的比率是男醫師的 1.3 倍之多。

來源：Steinberg, M. B., Alvarez, M. S., Delnevo, C. D., Kaufman, I., and Cantor, J. C. (2006). Disparity of physicians' utilization of tobacco treatment services. *American Journal of Health Behavior, 30*(4), p. 381.

435　　當勝算比的計算不考慮其他的獨變項時，它可以被視為二變量分析。這類 OR 被說成是未校正或原狀勝算比（crude odds ratio）。如果某特定變項 OR 的計算有考慮到其他的獨變項，那麼它就稱為**校正勝算比**（adjusted odds ratio）。藉由考量所有的獨變項以評估它們與依變項的連結性，研究者通常說他們正在執行一項多變量分析（multivariate analysis）。

　　請再看看選錄 16.27 裡校正勝算比的例子。注意此選錄的開頭文字「當為醫生背景與執業特徵校正時」。因為這些變項被考慮進去，此選錄裡的所有 OR 數字（包括 1.3）都是校正勝算比。頭一項數字，1.205，很明顯地告訴我們是校正勝算比。研究者期待我們應用「校正」這個措辭於其他的 OR 數字上。

肆　顯著性的檢定

　　當使用邏輯回歸時，研究者通常會進行顯著性的檢定。如同在多重回歸裡一樣，這種檢定能夠聚焦於個別獨變項的勝算比（就像是回歸係數）或整體回歸等式。整體回歸等式上的檢定通常代表了多重回歸裡最重要的檢定，而邏輯回歸裡勝算比的檢定，被視為是研究者能夠執行的最關鍵檢定。

　　當與獨變項有關的勝算比或校正勝算比被檢定時，虛無假設說對應樣本 OR 的母體 OR 等於 1。如果虛無假設為真（OR ＝ 1），它意味著依變項的兩

個不同類目裡的成員資格無關於所考量的獨變項。如果此虛無假設被拒絕，OR 的樣本值與 1 的離差必須大於機率所期待的。

當研究者想要檢定勝算比或校正勝算比時，他們通常使用兩種方式。一種方式涉及設定一項虛無假設，選擇顯著水準，然後藉由比較檢定統計值與臨界值，或比較以資料為基礎的 p 與 α 來評估 H_0。在選錄 16.28 與 16.29 裡，我們看見第一種方法被使用的兩個範例。

注意在選錄 16.28 裡，研究者使用**威爾德檢定**（Wald test）去檢視是否勝算比具有統計上的顯著性。這種檢定高度類似於多重回歸裡用以檢視 beta 權數是否具有統計顯著性的 t 檢定。然而，這兩項檢定只有類比性，因為它們不只虛無假設不同，運用以檢定 H_0 之計算值與臨界值的類型也有所不同。如同在選錄 16.28 裡所示例的，威爾德檢定緊跟 χ^2 的理論分配而非 t（這就是卡方分配）。在選錄 16.29 裡，用以檢定校正勝算比的檢定沒有被指明。研究者很可能使用威爾德檢定，但他們也可能使用一項替代檢定程序。

436

選錄 16.28-16.29 ● OR 或 AOR 的顯著性檢定

SST 分數是沮喪嚴重性〔輕度或嚴重〕的顯著預測因子，勝算比為 0.69（Wald's $\chi^2(1) = 6.73, p < .01$）。

來源：Thomas, S. A., and Lincoln, N. B. (2006). Factors relating to depression after stroke. *British Journal of Clinical Psychology, 45*(1), p. 55.

- -

表 2〔沒有在此呈現〕呈現了欺凌者的邏輯回歸結果。如同所預測的，欺凌者的朋友報告了更多的侵略行為，不論是在整體樣本裡（AOR〔adjusted odds ratio〕= 1.32, $p < .0001$）或是在女性的子樣本裡（AOR = 1.46, $p < .006$）。

來源：Mouttapa, M., Valente, T., Gallaher, P., Rohrbach, L. A., and Unger, J. B. (2004). Social Network predictors of bullying and victimization. *Adolescence, 39*(154), p. 324.

研究者能夠檢定勝算比的第二種方式是透過信賴區間的使用。此處 CI 用以決定虛無假設是否被保留的準則，與 CI 被用以檢定平均數、r、平均數差異或任何東西的道理是一樣的。如果信賴區間與虛無假設裡的精準數值相重疊，虛無假設就會被保留；反之，H_0 就會被拒絕。選錄 16.30 示例了 CI 如何被用

437

以檢定勝算比。花時間仔細檢視此選錄的 CI，注意它的範圍兩端，然後回憶虛無假設裡被檢定的精準數值為 1.0。你能看出為何研究者的 OR 值.77 在病人接受抽搐降低干預作為的條件下，被視為代表顯著的降低嗎？

436

選錄 16.30 • 透過信賴區間檢定勝算比

然而，抽搐降低干預作為的使用被發現能減少結果的可能性（OR = 0.77，95%CI = 0.60-0.98）。這就是說，在 PCS-12 分數上增加十四分以上的勝算，會使接受抽搐降低干預作為的病人減少 23%。

來源：Jewell, D. V., and Riddle, D. L. (2005). Interventions that increase or decrease the likelihood of a meaningful improvement in physical health in patients with sciatica. *Physical Therapy, 85* (11), p. 1146.

437

如同先前所指出的，在邏輯回歸裡是有可能檢定是否獨變項與控制變項解釋了依變項人們的狀態。這種檢定通常以卡方檢定的特殊形式進行。當檢定被用以評估個別 OR 或 AOR 時，這種檢定具有相同的符號（χ^2）；然而，以此版本而言，研究者通常以**模型**（model）的檢定論及。在選錄 16.31 裡，我們看見了這種檢定的範例。

選錄 16.31 • 檢定整個邏輯回歸模型

為了更全面性地檢視潛在預測因子的效果，進行邏輯回歸。年紀、牛皮癬的臨床嚴重性、情感表達障礙、時間信念、結果、情緒起因為預測變項……回歸模型是顯著的（$-2 \log L = 55.63, \chi^2 = 25.83, p = .0001$）。

來源：Knussen, C., Tolson, D., Swan, I. R. C., Stott, D. J., Brogan, C. A., and Sullivan, F. (2005). Adversarial growth in patients undergoing treatment for psoriasis: A prospective study of the ability of patients to construe benefits from negative events. *Psychology, Health & Medicine, 10* (1), p. 50.

第四節　最後的評論

　　當我們總論本章時，我們需要考量額外的五種回歸相關議題。這些考量涉及多重共線性、控制、實際顯著性、誇大的第一類型錯誤、原因。如果你謹記這些議題，當你遭遇二變量、多重和邏輯回歸的報告時，你將更有利於解讀與批判這類報告。

　　在多重與邏輯回歸裡，獨變項與控制變項彼此之間不應該存在高度相關。如果確實有高度相關，那麼就存在**多重共線性**（multicollinearity）。選錄 16.32 與 16.33 示例了訓練有素的研究者，能察覺此潛在問題並且檢視其資料，看看他們的回歸是否會被獨變項之間的交互關連網絡所「搞砸」。在這兩篇選錄裡，多重回歸的方法被使用。然而，應該注意的是多重共線性也能夠在邏輯回歸裡造成問題。尋找研究者是否闡明這項議題，不管他們使用哪種回歸。

438

選錄 16.32-16.33 ● 多重共線性

　　解釋變項之間的多重共線性評估是藉由計算容忍水準與二變量相關而來。.40 或更少的容忍水準被視為是高多重共線性的指標。每一個解釋變項的容忍水準皆大於.50，而二變量相關係數皆少於.45，這指出每一個解釋變項都貢獻了獨特的訊息。

來源：Greene, B. L., Haldeman, G. F., Kaminski, A., Neal, K., Sam Lim, S., and Conn, D. L. (2006). Factors affecting physical activity behavior in urban adults with arthritis who are predominantly African-American and female. *Physical Therapy, 86*(4), p. 514.

- -

　　SM 與社交休閒之間的產物被視為交互作用，這是用來檢定社交休閒之於生活品質的關係是被 SM 程度所調和的假設。Aiken 和 West（1991）警告當交互作用似乎與被用以創造它的獨變項有高度關連時，兩個獨變項間的統計交互作用會製造多重共線性問題。一種控制這種問題的方法是去創造「集中的」變項，在此變項裡，原始變項被轉換成與變項平均數產生離差的分數。這些離差分數稍後被用以創造交互作用。以上的程序在本研究裡被用來使多重共線性最小化。

來源：Lee, Y., and McCormick, B. P. (2006). Examining the role of self-monitoring and social leisure in the life quality of individuals with spinal cord injury. *Journal of Leisure Research, 38*(1), pp. 10-11.

在階級多重回歸與邏輯回歸的討論裡，我們看見研究者經常納入控制或共變量變項於他們的分析裡。試著記住這類**控制**很可能不是最適宜的。這是有三個原因。第一，一個或更多的混淆變項很可能被忽略。第二，潛在的混淆變項很可能被信度不高的工具所測量。最後，請回憶，當使用來自於母體在共變量變項上並不相同的非隨機組別時，共變異數的分析會失去準頭。回歸也被拖累於同樣不受歡迎的特徵。

我接下來的提醒是關於統計顯著性與實際顯著性之間的區別。我們已經在有關的平均數和 r 的檢定裡探討過此議題，而它也恰巧有關於回歸分析裡的各種推論檢定。在選錄 16.34 裡，我們看見了一組研究者試圖在有用與瑣碎發現裡做出重要區別。這些研究者值得被讚賞，因為他們瞭解（並提醒讀者）推論檢定可以產生具有統計顯著性，但是卻不具有實際重要性的結果。

選錄 16.34 ● 實際對照統計顯著性

對於學校諮商者而言，只有一個顯著變項被輸入等式：GRCS 情感壓抑子量表分數（$p < .0001$），較高的情感壓抑分數預測較低的聲望選擇喜好。即使此回歸等式具有統計上的顯著性，$F(1, 98) = 15.98$，$p < .0001$，它僅解釋了聲望選擇喜好分數裡 14%的變異。對於工程師而言，等式也是顯著的，$F(1, 98) = 5.15$，$p = .0075$，兩個 MRNS 子量表分數為顯著預測因子。地位（$p = .0102$）與強硬（$p = .0174$）子量表預測了聲望選擇喜好分數。再次，雖然此模型具有統計顯著性，這兩個變項結合起來僅解釋了少於聲望選擇喜好分數變異的 10%。因為 R^2 的數值很低，這兩項預測等式都不具有很大的實際顯著性。

來源：Dodson, T. A., and Borders, L. D. (2006). Men in traditional and nontraditional careers: Gender role attitudes, gender role conflict, and job satisfaction. *Career Development Quarterly, 54*(4), p. 290.

在許多研究報告裡，研究者把微小的重要性說成是很大的發現。也許這類研究者沒有察覺到實際顯著性與統計顯著性的區別，或者他們知道這種區別，

但是選擇忽略，因為他們明瞭其統計顯著結果的意義不大。不管如何，謹記此區別於心是非常重要的。

就在不久之前，我（在一份專業研究期刊裡）看到一篇關於青少年與成年人使用室內日光浴設備且被燒傷的比率的文章。研究發現，年紀（其中之一的預測變項）與燒傷（其中之一的結果變項）之間存在統計顯著性的關連。這項發現奠基於邏輯回歸的校正勝算比。你認為這項 AOR 有多大呢？答案是 1.09。我的意見是，此項發現的價值令人質疑，因為 1.09 是如此接近虛無假設精準值 1.00。當你接觸研究報告時，你有權做出類似的判斷。

如同我們在前章的選錄裡所見，訓練有素的研究者會警覺誇大的第一類型錯誤，如果給定的顯著水準（例如.05）在同一份研究裡被使用多次。那些在回歸研究裡應用邦弗朗尼校正程序的研究者們值得我們讚賞。選錄 16.35 提供了這種範例。

選錄 16.35 • 邦弗朗尼校正程序 *440*

> 為了調查我們的研究問題，資料被一系列的階級回歸所分析。性別為第一階段的獨變項，MGUDS-S 與 EIS 為第二階段的獨變項。依變項為四項 IRI 的子量表：觀點立場、同理關懷、幻想、個人痛苦。邦弗朗尼校正的 alpha 水準 .05/4 或.01 被用以檢定每一個回歸分析的顯著性。
>
> 來源：Miville, M. L., Carlozzi, A. F., Gushue, G. V., Schara, S. L., and Ueda, M. (2006). Mental health counselor qualities for a diverse clientele: Linking empathy, universal-diverse orientation, and emotional intelligence. *Journal of Mental Health Counseling, 28*(2), p. 159.

當我們談到我最後要做的提醒時，請回憶第三章裡二變量的重要觀點。那就是，即使有統計顯著的高 r^2 數值，也並不自動意味著兩變項之間存在**因果鏈結**（causal link）。此觀點對於二變量、多重和邏輯回歸也為真。即使當結果強烈暗示回歸已經達到它的預測或解釋目標，分析本質上還是相關的（correlational）。

在選錄 16.36 裡，我們看見研究者警告其讀者關於原因與效果的想法。基本上，他們警告：不要認為研究的主要獨變項（心智健康）是研究依變項（身體健康）的因。我讚賞這些研究者，因為他們解釋了為何把原因與效果歸結到

研究發現之中很可能是錯誤的。

選錄 16.36 ● 回歸與因果

目前的研究目標是去比較低收入家庭有／無嚴重情緒障礙（serious emotional disorders, SED）兒童的心智健康問題與身體健康狀態之間的關連……SED 狀態為所有三項身體健康狀態指標的預測因子……此研究〔使用階級多重回歸〕與此研究的文獻，當然皆無提供身體與心智健康問題之間的關連解釋；其中一個變項因子可能引發另一個變項因子，或是第三個變項可能會影響其他二項健康問題。

來源：Combs-Orme, T., Helfinger, C. A., and Simpkins, C. G. (2002). Comorbidity of mental health problems and chronic health conditions in children. *Journal of Emotional and Behavioral Disorders, 10*(2), pp. 117, 121.

441

術語回顧 >>

校正勝算比（adjusted odds ratio）	調解變項（moderator variable）
校正 R^2（adjusted R^2）	多重共線性（multicollinearity）
beta 權數（beta weight）	多重回歸（multiple regression）
二變量回歸（bivariate regression）	勝算比（odds ratio）
準則變項（criterion variable）	結果變項（outcome variable）
依變項（dependent variable）	預測（prediction）
解釋（explanation）	預測變項（predictor variable）
解釋變項（explanatory variable）	回歸係數（regression coefficient）
階級回歸（hierarchical regression）	回歸等式（regression equation）
獨變項（independent variable）	回歸線（regression line）
截距（intercept）	反應變項（response variable）
最佳調和線（line of best fit）	削減量（shrinkage）
邏輯回歸（logistic regression）	同時多重回歸（simultaneous multiple regression）
模型（model）	斜率（slope）

標準化回歸等式（standardized regression equation）	R
逐步多重回歸（stepwise multiple regression）	R^2
非標準化回歸等式（unstandardized regression equation）	ΔR^2
威爾德檢定（Wald test）	

閒話統計

1. 涵括第十六章的一個線上互動練習題（提供立即的回饋）。
2. 關於第十六章內容的十個迷思。
3. 標題為「二變量回歸」的線上互動資源。
4. 一封作者寄給學生們的電子郵件，標題為：「邏輯回歸」。
5. 關於如何使用二變量回歸、多重回歸和邏輯回歸的幾篇電子文章。

相關內容請參考：www.ablongman.com/huck5e

17 百分率、比例、次數的推論

在前八章裡，你已經檢視過了不同的推論方法，這是當研究者的變項至少一項在本質上是量化的時候。例如，第九章處理的是皮爾森 r 的推論，這是設計給兩個量化變項的二變量關連測量。在第十章開始之處，你看見了推論技術如何被用以調查一個或多個平均數（與變異數），這種情況的依變項很顯然在本質上是量化的。在第十六章裡，我們探討推論方法如何被用於涉及至少一個量化變項的回歸方法。

在本章裡，你將檢視用於**不是**量化變項的推論統計。換句話說，本章所討論的統計方法，被使用的時機是當研究者所有的變項涉及的問題是類目資格（membership）時。例如，研究者也許想要利用樣本資料洞察愛滋病在一般母體裡的流行情況。或者，民意調查人員可能感興趣於使用樣本資料去預測候選人的競爭情形。在這兩個範例裡和無數的實證研究中，研究資料並沒有反映每一個對象所具有特徵的範圍大小，而是顯露每一個對象所歸屬的類目。

當研究資料涉及組別資格的議題時，研究者的統計焦點將會是次數、百分率或比例。例如，以調查投票的研究而言，研究者可能報告：「在所抽樣的一

千位投票者當中，四百二十八位會投給 A 候選人，三百八十一位會投給 B 候選人，一百九十一位會投給 C 候選人。」除了提供給我們**次數**（frequencies）（即是在每一項反應類目裡的人數）的訊息外，樣本資料還可以透過**百分率**（percentages）的形式進行摘要。以這種方式而言，研究者會報告：「候選人 A、B 和 C 分別得到了 42.8%、38.1%和 19.1%的投票率。」或者，資料能夠被轉換成**比例**（proportions），而研究者可以宣稱：「候選人 A、B 和 C 的受歡迎比例分別為.428、.381 和.191。」當然，同樣的訊息可透過這三種摘要資料的方式來傳達。

不管關於組別資格的資料是否以次數、百分率或比例的方式進行摘要，在此研究類型裡所使用的測量都是屬於名義上的測度（而非順序、區間或比率）。如同我在第三章裡所指出的，研究者的資料在本質上可以是名義上的。在聚焦於適合平均數、r、R 和 R^2 的推論方法之後，我們在最後幾章探討研究者的資料，在本質上是區間或比率時的統計程序。然而，在本章裡，我們僅探討適合名義資料的統計推論。

雖然存在許多用於名義資料的推論程序，我們在此僅考量六種允許研究者評估虛無假設的程序。這些程序是符號檢定、二項式檢定、費雪精確檢定、卡方檢定、麥克內瑪卡方檢定和寇克蘭 Q 檢定。對於名義資料而言，這些是最常被使用的程序。它們能夠讓你更好地瞭解來自於次數、百分率和比例資料的研究結果。

我也會闡釋 z 檢定如何在特定情況下被用以回答以上六項檢定程序所提出的問題。並且，我會指出邦弗朗尼技術被用於這些檢定程序以控制誇大的第一類型錯誤率。統計顯著性與實際顯著性之間的區別也會被探討。最後，我們會檢視一些案例，其中信賴區間被建立於樣本百分率或比例之上。

第一節 符號檢定

以所有的推論檢定而言，**符號檢定**（sign test）可說是最易於瞭解的。它僅僅需要研究者把每一位研究參與者分類到兩種類目裡。落入其中之一類目的參與者接受一個正號（＋）；相反的，落入另一個類目的參與者被給予負號（－）。然後，假設檢定程序被用以評估此虛無假設：全部樣本參與者來自於正負號一樣多的母體。如果樣本的正號遠多於負號（或是負號遠多於正號），符號檢定的 H_0 就會被拒絕。另一方面，如果樣本裡正負號數量是相等或接近相等，符號檢定的虛無假設就會被保留。

符號檢定可以被使用於三種情況。在一種情況裡，存在一組人們，每個人被評估某種特徵（例如，慣用手），並被賦予＋或－以代表此特徵。在第二種情況裡，存在兩個配對組；此處，每組配對的兩個成員被比較，＋被賦予具有較多被探討特徵的成員（－被給予其配對成員）。在第三種情況裡，單一組別

445

被測量兩次，賦予每個人＋或－是依據第二次的分數大於或小於第一次的分數。

選錄 17.1 示例了第一種情況。如你所見，八位個人被要求回答一道「是非題」。在此項研究裡，對於午休問題的回答有七個「＋」號與一個「－」號。符號檢定結論此種分配很不可能，如果樣本是來自於 50-50 分配的母體。據此，虛無假設被拒絕。

在選錄 17.2 裡，我們看見符號檢定被用於配對樣本。在此例裡，配對的項目是醫院，而非人們。在每一個配對裡，一所醫院接受干預而另一所作為控制。在蒐集資料的當時，每對醫院被比較以檢視是否接受干預的醫院具有較低的剖腹產比率。在每組配對裡，具有較低剖腹產比率的醫院給予「＋」號（而另一所醫院則給予「－」號）。醫院是被隨機分派至實驗的兩種情況的。如你所見，樣本資料的本質——十三個＋號——使得符號檢定的虛無假設被拒絕。

選錄 17.1-17.2 ● 符號檢定

八位對象裡的其中七位報告了午休是有益的……（$p < 0.016$ 單一樣本符號檢定）。

來源：Takashashi, M., Nakata, A., Haratani, T., Ogawa, Y., and Arito, H. (2004). Post-lunch nap as a worksite intervention to promote alertness on the job. *Ergonomics, 47*(9), p. 1007.

醫院以區域、類型（公立、私立或社會安全）和剖腹產比率（15-20%、21-35%或 > 35%）進行配對，並且配對單位被隨機分派至干預或控制……干預包含強制政策的操作……在十七對醫院當中，發現有十三對的剖腹產比率是下降的（符號檢定 p 值＝ 0.049）。

來源：Althabe, F., Belizán, J. M., Villar, J., Alexander, S., Bergel, E., Ramos, S., Romero, M., Donner, A., Lindmark, G., Langer, A., Farnot, U., Cecatti, J. G., Carroli, G., and Kestler, E. (2004). *Lancet, 363*(9425), pp. 1934-1935.

第二節 / 二項式檢定

　　二項式檢定（binomial test）與符號檢定的類似點在於：(1)資料的本質是名義上的；(2)只有兩種反應類目被研究者所設定；以及(3)反應類目必須彼此之間相互排除。二項式檢定也可被用於單一組別被測量一次的情況、單一組別被測量兩次（例如，干預前與干預後），或兩組的人被配對或在某些方面是有關係的（例如，夫妻）。二項式與符號檢定程序都導致一個以資料為基礎的 p 值，此 p 值來自於暫時認為虛無假設為真的機率。

　　符號檢定與二項式檢定之間的唯一差別是關於虛無假設的通融性。以符號檢定而言，並不存在通融性。這是因為符號檢定 H_0 總是說母體裡的對象被平均分配至兩個反應類目裡。另一方面，以二項式檢定而言，研究者有這個通融性去設定 H_0 於他們想要檢定的任何分配部分。

　　在選錄 17.3 裡，我們看見了二項式檢定的例子。在此研究裡，一組人們個別地把六十八種能力分類到三種類目裡。在完成這項步驟後，研究者檢視每一項能力的資料並問一個簡單的問題：能力被視為重要（「絕對需要」或「值得有的」）的次數是多少，對照相同能力被歸入「不必要」類目裡的次數。

　　如果僅存在兩個類目（「必要」與「不必要」），資料就能夠以符號檢定或二項式檢定加以分析（假定虛無假設為 50-50 的分配）。然而，事實是存在

選錄 17.3 ● 二項式檢定

　　參與者被要求使用分類方法來評估六十八種在階段一所指認的能力。分類的依據是參與者認為這些能力在有效支持社區方面的重要性是「絕對需要」、「值得有的」或「不必要」……二項式檢定以特定的機率母數值 0.66 來指認絕對需要的能力、值得有的能力或不必要的能力。機率母數值的設定是奠基於一種期待：以三種可能的重要性評估而言，任兩個類目被選擇的機率是 66%。

來源：Aubry, T. D. (2005). Identifying the core competencies of community support providers working with people with psychiatric disabilities. *Psychiatric Rehabilitation Journal, 28*(4), pp. 350-351.

三種類目,其中兩種結合在一起,這產生了一種情況,在此情況下,能力被評估為重要的機率為 2/3。符號檢定不能被用於這樣的情況,但是二項式檢定可以。

第三節 ／ 費雪精確檢定

如我們所見,符號檢定與二項式檢定能夠被用於單一樣本或兩份相關樣本的二分資料。然而,研究者經常進行兩份獨立樣本在一個二分依變項上的比較。在這種情況下,就會使用**費雪精確檢定**(Fisher's Exact Test)（註1）。

費雪精確檢定的虛無假設高度類似於獨立樣本 t 檢定的虛無假設。以 t 檢定而言,大多數研究者評估 $H_0:\mu_1=\mu_2$（或 $H_0:\mu_1-\mu_2=0$）。使用符號 P_1 與 P_2 分別代表第一與第二母體落入二分依變項其中之一類目的比例,費雪精確檢定的虛無假設能夠被表達為 $H_0:P_1=P_2$（或 $H_0:P_1-P_2=0$）。

448

在選錄 17.4 裡,我們看見了費雪精確檢定的範例。如此選錄所明確表示的,費雪精確檢定的原始資料是兩組的 n（次數）,而非平均數。為了感受發生了什麼統計事件,最好以百分率來思考（特別是當兩組有類似的 n 時,如同此處的範例）。研究者呈現了兩組的百分率讓我們容易理解。費雪精確檢定比較這兩組百分率,並且發現它們之間的差異大於機率所期待的。因此,虛無假設被拒絕。

447

選錄 17.4 • 費雪精確檢定

當兒少分別被歸入平均數一個標準差之內,和那些在此值閾之下的二分類目時,職業狀態也和兒少的 VIQ 分數有關（費雪精確 $P < 0.05$）。只有 3/12（25%）來自於「專業」家庭的兒童顯露低於平均數一個標準差的 VIQ 分數,而 14/19（74%）來自於家庭主婦的兒童顯露了低的 VIQ 分數。

來源：Pratt, C., Botting, N., and Conti-Ramsden, G. (2006). The characteristics and concerns of mot-

---

註 1： 別誤以為精確這個字眼使得費雪檢定優於其他檢定程序。因為許多其他檢定（例如,符號檢定與二項式檢定）所具有的精確度就如同費雪檢定一樣。

hers of adolescents with a history of SLI. *Child Language Teaching & Therapy, 22*(2), pp. 185-186.

應該注意的是，費雪精確檢定並沒有說研究的兩個母體會被平均分配至二分類目裡。而是，它僅僅是說，一個母體裡的二分分配是同等於另一個母體裡的二分分配。因此，如果情況是第一組裡，3/12 兒童在低分範圍，第二組裡有 5/19 的兒童，那麼這兩個樣本百分率分別是 25 與 26。這兩個相當類似的值將不會導致 H_0 被拒絕。

如果你再次檢視選錄 17.4，你將會看見研究者說職業狀態和 VIQ 分數有關。看到這個措辭（或是關連）被用以描述費雪精確檢定的目標或結果，並非不尋常。這種談論費雪精確檢定的方式是合理的。如果兩份樣本比例結果是顯著不同，那麼在二分變項之間就存在非零關連。因此，費雪精確檢定的使用完成了同樣的基本目標，就像是應用於 phi 或四分相關係數的顯著檢定是一樣的（註2）。

第四節 / 卡方檢定：引言

雖然次數、百分率或比例的推論檢定有時候是使用符號檢定、二項式檢定或費雪精確檢定，但是最常被用於這種檢定的統計工具被稱作**卡方**（chi square）。如你即將所見，卡方程序能夠被用於某些特定情況以代替符號、二項式或費雪檢定。除此之外，卡方程序能夠被用以回答本章目前為止所涵蓋之推論方法所無法回答的研究問題。因為卡方檢定是如此地用途廣泛與普遍，對於任何的研究文獻讀者而言，熟悉這種統計方法是很重要的。因為這個理由，我感覺有義務以一種謹慎的態度來探討卡方。

註2：再次，類比存在於費雪精確檢定與獨立樣本 *t* 檢定，因為比較兩個樣本平均數的 *t* 檢定在數學上同等於評估二分組別變項與依變項之間關連的點雙數列相關係數檢定。

解讀統計與研究 READING STATISTICS AND RESEARCH

449 ## 壹　不同的卡方檢定

　　術語卡方檢定描述的是任何推論檢定，涉及來自以資料為基礎的 p 值的臨界值，而 p 值根據許多卡方分配的其中之一而來。這類分配與常態和 t 分配的類似點在於：(1)具有一種模式；(2)漸進於基線；(3)來自於一項數學公式；以及(4)幫助應用研究者決定是否拒絕或不能拒絕虛無假設。不像常態與 t 分配（但是像任何的 F 分配），每個卡方分配是正偏斜的。存在有許多卡方分配，這僅僅是因為當自由度增加時偏斜度會減少。事實上，不同卡方分配彼此之間的差別僅僅是因為自由度的概念。

　　某些被稱作卡方（因為他們使用卡方分配）的推論檢定與次數、比例或百分率無關。例如，單一樣本的變異數與虛無假設數值的比較是藉由卡方檢定。然而，這些種類的卡方檢定很明顯地是少數。毫無疑問，大多數卡方檢定確實涉及本章所討論資料的類型。換句話說，你打賭任何你所碰到的卡方檢定是處理名義資料，勝算相對較大。

　　即使當我們僅探討用於名義資料的卡方檢定時，仍存在不同種類的卡方檢定。一種稱作單一樣本卡方檢定（或卡方適合度檢定），第二種稱作獨立樣本卡方檢定（或比例同質性的卡方檢定），第三種稱作獨立性的卡方檢定。我們將很簡短地探討這些卡方檢定，然後在本章稍後，我們將檢視卡方檢定如何被用於相關樣本上。然而，在我們檢視這些卡方檢定之前，首先要探討如何辨別研究者目前所呈現的卡方檢定成果。

貳　卡方標記與語言

　　選錄 17.5 至 17.8 示例了應用研究者如何在其研究裡提及卡方檢定。雖然這些選錄的研究涉及不同數目的樣本以及不同數目的名義資料類目，應該注意的是這些研究都具有相同的統計焦點：次數、比例或百分率。

　　選錄 17.5 很清楚，因為作者使用「卡方檢定」一詞。在選錄 17.6 裡，我們看見了卡方的希臘符號：χ^2。選錄 17.7 包含了此檢定名稱的稍微變形版本：*chi squared*（註3）。最後，在選錄 17.8 裡，使用「皮爾森卡方」一詞。

註3：從技術上的觀點而言，術語 *chi squared* 要比 *chi square* 更為精確。然而，大多數的應用研究者使用後者來標示這種推論檢定。

436

選錄 17.5-17.8 • 論及卡方的不同方式

卡方檢定以研究組別與病人位置來比較甦醒願望（口語或書寫）。

來源：Feder, S., Matheny, R. L., Loveless, R. S., and Rea, T. D. (2006). Withholding resuscitation: A new approach to prehospital end-of-life decision. *Annals of Internal Medicine, 144*(9), p. 636.

男性與女性在被解雇這方面沒有顯著差異（χ^2 (1, N = 495) = 1.295, p > .05）。

來源：Madaus, J. W. (2006). Employment outcomes of university graduates with learning disabilities. *Learning Disability Quarterly, 29*(1), p. 28.

為了評估人們選擇幫助男性與女性之間是否存在差異，將幫助（有幫助 vs. 無幫助）與性別輸入卡方（chi squared）分析。

來源：Karakashian, L. M., Walter, M. I., Christopher, A. N., and Lucas, T. (2006). Fear of negative evaluation affects helping behavior: The bystander effect revisited. *North American Journal of Psychology, 8*(1), p. 24.

皮爾森卡方分析檢定的使用有助於決定是否回應者的覺知與信念之間存在顯著差異。

來源：Chandra, A., Smith, L. A., and Paul, D. P. (2006). What do consumers and healthcare providers in West Virginia think of long-term care? *Hospital Topics, 84*(3), p. 35.

　　皮爾森這個形容詞是在技術上能指出卡方檢定已被應用於次數上（而非，例如，變異數）的正確方法。然而，很少的應用研究者使用**皮爾森卡方**（Pearson chi square）一詞〔或更正式的標示：*皮爾森近似卡方法*（Pearson's approximation to chi square）〕。據此，即使皮爾森沒有出現在檢定的標示裡，你也應該胸有成竹地假定你所遭遇到的任何卡方檢定就像是在本章裡所探討的那樣（當然，如果術語*卡方檢定*的統計焦點不在次數、比例或百分率的話又另當別論）。

第五節　卡方檢定的三種主要類型

我們現在把注意力轉向被應用研究者使用的三種主要卡方檢定類型——單一樣本卡方檢定、獨立樣本卡方檢定和獨立性的卡方檢定。雖然應用研究者通常使用相同的標示（**卡方檢定**）論及這三種檢定，這些檢定的虛無假設並不相同。據此，你需要知道何種卡方檢定被使用，以便於瞭解統計顯著（或非顯著）發現所指為何。

壹　單一樣本卡方檢定

以這種形式的卡方檢定而言，名義變項的各種類目首先被設定並探討。第二，虛無假設於焉形成。**單一樣本卡方檢定**（one-sample chi-square test）的 H_0 僅僅指明落入每個類目裡的母體百分率。接著，研究者決定樣本落入每個類目裡的百分率。最後，假設檢定程序被用以決定樣本百分率與 H_0 所指明的百分率之間是否差異夠大，因而允許 H_0 被拒絕。

選錄 17.9 提供了單一樣本卡方檢定的範例。此份單一樣本由一百二十位個體所組成，他們回答一份包含十三項題目的郵寄問卷，這些題目是關於線上教學。有關選錄 17.9 的問題是詢問線上教學能有多好，而存在五種可能的答案：極佳、良好、普通、差強人意、很差。基本上，此研究的虛無假設說這五種回答選擇具有同等的「吸引力」，而此 H_0 會被保留，如果每個回答選擇百分率大約相同。然而，卡方檢定顯示百分率之間所存在的變異性大於機率所期待的。因此，虛無假設被拒絕。

選錄 17.9 • 單一樣本卡方檢定

單因子卡方的虛無假設說每項問卷題目的回答都是平均的，而任何回答比例的差異都是源自於抽樣誤差並且是沒有意義的……單因子卡方檢定確認這些結果具備統計顯著性（$\chi^2 = 80.03$, $df = 4$, $p \leq .0001$）。30%的學生指出線上教學提供了極佳的學術經驗。47%指出線上教學提供了良好的學術經驗、12%

普通、7%差強人意和 3%很差。

來源：Wyatt, G. (2005). Satisfaction, academic rigor and interaction: Perceptions of online instruction. *Education, 125*(3), pp. 463-464.

　　如果你再次檢視選錄 17.9，你會看見 χ^2 的 *df* 並不等於樣本量少 1 的數目。而是，它等於類目數少 1 的數目。這是所有單一樣本卡方檢定 *df* 被計算的方式。那是因為樣本百分率跨越不同的類目，必須累加至 100。由於這項事實，一旦你已經被給予所有其他類目的百分率時，你能算出最終類目的百分率。因此，最終類目的百分率並不能隨意改變，而是當其他類目百分率被記錄的當下就可以確知的。

452

　　另有一件關於單一樣本卡方檢定的事情你應該知道。虛無假設通常以「無差異」的方式設定。這類的 H_0 說不同類目之間的母體百分率是相同的。然而，虛無假設能夠被設定說這些百分率是不相同的。例如，在比較大學生慣用手時，我們可能設定虛無假設為右手與左手百分率分別為 90 與 10。這些數字來自於普查數字，而我們的研究僅僅詢問這樣一個簡單的問題，「關於我們研究樣本的大學生母體是否與普查數字互相符合呢？」

　　因為單一樣本卡方檢定比較樣本百分率與 H_0 裡的母體百分率，這種類型的卡方分析通常被稱為**適合度檢定**（goodness-of-fit test）。如果觀察到的百分率誤差能夠歸因於抽樣誤差，那麼適合度就存在於觀察到的資料與 H_0 所期待的兩者之間。在這種情形下，H_0 被保留。另一方面，如果抽樣誤差不能充分解釋兩者之間的差異，那麼適合度就不存在，而 H_0 被拒絕。以上對於虛無假設的決定，須配合研究者的顯著水準與以資料為基礎的 *p* 值。

　　偶爾，研究者會使用卡方適合度檢定來檢視，是否樣本資料來自於常態分配母體之假定是合理的。當然，對於有這種擔憂的研究者而言，他們的反應變項必定是量化的，而非質化的。如果研究者的資料本質上是區間或比率，而如果他們想要應用這種**常態性檢定**（test of normality），理論常態分配下的基線能夠被分成幾個部分，而每個部分被給予一個百分率來反映落入此部分的真實常態分配百分率。然後這些百分率被放入 H_0 裡。接著，樣本被檢視以確定落入每個部分或類目的百分率。最後，卡方適合度檢定比較觀察到的百分率與虛

無假設百分率，決定是否抽樣誤差能夠解釋任何的差異（註4）。

貳　獨立樣本卡方檢定

　　研究者通常會想要比較兩個或更多的樣本於類目本質的反應變項上。因為反應變項能夠以兩個或更多的類目所組成，所以我們能夠設定四種**獨立樣本卡方檢定**（independent-samples chi-square test）可以被應用的情況：(1)於一個二分反應變項上比較兩份樣本；(2)於一個二分反應變項上比較兩份以上的樣本；(3)於一個具有三個或更多類目的反應變項上比較兩份樣本；(4)於一個具有三個或更多類目的反應變項上比較兩份以上的樣本。如你即將所見，逐步探討這四種情況允許你產生關於卡方以及它與其他推論檢定之關係的洞見。

　　當兩份獨立樣本於一個二分依變項上被比較時，卡方檢定能夠被類比為獨立樣本 t 檢定。以 t 檢定而言，被檢定的虛無假設通常是 $H_0 : \mu_1 = \mu_2$。以卡方檢定而言，虛無假設為 $H_0 : P_1 = P_2$；P_1 與 P_2 代表落入其中之一反應類目裡的百分率（在第一與第二母體裡）。因此這類卡方檢定的虛無假設說兩個母體於反應變項兩個類目之間百分率的分割上是相同的。

　　在選錄 17.10 裡，我們看見這類獨立樣本卡方檢定的範例。此兩組是曾經或未曾參與訓練階段的兒童照護提供者。反應變項的兩個類目被設定為是非題：「你對於服務身心障礙兒童有興趣嗎？」

選錄 17.10 • 具有二分反應變項的兩組獨立樣本卡方檢定

　　四十一位兒童照護提供者的隨機調查已經完成。在這四十一位被調查者當中，十八位曾經參與訓練，另二十三位則無。回答者被詢問是否感興趣於服務身心障礙兒童。在十八位曾經參與訓練的提供者當中，十七位回答有興趣，一位回答沒有興趣。在沒有接受過訓練的提供者當中，十二位回答有興趣，十一位回答沒有興趣。這種分配的卡方分析指出顯著差異（$\chi^2 [df = 1] = 8.21, p < .01$）。接受過訓練的提供者較有可能報告有興趣於服務身心障礙兒童。

註4：K-S單一樣本檢定，是另一種可被用以檢查常態的適合度程序。當情況是連續變項時，這種檢定優於卡方檢定。

來源：Osborne, S., Garland, C., and Fisher, N. (2002). Caregiver training: Changing minds, opening doors to inclusion. *Infants and Young Children, 14*(3), p. 50.

　　為了幫助你明瞭選錄 17.10 的卡方檢定，我列出一張**列聯表**（contingency table）。在這類表裡，研究的資料被安排成為一個 2×2 矩陣。列聯表是值得檢視（如果被提供在研究報告裡）或創造（如果沒有被提供）的，因為它們使得瞭解卡方虛無假設更加容易，以及為何資料導致拒絕或保留 H_0。 *454*

有興趣於服務身心障礙兒童

		是	否
接受訓練	是	17	1
	否	12	11

　　關於選錄 17.10 的虛無假設沒有詳載兩個母體——曾經以及未曾接受過訓練的提供者——在反應變項的兩個類目之間具有 50-50 的分配（每個母體裡有一半以「是」回應關於服務身心障礙兒童的問題）。而是，H_0 說落入每一個反應類目提供者的百分率（或比例）在兩個母體裡是相同的。因此，研究的虛無假設不會被拒絕，如果訓練過的提供者與未訓練過的提供者在「是」類目上具有大約相同的百分率，不管這百分率是否接近於 80、33、67，或任何其他的數值。

　　因為虛無假設處理的是百分率（或比例），所以把列聯表的細格次數轉換為百分率（或比例）是有助益的。我已經為選錄 17.10 列出此表。如同先前所展示的，列和欄分別對應組別和反應類目。然而，現在每一列的細格指出兒童照護提供者對於問題的反應分配百分率。此列聯表顯示為何此卡方虛無假設被拒絕，因為兩份樣本顯然在服務身心障礙兒童的意願上有所不同。

有興趣於服務身心障礙兒童

		是	否
接受訓練	是	94.4%	5.6%
	否	52.2%	47.8%

　　稍早，我說過在一個二分反應變項上比較兩個組別的卡方檢定可類比獨立 *455*

t 檢定。這類卡方更類似於費雪精確檢定，因為這兩項檢定具有相同的虛無假設，並且使用相同種類的資料。由於這些類似性，你可能會懷疑為何有些研究者選擇使用費雪精確檢定，而其他人運用獨立樣本卡方檢定。雖然我會在本章稍後全面解釋這個問題，在此我們先知曉當研究者具有小量對象時，費雪檢定運作較好。

第二種獨立樣本卡方檢定涉及比較三份或更多樣本於一個二分反應變項上。選錄 17.11 示例了這種形式的卡方檢定。在此選錄的研究裡，三個比較組別分別被稱為音樂、無音樂和控制。如果我們列出一張列聯表來幫助我們瞭解此卡方檢定，此表會具有三列（代表研究的三個實驗組）以及兩欄（一欄女生另一欄男生）。六個細格皆會填入一個次數。音樂組會是 13 和 8，無音樂組會是 6 和 15，控制組會是 6 和 14。轉換成百分率，每一列的女生男生細格分別包含 62%與 38%、29%與 71%，以及 30%與 70%。

在選錄 17.11 裡，仔細檢視第二句話。在這句話結束之處，2 被置放在括號的中間，數目 6.16 的左邊。此數目為卡方的 *df*。在此項或其他任何列聯表裡，（列的數目減 1）乘以（欄的數目減 1）就可決定χ^2的 *df*。以此範例而言，$df = （3 - 1）（2 - 1）= 2$。

選錄 17.11 • 三組獨立樣本卡方檢定與一項二分反應變項

最後的分析包含六十二位參與者的資料：二十一位在音樂組、二十一位在無音樂組、二十位在控制組⋯⋯。女男參與者的比例在組別之間存在顯著差異（chi-square(2)＝ 6.16, *p* ＜ .05）。音樂組具有較多的女性參與者（13 女和 8 男），無音樂組和控制組皆具有較少的女性參與者（6 女和 15 男為無音樂組；6 女和 14 男為控制組）。

來源：Noguchi, L. K. (2006). The effect of music versus nonmusic on behavioral signs of distress and self-report of pain in pediatric injection patients. *Journal of Music Therapy, 43*(1), pp. 19, 24.

當三個或更多的組別被比較時，這第二種版本的獨立樣本卡方檢定可類比單向變異數分析。只不過單向 ANOVA 聚焦於平均數，而此類型的卡方檢定聚焦於比例。在三組單向 ANOVA 的虛無假設為 H_0：$\mu_1 = \mu_2 = \mu_3$，而此處所探討

456

的三組卡方檢定虛無假設為 H_0：$P_1 = P_2 = P_3$，P 代表母體裡落入第一個反應變項類目的百分率（而下標指出不同的母體）。卡方虛無假設的母體 P 值沒有被研究者指明但卻被資料所決定，並且可以是 0 至 100 之間的任何數值。

再次考量選錄 17.11。如果每一組都具有相同百分率的女性，卡方虛無假設將會被保留，不管此百分率為多少。因此，如果第一組的性別分配是顛倒的，χ^2 檢定可能就不會呈現顯著性。或者，另兩組的性別分配是顛倒的話，虛無假設就可能會被保留^{（註5）}。

第三種我們需要去探討的獨立樣本卡方檢定涉及兩個比較組與一項具有三個或更多類目的反應變項。選錄 17.12 包含這類卡方檢定的例子。此處，男性與女性大學生組成這兩組。反應變項的三種類目被創造以指出是否這些研究參與者為社交飲酒者、潛在問題飲酒者或是潛在酒癮者。如你所見，這些分類奠基於一份稱為 SMAST 的問卷。比較三類目男女分配的方式，卡方檢定產生統計上的顯著結果。

選錄 17.12 • 兩組獨立樣本卡方檢定與一項三類目反應變項

用 SMAST 總分將參與者分類到三種類目裡：社交飲酒者（1分或以下）、潛在問題飲酒者（2分）、潛在酒癮者（3分或以上）。與女性相較之下，男性社交飲酒者（男性 48.82%；女性 62.80%）與潛在問題飲酒者（男性 23.62%；女性 25.12%）較少，男性潛在酒癮者（男性 27.56%；女性 12.08%）較多，$\chi^2 (2, N = 334) = 13.25$，$p = .001$。

來源：Shirachi, M., and Spirrison, C. L. (2006). Repressive coping style and substance use among college students. *North American Journal of Psychology, 8*(1), p. 106.

雖然沒有次數出現在選錄 17.12 裡，你應該仍然能夠想像或描繪此特定卡方檢定的列聯表。這類表具有兩列（兩個性別組）和三欄（三種類型飲酒者）。此表的 *df* 同等於（2 − 1）（3 − 1），並且出現在卡方符號的右邊。

每當卡方檢定比較兩組於具有兩個或更多類目的反應變項上時，虛無假設僅僅是陳述兩個母體在不同反應類目裡的分配是相同的。因此選錄 17.12 裡的

457

註5：這兩種想像版本的真實結果會是 $\chi^2(2) = 0.5$，$p = .078$。

卡方檢定 H_0 指明，在三種飲酒類目裡的男性大學生分配與女性大學生分配是相同的。至於其他種類的獨立樣本卡方檢定，反應變項不同類目的虛無百分率不需要在假設檢定程序一開始時就被研究者所指明，因為 H_0 僅僅陳述「在第一個母體裡的情形，也是在第二個母體裡的情形」。當然，這意味著 H_0 可以為真，即使反應類目的百分率可大可小；然而，在每一個母體裡的大小必須是相同的，如果 H_0 為真的話。

第四種獨立樣本卡方檢定涉及三個或更多的比較組別與一個包含三種或更多類目的反應變項。這種卡方檢定的範例出現在選錄 17.13 裡。

選錄 17.13 • 獨立樣本卡方涉及三組與一個三類目反應變項

參與者被要求為一般教學設計任務（競爭、ID 模式的使用與學習理論等等），以及職場文化準備的不同方面評分。次數資料與 3×3 卡方分析用以比較計畫類型（一般、特定、其他／結合）的計畫評分（傑出、一般、不足）。對於一般教學設計任務而言，卡方結果呈現顯著差異，χ^2（4, N = 86）= 22.51，p = .000。對於職場文化準備而言……並沒有指出顯著差異，χ^2（4, N = 86）= 1.317，p = .859。

來源：Larson, M. B. (2005). Instructional design career environments: Survey of the alignment of preparation and practice. *TechTrends: Linking Research & Practice to Improve Learning, 49* (6), p. 27.

第四類獨立樣本檢定裡的虛無假設很像是單向 ANOVA 的 H_0，除了單向 ANOVA 聚焦於平均數而卡方檢定聚焦於比例（或百分率）之外。以卡方檢定而言，虛無假設僅僅陳述反應變項不同類目裡對象分配的方式在不同母體裡是一樣的。因此，在選錄 17.13 的研究裡，第一項卡方分析的虛無假設被拒絕，因為來自於三種訓練計畫（一般、特定、其他／結合）的八十六位學生在三種反應類目（傑出、一般、不足）裡的分配方式相當不同。第二項卡方分析沒有顯示學生對於職場文化準備這道題的反應有顯著差異。

參 卡方作為相關探測器

在許多研究裡，研究者感興趣於是否兩個名義變項之間存在關連性。在這

類研究裡，單一樣本被測量，樣本裡的每一個對象被分類入第一個變項的某個可獲得類目裡，然後再次分類至第二個變項的某個類目裡。在資料被安排至一張列聯表之後，卡方檢定被使用以決定是否兩個變項之間存在統計上的顯著關連性。

在選錄 17.14 至 17.16 裡，我們看見了伴隨卡方檢定所使用的三個名詞，這些名詞使你知曉研究者正在以相關的方式使用卡方。前兩個名詞——相關與關連——並非新名詞；我們在第三章探討二變量相關的時候看見過它們。然而，第三個名詞是新的。卡方**獨立性檢定**（chi-square test of independence）僅僅是檢視研究的兩個變項之間是否存在關連性。 *459*

選錄 17.14-17.16 • 當卡方被當作相關探測器時所使用的術語 *458*

卡方檢定被用以評估社經特徵和正確詮釋（是或否）每一項 PWL〔處方警告標示〕之間的相關。

來源：Michael, S. W., Davis, T. C., Tilson, H. H., Bass, P. F., and Parker, R. M. (2006). Misunderstanding of prescription drug warning labels among patients with low literacy. *American Journal of Health-System Pharmacy, 63*(1), p. 1050.

- -

母親準確率〔高／中或低〕與兒童特質類型〔不真實地正面、理性／中性，或負面〕之間存在高度顯著關連，$\chi^2 (2, N = 354) = 23.90$；$p < .01$。

來源：Sharp, C., Fonagy, P., and Goodyer, I. M. (2006). Imagining your child's mind: Psychosocial adjustment and mothers' ability to predict their children's attributional response styles. *British Journal of Developmental Psychology, 24*(1), pp. 207-208.

- -

一項卡方獨立性檢定被計算以比較兩個類目。酒精依賴（總分 8 分或以上）與非酒精依賴（總分少於 8 分）於性別和壓抑狀態上。

來源：Shirachi, M., and Spirrison, C. L. (2006). Repressive coping style and substance use among college students. *American Journal of Psychology, 8*(1), p. 105.

當卡方檢定被當作相關探測器使用時，它並沒有產生一項指標來估計兩變項之間的關連強度。而是，卡方檢定僅僅陳述這個問題：「在感興趣的母體裡，這兩個變項相關嗎？」焦點在樣本資料上，此問題採用這種形式：「在列聯表裡，兩變項之間存在零機率關連嗎？」 *459*

　　為了詮釋何謂「零機率關連」（nonchance relationship），想像我們走入校園，請一百位大學生提供一位親戚的名字（如果得到的是中性的名字，我們就進一步詢問此親戚的性別）。我們也持續追蹤每一位回答者的性別。在從這一百位學生身上蒐集到這兩樣資訊之後，我們可能得到如下的樣本資料：

親戚性別

		男性	女性
學生性別	男性	30	20
	女性	23	27

　　在我們假設性研究的 2×2 列聯表裡，兩個變項之間存在某種關連——學生性別與親戚性別。較多的男學生提供男性親戚的名字，而較多的女學生提供女性親戚的名字（或者，我們可以說存在一種傾向，男性學生傾向於想起男性親戚，女性學生傾向於想起女性親戚）。但是這種關連不是機率所期待的嗎？

　　在我們的性別研究裡，如果兩變項之間的母體裡不存在關連，那麼在列聯表四個細格裡的母體次數會是相同的。但是樣本不大可能完美地反映母體。而是，抽樣誤差很可能存在樣本資料裡，因此使得觀察到的列聯表會具有不同的細格次數。換句話說，我們會期待關連性突然冒出在樣本資料裡，即使母體裡並不存在關連。這種在樣本資料裡的關連可完全歸因於機率。雖然我們應該期待「虛無母體」（null population）（即，母體裡兩個變項之間不存在關連）產生兩變項之間存在關連性的樣本資料，這種關連應該是乏力的。也有可能虛無母體產生一份樣本資料，並暗示兩變項之間存在有力關連，但這很不可能發生。換句話說，如果研究者的列聯表裡存在微弱關連，他們僅有乏力的證據主張兩變項在母體裡是有關的。如果，反之，以樣本資料建立的列聯表裡顯示明顯的關連，那麼研究者具備有力的證據來暗示母體裡，事實上，存在關連性。

　　回到我們的性別研究，卡方檢定能夠被用以標示樣本資料裡出現的關連性，不論此關連性的大小。使用顯著水準被設定為.05 的假設檢定程序，母體裡不存在關連的虛無假設不能被拒絕。這意味著列聯表裡所觀察到的關連很容易來自於 H_0 所特徵化的母體。這表示觀察到的關連不屬於零機率變異。

　　除了使用卡方檢定來檢視是否零機率關連存在於樣本資料，研究者能夠轉換他們的卡方計算值為估計存在於母體裡關連強度的指標。藉著使用這種轉

換，研究者獲得一個可類比於皮爾森或史匹爾曼技術所產生的相關係數。已經發展了幾種不同轉換程序。

有種稱為 phi 係數的數值可被用來測量 2×2 列聯表裡的相關強度。我曾在第三章與第九章裡討論過這種相關程序，並指出 phi 是如何適用於兩個二分變項的情況。現在，我能夠指出它與卡方的連結性。如果一項卡方檢定已經被應用於 2×2 列聯表，phi 指標能夠藉由把卡方計算值放入以下的公式而獲得：

$$\text{phi} = \sqrt{\frac{\chi^2}{N}}$$

此處 N 代表全部樣本量。當然，計算 phi 係數的是研究者。讓我們看看選錄 17.17 的例子。

選錄 17.17 • 卡方與 phi

我們使用卡方檢定檢視，控制與干預組特教老師和學生由誰開始會議的差異。卡方檢定指出，接受自我導向 IEP 干預的學生比控制組更有可能開始會議 χ^2（$1, N = 221$）$= 70.94$，$p = .000$。獲得的 Phi 值.57 指出，自我導向 IEP 干預與開始會議的學生之間存在有力關連（e.g. Cohen, 1988）（我們使用下列規則決定 Phi 效力量：.10 ＝小效力、.30 ＝中效力、.50 ＝大效力）。

來源：Martin, J. E., Van Dycke, J. L., Christensen, W. R., Greene, B. A., Gardner, J. E., and Lovett, D. L. (2006). Increasing student participation in IEP meetings: Establishing the self-directed IEP as an evidenced-based practice. *Exceptional Children, 72*(3), p. 307.

對於具有多於二列或欄的列聯表而言，研究者可以轉換他們的卡方計算值為一種稱為**列聯係數**（contingency coefficient）的相關測量值。此指標用符號 C 表示，而 C 與卡方之間的連結可看下列公式：

$$C = \sqrt{\frac{\chi^2}{N + \chi^2}}$$

在選錄 17.18 裡，我們看見如何在卡方獨立性檢定後計算列聯係數[註6]。

461

註 6： C 的一種變異被稱作均方列聯係數（mean square contingency coefficient）。這種關連的指標使用與 phi 同樣的公式。

選錄 17.18 • 卡方與列聯係數

在目前的樣本裡，33%的女性達到 MDD 的壽命標準，而 8%達到 PTSD 的壽命標準。診斷彼此之間是有關連性的，$\chi^2(1)= 12.08, p < .001$（列聯係數為.23）。

來源：Green, B. L., Krupnick, J. L., Stockton, P., Goodman, L., Corcoran, C., and Petty, R. (2005). Effects of adolescent trauma exposure on risky behavior in college women. *Psychiatry: Interpersonal & Biological Processes, 68*(4), p. 371.

C 的公式顯示：(1)當列聯表裡不存在關連性時，C 指標會等於 0（在這種情況下，χ^2 的計算值結果為 0）；以及(2)對於較大的 χ^2 數值而言，它會假定較大的數值。此公式無法顯示的是此指標通常不能達到最大值為 1.00（如同皮爾森 r、史匹爾曼等級相關及其他相關係數的情形一樣）。此問題能夠被輕易地避免，如果研究者計算**克拉默相關測量值**（Cramer's measure of association），因為克拉默指標僅僅是等於計算的相關指標除以指標所能假定的最大值。

在選錄 17.19 裡，我們看見了用符號 V 表示克拉默相關測量值，並與 2×2 列聯表相結合。雖然卡方檢定具有統計上的顯著性（p 結果非常小），但研究者註解 V 值很小。同樣的情形（沒有在此處呈現）也發生在研究者使用 χ^2 與 V 去分析同樣兩組學生於一個不同的二類目變項資料之後，研究者很有技巧地說：「我們所發現的統計顯著性很可能是由於巨大樣本量的結果。」你注意到了選錄 17.19 裡的 N 嗎！

選錄 17.19 • 卡方與克拉默 V

另外，學生選擇的測驗也被發現有顯著差異，但克拉默 V 為小〔$\chi^2(1, N = 25,989)= 45.5, p =.00$, 克拉默 $V =.04$〕。透過測驗分數而夠資格成為資優生的人比較可能應試 SAT（55.9%）而不是 ACT（44.1%），而透過雙親提名為資優生的人在這兩種測驗的分配是平均的（SAT 47.9% vs. ACT 52.1%）。

來源：Lee, S., and Olszewski-Kubilius, P. (2006). Comparisons between Talent Search students qualifying via scores on standardized tests and via parent nomination. *Roeper Review, 28*(3), p. 160.

第六節　有關卡方檢定的議題

在我們結束卡方檢定的討論之前，一些有關的議題需要被說明。如果你不知道這些議題與不同卡方檢定之間的連結性，你將無法完全瞭解與評斷包含卡方檢定結果的研究報告。據此，對以下的議題保持敏銳性是很重要的。

壹　事後檢定

如果獨立樣本卡方檢定被用以比較兩個組別，不管關於虛無假設的決定為何，結果的解釋是直接了當的。如果研究涉及三個或更多的比較組別，只要H_0沒有被拒絕，結果能夠毫無困難地被詮釋。然而，如果 H_0 被拒絕，情況就會變得模糊。

當三份或更多的樣本被比較時，統計顯著結果僅僅指出，對應母體的分配方式於反應變項的類目之間是相同的情形是不可能的。換句話說，拒絕 H_0 暗示至少兩個母體是不同的，但此結果並沒有告訴我們彼此之間不同的特定母體。為了得到這種訊息，研究者必須進行事後調查。

在選錄 17.20 裡，我們看見了「總括」（omnibus）卡方檢定產生統計顯著結果之後的事後調查。原本的卡方檢定涉及 3×4 安排形式的資料，此資料涉及三組（女同志、男同志，以及雙性戀男性與女性）和四種受害類目（兒童性虐待、成人性虐待、非受害者、重複受害）。在總括χ^2 結果為顯著之後，研究者以幾種不同的 2 × 2 卡方分析探究他們的資料。這種事後調查與單向ANOVA產生顯著 F 之後的杜基配對比較的目標是一樣的。

選錄 17.20 • 顯著卡方檢定之後的事後調查

463

相反的，卡方分析發現性傾向與受害類目是有關的，χ^2（6, N = 307）= 15.94，p < .01。把 3×4 卡方列聯表分成六項正交比較（例如，六個 2×2 列聯表）以進行事後分析……每一個 2×2 列聯表說明無法被總括檢定的結果所回答的問題。這些分析顯示男同志與雙性戀者比女同志更有可能經歷反覆的性傷

害，χ^2（1, N = 133）= 5.36，p < .02。

來源：Heidt, J. M., Marx, B. P., and Gold, S.D. (2005). Sexual revictimization among sexual minori-
ties: A preliminary study. *Journal of Traumatic Stress, 18*(5), p. 536.

　　每當兩個或更多的個別卡方檢定在事後調查被執行，並且應用最初（總
括）卡方檢定的顯著水準時，第一類型錯誤的機率會超過指定的顯著水準。如
果研究者視第二類型錯誤比第一類型錯誤更為嚴重的話，以上結果就不成問
題。但是科學界似乎鼓勵研究者防範第一類型錯誤。

　　在選錄 17.20 裡，你看見一項涉及六個配對比較（每一個為 2×2 卡方）
的事後調查於一項總括卡方檢定產生顯著結果之後被進行。在提供此篇選錄的
研究報告裡，我無法發現研究者有使用邦弗朗尼校正程序（或某種類似的應
用）的痕跡，以避免在他們事後調查裡出現誇大的第一類型錯誤。也許他們已
經校正過他們的 alpha 水準，但是沒有報告出來。或者，也許當他們進行其六
項事後卡方檢定時並無降低α。

貳　小量的樣本資料

　　為了運作良好，在本章裡所討論的卡方檢定需要樣本量不能太小。確實，
預期次數（expected frequencies）必須充足以使卡方檢定能如預期般地運作。
預期次數為每一個樣本對象被分類的類目而存在，而它是當 H_0 為真並且沒有
抽樣誤差的情況下，你所預期在類目裡之樣本資料比例。例如，如果我們執行
一項味覺測驗，在此測驗裡二十位個人被要求啜飲四種飲品並指出哪一種是最
棒的，這四種選擇的預期次數同等於 5（假定 H_0 指明這四種飲品當中存在平等
性）。如果此研究的參與者為四十人，每一項預期的數值將會同等於 10。

464　　　如果研究者具有小量的樣本，那麼關於他們卡方檢定的預期數值也會是小
的。如果預期數值過小，卡方檢定不應該被使用。最保守的規則說預期次數不
應該小於 5；最寬鬆的規則主張只要平均預期次數至少為 2，就可以使用卡方。

　　在選錄 17.21 裡，我們看見一組研究者比較一組兒童與一組猴仔於一項工
作上的表現能力。因為樣本資料為小，使得一些預期次數變得有問題（因為它
們小於 5）。為了這個理由，研究者決定放棄卡方而採用費雪精確檢定來分析
他們的資料。

選錄 17.21 ● 因為小的預期次數而使用費雪精確檢定

> 當比較兒童與猴仔之間的符合程度時，一些預期次數低於5，所以要避免卡方的使用。因此，雙尾2×2費雪精確機率檢定被採用。

來源：Rigamonti, M. M., Custance, D. M., Previde, E. P., and Spiezio, C. (2005). Testing for locali-
zed stimulus enhancement and object movement reenactment in pig-tailed macaques (Macaca
nemestrina) and young children (Homo sapiens). *Journal of Comparative Psychology, 119*(3),
p. 262.

　　當樣本資料產生 2×2 列聯表時，預期次數有可能會太小而轉用費雪精確檢定。然而，以下情況此選擇就不存在，如果研究者使用：(1)三個或更多類目的單一樣本卡方檢定；或(2)具有多於兩列和／或多於兩欄的卡方列聯表。在這些情況裡，研究者可重新定義反應類目（如把兩個或更多的原始類目結合在一起），以解決預期次數過小的問題。例如，如果比較男性與女性在一項五點李克氏量尺問題上的反應，研究者可能把五個原始類目轉換成三個新類目，這是藉著：(1)把「非常同意」與「同意」類目結合成一個「贊同」類目；(2)留下「沒有決定」類目；以及(3)把「不同意」與「非常不同意」類目結合成一個「不贊同」類目。藉著這麼做，修訂過的列聯表可能不會有任何過小的預期次數。

參　葉茲不連續性校正

465

　　當應用卡方檢定於 $df = 1$ 的情形時，一些研究者使用一項特別的公式，這項公式產生比一般公式稍微小的計算值。當這被完成的時候，資料的分析是使用**校正不連續性**（corrected for discontinuity）的卡方檢定。此特別公式是由一位著名的統計學家**葉茲**（Yates）所發展的，而有時候當這項特別公式被使用時，卡方檢定會附註葉茲的姓名。選錄 17.22 顯示葉茲校正與卡方分析結合使用。它並不與本書所探討的其他統計程序一起使用。

　　統計權威對於使用葉茲特殊公式的需要性並不一致。有些權威認為它應該總是被使用於 $df = 1$ 的情況，因為一般的公式導致過大的計算值（也因此導致誇大的第一類型錯誤機率）。其他權威認為葉茲校正使得卡方檢定過於保守（因此增加第二類型錯誤的機率）。理想上，研究者應該澄清為何使用或不使

選錄 17.22 • 葉茲不連續性校正

參與者人口統計學特徵（即，性別、種族、午餐狀態、年紀）被呈現在表一〔沒有在此處呈現〕……結合葉茲校正的卡方分析顯示處置〔實驗對照控制〕沒有效果：性別（$\chi^2(1) = 0.002, p = .966$）、種族（$\chi^2(3) = 0.88, p = .912$）、午餐狀態（$\chi^2(1) = 0.127, p = .722$）。

來源：Nelson, J. R., Stage, S. A., and Epstein, M. H. (2005). Effects of a prereading intervention on the literacy and social skills of children. *Exceptional Children, 72*(1), p. 32.

用葉茲公式。然而實際上，你很可能看見葉茲公式只是偶爾被使用，並且沒有任何解釋說明為何使用它。

第七節 麥克內瑪卡方檢定

在本章稍早，我們看見了卡方檢定如何被用以比較兩個獨立樣本於一項二分依變項上。如果這兩份樣本是相關的而非獨立的，卡方仍然可以被用以檢定**比例同質性**（homogeneity of proportions）虛無假設。然而，在兩份相關樣本被比較的情況下，被研究者使用的公式與標示都有些許的不同。熟悉研究者論及此種檢定的方式是重要的。

相關樣本的卡方分析通常涉及**麥克內瑪檢定**（McNemar's test）。然而，有時它被稱作麥克內瑪改變檢定（McNemar's change test）、麥克內瑪卡方檢定（McNemar's chi-square test）、麥克內瑪相關比例檢定（McNemar's test of correlated proportions）或麥克內瑪配對資料檢定（McNemar's test for paired data）。偶爾，以符號 $Mc\chi^2$ 表示。選錄 17.23 與 17.24 示例了麥克內瑪檢定的使用。

麥克內瑪卡方檢定很像相關樣本 *t* 檢定，因為兩組被比較的資料能夠來自於被測量兩次（例如，前／後）的單一組別，或來自於只被測量一次的配對樣本。選錄 17.23 很顯然是屬於第一種類型，因為單一組別在兩個時間點上被比較，干預前與干預後（這種干預涉及幫助一組藥物濫用妓女）。在選錄 17.24

466

選錄 17.23-17.24 • 麥克內瑪卡方檢定

在基線與事後之間，顯示了非法所得來源的顯著降低，包括：性交易取得藥物或金錢（分別為 100% vs. 71.0%, $p < 0.0005$）；以及販賣藥物（35.0% vs. 10.5%, $p = 0.021$）……透過麥克內瑪檢定（McNemar's Test）獲得 p 值。

來源：Sherman, S. G., German, D., Cheng, Y., Marks, M., and Bailey-Kloche, M. (2006). The evaluation of the JEWEL project: An innovative economic enhancement and HIV prevention intervention study targeting drug using women involed in prostitution. *AIDS Care, 18*(1), p. 6.

為了取得具有類似社會背景的控制組，每一位先天心臟畸形病人被要求把一份相同的問卷給予一位沒有先天心臟疾病的朋友……我們使用麥克內瑪檢定去比較符合的配對……當與配對的控制組比較時，具有先天心臟疾病的成年人更有可能離開職場，甚至更可能離開職場一年以上。

來源：Crossland, D. S., Jackson, S. P., Lyall, R., Burn, J., and ÓSullivan, J. J. (2005). Employment and advice regarding careers for adults with congenital heart disease. *Cardiology in the Young, 15*(4), pp. 392, 393.

裡，我們看見了兩個比較組別首先被配對，然後被比較兩次，第一次於組別成員是否被雇用，第二次於他們是否離開職場一年以上。因為這些比較組別被配對，卡方與費雪精確檢定皆無法被使用，而是採用麥克內瑪檢定。

雖然麥克內瑪卡方類似於相關 t 檢定，但是兩種檢定在虛無假設的陳述上有相當大的差異。以 t 檢定而言，虛無假設涉及母體平均數；相反的，麥克內瑪卡方檢定的虛無假設關心的是母體百分率。換句話說，麥克內瑪檢定的虛無假設總是採用這樣的形式 $H_0 : P_1 = P_2$，而 t 檢定的虛無假設總是涉及符號 μ（而它通常被設定為 $H_0 : \mu_1 = \mu_2$）。

467

第八節 寇克蘭 Q 檢定

寇克蘭所發展的檢定很適合研究者想要比較三個或更多相關樣本於一項二分依變項上的情況。此檢定被稱為**寇克蘭 Q 檢定**（Cochran Q test），字母 Q

僅僅是寇克蘭隨意地用以標示寇克蘭公式所產生的計算值。這種檢定能夠被稱作寇克蘭卡方檢定,因為決定虛無假設是否被拒絕的程序,是藉由比較寇克蘭公式所產生之計算值與卡方臨界值。

寇克蘭 Q 檢定能夠被視為麥克內瑪卡方檢定的「延伸」,因為麥克內瑪檢定侷限於兩份相關樣本資料被比較的情況,而寇克蘭檢定不限於兩份相關樣本,它可被用於任何份數的相關樣本。或者,寇克蘭 Q 檢定能夠被比喻為單因子重複測量變異數分析(第十四章);在這些情況裡,多重相關樣本的資料被比較(然而,那種 ANOVA 與寇克蘭檢定相當不同,因為前者的虛無假設聚焦於 μ 而寇克蘭 H_0 涉及 P)。

在選錄 17.25 裡,我們看見使用寇克蘭 Q 檢定的例子。在此選錄的研究裡,研究者調查為男性酒癮者所設計的處置計畫的潛在益處。研究的一項主要依變項為侵略性。此研究的資料被放入 2×3 列聯表裡,每一欄對應三年研究期的每一年,兩列對應二分反應類目(是或否),指出是否犯下暴力行為。一般的卡方檢定無法被使用,因為列聯表裡每一欄的資料皆來自於相同的組別。

在選錄 17.25 的研究裡,寇克蘭 Q 檢定的虛無假設能夠被陳述為 H_0:$P_{\text{Year Before}} = P_{\text{1st Year After}} = P_{\text{2nd Year After}}$,此處每一個 P 代表那些犯下暴力行為個體的母體百分率。如你所見,寇克蘭 Q 檢定導致此虛無假設被拒絕(在此選錄裡,字母 Q 旁邊的括弧裡有兩個數目。第一個數目是寇克蘭檢定的 df;第二個數目是樣本量)。

選錄 17.25 • 寇克蘭 Q 檢定 ————

首先,我們使用總括檢定去檢視是否侵略性範圍在三個時間點上具有差異(BCT 之前一年與 BCT 之後第一與第二年)。寇克蘭 Q(2, N = 243)顯示這三個時間點的侵略性測量有顯著差異……接著,檢定是否侵略性在 BCT 之前到之後有降低的趨勢,我們執行一系列的基線與每一個事後侵略性分數的配對比較……〔這些比較的〕麥克內瑪檢定之改變顯示 BCT 之後第一年與第二年有顯著的降低趨勢,這是當與 BCT 之前那年比較時,男性酒癮者與其女性配偶在所有的侵略性測量上的結果。

來源:O'Farrell, T. J., Murphy, C. M., Stephan, S. H., Fals-Stewart, W., and Murphy, M. (2004). Partner violence before and after couples-based alcoholism treatment for male alcoholic patients:

The role of treatment involvement and abstinence. *Journal of Counsulting and Clinical Psychology, 72*(2), pp. 207-208.

當寇克蘭檢定導致總括虛無假設被拒絕時，研究者很可能會進行一項事後調查。在此事後調查裡，研究者最有可能設置與檢定配對比較。這種事後檢定的執行可透過麥克內瑪檢定，如選錄 17.25 所示例的〔在事後調查裡，注意麥克內瑪檢定把基線資料分別與兩個處置後的時間點資料擺在一起比較。因此，此種麥克內瑪檢定的使用類似於丹內特檢定比較控制組平均數與其他每一個組別。在選錄 17.25 的研究裡，「控制」資料來自於基線時間點〕。

第九節 / 使用 z 檢定處理比例

如第十章裡所討論的，當研究者的研究聚焦於單一組別平均數或兩個比較組別的平均數時，他們有時會使用 z 檢定（而非 t 檢定）。令人驚訝的是研究者有時應用 z 檢定，當處理在本質上是質化而非量化依變項的時候。以這種情況而言，研究者的資料形式會是比例、百分率或次數。

如果研究者具有一組於二分依變項上所測量的資料，這些資料能夠以單一樣本卡方檢定或 z 檢定進行分析。此處的選擇並不重要，因為這兩種檢定在數學上是同等的，並且總是導致相同的 p 值。當兩份無關的樣本被比較時也是同樣的情形。這種比較能夠以獨立樣本卡方檢定或 z 檢定執行；兩種檢定的 p 值將會是一樣的。

我們稍早所討論的 z 檢定與卡方檢定（單一樣本或兩個獨立樣本的二分依變項）在數學上是同等的，然而存在另一種 z 檢定，代表了本章稍早一些檢定的**大樣本近似值法**（large-sample approximation）。更明確點，在符號檢定、二項式檢定或麥克內瑪檢定的情況下，如果研究者具有大樣本，他們有時會使用 z 檢定。在選錄 17.26 與 17.27 裡，我們看見了 z 檢定與本章所探討的檢定程序被結合在一起使用的兩個範例。在第一篇選錄裡，使用符號檢定的大樣本近似值法。在選錄 17.27 裡，使用二項式檢定的大樣本近似值法。

選錄 17.26-17.27 • z 檢定與百分率的使用（大樣本）

符號檢定確認結果具有高度顯著差異（31 above, 3 below, and 0 ties, Z = 4.63, $p < .0005$）。

來源：Moore, D., Cheng, Y., McGrath, P., and Powell, N. J. (2005). Collaborative virtual environment technology for people with autism. *Focus on Autism and Other Developmental Disabilities, 20*(4), p. 238.

- -

一系列二樣本二項式檢定顯示，閱讀障礙兒童裡所觀察到的SLI百分率（奠基於估計的IQ差異與低成就）顯著高於二年級生與八年級生（zs = 2.0 and 2.2, $p < .05$）。

來源：Catts, H. W., Adlof, S. M., Hogan, T. P., and Weismer, S. E. (2005). Are specific language impairment and dyslexia distinct disorders? *Journal of Speech, Language & Hearing Research, 48* (6), p. 1385.

第十節　一些最後的想法

如你所見，多種檢定程序已經被設計並適用於資料為次數、百分率或比例的情況。儘管這些檢定有不同的地方（名稱、涉及的組別數目，和是否涉及重複測量），這些檢定之間還是存在許多相似性。這些相似性之所以存在，是因為每一項檢定皆涉及 p 值的計算。

在使用本章所探討的程序時，研究者會遵循假設檢定的不同步驟。據此，許多在第七與第八章裡的「副議題」也適用於此處所探討的檢定。為了幫助你在閱讀與評斷研究報告時能謹記這些重要觀點，我有義務在本章最後提醒你一些事情。

第一點是關於以資料為基礎的p值，此數值的計算是假設虛無假設為真的情況下所進行的。據此，研究的統計結果總是緊跟著虛無假設。如果研究者的虛無假設是愚蠢的或沒人會視為是真的，那麼拒絕虛無假設——不管是多令人印象深刻的 p 值——都不會指向一項重要的發現。

如果你認為此觀點是不切實際的，請看看此處一個最近的實例。在此研究

470

裡，卡方比較三組教師（以他們所使用的教學類型為定義）。兩種資料源自於
這些教師：(1)他們所認為之教學操作的理論傾向；以及(2)實際的教學。結果指
出，技巧取向的教學傾向於被具有技巧取向理論的教師所採用，規則取向的教
學傾向於被具有規則取向理論的教師所運用，功能取向的教學傾向於被具有功
能取向理論的教師所使用。結果是：教師理論傾向與使用的教學類型之間沒有
關連的卡方虛無假設被拒絕。你覺得研究有必要達成這種發現嗎？

　　第二點是當多重虛無假設被評估時，第一類型錯誤機率會增加。雖然存在
多種處理此潛在問題的方法，你很可能較常看見邦弗朗尼技術被採用來控制第
一類型錯誤。選錄 17.28 示例了這種技術的使用。如你所見，這些研究者在其
研究裡使用卡方與費雪精確檢定。在此選錄裡，注意**比較方法第一類型錯誤機
率**（comparison-wise Type I error rate）一詞。這涉及了當單一檢定被執行時，
錯誤地拒絕虛無假設的可能性。如果研究者在進行多項檢定時沒有使用邦弗朗
尼去校正他們的顯著水準，比較方法第一類型錯誤機率會被誇大。

　　第三點是關於統計顯著性與實際顯著性之間的差別。在我們稍早的討論
裡，導致 H_0 被拒絕的 p 值有可能是令人印象深刻的（例如，$p < .0001$），即
使計算出來的樣本統計值與 H_0 裡所表達的母數值並不會差異很大。我也希望
你記住謹慎的研究者會執行進一步的分析，來避免這種把小丘看成大山的潛在
錯誤。

選錄 17.28 • 邦弗朗尼校正程序

471

　　進行關於 ADA 雇用條款的問卷調查……在本文裡所使用的主要分析為卡方
檢定，而當預期細格次數過低時，費雪精確檢定就被用以代替卡方檢定。使用
$p < .05$ 的顯著水準，並應用邦弗朗尼校正程序於多重統計檢定來控制增加的比
較方法第一類型錯誤機率。

來源：Bruyère, S. M., Erickson, W. A., and VanLooy, S. A. (2006). The impact of business size on
　　employer ADA response. *Rehabilitation Counseling Bulletin, 49*(4), pp. 197, 198.

　　有一些方法可以讓研究者展現其敏感度於實際顯著性和統計顯著性之間的
差別。在 t 檢定、F 檢定和相關係數的檢定上，這些方法包括：(1)在研究設計
階段進行檢定力分析以決定適合的樣本量；(2)在資料被蒐集之後計算效力量估

計值；以及(3)在資料被蒐集之後計算檢定力測量值。這三種方法也適用於本章所探討的各種檢定程序。

本章所討論的主要統計方法為卡方。為判斷是否卡方奠基的效力量為小、中或大，研究者通常把 χ^2 計算值轉換成 phi 或克拉默 V。如果你回顧選錄 17.17 與 17.19，你會發現 phi 和 V 皆被應用研究者使用以處理實際顯著性的議題。為了參考的方便，表 17.1 包含了評估這兩種效力量的標準。

在結束本章之前，我想要再與你分享一篇選錄。在選錄 17.29 裡，你將會看見卡方檢定事後檢定力分析的結果。一方面，這些研究者值得被讚賞，因為他們知道統計檢定力的概念。另一方面，你不覺得觀察到的檢定力估計值似乎很微小嗎？

表 17.1　用於次數檢定的效力量準則

效力量	小	中	大
克拉默 V	.10	.30	.50
Phi	.10	.30	.50

註：這些判斷標準相當一般而應該被改變以適用研究的獨特目標。

472

選錄 17.29 • 卡方與檢定力

首先，我們檢定是否兩種干預下的參與者在五種職業結果類目於三個事後時間點：九個月、十八個月和二十四個月方面具有差異。表三〔沒有在此呈現〕提供了這些卡方分析的結果……因為我們沒有在實驗與控制組之間發現差異，所以我們進行事後檢定力分析。對於第一項主要結果而言（被雇用於一項競爭激烈工作九個月時的百分率），觀察到的差異為 8.5%（PVR）vs. 4%（ESVR）。以可獲得的樣本量而言，此檢定的檢定力為 7%。對於第二項主要結果而言（被雇用於一項競爭激烈、支持性或過渡性工作九個月時的百分率），觀察到的差異為 11.9%（PVR）vs. 12%（ESVR）。以可獲得的樣本量而言，此檢定的檢定力為 2%。

來源：Rogers, E. S., Anthony, W. A., Lyass, A., and Penk, W. E. (2006). A randomized clinical trial of vocational rehabilitation for people with psychiatric disabilities. *Rehabilitation Counseling Bulletin, 49*(3), pp. 148, 151-152.

術語回顧

二項式檢定（binomial test）	大樣本近似值法（large-sample approximation）
卡方（chi square）	麥克內瑪卡方檢定（McNemar's chi-square test）
寇克蘭 Q 檢定（Cochran Q test）	觀察的次數（observed frequency）
列聯係數（contingency coefficient）	單一樣本卡方檢定（one-sample chi-square test）
列聯表（contingency table）	皮爾森卡方（Pearson chi square）
克拉默相關測量值（Cramer's measure of association）	百分率（percentages）
預期次數（expected frequency）	比例（proportions）
費雪精確檢定（Fisher's Exact Test）	符號檢定（sign test）
次數（frequencies）	獨立性檢定（test of independence）
適合度檢定（goodness-of-fit test）	常態性檢定（test of normality）
比例同質性（homogeneity of proportions）	葉茲不連續性校正（Yates' correction for discontinuity）
獨立樣本卡方檢定（independent-samples chi-square test）	

閒話統計

1. 涵括第十七章的一個線上互動練習題（提供立即的回饋）。
2. 關於第十七章內容的十個迷思。
3. 十七章的最佳段落：「在檢視 p 水準之前考量虛無假設」。
4. 四種線上互動資源。
5. 兩則關於統計檢定的笑話。

相關內容請參考：www.ablongman.com/huck5e

473

18 等級的統計檢定（無母數檢定）

在前一章裡，我們檢視了各種為質化或名義資料所設計的檢定程序。不論涉及次數、百分率或比例，這些檢定所涉及的反應變項不具有任何量化意義。例如，選錄 17.11 裡，卡方檢定被使用以比較三組病人的痛苦，不論是組別變項（三種情況：音樂、無音樂、控制）或是反應變項（參與者的性別），皆涉及不具任何數字式意義的類目。

我們現在把注意力轉向一組檢定程序，它們運用最簡形式的量化資料：等級。可以這麼說，我們正在回顧這個主題（而非開始），因為在第九章，我指出研究者如何設定與評量關於史匹爾曼等級相關與肯道耳等級相關的虛無假設。請你回想第三章，這些相關程序涉及等級資料的分析。

在本章裡，我們探討五種用於順序資料的檢定程序。這些**無母數**（nonparametric）程序為中位數檢定（median test）、曼—惠尼 U 檢定（Mann-Whitney U test）、克—瓦等級單向變異數分析（Kruskal-Wallis one-way analysis of variance of ranks）、威寇森配對標等檢定（Wilcoxon matched-pairs signed-ranks test）和富利曼等級雙向變異數分析（Friedman two-way analysis of variance of ranks）。選錄 18.1 至 18.5 顯示研究者如何論及這些無母數檢定程序[註1]。

在本章所探討的五種檢定程序並不是檢定等級資料的僅有方法，但它們卻是最常被應用研究者使用的。因為這五種檢定經常被使用，我們將分開檢視以釐清每種研究情況所適合的檢定、報告此種檢定結果的典型格式，和拒絕虛無

註 1： 術語*無母數*僅僅是涉及等級資料檢定的一種標籤。相反地，術語**母數的**（parametric）被用以暗示那些檢定（例如，t 與 F）是建立在一個不同統計觀點的資料上——而關乎與研究樣本有關的母體假定也是較嚴格的。

假設的適當意義。然而，首先我們需要探討研究者獲得等級資料的三種方式。

選錄 18.1-18.5 • 涉及等級資料的五種檢定程序

也進行了一項二樣本中位數檢定而結果是相等的。

來源：Hyman, O. (2005). Religiosity and secondary traumatic stress in Israeli-Jewish body handlers. *Journal of Traumatic Stress, 18*(5), p. 493.

雙尾曼—惠尼 *U* 檢定被用以分析實驗 1 與實驗 2 裡組別的無母數資料之間有何不同。

來源：Verdaasdonk, E. G. G., Stassen, L. P. S., Monteny, L. J., and Dankelman, J. (2006). Validation of a new basic virtual reality simulator for training of basic endoscopic skills. *Surgical Endoscopy, 20*(3), p. 514.

我們現在檢視來自於無母數觀點的階級平等。我們使用克一瓦（Kruskal-Wallis）無母數檢定。

來源：Cornia, G. C., and Slade, B. A. (2006). Horizontal inequity in the property taxation of apartment, industrial, office, and retail properties. *National Tax Journal, 59*(1), p. 50.

評量之間的改變以威寇森配對標等檢定進行分析。

來源：Forsberg, A., Press, R., Einarsson, U., de Pedro-Cuesta, J., and Holmqvist, L. W. (2005). Disability and health-related quality of life in Guillain-Barré syndrome during the first two years after onset: A prospective study. *Clinical Rehabilitation, 19*(8), p. 903.

為了對不同構件之間的變化有個全面性的瞭解，使用富利曼等級雙向變異數分析。

來源：Jackson, D. J. R., Carr, S. C., Edwards, M., Thorn, K., Allfree, N., Hooks, J., and Inkson, K. (2005). Exploring the dynamics of New Zeland's talent flow. *New Zeland Journal of Psychology, 34*(2), p. 114.

第一節 取得排過等級的資料

476 研究者獲得等級資料的一種明顯方式，是請每一位研究參與者將一組對象、陳述、觀念或其他事物做排序。當這完成時，被排序的事物就被賦予數字1、2、3 等等，並用以指出從最好至最壞，最重要至最不重要，最強至最弱等等的次序。這些所產生的數字為**等級**（ranks）[註2]。

在選錄 18.6 裡，我們看見了使用等級的例子。在此選錄的研究裡，研究者想要看看是否電腦程式能夠使人類畫作變得更好。這些大學生所提供的評量資料被兩種統計程序所分析：威寇森配對標等檢定和富利曼等級雙向變異數分析。

選錄 18.6 • 讓人們等級化一組事物而獲得順序資料

參與者排序十幅畫作，1（最不喜歡）至 10（最喜歡）並歸還此資料。參與者在課堂結束前十分鐘完成此項活動。

來源：Wolach, A. H., and McHale, M. A. (2005). Line spacing in Mondrian paintings and computer-generated modification. *Journal of General Psychology, 132*(3), p. 286.

研究者獲取等級的第二種方式是去觀察或安排研究參與者，以使他們每一位在組裡擁有序位。例如，我們能夠在馬拉松賽裡，站在終點握著比賽者名單，記錄每一位參賽者的名次（第一、第二、第三等等）。或者，我們可以走入教室，請學生按照高矮排好，然後要求學生報數[註3]。

第三種方式涉及兩階段的過程。第一，每一位參與者被測量工具測量並產生一項絕對分數。然後，組裡的每一位參與者分數被比較並轉換為等級，以指出每一位參與者在組內的相對地位。

註 2： 等級經常與評價混淆在一起。等級指出事物的次序，研究參與者對事物的相對比較被等級化。另一方面，**評價**（ratings）指出數量，並且來自於每一位研究參與者的獨立評估（也許是 0 至 100 量尺）。

註 3： 把我們的馬拉松賽跑或學生身高排列的等級資料分成子組（例如，性別），並且註明他或她於跑速或身高變項上的次序（order）之後，就有兩種分析等級資料的檢定能夠被使用。

在選錄 18.7 裡，我們看見這種兩階段過程被使用。研究者所蒐集的原始資料為百分率──每一位兒童的念讀字彙被電腦正確理解的百分率。如同此選錄所指出的，十六位兒童被等級化的基礎在於百分率分數。這些等級後來被用於無母數統計程序以闡明研究問題。

選錄 18.7 ● 轉換比率資料為等級

每個月，研究者訪視學校並要求十六位兒童對 STT 程式念讀英文教科書段落。從十月開始，他們〔研究者〕比較學生念讀與 STT 程式所產生的文章段落並且計算字彙能被辨識的正確率……在實驗結束的時候完成資料分析。此時，每位兒童依據其念讀正確率而被等級化。

來源：Mitra, S., Tooley, J., Inamdar, P., and Dixond, P. (2003). Improving English pronunciation: An automated instructional approach. *Information Technologies & International Development, 1* (1), pp. 79, 80.

第二節 將連續變項上的分數轉換成等級的理由

研究者使用兩步驟的資料轉換程序把變項上的分數轉換成等級似乎是有點奇怪。因為原始分數通常在本質上是區間或比率，但是等級為順序，這種轉換可能導致「資訊流失」。然而，有三種理由使研究者認為分數至等級的轉換重於資訊的流失。

一種理由是用於等級的統計檢定比起區間或比率資料的檢定涉及較少的假定。例如，t 檢定和 F 檢定的常態性與變異數同質性假定就不是本章某些檢定的基礎。在選錄 18.8 與 18.9 裡，研究者有時把其原始分數轉換為等級，是因為原始資料涉及非常態性和／或變異數異質性。

第二種理由與樣本量有關。當被比較的樣本大小相同且樣本量為大時，t 檢定與 F 檢定能免疫於潛在假定的違反。當 n 不同或為小時，母體裡非常態性和／或變異數異質性會使 t 檢定或 F 檢定的運作不同於預期。為了這個理由，

一些研究者如果具有小樣本或 *n* 不同，他們會轉向本章所探討的五種檢定程序。在選錄 18.10 裡，我們看見因樣本量原故而使研究者使用無母數檢定。

選錄 18.8-18.9 • 轉換分數至等級的非常態性與異質變異數的理由

因為主場優勢數值的分配是非常態性的，無母數分析被採用。富利曼檢定被用以調查三種時段的差異。

來源：Wilkinson, T., and Pollard, R. (2006). A temporary decline in home advantage when moving to a new stadium. *Journal of Sport Behavior, 29*(2), p. 193.

- -

因為變異數的異質性，所以執行無母數分析。

來源：Behne, T., Carpenter, M., Call, J., and Tomasello, M. (2005). Unwilling versus unable: Infants' understanding of intentional action. *Developmental Psychology, 41*(2), p. 334.

選錄 18.10 • 轉換分數至等級的樣本量理由

在噩夢發生頻率的研究中，我們獲得一小組的對象，而我們決定使用無母數方法（曼—惠尼 *U* 檢定），因為 Bryman 與 Cramer（1990）指出當樣本量小於 15 時，這是最適合的選擇。

來源：Miró, E., and Martínez, M. P. (2005). Affective and personality characteristics in function of nightmare prevalence, nightmare distress, and interference due to nightmares. *Dreaming, 15* (2), p. 95.

至於樣本量，「如果 *n* 是相等的，樣本量要到多小才應該避免母數檢定呢？」不幸的，對於此問題沒有明確的答案。一位統計學家認為研究者應該使用無母數檢定，如果他們的樣本量等於或小於 6，即使所有樣本都是同樣大小。根據另一位統計學家，母數檢定能夠被用於很小的樣本，只要 *n* 沒有差異。我提及此爭議僅僅是要提醒你一個事實：一些研究者使用無母數檢定，因為他們具有小的樣本量，即使 *n* 是相等的[註4]。

479

轉換原始分數至等級的第三種理由是，原始分數有時候似乎是超越了它們

註4： 本段提到的兩位統計學家分別是 Sidney Siegel 與 John Gaito。

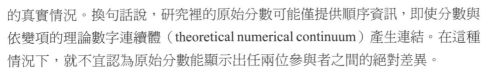

的真實情況。換句話說，研究裡的原始分數可能僅提供順序資訊，即使分數與依變項的理論數字連續體（theoretical numerical continuum）產生連結。在這種情況下，就不宜認為原始分數能顯示出任兩位參與者之間的絕對差異。

例如，一種普遍的方法是讓參與者填寫**李克類型態度量表**（Likert-type attitude inventory）。以這類測量工具而言，回應者指出同意或不同意的程度。在計分時，把回應者的回答選項（例如，1、2、3、4、5）加總起來。據此，兩位參與者的總分可能分別為 32 與 29。

以李克類型態度量表而言，源自於參與者反應的總分很可能僅具有順序的本質。我們可以這樣說，獨斷選出的連續整數選項不大可能反應任何參與者對於回答選項間關連性的觀點。所以，我們不能保證獲得的總分具有如測量工具那樣的區間特徵。

選錄 18.11 與 18.12 示例了研究者因為對測量程度的擔憂而使用無母數檢定。在第一篇選錄裡因為研究裡的資料為等級，我們看見順序一詞。然而，其他種類的資料也可以具備順序特徵，如果測量量尺缺乏「等間距」的特性（尺和溫度計具有等間距的特性，因為二英吋或十度的差異在量尺上的任何地方都具有相同的意義；相反地，大多數的心理衡鑑量表並沒有等間距的特徵）。在選錄 18.12 裡，研究者指出每一位孩童的表現產生 0、1 或 2 的分數，這資料是順序的，因為他們依據孩童的表現分成三組。

既然我們已經探討過了研究者如何與為何使用等級資料，讓我們看看這五種普遍的無母數檢定。如同稍早所指出的，這些檢定為中位數檢定、曼－惠尼 U 檢定、克－瓦等級單向變異數分析、威寇森配對標等檢定和富利曼等級雙向變異數分析。在檢視這些檢定程序時，我想要把注意力放在檢定所適合的研究本質、等級資料被使用的方式、報告結果的典型格式和拒絕虛無假設的意義。

480

選錄 18.11-18.12 ● 轉換分數至等級的資料特性理由

因為是順序資料，所以採用無母數統計。

來源：Thomas, S. A., and Lincoln, N. B. (2006). Factors relating to depression after stroke. *British Journal of Clinical Psychology, 45*(1), p. 52.

兒童被要求去解讀三種類型的虛偽。因為解讀每一種類型的成功範圍是受

限的（0-2 正確），我們使用無母數檢定去比較這些類型。

來源：Mitchell, R. W., and Neal, M. (2005). Children's understanding of their own and others' mental states. Part A. Self-understanding precedes understanding of others in pretence. *British Journal of Developmental Psychology, 23*(2), p. 189.

第三節　中位數檢定

中位數檢定（median test）適合用於比較兩份或更多的獨立樣本。如果兩個這樣的組別被比較，中位數檢定可類比於無母數的獨立樣本 *t* 檢定。以三個或更多的組別而言，它可以說是無母數的單向 ANOVA。

研究者可以選擇中位數檢定來比較以二分特徵定義的兩個組別（例如，男性對照女性，或實驗組對照控制組）於感興趣的依變項（例如，投擲能力、符合程度，或任何研究者想要測量的東西）。或者，於一個已測量的依變項上比較三個或更多的組別（在某些質化形式上不同）。後者的範例可以是比較足球員、籃球員和棒球員在騎乘固定式腳踏車耐力上的差別。

比較兩組之中位數檢定的虛無假設可以被陳述為 $H_0 : M_1 = M_2$，此處 *M* 代表母體裡的中位數而下標的數字代表第一與第二母體。如果中位數檢定被用以比較三個或更多的組別，虛無假設只是多了 *M*。對立假設說兩個 *M* 不同（如果只有兩組被比較）或至少兩個 *M* 不同（三個或更多組別被比較時）。

為了進行一項中位數檢定，研究者遵循一項簡易的三步驟程序。首先，將被比較的組別暫時合併，然後可得出整組分數的中位數（此步驟需要指派給所有參與者，或至少靠近中間部位的參與者一個等級）。第二個步驟，比較的組別被重組以建立列聯表，這用以指出每個比較組裡有多少對象位於第一步驟裡所求得的總中位數（grand median）之上或之下。此列聯表的欄數視比較組別的數目而定，但它總是會有兩列（一列標示為「中位數之上」，另一列標示為「中位數之下」）。最後，應用獨立樣本卡方檢定於列聯表的資料上，以檢視樣本之間的差異（在合併的中位數之上的部分）在假定 H_0 為真時，是否大於機率所期待的。

在選錄 18.13 裡，我們看見中位數檢定被用於涉及兩個組別的實驗裡。一組在「未知」情況裡；另一組在控制情況裡。在此選錄結束之處，你會看見卡方的符號。這是因為中位數檢定涉及分析 2×2 列聯表的研究資料。

選錄 18.13 ● 用以比較兩個組別的中位數檢定

在未知情況下的人們，明顯的要比在控制情況下的人們更有可能給予高於中位數的評分，χ^2（1, N = 34）= 4.60，p =.03。

來源：Wilson, T. D., Centerbar, D. B., Kermer, D. A., and Gilbert, D. T. (2005). The pleasures of un-certainty: Prolonging positive moods in ways people do not anticipate. *Journal of Personality and Social Psychology, 88*(1), p. 10.

在選錄 18.13 的研究裡，也許研究者設立了列聯表以使欄對應組別（未知與控制），列對應評分位於總中位數之上或之下，每位個體皆被放入其中之一個細格。如果兩欄裡的次數大約是一樣的，虛無假設就會被保留。然而，列聯表裡的真實次數產生了統計上的顯著卡方值，同時未知組別有大於機率的人數位於總中位數之上（而控制組有大於機率的人數位於總中位數之下）。

選錄 18.13 具有啟發性，因為研究者使用的中位數只有一個。許多人錯誤地認為中位數檢定涉及比較兩個樣本的中位數，以檢視它們是否差異夠大而使得 H_0 被拒絕。然而，只有一個中位數涉入中位數檢定（奠基於所有組別資料的總中位數），而被詢問的統計問題為是否比較組別在中位數之上的百分率有顯著差異。給定任何不同的分數集，是有可能改變少許分數，因此改變各組別的中位數（使它們彼此之間更靠近或離更遠）而不改變中位數檢定的計算值或 p。這告訴了我們中位數檢定並不把焦點放在比較組別的個別中位數。

在詮釋中位數檢定的結果時，你應該認識到計算自樣本資料的總中位數不大可能符合 H_0 裡的中位數。因為這個原因，被檢定的真實虛無假設並不是設定為被比較的母體具有相同的中位數，而是不同的母體具有相同比例的分數，而這些分數是在合併樣本的中位數之上。當然，以大樣本而言，很可能被用以設立列聯表的中位數與各母體裡假設的 *M* 值之間存在微小差異。然而，以小樣本而言，結果是中位數檢定（儘管有這種名稱）並不真的是等母體中位數（equal population medians）的檢定。

482

解讀統計與研究 READING STATISTICS AND RESEARCH

如同稍早所提及的，中位數檢定能夠比較兩個組別或更多的組別。在選錄 18.14 裡，我們看見中位數檢定被用以比較三個組別。這三個組別分別是有幻覺的精神分裂症病人、無幻覺的精神分裂症病人、「正常」控制組。如你所見，中位數檢定在此研究裡被使用了兩次，一次處理資料的角度偏差，第二次處理資料的時間偏差。在這兩組資料集裡，每位的分數同等於八十四項試驗的總結表現。

483

482

選錄 18.14 ● 用以比較三個組別的中位數檢定

在角度偏差（有幻覺影響病人 median = 56.5；無幻覺影響病人 median = 39.0；比較對象 median = 33.0）與時間偏差（有幻覺影響病人 median = 53.5；無幻覺影響病人 median = 49.5；比較對象 median = 29.0）方面，有幻覺的精神分裂症病人比無幻覺精神分裂症病人和比較對象回答了更多的「是」。「是」回答的中位數檢定顯露組別之間的差異於八十四項角度偏差試驗（$\chi^2 = 7.67$, $df = 2$, $p < 0.03$）和八十四項時間偏差試驗（$\chi^2 = 20.49$, $df = 2$, $p < 0.001$）上皆為顯著。

來源：Franck, N., Farrer, C., Georgieff, N., and Marie-Cardine, M. (2001). Defective recognition of one's own actions in patients with schizophrenia. *American Journal of Psychiatry, 158*(3), p. 456.

483

第四節 曼—惠尼 *U* 檢定[註5]

曼—惠尼 *U* 檢定（Mann-Whitney *U* test）就像是中位數檢定的二樣本版本，兩種檢定皆允許研究者比較兩個獨立樣本。雖然這兩種檢定皆被視為是無母數檢定，曼—惠尼 *U* 檢定卻是比較有力的。換句話說，如果兩個比較組別真的彼此之間不相同，曼—惠尼 *U* 檢定（與中位數檢定比較起來）產生第二類型錯誤的可能性較少。曼—惠尼 *U* 檢定的這種優勢來自於它運用了較多研究對象

註5：此檢定也別稱威寇森檢定（Wilcoxon test）、威寇森等級總和檢定（Wilcoxon rank-sum test）和威寇森—曼—惠尼檢定（Wilcoxon-Mann-Whitney test）。

上的資訊。

　　當使用曼—惠尼 *U* 檢定時，研究者檢視參與者在感興趣變項上的分數。起初，兩個比較組別被聚集在一起。因此每個人能夠被等級化以反映其在合併組別裡的位置。在等級被指派之後，研究者重組兩個比較組別。檢視先前指派的等級看看是否兩個組別具有顯著差異。

　　如果被比較的兩份樣本來自於相等的母體，那麼在一組裡的**等級總和**（sum of ranks）應該大約同等於另一組的等級總和。例如，如果每份樣本裡有四個人並且如果 H_0 為真，那麼很可能一組裡的等級為 2、4、5 和 8，而另一組的等級為 1、3、6 和 7。此處，等級總和分別為 19 和 17。然而，發現（再次假設 H_0 為真）總和等級為 10 和 26 將會是令人訝異的。這種極端結果發生的可能情況為一組等級為 1、2、3 和 4，而另一組等級為 5、6、7 和 8。

　　為了執行曼—惠尼 *U* 檢定，研究者為每份樣本計算等級總和值，然後在公式裡插入兩個數值。公式外觀長什麼樣對你而言並不重要，但瞭解其運作邏輯是必要的。用以分析資料的公式將會產生一項稱為 *U* 的計算值。根據 *U* 值，研究者（或電腦）能夠導出一項 *p* 值。當然，小的 *p* 值被詮釋為 H_0 不大可能為真。

　　在選錄 18.15 裡，我們看見曼—惠尼 *U* 檢定被使用三次來比較兩個組別的例子，總共用於三個依變項上。如你所見，這些檢定沒有產生顯著結果。

484

　　雖然從樣本資料獲得 *U* 計算值並與臨界值比較是很容易的，詮釋統計顯著性結果的任務卻是有點困難，這有兩個原因。第一，被檢定的虛無假設涉及等級檯面下的連續變項。例如，如果我們使用曼—惠尼 *U* 檢定比較一組男性樣本與一組女性樣本在十公里慢跑賽上的名次，在終點線所蒐集的資料很可能簡化為等級。然而，虛無假設涉及的是等級下的連續變項，以我們的假設性研究而言是跑速。

　　為何曼—惠尼 *U* 檢定的統計顯著性結果難以被詮釋的第二個理由有關一件事實：被拒絕的虛無假設陳述兩個母體具有相等的分配。因此，H_0 假設的拒絕可能來自於母體在集中趨勢上不同、變異上不同，和／或分配模型上不同。然而，實際上，曼—惠尼 *U* 檢定更敏感於集中趨勢上的不同，所以一項統計顯著結果幾乎意味著母體具有不同的平均分數。但還是存在曖昧，因為曼—惠尼 *U* 檢定使得 H_0 被拒絕有可能是源自兩個母體平均數不同、或中位數不同、或眾

數不同。

485

在兩個母體具有相等模型和變異性的情況裡,曼—惠尼 U 檢定聚焦於平均數,也因此 $H_0 : \mu_1 = \mu_2$。然而,應用研究者幾乎不知道其研究母體的真實情況。因此,大多數研究者把曼—惠尼 U 檢定所產生的顯著結果,視為兩個母體很可能在平均上是不同的。另一種解釋的方式是說,其中一個母體裡的分數似乎是比另一個母體裡的分數要大。然而,這種陳述都是不明確的,因為統計上的顯著發現也許只代表了第一類型錯誤。

484 ### 選錄 18.15 ● 曼—惠尼 U 檢定

> 　　我們也檢視幾種就業成功的連續測量值。因為每一種測量值的中位數值為 0 並且分配是高度偏斜的,我們採用了無母數曼—惠尼 U 檢定來檢視差異。在下列結果裡實驗組與控制組間不存在顯著差異:累積工作時數($U = 1429, p = 0.646$)、持有的工作總數($U = 1453, p = 0.757$),或研究最初九個月裡所賺得的累計金錢($U = 1447, p = 0.713$)。

來源:Rogers, E. S., Anthony, W. A., Lyass, A., and Penk, W. E. (2006). A randomized clinical trial of vocational rehabilitation for people with psychiatric disabilities. *Rehabilitation Counseling Bulletin, 49*(3), p. 149.

485

　　請再次瀏覽選錄 18.15。每一項 U 檢定皆產生遠離研究者顯著水準(.05)的 p 值。這是因為 U 值是如此的大。以曼—惠尼 U 檢定而言,p 與 U 之間存在正相關(以許多其他統計檢定而言,p 與計算的檢定統計值之間存在負相關)。

第五節　克—瓦 H 檢定

　　當研究者想要使用無母數統計檢定來比較兩個獨立樣本時,通常會使用曼—惠尼 U 檢定。當研究者想要比較三個或更多這類組別時,就會使用克—瓦 H 檢定。因此,克—瓦程序能夠被視為是曼—惠尼程序的「延伸」,這就像是單

向 ANOVA 通常被視為獨立樣本 t 檢定的延伸[註6]。

克—瓦檢定之所以類似單向 ANOVA 是展現在其計算檢定計算值的公式上。更簡單地說，兩種檢定程序之間的類似性展現在其名稱上面。在第十一章裡，我們所探討的母數檢定被稱作單向 ANOVA，而可類比的無母數檢定被稱作 **克—瓦等級單向 ANOVA**（Kruskal-Wallis one-way ANOVA of ranks）。請參看選錄 18.16 與 18.17。

克—瓦檢定的運作方式很像曼—惠尼檢定。首先，研究者暫時把比較的組別合併為一組。接著，在合併組裡的人們依據他們在依變項上的表現被等級化。然後，此組再被分開以再建立原始比較組別。最後，每一組的等級總和被輸入公式並產生計算值。此計算值在克—瓦檢定裡被標示為 H。當以資料為基礎的 H 打敗臨界值或當關連 H 的 p 值小於顯著水準時，虛無假設就會被拒絕。

486

選錄 18.16-18.17 • 克—瓦檢定以變異數分析論及

為了決定學生的手繪之間是否有任何統計差異，進行克—瓦單向ANOVA。

來源：Finson, K. D., Thomas, J., and Pedersen, J. (2006). Comparing science teaching styles to students' perceptions of scientists. *School Science and Mathematics, 106*(1), p. 12.

無母數克—瓦（K-W）等級單向變異數分析（ANOVA）被用以檢視運動組別在運動依賴性症候學方面的差異。這些組別是：運動依賴性危機、非依賴症候的，以及具有運動行為（LIEQ）和完美主義（MPS）的非依賴無症候運動者。

來源：Downs, D. S., Hausenblas, H. A., and Nigg, C. R. (2004). Factorial validity and psychometric examination of the Exercise Dependence Scale-Revised. *Measurement in Physical Education & Exercise Science, 8*(4), p. 194.

在選錄 18.18 裡，我們看見克—瓦檢定被用以比較三組兒童接受注射時的疼痛程度。存在兩個依變項：來自於兒童的自我報告疼痛以及來自於觀察者的疼痛估計。這三組的差異之處在於當注射發生時兒童正在做什麼。一組聽音

487

註6： 當只有兩個組別被比較時，ANOVA F 檢定與獨立樣本 t 檢定產生相同的結果。同樣地，當用以比較兩個組別時，克—瓦與曼—惠尼檢定在數學上是相等的。

樂,第二組聽故事,而第三組沒有聽任何東西。呈現在選錄 18.18 裡的結果確認了你的期待嗎[註7]?

486

選錄 18.18 • 克─瓦檢定的使用

音樂情況（$M = 2.67, SD = 2.79$）下的參與者比無音樂情況（$M = 4.00, SD = 2.55$）與控制情況（$M = 3.53, SD = 2.76$）下的參與者報告更少的疼痛。同樣地,實驗者評分在音樂情況（$M = 3.62, SD = 2.31$）下為最低分,再來是無音樂（$M = 3.86, SD = 1.68$）與控制（$M = 4.53, SD = 2.09$）情況。克─瓦檢定被用以檢視是否顯著差異存在於這些情況當中。不論是兒童自我評分（$H(2) = 2.39, p > .05$）或實驗者評分（$H(2) = 2.78, p > .05$）,都沒有發現彼此之間有顯著差異。

來源:Noguchi, L. K. (2006). The effect of music versus nonmusic on behavioral signs of distress and self-report of pain in pediatric injection patients. *Journal of Music Therapy, 43*(1), pp. 26-27.

487

　　克─瓦 H 檢定和曼─惠尼 U 檢定不只是在對象被等級化以及等級總和值被用以獲得檢定的計算值方面類似,連被檢定的虛無假設和當 H_0 被拒絕時的意義都是類似的。技術上而言,克─瓦 H 檢定的虛無假設為比較組別母體於等級背後連續變項上的分配是相等的。據此,H_0 的拒絕是因為母體分配於集中趨勢、變異性,和／或模型上是不相同的。然而,實際上,克─瓦檢定主要聚焦於集中趨勢。事實上,兩位知名的統計學家 Leonard Marascuilo 與 Maryellen McSweeney 宣稱:「透過克─瓦 H 統計值而拒絕 H_0 幾乎同等於平均數、中位數、中央或某些其他替代測量裡的差異[註8]。」

　　曼─惠尼 U 檢定與克─瓦檢定在許多方面都類似,但它們卻在 H_0 是否被拒絕的規則本質上不同。以曼─惠尼 U 檢定而言,H_0 會被拒絕,如果以資料為基礎的 U 小於臨界值。相反地,克─瓦 H_0 會被拒絕,當研究者的計算 H 大

註 7: 在選錄 18.18 裡,你可以看見研究者呈現三個組別在兩個依變項上的平均數與標準差。由於是使用克─瓦無母數檢定進行組別的比較,我比較期待看見中位數與 IQR 數值而非 M 與 SD。

註 8: L. A. Marascuilo and M. McSweeney. (1977). *Nonparametric and distribution-free methods for the social sciences. Monterey*, Calif.: Brooks/Cole, p. 305.

於臨界值^(註9)。因此，在選錄 18.18 裡，是小的 H 值使得兩項檢定結果為無顯著。

每當克—瓦 H 檢定導致拒絕 H_0 時，母體之間的差異情況還是模糊不清的。換句話說，克—瓦程序很像「總括」檢定。因此，當它導致拒絕 H_0 時，研究者通常轉向事後分析以導出更特定的結論。以這類事後調查而言，比較組別通常以配對的方式被比較。

經常伴隨統計顯著 H 檢定之後的事後程序為曼—惠尼 U 檢定。選錄 18.19 與 18.20 示例了曼—惠尼 U 檢定在克—瓦虛無假設被拒絕後用於事後調查的範例。當這種功能被使用時，大多數研究者使用邦弗朗尼程序來校正每一項事後比較的顯著水準。

選錄 18.19-18.20 • 在事後調查裡使用曼—惠尼 U 檢定

488

我們使用克—瓦等級單向變異數分析（Kruskal-Wallis one-way analysis of variance for ranks）檢定三個年紀組別在評分上的差異。顯著差異被發現，因此進行曼—惠尼 U 檢定的配對比較。

來源：Nosse, L. J., and Sagiv, L. (2005). Theory-based study of the basic values of 565 physical therapists. *Physical Therapy, 85*(9), p. 842.

- -

克—瓦檢定檢視四個群集的總括差異，伴隨事後曼—惠尼 U 檢定來比較群集彼此之間的差異。

來源：Petry, N. M. (2005). Stages of change in treatment-seeking pathological gamblers. *Journal of Consulting and Clinical Psychology, 73*(2), p. 314.

第六節 威寇森配對標等檢定

研究者經常想要比較兩份相關的樣本，這些資料可以是測量同一組人們兩次（例如，前／後方式）或測量配對的兩組一次。如果資料本質上是區間或比

註 9： 如果 U 或 H 同等於臨界值，H_0 會被拒絕。然而，這種結果相當不可能發生。

率，而有關的潛在假設也符合，研究者很可能使用一項相關 t 檢定去比較兩份樣本。偶爾，那種母數檢定無法被使用，因為資料是順序或因為 t 檢定假設不穩固（或被研究者認為是一項麻煩）。在這種情況下，兩份相關的樣本很可能以**威寇森配對標等檢定**（Wilcoxon matched-pairs signed-ranks test）進行比較。

在進行**威寇森檢定**（Wilcoxon test）時，研究者（或電腦）必須做五樣事情。首先，檢視每組配對分數以獲得一項改變分數（以單一組別被測量兩次而言）或一項差異分數（以兩份配對樣本只被測量一次而言）。然後將這些分數等級化，從高至低或從低至高。第三步驟涉及附註＋或－符號於每一個等級（在一組被測量兩次的情況裡，這些附註符號指出是否某人的第二個分數高於或低於第一個分數。在兩份配對樣本被測量一次的情況下，這些附註符號指出是否一組裡的人們所贏得的分數高於或低於他們在另一組裡的搭檔）。在第四個步驟裡，研究者僅僅是檢視哪個附註符號較少出現，然後把具有這個附註符號的等級總加起來。最後，研究者把上一步驟所得的等級總和標示為 T，把 T 視為計算值，並比較 T 與統計表裡的臨界值。

有了可計算這些資料的電腦之後，研究者執行威寇森檢定就容易許多。僅需要把原始資料輸入電腦然後按下按鈕，計算值就會出現在電腦螢幕上。許多統計程式把威寇森檢定的計算值設定為 z 分數而非 T。

在選錄 18.21 裡，我們看見了威寇森配對標等檢定被用以處理六年級學童的藝術繪畫能力。兩組兒童都接受由一位藝術家所傳授的兩堂五十五分鐘課程，但不是在同一時間。使用「交錯」（cross-over）設計，這意味著最初第一個星期為控制組的兒童在第二個星期裡接受藝術課程。以同樣的方式，實驗組在第一個星期被教導但在第二個星期則無。威寇森檢定被用以比較此兩組兒童在三個資料蒐集點的繪畫分數。

選錄 18.21 • 威寇森配對標等檢定

威寇森配對標等檢定（Siegel, 1957）被執行於兩組的繪畫分數（前測至後測 1 和後續；對控制組而言，前測 1 至後測 1 以及後測 2）。對於實驗組而言，前測與後測 1 分數之間存在顯著差異（Z ＝ － 4.042; p ＝ .0001）。這種差異也存在於前測與後續之間（Z ＝ － 4.3; p ＝ .0001）。後測 1 與後續之間也存在顯

著差異（Z＝－2.188; p＝.03）。以控制組而言，前測 1 與後測 1 之間沒有顯著差異（Z＝.783; p＝.4334; NS）。然而，在訓練之後，控制組的分數在後測 2 上有改進。此差異為顯著（Z＝－3.982; p＝.0001）。

來源：Snow, C. S., and McLaughlin, T. F. (2005). Effects of teaching perspective in a structured and systematic way on still life drawing of elementary students: An empirical study. *Educational Research Quarterly, 28*(3), pp. 23-24.

當威寇森檢定導致一個 *T* 值時，研究者拒絕或保留 H₀ 的規則就像是曼－惠尼 *U* 檢定。簡言之，當以資料為基礎的 *T* 值等於或小於統計表裡的臨界值時，H₀ 就會被拒絕（這是因為正相關存在於 *T* 與 *p* 之間）。另一方面，如果威寇森檢定的計算值為 *z*，決定規則就恰恰相反。此處，將是大的 *z* 值允許虛無假設被拒絕。

雖然很容易進行威寇森檢定，詮釋最後結果的任務卻是具有挑戰性的。虛無假設說關於兩組樣本資料的母體在同一點上是對稱的。這解釋為改變（或差異）分數的母體在中位數為 0 上是對稱的。詮釋威寇森配對標等檢定的結果是有問題的，因為虛無假設可為假的理由可以是改變／差異分數的母體不對稱，母體中位數不是 0，或母體在 0 以外的中位數上不對稱。據此，如果威寇森檢定導致統計上的顯著發現，不論是你或是研究者都不會知道 H₀ 被拒絕的確定原因是什麼。

有兩種方式可釐清威寇森檢定的顯著發現。首先，這種檢定可以被詮釋為兩個母體（每一個關連一份用以計算差異／改變分數的樣本資料），很可能彼此之間不相等。這種詮釋並不十分令人滿意，因為兩個母體能夠以任何方式不同。第二種詮釋為如果威寇森檢定產生小 *p* 值，那麼兩個母體很可能具有不同的中位數（這也就是說，差異／改變分數的母體很可能不等於 0）。然而，這種詮釋只有在兩個母體具有相同分配模型的前提下才是合理的。

第七節 富利曼等級雙向變異數分析

富利曼檢定就像是威寇森檢定一樣都是用於相關樣本。威寇森與富利曼檢

490

定的主要不同之處為：前者只適用於兩份相關樣本，而富利曼檢定適用於兩份或更多份這類樣本。因此，**富利曼等級雙向變異數分析**（Friedman two-way analysis of variance of ranks）能夠被視為單因子重複測量 ANOVA 的無母數版本（第十四章）(註10)。

為了示例富利曼檢定能夠被應用的情況，假設你和其他人被要求獨立評量今年奧斯卡金像獎提名的五部電影。我也許要求你於某種標準上排名這五部電影。或者，我可以要求你給予這五部電影評量分數（也許是 0 至 100 量尺），這就提供了我轉換至等級的資料。不管是什麼方式，我都能夠從每個人身上獲得五個等級來指出其對這五部電影的意見。

如果這五部電影被評量的結果是相同地好，我們會期待這些電影在等級總和上是相同的。換句話說，電影 A 應該接受到一些高等級，一些中等級，以及一些低等級，如果它確實不比其他電影來得更好或更差的話。這種情況也是其他四部電影的情形。富利曼檢定正是以這種方式處理資料，因為主要成分是賦予每一部電影的等級總和。

一旦被比較事物的等級總和被計算出來之後，它們就被輸入一項產生檢定計算值的公式。我不會在此處討論這項公式的細節，或甚至把它呈現出來。而是，我想要聚焦於此公式的三個面向。第一，計算值通常用符號 χ_r^2 表示（有時為 χ^2）。第二，大的 χ_r^2 數值暗示 H_0 不為真。第三，χ_r^2 的數值被拿來與這種數值的虛無分配做比對，以決定以資料為基礎的 p 值和／或去決定是否虛無假設應該被拒絕。

選錄 18.22 示例了富利曼檢定的使用。此選錄的研究有關於藝術，如同選錄 18.21 一樣。然而，此處的研究聚焦於評斷畫作而非製造它們。我們在本章稍早的「取得排過等級的資料」部分探討過這項研究。你也許需要複習一下那篇敘述以便更瞭解選錄 18.22。

選錄 18.22 • 富利曼等級雙向變異數分析

我們使用富利曼等級雙向變異數分析（Friedman two-way ANOVA by ran-

註 10：雖然富利曼與威寇森檢定都是用於相關樣本，但是富利曼檢定實際上是符號檢定的一種延伸。

ks）去比較十幅畫作的等級。表 1〔沒有在此呈現〕顯示此十幅畫作（從最低
MSR 至最高）的中位數（Mdns）與平均等級總和（MSR）。富利曼等級雙向
ANOVA 提供了此十項等級之間的顯著差異，$\chi^2 (9) = 48.47$，$p < .05$。

來源：Wolach, A. H., and McHale, M. A. (2005). Line spacing in Mondrian paintings and computer-generated modifications. *Journal of General Psychology, 132*(3), p. 288.

　　如果富利曼檢定導致拒絕虛無假設，當三個或更多事物（如同我們的電影
範例）被比較時，你很可能看見事後檢定被用以比較這些已經被等級化的事
物。雖然許多檢定程序能夠被用於這類事後調查裡，你很可能看見威寇森配對
標等檢定被採用以執行所有可能的配對比較。以這種方式使用威寇森檢定時，
研究者應該使用邦弗朗尼校正程序去預防誇大的第一類型錯誤機率。

第八節　等級檢定之巨大樣本版

　　接近第十七章結束之處，我指出研究者如何進行 z 檢定處理次數、百分率
或比例。每當這種情況發生時，研究者把他們的資料輸入進一項特殊的公式並
產生稱為 z 的計算值，然後以資料為基礎的 p 值藉由參考常態分配的計算值而
被決定。因此，任何 z 檢定能夠被視為「常態曲線檢定」（normal curve test）。

　　在某些情況裡，z 檢定僅僅是一項替代性的選擇。然而，在其他情況下，
z 檢定代表其他檢定的**大樣本近似值法**（large-sample approximation）。在第十
七章裡，我指出如果樣本量夠大的話，符號、二項式、麥克內瑪檢定能夠以 z
檢定執行。這些大樣本近似值法裡用以產生 z 計算值的公式因檢定程序的不同
而有所不同，但此議題對於研究文獻讀者而言並不是那麼重要。

　　鑑於名義資料上的檢定，當樣本量為大時，能夠以 z 檢定進行。因此，你
不應該驚訝於大樣本近似值法為本章所探討的幾種檢定程序而存在。更明確
點，你很可能遭遇曼—惠尼 U 檢定產生的計算值並非 U，克—瓦等級單向變異
數分析所產生的計算值並非 H，而威寇森配對標等檢定所產生的計算值並非
T。請參看選錄 18.23 至 18.25 的範例。

492

選錄 18.23-18.25 • 曼—惠尼、克—瓦和威寇森檢定的大樣本版本

ESM 在性別、學校類型或危機組方面，沒有顯著差異：HR 有效回答的中位數是 37，LR 有效回答的中位數是 38，曼—惠尼 U 檢定，$Z = 0.99$，$p = .32$。

來源：Schneiders, J., Nicolson, N. A., Berkhof, J., Feron, F. J., van Os, J., and deVries, M. W. (2006). Mood reactivity to daily negative events in early adolescence: Relationship to risk for psycho-pathology. *Developmental Psychology, 42*(3), p. 547.

- -

克—瓦 H 檢定指出繪畫程度之間有顯著差異，$\chi^2\,(df = 3) = 10.06$，$p = .018$。

來源：Braswell, G. S., and Callanan, M. A. (2003). Learning to draw recognizable graphic representations during mother-child interactions. *Merrill-Palmer Quarterly, 49*(4), p. 487.

- -

學生與教師預測考試分數之間的顯著差異只發生在十一年級（威寇森配對標等檢定，$z = -5.251$，$p < .000$），教師預測較高的分數……

來源：Graham, S. J. (2004). Giving up on modern foreign languages? Students' perceptions of learning French. *Modern Language Journal, 88*(2), p. 177.

493　　在選錄 18.23 與 18.25 裡，我們看見了曼—惠尼與威寇森檢定的大樣本版本裡的計算值為 z 值。相反的，克—瓦檢定的大樣本版本裡的計算值為卡方值。這些選錄恰巧示例了一項事實：許多所謂的大樣本版本無母數檢定產生奠基於常態分配的 p 值。然而，某些這種檢定關連卡方分配。

　　富利曼檢定程序——如同曼—惠尼、克—瓦和威寇森程序一樣——能夠以大樣本近似值法進行。在這種情況下，大多數研究者把他們的 χ_r^2 計算值與卡方分配進行比較以獲得 p 值。如果你再次檢視選錄 18.22，你會看見富利曼檢定以這種方式進行的例子。

　　應該注意的是中位數檢定天生就是以大樣本檢定起家的。這是因為此種檢定需要將資料丟入 2×2 列聯表裡來產生卡方計算值。因為卡方檢定需要足夠大的細格次數，所以唯一「大樣本」中位數檢定的相對選擇會是費雪精確檢定。費雪檢定，在本文背景下，可被解釋為中位數檢定的「小樣本」版本。

　　在結束本章的大樣本版本討論之前，有一個很簡單的問題似乎是很適合的：「樣本到底要多大才能使這些檢定運作得如同其更精確的小樣本搭檔

呢？」此問題的答案依據被探討的檢定而定。例如，曼—惠尼 z 檢定需要兩個 n 大於 10（或其中一個 n 大於 20），而威寇森 z 檢定需要它的 n 大於 25。克—瓦卡方檢定需要多於三個比較組別或當 n 大於 5 的時候。富利曼卡方檢定需要多於四樣東西被排序或多於十位研究參與者進行排序。

然而，其他不常被使用的大樣本程序也已經被發明，並與曼—惠尼、克—瓦、威寇森和富利曼檢定一起使用。一些涉及在複雜公式裡使用等級化資料。其他涉及在 t 檢定或 F 檢定裡使用等級化資料。還有其他涉及透過兩項不同公式分析研究資料、平均計算值的計算，然後參考一項特別形成的臨界值。雖然現在沒有被廣泛使用，這些替代程序也許會在未來的年代裡普及化。

第九節 結綁

每當研究者排序一組分數時，他們可能碰到**結綁觀察**（tied observations，或說同分值）的情況。例如，在這組假設性的十項分數裡存在兩組結綁：8、0、4、3、5、4、7、1、4、5。或者，結綁也可以發生於原始資料為等級形式的狀況下。此處的例子，如第十與第十一位跑者同時到達終點，或品酒大會裡一位裁判評定兩種酒類同獲藍帶獎。

494

以中位數檢定而言，結綁分數並沒有製造問題。如果結綁觀察發生於整組分數的上半或下半部，那麼結綁能夠被忽略，因為所有的分數能夠很容易地被分類至總中位數之上或之下。如果資料組中間的分數是結綁的，「之上」和「之下」類目能夠被鄰近結綁分數的數值所定義。例如，如果前段裡的十項分數來自於使用中位數檢定比較的兩組，高分能夠被定義為 4 以上的分數而低分能夠被定義為小於或等於 4 的分數（另一種處理總中位數結綁的方法是把那些分數摒除於分析之外）。

如果當使用曼—惠尼、克—瓦、威寇森，或富利曼檢定時發生結綁觀察，研究者通常會有三種選擇。第一，他們能夠運用平均等級於結綁分數（計算平均等級的程序在第三章的肯道耳等級相關段落裡有描述過）。第二，他們能夠摒除資料組裡的結綁觀察，然後把剩餘的分數進行統計檢定。第三，他們能夠使用一項特別的檢定程序來處理結綁觀察。

在選錄 18.26 與 18.27 裡，我們看見兩例採用第三種選擇。在這兩例裡，結綁校正（corrected for ties）一詞指出，結綁分數被留在資料裡並且一項特定公式被用以計算計算值。

選錄 18.26-18.27 • 使用特定公式適應資料裡的結綁觀察

如同雙尾曼─惠尼 U 檢定所顯示的，性別差異是顯著的，$U = 16$，z（為結綁校正）$= 2.13$，$p = 0.033$。

來源：Hughes, R. N., and Kleindienst, H. F. (2004). Sex-related responsiveness to changes in tactile stimulation in hooded rats. *International Journal of Comparative Psychology, 17*(4), p. 345.

使用源自於富利曼檢定的 χ^2（為結綁校正），我們發現當詮釋自我或其他人時，以任何的年齡組別而言，不同任務的成功等級沒有差異。

來源：Mitchell, R. W., and Neal, M. (2005). Children's understanding of their own and others' mental states. Part A. Self-understanding precedes understanding of others in pretence. *British Journal of Developmental Psychology, 23*(2), p. 189.

495

結綁也可以發生在富利曼檢定裡。例如，裁判報告被評斷的兩件東西是同樣地好。這種結綁觀察並沒有被摒除於資料集之外，因為那樣做可能會強迫把那位特定裁判所提供的全部資料給丟棄。而是，會使用指派平均等級的方法，然後結合被用以獲得富利曼檢定計算值的一般公式。

第十節　無母數檢定的相對檢定力

廣泛大眾相信無母數程序劣於母數方法，因為前者具有的檢定力假設是低於後者的。這種檢定力的擔憂是適當的，因為任何低檢定力的檢定很可能導致第二類型錯誤當 H_0 為假時。然而，很不幸的，無母數檢定被認為是比較沒辦法去偵測到母體之間的真實差異。我這樣說是因為無母數檢定，在某些狀況下，比其母數搭檔更為有力。

如果研究者從兩份獨立樣本蒐集區間或比率資料，他們能夠藉由母數檢定（例如獨立樣本 t 檢定）或無母數檢定（例如曼─惠尼 U 檢定）來比較兩個組

別。情況也可以是三份或更多的獨立樣本、兩份相關樣本或重複測量單一樣本。以這些情況而言，資料能夠以母數檢定或無母數檢定分析之，比較兩種不同檢定的檢定力是有可能的。這種比較允許我們談論檢定的**相對檢定力**（relative power）。

如果常態性與變異數同質性的假設是有效的，那麼 t 檢定與 F 檢定會比其無母數搭檔更為有力。另一方面，如果這些假設被違反，無母數檢定能夠在某些情況下提供研究者更好的防護力來對抗第二類型錯誤。如同稍早在選錄 18.8 與 18.9 裡所示例的，研究者經常解釋他們之所以使用無母數檢定，是因為他們的資料集有偏斜和／或具有不相等的變異數。藉著使用無母數程序，這些研究者增加了檢定的敏感度。

無母數檢定與其母數檢定搭檔的相對檢定力比較，是依據母體裡的分配模型而定。因此，我相信應用研究者應該解釋為何他們決定使用所採用的方法。相對檢定力的議題應該被包含在這類解釋裡。不幸地，典型的應用研究調查苦於檢定力不足的問題，也因此迫使研究者必須運用最有力的分析方法。

第十一節　一些最後的評論

496

當我們來到本章結束之處時，還要強調最後五點。這五點也是閱讀專業研究報告時的警示。藉由對這些警示保持敏感度，你對於無母數檢定所產生的研究結論會更具有判別能力。

我第一個警示關於研究問題的品質。如果研究聚焦於瑣碎的議題，沒有任何統計程序能夠「點石成金」。這點對於無母數檢定以及母數檢定而言確實不假。據此，我再次提醒你不要把以資料為基礎的 p 水準當作評估研究價值的準則。

我的第二點警示是關於隨機樣本與觀察獨立性的重要假設。在本章所探討的每一項無母數檢定涉及關於一個或更多母體的虛無假設。虛無假設被評估的資料是來自於一份或更多份假定能夠代表母體的樣本。因此隨機性對於任何無母數檢定以及任何母數檢定而言都是至關重要的。再者，無母數檢定，就像是它們的母數搭檔一樣，是奠基於**獨立性**（independence）的假設。獨立性僅僅

意味著，任何個體所提供的資料沒有被研究裡的任何其他個人身上所發生的事件所影響（註11）。

第三點警示有關於術語**自由分配**（distribution-free），此標示有時候被用以代替術語**無母數**。因為這些術語被當作同義詞使用，許多應用研究者會認為不論母體分配模型為何，無母數檢定的運作皆不會受到影響。這種印象並不真確。一方面，每一項無母數檢定的檢定力依據母體分配模型而定。另一方面，拒絕虛無假設的適當定義經常被已知的母體分配模型所影響。

我最後的警示是在本書稍早所提過的重疊分配議題。如果兩組分數被發現彼此之間有顯著不同（即使是令人印象深刻的p水準），很可能低分組的最高分比高分組的最低分要高。當是這種情況時，研究者不應該宣稱——或甚至暗示——高分組裡的個體優於低分組裡的個體。可以說的是一組裡的人們平均上表現比其他組要好。平均上這三個字請隨時謹記於心，當你閱讀或聆聽研究報告時。

497

為了看清我所謂的「重疊分配」，請考量選錄 18.28。

選錄 18.28 ● 重疊分配

成功完成AB-X訓練的三位孩童年紀（$M = 5.6$ 歲，全距：5.3-5.7）大於那些沒完成此訓練的七位孩童（$M = 5.2$ 歲，全距：4.9-5.5）（曼—惠尼 U 檢定 $= 2$, $p = 0.03$）。

來源：Carpentier, F., Smeets, P. M., and Barnes-Holmes, D. (2002). Establishing transfer of compound control in children: A stimulus control analysis. *Psychological Record, 52*(2), p. 154.

在此篇選錄裡，研究者報告，他們在兩組五年級生的年齡之間發現顯著差異（使用曼—惠尼U檢定）。據此，他們主張在「成功」組裡的三位孩童年齡要比「失敗」組裡的七位孩童**大**。但這確實為真嗎？換句話說，「成功」組的三位孩童年齡皆比「失敗」組的七位孩童大嗎？

藉著檢視選錄 18.28 裡所提供的全距，你能夠看出重疊分配的出現。「成

註 11：以中位數、曼—惠尼和克—瓦檢定而言，獨立性被假定存在於比較組別之內與比較組別之間。以威寇森與富利曼檢定而言，資料的相關本質使得獨立性假定僅能應用於對象間的情況。

功」組的年齡全距從 5.7 至 5.3，而「失敗」組的年齡全距從 5.5 至 4.9。這些全距明白地告訴我們，「失敗」組裡至少有一位孩童的年齡大於「成功」組裡的至少一位孩童。

我認為選錄 18.28 提供了有力的範例來告訴你，為何當你在閱讀研究報告時需要保持警覺。研究者經常說一組的成員表現優於其他組別的成員。當研究者沒有把平均上這三個字加入研究聲明時，你應該在心理上加入這三個字。這樣做是安全的，因為非重疊分配是非常少見的。

我最後的警示關於一件事實：除了本章聚焦的五種無母數程序之外，還有許多的無母數檢定。這種檢定有兩種分類。一些僅僅是替代性質的檢定，使用同樣的資料來評估相同的虛無假設。例如，奎德檢定（Quade test）可代替富利曼檢定。其他沒有在此處被探討的無母數檢定具有不同的目標。例如，J-T 檢定（Jonckheere-Terpstra test）允許研究者評估一項虛無假設：一組母體用其平均分數做某種特定的方式排序。我沒有討論這種檢定，僅僅是因為它們沒有經常被應用研究者所使用。

術語回顧

自由分配 （distribution-free）	曼─惠尼 U 檢定 （Mann-Whitney U test）
富利曼等級雙向變異數分析 （Friedman two-way analysis of variance of ranks ）	中位數檢定 （median test）
獨立性（independence）	無母數檢定（nonparametric test）
克─瓦等級單向變異數分析 （Kruskal-Wallis one-way analysis of variance of ranks）	母數檢定 （parametric test）
大樣本近似值法 （large-sample approximation）	等級 （ranks）
李克類型態度量表 （Likert-type attitude inventories）	評價 （ratings）

相對檢定力 （relative power）	威寇森配對標等檢定 （Wilcoxon matched-pairs signed-ranks test）
等級總和 （sum of ranks）	威寇森等級總和檢定 （Wilcoxon rank-sum test）
結綁觀察（tied observations）	威寇森檢定（Wilcoxon test）
威寇森—曼—惠尼檢定 （Wilcoxon-Mann-Whitney test）	

閒話統計　

1. 涵括第十八章的一個線上互動練習題（提供立即的回饋）。

2. 關於第十八章內容的十個迷思。

3. 第十八章的最佳段落：「研究問題的重要性。」

4. 標題為「威寇森配對標等檢定」的線上互動資源。

5. 一則笑話：「統計學家被誤解的十種理由。」

相關內容請參考：www.ablongman.com/huck5e

19 混合研究法的量化部分

本書前十八章所囊括的五百零六篇選錄來自於最近所出版的期刊文章。這些研究文章絕大多數在本質上都是量化研究。在這類研究裡，只有數字式的資料被蒐集、分析和詮釋。

最近，許多領域的研究者開始努力進行所謂的**混合方法**（mixed methods）研究。在這類調查裡，量化與質化資料皆被蒐集、檢視，以及當作下結論的基礎。例如，研究者也許會藉由散發一千份李克類型問卷與進行十五位對象的深度訪談，來執行其混合方法研究。問卷的回答能夠以統計程序進行分析，一些為敘述而一些為推論。訪談的資訊能夠被一群研究助理檢視（個別或一起），以確認資訊所浮現的「主題」。

在選錄 19.1 至 19.3 裡，我們看見三項不同的混合方法研究在不同的領域裡被執行。在第一篇選錄裡，研究者僅僅說他們使用混合方法的研究方式。在選錄 19.2 裡，研究者指出質化與量化方法皆被用於他們的研究裡。在選錄 19.3 裡，我們看見研究者指明何種量化與質化程序被用於他們的混合方法研究裡。

如同存在許多不同種類的研究屬於量化研究一樣，也存在許多不同種類的混合方法研究。混合方法研究存在的部分理由是因為，如果你把其中一種量化研究與其中一種質化研究結合在一起的話，就存在許多可能的結果。然而，混合方法研究能夠以其他理由造成彼此之間的不同。例如，在某些研究裡，存在大量的量化成分和小量的質化成分，而在其他研究裡，情況剛好顛倒。再者，在一些研究裡，研究的質化部分先被執行，因為其結果被用以設計接下來的量化努力，然而在其他研究裡，情況剛好相反。除此之外，混合方法研究能夠在其目標上有所不同，許多研究者使用術語「探究」（exploratory）、「解釋」（explanatory），和「多角參計」（triangulation）來區分進行此類研究的三種

500

501

485

選錄 19.1-19.3 ● 混合方法研究

　　此研究的目標是發展消費者類型學，透過混合方法分析消費者參與動機資料。

來源：Rohm, A. J., Milne, G. R., and McDonald, M. A. (2006). A mixed-method approach for developing market segmentation typologies in the sports industry. *Sport Marketing Quarterly, 15* (1), p. 30.

- -

　　此研究的主要目標是確認照護者在頭兩年照護期的：(1)最困難時間；(2)沒有被滿足的需要；以及(3)建議；並且檢視資源使用和資源重要性的覺知性。使用質化與量化方法。

來源：King, R. B., and Semik, P. E. (2006). Stroke caregiving: Difficult times, resource use, and needs during the first 2 years. *Journal of Gerontological Nursing, 32*(4), p. 39.

- -

　　我們的研究與評估計畫包含一項混合方法學的策略，囊括問卷調查與訪談協議。

來源：Barnett, M., Lord, C., Strauss, E., Rosca, C., Langford, H., Chavez, D., and Deni, L. (2006). Using the urban environment to engage youths in urban ecology field studies. *Journl of Environmental Education, 37*(2), p. 6.

不同理由。

第一節 此章的目標

　　澄清本章企圖為何之前，我想要指出企圖之外的事情。首先，你會發現此處不詆毀混合方法研究的潛在價值（或全部為質化性質的研究）。有價值的洞察能夠來自於研究參與者的「聲音」，而某些研究明顯具有其限制性，如果它們不能包含質化成分的話。第二，此處不解釋與呈現蒐集、分析和詮釋質化資料的不同方法，其他書本會完成這項目標。最後，本章並不涉及如何融合質化與量化成分來達到優良混合方法研究的準則。讀者可以參閱其他相關的書籍。

502

那麼本章的目標到底是什麼呢？如你即將所見，我有兩個目標。第一，我想要提出並回答一個簡單的問題：混合方法研究的量化部分有多重要？第二，我想要你看看各種混合方法研究的選錄，它們示例了對量化部分的關心。

量化部分對於混合研究法的重要性

　　當研究者從統計分析結果下結論時，資料應該具備高品質，量化方法應該被小心地執行，而奠基於統計結果的宣稱應該考量資料與使用程序的先天限制。此重要觀點已在本書稍早的章節裡重複被提起過。它可以被應用在混合方法研究的量化部分以及本質上為量化的研究裡。

　　如果研究涉及量化與質化成分，統計部分應該被適當地執行，即使質化部分較大（「大QUAL，小QUAN」），即使量化部分附屬於質化部分，並且即使量化部分在質化程序之前。換句話說，當檢視混合方法研究報告的統計部分時，你所應用的標準應該如同本質上為量化研究那般的嚴格。混合方法研究的混合本質通常讓你考量兩種東西；然而，「整體」不可能好，除非兩者組成部分皆好。

第三節 混合方法研究裡的統計範例

　　在本節裡，讓我們檢視十篇不同的研究，它們都來自於混合方法的報告。每一篇選錄聚焦於統計發現，而我認為你將會發現這些選錄能夠被置放在本書稍早的部分。集體而言，這些選錄闡釋了兩點。第一，進行混合方法研究的研究者廣泛地使用量化方法。第二，訓練有素的混合方法研究者會小心地處理他們所調查的數字式資料。

　　在選錄 19.4 裡，我們看見一篇關於在工作場所閒聊的研究。在此篇段落裡，我們看見偶發的閒聊（記載於日誌）、閒聊人數、閒聊持續時間，和閒聊性別的描述性統計。請仔細瀏覽每項偶發的閒聊時間。藉著給予我們全距（而非只有平均數與標準差），我們能夠分辨分數的分配是正偏斜的。如同在第二

503

章裡所指出的，研究者應該幫助我們瞭解他們所蒐集資料的分配特徵。更多的研究者應該報告全距，如同選錄 19.4 所做的那樣。

選錄 19.4 • 用於混合方法研究裡的敘述性統計

整體的研究設計結合了質化與量化方法的資料蒐集、分析與推論……敘述性統計顯示涉及偶發閒聊的人數為少——平均 2.6 人（SD = 0.5）。每項偶發的閒聊時間全距從一至二分鐘到九十分鐘。被記錄偶發的數目從二到三十二。偶發的平均閒聊時間為 13.2 分（SD = 5.7），而十天期間的平均數目為 13.7（SD = 7.6）。女性（mean = 14.1）比男性（mean = 11.8）報告了更多的偶發閒聊……

來源：Waddington, K. (2005). Using diaries to explore the characteristics of work-related gossip: Methodological considerations from exploratory multimethod research. *Journal of Occupational and Organizational Psychology, 78*(2), pp. 222, 228.

現在考量選錄 19.5。此選錄的研究檢視中學組織狀態與學生學業成就之間的關連。在此研究的量化部分，研究小組計算皮爾森 r。許多研究者蒐集資料並計算 r。然而，大多數沒有像此選錄與選錄 3.33 那樣小心。第一，進行此混合方法研究的研究者知道皮爾森 r 假定 X 與 Y 變項之間存在線性關連。更重要的是，他們在分析資料之前檢視散點圖。在第三章與第九章裡，我爭論過這對研究者而言是一件重要的事，當他們處理積差相關時。

第四章的內容關於資料品質。如我已指出的，炫目的統計程序無法使低品質的資料產出高品質的結果。謹記此點於心，選錄 19.6 聚焦於電腦對於高中

選錄 19.5 • 在混合方法研究裡計算 *r* 之前檢查線性假設

混合方法研究聚焦於組織狀態的三方面（教師友好關係、資源支持、學業重視）以及它們與學生學業表現的關連……為了確認被研究的變項之間存在線性關連〔計算 *r* 之前〕，每一項關連皆用圖形表示，並計算涉及史匹爾曼等級相關的無母數相關。史匹爾曼等級相關的結果與皮爾森相關一致。

來源：Henderson, C. L., Buehler, A. E., Stein, W. L., Dalton, J. E., Robinson, T. R., and Anfara, V. A. (2005). Organizational health and student achievement in Tennessee middle level schools. *NASSP Bulletin, 89*, pp. 54, 60.

生學習的可能效果。閱讀整篇選錄，你會發現此篇混合方法研究的研究者很在意資料品質。如果所有研究者都這樣做將會是一件很棒的事。不幸地，許多研究者只管蒐集資料而不管資料是否可靠或有效。

選錄 19.6 • 混合方法研究裡的資料品質

作者使用混合方法設計來決定是否教室電腦的使用影響了高中生的學習參與感……我使用 Rovai、Lucking 與 Cristol（2001）所發展的教室參與感量表（SCCI）來評估教室參與感，以及其精神、信任、互動和學習組成因素……在描述 SCCI 的信度時，Rovai 和同僚（2001）報告整體 SCCI 分數的克朗巴赫 alpha 係數（Cronbach's alpha）為.96、精神子分數為.90、信任子分數為.84、互動子分數為.84 和學習子分數為.88。在目前的研究裡（$N = 181$），整體 SCCI 分數的內部一致性係數為.95、精神子分數為.86、信任子分數為.80、互動子分數為 0.82 和學習子分數為.87。

來源：Wighting, M. J. (2006). Effects of computer use on high school students' sense of community. *Journal of Educational Research, 99*(6), pp. 371, 373.

在許多混合方法研究裡，進行由樣本至母體的推論。在第五章裡，我們探討有形與抽象母體的注意事項，而我們檢視各種適用於有形母體的抽樣策略。一種我們探討過的（在選錄 5.5 和 5.6）機率樣本是分層隨機樣本。那種樣本被用於選錄 19.7 的混合方法研究。進行此調查的研究者值得嘉獎，因為他們不僅使用了適合的抽樣程序，也過度抽樣（oversample）一個層級來獲得足夠的資料以完成他們的研究目標。

505

選錄 19.7 • 在一項混合方法研究裡的抽樣

研究設計採用了混合方法，包含詳細的有效統計分析和學齡前中心的個案研究……樣本抽樣自五個區域的六大 LA〔Local Authorities〕，兒童取自六種類型：托兒班、遊戲場、私立日間托兒所、LA 日間照護托兒所、育嬰學校和融合中心……在每個 LA 裡，每種類型的中心以分層隨機抽樣被選出，而由於一些中心屬於小型（例如，鄉村遊戲場），因此招募（比原先所提出的）更多這類的中心，因而樣本總數為一百四十一所中心並且超過三千位兒童。

來源：Sammons, P., Elliot, K., Sylva, K., Melhuish, E., Siraj-Blatchford, I., and Taggart, B. (2004). The impact of pre-school on young children's cognitive attainment at entry to reception. *British Educational Research Journal, 30*(5), pp. 692, 693, 694.

你也許回想起（在第五章）回答率不足、耗損和拒絕參與的問題。謹慎的研究者會注意這類問題能夠引起推論窘境。這類研究者努力降低這種問題會發生的可能性（如同選錄 5.18 至 5.20 所示例的那樣），並且他們檢視研究推論是否仍然合法，即使並不是每一位被邀請的人都保持參與者的身分（參看選錄 5.21、5.22 和 5.25）。如果你現在檢視選錄 19.8，你將會發現為何我讚賞這組研究者，請看選錄的最後一句陳述。

當研究者設立檢定虛無假設時，顯著水準的功能是控制第一類型錯誤機率。然而，如同我們在第八章裡所見，當多重虛無假設被檢定時，顯著水準低估了這種推論錯誤的可能性。如同在第九章至第十八章裡所示例的，邦弗朗尼校正技術經常被用以避免誇大的第一類型錯誤機率。邦弗朗尼技術也適用於混合方法研究，請參看選錄 19.9。

如同在本書稍早章節裡所指出的，統計顯著性與實際顯著性之間存在重要區別。謹慎的研究者覺知到統計上的顯著結果不一定具有實際上的意義，這時他們有幾種選擇。一種是估計效力量。這在混合方法研究裡可以被達成嗎？當然可以。它應該被執行嗎？是的！在選錄 19.10 裡，我們看見了 eta 平方的使用。

506

選錄 19.8 • 拒絕參與混合方法研究

我們使用混合方法檢視醫師與家庭看護者之間的溝通，這些溝通是關於無法治癒的疾病、壽命預期和療養院……在初期總共有三百九十一位看護在療養院職員的招募名單中。在這三百九十一位看護當中，一百位要求不要被聯絡，二十八位的電話或住址資訊是錯誤的，六位病情過重以至於被訪談者認為無法參與研究，五十一位被聯絡上但拒絕參與研究。這二百零六位看護代表那些被聯絡上的 78%（206/263）與原始抽樣三百九十一位看護的 53%。這些看護參與者與那些無法參與者之間在性別、與病人的親密關係，或入住療養院的天數上沒有顯著差異（$p > 0.10$）。

來源：Cherlin, E., Fried, T., Prigerson, H. G., Schulman-Green, D., Johnson-Hurzeler, R., and Brad-
　　　ley, E. H. (2005). Communication between physicians and family caregivers about care at the
　　　end of life: When do discussions occur and what is said? *Journal of Palliative Medicine, 8*(6),
　　　pp. 1177-1178.

選錄 19.9 ● 在混合方法研究裡使用邦弗朗尼技術

　　目前的研究為混合模式研究，量化與質化資料以互補方式同時被蒐集與分析……為了檢視人口統計學特徵對於感興趣變項上的衝擊，一系列邦弗朗尼校正 t 檢定（p = .002）被用以比較參與者在學校、性別、SPCS 評等，反向 SDO，對挑戰種族主義的支持，對挑戰性別主義的支持，對挑戰不公義的支持，以及整體感受到的支持上之差異。只有一種顯著差異被偵測到，那就是年輕女性比年輕男性感受到更多對挑戰性別主義的支持。

來源：Diemer, M. A., Kauffman, A., Koenig, N., Trahan, E., and Hsieh, C. (2006). Challenging rac-
　　　ism, sexism, and social injustice: Support for urban adolescents' critical consciousness devel-
　　　opment. *Cultural Diversity & Ethnic Minority Psychology, 12*(3), pp. 448, 452.

選錄 19.10 ● 在混合方法研究裡估計效力量

507

　　關係推論上 CP〔copy-and-paste〕限制效果的單向 ANOVA 指出顯著主要效果，$F(1, 69) = 44.21$，$MSE = 89.60$，$p < .01$。限制 CP 組比非限制 CP 組描繪了更佳的關係推論以及更多的支持想法。CP 限制的程度與關係推論之間存在有力的關連，以 eta 平方評估，限制的程度解釋了關係推論 39.0%的變異。

來源：Igo, L. B., Bruning, R., and McCrudden, M. T. (2005). Exploring differences in students' copy-
　　　and-paste decision making and processing: A mixed-methods study. *Journl of Educational
　　　Psychology, 97*(1), pp. 103, 107.

　　在過往的三十幾年裡，我已經被詢問過許許多多關於量化研究的設計疑問。我最常被問的一個問題是：「如果我使用假設檢定程序，我的樣本量應該多大？」雖然這個問題似乎很簡單，但有幾種因素必須先被考量。一些關於單尾或雙尾選擇、顯著水準的選擇、瑣碎與非瑣碎效力量的個人意見、母體裡變異的程度、使用的統計檢定種類，和第二類型錯誤危機的控制。

506

507

謹慎的研究者不允許 *n* 由運氣所決定。相反的，他們進行先行檢定力分析
——注意上個段落所提及的因素——來決定樣本量應該多大。在本書稍早，幾
篇選錄示例了這種以檢定力分析決定 *n* 的方法（你也許想要複習選錄 8.11、
10.22、11.23 和 15.24）。在選錄 19.11 裡，我們看見了這類檢定力分析在混合
方法研究裡被執行。

選錄 19.11 • 在混合方法研究裡決定樣本量

我們著手進行一項混合方法學上的分析，以互補的方式分析量化與質化資
料……八十二位男性青少年攻擊者被隨機抽取自美國東南方一所大型青少年監
禁機構。八十二位的樣本量是透過先行檢定力而來，因為它提供可接受的統計
檢定力（即，.80）來偵測中度相關，在雙尾的.05顯著水準下，*r* = .30（Erdfel-
der, Faul, & Buchner, 1996）。這八十二位參與者代表了被監禁於那所機構的
15%青少年攻擊者。

來源：Daley, C. E., and Onwuegbuzie, A. J. (2004). Attributions toward violence of male juvenile
delinquents: A concurrent mixed-methodological anlysis. *Journal of Social Psychology, 144*
(6), pp. 553, 557.

508

在本書裡，我已經指出敘述統計與推論統計同樣都攜帶了重要的潛藏假
設。例如，皮爾森相關假設線性、*t* 檢定與 *F* 檢定的平均數比較假設母體等變
異數、共變異數分析假設等組內回歸斜率，而重複測量ANOVA假設球形。如
果這些或其他重要的假設被違反，統計檢定的運作將不如預期。

研究者應該隨時注意他們所使用統計程序的假設。重要假設應該被檢定，
而假設的違反應該導致諸如資料轉換（如選錄10.28）或使用替代檢定程序（如
選錄 18.8 和 18.9）等補償動作。這種過程在混合方法研究裡也應該被執行。
請參看選錄 19.12。

選錄 19.12 • 在混合方法研究裡探討統計假設

由於缺乏拉丁年輕人的研究，目前的混合方法研究被用以延伸研究者對於
生活滿意度、文化適應、與墨裔美國人家庭支持感受之間關連的瞭解……我們
進行一項家庭支持感受與墨裔以及北歐裔文化適應傾向在生活滿意度上的階級

> 多重回歸……初步分析包括檢視資料的離群值、常態性、線性,和同方差性……
>
> 來源:Edwards, L. M., and Lopez, S. J. (2006). Perceived family support, acculturation, and life sat-isfaction in Mexican American youth: A mixed-methods exploration. *Journal of Counseling Psychology, 53*(3), pp. 281, 283, 284.

　　當比較多於兩個比較組別的平均數時,研究者應該裁製他們的統計檢定以適用他們的研究問題。這通常意味著應該調查計畫比較。這需要研究者進行不同於總括 *F* 檢定的統計檢定。稍早,我們看見計畫比較被用於選錄 12.21、12.22 和 13.21。

　　在選錄 19.13 裡,我們看見計畫比較被用於混合方法研究。在此調查裡,研究者訪談七十九位說西班牙語的成年人,他們是隨機抽取自位於洛杉磯的學校。訪談時,研究者注意:(1)是否參與者表現出兩種文化的認同感;以及(2)是否文化認同被用以證明所選擇的種族標籤。這些訊息被用以將研究參與者置放於 2 × 2 的四細格設計裡,然後分析學生的成就分數,以執行閱讀與數學此兩依變項的組間比較。然而,研究者並不使用一般的雙向 ANOVA,而是設立並檢定一組計畫比較。首先是閱讀再來是數學,研究者透過三項配對比較,比較此組(雙文化認同與使用文化定義)與其他三組的平均分數。

509

選錄 19.13 • 在混合方法研究裡檢定計畫比較

> 　　本研究檢視拉丁成年人的種族認同感與學業成就,使用開放式(open-end-ed)訪談,用各種學業表現測量值來探究種族認同感與學業成就間的關係……這些成人依據雙文化認同的呈現和文化定義的使用,而被分為四個組別。檢定平均標準化百分位數(mean standardized percentile scores)是否存在顯著差異(變異數分析),而此分析顯示雙文化認同與使用文化定義的學生明顯比其他組別在中學標準化閱讀($p < .001$)與數學($p < .01$)分數上表現較為優異……
>
> 來源:Zarate, M. E., Bhimji, F., and Reese, L. (2005). Ethnic identity and academic achievement am-ong Latino/a adolescents. *Journal of Latinos & Education, 4*(2), pp. 95, 110.

第四節　短評

　　應該注意的是量化與質化研究方法是從高度不同的哲學觀點演化而來的。這種不同導致「純粹」量化研究與「純粹」質化研究在目標與方法學上的極端對比。例如，研究問題通常被陳述在量化研究一開始的部分；相反地，質化研究的可能目標是闡釋（而非回答）感興趣的問題。樣本至母體的泛論是量化研究的核心，但並不是傳統存在現象學裡質化研究的重點。適當的樣本量是透過完全不同的方法〔統計檢定力與飽和（saturation）(譯註1)〕來處理的，端視何種研究被進行。

　　如同在本章開始之處所陳述的，我沒有要詆毀使用質化方法於研究報告的意圖。質化研究甚至能夠提供量化研究所無法取得的見識。甚至，質化研究更有可能對閱讀研究報告的個人產生衝擊。例如，幾年以前，我所指導的博士班學生，以其質化研究贏得了全國性比賽的最佳論文獎！

　　儘管如此，我關心的是混合方法研究裡量化部分的品質。

　　本章的最後十篇選錄被選出以示例好的量化執行過程。那些在研究裡使用統計程序於數字式資料的研究者應該遵循這些選錄所呈現的範例。這些研究者也應該遵循第一至第十八章裡所探討到的規則。在閱讀或聆聽研究報告時，你應該使用同樣的標準來看待純粹的量化研究以及混合方法研究的量化部分。

第五節　術語回顧和閒話統計

　　在每一章結束之處，我會提供術語回顧部分，一些關於統計的有趣閒話。

譯註1：　作者解釋：在訪談研究裡經常使用「飽和」一詞，它指在一連串的訪談後所來到的一個情況，在此情況下被訪談對象無法再提供比先前被訪談者更新的訊息。例如，在訪談了十五位對象關於「手足競爭行為」（sibling rivalry）的主題時，研究者或許會發現，第十六位被訪談者無法再揭露比前面十五位被訪談者更多的資訊。因為已經達到「飽和」狀態，所以不需要再進行任何額外的訪談。

然而，在本章裡並沒有包含這些內容。

　　如同稍早所陳述的，第十九章企圖呈現謹慎的混合方法研究者在量化部分會做的事情，就如同進行純粹量化調查的研究者所做的一樣。由於這個理由，本章的術語回顧變成是之前所有章節的術語回顧。同樣的道理，本章的內容關連所有之前所呈現的統計閒話。

　　我希望此最後章節的重要訊息是清楚的：如果你要能夠適當地評量其他人的混合方法研究報告，或能夠勝任這類研究，你必須瞭解本書所涵蓋的所有材料。

後記

　　在本書中的警示是提供給兩個不同的群組。主要是幫助那些研究報告閱讀者。然而，進行調查的研究者也應該考量相同的警示。如果這兩個群體能夠小心翼翼地處理研究報告，無效宣稱被發布、碰到和相信的機率就會降低。

　　這裡有兩項最後的警示。第一項關於經常聽到的六個字：「研究報告指出……」。第二是關於重製的力量。所有的研究報告讀者與研究者本身應該留意這兩項重要訊息。

　　首先，你應該使自己免於具有威嚇性的研究論調，如最好的想法、最佳實施方式、問題的最好解決方法，或任何最佳的什麼。因為大多數人：(1)不知道有許多問題會使研究產生站不住腳的結論；以及(2)錯誤地認為統計分析創造了一條直達真理的道路，他們很容易被唬住，當某人宣稱具有所謂的研究證據時。別讓這種事發生在你身上！當你遭遇人們舉出研究報告來宣傳其論點時（「嗯，研究顯示……」），請他們告訴你更多關於他們所參考研究的細節。詢問他們是否已經閱讀了原本的研究。然後提出一些非常合理的問題。

　　如果研究資料透過郵寄問卷蒐集，回答率為何？不論資料如何被蒐集，研究者有呈現他們所分析資料的信度與效度嗎？他們有達到統計技術的重要假設前提嗎？如果他們檢定虛無假設，他們有認識到拒絕或不能拒絕 H_0 的推論錯誤機率嗎？如果他們的資料產生一項或更多的顯著結果，他們能夠分辨統計與實際顯著之間的區別嗎？如果你詢問這類問題，那些對你宣傳某些研究論點的人很可能會變得謙虛點。並且永遠也不要忘記你不僅有權利詢問這類問題，這還是你的**義務**（假設你想要成為一位具有分辨能力的研究者）。

　　第二，欣賞那些重製自己研究或鼓勵他人執行這類複製的研究者。這背後的邏輯是很簡單的：你比較相信宣告過一次的東西或宣告過兩次的東西？〔回憶包含七個或更多變項的二變量 r 相關矩陣比較可能會伴隨「$p < .05$」的指示，即使所有虛無假設皆為真，除非顯著水準被校正以適合被進行的多重檢定。同樣的，一個五向（five-way）ANOVA 或 ANCOVA 僅僅靠機率產生統計上的顯著結果之勝算會大於 50-50，假設每一項 F 的 p 與 .05 的 alpha 準則進行

比較〕。

　　確實，大多數研究者並沒有花時間重製其發現就急於出版他們的結果。如果能有一條法律規定研究者在上台鼓吹其研究發現之前重製其研究就好了。但這條法律似乎不大可能在可見的未來被設立。因此，你必須小心那些把出版研究結果視為比重製更為重要的狂熱研究者。幸運的，確實有一些研究者延宕其研究宣稱，直到他們發現其研究是可以被重製的。這類研究者值得你最高的敬意。如果他們的發現源自於設計良好並且是處理重要問題的研究，那麼他們的研究結果可能會改變你或其他人的生活。

複習題

CHAPTER ——— 1

1. 摘要通常在期刊文章的哪個地方被發現？所包含的資訊有哪些？

2. 文獻回顧之後的資訊為何？

3. 如果研究者在研究報告裡完成很棒的方法段落，讀者應該能夠做什麼？

4. 研究者使用**參與者**來標示資料來源的人們（參看選錄 1.5）。他還可以使用何種標示？

5. 如果研究者比較一百位男生與一百位女生的 **IQ** 分數，那麼研究者的依變項為何？

6. 作者呈現統計分析結果的三種方式為何？

7. 結果的非技術性闡釋通常被放在研究報告的結果段落或討論段落？

8. 書目出現在研究報告結束之處，它的專業名稱為何？

9. 如果研究報告被出版，你應該假定它是沒有錯誤的嗎？

10. 請再次瀏覽範例文章的四個部分：摘要的第一句話（參看選錄 1.1）、研究者的假設（參看選錄 1.4）、結果段落（參看選錄 1.8），和討論段落的第一句話（參看選錄 1.10）。這四個部分的符合程度如何？

CHAPTER ——— 2

1. 以下的符號代表什麼意思：N、M、s、Mdn.、Q_3、SD、R、σ、Q_2、s^2、Q_1、σ^2、μ？

2. 如果使用選錄 2.1 的資料創造了累積次數分配，那麼 TAS 分數為 4 的累積次數為何？

3. 你的幾位老鄉被要求指出他最喜愛的電台，並使用垂直的長柱圖示指出每一個電台的喜愛人數。這種摘要資料的圖示方法的名稱為何？

4. 對或錯：在任何的資料組裡，中位數等於距離高分與低分之間各一半的數值。

5. 以下何種術語意味著負偏斜？

    a. Skewed left

    b. Skewed right

6. 如果一組分數的變異數等於 9，那麼這些分數的標準差有多大？

7. 如果三十個分數的標準差等於 5，那麼你認為全距有多大？

8. 何種變異性的測量值等於第二十五與第七十五百分位數之間的數字式距離？

9. 下列何種敘述性方法能夠讓你看見研究資料組裡的每一個分數？

   a. 分組次數分配

   b. 莖葉圖

   c. 盒鬚圖

10. 對或錯：資料組裡的高分與低分距離能夠藉由雙倍的內四分位距而決定。

CHAPTER ——————— 3

1. 以下為五位學生的英語（E）與歷史（H）隨堂考分數。

   山姆：E = 18，H = 4

   蘇珊：E = 16，H = 3

   裘依：E = 15，H = 3

   約翰：E = 13，H = 1

   克萊斯：E = 12，H = 0

   以上英語與歷史分數之間關連的本質為何？

   a. 高—高，低—低

   b. 高—低，低—高

   c. 微系統性傾向

2. 如果二十位個體在兩個變項上被測量，在散點圖上會有幾個點？

3. 以下的相關係數何者指出最為乏力的關連？

   a. $r = +.72$

   b. $r = +.41$

   c. $r = +.13$

   d. $r = -.33$

   e. $r = -.84$

4. 在選錄 3.10 裡，哪兩個變項產生的關連最低？

複習題

    a. 損傷與消極領導

    b. 安全事件與轉化領導

    c. 安全氛圍與消極領導

5. 請說出以下的相關程序

    a. 兩組原始分數

    b. 兩組等級（有結綁）

    c. 兩組真實二分數值

    d. 一組原始分數以及一組真實二分數值

6. r_s 裡的字母 s 代表什麼意思？

7. 如果研究者想要檢視人們最喜愛顏色（例如，藍、紅、黃、橘）與最喜愛電視頻道之間的關連，你期待何種相關程序被使用？

8. 對或錯：如果二變量相關係數更接近於 1.00 而不是更接近於 0.00，你應該假定兩個變項之間存在因果關係。

9. 如果相關係數為.70，那麼確定係數為多大？

10. 對或錯：如果研究者有兩個變項的資料，如果這兩個變項的平均數靠近的話，就存在高度相關（或平均數分開的話就存在低度相關）。

CHAPTER —————— 4

1. 信度的基本概念可以被哪個詞語所總括呢？

2. 哪些信度程序可產生穩定性係數與等值係數？

3. 不管何種方法被用以評估信度，信度係數不能夠高於_____？或低於_____？

4. 在評估內部一致性方面，為何克朗巴赫 alpha 優於庫德—李察遜＃20？

5. 對或錯：如果折半信度與庫德—李察遜＃20 被應用在相同的測驗分數上，兩種程序皆會產生相同的信度估計值。

6. 對或錯：當信度增加時，測量標準誤也會增加。

7. 同時效度與預測效度結果為低的原因為何？（即使在新測驗上的分數準確度為高。）

8. 具有說服力的鑑別效度其相關係數接近於下列何者？

a. ＋ 1.00

b. 0.00

c. － 1.00

9. 信度與效度係數是屬於測量工具本身，還是屬於測量工具所蒐集得來的資料？

10. 對或錯：如果研究者呈現令人印象深刻的信度證據，那麼我們應該假定資料也是有效的嗎？

CHAPTER ———————— 5

1. 統計推論的方向為何：從母體至樣本或從樣本至母體？

2. 代表樣本平均數、樣本變異數和皮爾森相關樣本值的符號為何？這些統計概念在母體裡的符號為何？

3. 對或錯：如果母體為抽象（而非有形），那麼是有可能存在抽樣架構的。

4. 為了使樣本成為機率樣本，你或某人必定要做的一件事？

5. 以下何者被視為機率樣本？

群集樣本

簡單隨機樣本

方便樣本

雪球樣本

立意樣本

分層隨機樣本

配額樣本

系統樣本

6. 如果你想要決定研究者的樣本是否是隨機樣本，你應該詢問下列哪個問題？

a. 樣本特徵多大程度地反映了母體特徵？

b. 樣本如何從母體裡被選擇？

7. 對或錯：具有低於 30%回答率的研究不允許被出版。

8. 檢視不回應偏差的最佳程序涉及以下何者？

    a. 比較回應者與不回應者的人口統計學資料。

    b. 比較回應者與不回應者的問卷回答。

    c. 比較早期與晚期回應者的問卷回答。

9. 如果從母體裡隨機選擇的個體被聯絡並被要求參與一項研究，並且那些不想要參加的個體以那些想要參加的個體代替，這最後的樣本應該被視為原始母體的隨機集合嗎？

10. 把有形與抽象放入此句中的適當位置：如果研究者的母體為_____，那麼研究者應該提供樣本的細節描述，但是如果研究者的母體為_____，應該盡量被描述清楚的是母體。

CHAPTER —————— 6

1. 對或錯：抽樣誤差能夠藉由隨機性地從其適當母體選擇樣本來消除。

2. 如果許多 n 大小的樣本被隨機抽取自一個無限大的母體，並且如果每一份樣本的資料被摘要以產生相同的統計值（例如，r），那麼這些樣本統計值的結果集合被稱為？

3. 抽樣分配的標準差被稱為_____。

4. 對或錯：如果標準誤為大（而非小），那麼你對研究者的樣本資料會更具有信心。

5. 關連信賴區間的兩個最普遍的信賴水準為_____和_____。

6. 如果在選錄 6.6 裡的第二個信賴區間是一個 99% 的 CI，那麼此 CI 的低點會是：

    a. 低於 0.21

    b. 高於 0.21

    c. 等於 0.21

7. 一種估計方式被稱為區間估計；另一種方式被稱為_____估計。

8. 對或錯：當研究者在研究報告裡包含信度或效度係數時，這種係數應該被視為點估計。

9. 以信賴區間或標準誤區間而言，何者較優？

10. 選錄 6.6 包含兩個信賴區間，每一個建立於皮爾森相關係數上。請問 r 的

樣本值準確位於每一個 CI 的中間嗎？

CHAPTER —————————— 7

1. 選錄 7.2 裡的虛無假設要怎麼改寫以製造出一個明確的精準數值？

2. 假設研究者從一個母體裡抽取一份樣本、蒐集資料，然後計算兩個變項上所得分數之間的相關。如果研究者想要檢定是否母體相關不同於 0，下列何者可代表此虛無假設？

   a. $H_0 : r = 0.00$

   b. $H_0 : r \neq 0.00$

   c. $H_0 : \rho = 0.00$

   d. $H_0 : \rho \neq 0.00$

3. 對或錯：如果對立假設以非指向性的方式設置，這種決定會使得統計檢定的本質為單尾（非雙尾）。

4. 虛無假設會被拒絕，如果樣本資料的結果與所期待的結果（若 H_0 為真）_____（一致／不一致）。

5. 何種顯著水準提供較大的防護力來對抗第一類型錯誤，.05 或 .01？

6. 臨界值通常會出現在研究報告裡嗎？

7. 如果研究者設立 $\alpha = .05$ 然後發現（分析樣本資料之後）$p = .03$，那麼虛無假設會被拒絕嗎？

8. 如果研究者的資料結果使得 H_0 不能被拒絕，研究者下結論說 H_0 很可能為真的說法是適當的嗎？

9. 如果虛無假設被拒絕（以 $p < .00000001$），何種理由會讓你合理地認為此研究不具有重要性？

10. 對或錯：即使研究結果具有統計上的顯著性，也可能在實際效用上完全不顯著。

CHAPTER —————————— 8

1. 研究者的研究結果具有統計顯著性，但不具有實際顯著性的情況是有可能

發生的嗎？

2. 類似於 r^2 的兩項普遍被使用的關連強度指標為何？

3. 統計檢定力同等於不犯下哪種類型錯誤的機率？

a. 第一類型

b. 第二類型

4. 統計檢定力與樣本量之間存在何種關連？

a. 直接

b. 間接

c. 檢定力與樣本量不相關

5. 一項研究的統計檢定力必須位於_____與_____之間。

6. 當比較兩個樣本平均數時，大、中、小效力量的數字值為何？（如Cohen 所建議的）

7. 如果一項研究被進行以檢定 H_0：$\mu = 30$，並且如果結果產生圍繞樣本平均 數的信賴區間為 26.44 至 29.82，H_0 會被拒絕嗎？

8. 當邦弗朗尼校正程序被使用時，什麼被校正了？

a. H_0

b. H_a

c. α

d. p

9. 如果研究者想要使用九步驟的假設檢定程序來替代六步驟的假設檢定程 序，他必須執行哪三項額外的動作？

10. 如果研究者的樣本量過_____，結果能夠產生統計顯著性即使不存在任何 的實際顯著性。另一方面，如果樣本量太_____，會產生無顯著的結果即 使虛無假設很不正確。

a. 小；大

b. 大；小

CHAPTER ——————— 9

1. 如果研究者報告一項樣本相關係數具有統計顯著性，下列何者最有可能代

表研究者未陳述的虛無假設？

　　a. $H_0 : \rho = -1.00$

　　b. $H_0 : \rho = 0.00$

　　c. $H_0 : \rho = +1.00$

2. 如果研究者報告「$r(58) = -.61$, $p < .05$」，那麼有多少對分數涉入此相關？

3. 當研究者檢視是否一項樣本相關係數為顯著時，推論檢定很可能以＿＿＿＿（單尾／雙尾）的方式進行。

4. 假設研究者擁有五個變項上的資料，計算每對變項間的皮爾森 r，然後在相關矩陣裡呈現這些 r。也假設星號出現在三個 r 的旁邊，並註明星號意味著 $p < .05$。總共有多少相關虛無假設被設立與檢定呢？

5. 在第四題所描述的情況裡，如果使用邦弗朗尼技術的話，有多少 r 會具有統計顯著性？

6. 研究者是否可能在統計顯著於 $p < .001$ 時，擁有 .25 的重測信度？

7. 建立於樣本相關係數的信賴區間將會導致典型的相關虛無假設被保留，如果 CI 涵蓋了下列何者？

　　a. -1.0

　　b. $-.50$

　　c. 0.00

　　d. $+.50$

　　e. $+1.00$

8. 有可能 r^2 為低（即，接近於 0）並且同時具有 $p < .01$？

9. 對或錯：關連 r 的 p 值為小（例如，$p < .01$、$p < .001$ 或 $p < .0001$），研究者能更有自信地主張兩個相關的變項之間存在因果關係。

10. 衰減＿＿＿＿（更／較不）可能使得一個真實關係藉由樣本資料（由統計上顯著的相關係數而來）來顯露它自己。

CHAPTER ——————— 10

1. 如果二十位八年級男生與二十五位八年級女生進行比較，這兩個比較組別

應該被視為相關樣本或獨立樣本？

2. 獨立樣本 t 檢定的虛無假設所涉及的是何種平均數？

   a. 樣本平均數

   b. 母體平均數

3. 如果相關樣本 t 檢定的 df 值為 18，那麼有多少對分數涉及此項分析？

4. 基於以下 ANOVA 摘要表所提供的資訊，研究者的計算值為何？

來源	df	SS	MS	F
組間	1	12		
組內	18	54		

5. 如果研究者使用獨立樣本 t 檢定去比較男性與女性樣本在五個依變項上的差異，並且如果研究者使用邦弗朗尼校正技術來防範第一類型錯誤，他將會校正什麼？

   a. 每一組的樣本量

   b. 每一項 t 檢定的計算值

   c. 自由度

   d. 顯著水準

6. 對或錯：關連強度指標（strength-of-association indices）能夠在涉及單一樣本平均數的研究裡被計算，它們不能夠在涉及雙份樣本平均數的研究裡被計算。

7. 假設研究者比較兩個組別並發現 $M_1 = 60$，$SD_1 = 10$，$M_2 = 55$，$SD_2 = 10$。基於這些資訊，估計的效力量會有多大？根據 Cohen 準則，此效力量能夠被視為小、中或大？

8. 如果研究者使用樣本資料來檢定涉及兩個獨立樣本研究的變異數同質性假設，那麼虛無假設會是什麼樣子？研究者希望拒絕或不能拒絕此項虛無假設？

9. 如果用以蒐集資料的測量工具不具有完美信度，那麼建立於單一樣本平均數或兩個樣本平均數差異之上的信賴區間會_____（寬／窄）於具有完美信度資料的情形。

10. 假設使用單向變異數分析去比較兩個樣本平均數。並假設結果指出 SS_{Total}

$= 44$、$MS_{Error} = 4$、$F = 3$。有了這些結果,請問樣本量多大,假設兩組具有相同的 n?

CHAPTER 11

1. 如果研究者使用單向 ANOVA 去比較四份樣本,而統計焦點在於＿＿＿＿＿（平均數／變異數),那麼將會有＿＿＿＿＿項推論,並且這些推論會指向＿＿＿＿＿（樣本／母體)。

2. 在一項涉及五個比較組別的單向 ANOVA 裡,存在多少獨變項?多少因子（factor)?

3. 如果使用單向 ANOVA 去比較三組一年級學童（棕髮、黑髮和金髮）的身高,何者為獨變項?何者為依變項?

4. 以上題的情況而言,虛無假設為何?

5. 根據以下 ANOVA 摘要表所呈現的資訊,SS_{Total} 的數值為何?

來源	*df*	*SS*	*MS*	*F*
組間	4			3
組內			2	
全部	49			

6. 下列何者會得到統計顯著發現,當他們執行單向 ANOVA 之後?

a. 鮑伯的 ANOVA 摘要表裡的 F 值大於適當的臨界 F 值。

b. 關連珍的計算 F 值之 p 值大於顯著水準。

7. 假設單向 ANOVA 比較三個樣本平均數（8.0、11.0 和 19.0）並產生一個計算 F 值為 3.71。如果此研究的所有東西皆保持不變,除了最大平均數從 19.0 變成 17.0,那麼此計算值會變得＿＿＿＿＿（較小／較大)。

8. 假設研究者想要進行十項單向 ANOVA 於分開的依變項上。也假設研究者想要使得至少一項的第一類型錯誤機率為.05。為了完成這項目標,何種 alpha 水準應該被研究者採用以評估每一項 F 檢定?

9. 單向 ANOVA 不能免疫於等變異數假設,如果比較組別在哪方面不一樣?

10. 有可能單向 ANOVA 產生統計顯著但卻無意義的結果嗎?

CHAPTER ⓬

1. 下列何者較能正確地描述杜基檢定：計畫或事後？

2. 以下三者術語的差異何在：事後比較（post hoc comparison）、後續比較（follow-up comparison）、歸納比較（a posteriori comparison）？

3. 如果單向ANOVA涉及五個組別，會存在多少個配對比較，如果統計顯著總括 F 被事後調查所深究？

4. 是保守檢定程序或是自由檢定程序，更有可能產生統計顯著結果？

5. 對或錯：如果三個樣本平均數為 $M_1 = 60$、$M_2 = 55$ 和 $M_3 = 50$，事後調查不可能說 $M_1 > M_2 < M_3$。

6. 何種比較較常被應用研究者所使用，配對比較或非配對比較？

7. 對或錯：當進行事後調查時，一些研究者使用邦弗朗尼技術處理誇大的第一類型錯誤。

8. 對或錯：當一般 t 檢定與單向 ANOVA 總括 F 檢定沒有闡釋統計顯著性與實際顯著性之間的差異時，設計計畫或事後檢定，以使僅有具意義差異的結果具有統計上的顯著性。

9. 如果研究者在其研究裡具有多於兩個的比較組別，那麼自由度 1 F 檢定的執行是_____（有／沒有）可能的。

10. 對或錯：在一項比較四個組別的研究裡（A、B、C 和 D），A 對照 B 的比較正交於 C 對照 D 的比較。

CHAPTER ⓭

1. 如果研究者執行一項 3×3 ANOVA，存在多少獨變項？存在多少依變項？

2. 在 2×4 ANOVA 裡存在多少細格？在 3×5 ANOVA 裡呢？

3. 假設 2×2 ANOVA 的因子為因子 A 與因子 B。研究參與者如何被放入此研究的細格裡，如果因子 A 為指定因子而因子 B 為主動因子？

4. 涉及雙向ANOVA的研究問題有多少是關於主要效果的？有多少是關於交互作用的？

5. 假設進行 2（性別）× 3（慣用手）ANOVA，依變項為六十秒內螺帽被拴

在門閂上的數量。假設這六組，每組有十人，其平均分數分別為：右手男性＝ 10.2、右手女性＝ 8.8；左手男性＝ 7.8、左手女性＝ 9.8；雙手俱利男性＝ 9.0、雙手俱利女性＝ 8.4。有了這些結果，慣用手的主要效果平均數為何？每一個平均數奠基於多少個分數之上？

6. 對或錯：在第五題裡所呈現的樣本資料絕對不存在交互作用。

7. 當為兩個主要效果和交互作用計算 F 比值時，有多少不同的均方被當作分母？

8. 對或錯：你不應該期待會看見事後檢定被用以比較 2×2 ANOVA 的主要效果平均數，即使兩個主要效果的 F 比值具有統計顯著性。

9. 在一項 2×3（A×B）ANOVA 裡，有多少簡單主要效果為因子 A 而存在？

10. 對或錯：每當雙向 ANOVA 被使用時，存在內建的機制預防結果具有統計顯著性，除非結果也具有實際顯著性。

CHAPTER —— 14

1. 如果你看見涉及下列名稱的因子，你應該猜想哪些很可能涉入重複測量？
   a. 處置組（treatment groups）
   b. 考驗（trial blocks）
   c. 時間（time period）
   d. 反應變項（response variable）

2. 對象間單向 ANOVA 的虛無假設如何不同於對象內單向 ANOVA 的虛無假設？

3. 如果執行一項 2×2 ANOVA 於十六位研究參與者所提供的資料上，有多少個別分數會涉入此分析，如果兩個因子在本質上是對象間因子？如果兩個因子在本質上是對象內因子又如何？

4. 如果單向重複測量 ANOVA 的兩種處置以平衡順序的方式呈現給二十位研究參與者，會存在多少不同的呈現次序？

5. 對或錯：因為雙向重複測量 ANOVA 的樣本平均數皆奠基於相同數量的分數，所以這類 ANOVA 對球形假設具有免疫力。

6. 如果八位參與者在含有三層次的 A 因子與含有四層次的 B 因子上被測量，

在ANOVA摘要表裡將會存在多少列（包含全部列）？全部列總共有多少 df？

7. 關連雙向混合ANOVA的虛無假設通常有幾項？有多少項是處理主要效果的？

8. 如果十位男性與十位女性在三種情境上被測量，結果資料以雙向混合ANOVA分析，對於性別而言，存在多少主要效果平均數？這些樣本平均數分別奠基於多少數量的分數上？

9. 假設來自於四小組（$n = 3$）的前測、後測和後續分數，以混合 ANOVA 進行分析。交互作用 F 會有多大，如果 $SS_{Group} = 12$、$SS_{Total} = 104$、$MS_{Error(w)} = 2$、$F_{Groups} = 2$ 和 $F_{Time} = 5$？

10. 對或錯：任何的重複測量ANOVA的其中一項優質特徵是統計顯著結果保證具有實際顯著性。

CHAPTER —————— 15

1. 當研究者檢定虛無假設時，ANCOVA 被發展以幫助他們降低犯下_____（第一／第二）類型錯誤的機率。

2. 在任何 ANCOVA 研究裡所涉及的三類變項為何？

3. 在 ANCOVA 研究裡，異於前測（或基線測量值）的東西被當作共變量是有可能的嗎？

4. 假設研究的實驗與控制組前後測平均數如下：$M_{E(pre)} = 20$、$M_{E(post)} = 50$、$M_{C(pre)} = 10$、$M_{C(post)} = 40$。如果此研究的資料以共變異數分析進行分析，那麼控制組的校正後測平均數可能等於下列哪個數值？

a. 5

b. 15

c. 25

d. 35

e. 45

5. 為了使 ANCOVA 達到它的目標，每一個共變量變項與依變項之間應該存在_____（有力／乏力）關連。

6. 對或錯：就像是變異數分析，共變異數分析能抵抗潛在假設的違反，只要樣本量是相等的。

7. ANCOVA 假設的其中之一是_____變項不應該影響_____變項。

8. 當比較組別_____（是／不）以隨機指派形成時，ANCOVA 能達到最佳運作狀況。

9. 在比較等回歸斜率的假定時，研究者通常會希望假定的虛無假設被拒絕嗎？

10. 對或錯：因為 ANCOVA 使用至少一個共變量變項上的資料，沒有實際顯著性的結果是不可能具有統計顯著性的。

CHAPTER ——————— 16

1. 在二變量回歸分析的散點圖裡，哪個軸與依變項一致？

2. 在等式 $Y' = 2 + 4(X)$ 裡，常數值為何？回歸係數值為何？

3. 在二變量回歸裡，斜率能夠是負的嗎？截距呢？r^2 呢？

4. 對或錯：在二變量回歸裡，$H_0 : \rho = 0$ 的檢定等於 Y 截距 $= 0$ 的檢定。

5. 在多重回歸裡，存在多少 X 變項？存在多少 Y 變項？

6. 對或錯：你將不會在同時多重回歸的結果報告裡看見校正 R^2。

7. 在逐步與階級多重回歸裡，在第一階段被輸入的獨變項其 beta 權數在稍後其他獨變項被輸入時是保持不變的嗎？

8. 在邏輯回歸裡，依變項本質上是_____（二分／連續）。

9. 多大的勝算比指出一個特定的獨變項是不具解釋價值的？

10. 在邏輯回歸裡，威爾德檢定（Wald test）聚焦於個別的 OR 或聚焦於整體回歸等式？

CHAPTER ——————— 17

1. 對或錯：當使用符號檢定時，虛無假設說樣本資料將會在兩個反應類目裡包含相同數量的觀察值，因此產生同樣多的正號與負號。

2. 哪種檢定比較具有彈性，符號檢定或是二項式檢定？

3. 什麼符號代表卡方？

4. 假設研究者使用 2×2 卡方檢視是否男性與女性在過去的一年內收到超速罰單上有所差異。在此研究的六十位男性當中，四十位收到罰單。如果九十位女性當中，有_____位收到罰單的話，那麼樣本資料就與卡方虛無假設一致。

5. 大一、大二、大三和大四學生對下列問題回答的卡方比較存在多少自由度：「你怎麼描述自己對於學校的忠誠度？」（低、中、高）

6. 誰的名字通常與一項特殊卡方公式標示「不連續性校正」連結在一起？

7. 麥克內瑪卡方檢定適合_____（兩組／多於兩組）資料，此處為_____（獨立／相關）樣本，並且反應變項包含_____（兩個／多於兩個）類目。

8. 如果一對研究者已經準備好使用單因子重複測量 ANOVA，但是後來發現他們的資料在本質上是二分的，那麼他們可以轉向何種統計檢定來完成此資料分析？

9. 對或錯：應用統計檢定力的概念於處理次數、百分率、比例檢定的技術尚未被發展。

10. 信賴區間能夠被建立在樣本百分率上嗎？

CHAPTER ——————— 18

1. 為何研究者有時使用無母數檢定於區間或比率資料上？

2. 中位數檢定使用於_____（獨立／相關）樣本上。

3. 如果中位數檢定被用以比較兩份樣本，研究者需要在樣本資料上計算多少中位數？

4. 曼—惠尼 U 檢定適用於_____（有／沒有）涉及重複測量的_____（幾份）樣本。

5. 本章所討論的何種檢定程序能夠類比於第十章所探討的相關樣本 t 檢定？何種檢定能夠類比於第十一章所探討的單向 ANOVA？

6. 何種無母數檢定涉及有時候以符號 χ^2 表示的計算值？

7. 對或錯：曼—惠尼、克—瓦和威寇森檢定的大樣本版本皆涉及標示為 z 的

計算值。

8. 隨機樣本對於無母數檢定是重要的嗎？

9. 對或錯：因為它們涉及等級，所以本章所探討的檢定比起它們的母數搭檔具有較低的檢定力。

10. 術語自由分配_____（應該／不應該）被用以描述本章所討論的各種無母數檢定。

CHAPTER ── 19

1. 對或錯：在選錄 19.4 裡，每位參與者偶發閒聊數目的平均、SD 和全距資訊暗示這些分數的分配是負偏斜的。

2. 在選錄 19.6 裡，幾個數值出現在第三與第四句。這些數值位於從_____延伸至_____的數字連續體上。

3. 選錄 19.7 裡的樣本是關連有形母體或抽象母體？

4. 對或錯：選錄 19.8 最後一句的統計檢定最有可能以單尾的方式進行。

5. 在選錄 19.9 裡有多少依變項被提及？

6. 選錄 19.10 第一句話所包含的數值當中，哪一個是單向 ANOVA 的計算值？

7. 哪個符號代表選錄 19.10 裡的關連強度測量值（strength-of-association measure）？

8. 對或錯：在選錄 19.11 裡，研究者把八十二位參與者的資料進行相關而獲得.30 的 r 值。

9. 在選錄 19.12 所探討的階級多重回歸裡，生活滿意度是依變項或是其中之一個獨變項？

10. 選錄 19.13 最後一句話的資訊很可能犯了哪種類型的推論錯誤？

複習題答案

CHAPTER **1**

1. 摘要通常在文章的開頭部分。它一般會包含研究目標、參與者、方法,和結果的濃縮陳述。
2. 意圖陳述
3. 複製此項研究
4. 對象
5. IQ（即,智力）
6. 內文段落、表和圖
7. 討論段落
8. 參考書目
9. 不應該
10. 四部分皆一致

CHAPTER **2**

1. 樣本量、平均數、標準差、中位數、上四分位數、標準差、全距、標準差、中央四分位數（或中位數）、變異數、下四分位數、變異數、平均數
2. 25
3. 長條圖
4. 錯
5. a
6. 3
7. 20
8. 內四分位距
9. b
10. 錯

CHAPTER **3**

1. a
2. 20
3. c
4. b
5. a. 皮爾森 r
   b. 肯道耳等級相關
   c. phi
   d. 點雙數列
6. Spearman
7. 克拉默 V 係數
8. 錯
9. .49
10. 錯（相關無關於兩個平均數）

CHAPTER **4**

1. 一致性
2. 重測信度、複本信度
3. 1.0；0.0
4. 克朗巴赫 alpha 不侷限於二分資料

5. 錯
6. 錯
7. 準則變項的劣測量

8. b
9. 被測量工具所蒐集的資料
10. 錯

CHAPTER 5

1. 從樣本至母體
2. M、s^2、r、μ、σ^2、ρ
3. 對
4. 賦予母體每個成員一個獨特的 ID 號碼
5. 群集樣本、簡單隨機樣本、分層隨機

樣本,以及系統樣本
6. b
7. 錯
8. b
9. 不
10. 抽象;有形

CHAPTER 6

1. 錯
2. 抽樣分配
3. 標準誤
4. 錯
5. 95%;99%

6. a
7. 點
8. 對
9. 信賴區間
10. 不

CHAPTER 7

1. $H_0 : \mu_{10} - \mu_{11} = 0$
2. c
3. 錯
4. 不一致
5. .01

6. 不
7. 被拒絕
8. 不適當
9. 一項可笑的虛無假設
10. 對

CHAPTER 8

1. 是
2. eta 平方和 omega 平方
3. b
4. a

5. 0, 1.0
6. 小=.20,中=.50,大=.80
7. H_0 會被拒絕
8. c

9. 指定效力量、指定想要的檢定力,和 適當的樣本量
   決定(透過公式、圖表或電腦)
10. b

CHAPTER 9

1. b
2. 60
3. 雙尾
4. 10
5. 很可能全部都沒有

6. 是
7. c
8. 是的,如果樣本量夠大
9. 錯
10. 較不

CHAPTER 10

1. 獨立樣本
2. b
3. 19
4. 4
5. d

6. 錯
7. .50;中
8. $H_0:\sigma_1^2=\sigma_2^2$;不能拒絕
9. 寬
10. 5

CHAPTER 11

1. 平均數;一;母體
2. 一個獨變項,一個因子
3. 髮色,身高
4. $H_0:\mu_1=\mu_2=\mu_3$
5. 114

6. a
7. 較小
8. .005
9. 組別大小
10. 有

CHAPTER 12

1. 兩者皆否。視研究者是否先檢視
   ANOVA F 來決定是否使用杜基檢定
   去比較平均數的作法是妥當的。
2. 沒有差異。它們是同義詞。
3. 10
4. 自由檢定程序

5. 對
6. 配對
7. 對
8. 錯
9. 有
10. 對

CHAPTER 13

1. 二；一
2. 8；15
3. 參與者會被隨機性地從 A 因子的每一個層次裡指派至 B 因子的層次
4. 二；一
5. 主要效果平均數為 9.5、8.8 和 8.7（分別為右手、左手、雙手俱利）。每個皆奠基於二十個分數。
6. 錯
7. 一
8. 對
9. 三
10. 錯

CHAPTER 14

1. b, c, d
2. 它們沒有差異
3. 16；64
4. 二
5. 錯
6. 8；95
7. 三；二
8. 2；30
9. 二
10. 錯

CHAPTER 15

1. 第二類型錯誤
2. 獨立變項、依變項和共變量（伴隨）變項
3. 是
4. e
5. 有力
6. 錯
7. 獨；共變量
8. 是
9. 不
10. 錯

CHAPTER 16

1. 垂直軸（即，縱座標）
2. 常數值為 2；回歸係數值為 4
3. 是；是；否
4. 錯
5. 至少兩個；僅有一個
6. 對
7. 否
8. 二分
9. 1.0
10. 個別的 OR

複習題答案

CHAPTER 17

1. 錯（虛無假設是關於母體母數值的陳述，非樣本統計值）
2. 二項式檢定
3. χ^2
4. 60
5. 六
6. 葉茲（Yates）
7. 兩組；相關；兩個
8. 寇克蘭 Q 檢定（Cochran's Q test）
9. 錯
10. 是

CHAPTER 18

1. 因為研究者知道或懷疑常態性和／或等變異數假設是不穩固的，特別是在樣本大小不同的情況裡。
2. 獨立
3. 一
4. 沒有；二
5. 威寇森配對標等檢定（Wilcoxon matched-pairs signed-ranks test）；克一瓦等級單向 ANOVA（Kruskal-Wallis one-way ANOVA of ranks）
6. 富利曼等級雙向變異數分析（Friedman's two-way analysis of variance of ranks）
7. 錯（克一瓦檢定，以大樣本進行時，產生以符號 χ^2 表示的計算值。）
8. 是
9. 錯
10. 不應該

CHAPTER 19

1. 錯
2. 0，+1
3. 有形母體
4. 錯
5. 6
6. 44.21
7. η^2
8. 錯。數值.30 被研究者選擇（在任何資料被蒐集之前）當作效力量。
9. 生活滿意度是依變項
10. 第一類型錯誤

致謝名單

Excerpts 1.1–1.11   Reproduced with permission of the authors and publisher from Shepherd, S., Fitch, T. J., Owen, D., & Marshall, J. L. Locus of control and academic achievement in high school students. *Psychological Reports,* 2006, *98,* 318–322. © Psychological Reports 2006.

Excerpt 2.1   Rosenbloom, T. (2006). Sensation seeking and pedestrian crossing compliance. *Social Behavior and Personality, 34*(2), p. 116. Reprinted with permission.

Excerpt 2.2   Fishbein, D., Eldreth, D., Matochik, J., Isenberg, N., Hyde, C., London, E. D., Ernst, M., and Steckley, S. (2005). Cognitive performance and autonomic reactivity in abstinent drug abusers and nonusers. *Experimental and Clinical Psychopharmacology, 13*(1), p. 28. Published by the American Psychological Association. Reprinted with permission.

Excerpt 2.3   Sole, M. L., Stuart, P. L., and Deichen, M. (2005). Web-based triage in a college health setting. *Journal of American College Health, 54*(5), p. 292. Reprinted with permission of the Helen Dwight Reid Educational Foundation. Published by Heldref Publications, 1319 Eighteenth St., NW, Washington, DC 20036-1802. Copyright © 2005.

Excerpt 2.4   Wegner, M. V., and Girasek, D. (2003). How readable are child safety seat installation instructions? *Pediatrics, 111*(3), p. 589. Reprinted with permission from the American Academy of Pediatrics.

Excerpt 2.5   Green, A. S., Rafaeli, E., Bolger, N., Shrout, P. E., and Reis, H. T. (2006). Paper or plastic? Data equivalence in paper and electronic diaries. *Psychological Methods, 11*(1), p. 90. Published by the American Psychological Association. Reprinted with permission.

Excerpt 2.6   Grimes, P. W., Millea, M. J., and Woodruff, T. W. (2004). Grades—Who's to blame? Student evaluation of teaching and locus of control. *Journal of Economic Education, 35*(2), pp. 135, 137. Reprinted with permission of the Helen Dwight Reid Educational Foundation. Published by Heldref Publications, 1319 Eighteenth St., NW, Washington, DC 20036-1802. Copyright © 2004.

Excerpt 2.7   Brown, C. J., Gottschalk, M., Van Ness, P. H., Fortinsky, R. H., and Tinetti, M. E. (2005). Changes in physical therapy providers' use of fall prevention strategies following a multicomponent behavioral change intervention. *Physical Therapy, 85*(5), p. 401. Reprinted with permission from the American Physical Therapy Association.

Excerpt 2.9   Snook, B., Cullen, R. M., Mokros, A., and Horbort, S. (2005). Serial muderers' spatial decisions: Factors that influence crime location choice. *Journal of Investigative Psychology and Offender Profiling, 2,* p. 153. Copyright John Wiley & Sons. Reprinted with permission.

Excerpt 2.21   Clare, C., Royle, D., Saharia, K., Pearse, H., Oxberry, S., Oakley, K., Allsopp, L., Rigby, A. S., and Johnson, M. J. (2005). Painful bone metastases: A prospective observational cohort study. *Palliative Medicine, 19*(7), p. 523. Reprinted with permission from Sage Publications.

Excerpt 2.26   Tsethlikai, M., and Greenhoot, A. F. (2006). The influence of another's perspective on children's recall of previously misconstrued events. *Developmental Psychology, 12*(4), p. 737. Published by the American Psychological Association. Reprinted with permission.

Excerpt 10.28   Coris, E. E., Walz, S. M., Duncanson, R., Ramirez, A. M., and Roetzheim, R. G. (2006). Heat Illness Symptom Index (HISI): A novel instrument for the assessment of heat illness in athletes. *Southern Medical Journal, 99*(4), pp. 343–344. Reprinted with permission from Lippincott Williams & Wilkins.

Excerpts 11.1 and 11.6   Kezim, B., Pariseau, S. E., and Quinn, F. (2005). Is grade inflation related to faculty status? *Journal of Education for Business, 80*(6), p. 360. Reprinted with permission of the Helen Dwight Reid Educational Foundation. Published by Heldref Publications, 1319 Eighteenth St., NW, Washington, DC 20036-1802. Copyright © 2005.

Excerpt 11.7   de la Fuente, M. J. (2006). Classroom L2 vocabulary acquisition: Investigating the role of pedagogical tasks and form-based instruction. *Language Teaching Research, 10*(3), p. 277. Reprinted with permission from Sage Publications.

Excerpt 11.10   Jennings, M., Werbel, J. D., and Power, M. L. (2003). The impact of benefits on graduating student willingness to accept job offers. *Journal of Business Communication, 40*(4), p. 297. Copyright 2003 by Sage Publications. Reprinted by permission from Sage Publications Inc.

Excerpt 11.11   Allan, E., and Madden, M. (2006). Chilly classrooms for female undergraduate students: A question of method? *Journal of Higher Education, 77*(4), p. 693. Reprinted with permission from The Ohio State University Press.

Excerpt 12.18   Newman, M. G., Holmes, M., Zuellig, A. R., Kachin, K. E., and Behar, E. (2006). The reliability and validity of the Panic Disorder Self-Report: A new diagnostic screening measure of panic disorder. *Psychological Assessment, 18*(1), p. 55. Published by the American Psychological Association. Reprinted with permission.

Excerpt 12.19   Miller, M. W., Greif, J. L., and Smith, A. A. (2003). Multidimensional Personality Questionnaire profiles of veterans with traumatic combat exposure: Externalizing and internalizing subtypes. *Psychological Assessment, 15*(2), p. 209. Published by the American Psychological Association. Reprinted with permission.

Excerpt 12.20   Houghton, R. J., Macken, W. J., and Jones, D. M. (2003). Attentional modulation of the visual motion aftereffect has a central cognitive locus: Evidence of interference by the postcategorical on the precategorical. *Journal of Experimental Psychology: Human Perception and Performance, 29*(4), p. 737. Published by the American Psychological Association. Reprinted with permission.

Excerpt 13.1   Wisman, A., and Goldenberg, J. (2005). From the grave to the cradle: Evidence that mortality salience engenders a desire for offspring. *Journal of Personality and Social Psychology, 89*(1), p. 52. Published by the American Psychological Association. Reprinted with permission.

Excerpts 13.10–13.11   Kisac, I. (2006). Stress symptoms of survivors of the Marmara region (Turkey) earthquakes: A follow-up study. *International Journal of Stress Management, 13*(1), p. 122–123. Published by the American Psychological Association. Reprinted with permission.

Excerpt 13.13   DeChurch, L. A., and Marks, M. A. (2006). Leadership in multiteam systems. *Journal of Applied Psychology, 91*(2), p. 321. Published by the American Psychological Association. Reprinted with permission.

Excerpt 13.16   Dunn, J. R., and Schweitzer, M. E. (2005). Feeling and believing: The influence of emotion on trust. *Journal of Personality and Social Psychology, 88*(5), p. 741. Published by the American Psychological Association. Reprinted with permission.

Excerpt 13.17   Mann, T., and Ward, A. (2004). To eat or not to eat: Implications of the attentional myopia model for restrained eaters. *Journal of Abnormal Psychology, 113*(1), p. 94. Published by the American Psychological Association. Reprinted with permission.

Excerpt 14.7   Stamps, A. E., III. Evaluating architectural design review. *Perceptual and Motor Skills,* 2000, 90, 265–271. © Perceptual and Motor Skills 2000. Reprinted with permission.

Excerpt 14.23   Kondo-Brown, K. (2006). How do English L1 learners of advanced Japanese infer unknown *Kanji* words in authentic texts? *Language Learning, 56*(1), p. 135. Reprinted with permission from Blackwell Publishing.

索引

（正文旁數碼為原文書頁碼，供索引檢索之用）

註：不加粗的數字為頁數；以粗體字出現的數字為選錄。

READING STATISTICS AND RESEARCH

534

國家圖書館出版品預行編目（CIP）資料

解讀統計與研究：教你讀懂、判斷和書寫
有統計資料的研究報告／ Schuyler W. Huck 作；
杜炳倫譯.--初版.-- 臺北市：心理, 2010.02
　　面；　公分.--（社會科學研究系列；81212）
含索引
譯自：Reading statistics and research
ISBN 978-986-191-320-9（平裝）

1.統計方法　2.統計分析　3.實驗研究

511.2　　　　　　　　　　　　　　　　98020888

社會科學研究系列 81212

解讀統計與研究：
教你讀懂、判斷和書寫有統計資料的研究報告

作　　者：Schuyler W. Huck
譯　　者：杜炳倫
執行編輯：李　晶
總 編 輯：林敬堯
發 行 人：洪有義
地　　址：231 新北市新店區光明街 288 號 7 樓
電　　話：(02) 29150566
傳　　真：(02) 29152928
郵撥帳號：19293172 心理出版社股份有限公司
網　　址：http://www.psy.com.tw
電子信箱：psychoco@ms15.hinet.net
駐美代表：Lisa Wu（lisawu99@optonline.net）
排 版 者：龍虎電腦排版股份有限公司
印 刷 者：東縉彩色印刷有限公司
初版一刷：2010 年 2 月
初版四刷：2016 年 10 月
I S B N：978-986-191-320-9
定　　價：新台幣 630 元